인벤터-3d
실기·실무

예문사

PROLOGUE

INVENTOR는 3D CAD, 설계 검증, 제품 데이터 관리 소프트웨어뿐 아니라 제품 문서화나 소프트웨어 선택도 할 수 있고, 기업 규모와 상관없이 우수한 제품을 설계하는 데 필요한 도구를 정확히 사용할 수 있다.

요즘은 INVENTOR 소프트웨어의 개발속도가 사용자의 학습 속도를 앞질러, 사용자가 해당 소프트웨어 버전을 다 익히기도 전에 다른 버전의 INVENTOR가 출시되는 경향이다. 하지만 그렇다고 해서 이 수많은 명령들이 국가기술 자격증 시험을 보는 학생들에게 모두 필요한 것은 아니므로 버전에 관계없이 꼭 필요한 기능들 위주의 학습이 필요하다.

이 책은 바로 이러한 필요에 의하여 기획된 것으로, 최근 개정된 KS규격에 맞추어 짧은 시간 안에 최소한의 노력으로 자격증 시험에 합격할 수 있도록 다음과 같이 내용을 구성하였다.

이 책의 특징

❶ 출제빈도가 높은 명령어 우선 배치
시험에서 가장 빈번하게 사용되는 기능이나 명령어를 우선으로 반복 적용하였다.

❷ 직접 따라하는 방식
텍스트 위주의 설명보다는 직접 따라하는 방식을 통해 처음 접하는 독자들도 쉽게 따라 그리고 이해할 수 있게 하였다.

❸ 시험에 꼭 필요한 부분만 적용

❹ 단시간 내에 명령어 습득 지향

집필하는 동안 자유롭게 작업할 수 있도록 배려해 준 아내 김선정과 귀여운 말썽꾸러기 지우, 애교덩어리 지혜, 늘 옆에서 싫지 않은 잔소리로 용기를 북돋아 주신 권신혁 소장님, 그리고 도서출판 예문사에 감사의 마음을 전합니다.

변 진 수

CONTENTS

CHAPTER 01 시작하기

01 Inventor 기본 화면구성 … 12
02 인벤터 주요 환경설정 및 표식메뉴 … 18
03 인벤터 Zoom 메뉴 … 29
04 구속조건 … 33
05 스케치 편집 및 피처 편집 … 41
06 구멍 … 43
07 선 종류 변경 … 49

CHAPTER 02 바이스

01 베이스 … 53
02 가이드 블록 … 59
03 이동 조 … 63
04 서포트 … 69
05 나사 축 … 76

CHAPTER 03 드릴지그

01 베이스 85
02 서포트 92
03 부시 홀더 98
04 삽입 부시 104
05 고정 부시 112

CHAPTER 04 3지형 레버 에어척

01 실린더 119
02 실린더 헤드 128
03 핑거 140
04 피스톤 146
05 호이스트 153

CHAPTER 05 도면

01 인벤터 2D 도면 배치 164
02 부품 질량 구하기 180
03 CAD 기본틀 작성 주의사항 및 인벤터 삽입 183
04 3D 출력 198

CHAPTER 06 축 모델링

01 나사 206
02 키 홈 211
03 일반 축 219
04 편심 축 224
05 나사 축 230
06 캠 축 233
07 슬라이더 237
08 널링 244

커버 모델링

01 오일실 조립형 258
02 O링 조립형 266

기어 모델링

01 스퍼기어 272
02 다단 스퍼기어 279
03 기어 샤프트 284
04 래크 288
05 스프로킷 294

CHAPTER 09 벨트 풀리 모델링

01 평 벨트 풀리   304
02 V벨트 풀리   308
03 2단 V벨트 풀리   314

CHAPTER 10 본체(하우징) 모델링

01 축받침 장치   324
02 동력 전달장치   330
03 편심 구동장치   337
04 기어박스   344
05 V벨트 풀리 전동장치   360
06 핵심 본체 모델링   370

CHAPTER 11 모델링에 의한 과제도면 해석

기어박스 과제도면	380
V-벨트 전동장치-1 과제도면	384
편심구동장치-3 과제도면	388
편심구동장치-6 과제도면	392
동력전달장치-4 과제도면	396
동력전달장치-6 과제도면	400
피벗베어링하우징 과제도면	404
분할장치 과제도면	408
밀링잭크 과제도면	412
드릴지그-4 과제도면	416
드릴지그-6 과제도면	420
리밍지그-1 과제도면	424

CHAPTER 01

인 벤 터 - 3 d 실 기 · 실 무

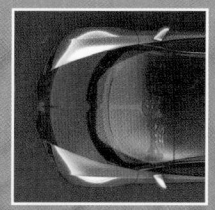

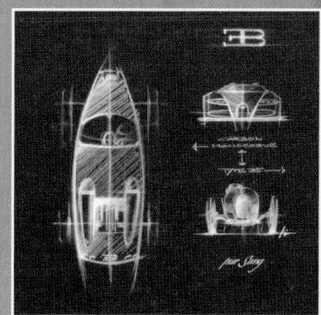

시작하기

BRIEF SUMMARY

1. Inventor 기본 화면구성
2. 주요 환경설정 및 표식메뉴
3. 인벤터 Zoom 메뉴
4. 구속조건
5. 스케치 편집 및 피처 편집
6. 구멍
7. 선 종류 변경

01 | Inventor 기본 화면구성

01 인벤터 실행

01 바탕화면에 있는 인벤터 바로가기 아이콘을 **더블클릭**한다.

02 인벤터가 실행되면 다음과 같은 화면이 디스플레이된다. 실행을 원하는 아이콘을 직접 **클릭**하면 처음 설치할 때 지정한 템플릿 환경으로 바로 실행된다.

03 리본 메뉴의 **새로 만들기**를 **클릭**한다.

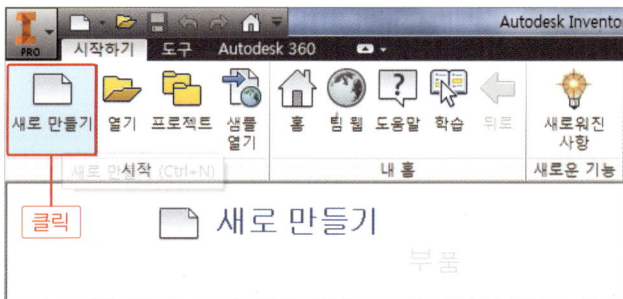

04 다음과 같은 **Templates** 메뉴가 나오는데 여기서 원하는 메뉴 아이콘을 **선택**한다.

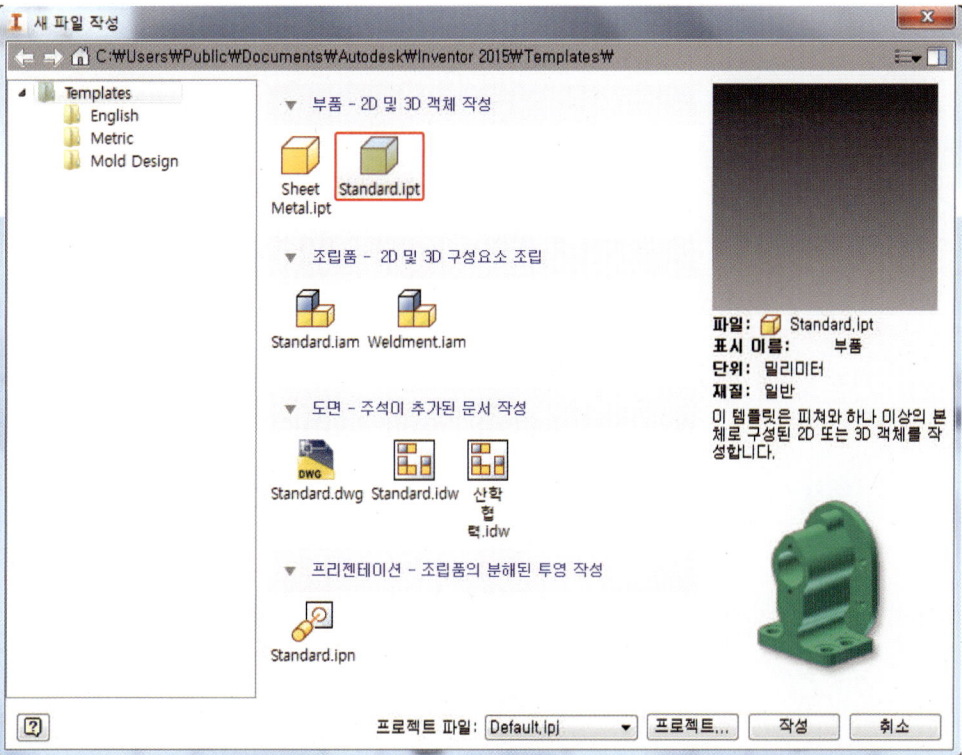

① Sheet Metal.ipt는 **판금 환경**을 제공한다.
② Standard.ipt는 **단품 환경**을 제공한다.
③ Standard.iam은 **단품 조립환경**을 제공한다.
④ Weldment.iam은 **용접 조립환경**을 제공한다.
⑤ Standard.dwg는 **AutoCAD 도면환경**을 제공한다.
⑥ Standard.idw는 **인벤터 도면환경**을 제공한다.
⑦ Standard.ipn은 **프레젠테이션 환경**을 제공한다.

일반적인 시험용 인벤터 작업순서

3D 작업	2D 작업
1. 각 부품 단품작업(Standard.ipt)	1. 각 부품 단품작업(Standard.ipt)
2. AutoCAD 시험용 기본틀 작업	2. 각 부품 도면작업(Standard.idw)
3. 각 부품 도면작업(Standard.idw)	3. AutoCAD.dwg 파일변환
4. 인벤터에서 도면 음영상태로 출력	4. 도면 수정, 치수 기입, 표면 거칠기… 완성
5. 인벤터에서 음영출력	5. AutoCAD 출력

02 Inventor 기본화면 구성

01 부품-2D 및 3D 객체 작성 ⇨ Standard.ipt 더블클릭

▼ 부품 - 2D 및 3D 객체 작성

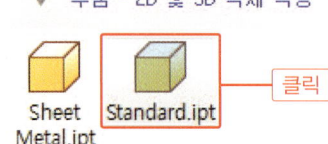

02 다음과 같은 화면이 표시된다.

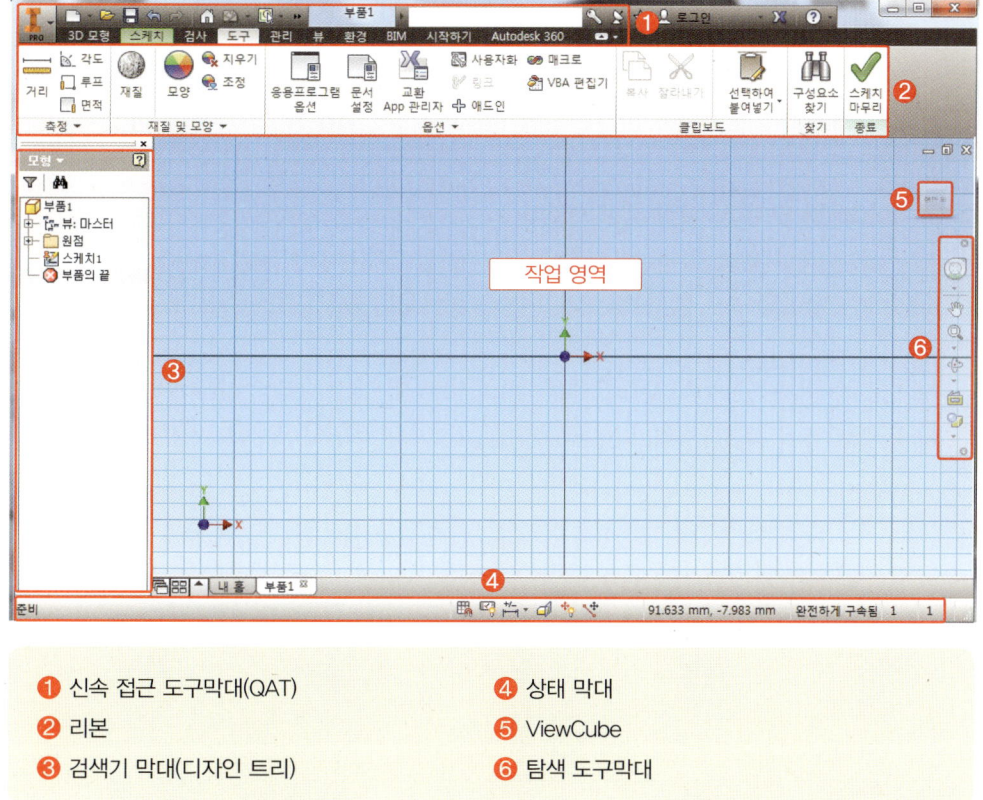

① 신속 접근 도구막대(QAT)
② 리본
③ 검색기 막대(디자인 트리)
④ 상태 막대
⑤ ViewCube
⑥ 탐색 도구막대

(1) 신속 접근 도구막대(QAT)

화면 맨 위의 신속 접근 도구막대(QAT)는 모든 환경의 명령을 표시한다. 여기에는 자주 사용되는 명령(예: 명령취소 및 재실행)이 포함된다.

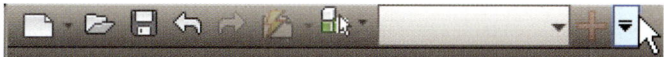

(2) 리본

응용프로그램을 열면 리본이 자동으로 주 창의 맨 위에 표시되어 명령 및 컨트롤의 팔레트에 액세스할 수 있고, 리본은 탭으로 구성되며, 탭은 작업에 따라 레이블이 지정된다.

각 탭의 일련의 패널에 명령이 표시되는데 일부 패널에는 추가 명령을 사용할 수 있는 드롭다운 화살표가 있다. 드롭다운 메뉴에서 명령을 그룹 해제하여 리본에 표시할 수 있다.

두 가지 이상의 파일 유형이 동시에 열려 있으면 리본은 현재 활성 상태인 파일 환경에 맞게 변경된다.

- **탭으로 최소화** 탭 제목만 표시된다.

- **패널 제목으로 최소화** 탭 및 패널 제목만 표시된다.

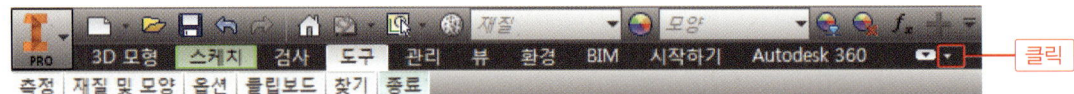

- **패널 버튼으로 최소화** 패널 버튼 및 해당 이름만 표시된다.

- **모두 순환** 전체 리본 표시의 모든 옵션이 순환된다.

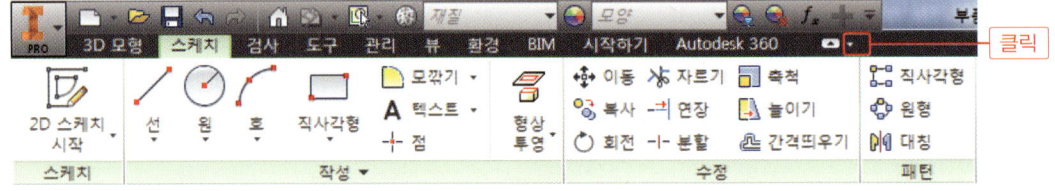

(3) 검색기 막대

검색기는 계층구조에서 부품/조립품 모형을 구성하는 형상에 관한 정보를 표시한다. 검색기 맨 위의 필터 아이콘은 특정 요소의 가시성을 켜거나 끄기 위한 메뉴를 표시한다.

> **TIP** 검색기의 첫 번째 요소는 솔리드 및 곡면 본체 폴더와 원본 폴더이다. 곡면이 없는 경우 솔리드 본체 폴더만 있다. 폴더 옆 괄호 안의 숫자는 폴더에 포함된 본체의 개수를 나타낸다. 원본 폴더에는 참조 평면(기본 작업 평면), 작업축(기존 작업축) 및 중심점에 해당하는 아이콘이 포함되어 있다. 아이콘 위에서 커서를 일시정지하면 해당 피처가 그래픽 창에서 강조 표시된다. 아이콘을 클릭하면 참조 피처가 창에서 활성화된다. 그래픽 창에서 빈 공간을 클릭하거나 다른 대상을 클릭하여 선택 사항을 취소한다.

- 화면 상에 검색기 막대가 실수로 사라진 경우에 다음과 같이 설정하여 다시 불러올 수 있다.

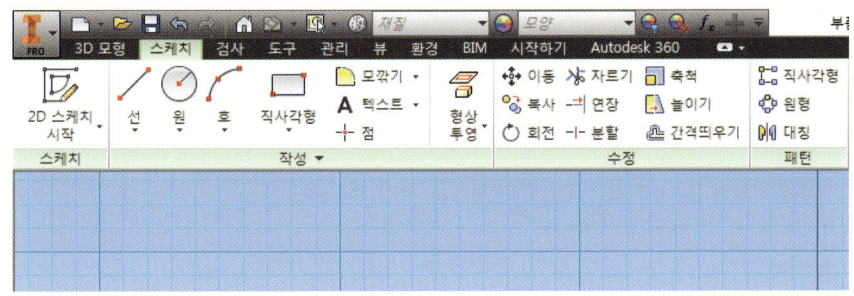

풀다운 메뉴 ⇨ **뷰** ⇨ **사용자 인터페이스** ⇨ 드롭다운 삼각형 **클릭** ⇨ **검색기** 체크

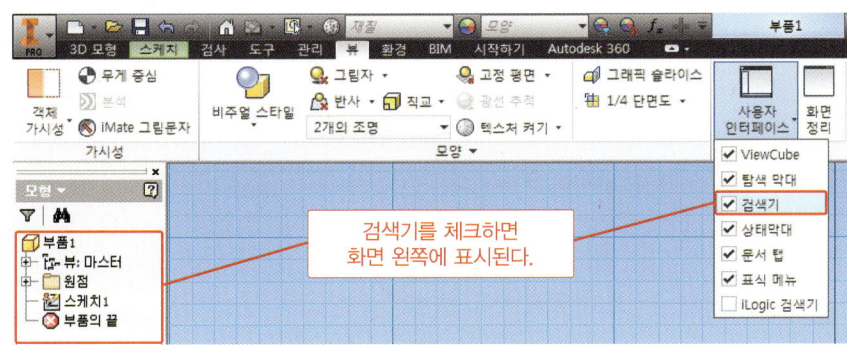

(4) 상태 막대

상태 막대는 활성 창 아래에 표시되고 **활성 명령에 필요한 다음 작업을 나타낸다.** 메모리 사용 정보를 제공하는 메모리 상태 표시가 상태 막대에 포함되며, 명령이 활성화되지 않으면 왼쪽 맨 아래에 '자세한 도움말을 보려면 F1 키를 누르십시오.'라는 메시지가 표시된다.

(5) ViewCube

인벤터에서 사용하는 모형의 관측점을 조정할 수 있는 영구 인터페이스이다.

(6) 탐색 도구 막대

현재 모형 창의 면 중 하나를 따라 이동한다. 여기에는 통합 및 제품별 탐색 도구에 대한 영역이 모두 포함되는데, 탐색 도구를 클릭하여 시작하거나 분할 버튼의 더 작은 부분을 클릭할 때 표시되는 리스트에서 선택한다.

02 인벤터 주요 환경설정 및 표식메뉴

01 인벤터 주요 환경설정

01 풀다운 메뉴 도구 ▷ 응용프로그램 옵션을 **클릭**한다.

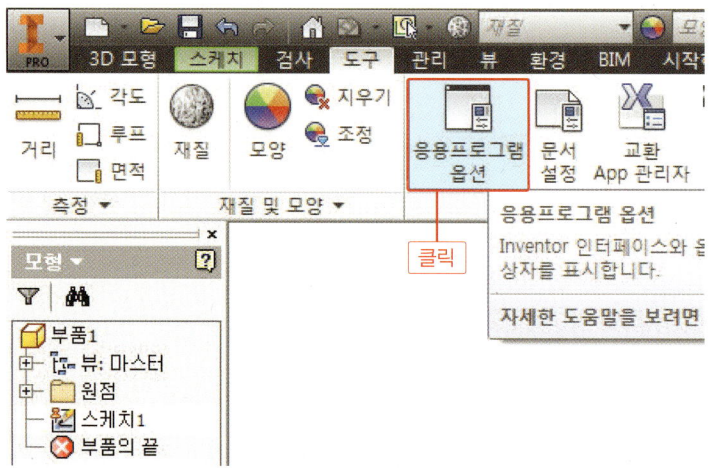

02 응용프로그램 옵션 탭의 주요 부분은 아래와 같다. 다음 탭에서 '**부품**', '**스케치**', '**색상**'을 재설정한다.

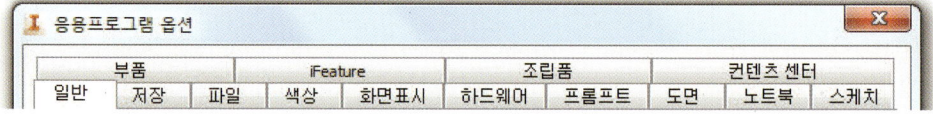

03 응용프로그램 옵션 중 '**부품**' 탭을 **클릭**하여 아래와 같이 '**X,Y 평면에 스케치**'를 설정한다.

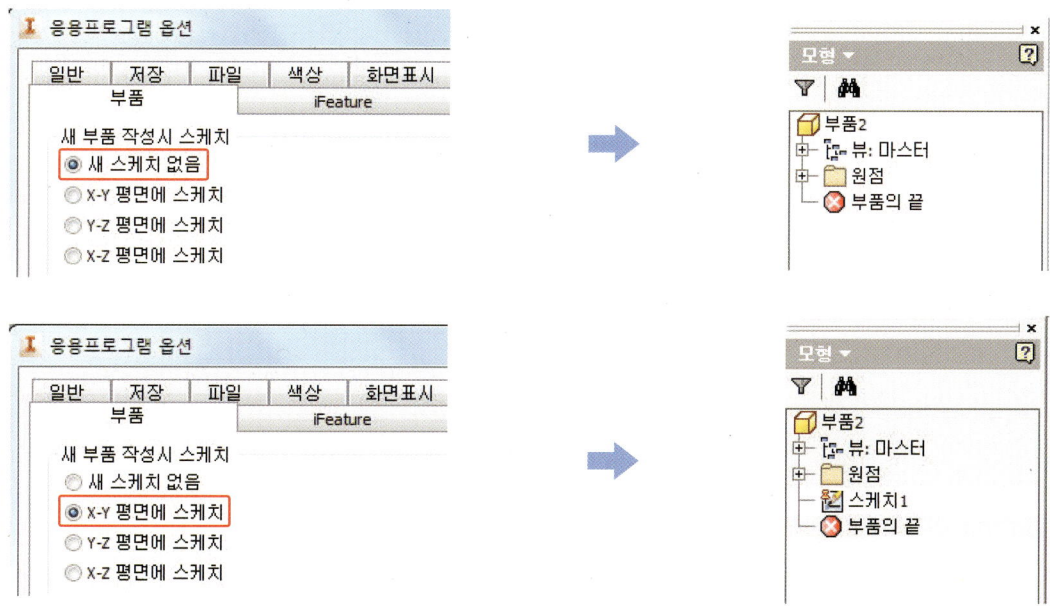

04 응용프로그램 옵션 중 '**스케치**' 탭을 **클릭**하여 아래와 같이 X,Y **평면**에 스케치를 설정한다.

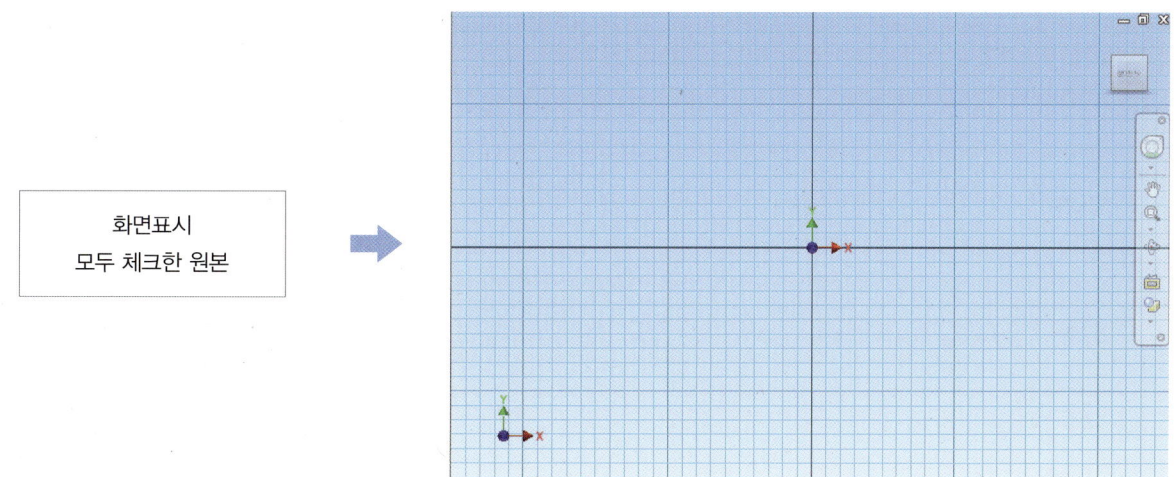

CHAPTER 01 | 시작하기

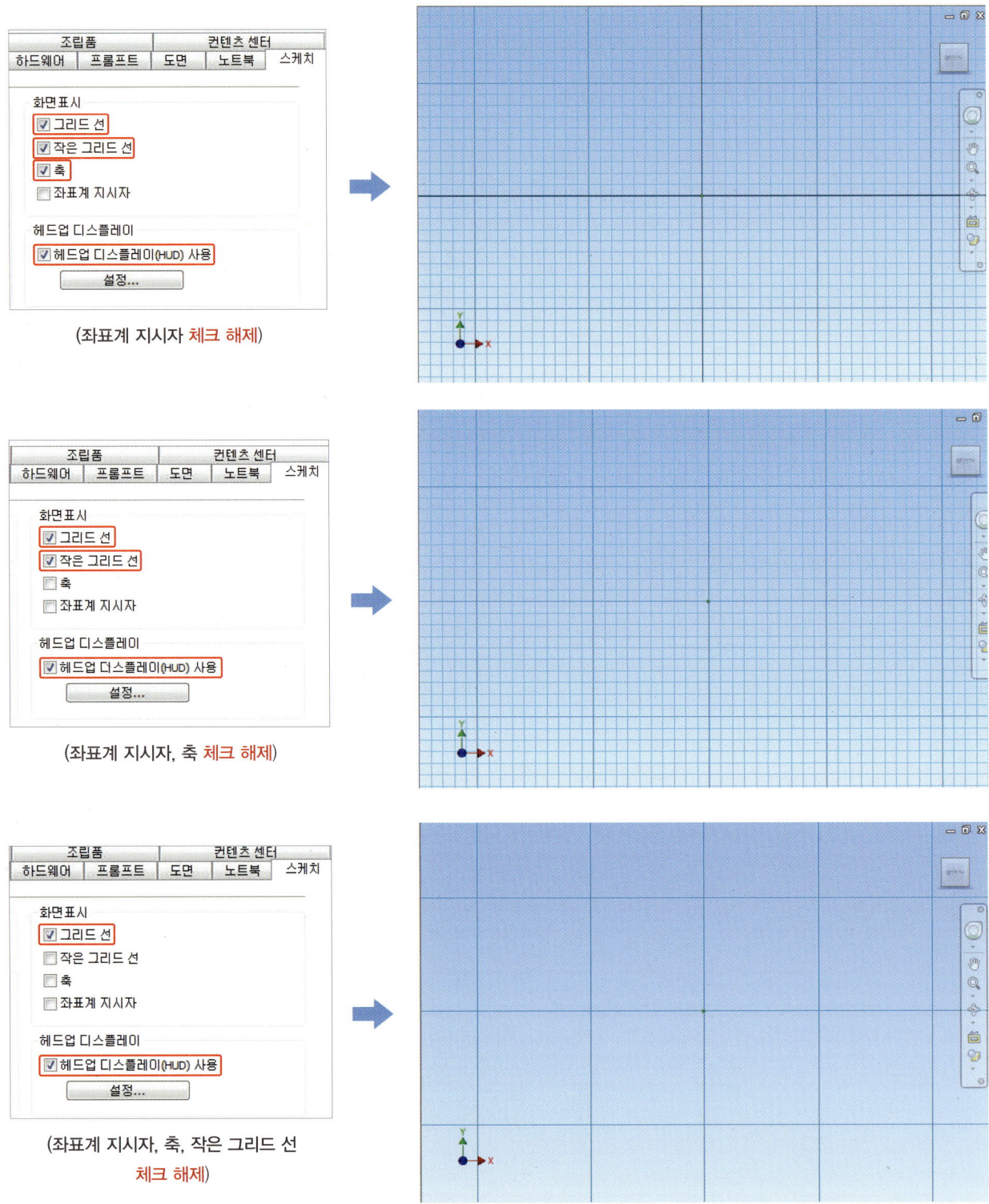

(좌표계 지시자 체크 해제)

(좌표계 지시자, 축 체크 해제)

(좌표계 지시자, 축, 작은 그리드 선 체크 해제)

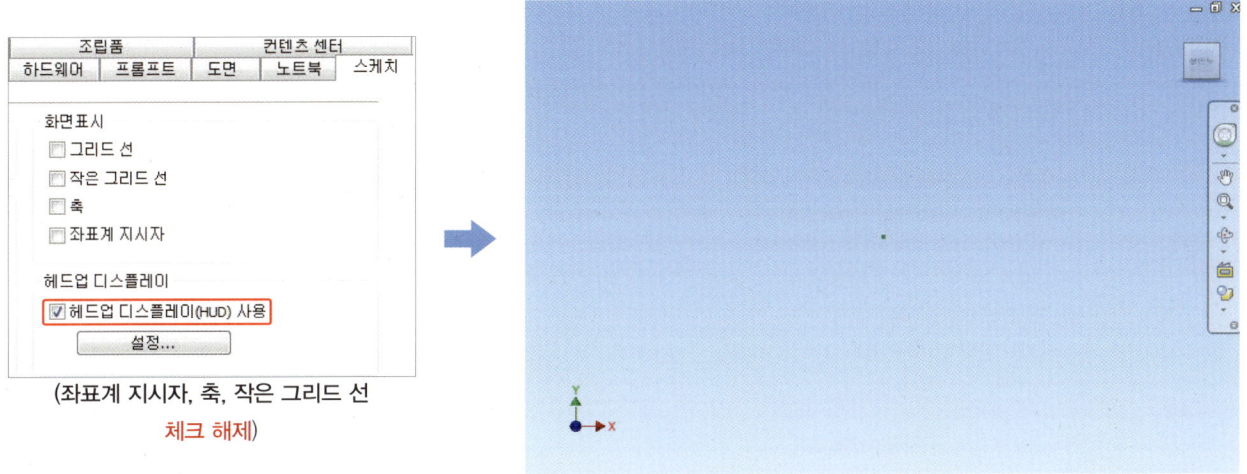

(좌표계 지시자, 축, 작은 그리드 선 체크 해제)

05 응용프로그램 옵션 중 '**스케치**' 탭 **클릭** ⇨ 아래와 같이 나머지 부분 체크 후 오른쪽 하단의 **적용 클릭** ⇨ 구속조건 설정의 '설정…' **클릭**

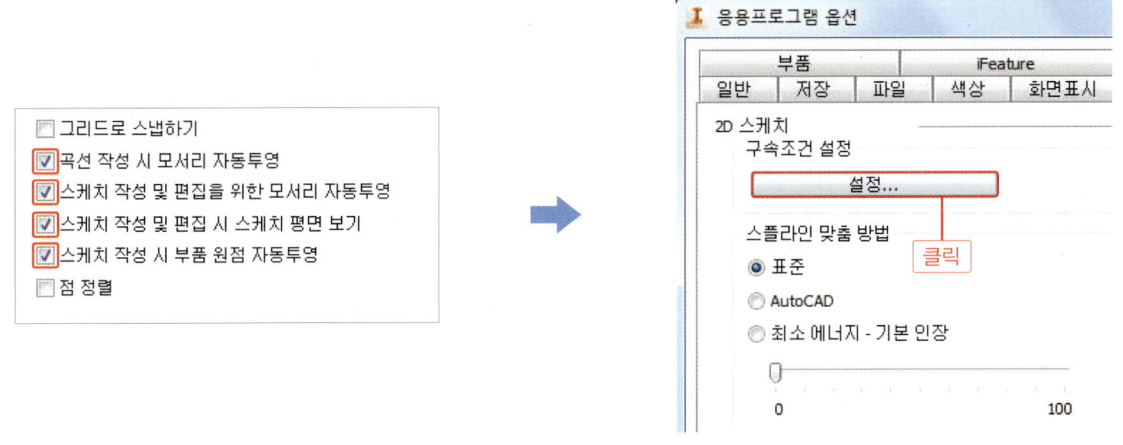

06 일반 클릭 ⇨ 구속조건을 아래 그림처럼 설정

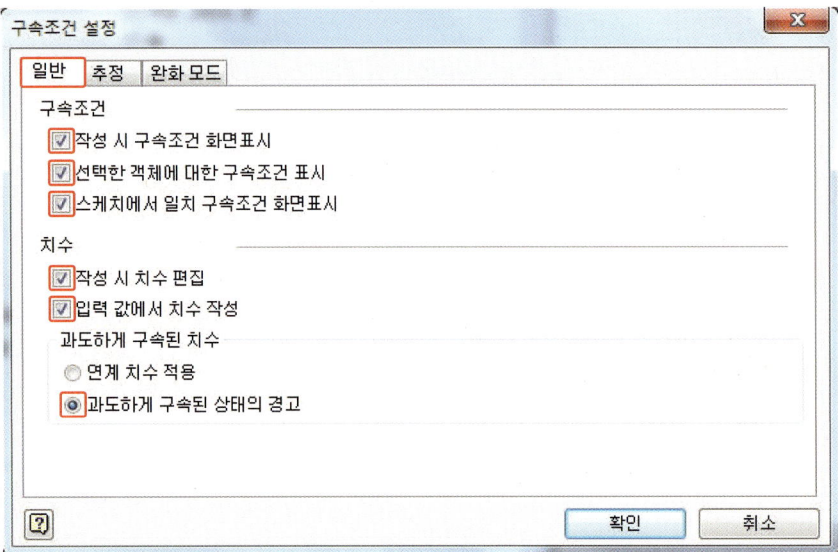

07 추정 클릭 ⇨ 모두 선택 클릭

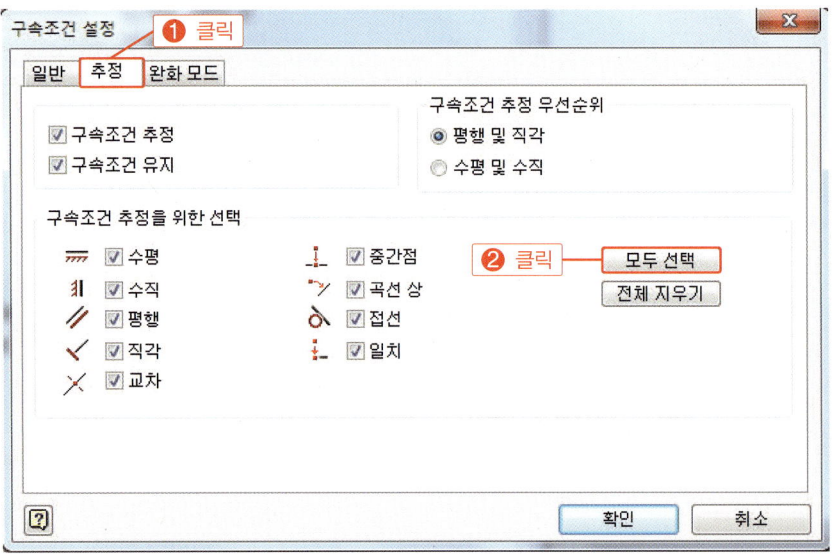

08 완화 모드 클릭 ⇨ 완화 모드 사용 체크 해제 ⇨ 확인 ⇨ 적용

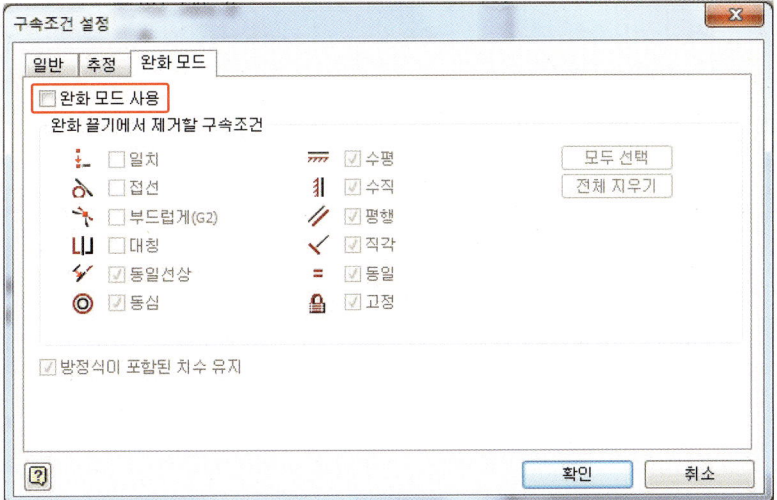

09 응용프로그램 옵션의 색상 선택
❶ 색상 체계: 하늘
❷ 배경: 그라데이션
❸ 색상주제 아이콘: 호박색

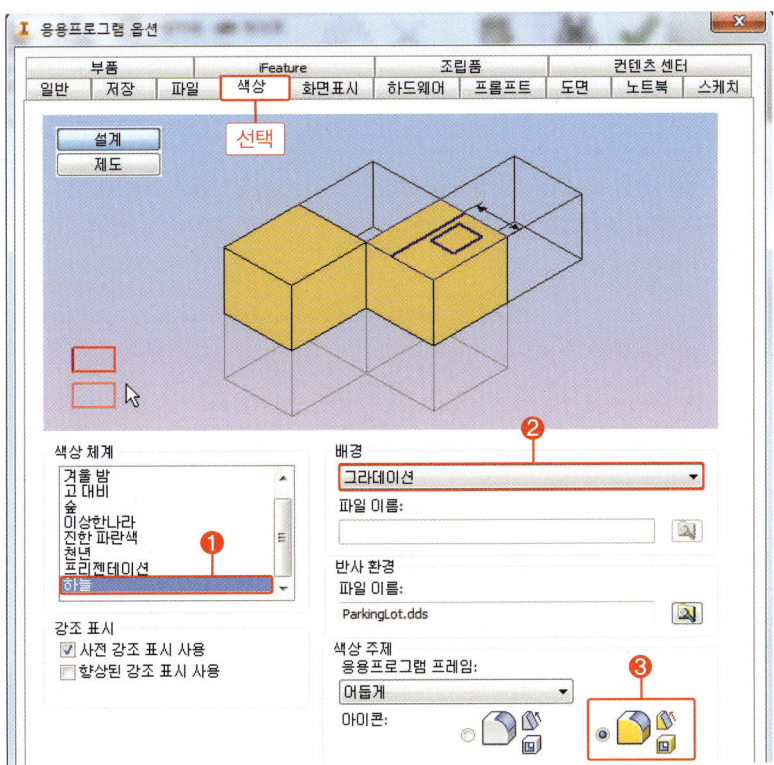

10 탐색 막대의 사용자화 **클릭** ⇨ 사용자화 메뉴에서 탐색 막대에 표시할(비주얼 스타일) 탐색 도구 **클릭** ⇨ 탐색 도구 막대에 '**비주얼 스타일**' 표시됨

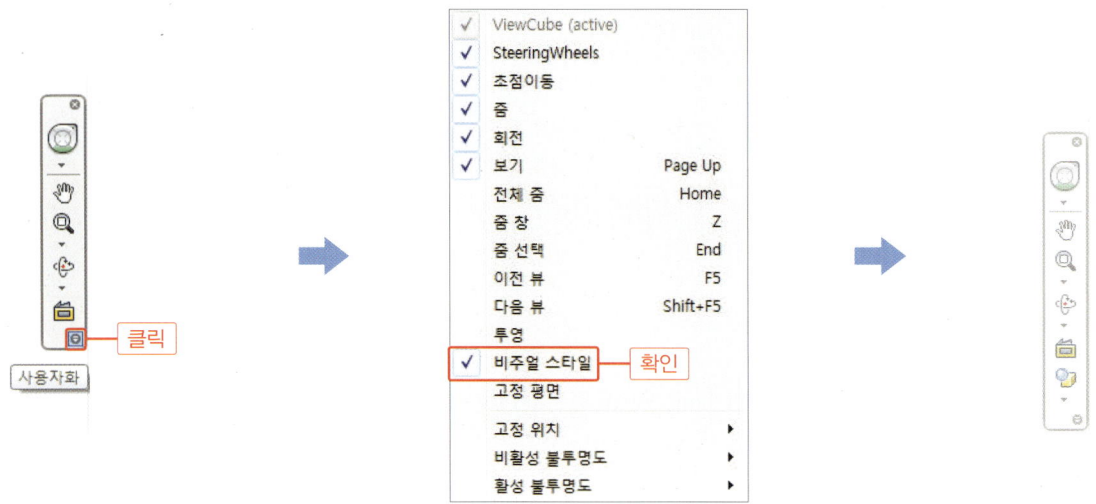

02 표식 메뉴

그래픽 창에서 **마우스 오른쪽 버튼**을 **클릭**하면 현재 커서 위치를 중심으로 <u>**원형 메뉴**가 표시된다.</u>

(1) 표식 모드 및 제스처 동작

커서를 메뉴 항목 쪽으로 이동하면서 커서로 표식을 그린 다음 마우스 버튼을 놓아 해당 항목을 선택한다. 이 작업을 **제스처 동작**이라고도 한다.

(2) 표식 메뉴의 개요

상황에 맞는 메뉴와 마찬가지로, 표식 메뉴에는 현재 작업에 관한 명령이 포함되어 있다. 예를 들어 스케치 환경에서 표식 메뉴는 스케치 명령(예: 중심점 원, 선, 두 점 직사각형 및 스케치 마무리)을 제공한다.

부품 모델링 환경에서 표식 메뉴는 구멍, 돌출, 모깎기, 작업 평면과 같은 명령을 제공한다.

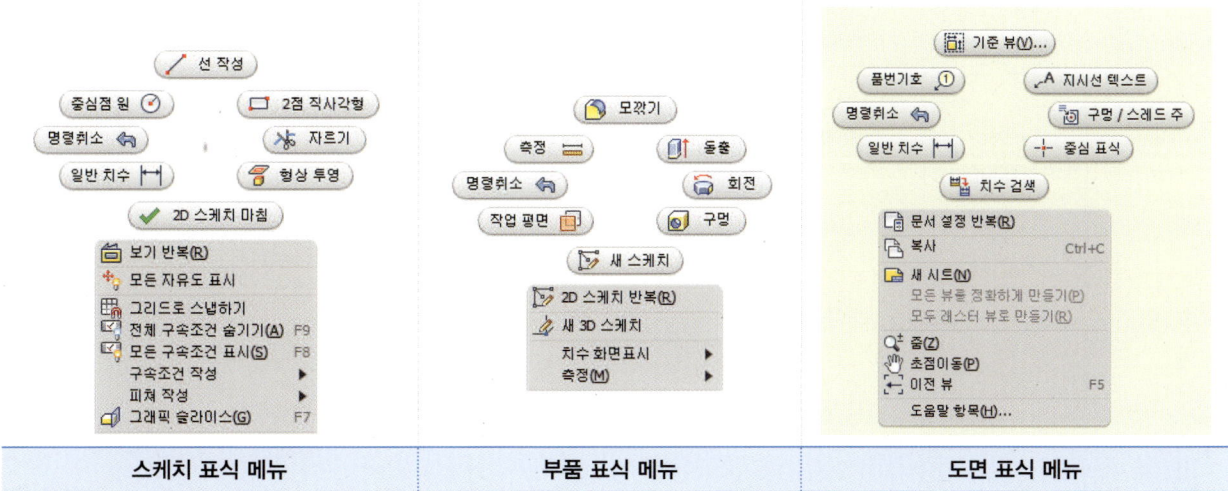

| 스케치 표식 메뉴 | 부품 표식 메뉴 | 도면 표식 메뉴 |

03 인벤터 단축키 및 표식메뉴 사용자화

01 풀다운 메뉴 ⇨ 도구 ⇨ **사용자화** 클릭

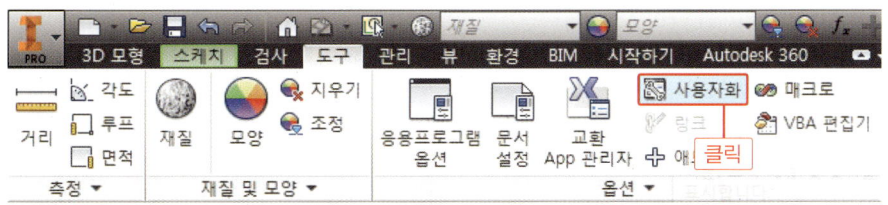

02 사용자화의 **키보드 클릭** ⇨ 범주(C): **스케치, 지정됨 선택** ⇨ 단축키가 지정된 명령 확인

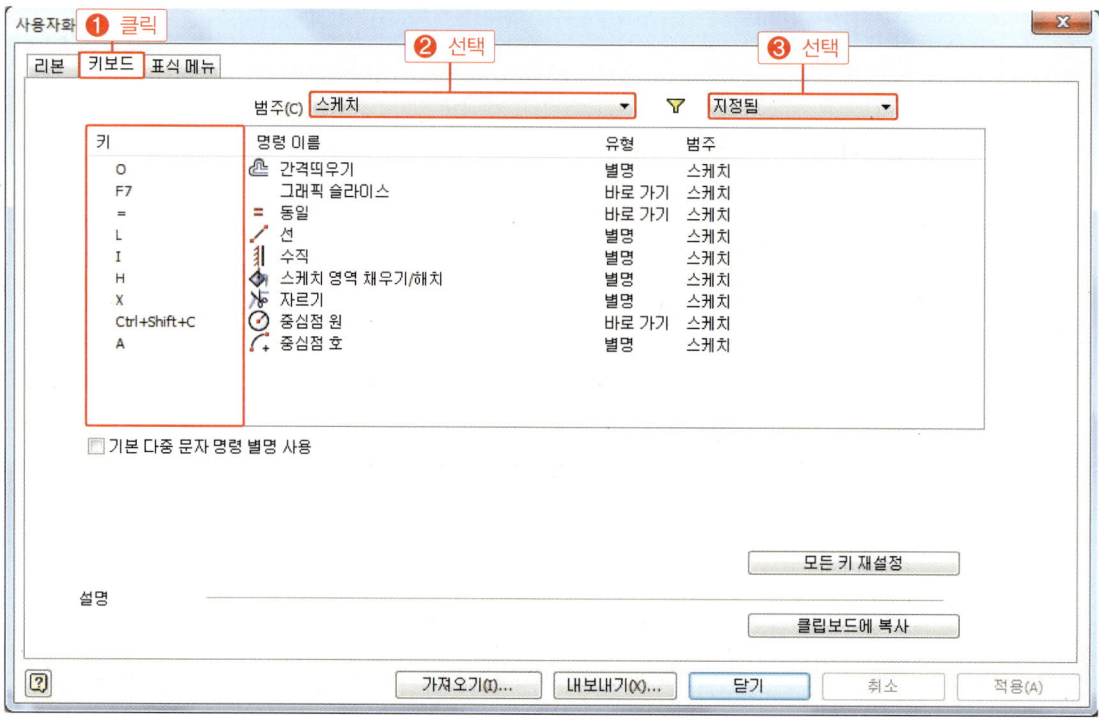

03 지정됨을 **모두 선택** ⇨ 단축키 지정을 원하는 명령 이름 앞 여백에 커서를 놓고 마우스 왼쪽 버튼 **클릭** ⇨ 본인이 선호하는 단축키 이름으로 지정 ⇨ **적용**

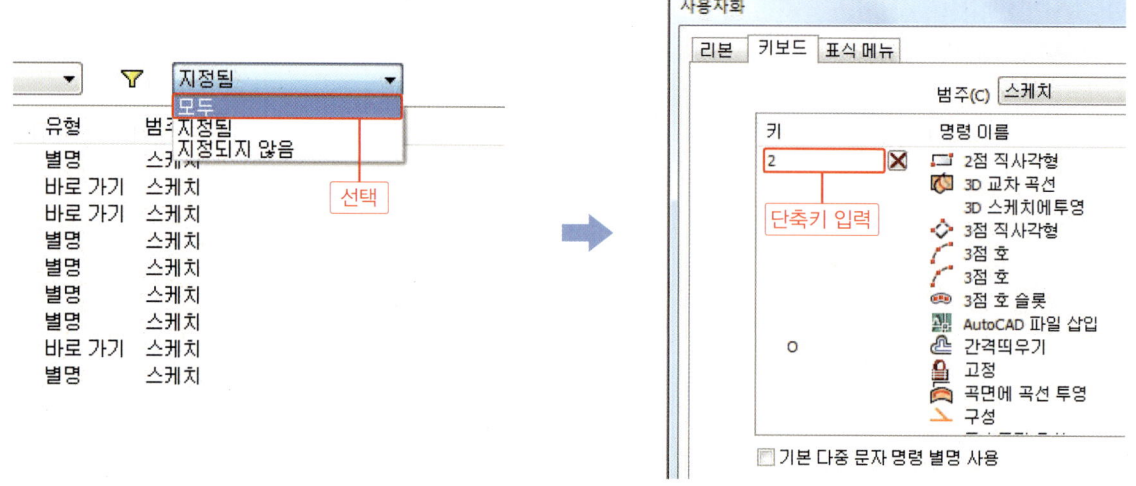

04 사용자화의 **표식 메뉴 선택** ⇨ 환경: **2D 스케치 선택**

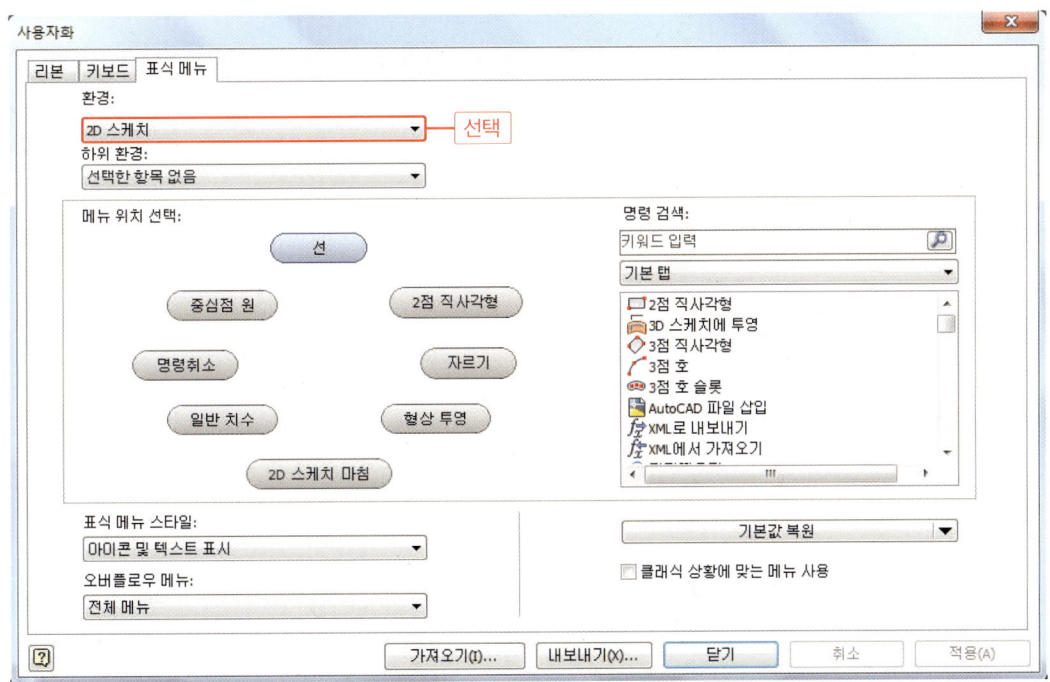

05 메뉴 위치 지정에서 원치 않는 메뉴 **삭제**방법(예: 형상 투영) ⇨ 형상 투영 **클릭** ⇨ 마우스 오른쪽 버튼 **클릭** ⇨ **제거 클릭**

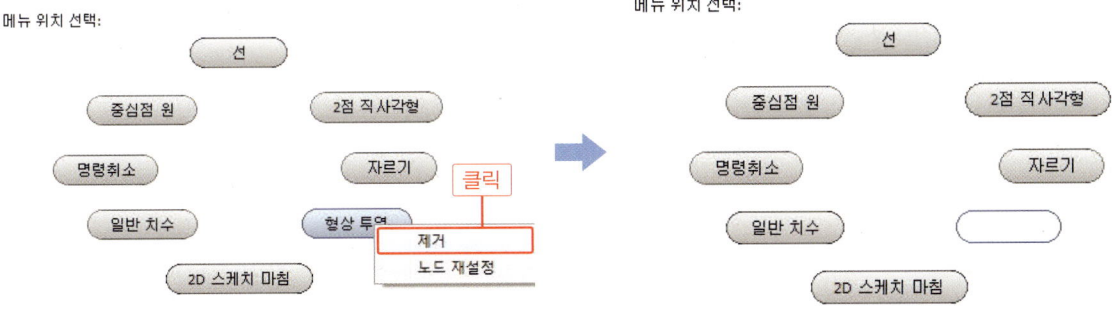

06 새로운 명령어 등록방법 ⇨ 명령 검색 아이콘 목록에서 원하는 아이콘 클릭

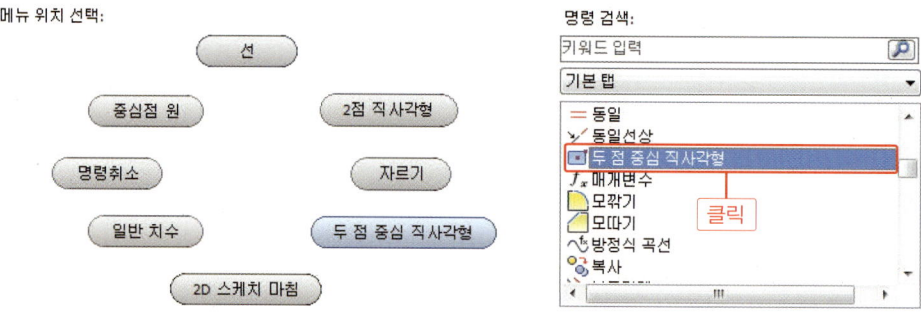

03 | 인벤터 Zoom 메뉴

01 인벤터 탐색메뉴

인벤터에서 사용하는 **탐색(Zoom)** 관련 메뉴는 아래 이미지와 같다.

명령어	아이콘	단축키
줌 전체	🔍	Home
줌 창	🔍	Z
줌	🔍	F3
초점이동	✋	F2
선택항목 줌	🔍	End
회전	🔄	F4
평면형 면 줌	📁	PgUp
이전 뷰	←	F5
다음 뷰	→	Shift + F5
홈 뷰	🏠	F6

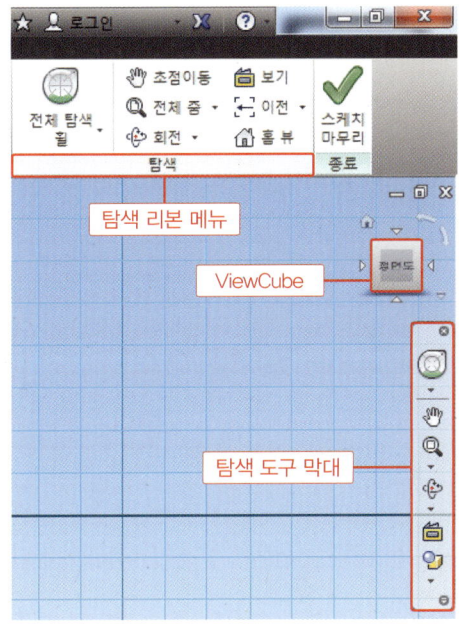

• 탐색 관련 명령은 인벤터 도움말(F1) ⇨ 온보딩 비디오 '+' 클릭 ⇨ 하위 메뉴에서 뷰 탐색 선택 ⇨ 동영상을 통하여 학습한다.

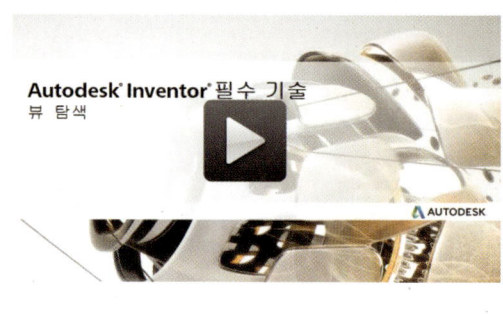

02 ViewCube 인터페이스

인벤터에서 사용하는 모형의 관측점을 조정할 수 있는 영구 인터페이스이다. ViewCube는 비활성 상태인 창의 오른쪽 위 한쪽에 표시되는데 그 위에 커서를 놓으면 창이 활성화된다.

ViewCube 아래에는 선택적 나침반이 표시된다. 이 나침반은 모형의 북쪽으로 정의된 방향을 나타낸다.

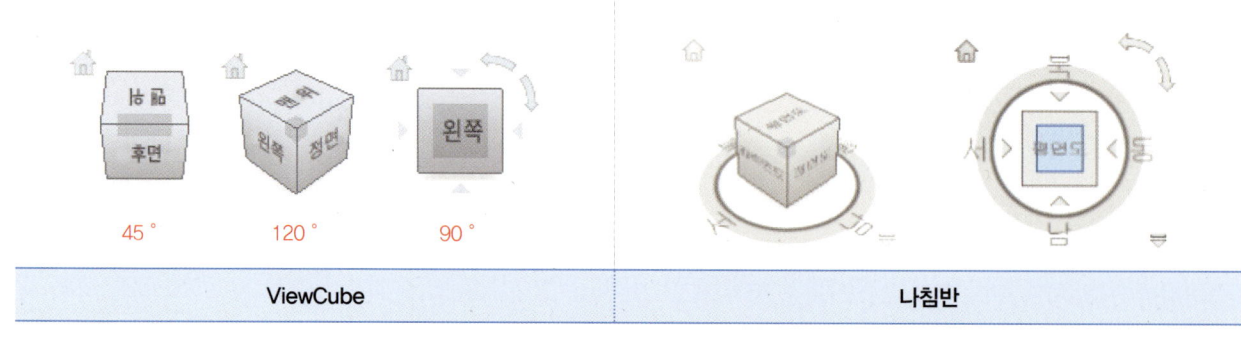

| ViewCube | 나침반 |

03 SteeringWheel

휠이라고도 하는 SteeringWheel는 커서를 따라 움직이는 추적 메뉴이다. 여러 일반 탐색 도구를 단일 인터페이스로 결합한다.

SteeringWheels로 상호 작용하는 기본 방법은 영역 누르기 및 끌기이다.

처음으로 SteeringWheels를 표시하는 경우 3D 뷰가 현재 뷰이면 휠에 대한 처음 사용 풍선 도움말이 표시된다. 첫 번째 접촉 품번기호는 휠에 대한 소개이다.

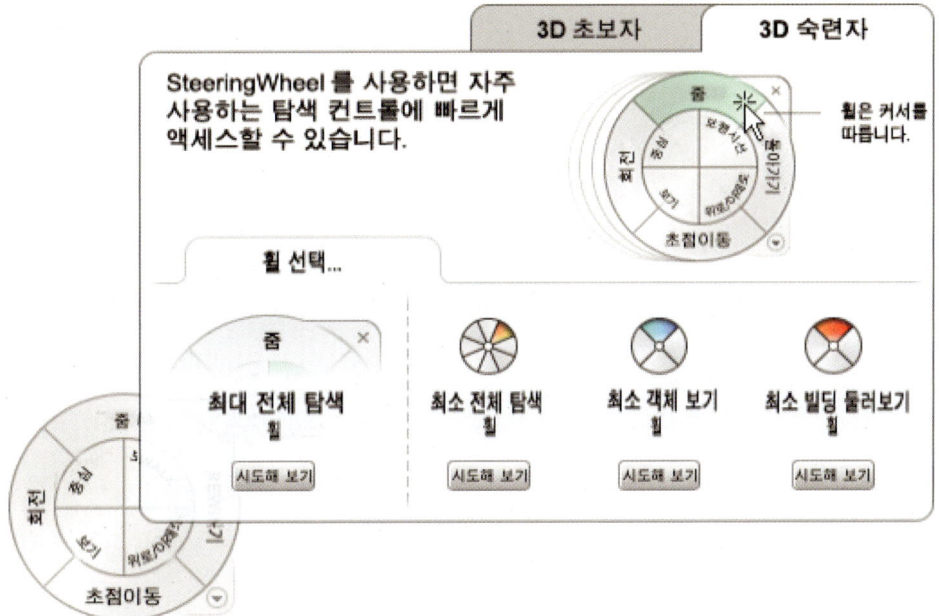

04 탐색 막대 사용

탐색 막대의 명령 추가 및 제거 과정은 다음과 같다.

01 탐색 막대에서 사용자화 **클릭**

02 사용자화 메뉴에서 탐색 막대에 표시할 탐색 도구 **클릭**

> **TIP** 탐색 도구의 이름 옆에 있는 확인 표시는 해당 탐색 도구가 탐색 막대에 표시됨을 나타낸다.

03 명령을 마우스 오른쪽 버튼으로 클릭하고 탐색 막대에서 제거를 **클릭**한다.

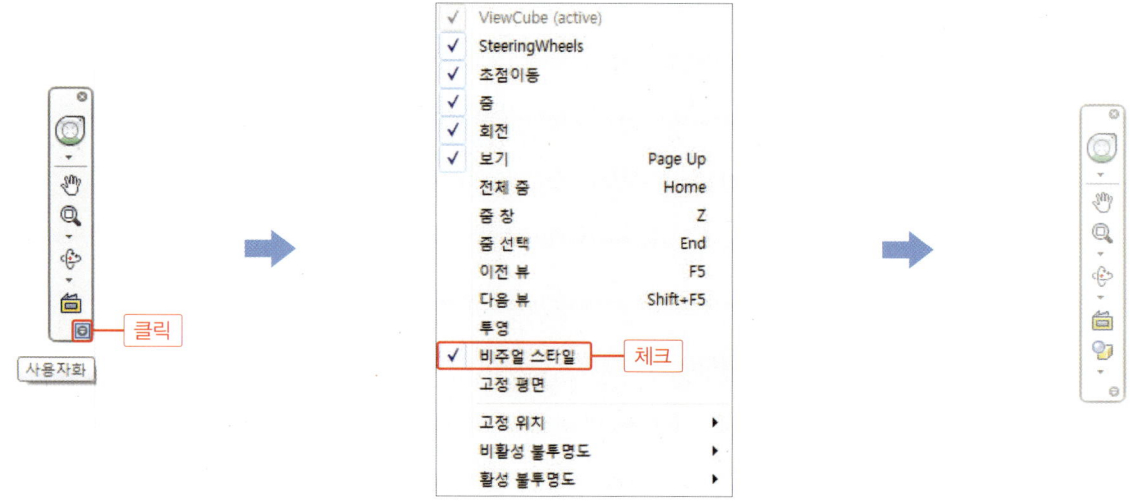

04 비주얼 스타일 세부 내용은 다음 화면과 같다.

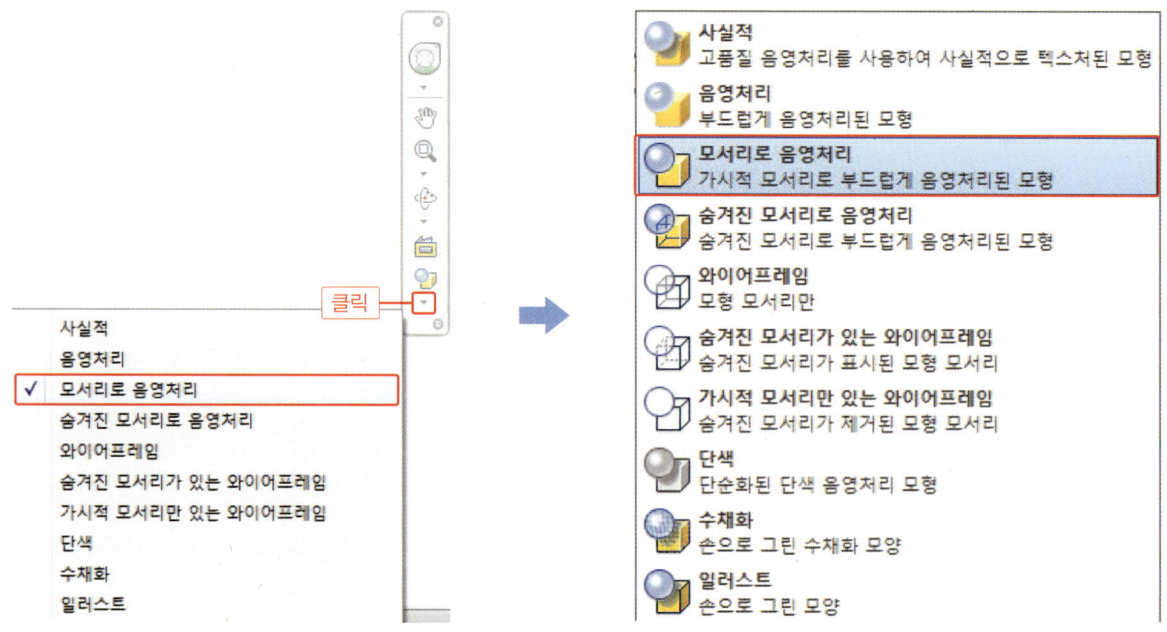

04 구속조건

인벤터 구속조건은 크게 '치수 구속조건'과 '형상 구속조건'으로 구분할 수 있다.

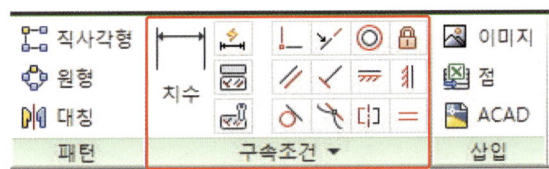

인벤터 구속조건

구분	명령어	아이콘	내용
치수 구속조건	일반치수		그래픽 창에서 치수기입할 형상을 클릭한 후 배치한다.
	자동치수		선택된 스케치 형상에 누락된 치수와 구속조건을 자동으로 적용한다.
형상 구속조건	일치		일치 구속조건을 사용하여 2D 및 3D 스케치의 다른 형상에 점을 구속한다.
	동일선상		동일 선상 구속조건은 선택된 선이나 타원 축이 동일 선상에 놓이도록 한다.
	동심		동심 구속조건은 두 개의 호, 원 또는 타원이 동일한 중심점을 갖게 한다.
	고정		고정 구속조건은 스케치 좌표계에 상대적인 위치에 점과 곡선을 고정시킨다.
	평행		평행 구속조건은 선택된 선 또는 타원 축이 서로 평행하게 배치되도록 한다.
	직각		직각 구속조건은 선택된 선, 곡선 또는 타원 축이 서로 90도가 되도록 한다.
	수평		수평 구속조건은 선, 타원 축 또는 점 쌍이 스케치 좌표계의 X축에 평행하게 배치되도록 한다.
	수직		수직 구속조건은 선, 타원 축 또는 점 쌍을 좌표계의 Y축과 평행하게 만든다.
	접선		접선 구속조건은 스플라인의 끝을 포함하는 곡선이 다른 곡선에 접하도록 한다.
	부드럽게		'부드럽게(G2)'를 사용하여 스플라인과 다른 곡선(예: 선, 호 또는 스플라인) 사이에 곡률 연속(G2) 조건을 작성한다.
	대칭		대칭 구속조건은 선택한 선이나 곡선이 선택한 선을 중심으로 대칭으로 구속되도록 한다.
	동일		동일 구속조건은 선택된 원과 호가 동일한 반지름을 갖거나 선택된 선이 동일한 길이를 갖도록 한다.

01 형상 구속조건 샘플

일치	동일 선상

동심	고정 선상

평행	직각

수평	수직

접선	부드럽게

대칭	동일

02 형상 구속조건의 적용방법 샘플

01 리본에서 스케치 탭 ⇨ 구속조건 패널 ⇨ 일치 구속조건 을 **클릭**한다.

02 구속할 점을 **클릭**한다.

03 점을 구속할 형상을 **클릭**한다.

04 일치 구속조건 배치를 계속하거나 다음 중 하나를 수행하여 종료한다.

- 마우스 오른쪽 버튼을 클릭하고 종료를 선택한다.
- Esc 를 누른다.
- 다른 명령을 선택한다.

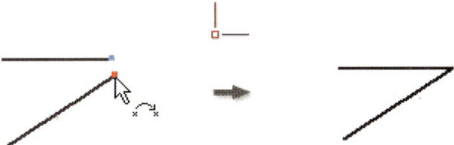

03 형상 구속조건 표시(F8)/숨기는(F8) 방법

모든 활성 스케치 형상의 구속조건을 표시하거나 숨기려면 상태 막대에서 전체 구속조건 표시(F8) 또는 전체 구속조건 숨기기(F9)를 선택한다.

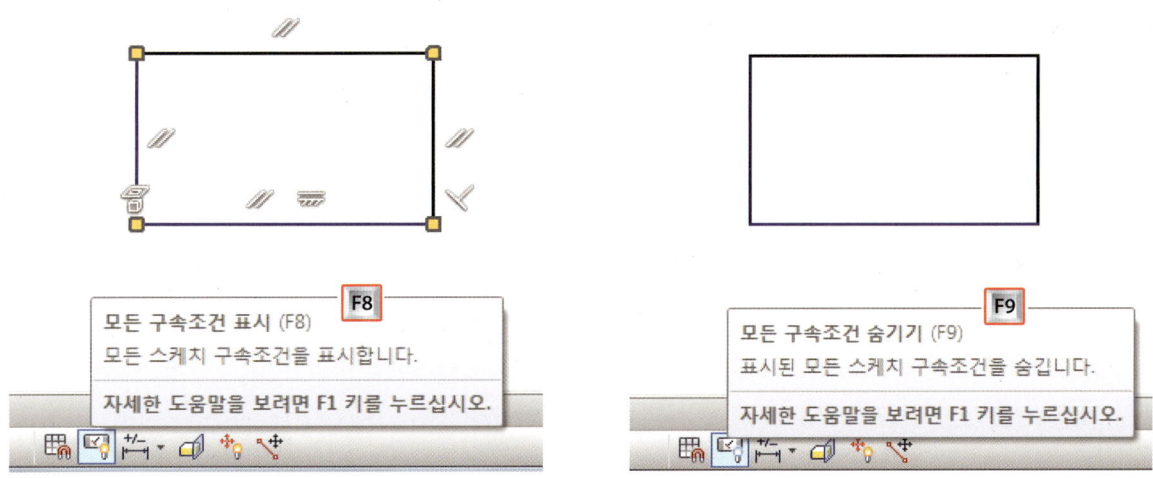

04 구속조건 삭제방법

01 키보드에서 F8 을 눌러 전체 구속조건을 표시한다.

02 표시된 구속조건 중 제거를 원하는 구속조건을 **클릭**한 후 삭제(D) 아이콘을 **클릭**한다.

05 일반 치수 기입방법

01 리본에서 스케치 탭 ⇨ 구속 패널 ⇨ 치수 를 **클릭**한다.

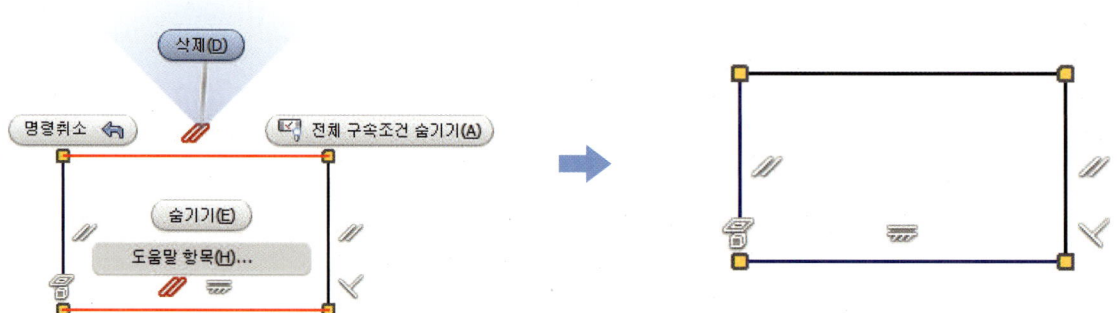

02 그래픽 창에서 치수 기입할 형상을 **클릭**한다.

03 그래픽 창 내부를 클릭하여 치수를 배치한다.

04 치수 편집 옵션을 작동 가능하게 설정하면 치수 편집 상자가 표시된다. 값을 지정하고, 방정식을 사용하여 값을 계산하거나, 화살표를 클릭하여 값을 측정하거나, 치수를 보여주거나, 공차를 설정한다.

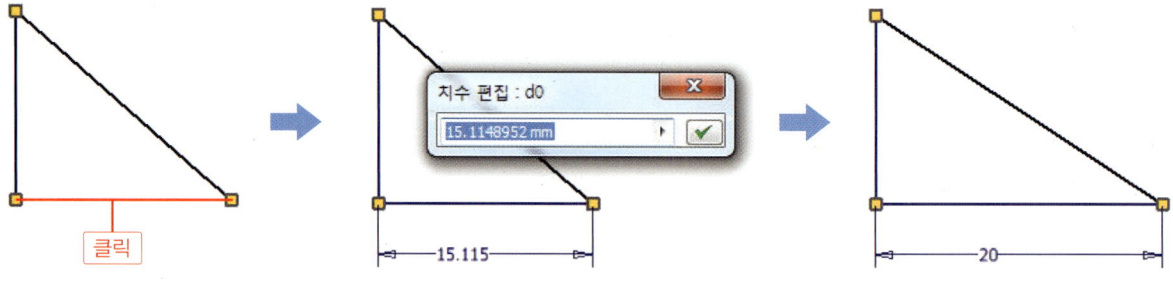

06 치수 편집방법

01 치수 명령이 활성화되어 있으면 치수를 **클릭**한다.

02 치수 명령이 활성화되어 있지 않으면 치수를 **더블클릭**한다.

07 치수 삭제방법

01 키보드의 Esc 를 눌러 치수 활성상태를 **취소**한다.

02 치수문자를 **클릭**한다.

03 키보드의 Delete 를 누르거나, 마우스 오른쪽 버튼을 눌러 **삭제(D)**를 **선택**한다.

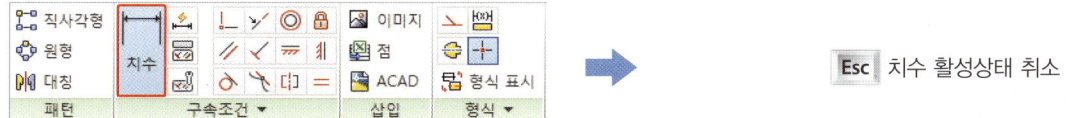

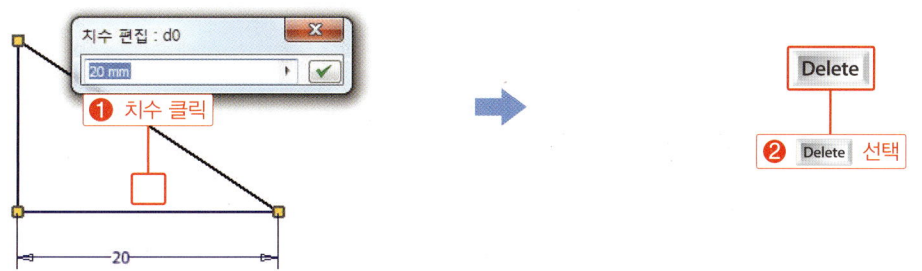

치수 삭제방법 1

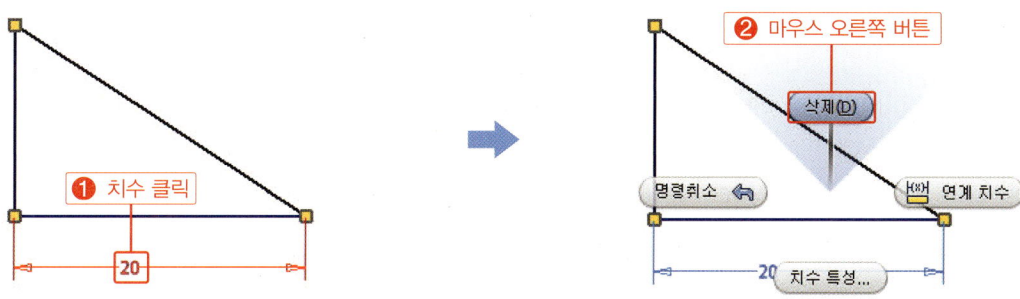

치수 삭제방법 2

08 마우스 커서 방향에 따른 치수 자동인식

01 마우스 커서가 선택한 단일객체 바깥쪽 위아래로 향하면 수평치수(❶)가 기입된다.

02 마우스 커서가 선택한 단일객체 바깥쪽 좌우 방향으로 향하면 수직치수(❷)가 기입된다.

03 마우스 커서가 선택한 단일객체 안쪽을 향하거나, 마우스 오른쪽 버튼을 눌러 정렬(A)을 선택하면 정렬된 치수(❸)가 기입된다.

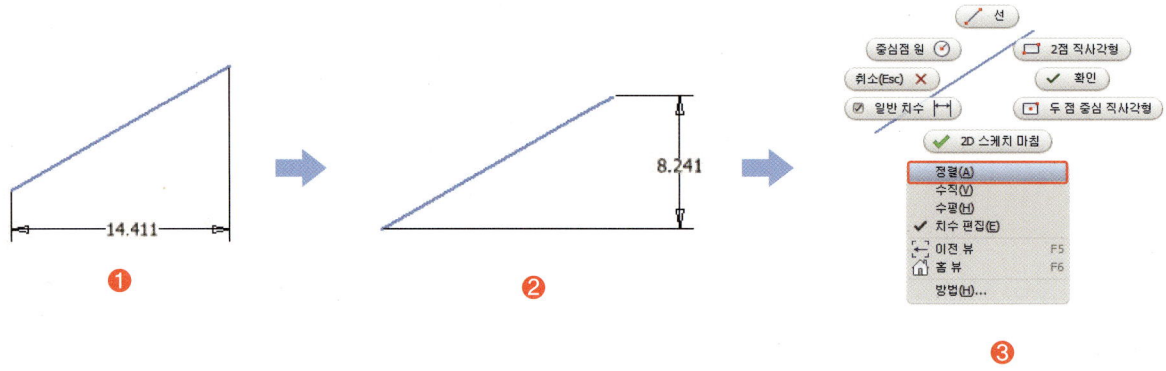

09 두 객체 간의 선형치수 기입하는 방법

첫 번째 객체 **선택** ⇨ 두 번째 객체 **선택** ⇨ 마우스 커서를 이용해 원하는 방향에 치수 배치

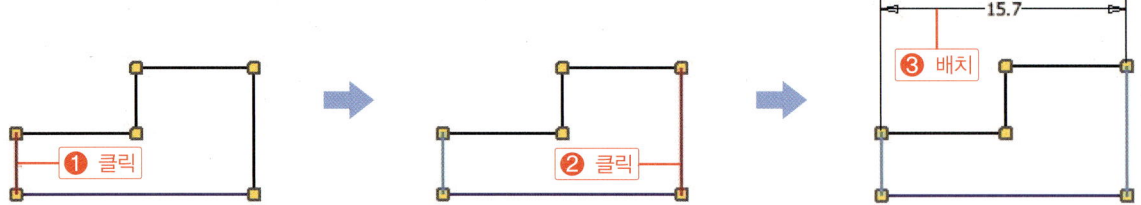

10 각도(내부/외부각도)치수 기입방법

각도 치수 기입할 첫 번째 선 **선택** ⇨ 두 번째 선 **선택** ⇨ 각도 치수 기입할 위치 **클릭**

내부 각도 기입 시   외부 각도 기입 시

11 지름치수 기입방법

01 선택 객체가 원일 때 ⇨ 원 **선택** ⇨ 지름 치수 배치

02 선택 객체가 중심선일 때 ⇨ 첫 번째, 두 번째 선 **선택** ⇨ 지름 치수를 배치

03 선택 객체가 반지름일 때 ⇨ 호 선택 ⇨ 마우스 오른쪽 버튼 **클릭** ⇨ 치수 유형에서 지름 **선택**

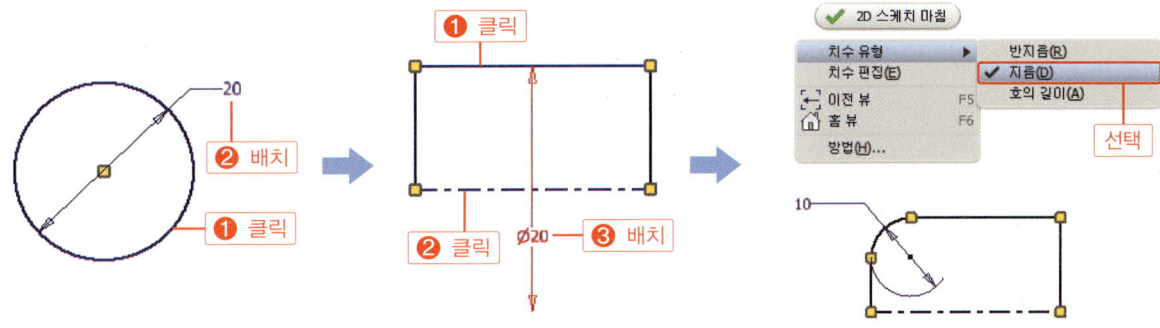

12 반지름 치수 기입방법

01 원호를 선택한다.

02 마우스 커서로 각도치수 기입 위치를 지정한다.

13 연계 치수(참고 치수)

형상의 현재 값을 표시하는 비파라메트릭 치수로서 괄호로 묶어 표시한다. 형상의 크기를 변경하면 이 값이 업데이트되지만 이 값을 변경해도 형상의 크기가 조정되지는 않는다.

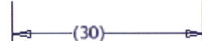

05 | 스케치 편집 및 피처 편집

01 스케치 편집

- 2장 바이스의 '1. 베이스모델링 부품'을 샘플로 설명한다.

01 디자인 트리에서 편집하고자 하는 부분 **클릭** ➪ 마우스 오른쪽 버튼 **클릭** ➪ **스케치 편집 선택**

02 부품 피처에서 수정하고자 하는 피처의 **면 선택** ➪ **스케치 편집** 아이콘 **클릭**

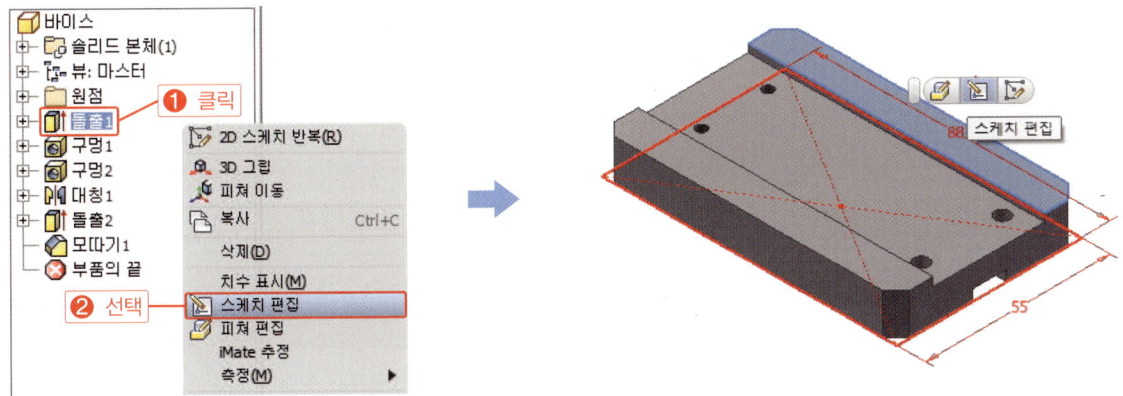

02 피처 편집

01 디자인 트리에서 편집하고자 하는 부분 **클릭** ⇨ 마우스 오른쪽 버튼 **클릭** ⇨ **피처 편집 선택**

02 부품 피처에서 수정하고자 하는 피처의 **면 선택** ⇨ **피처 편집** 아이콘 **클릭**

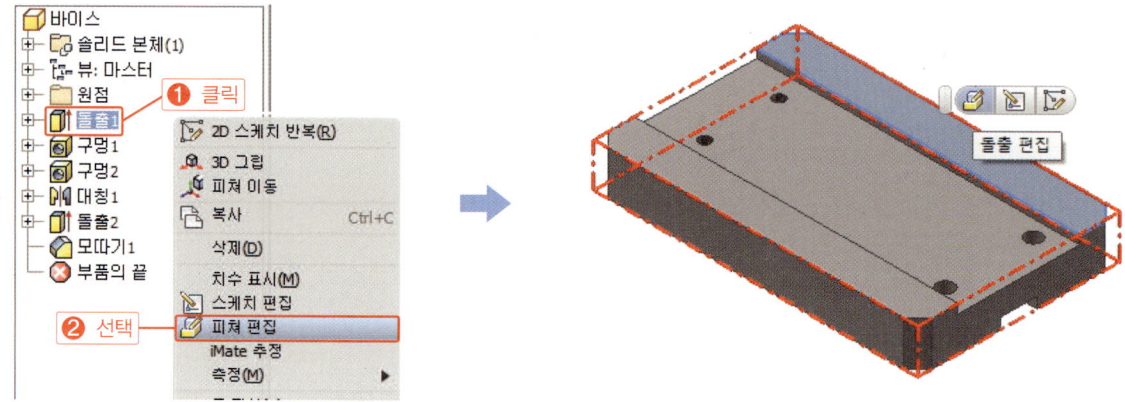

03 복귀

스케치 편집/피처 편집이 완료된 후
로컬 업데이트 아이콘(번개표시)을 **클릭**하면
원 상태로 복귀한다.

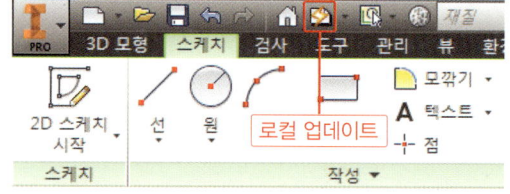

06 구멍

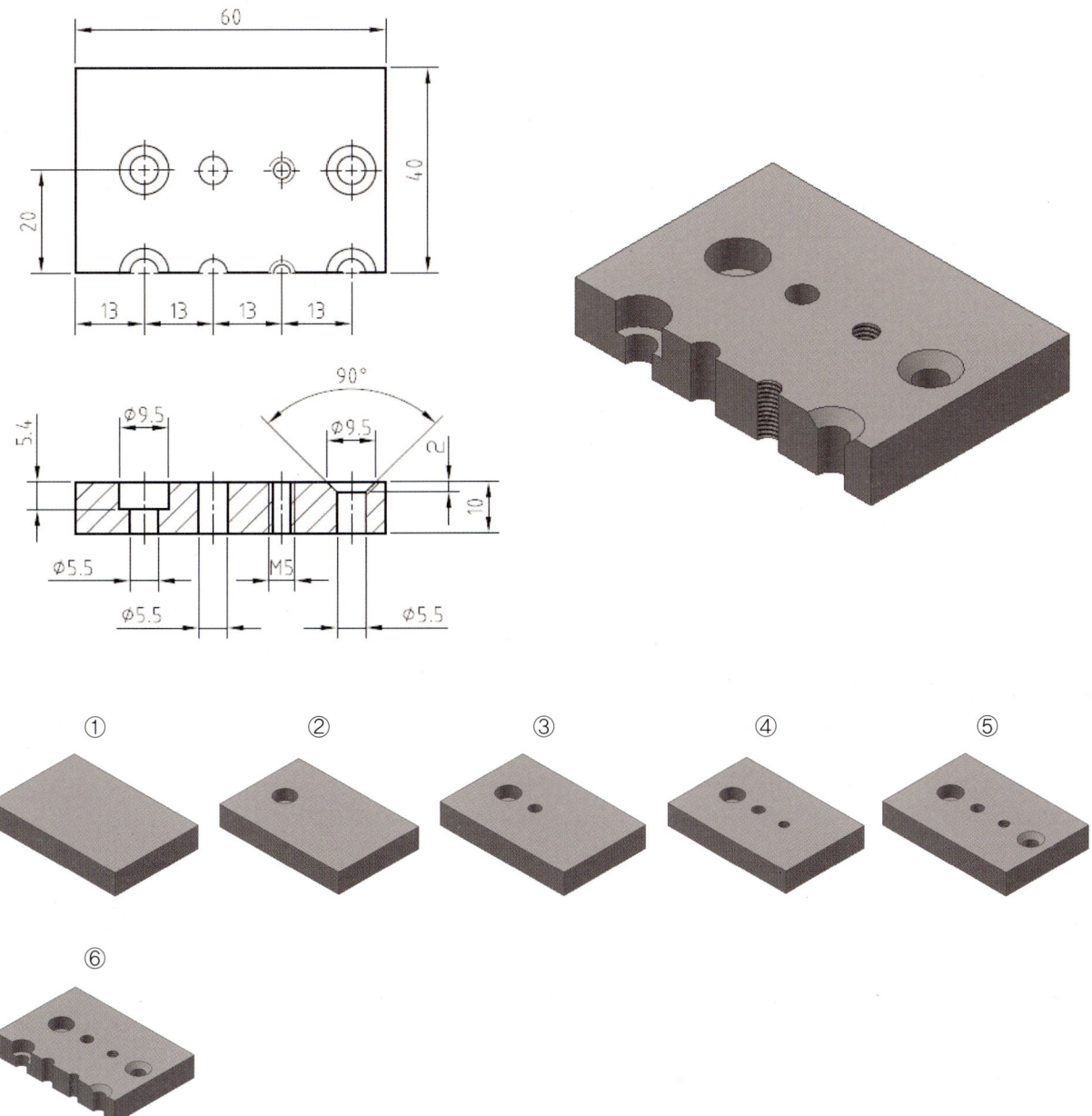

01 디자인트리 원점 [XY 평면] ⇨ 새 스케치

02 스케치 원점에서부터 **2점 직사각형** 스케치 ⇨ 가로 **60**, 세로 **40 치수** 기입

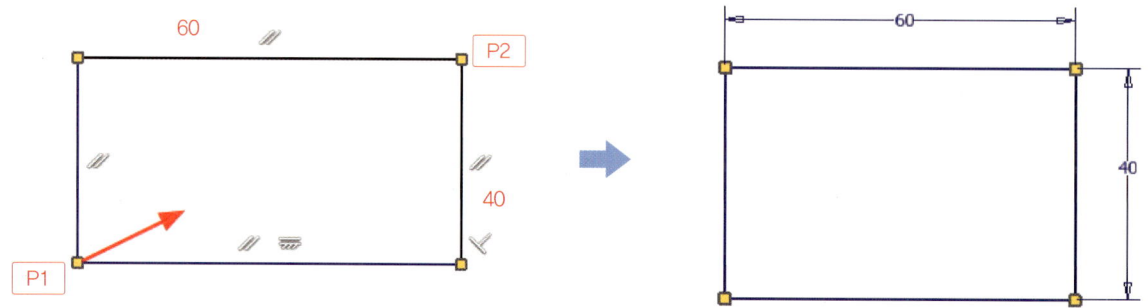

03 스케치 마무리 ⇨ F6 (등각투상도)

04 돌출 ⇨ 프로파일: **자동**, 거리: **10**, 방향: **방향 1** ⇨ 확인

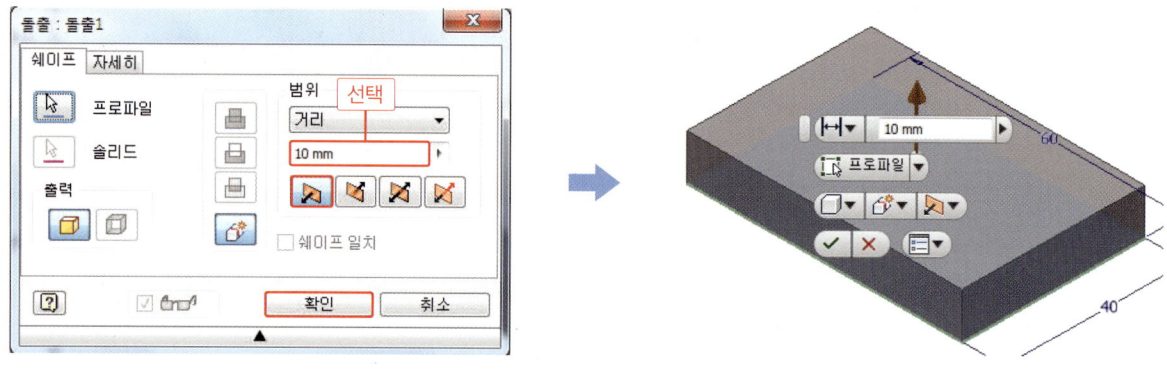

05 부품 윗면에 **새 스케치** ⇨ 스케치 **점** **선택** ⇨ 부품 내부 임의부분에 점 스케치

06 가로 **13**, 세로 **20 치수** 기입 ⇨ 스케치 마무리

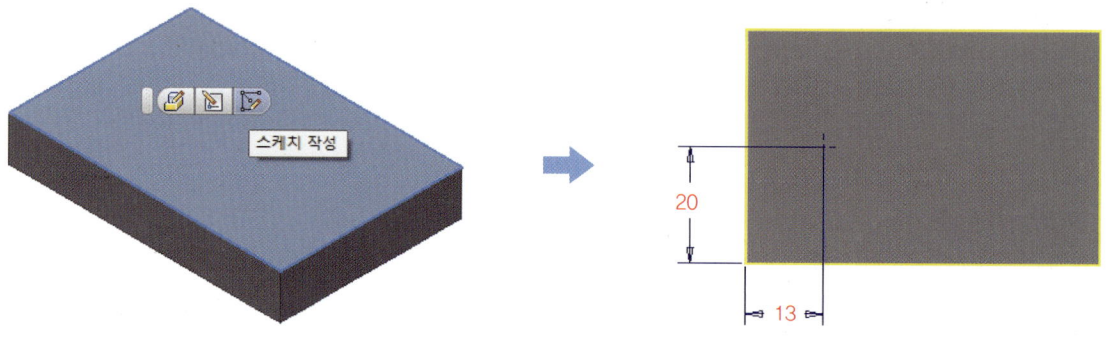

07 구명  ⇨ 깊은 자리파기 **선택** ⇨ 큰 지름 **9.5**, 깊이 **5.4**, 작은 지름 **5.5** ⇨ **전체 관통 선택** ⇨ 확인

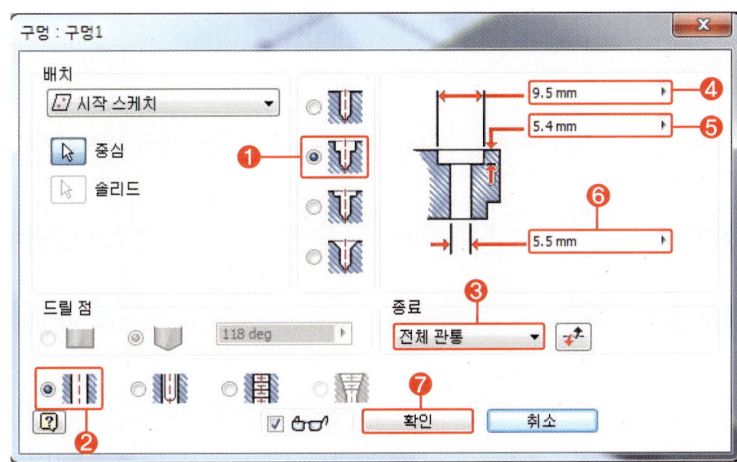

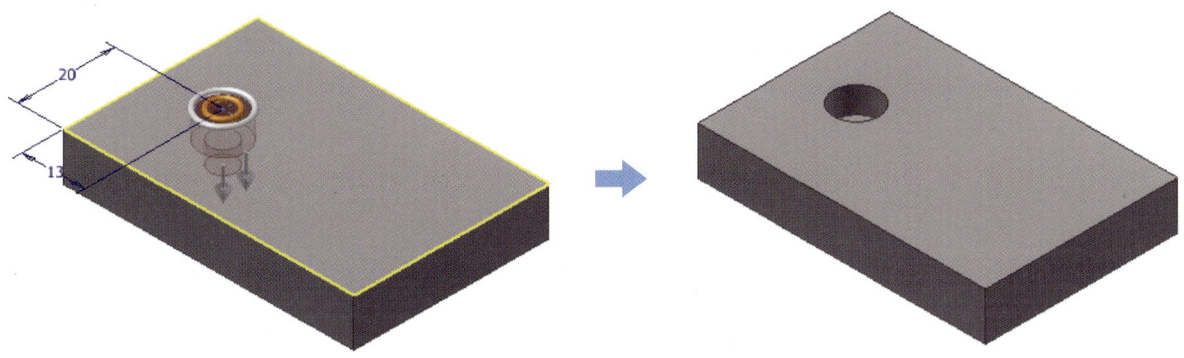

08 부품 윗면에 **새 스케치** ⇨ 오른쪽 임의위치에 **점** ┼ 스케치

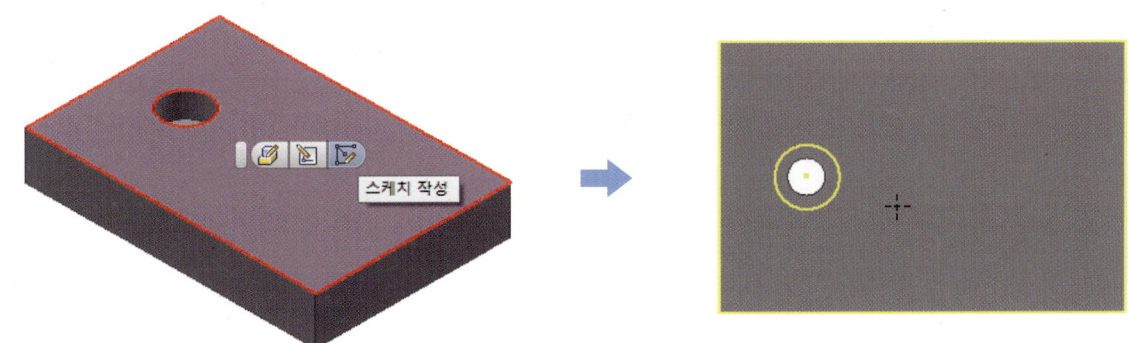

09 수평 ~~ 구속조건 **선택** ⇨ 그림 상의 점 두 개 **선택** ⇨ 가로 **13 치수** ⬜ 기입 ⇨ 스케치 마무리 ✔

10 구멍 ⊙ ⇨ **드릴 선택** ⇨ 지름 **5.5** 입력 ⇨ **전체 관통 선택** ⇨ 확인 ⇨ 부품 윗면에 **새 스케치** ✎

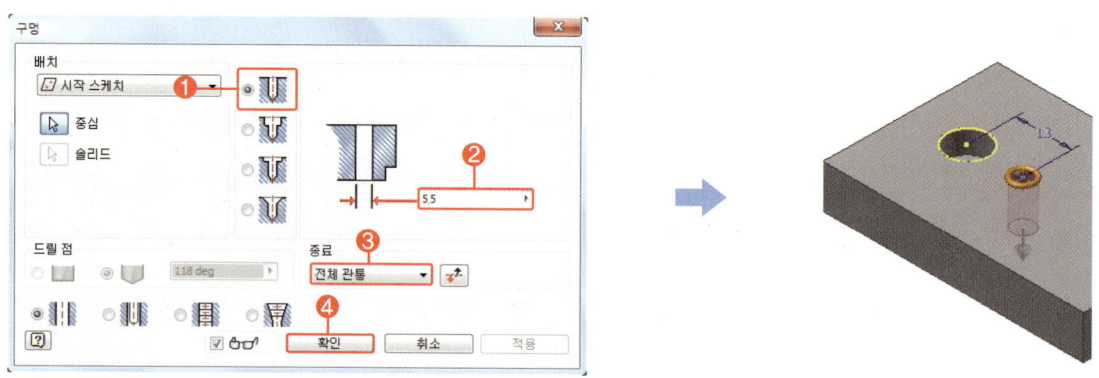

11 오른쪽 임의위치에 **점** ✛ 스케치 ⇨ **수평** ~~ 구속조건 **선택** ⇨ 그림 상의 점 두 개 **선택**
⇨ 가로 **13 치수** ⬜ 기입 ⇨ 스케치 마무리 ✔

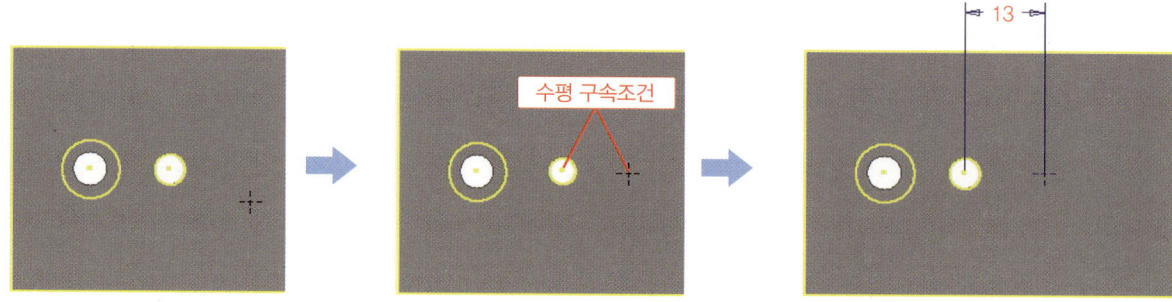

12 구멍 ⇨ **드릴 선택** ⇨ 종료: **전체 관통**

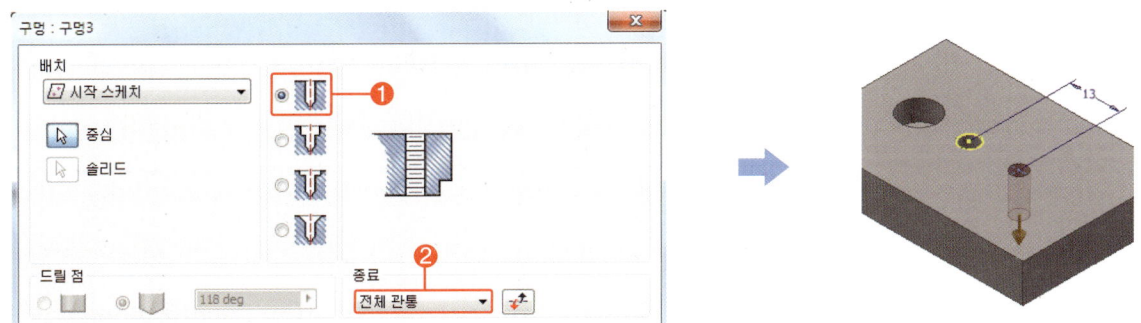

탭구멍 ⇨ 스레드 유형: **ISO Metric profile 선택** ⇨ 크기: **5** ⇨ 지정: **M5x0.8** ⇨ **전체 깊이** 체크 ⇨ 확인

13 부품 윗면에 **새 스케치** ⇨ 오른쪽 임의위치에 **점** ⊹ 스케치 ⇨ **수평** 구속조건 **선택** ⇨ 그림 상의 점 두 개 **선택** ⇨ 가로 **13 치수** 기입 ⇨ 스케치 마무리 ✓

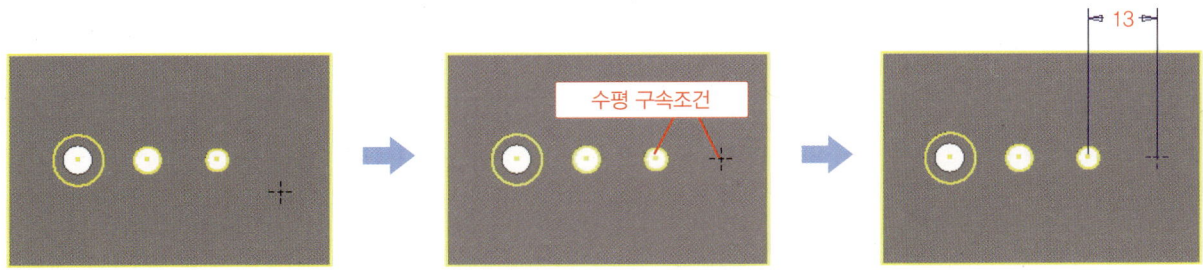

14 구멍 ⇨ **카운터 보어 선택** ⇨ **단순 구멍** ⇨ 종료 : **전체 관통** ⇨ 윗부분 지름: **9.5**, 각도 : **90도**, 작은 지름 : **5.5** 입력 ⇨ 확인

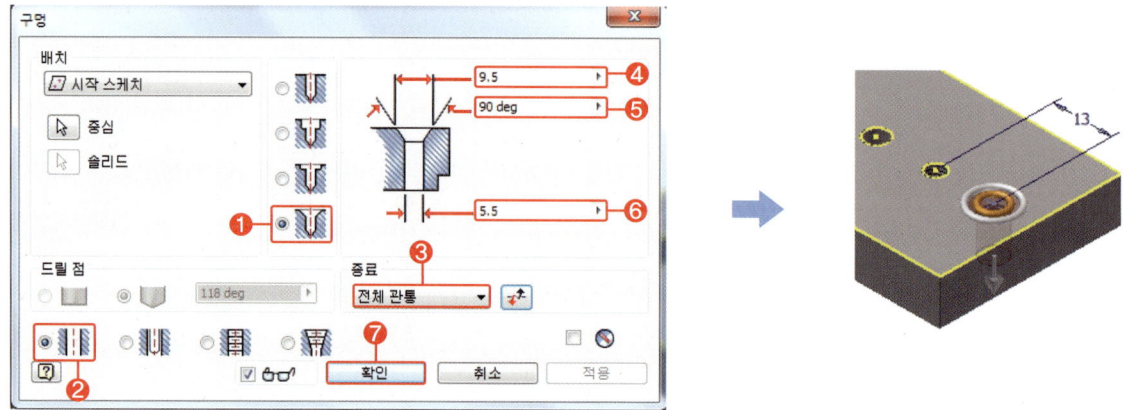

15 **직사각형 패턴** **선택** ⇨ 피처: **구멍 1, 2, 3, 4 선택** ⇨ **방향 1 선택**(그림 참조) ⇨ 열 개수: **2** ⇨ 열 간격: **20** ⇨ 확인

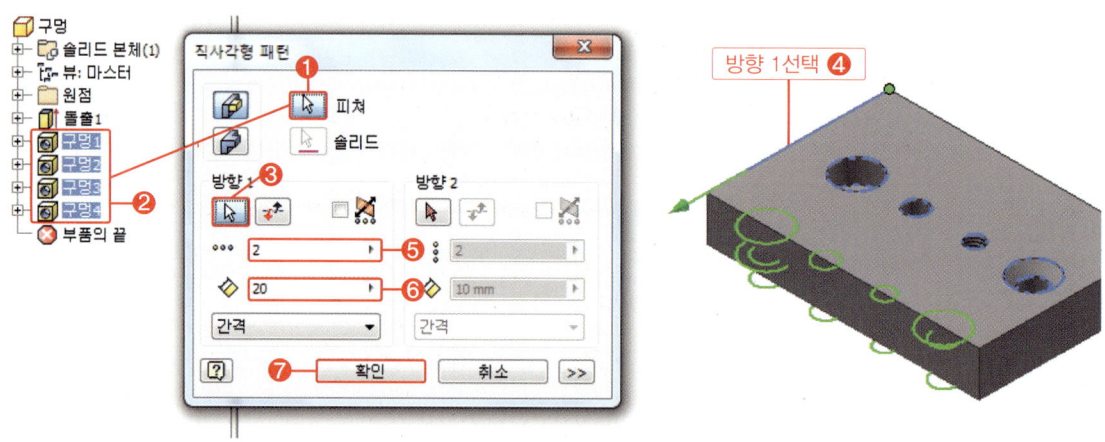

16 최종완성 ⇨ 단면한 주요 구멍의 형상은 오른쪽 그림과 같다.

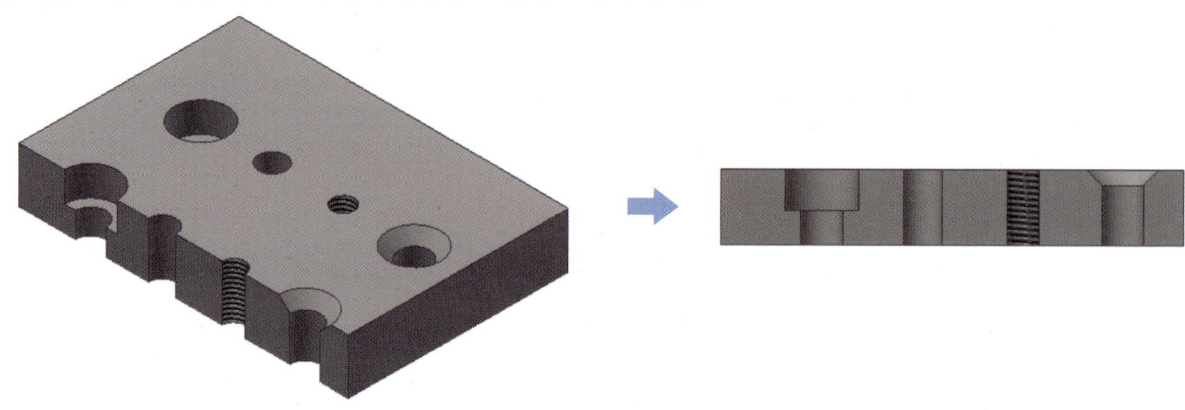

07 선 종류 변경

01 객체 스케치 후 선 종류 변경하기

가장 일반적인 방법으로 주로 중심선으로 바꾸고자 하는 경우나 변경할 객체수량이 적을 때 많이 사용한다.

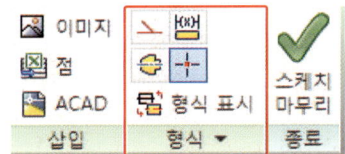

01 변경하고자 하는 선을 선택한다. 선택하고자 하는 선이 많을 경우에는 Shift 또는 Ctrl 을 누른 후 다른 객체를 추가적으로 선택한다.

02 스케치 리본 메뉴 **형식**에서 **중심선/구성** 아이콘을 **클릭**한다.

03 스케치가 없는 빈 공간을 마우스로 한 번 **클릭**한 후 Esc 를 눌러 명령을 취소해 준다.

예제 1 중심선 변경

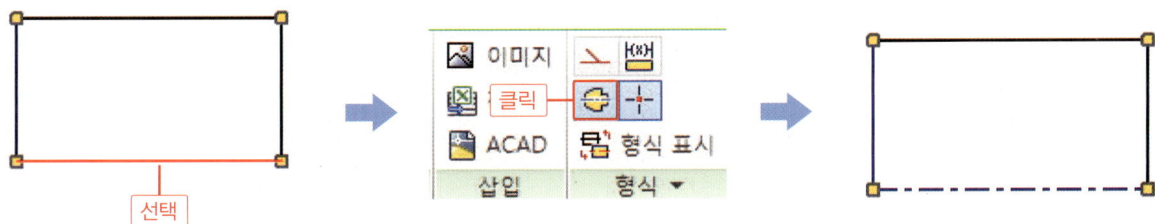

예제 2 구성 변경

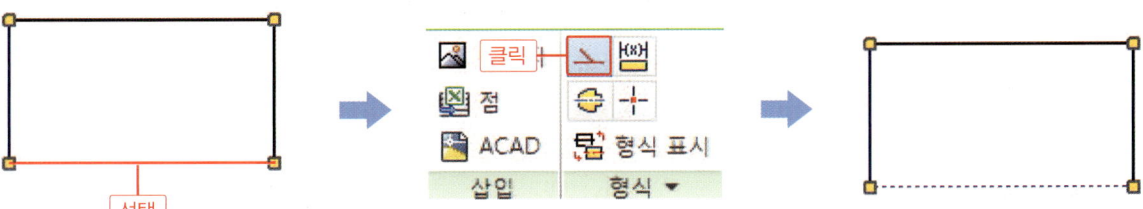

CHAPTER 02

인 벤 터 - 3 d 실 기 · 실 무

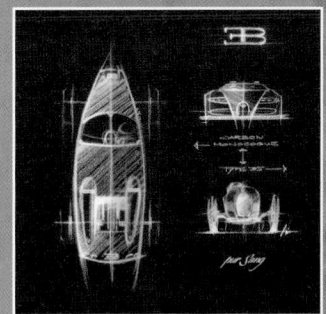

바이스

BRIEF SUMMARY

1. 베이스
2. 가이드 블록
3. 이동 조
4. 서포트
5. 나사 축

자격종목	기사/산업기사/기능사	작품명	바이스	척도	NS

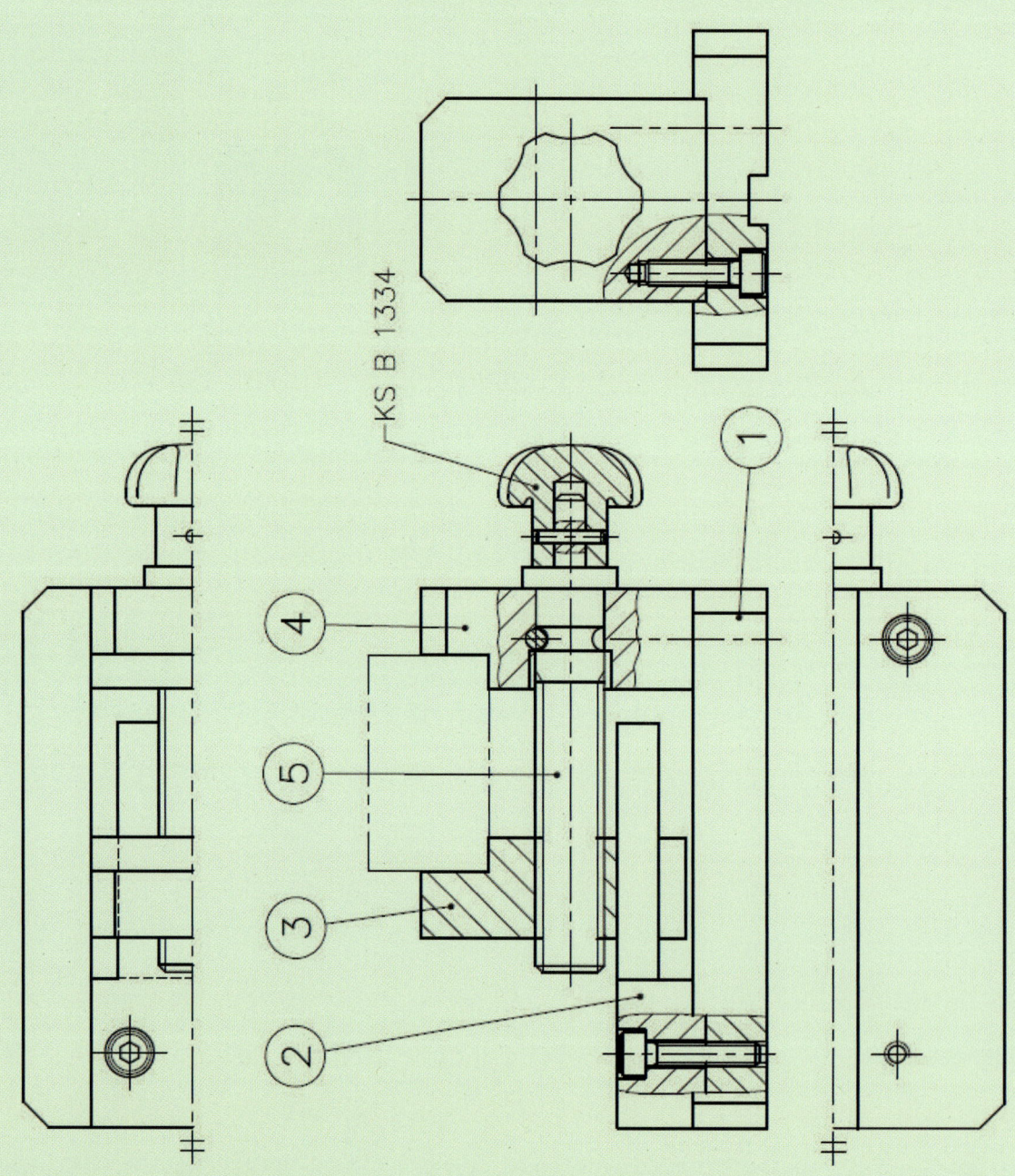

01 베이스

도시되고 지시 없는 모따기 1×45°

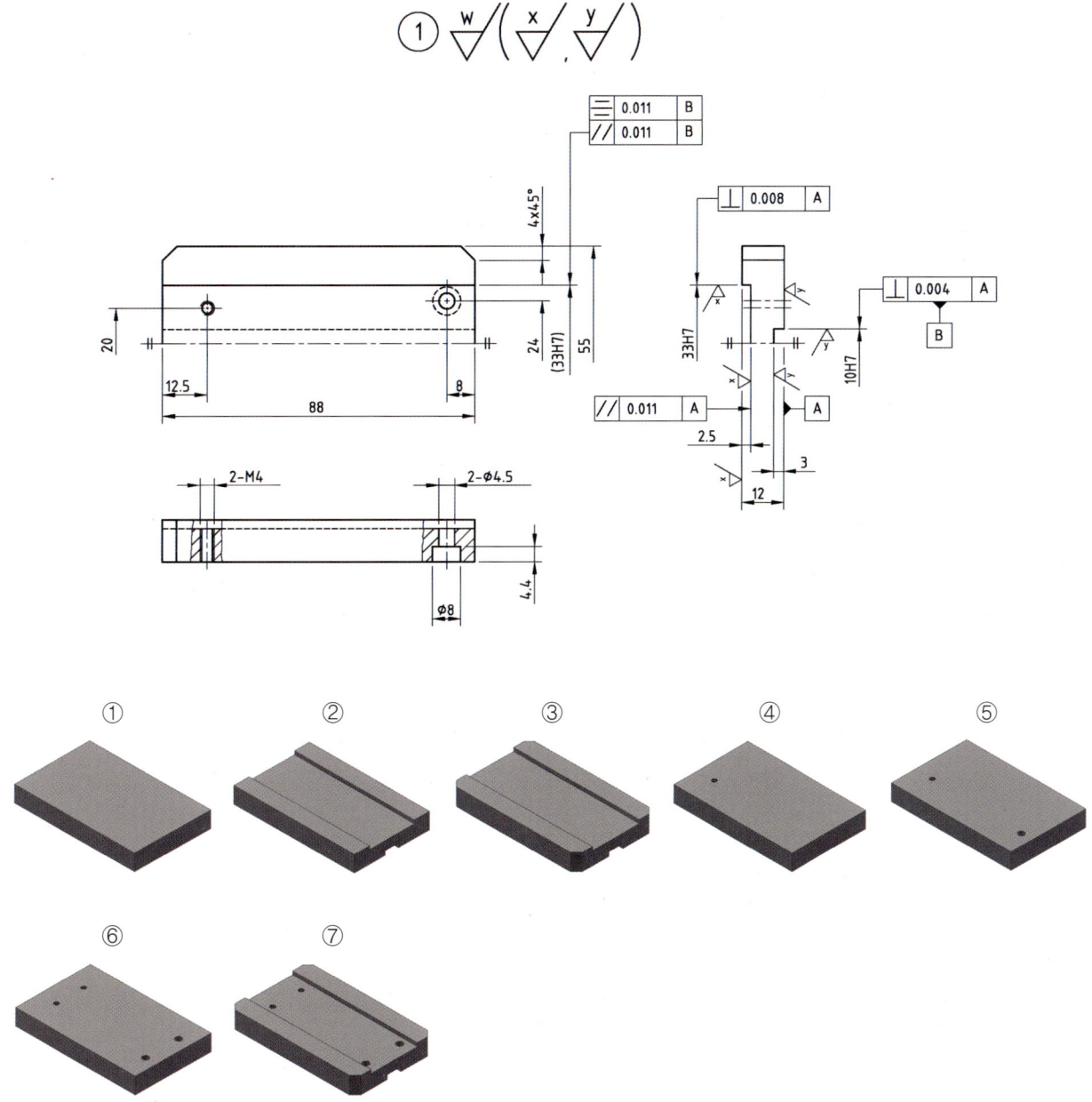

01 검색기 막대(디자인 트리) 원점[XY 평면] ⇨ 스케치 작성

02 스케치 원점에서부터 **두 점 중심 직사각형** 스케치 ⇨ 가로 **88**, 세로 **55**로 치수 기입 ⇨ 스케치 마무리 ✓

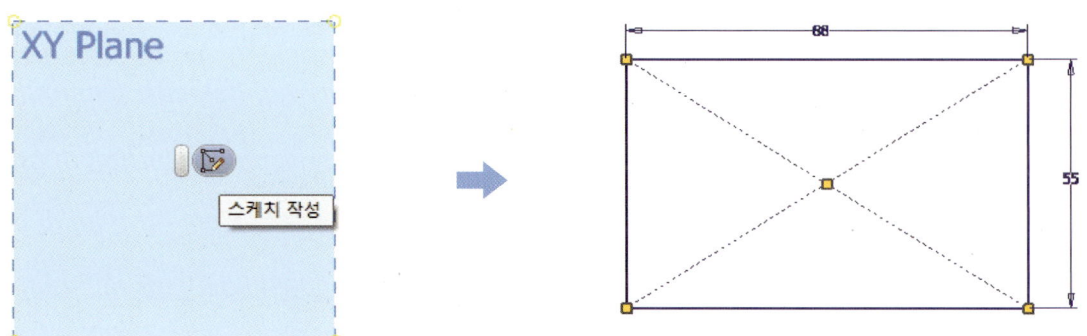

03 키보드에서 F6 을 눌러 등각투상도 상태로 변경 ⇨ **돌출** ⇨ 거리 **12**로 돌출한다.

04 탐색 막대 ⇨ 비주얼 스타일을 '**모서리로 음영처리**'로 변경한다.

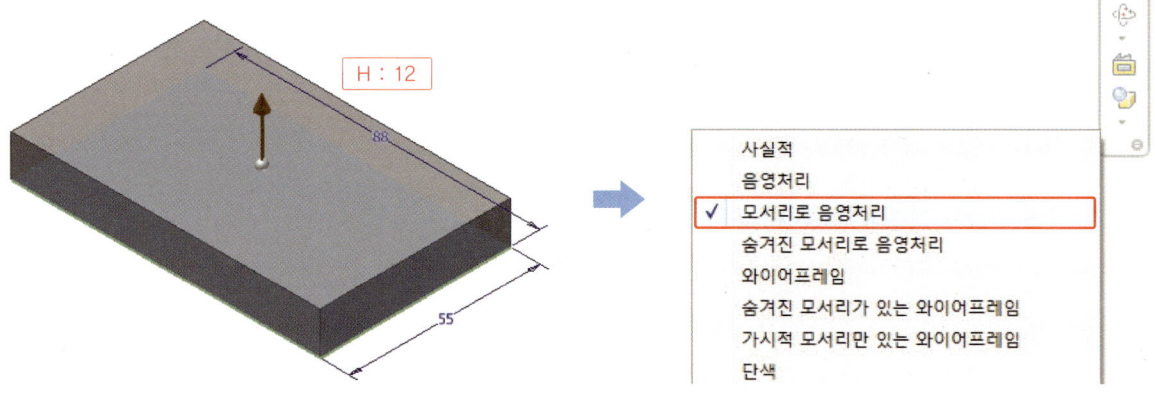

05 직육면체 우측 면에 **스케치 작성**

06 수평선 중간점에서부터 **두 점 중심 직사각형** 스케치 위아래를 각각 스케치한다.

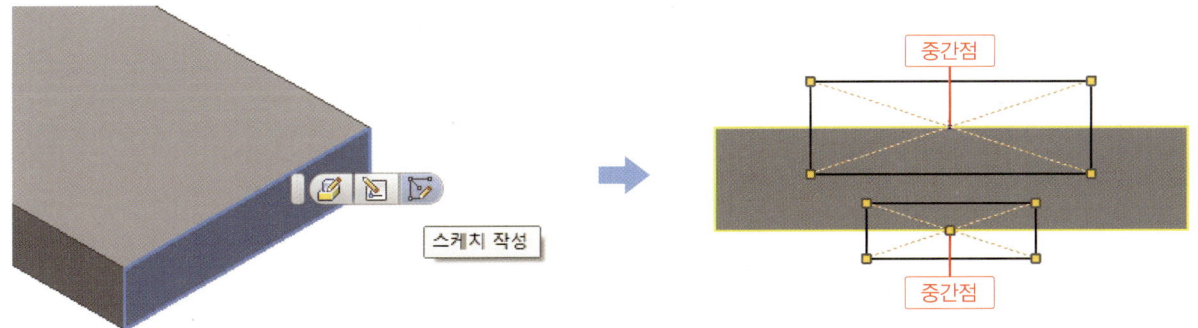

07 아래 그림과 같이 치수 기입 ⇨ 스케치 마무리 ⇨ **돌출** ⇨ **차집합**, 거리: **전체**로 돌출한다.

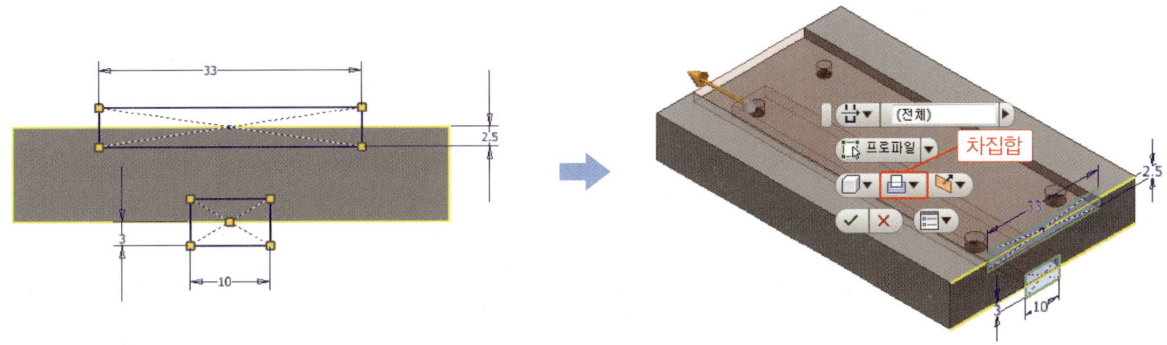

08 직육면체 수직인 모서리를 마우스로 **클릭** ⇨ **모따기 선택** ⇨ 나머지 모서리 3군데 추가 **선택** ⇨ 거리 **4** 입력 ⇨ 확인

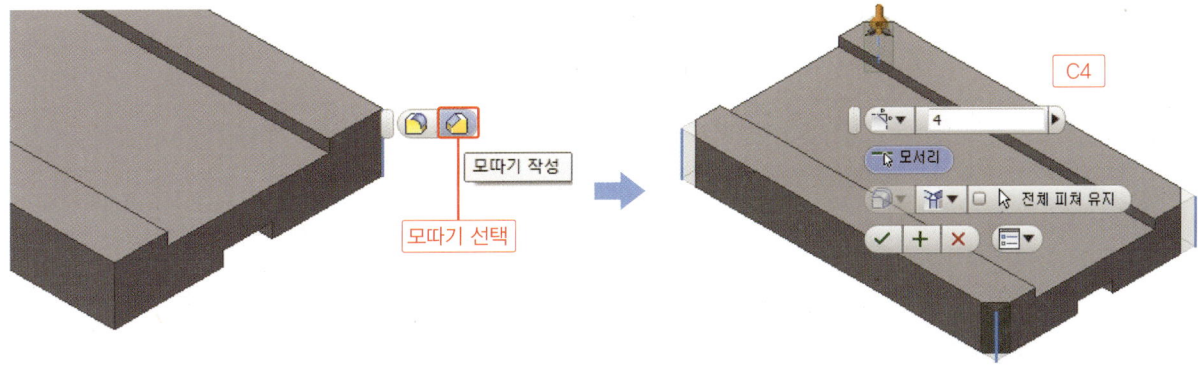

09 디자인 트리의 **부품의 끝**에 마우스 커서를 올려놓고, 마우스 오른쪽 버튼을 누른 상태로 돌출2 위쪽으로 끌어 올린다.

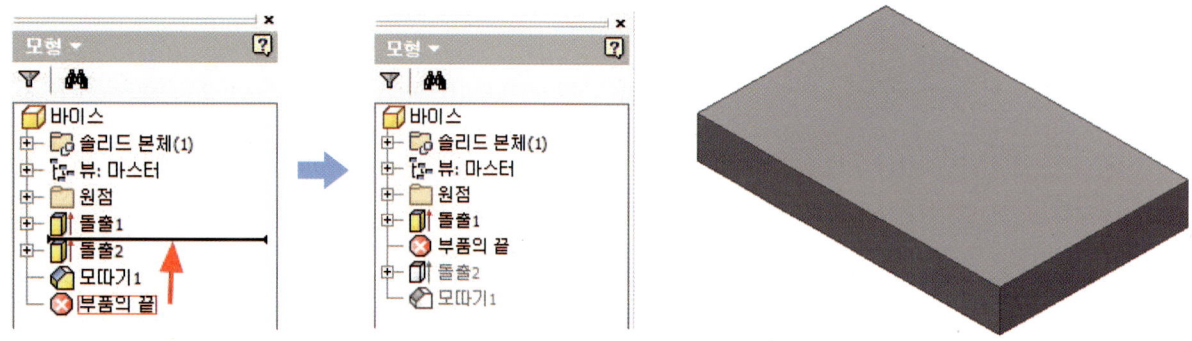

10 부품 윗면에 **스케치 작성** ➪ 스케치 **점** ➪ **선택** ➪ 왼쪽 상단 임의 위치에 점 스케치

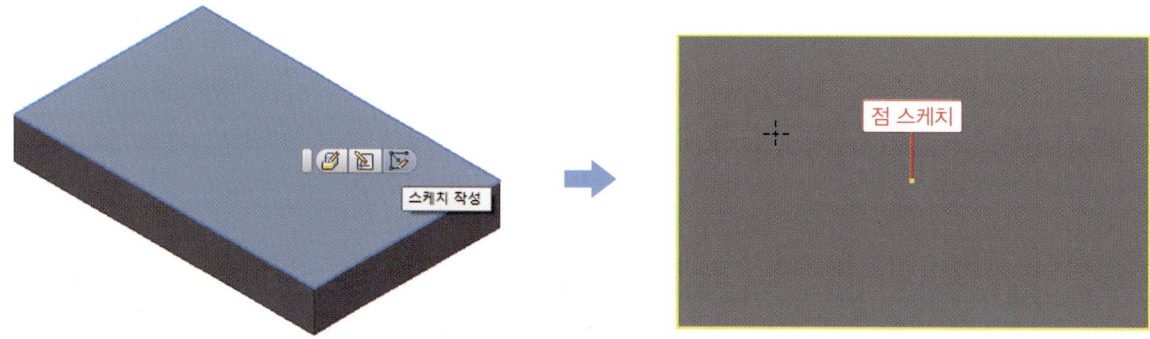

11 가로 12.5, 세로 10으로 치수 기입 ➪ 스케치 마무리 ✓

12 구멍 ➪ M4 탭을 전체깊이로 관통시킨다.

> **TIP** 구멍에 관한 이해가 부족하면 1장의 '6. 구멍'을 먼저 학습한다.

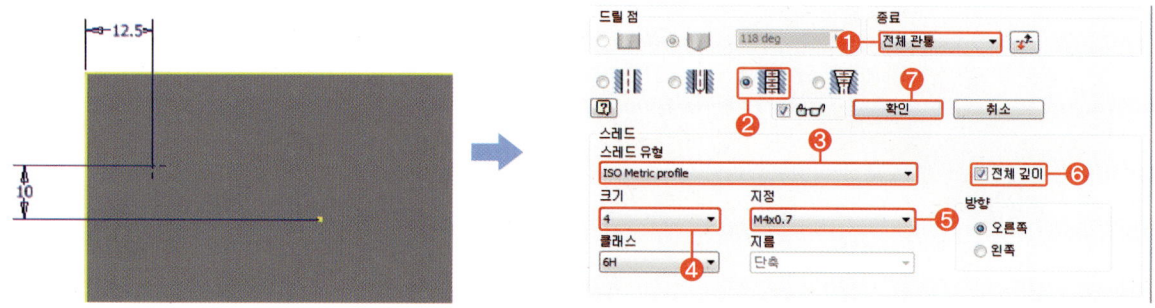

13 키보드의 F4 키를 누른 후 마우스로 부품을 상하로 회전 ➪ 뒤집은 면에 **스케치 작성**

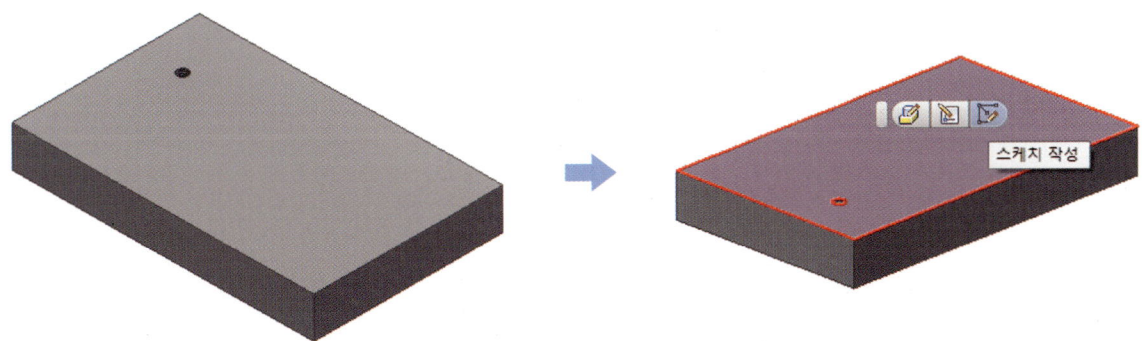

14 스케치 점 ╋ **선택** ➪ 오른쪽 하단 임의 위치에 점 스케치 ➪ 가로 **8**, 세로 **12**로 치수 기입 ✔ ➪ 스케치 마무리

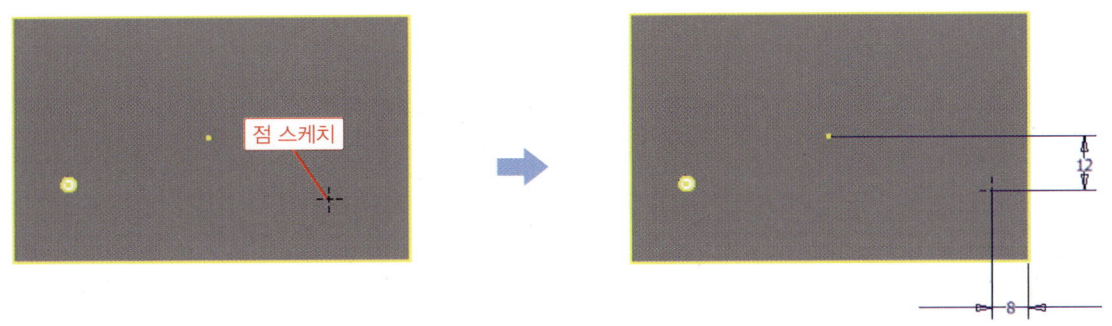

15 구멍 ➪ 깊은 자리파기 **선택** ➪ 큰 지름 **8**, 깊이 **4.4**, 작은 지름 **4.5** 입력 ➪ 전체 관통 **선택** ➪ 확인

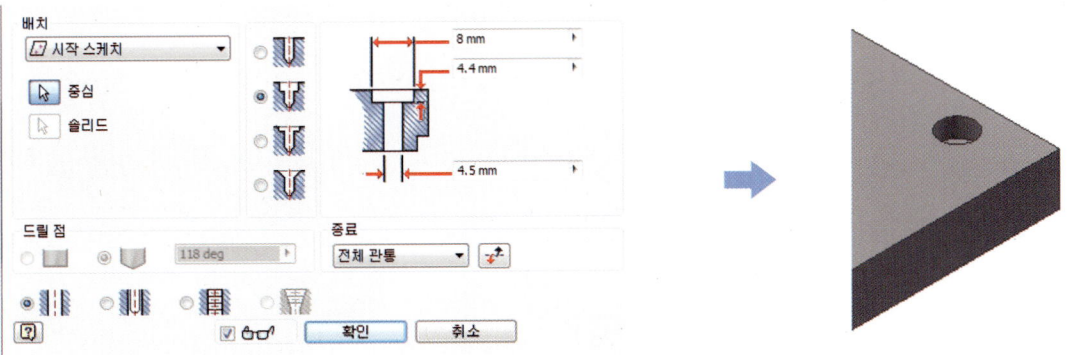

16 대칭 선택 ⇨ 피쳐: **구멍 1 · 구멍 2**, 대칭평면: **XZ 평면**으로 좌우 대칭시킨다.

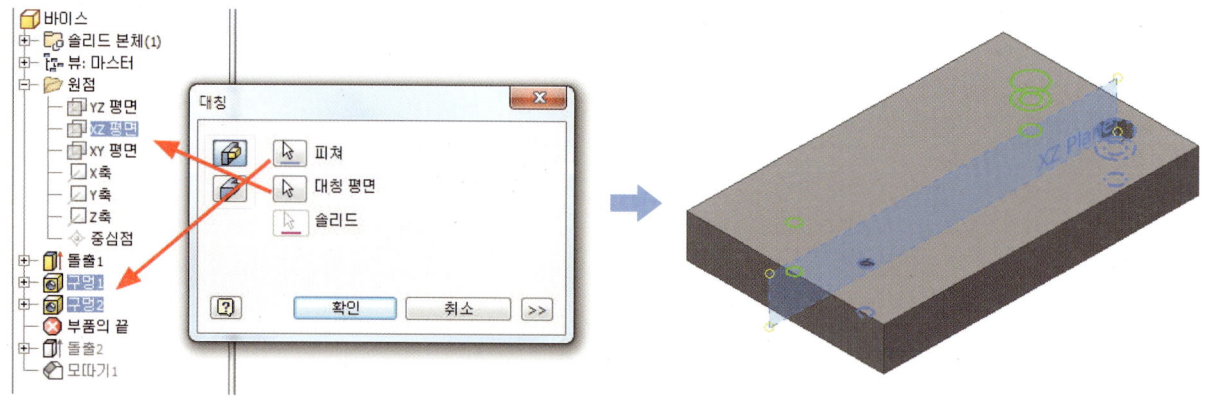

17 디자인 트리의 **부품의 끝** 위치에 마우스 커서를 올려놓고, 마우스 오른쪽 버튼을 누른 상태로 **모따기1** 아래쪽으로 끌어 내린다.

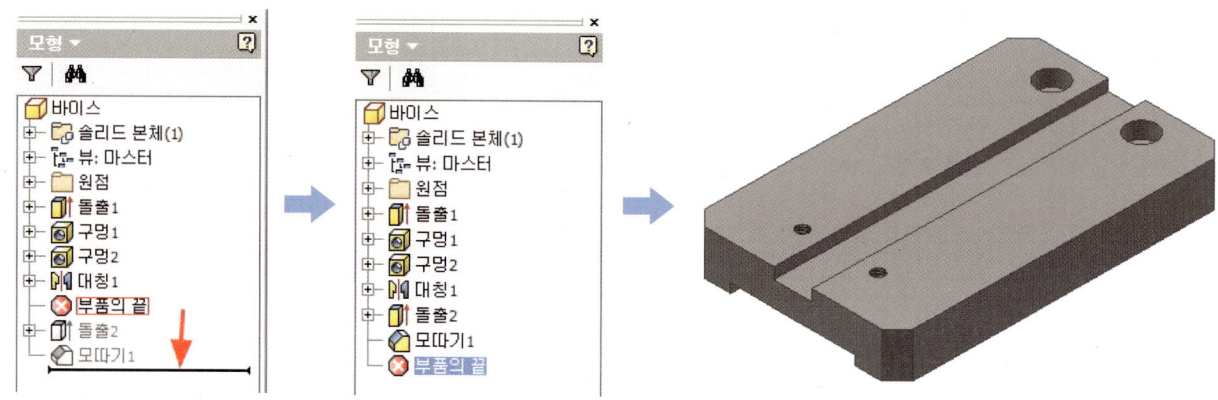

18 F6 (등각투상도) ⇨ 최종 완성

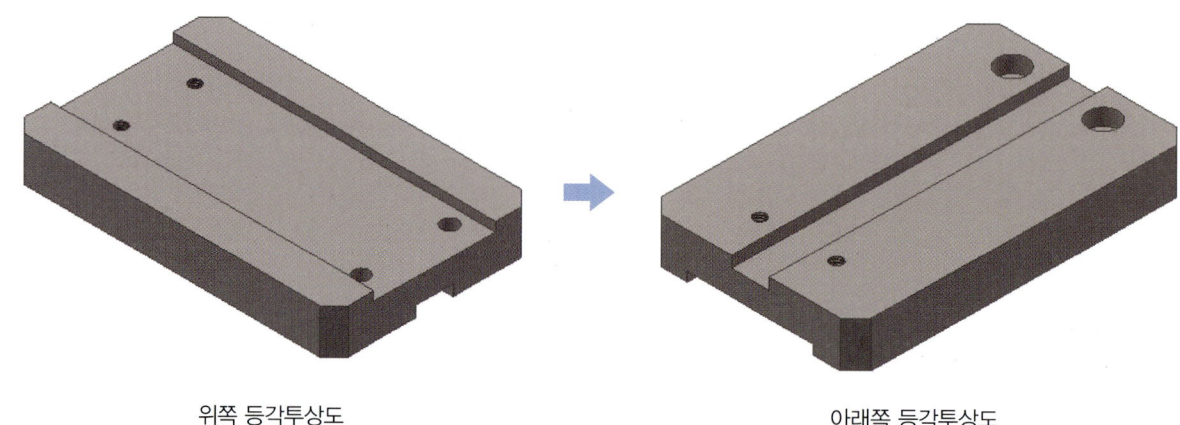

위쪽 등각투상도 　　　　　　　　　　　　아래쪽 등각투상도

02 | 가이드 블록

도시되고 지시 없는 모따기 1×45°

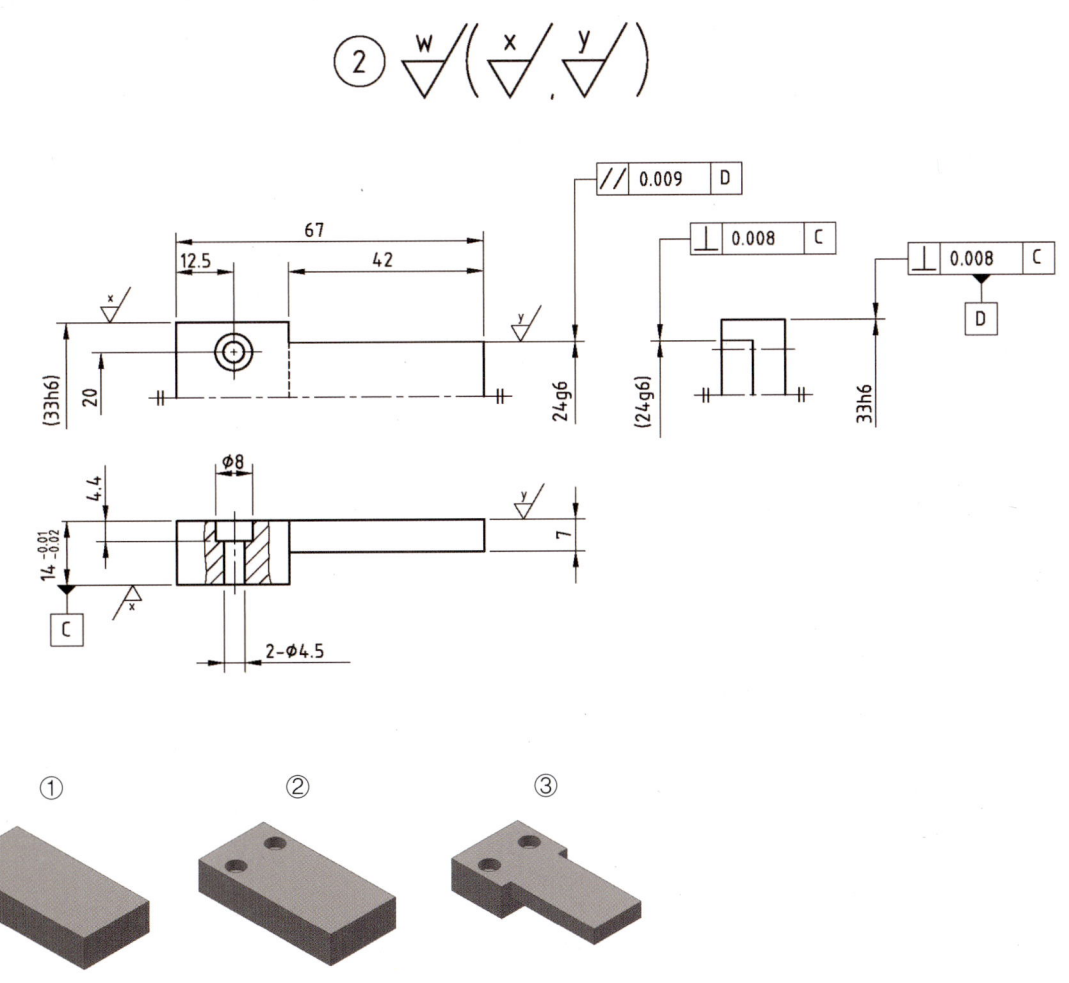

01 디자인 트리 원점[XY 평면] ⇨ **스케치 작성** 📝

02 스케치 원점에서부터 **두 점 중심 직사각형** ⬚ 스케치 ⇨ 가로 **67**, 세로 **33**으로 치수 기입 ⇨ 스케치 마무리 ✔ ⇨ **F6** (등각투상도) ⇨ **돌출** 📘 ⇨ 거리 **14**로 돌출한다.

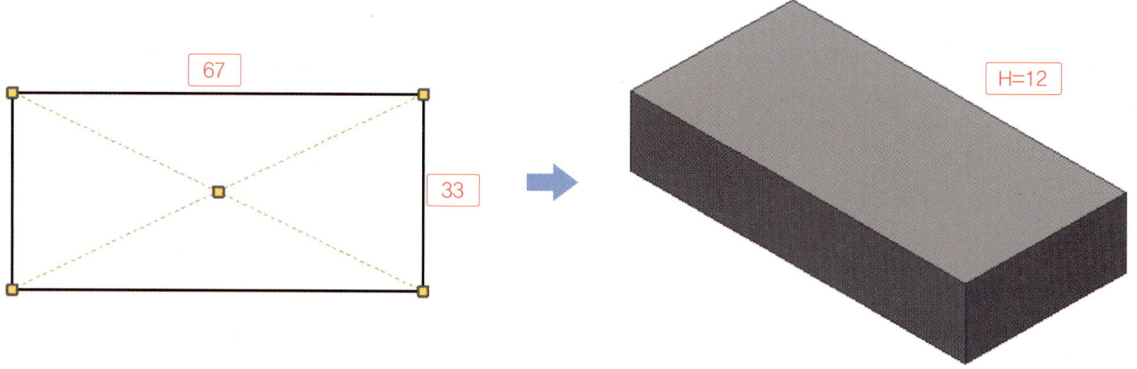

03 부품 윗면에 **스케치 작성** 📝 ⇨ 스케치 **점** ✚ 선택 ⇨ 왼쪽 상단 임의 위치에 점 스케치

04 스케치 **선** ✏ **선택** ⇨ 수직선 왼쪽 중간에서 오른쪽 중간지점으로 수평선 ⇨ **구성**으로 변경

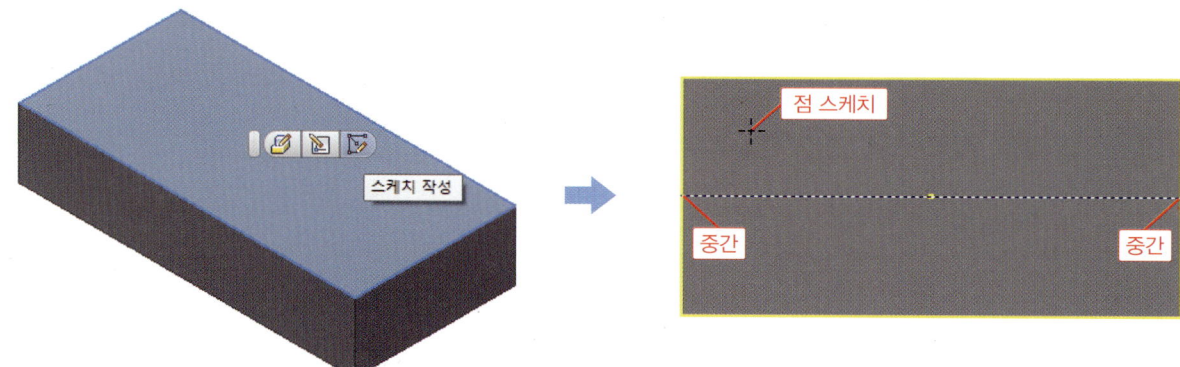

05 스케치 대칭 선택 ⇨ 점 상하 대칭 ⇨ 가로 **12.5**, 세로 **20**으로 치수 기입 ⇨ 스케치 마무리

06 구멍 ⇨ 깊은 자리파기 선택 ⇨ 큰 지름 **8**, 깊이 **4.4**, 작은 지름 **4.5**로 전체 관통시킨다.

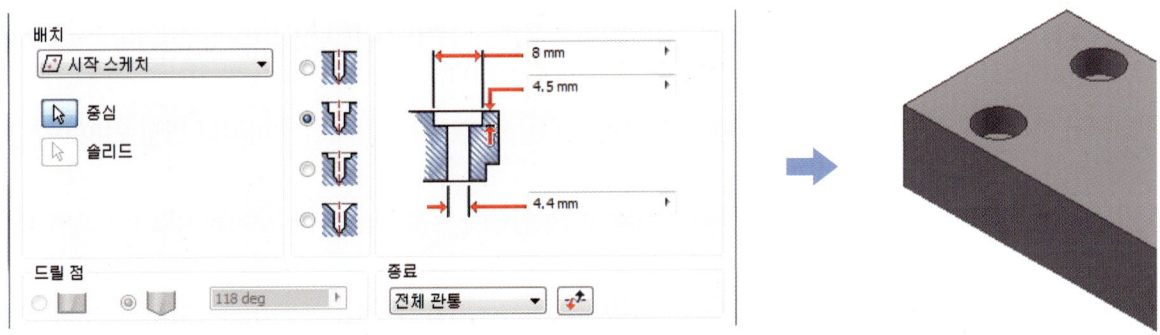

07 직육면체 우측 면에 스케치 작성

08 수평선 중간점에서부터 두 점 중심 직사각형 으로 스케치한다.

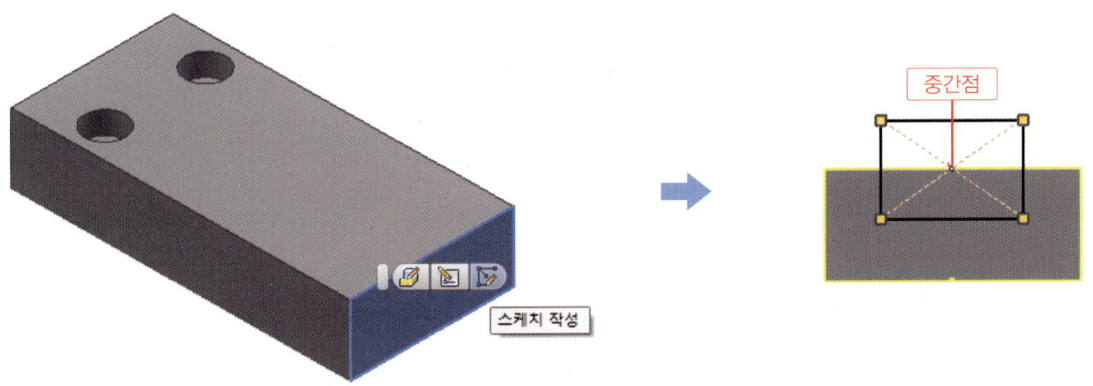

09 가로 24, 세로 7로 치수 기입 ⇨ 수정: **분할** ⊢ **선택** ⇨ 수직선 왼쪽, 오른쪽 **클릭** ⇨ 스케치 마무리 ✓

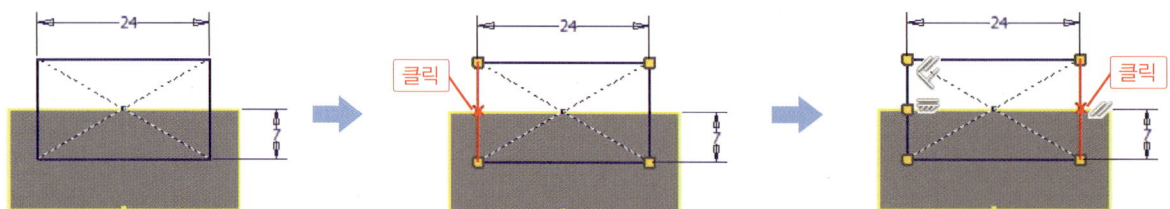

10 돌출 ⇨ **차집합**, 거리 42로 돌출한다.

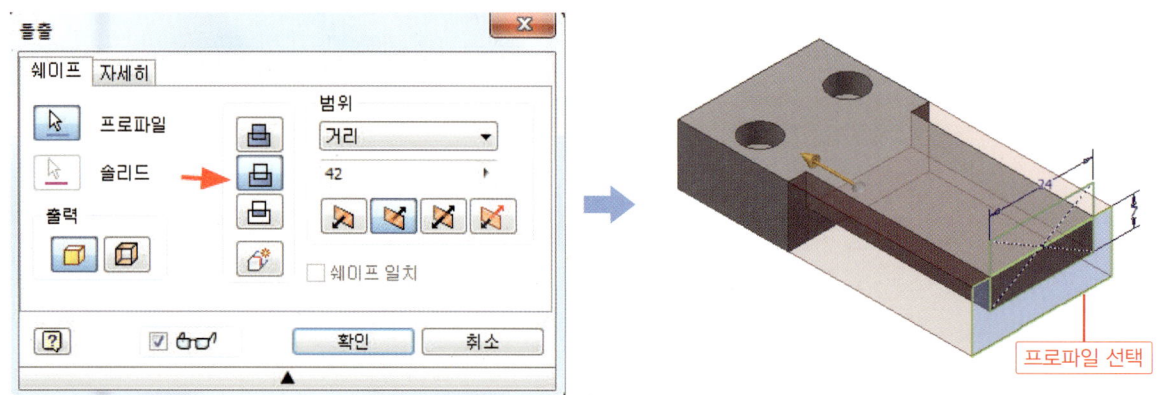

11 최종 완성

윗면 등각투상도　　　　　　　　　　　아랫면 등각투상도

03 | 이동 조

도시되고 지시 없는 모따기 $1 \times 45°$

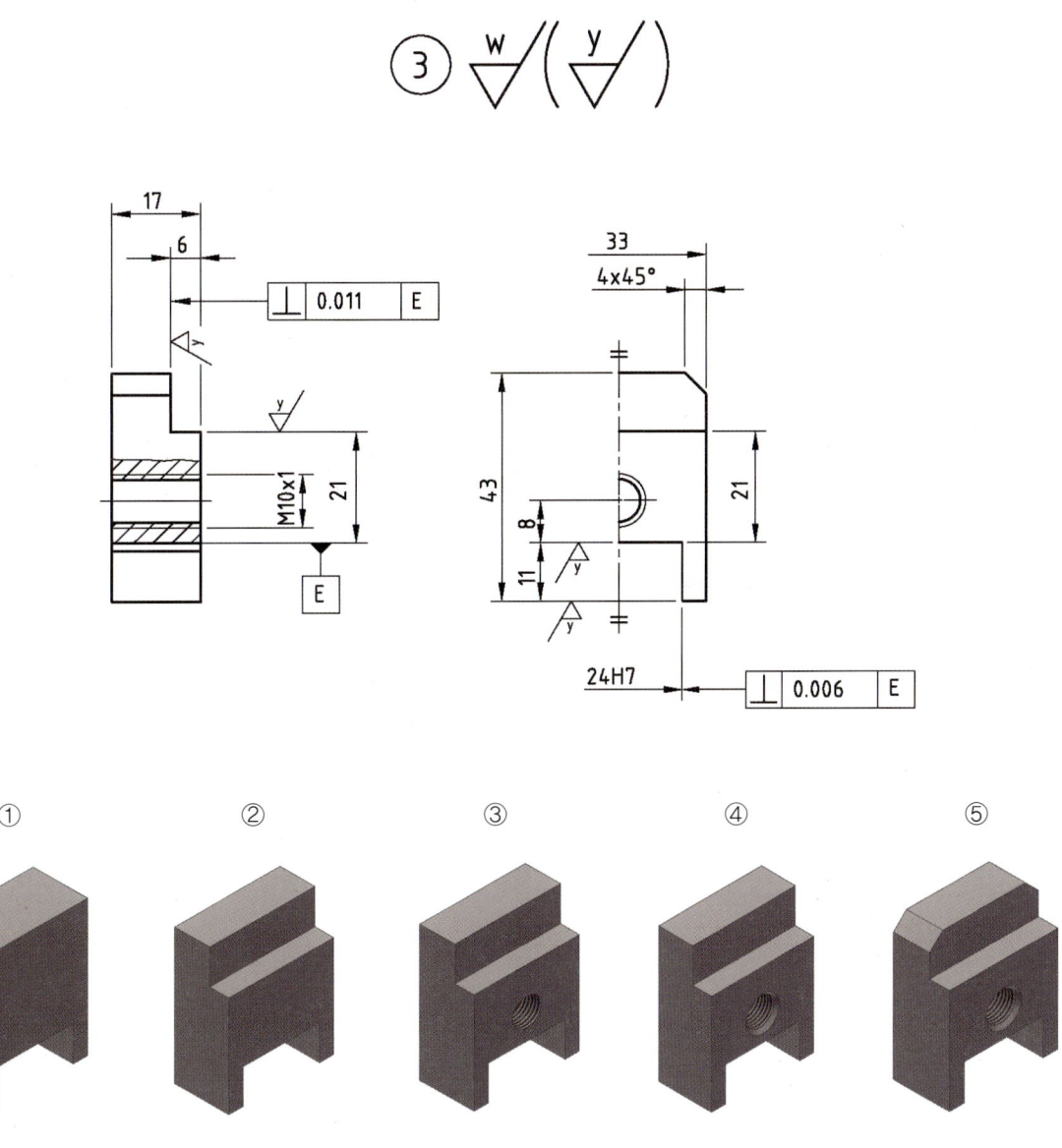

01 디자인 트리 원점[XY 평면] ⇨ 스케치 작성

02 스케치 선 선택 ⇨ 스케치 원점에서부터 반시계 방향으로 수평/직각/일치 구속을 부가하여 순차적으로 스케치한다.

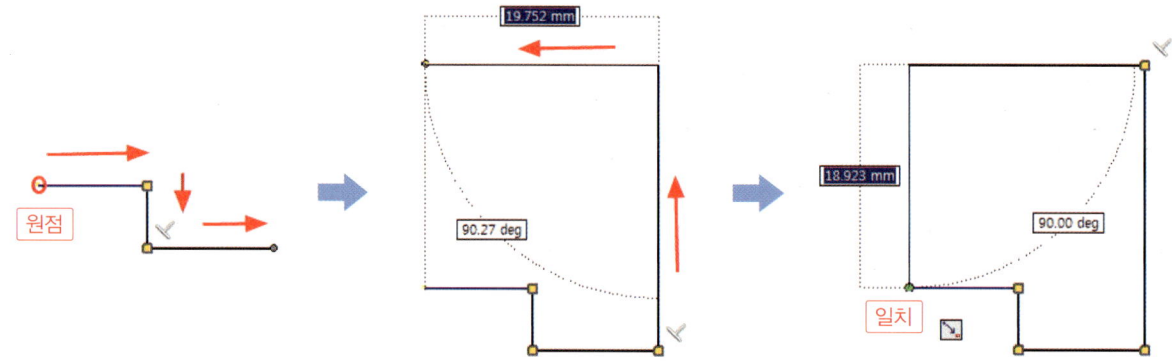

03 스케치 대칭 선택 ⇨ 오른쪽 객체를 선택, 왼쪽 수직선을 대칭선으로 선택 ⇨ 적용

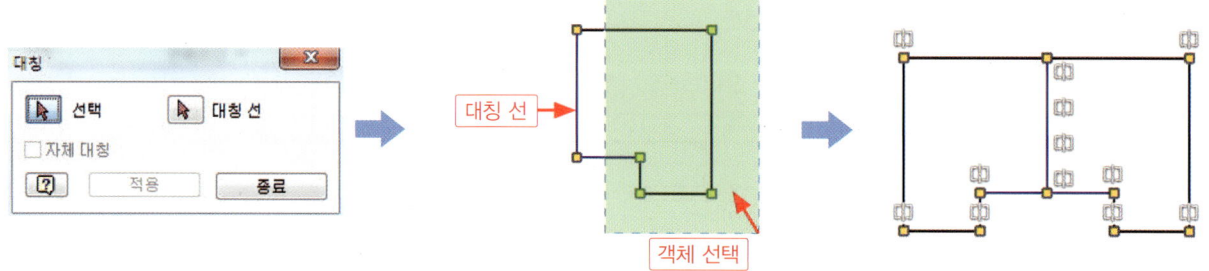

04 가운데 수직선 구성으로 변경 ⇨ 치수 기입(전체 도면: 가로 33, 세로 43 / 작은 사각형 도면: 가로 24, 세로 11) ⇨ 스케치 마무리

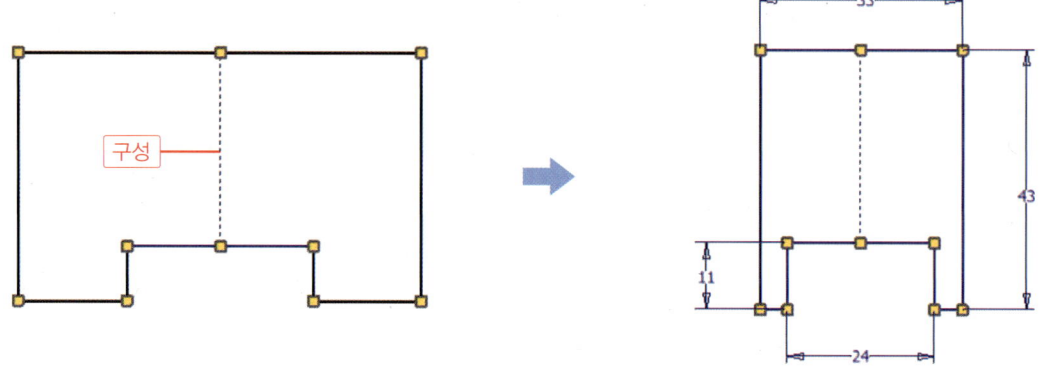

05 키보드의 F6 을 눌러 시점을 등각투상도 상태로 변경 ⇨ **돌출** ⇨ 거리 **17**로 돌출한다.

06 탐색 막대 ⇨ 비주얼 스타일을 '**모서리로 음영처리**'로 변경한다.

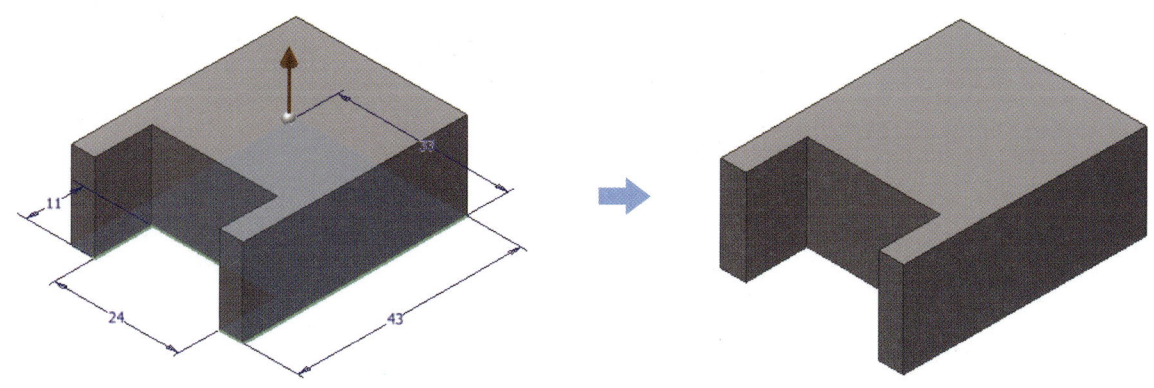

07 부품 우측 면에 **스케치 작성** ⇨ 탐색 막대 ⇨ 비주얼 스타일을 '**와이어프레임**'으로 변경한다.

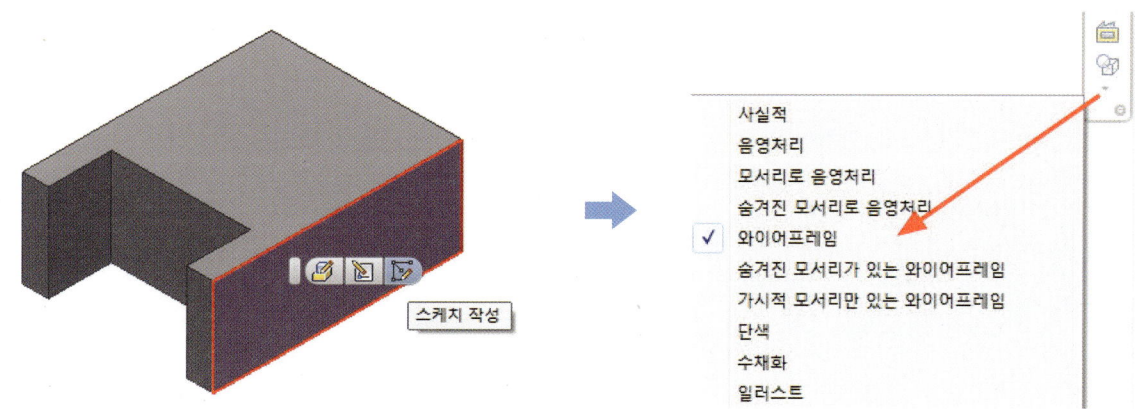

08 모서리 정점에서부터 **두 점 중심 직사각형** 스케치 ⇨ 가로 **21**, 세로 **6**으로 치수 기입

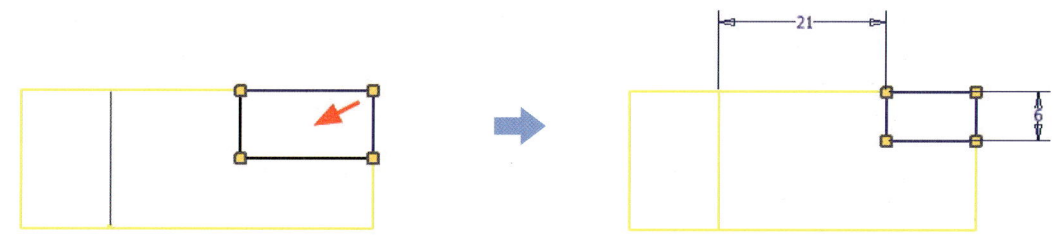

09 탐색 막대 ⇨ 비주얼 스타일을 '**모서리로 음영처리**'로 변경 ⇨ 스케치 마무리 ✓

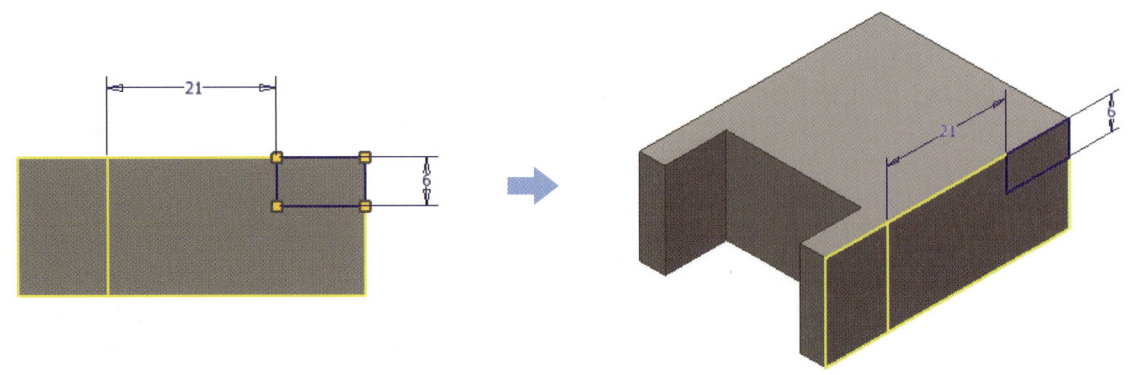

10 돌출 ⇨ **차집합**, 거리: **전체**로 돌출한다.

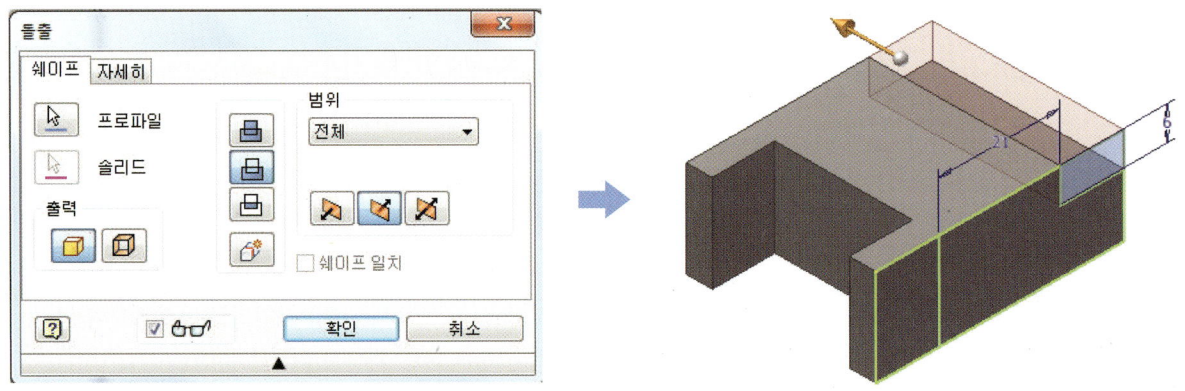

11 부품 윗면에 **스케치 작성** ⇨ 선 **선택** ⇨ 수직선 스케치 ⇨ 구성으로 변경

12 스케치 점 **선택** ⇨ 수직선 끝부분에 점 스케치 ⇨ 높이 8로 치수 기입

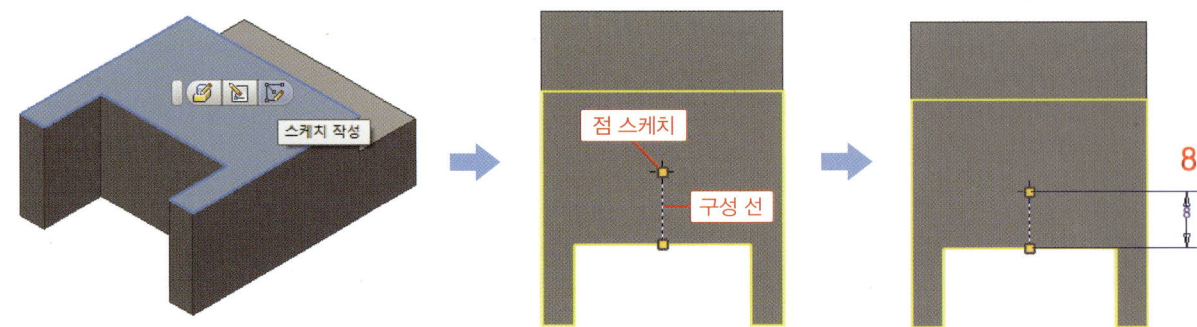

13 구멍 ⬛ ⇨ M10x1 탭을 전체 깊이로 관통시킨다.

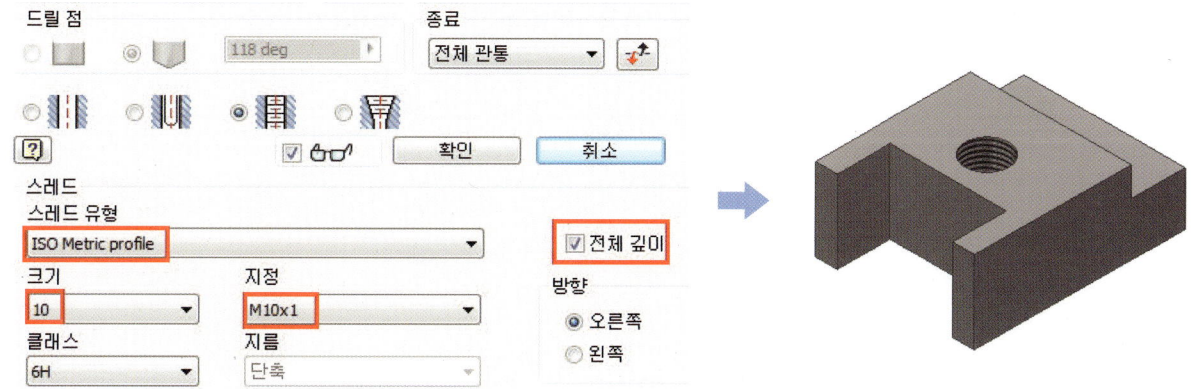

14 원형 모서리 **클릭** ⇨ **모따기** ⬟ **선택** ⇨ C1으로 모따기한다.

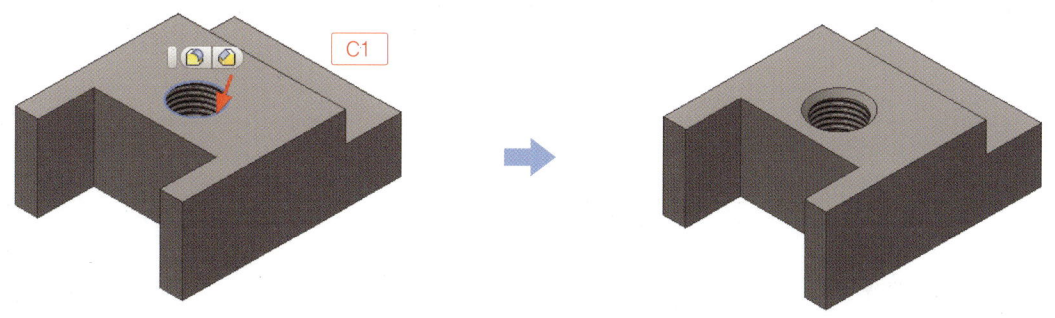

15 수직 모서리 **클릭** ⇨ **모따기** ⬟ **선택** ⇨ C4으로 모따기한다.

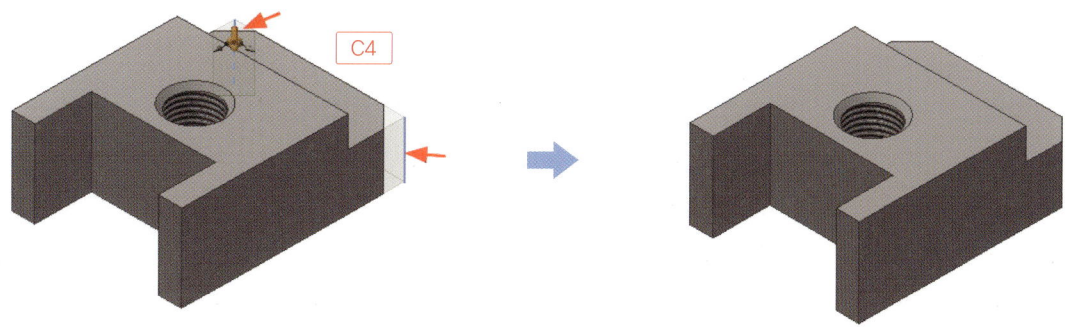

16 ViewCube를 사용하여 아래 그림처럼 시점 변경 ⇨ ViewCube 정중앙 꼭짓점을 **클릭** ⇨ 마우스 오른쪽 버튼 **클릭** ⇨ '현재 뷰를 홈 뷰로 설정' **선택** ⇨ '뷰에 맞춤(V)' **클릭**

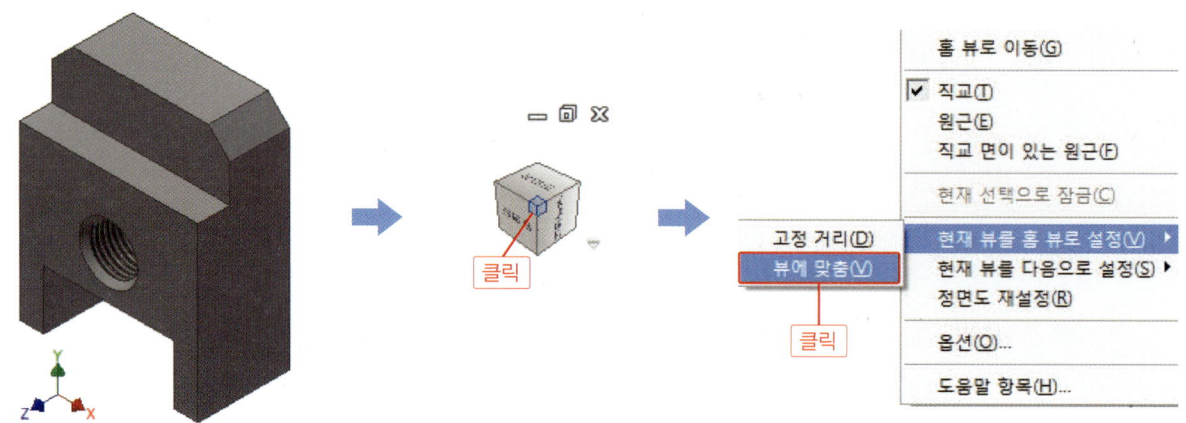

17 최종 완성

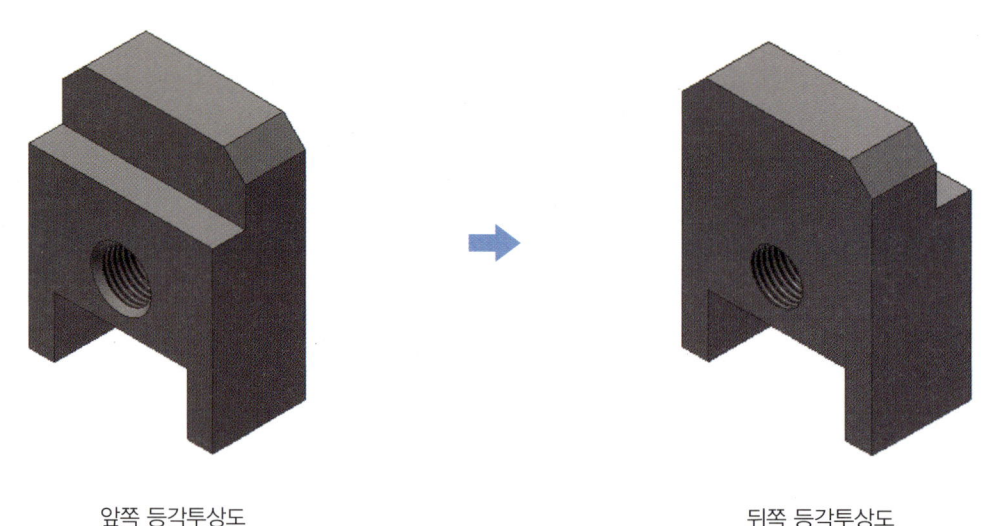

앞쪽 등각투상도   뒤쪽 등각투상도

04 | 서포트

도시되고 지시 없는 모따기 1×45°

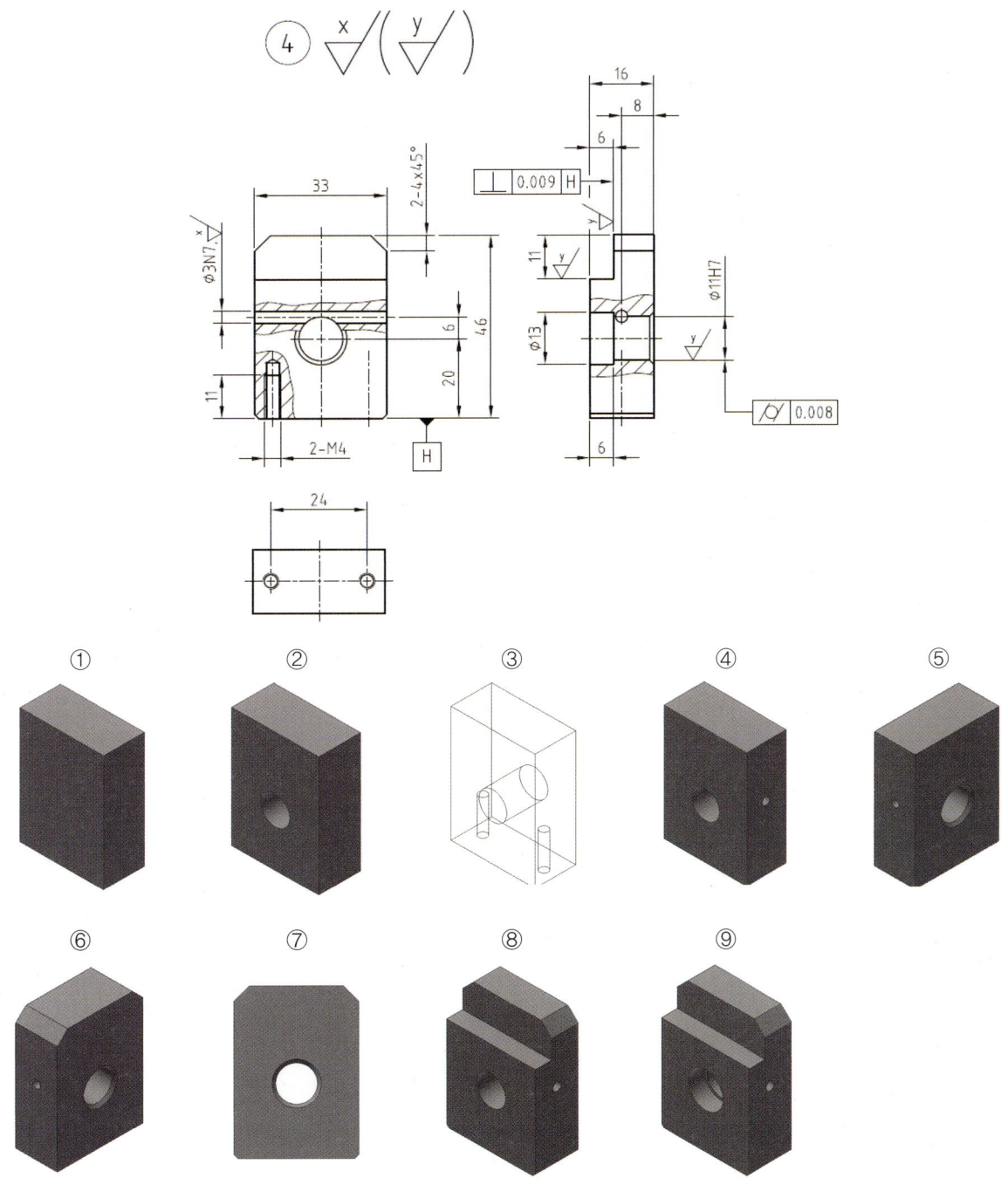

01 디자인 트리 원점[XY 평면] ⇨ 스케치 작성

02 스케치 원점에서부터 **두 점 중심 직사각형** 스케치 ⇨ 가로 **33**, 세로 **46**으로 치수기입 ⇨ 스케치 마무리 ⇨ **F6** (등각투상도) ⇨ **돌출** ⇨ 거리 **16**으로 돌출한다.

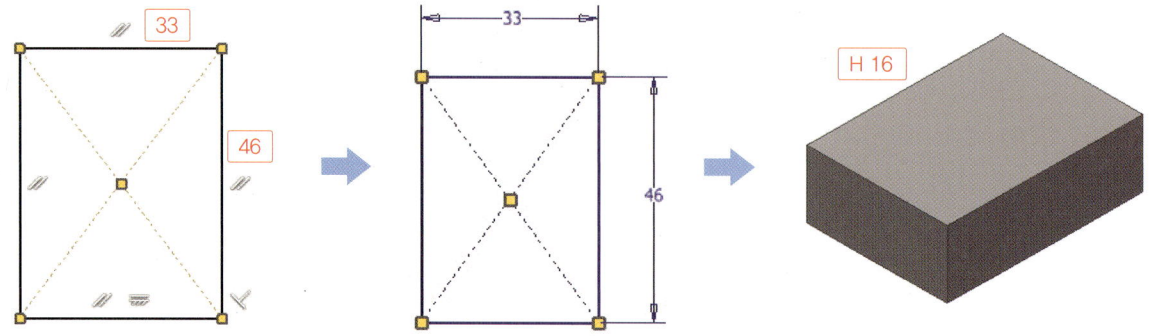

03 부품 윗면에 **스케치 작성** ⇨ 수평선 중간점에서 수직으로 **구성선** 스케치

04 높이 20으로 치수 기입 ⇨ 스케치 **점** **선택** ⇨ 구성선 윗부분 **끝점**에 점 스케치

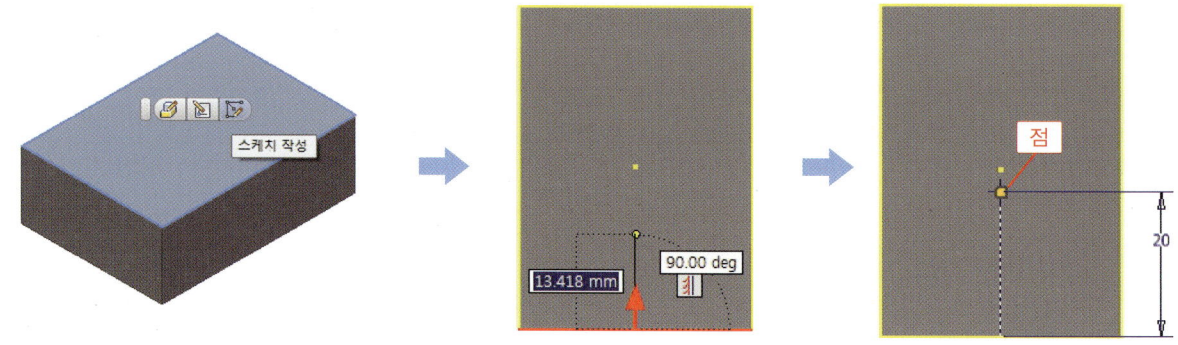

05 **구멍** ⇨ **드릴 선택** ⇨ 지름 **11** 입력 ⇨ 전체 관통 **선택**

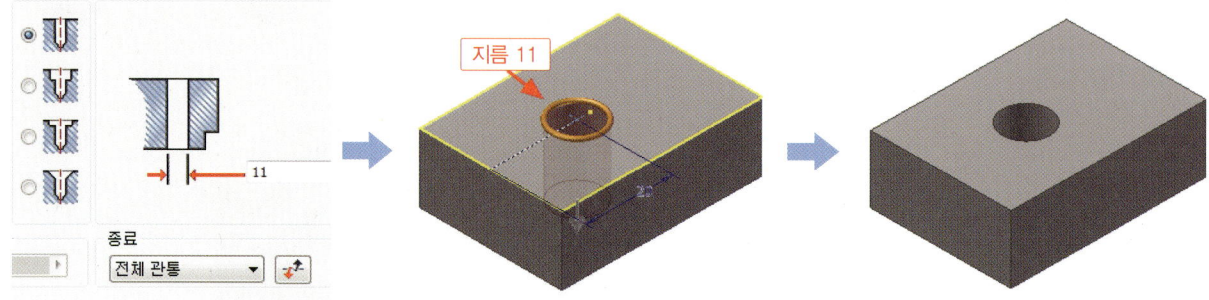

06 부품 정면에 **스케치 작성** ⇨ 왼쪽 수직선 중간점에서 오른쪽 중간점으로 **선** 스케치

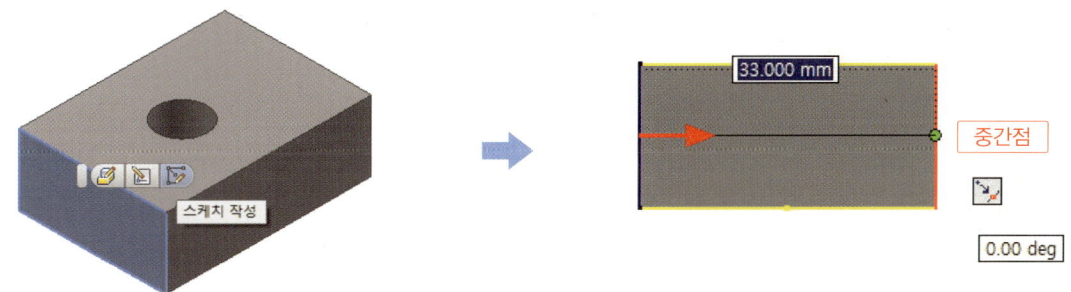

07 수평선 중간점에 **원** 스케치 ⇨ 수평과 원 교차점에 **점** 스케치 ⇨ 지름 치수 **24** 입력

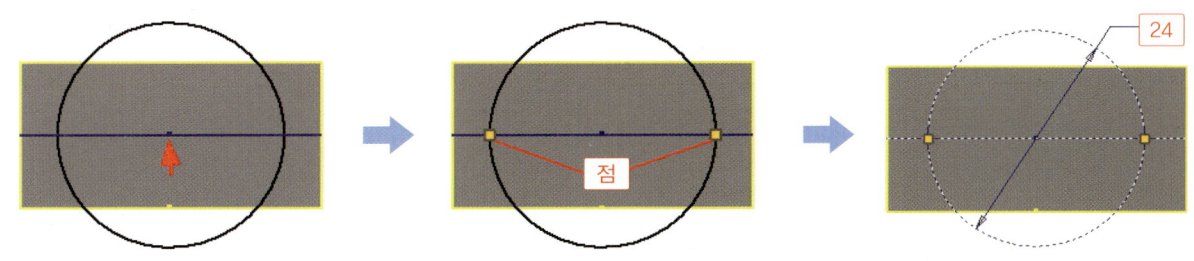

08 스케치 마무리 ✓ ⇨ **구멍** ⇨ 종료: 거리, 드릴 깊이: **14**, 탭 깊이 **11** ⇨ **M4x0.7** ⇨ 확인

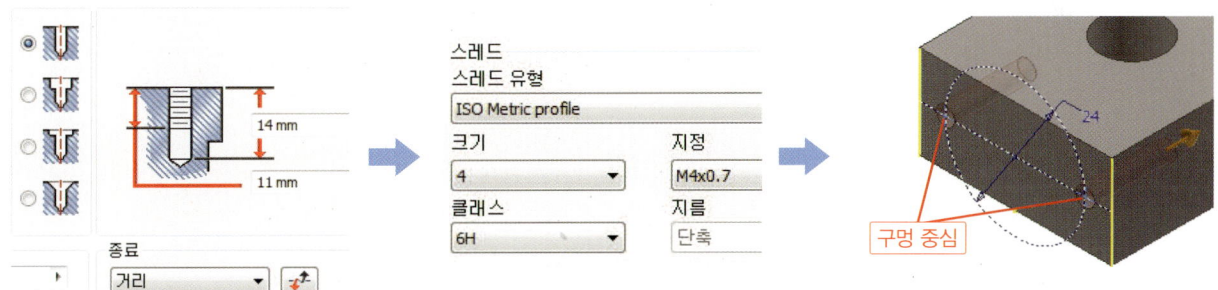

071

09 우측 면에 **스케치 작성** ✏️ ⇨ 구멍 뚫은 오른쪽 수직선을 **형상 투영** 🗐 ⇨ 중간점에 **점** ✛ 스케치

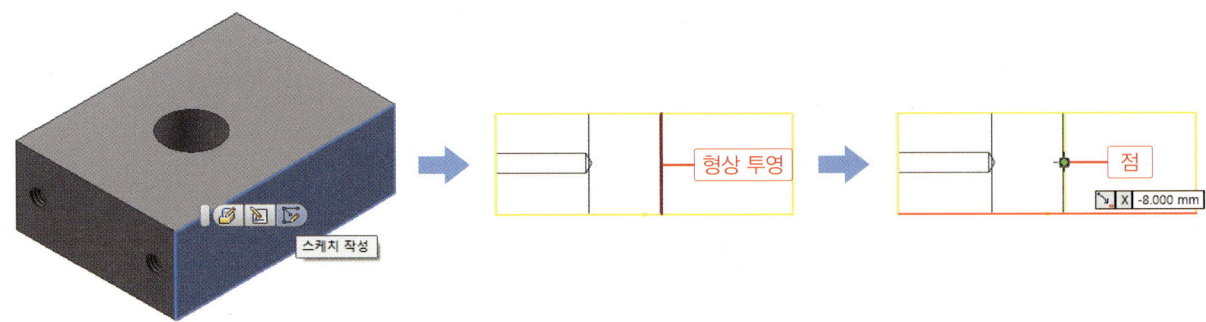

10 구멍 ⊚ ⇨ 지름 3 입력 ⇨ 전체 관통 **선택** ⇨ 확인

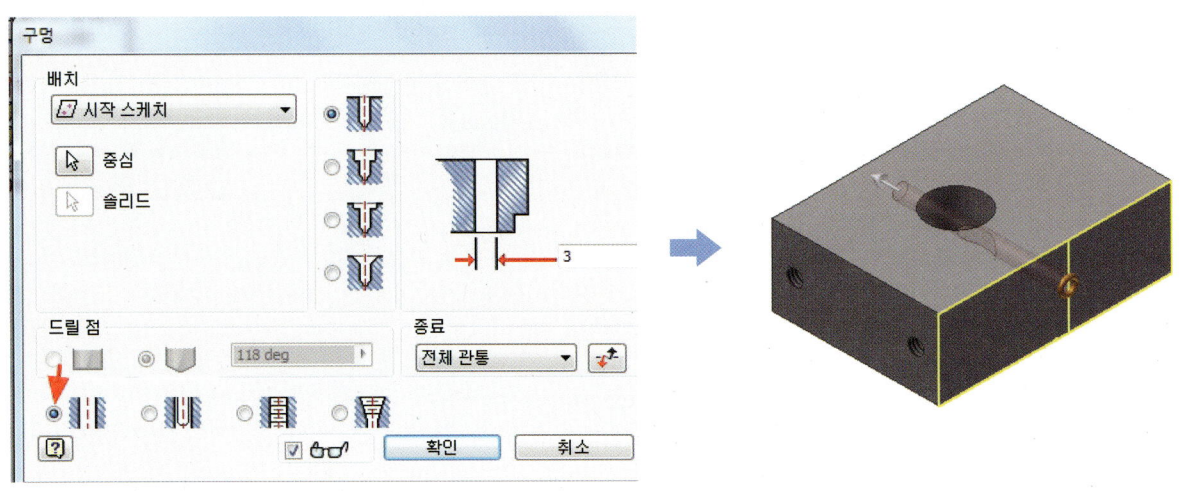

11 모따기 🔲 **선택** ⇨ 수직 모서리 **2**곳, 밑바닥 원형 모서리 **1**곳 선택 ⇨ **C1**으로 모따기

12 모따기 ◆ 선택 ⇨ 뒷부분 수직 모서리 **2곳** ⇨ **C4**로 모따기

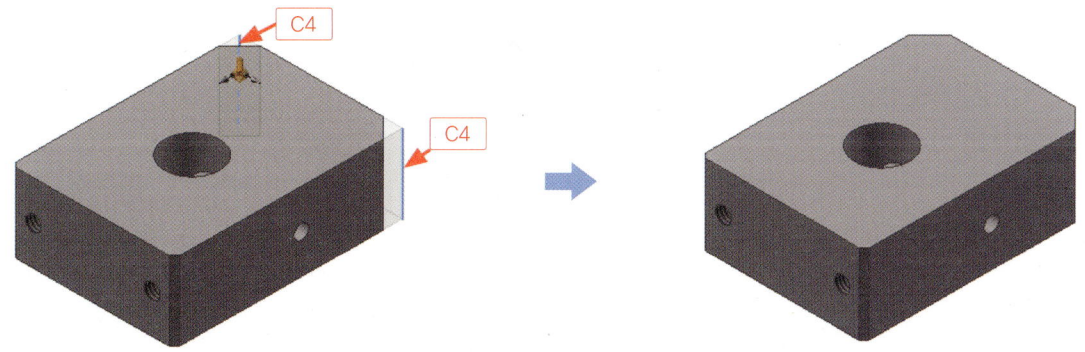

13 윗면에 **스케치 작성** ✎ ⇨ 왼쪽 수직선에서 오른쪽으로 **수평선** ╱ 스케치 ⇨ 높이 **11**로 치수 기입 ⇨ 스케치 마무리 ✓

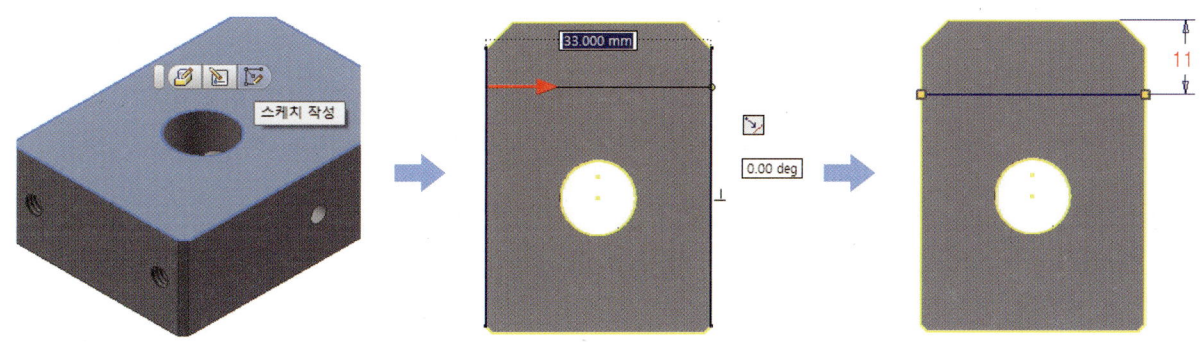

14 F6 (등각투상도) ⇨ **돌출** ⇨ 프로파일(오른쪽 영역에 마우스 커서를 올려놓고 잠시 대기) ⇨ 2. 프로파일 본체 선택 ⇨ **차집합**, 거리 **6** ⇨ 확인

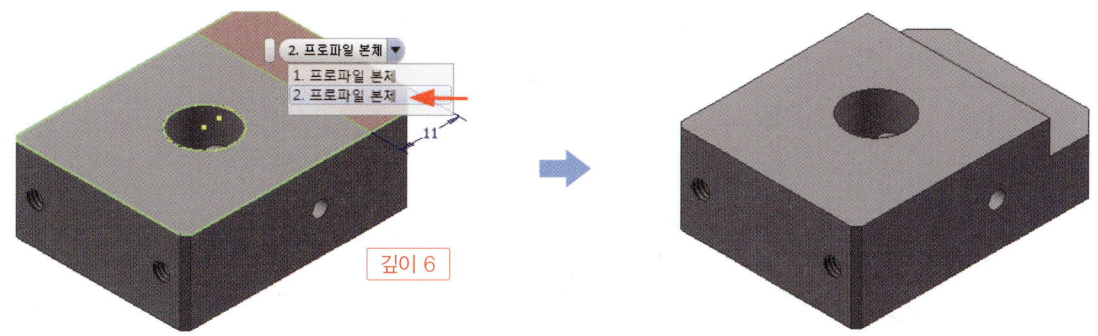

15 윗면에 **스케치 작성** 📝 ⇨ 바깥쪽으로 **간격 띄우기** ⇨ 치수(**지름 13**) 기입

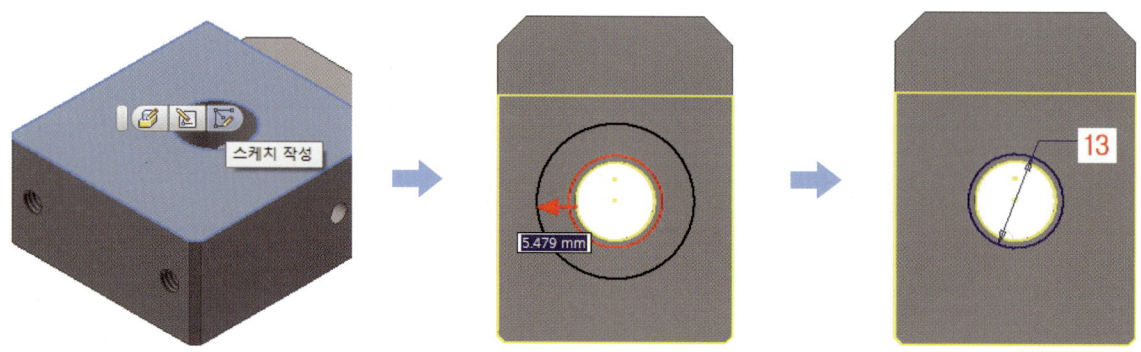

16 F6 (등각투상도) ⇨ **돌출** ⇨ 차집합, 거리 6 ⇨ 확인

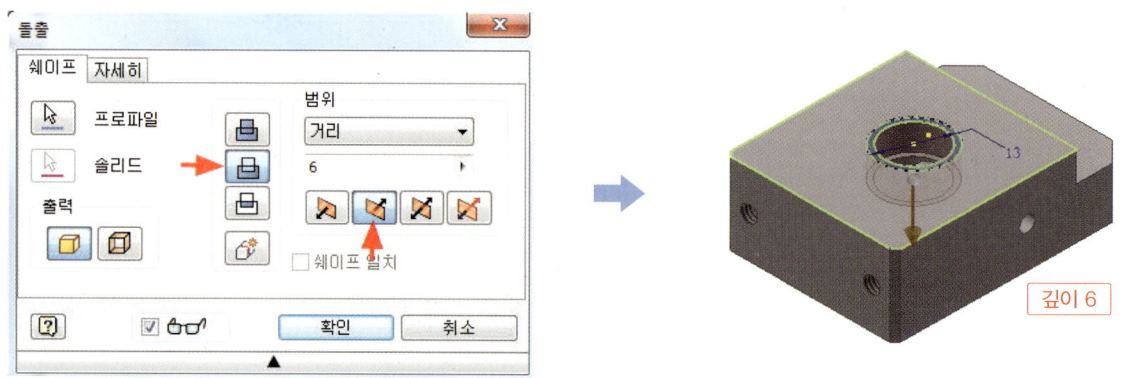

17 ViewCube를 사용하여 아래 그림처럼 시점 변경 ⇨ ViewCube 정중앙 꼭짓점을 **클릭** ⇨ 마우스 오른쪽 버튼 **클릭** ⇨ '현재 뷰를 홈 뷰로 설정' **선택** ⇨ '뷰에 맞춤(V)' **클릭**

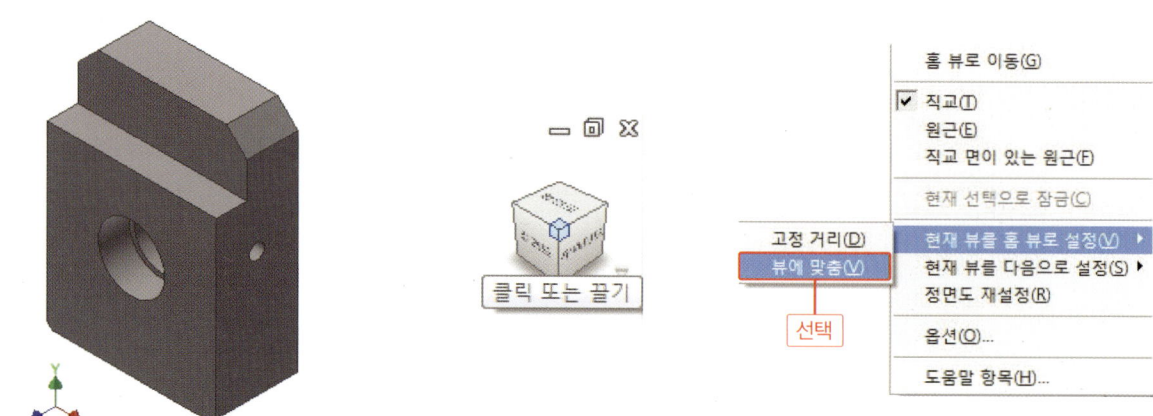

18 최종 완성

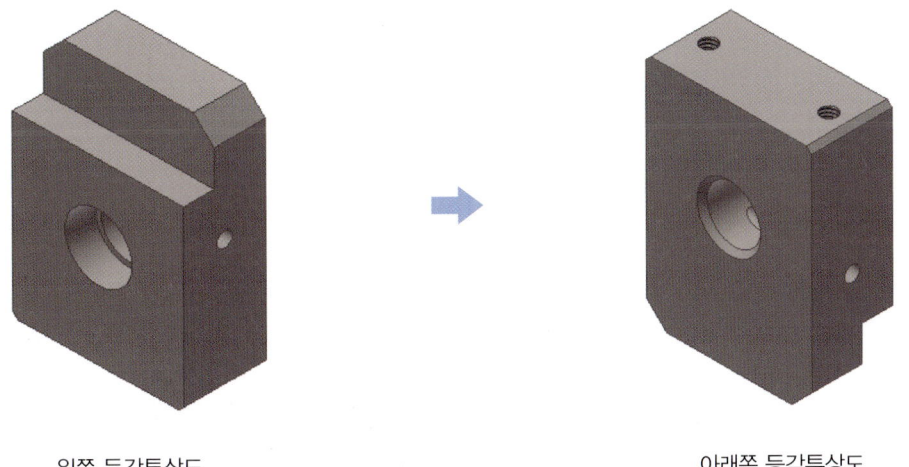

위쪽 등각투상도　　　　　　　　　아래쪽 등각투상도

05 | 나사 축

도시되고 지시 없는 모따기 $1 \times 45°$

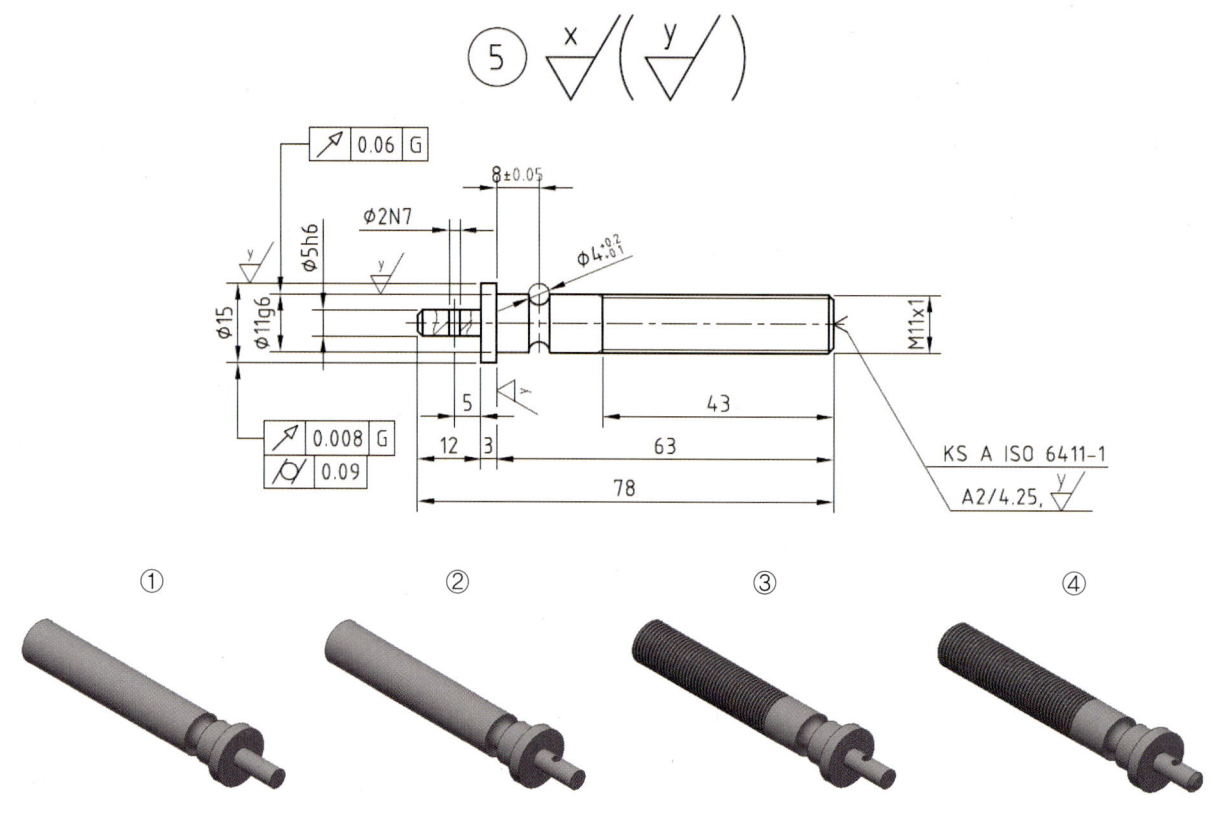

01 디자인 트리 원점[XY 평면] ⇨ **스케치 작성**

02 스케치 원점에서부터 **두 점 직사각형** 스케치 ⇨ 추가로 오른쪽 하단 끝점에 **일치** 시켜 사각형 두 개를 더 스케치한다.

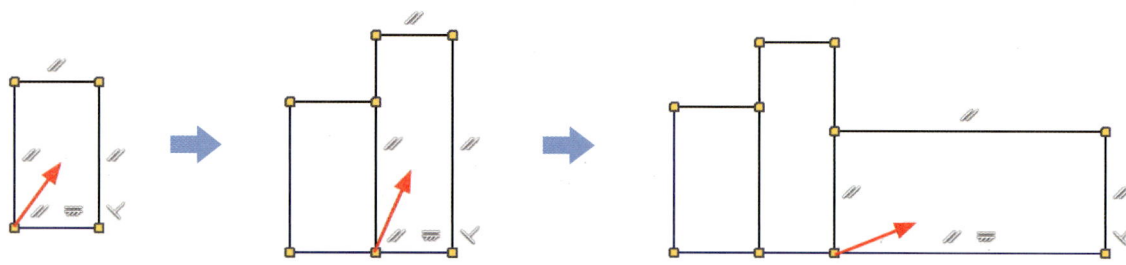

03 커서를 왼쪽 상단 P1 지점에서 P2 지점으로 드래그 ⇨ 형식의 **중심선** 으로 변경

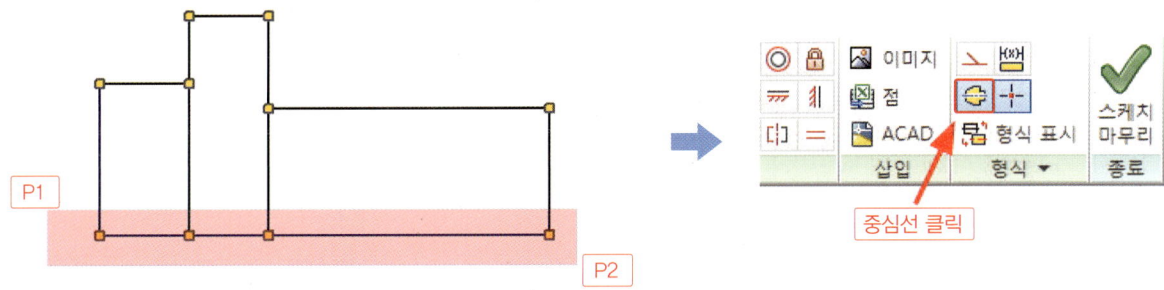

04 도면 치수 확인 ⇨ 가로 치수, 지름 치수순으로 치수 기입

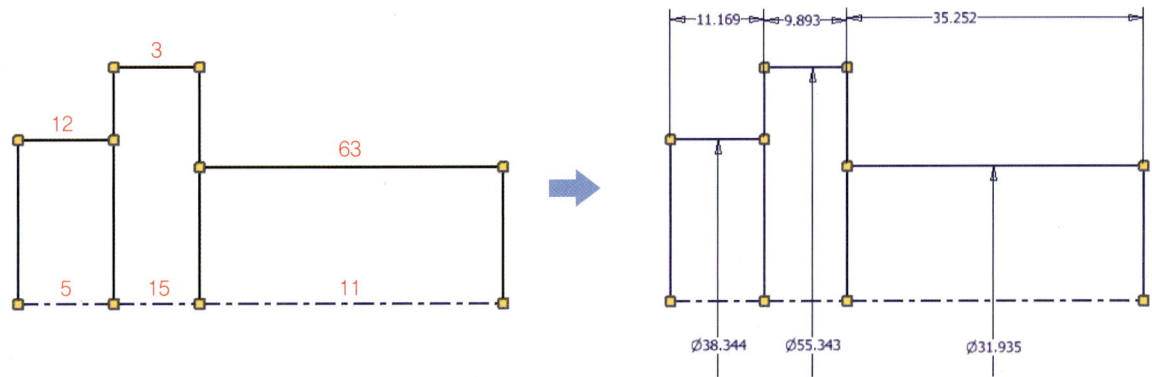

05 순차적으로 치수를 정정한다.

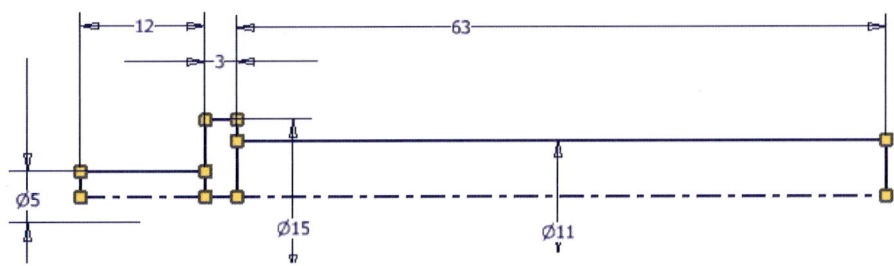

06 스케치 **원** ⊘ **선택** ⇨ 수평선에 일치시켜 원 두 개를 스케치 ⇨ 수정의 **분할** ⊢ **선택** ⇨ 원 **선택**

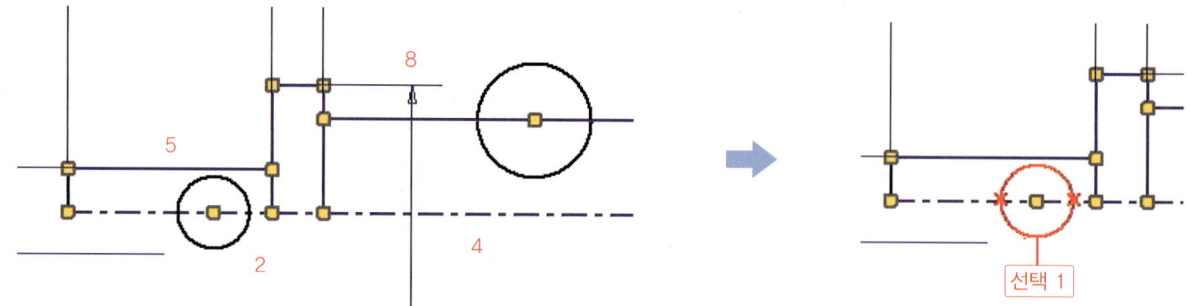

07 두 번째 원 **선택** ⇨ 첫 번째 원: 거리 **5**, 반지름 **1** 입력 ⇨ 두 번째 원: 거리 **8**, 반지름 **2** 입력

> **TIP** 원을 분할시키면 원 호가 되는데, 치수를 기입할 때 **반지름** 치수로 기입하여야 한다.

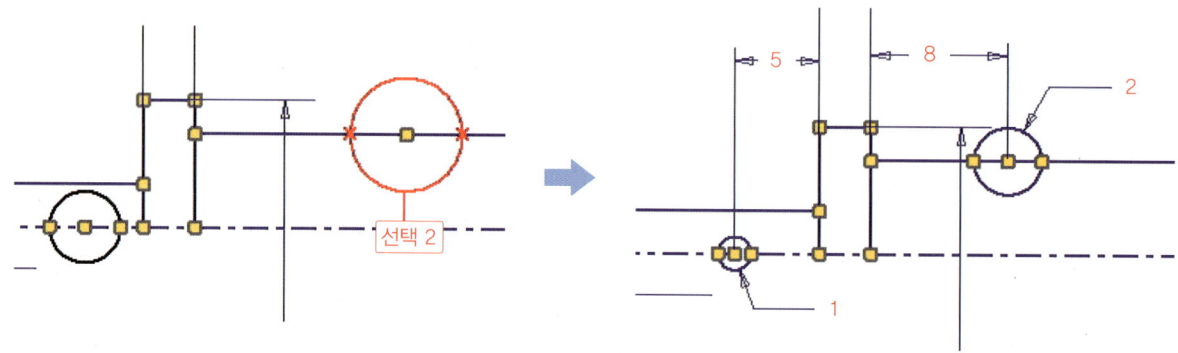

08 완전구속(파란색)이 되었는지 확인 ⇨ 스케치 마무리 ✔

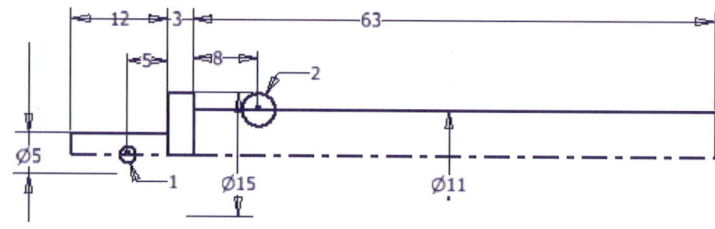

09 회전 ⟹ 프로파일 각각 4개 **선택**, 회전축(그림 참조), 범위: **전체** ⟹ 확인

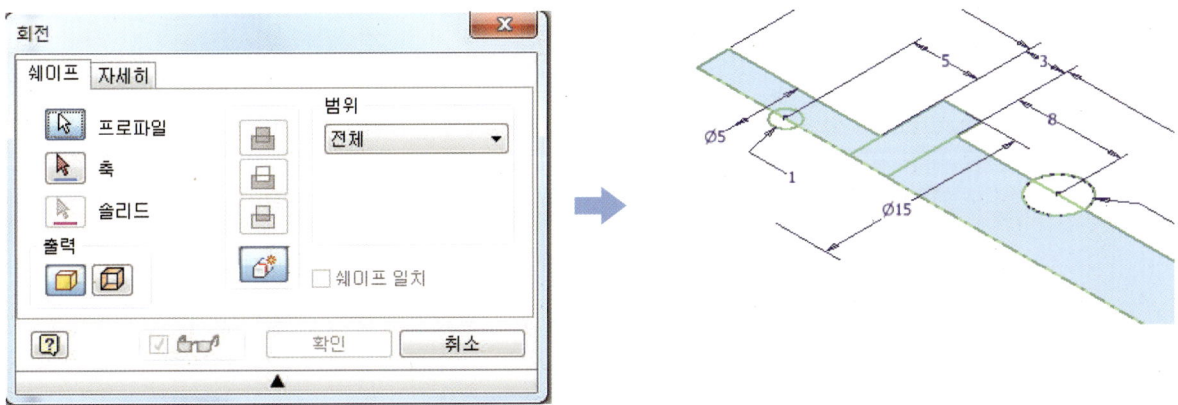

10 검색기 막대(디자인 트리) 회전1 앞부분 '+' **클릭** ⟹ '−'로 확장(숨은 스케치가 보임) ⟹ 스케치1 **선택** ⟹ 마우스 오른쪽 버튼 **클릭** ⟹ **스케치 공유 선택**

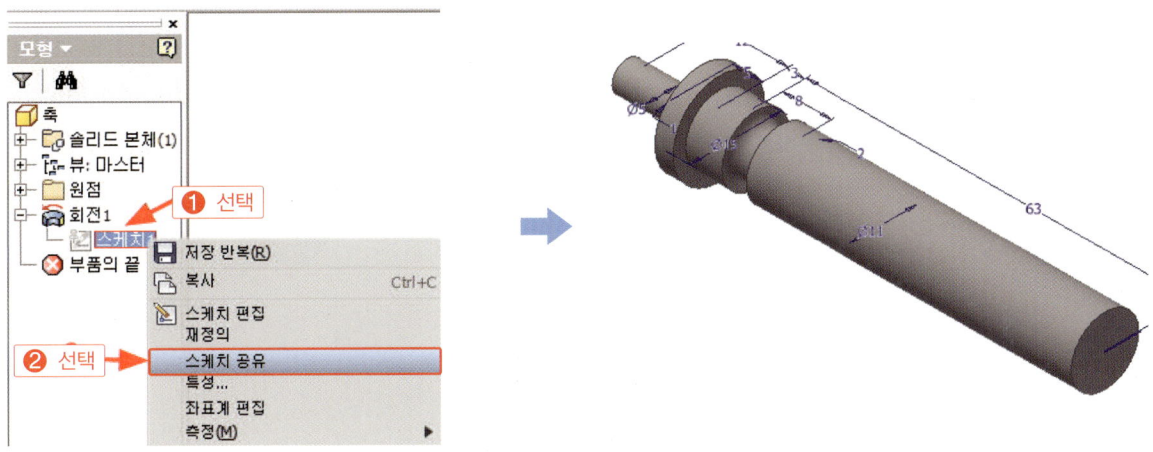

11 돌출 ⟹ 프로파일 2군데 **선택**(그림 참조), **차집합**, 범위: 전체, 방향: 대칭 ⟹ 확인

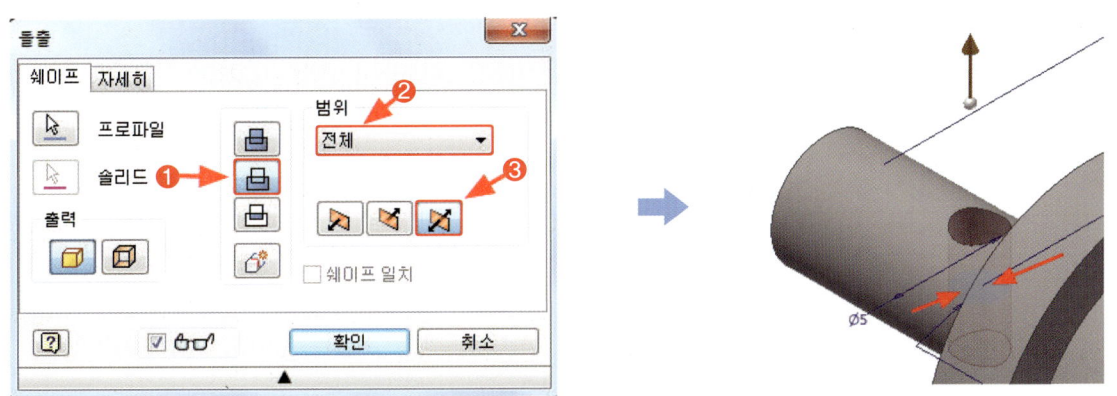

079

12 검색기 막대(디자인 트리) **스케치1 선택** ⇨ 마우스 오른쪽 버튼 **클릭** ⇨ **가시성** 체크 해제
⇨ 구멍 **드롭다운 삼각형 클릭** ⇨ 스레드 **선택**

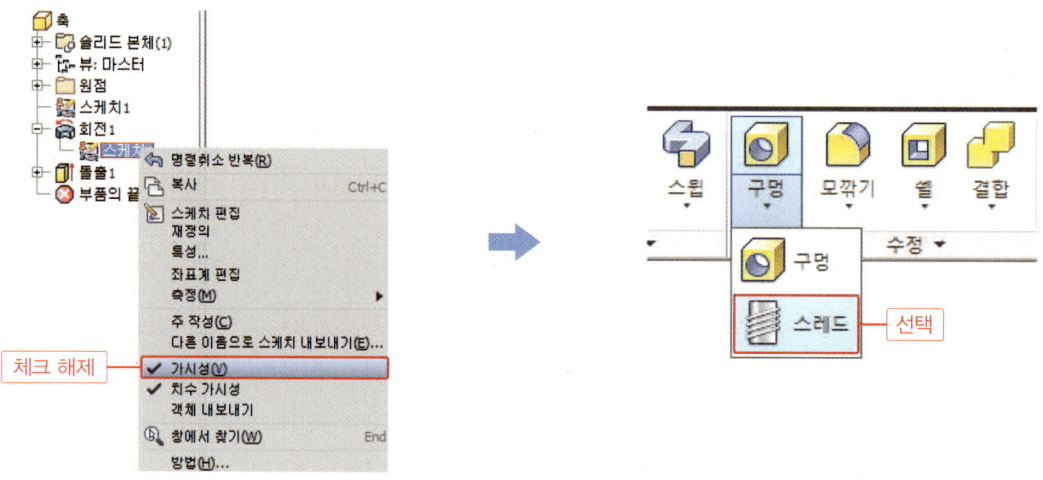

13 위치 ⇨ 면 화살표 **클릭** ⇨ 부품 오른쪽 끝부분 원통 면 **선택** ⇨ 전체 길이 체크 해제 ⇨ 간격 띄우기: **0** ⇨
길이: **43**

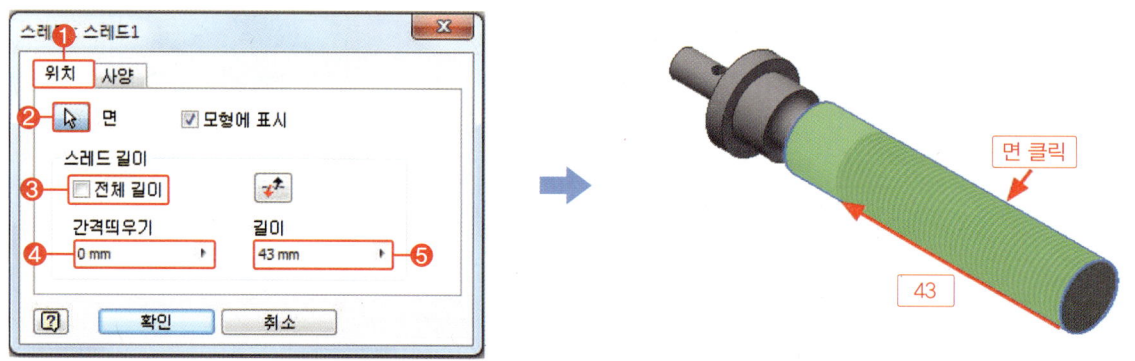

14 사양 **클릭** ⇨ 스레드 유형(ISO Metric profile) **선택** ⇨ 지정: **M11x1 선택** ⇨ 확인

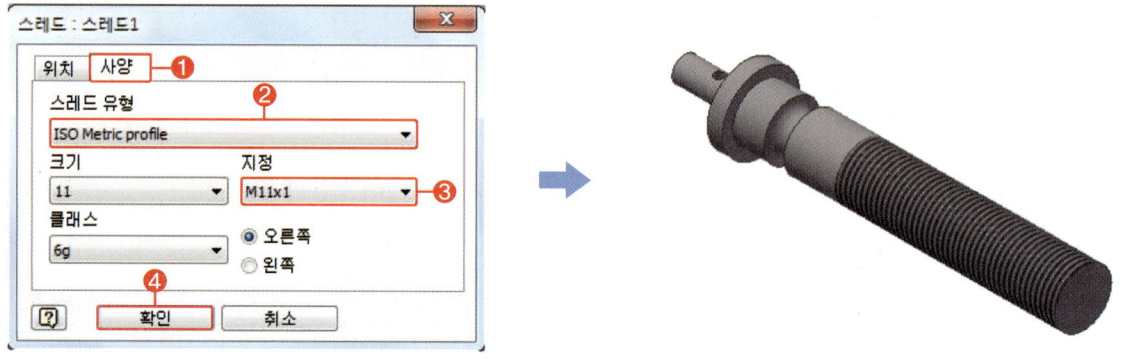

15 모따기 ◈ 선택 ⇨ 2군데 모서리를 C1로 모따기한다.

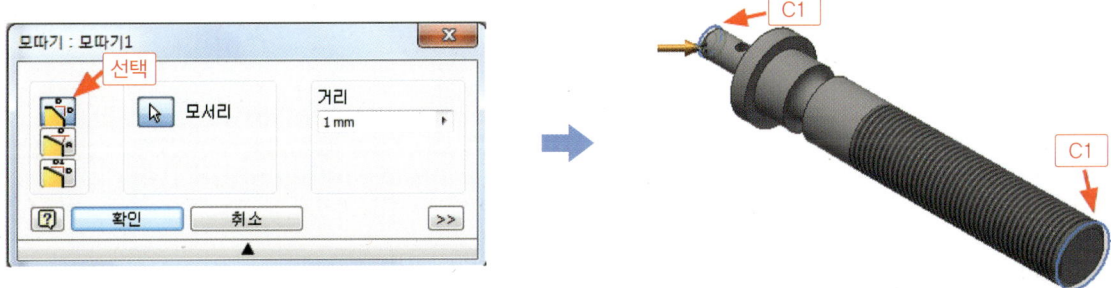

16 최종 완성

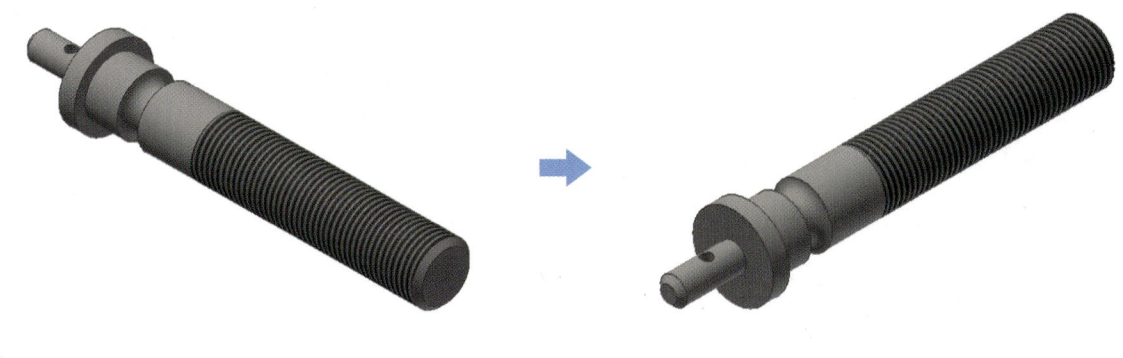

오른쪽 상단 등각투상도   왼쪽 상단 등각투상도

CHAPTER 03

인 벤 터 - 3 d 실 기 · 실 무

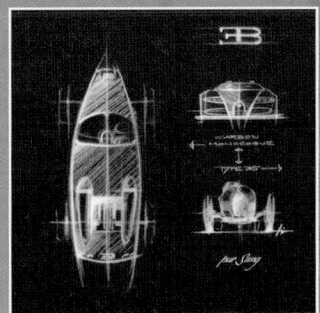

드릴지그

BRIEF SUMMARY

1. 베이스
2. 서포트
3. 부시 홀더
4. 삽입 부시
5. 고정 부시

| 자격종목 | 기사/산업기사/기능사 | 작품명 | 드릴 지그 | 척도 | NS |

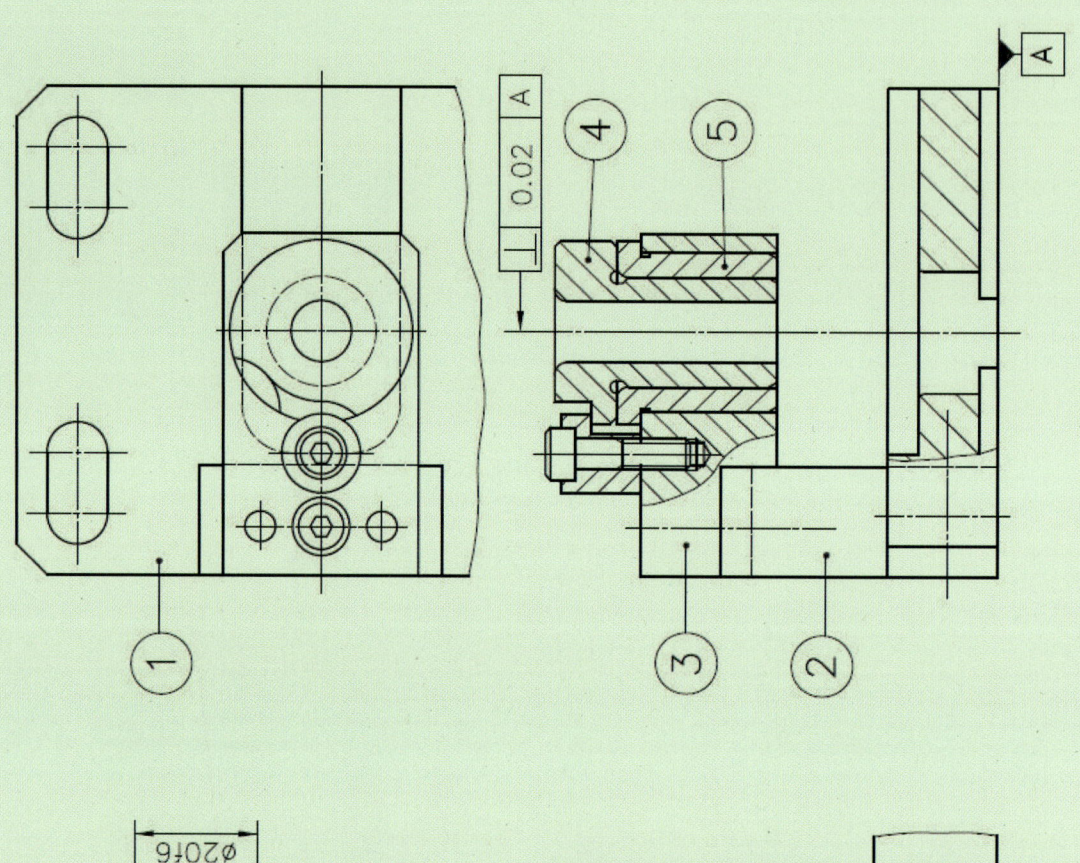
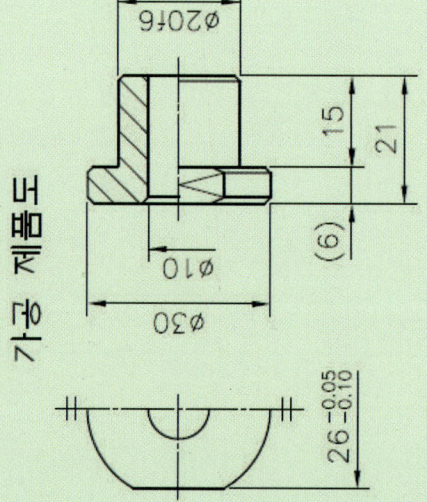
가공 제품도
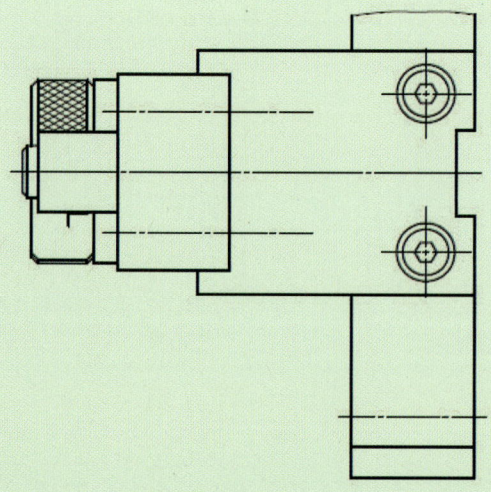

01 베이스

도시되고 지시 없는 모따기 1×45°

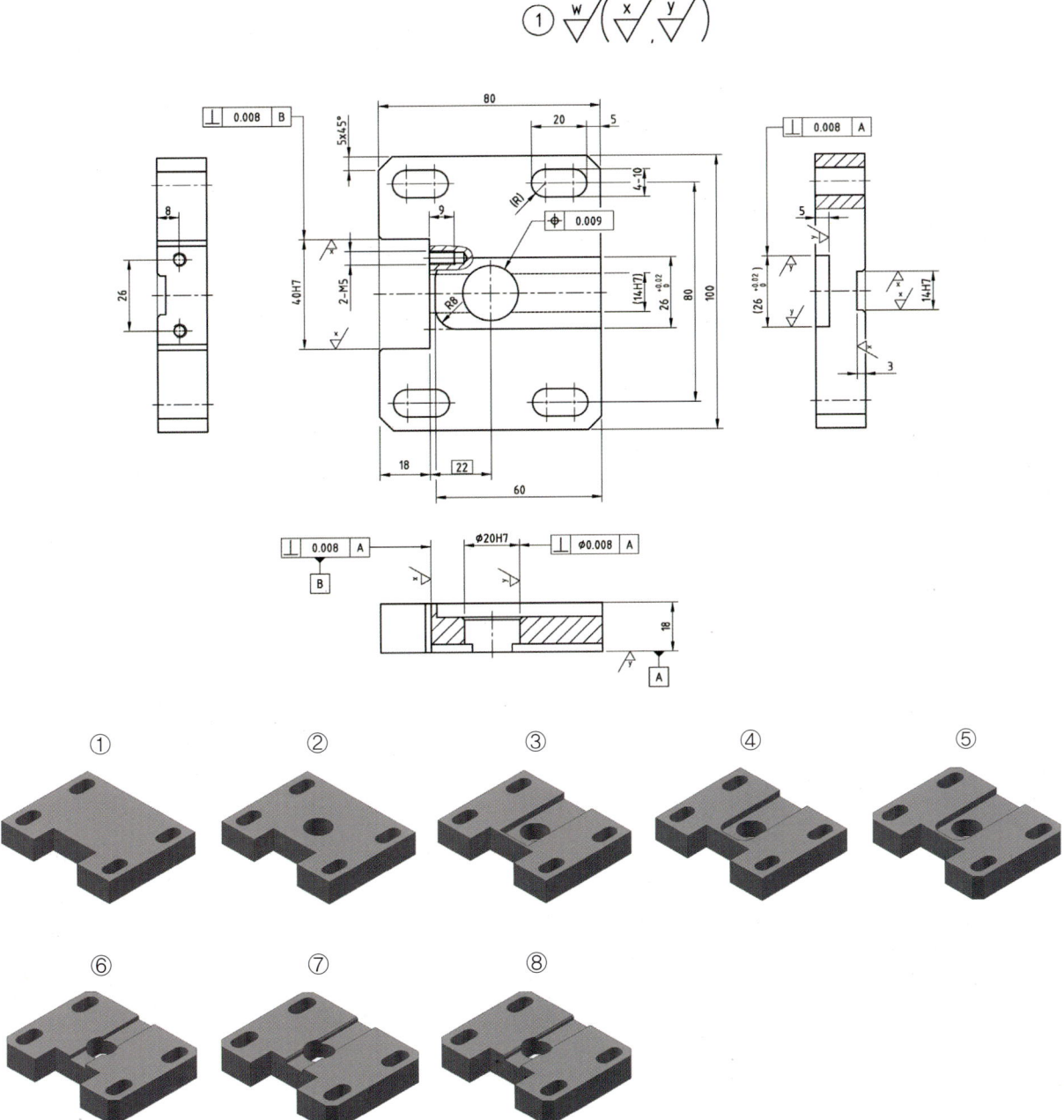

01 디자인 트리 원점[XY 평면] ⇨ **스케치 작성** 📝

02 스케치 원점에서부터 **두 점 중심 직사각형** 🔲 스케치 ⇨ 왼쪽 수직선 중간에 추가 스케치 ⇨ 스케치 **선** ✏
선택 ⇨ 오른쪽 수직선 중간지점에서 시작, 스케치 원점, 위 수평선 중간점까지 선 스케치 ⇨ **구성**으로 변경

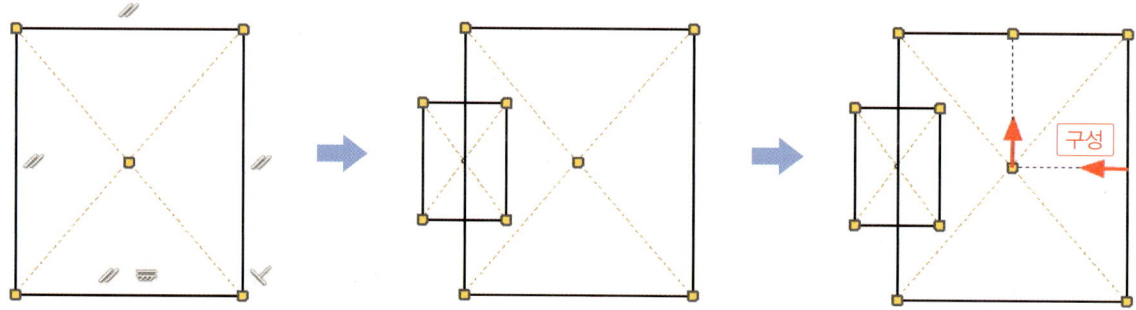

03 스케치 **슬롯 중심 대 중심** ⬭ **선택** ⇨ 아래 이미지와 같이 오른쪽 상단에 수평으로 스케치

04 스케치 **대칭** 🔛 **선택** ⇨ 슬롯 홈을 상하 대칭, 좌우 대칭시켜 아래 그림처럼 만든다.

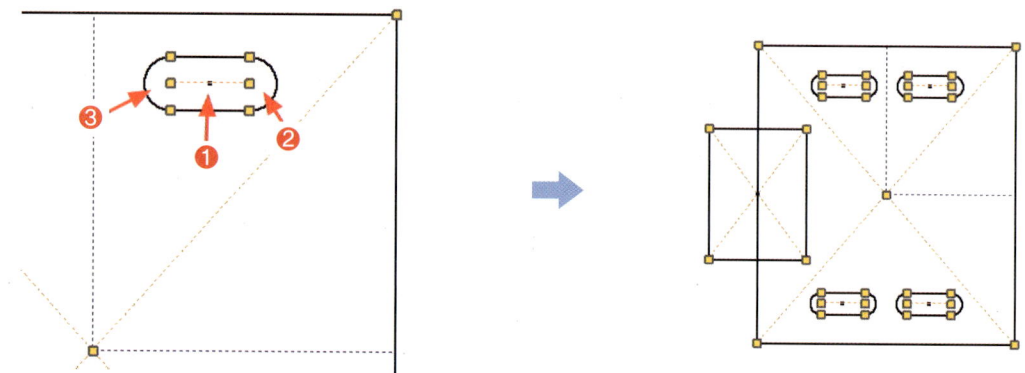

05 큰 사각형 치수 기입(가로 **80**, 세로 **100**) ⇨ 작은 사각형 치수 기입(가로 **18**, 세로 **40**)

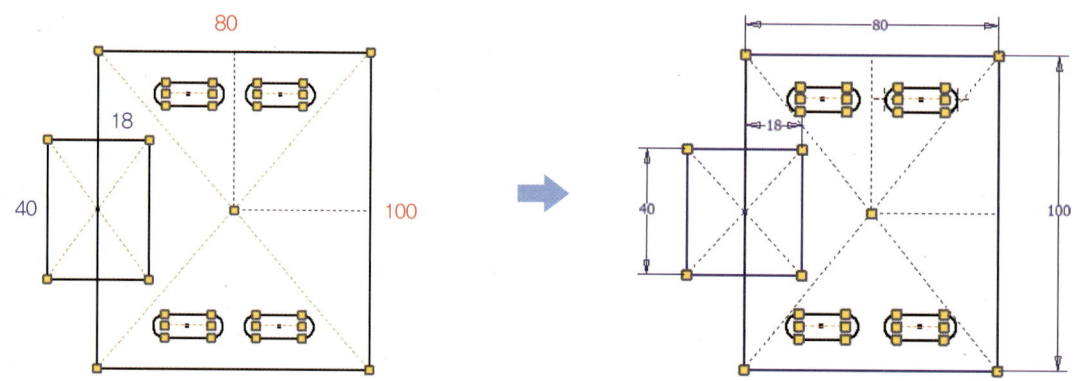

06 스케치 점 ╌╂╌ 선택 ⇨ 슬롯 홈 양쪽 원호 중간지점에 점 스케치 ⇨ 슬롯 홈 가로 **20**, 높이 **10**, 가로 위치 **5** 로 치수 기입

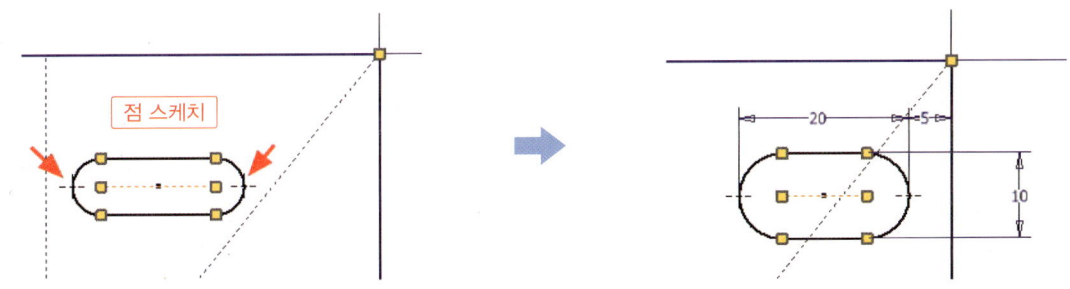

07 슬롯 홈 세로 중심치수를 **80**으로 기입 ⇨ 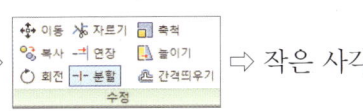 ⇨ 작은 사각형 위아래 수평선 **클릭** ⇨ 스케치 마무리 ✓

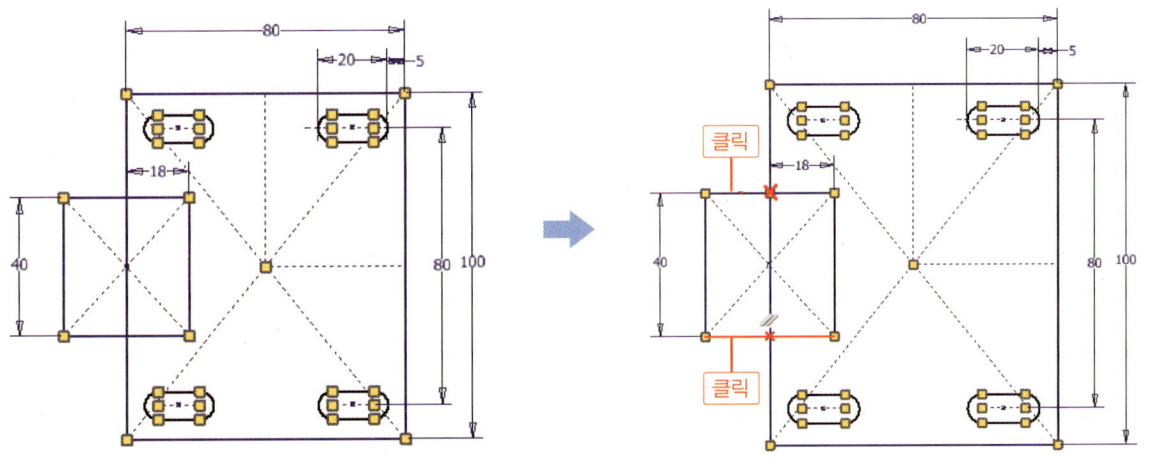

08 F6 (등각투상도) ⇨ **돌출** ⇨ 거리 **18**로 돌출 ⇨ 부품 윗면에 **스케치 작성**

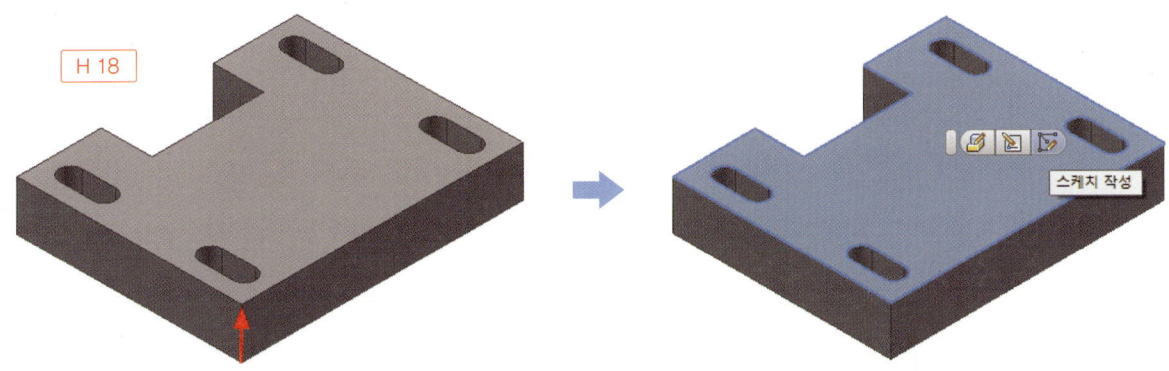

087

09 스케치 원점 위치가 정중앙(전체 80-왼쪽 홈 위치 18-구멍위치 22=40)이므로 추가 스케치 없이 곧바로 **스케치 마무리** ✓

10 **구멍** ⇨ 중심(오른쪽 그림 참조) ⇨ 지름 **20**으로 전체 관통시킨다.

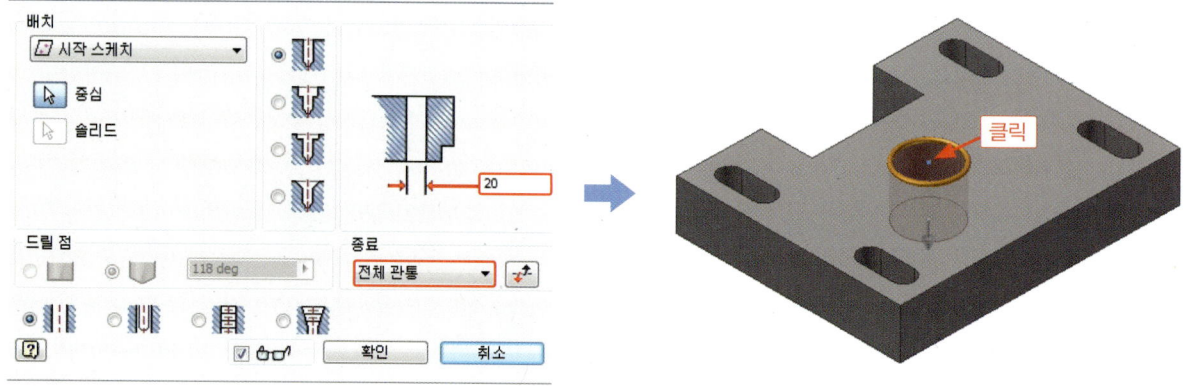

11 부품 윗면에 **스케치 작성** ⇨ 수직선 중간점에서 **두 점 중심 직사각형** 스케치 ⇨ 반쪽 가로 **60**, 세로 **26** 치수 기입

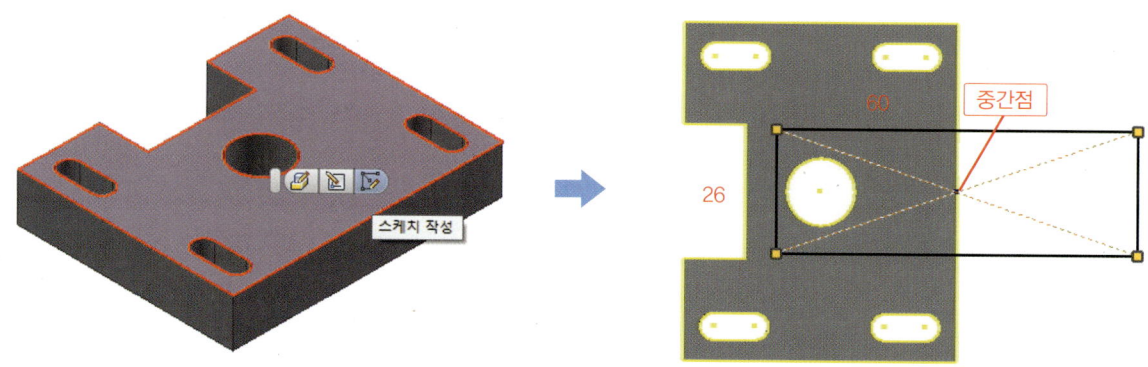

12 **스케치 마무리** ✓ ⇨ **돌출** ⇨ **차집합**, 거리 **5**로 돌출한다.

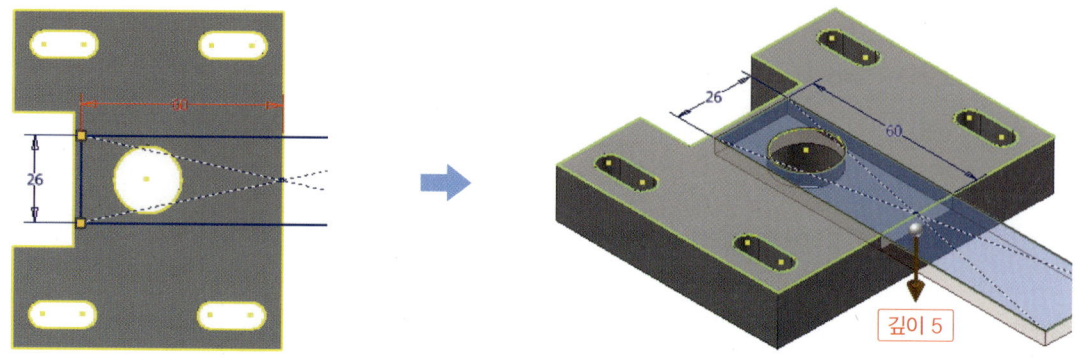

13 모깎기 선택 ⇨ 두 군데 수직 모서리를 R8로 모깎기한다. ⇨ 모따기 선택 ⇨ 수직선 4군데 모서리를 C5로 모따기한다.

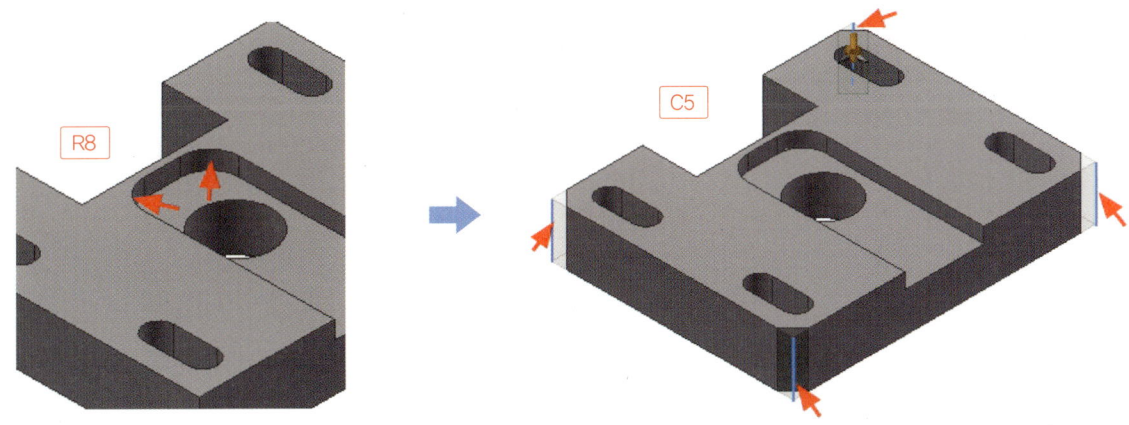

14 우측 면에 스케치 작성 ⇨ 아랫부분에 두 점 직사각형 스케치 ⇨ 가로 14, 세로 3으로 치수 기입

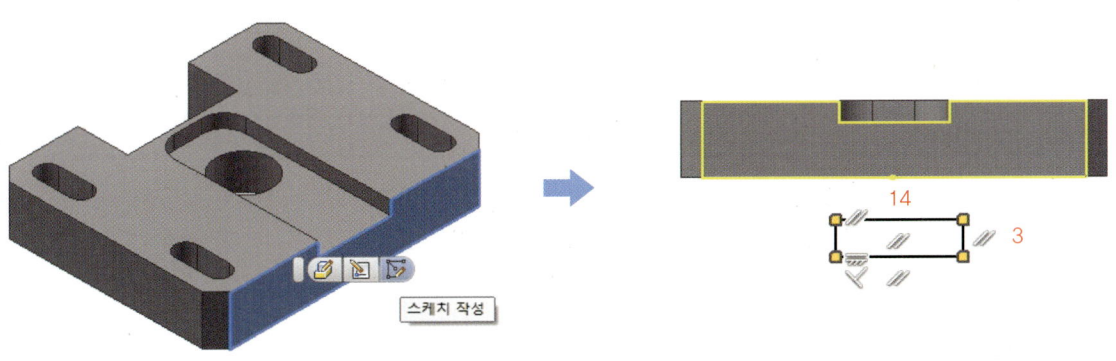

15 구속조건 일치 선택 ⇨ 수평선 중간지점 2곳 클릭 ⇨ 스케치 마무리 ✓

16 돌출 ▯ ⇨ **차집합**, 거리: **전체**로 돌출한다.

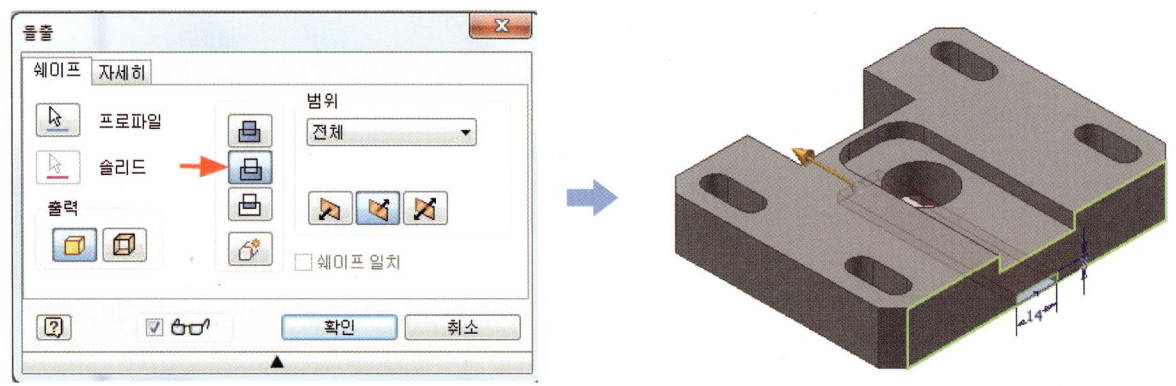

17 키보드의 F4 를 누른 후 마우스로 부품을 상하로 회전 ⇨ **모따기** ⇨ **선택** ⇨ 4군데 모서리를 **C1**로 모따기한다. ⇨ 가운데 좌측 수직 면에 **스케치 작성** ✎

18 형식의 구성 **클릭** ⇨ 스케치 원점에 **두 점 중심 직사각형** ▢ 스케치 ⇨ 스케치 **점** ┼ **선택** ⇨ 사각형 꼭짓점에 점 스케치 ⇨ 가로 **26**, 반쪽 세로 **8**로 치수 기입

19 구멍 ⇨ M5탭 ⇨ 종료: 거리 ⇨ 탭 깊이 9, 드릴 깊이 1 입력 ⇨ 확인

TIP 드릴 깊이는 보통 탭 깊이에 10보다 작을 때는 탭 깊이에 2를 더하고 탭 깊이가 11보다 클 때는 탭 깊이에 3을 더한다.

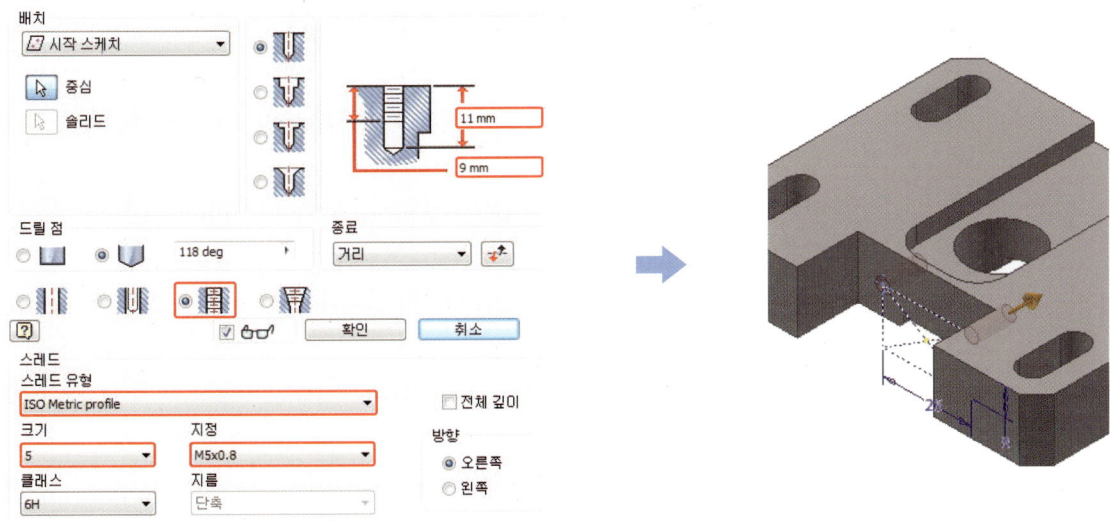

20 최종 완성

윗면 등각투상도

아랫면 등각투상도

02 | 서포트

도시되고 지시 없는 모따기 1×45°

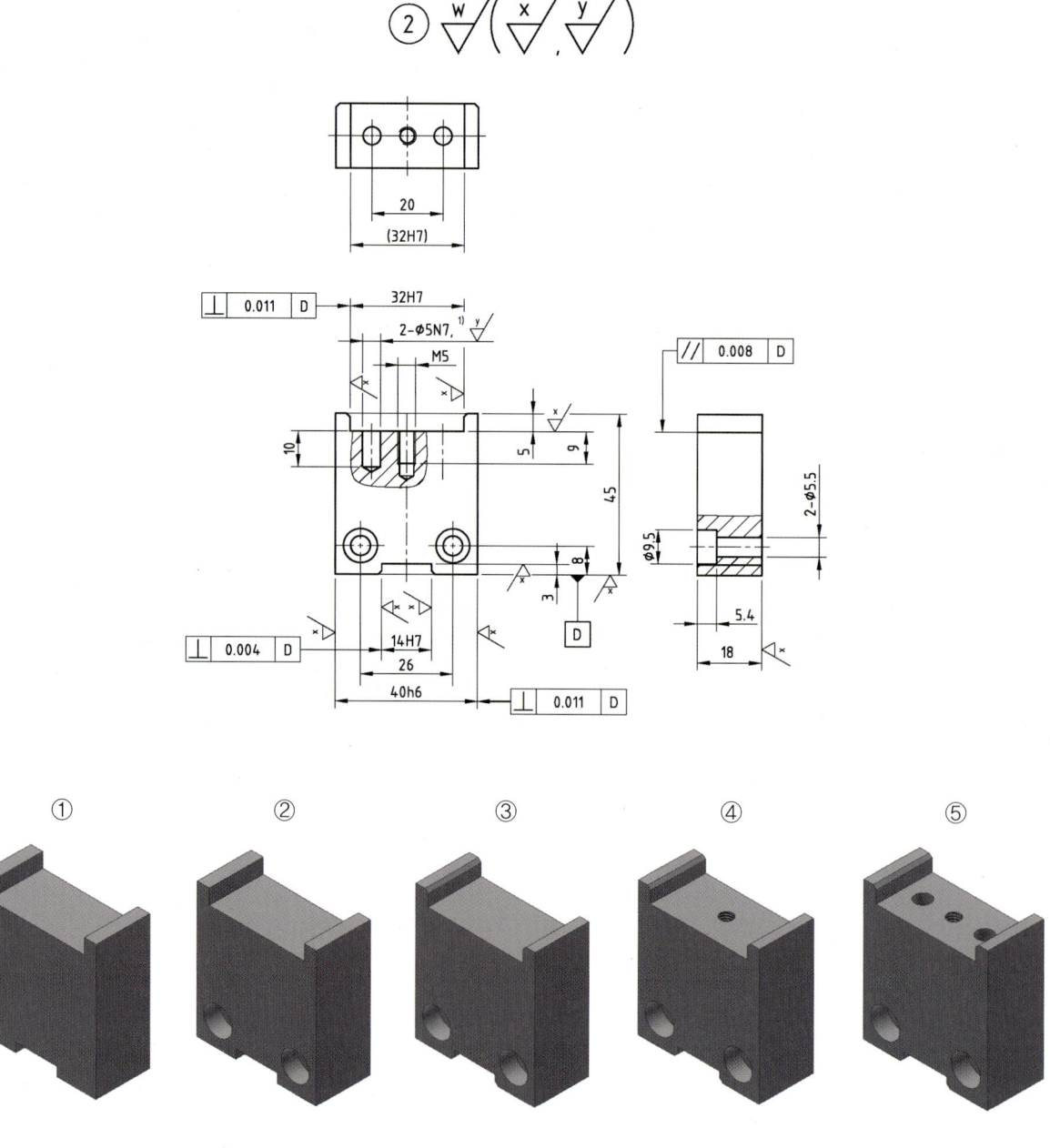

01 디자인 트리 원점[XY 평면] ⇨ **스케치 작성**

02 스케치 원점에서부터 **두 점 중심 직사각형** 을 아래 그림과 같이 중간점에 순차적으로 스케치한다.

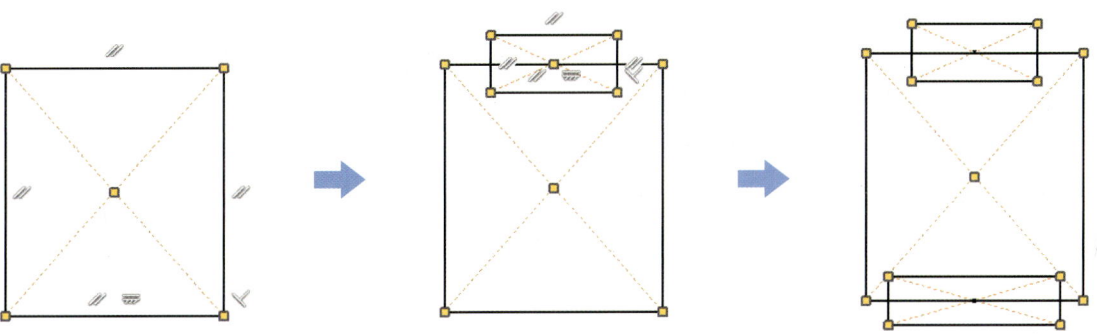

03 수정: **분할** -|- **선택** ⇨ 작은 사각형 위아래 수직선 4군데 **클릭**

① 큰 사각형 치수기입(가로 **40**, 세로 **45**)
② 윗부분 작은 사각형 치수기입(가로 **32**, 세로 **5**)
③ 아랫부분 작은 사각형 치수기입(가로 **14**, 세로 **3**)

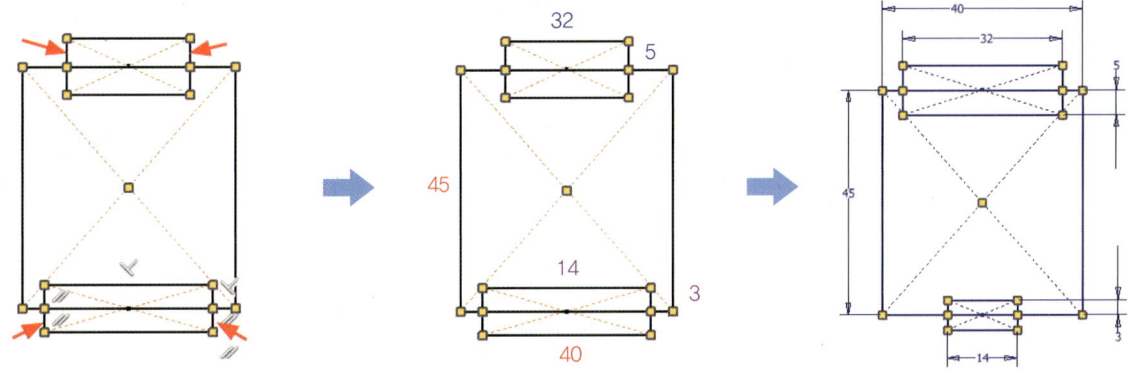

04 스케치 마무리 ✓ ⇨ F6 ⇨ 돌출 ⇨ 합집합, 거리: 18, 방향: 대칭 ⇨ 확인

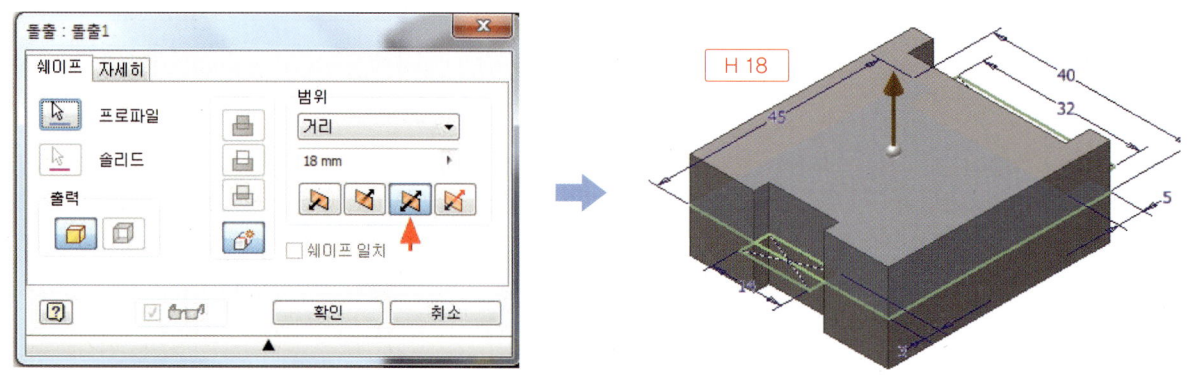

05 부품 윗면에 스케치 작성 ⇨ 정중앙 수직으로 구성선 스케치 ⇨ 왼쪽 임의위치에 점 스케치 ⇨ 점을 구성선 기준으로 좌우 대칭 ⇨ 가로 26, 세로 8 치수 기입 ⇨ 스케치 마무리 ✓

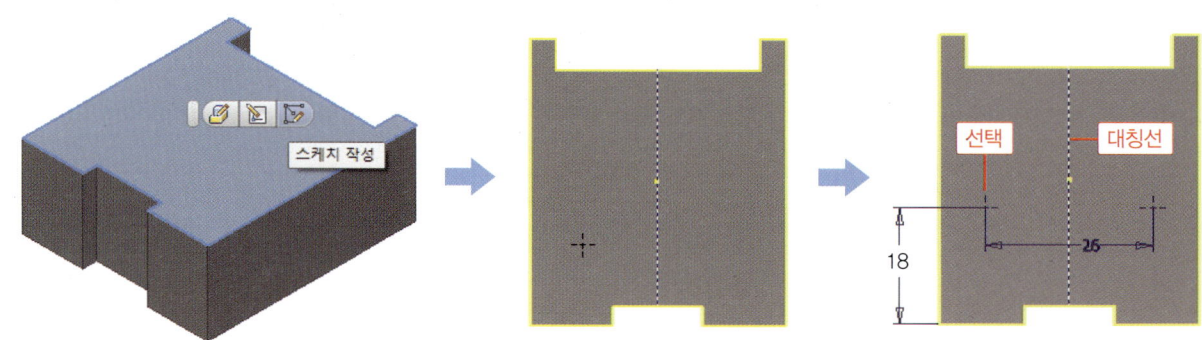

06 구멍 ⇨ 깊은 자리파기 선택 ⇨ 큰 지름 9.5, 깊이 5.4, 작은 지름 5.5로 전체 관통시킨다.

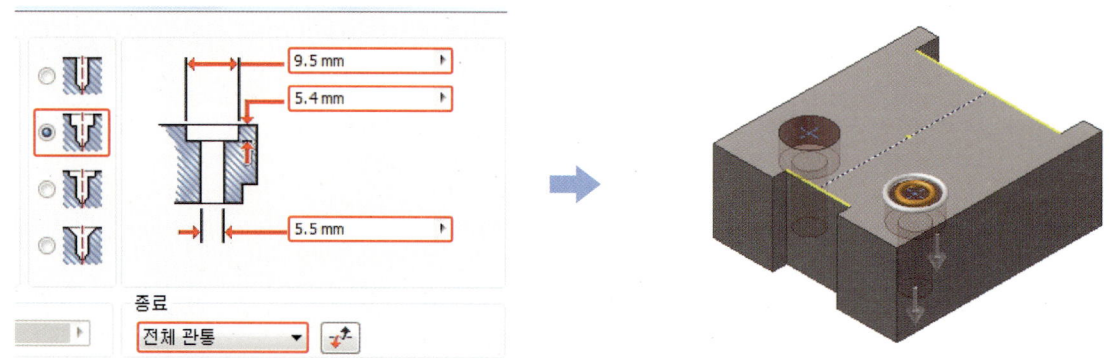

07 모따기 ◇ 선택 ⇨ 수직인 모서리 4군데 모서리 **선택** ⇨ C1으로 모따기한다.

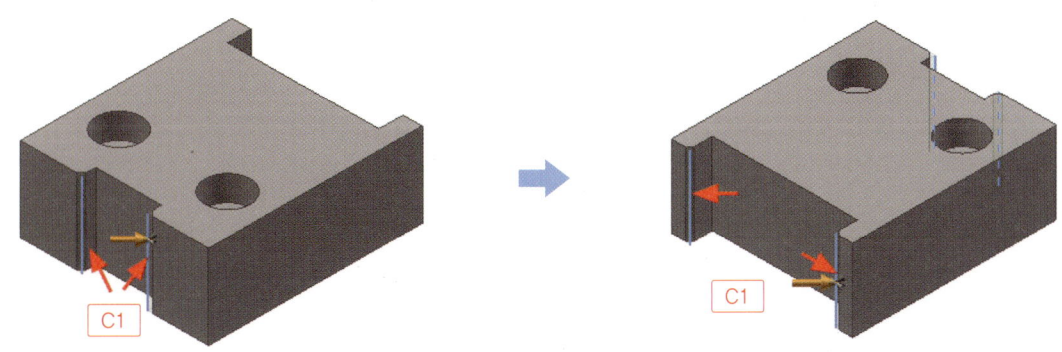

08 부품 정면에 스케치 작성 ✏ ⇨ 곧바로 스케치 마무리 ✔

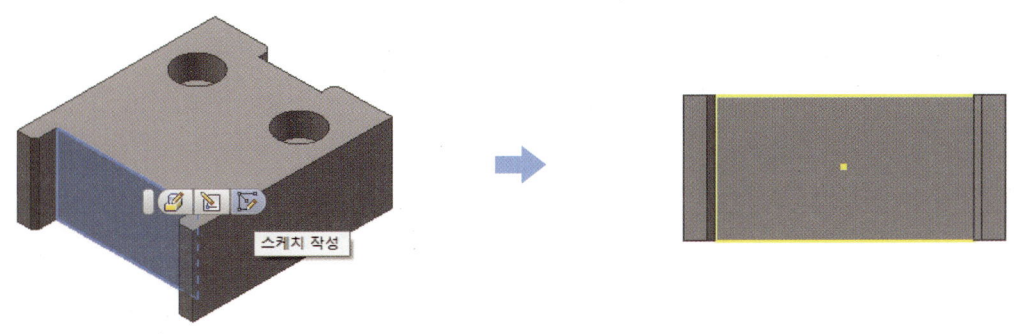

09 구멍 ◯ ⇨ 중심(그림 참조), 종료: **거리**, 드릴깊이: **11**, 탭 깊이: **9** ⇨ **M5x0.8** ⇨ 확인

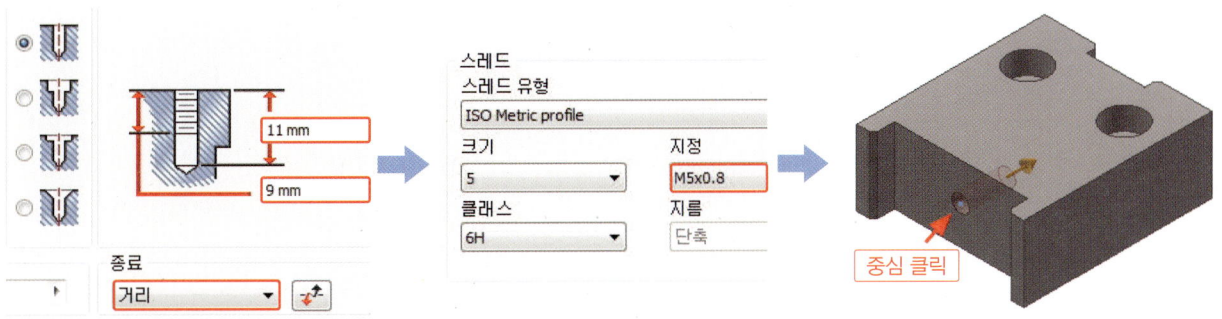

10 아래 그림과 같이 순차적으로 스케치를 진행한다.

① 형식의 **구성** 클릭 ⇨ 스케치 **선** 선택 ⇨ 수평으로 스케치
② 수평선 양 끝점에 **점** 스케치
③ 가로 **26**으로 치수 기입
④ 구속조건에서 **일치** 구속조건 **선택** ⇨ 가운데 원 중심점과 수평선 중간점을 **클릭**

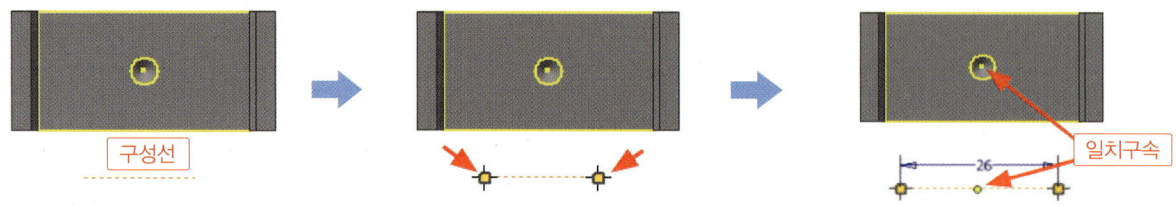

11 구멍 ⇨ 아래 그림과 같이 설정하고 드릴 지름 **5**, 깊이 **10** 입력 ⇨ 확인

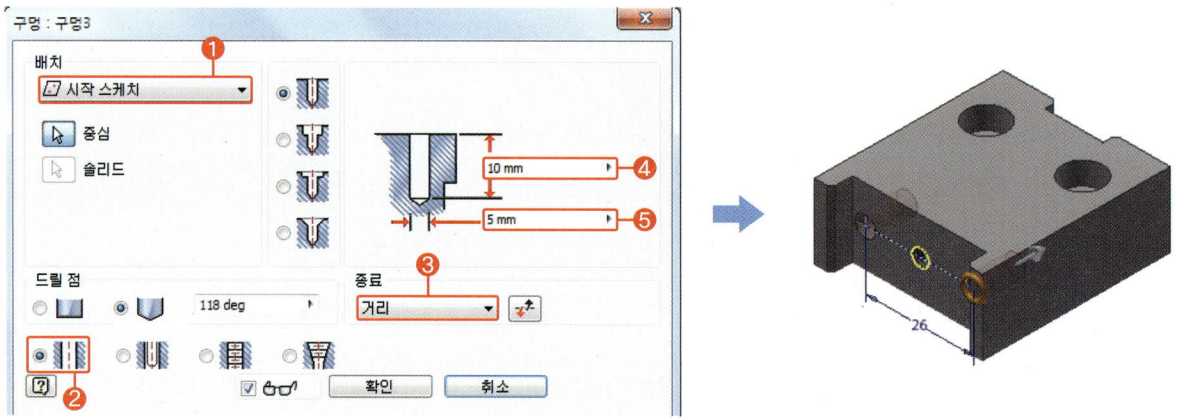

12 ViewCube를 사용하여 아래 그림처럼 시점 변경 ⇨ ViewCube 정중앙 꼭짓점 **클릭** ⇨ 마우스 오른쪽 버튼 **클릭** ⇨ '현재 뷰를 홈 뷰로 설정' **선택** ⇨ '뷰에 맞춤(V)' **클릭**

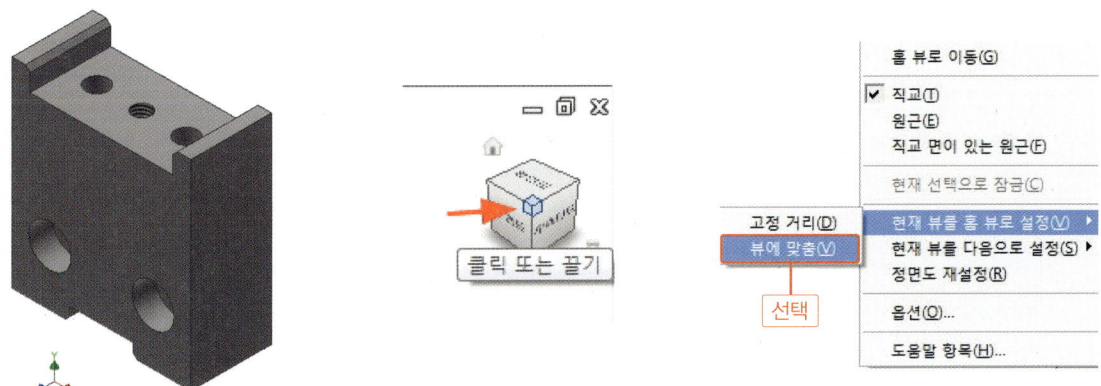

13 최종 완성

앞쪽 등각투상도 　　　　　　　　　　　아랫부분 뒤쪽 등각투상도

03 | 부시 홀더

도시되고 지시 없는 모따기 $1 \times 45°$

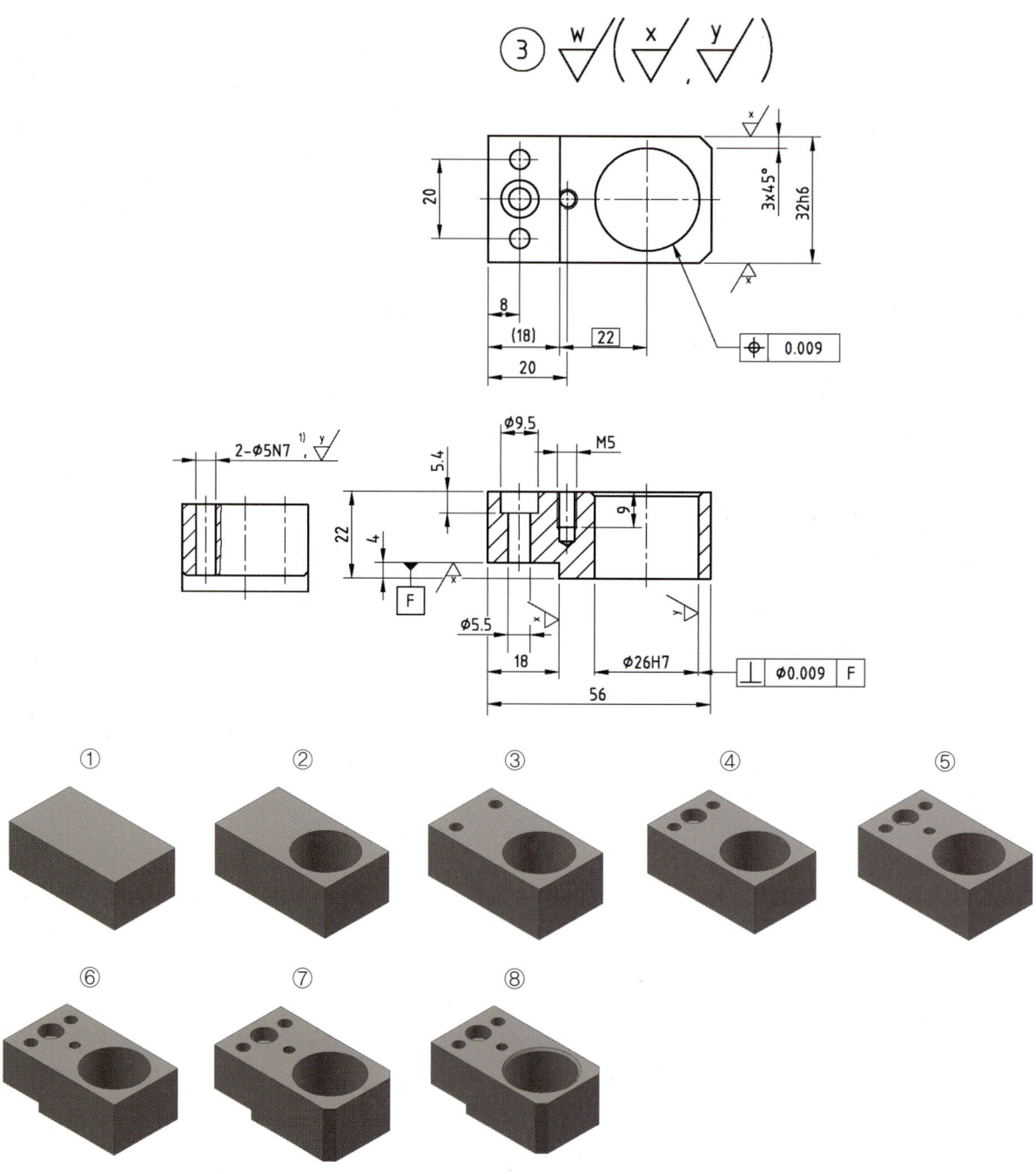

01 디자인 트리 원점[XY 평면] ⇨ **스케치 작성** 📝

02 스케치 원점에서부터 **두 점 직사각형** ⬜ 스케치 ⇨ 가로 **56**, 세로 **32** 치수 기입 ⇨ 스케치 마무리 ✅
⇨ **F6** (등각투상도) ⇨ **돌출** 📦 ⇨ 거리 **22**로 돌출

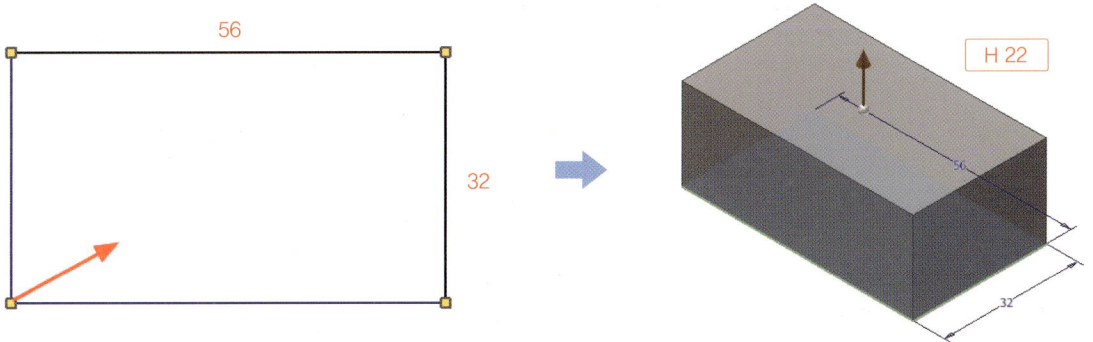

03 부품 윗면에 **스케치 작성** 📝 ⇨ 양쪽 수직선 중간지점으로 수평되게 구성선 스케치 ⇨ 스케치 **점** ✛
선택 ⇨ 구성선 오른쪽에 치우친 지점에 점 스케치

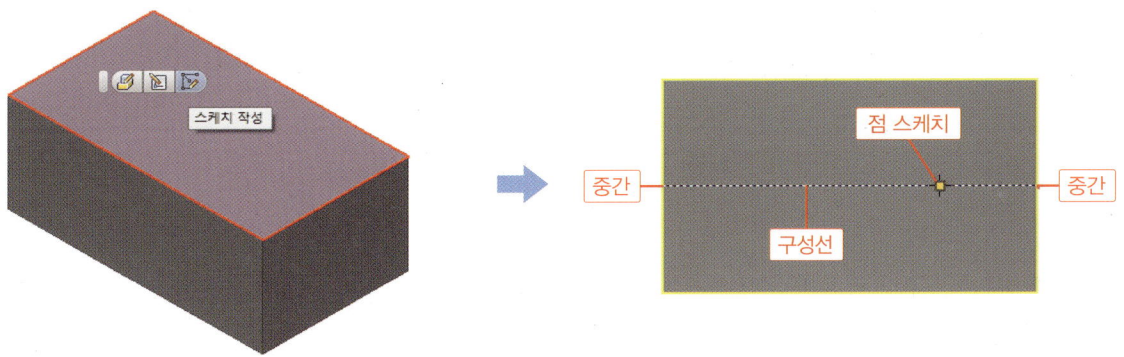

04 가로 **40**으로 치수기입 ⇨ 스케치 마무리 ✅ ⇨ **구멍** 🕳 ⇨ 지름 **26** 입력 후 전체 관통시킨다.

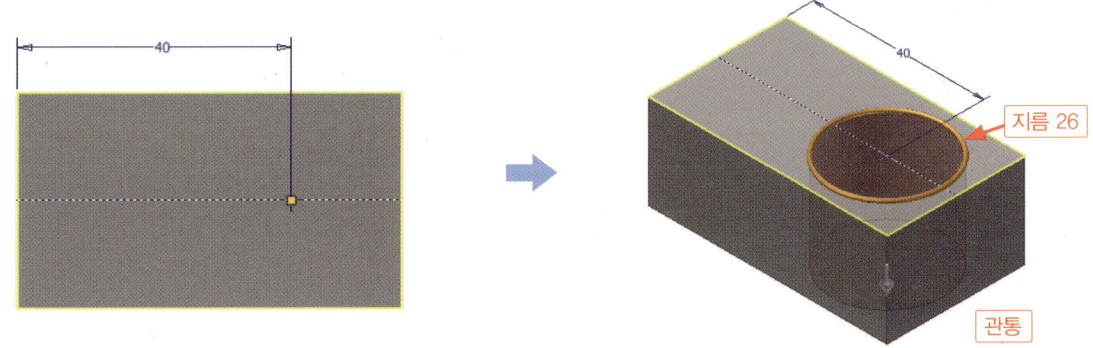

05 왼쪽 수직선 중간부분에 **두 점 중심 직사각형** 스케치 ⇨ 구성으로 변경 ⇨ 가로 반쪽 치수 **8**, 세로 **20** 으로 치수 기입 ⇨ 스케치 **점** ⇨ **선택** ⇨ 사각형 오른쪽 꼭짓점에 점 스케치

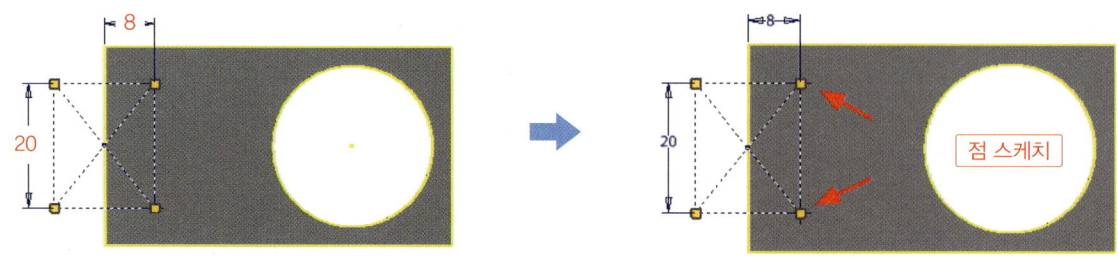

06 스케치 마무리 ⇨ **구멍** ⇨ 지름 5 입력 후 전체 관통시킨다.

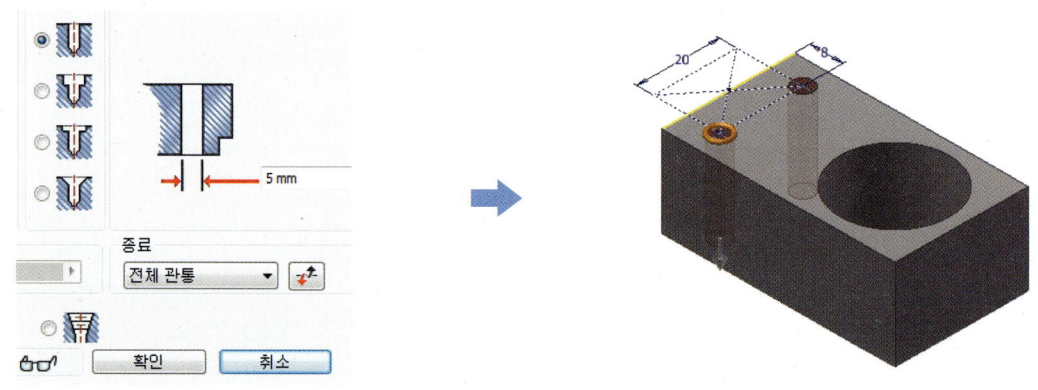

07 부품 윗면에 **스케치 작성** ⇨ 위아래 원호중심 위치에 **구성선** 스케치 ⇨ 수직인 구성선 중간 위치에 **점** 스케치 ⇨ 스케치 마무리

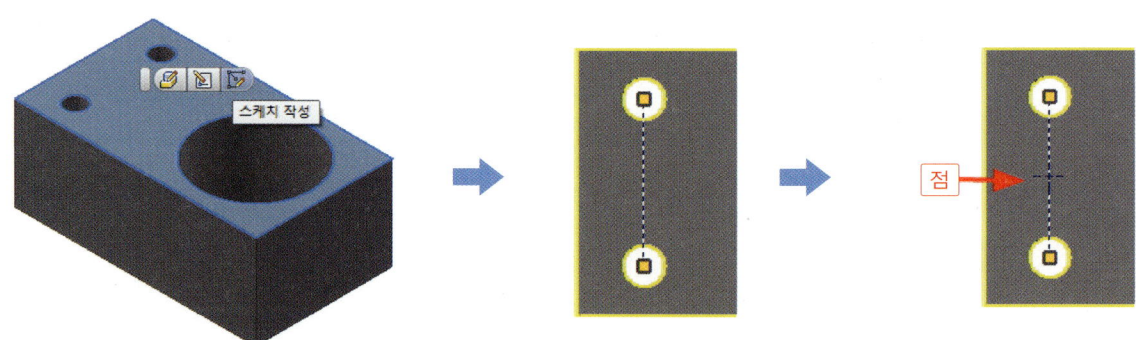

08 구멍 ◎ ⇨ 깊은 자리파기 **선택** ⇨ 큰 지름 **9.5**, 깊이 **5.4**, 작은 지름 **5.5**로 전체 관통시킨다.

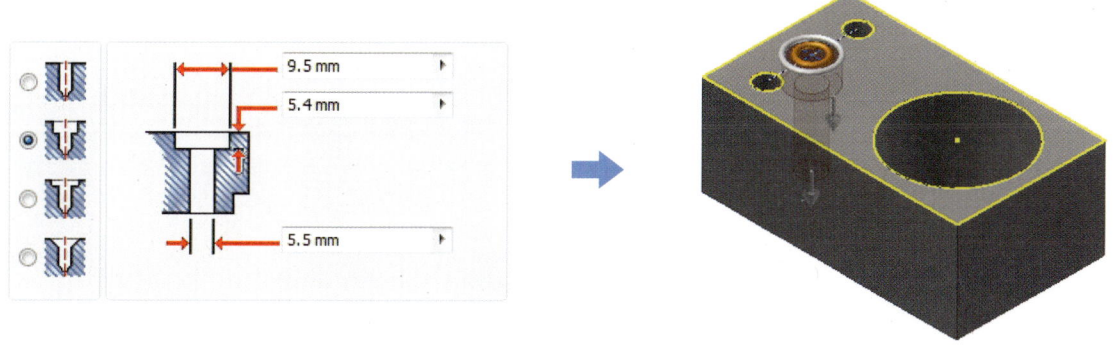

09 부품 윗면에 **스케치 작성** 📝 ⇨ 가운데 구멍 중심점에서 **구성선** ╱ 스케치 ⇨ 가로 **20**으로 치수 기입 ⇨ 수평선 끝부분에 **점** ╋ 스케치 ⇨ 스케치 마무리 ✅

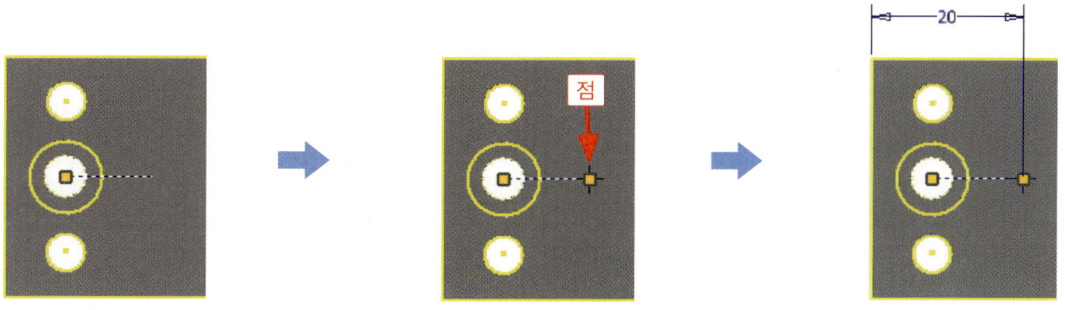

10 구멍 ◎ ⇨ 종료: 거리, 드릴 깊이: **11**, 탭 깊이: **9** ⇨ **M5x0.8** ⇨ 확인

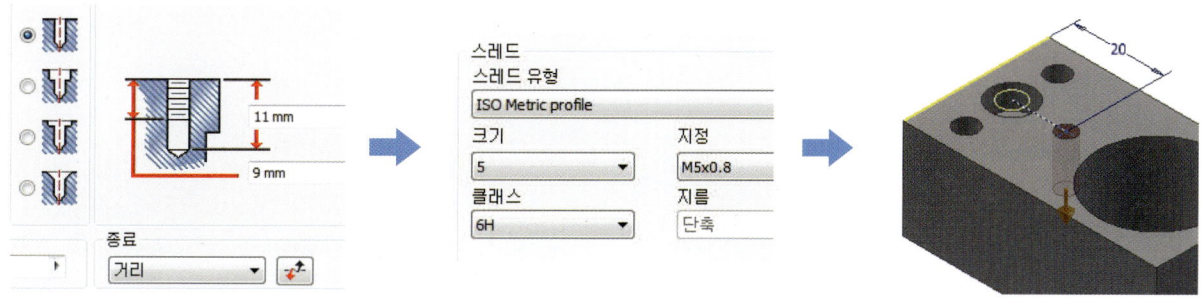

11 부품 정면에 **스케치 작성** ▧ ⇨ 왼쪽 모서리 하단에 **두 점 직사각형** ▭ 스케치 ⇨ 가로 **18**, 세로 **4**로 치수 기입 ⇨ 스케치 마무리 ✓

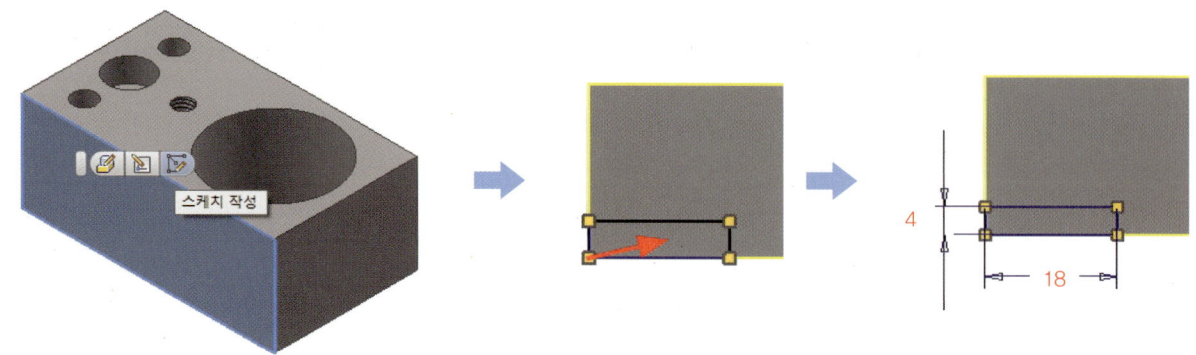

12 돌출 ▧ ⇨ **차집합**, 거리: **전체**로 돌출한다.

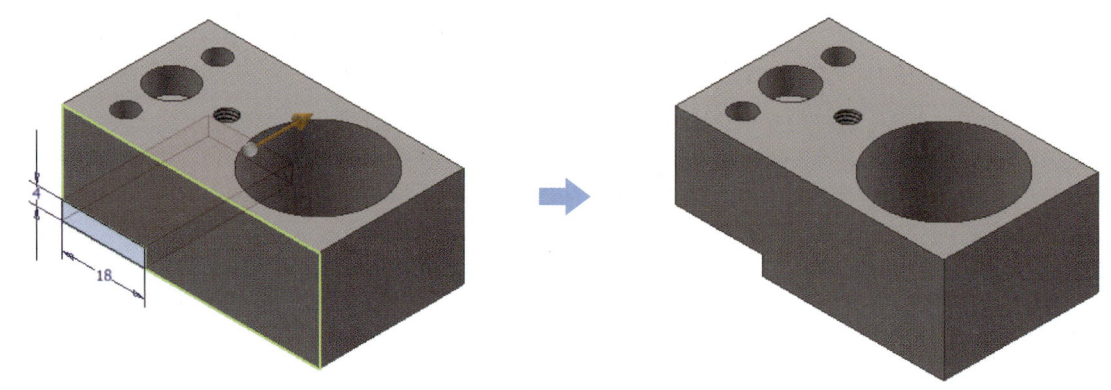

13 모따기 ◆ **선택** ⇨ 수직인 모서리 2군데 **C3** ⇨ 원형 모서리를 **C1**으로 모따기한다.

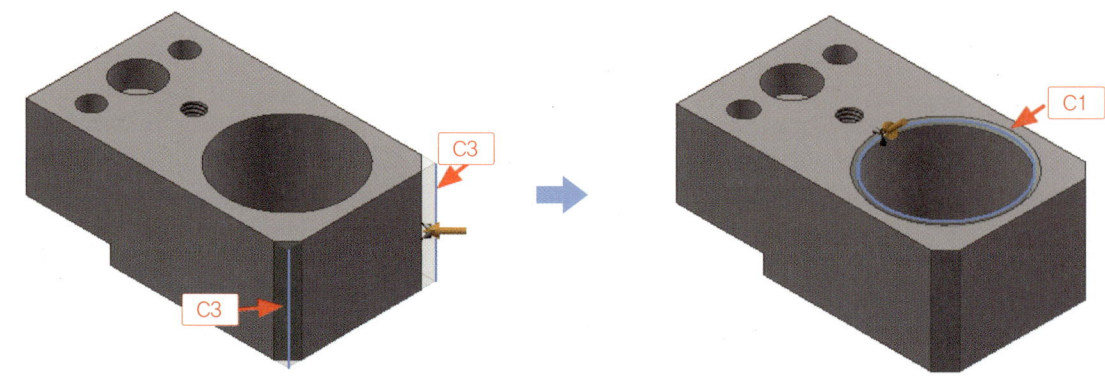

14 최종 완성

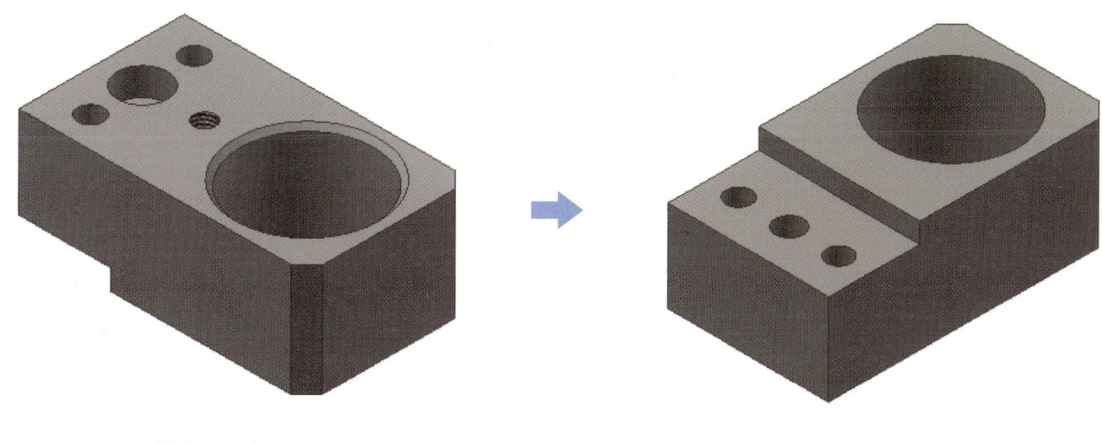

윗부분 등각투상도   아랫부분 등각투상도

04 | 삽입 부시

도시되고 지시 없는 모따기 $1 \times 45°$

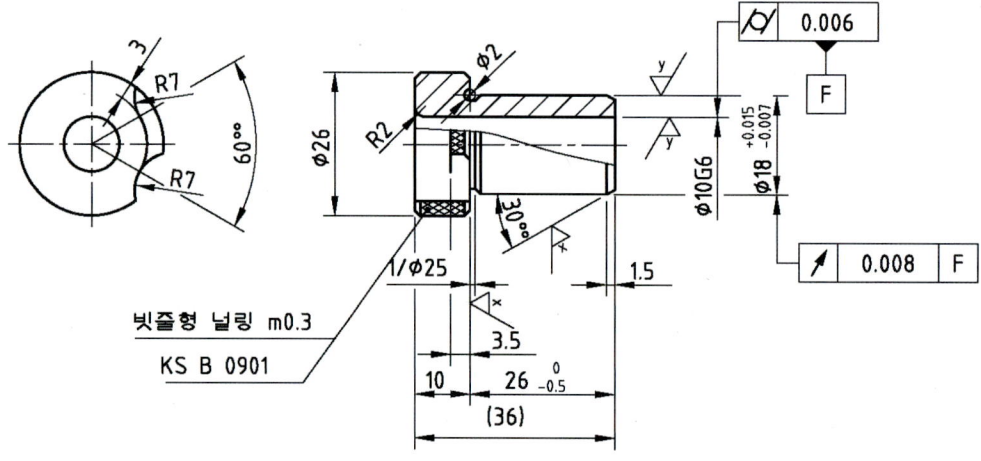

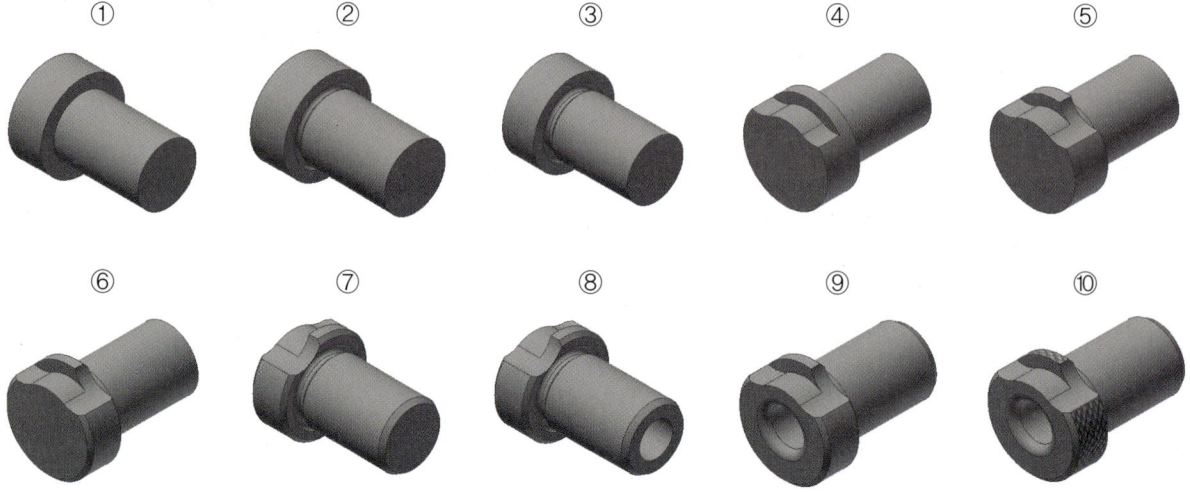

01 디자인 트리 원점[XY 평면] ⇨ **스케치 작성**

02 스케치 **선** **선택** ⇨ 스케치 원점에서부터 시계 방향으로 수평/직각/일치 구속을 부가하여 순차적으로 스케치한다.

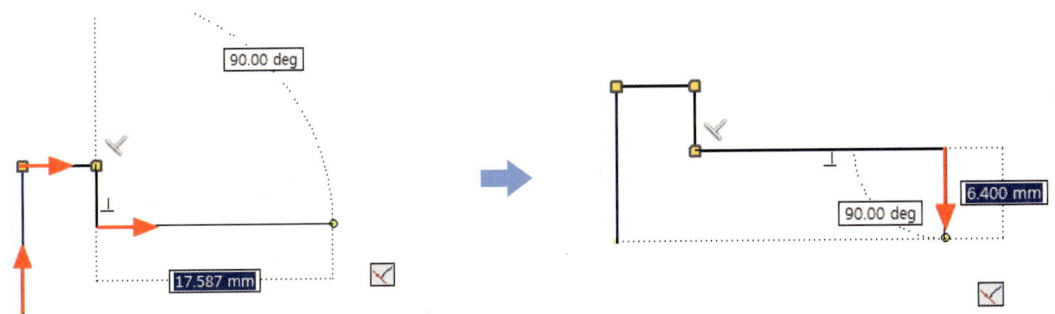

03 스케치 원점에 일치하여 직선 스케치 마무리 ⇨ 아래 수평선만 **클릭** ⇨ 형식의 중심선 아이콘 **선택** ⇨ 중심선으로 변경한다.

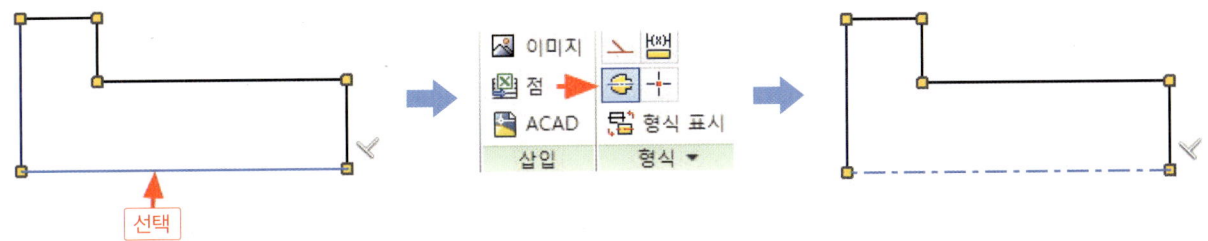

04 **일반치수** 아이콘을 **선택** ⇨ 아래 그림과 같이 첫 번째, 두 번째 중심선을 **선택** ⇨ 오른쪽 방향에 치수 위치 **클릭** ⇨ 26으로 치수를 기입한다.

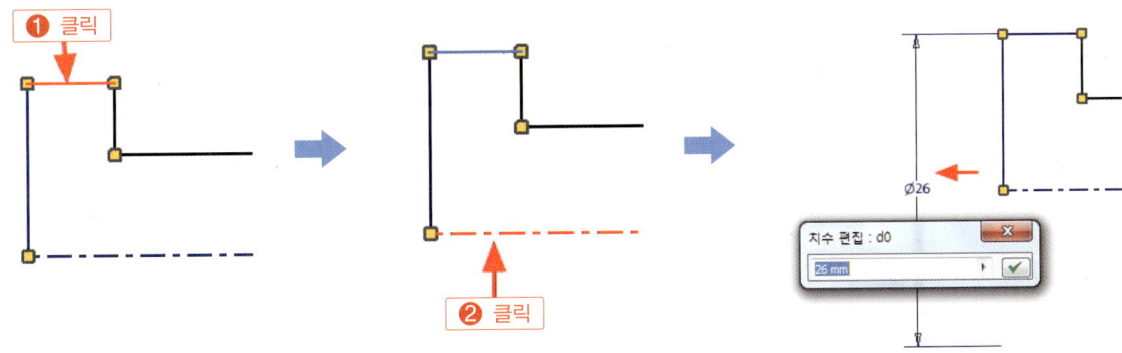

05 나머지 지름 18과 수평 치수 10, 26을 순차적으로 기입 ⇨ 스케치 마무리 ✓

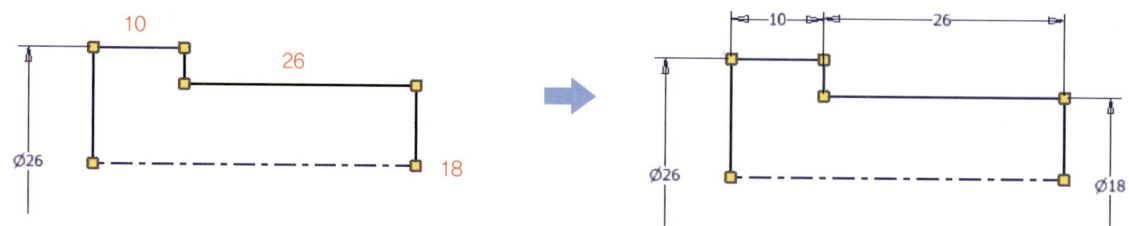

06 회전 🔘 선택 ⇨ 프로파일(자동인식), 축: 중심선(자동인식), 범위: 전체 ⇨ 확인

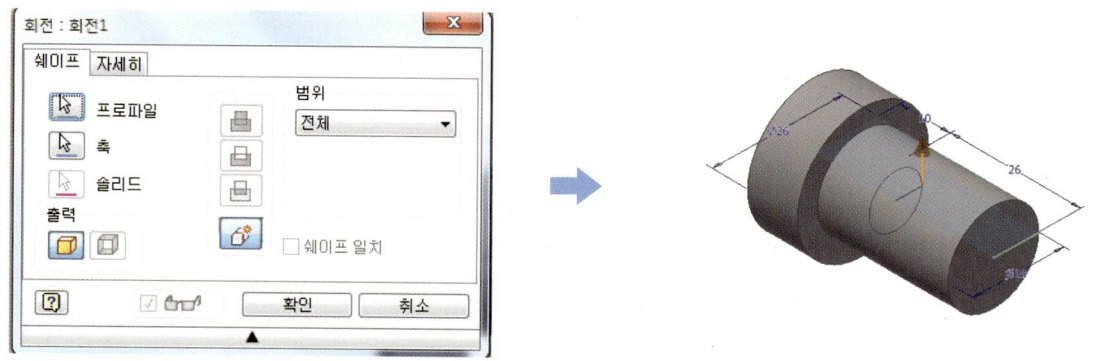

07 디자인 트리 원점 ⇨ XZ 평면(정면) 클릭 ⇨ 스케치 작성 ✏️

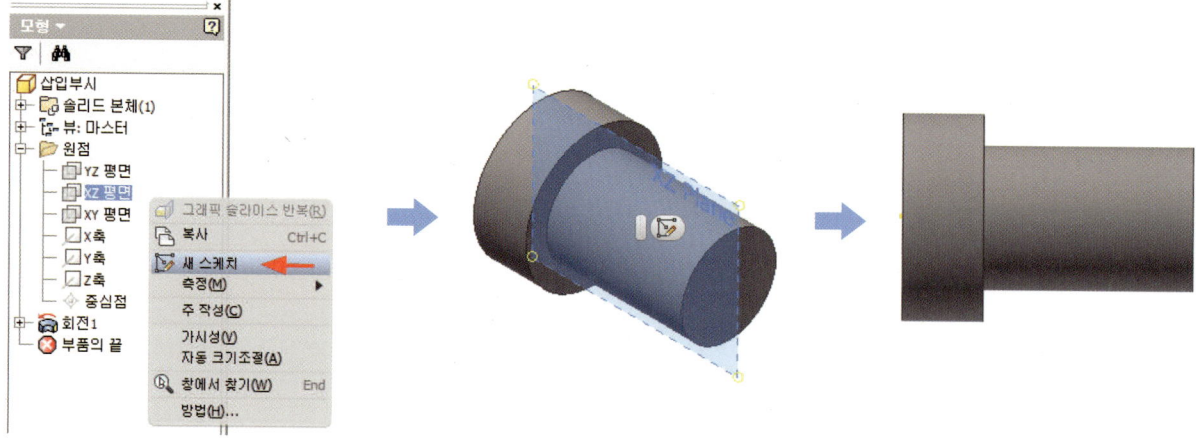

08 탐색 도구 막대 ⇨ 비주얼 스타일 ⇨ 와이어 프레임 ⇨ 작성의 **형상 투영** **선택** ⇨ 오른쪽 그림과 같이 2개의 모서리를 **선택**하여 그림자를 만들어 준다.

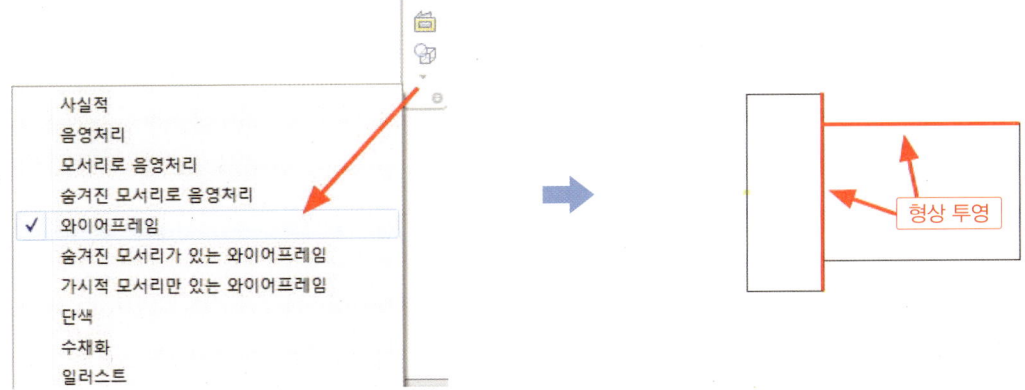

09 양쪽 수직선 중간지점에 **수평선** 스케치 ⇨ 수직선 끝점에 **원** 스케치 ⇨ 지름 **2**로 치수 기입

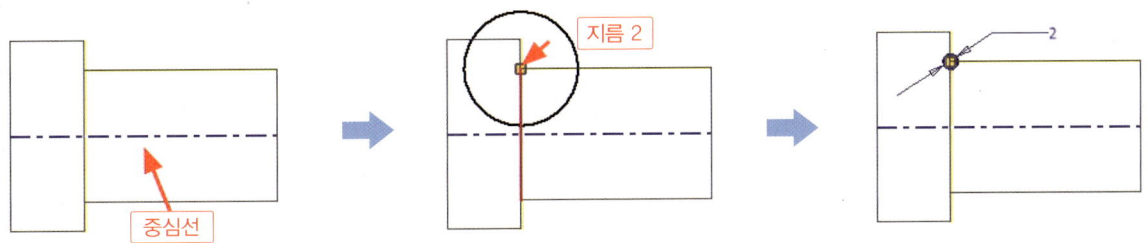

10 회전 선택 ⇨ 프로파일(자동인식), 축: **중심선**(자동인식), **차집합**, 범위: **전체** ⇨ 확인

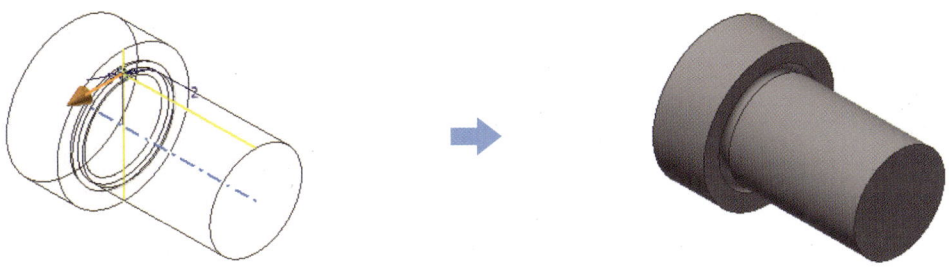

11 오른쪽 원형 모서리 **클릭** ➪ **모따기** 🔲 **선택** ➪ **C1**으로 모따기한다.

12 부품 좌측 면에 **스케치 작성** 🔲 ➪ 구성선으로 **수평선** ✏ 스케치 ➪ 다시 한 번 경사진 선 스케치

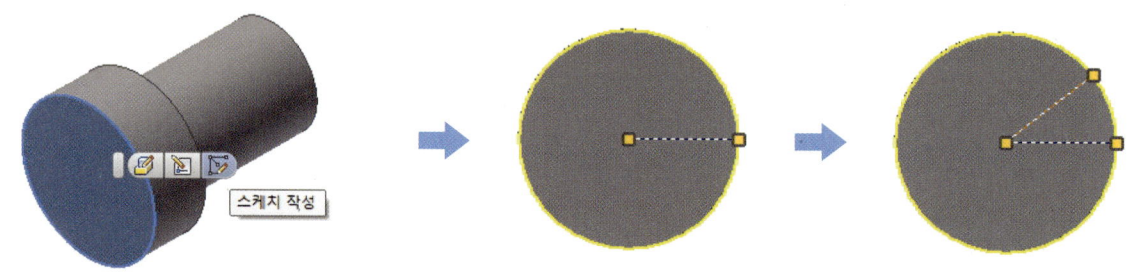

13 스케치 **대칭** 🔲 **선택** ➪ 윗부분 경사진 객체 **선택** 후 가운데 수평선 **선택** ➪ **적용** ➪ 각도 **60**도 및 두께 **3** 치수 🔲 기입

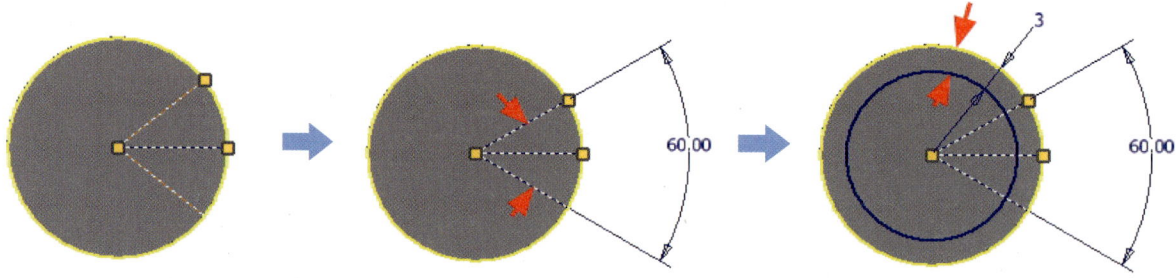

14 스케치 **자르기** 선택 ⇨ 원 왼쪽부분 자르기 ⇨ **탄젠트 호** 선택 ⇨ 그림과 같이 안쪽 원호와 바깥쪽 원에 일치시켜 호 스케치 ⇨ 같은 방법으로 아랫부분도 탄젠트 호 스케치

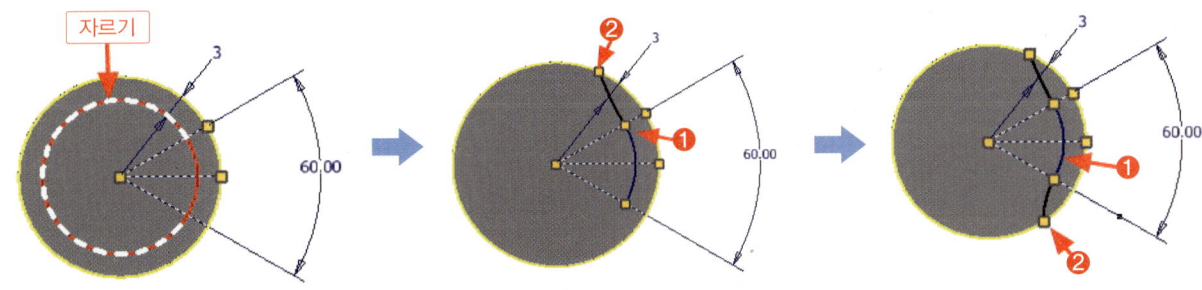

15 구속조건의 평행 **선택** ⇨ 상하 대칭시킨 원호 **선택** ⇨ 반지름 치수 **R7** 기입

16 스케치 **돌출** ⇨ 프로파일 **선택**(그림 참조), **차집합**, 거리: **10 – 3.5**, 방향: **방향 2** ⇨ 확인

17 돌출한 안쪽 측면에 **스케치 작성**

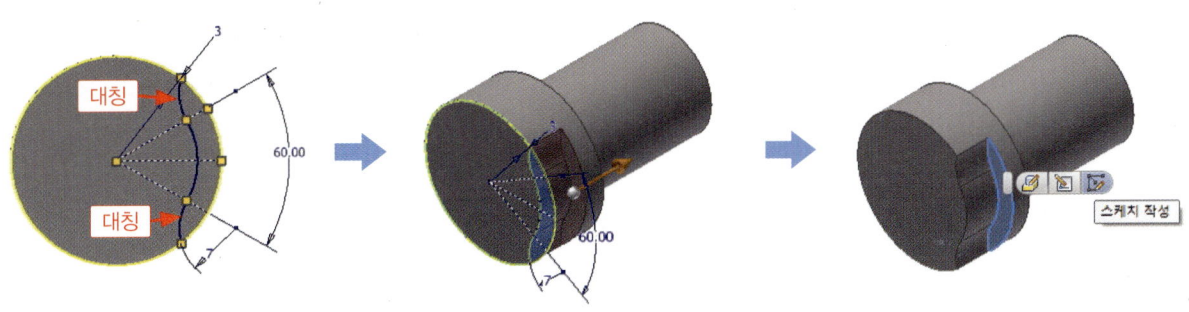

18 스케치 **원** 선택 ⇨ 원호 중심과 원호 끝점을 일치시켜 원 스케치 작성

19 돌출 ⇨ **차집합**, 거리: **전체**로 돌출한다.

20 모따기 **선택** ⇨ 좌측 원형 모서리 **2**군데 모서리 **선택** ⇨ **C1**으로 모따기한다.

21 모따기 ⇨ **거리 및 각도** 선택 후 각각 거리 **1.5**, 각도 **30** 입력 ⇨ 그림과 같이 **선택** ⇨ 확인

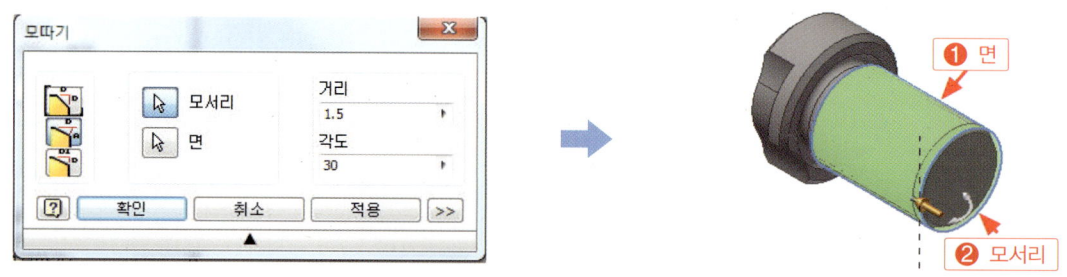

22 우측 면에 **스케치 작성** ⇨ 곧바로 스케치 마무리 ✓

23 **구멍** ⬢ ⇨ 구멍 중심을 마우스로 **클릭** ⇨ 드릴 선택 후 지름 **10** 입력 ⇨ **전체 관통**시킨다.

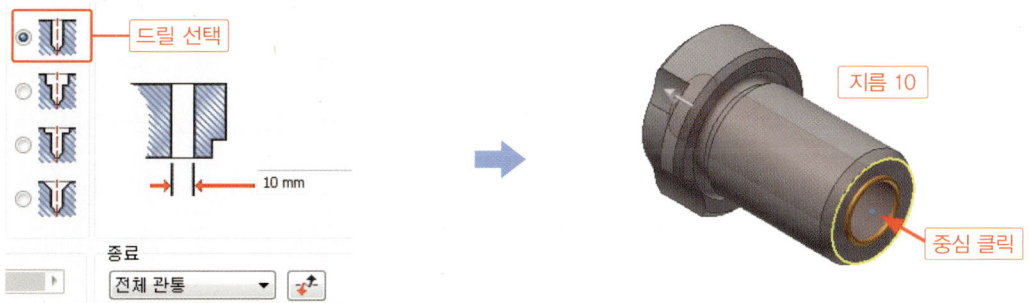

24 **모깎기** ⬢ **선택** ⇨ 왼쪽 안쪽 원형 모서리 **선택** ⇨ 반지름 **2** ⇨ 확인

25 지름 26 부분에 널링 이미지를 만들어 준다.

> **TIP** 널링은 축 널링 모델링 방법 중 '빗줄형 널링-이미지 삽입 방식' 편을 참조해서 모델링한다.

26 최종 완성

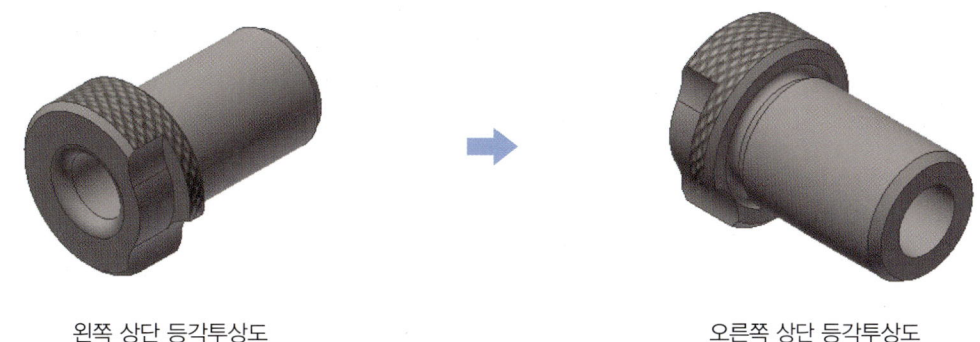

왼쪽 상단 등각투상도   오른쪽 상단 등각투상도

05 고정 부시

도시되고 지시 없는 모따기 1×45°

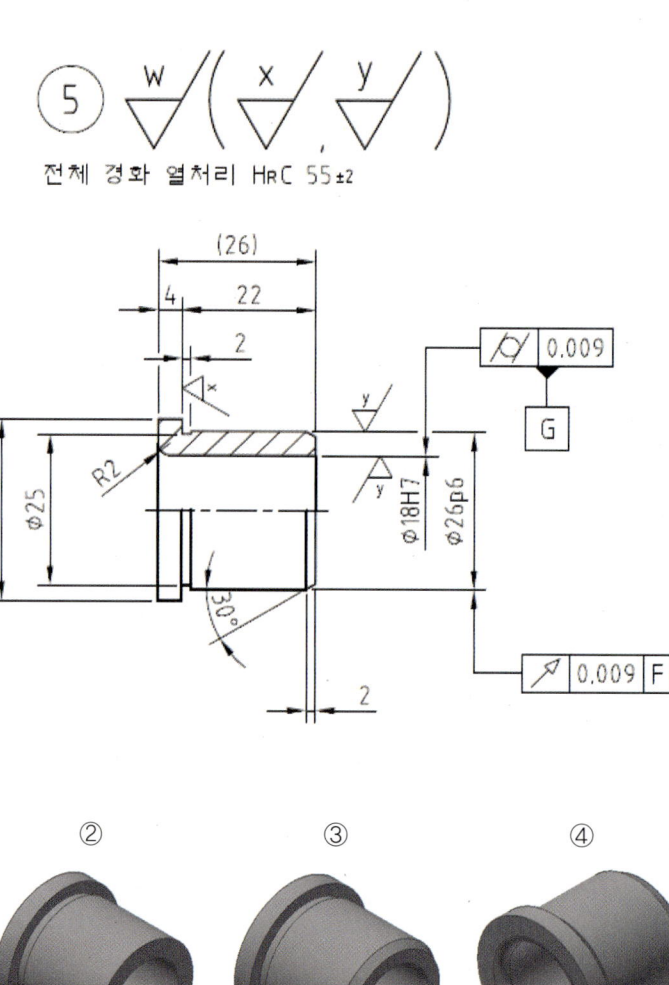

01 디자인 트리 원점[XY 평면] ⇨ **스케치 작성**

02 스케치 원점에서부터 **두 점 직사각형** 스케치 ⇨ 오른쪽 상단 끝점에 일치시켜 직사각형 스케치 ⇨ 중간 하단 끝점에 일치시켜 오른쪽 하단방향으로 직사각형 스케치

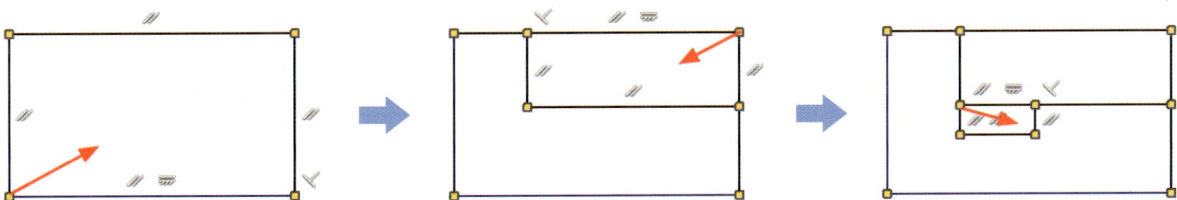

03 직사각형 아래 수평선을 **중심선**으로 변경 ⇨ 도면 치수 확인 후 치수 모두 기입 ⇨ 도면의 큰 수치부터 작은 수치순으로 치수 정정 ⇨ 스케치 마무리

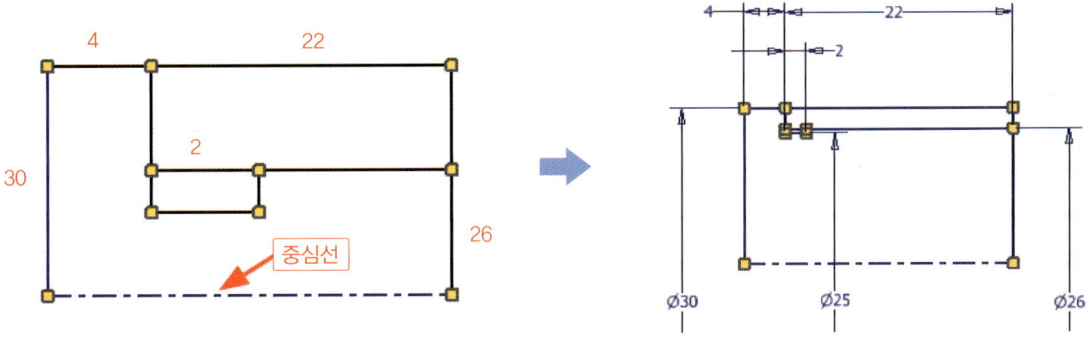

04 회전 ⇨ 프로파일은 마우스로 **선택**, 회전축(그림 참조), 범위: 전체 ⇨ 확인

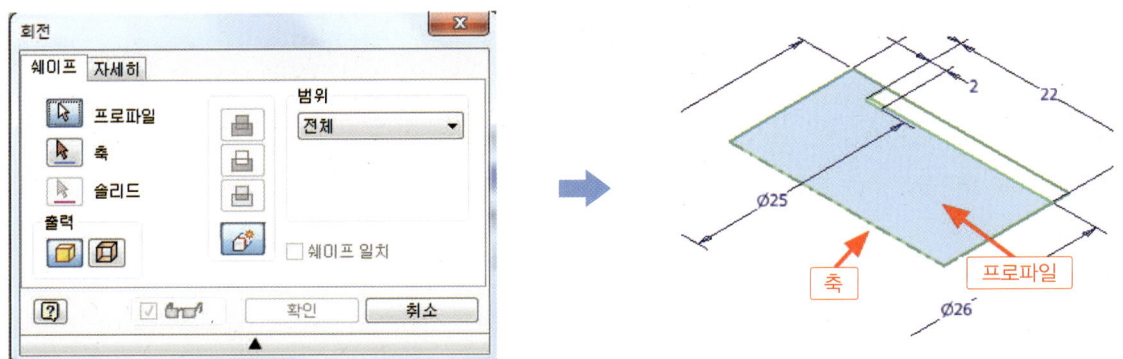

05 우측 면에 **스케치 작성** ▱ ⇨ 스케치 원점에 **점** ┼ 스케치 ⇨ 스케치 마무리 ✔

06 구멍 ⇨ 드릴 **선택** ⇨ 지름 18 입력 ⇨ **전체 관통**시킨다.

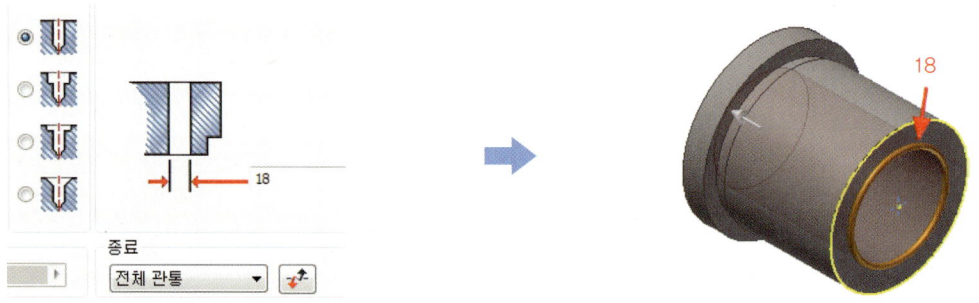

07 모따기 ⇨ **거리 및 각도 선택** 후 거리 2, 각도 30 입력 ⇨ 그림과 같이 **선택** ⇨ 확인

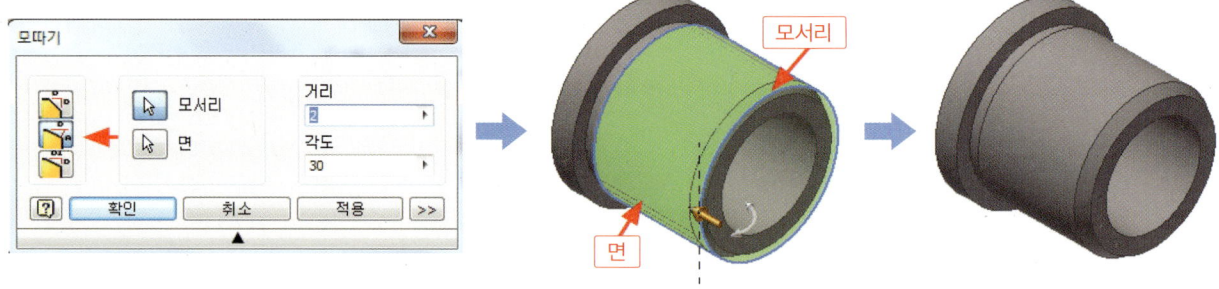

08 모깎기 선택 ⇨ 안쪽 원형 모서리 선택 ⇨ 반지름 2 입력 ⇨ 확인

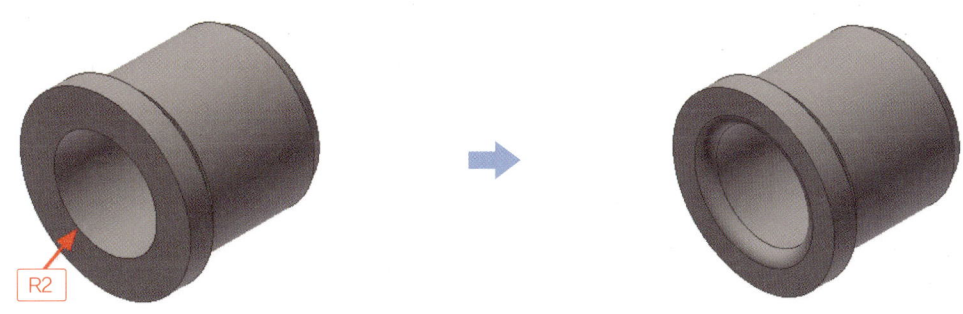

09 최종 완성

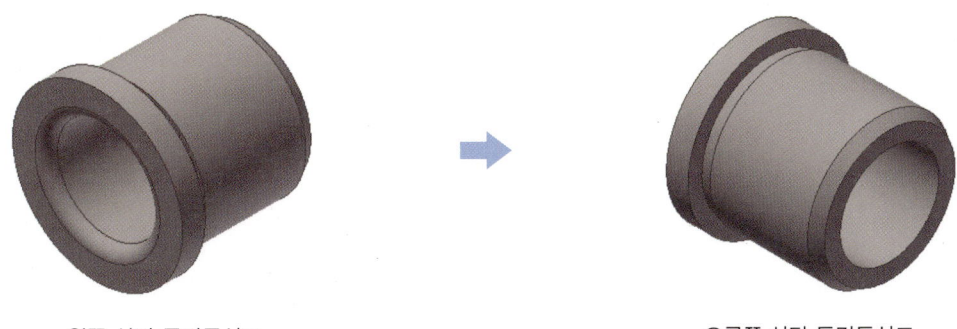

왼쪽 상단 등각투상도   오른쪽 상단 등각투상도

CHAPTER 04

인 벤 터 - 3 d 실 기 · 실 무

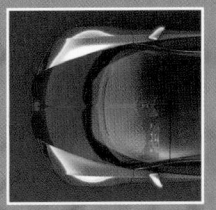

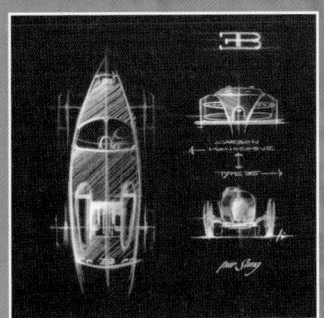

3지형 레버 에어척

BRIEF SUMMARY

1. 실린더
2. 실린더 헤드
3. 핑거
4. 피스톤
5. 호이스트

| 자격종목 | 기사/산업기사/기능사 | 작품명 | 3지형 레버 에어척 | 척도 | NS |

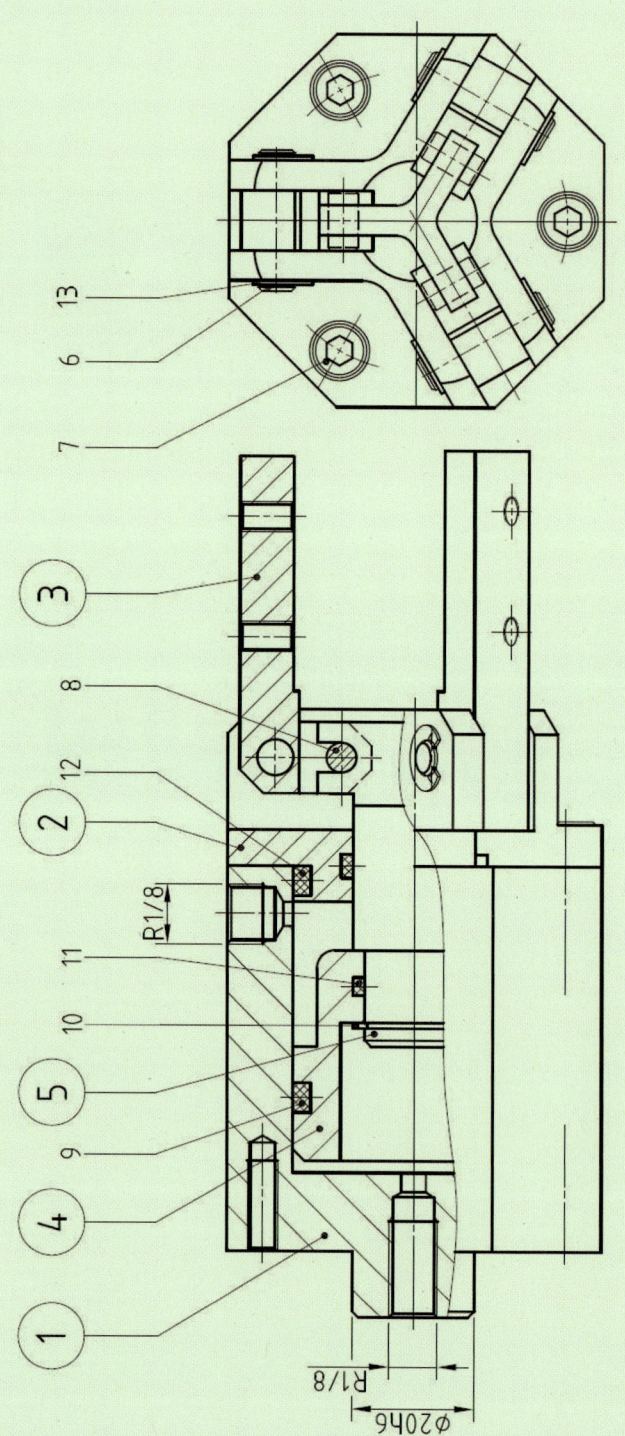

01 | 실린더

- 도시되고 지시 없는 모따기 1×45°
- R1/8나사는 인벤터 스레드에 없으므로, 위 규격과 유사한 'Rc1/8'규격을 사용하거나, M9x1나사로 모델링하여 대체하고 치수기입만 'R1/8'로 표기한다.

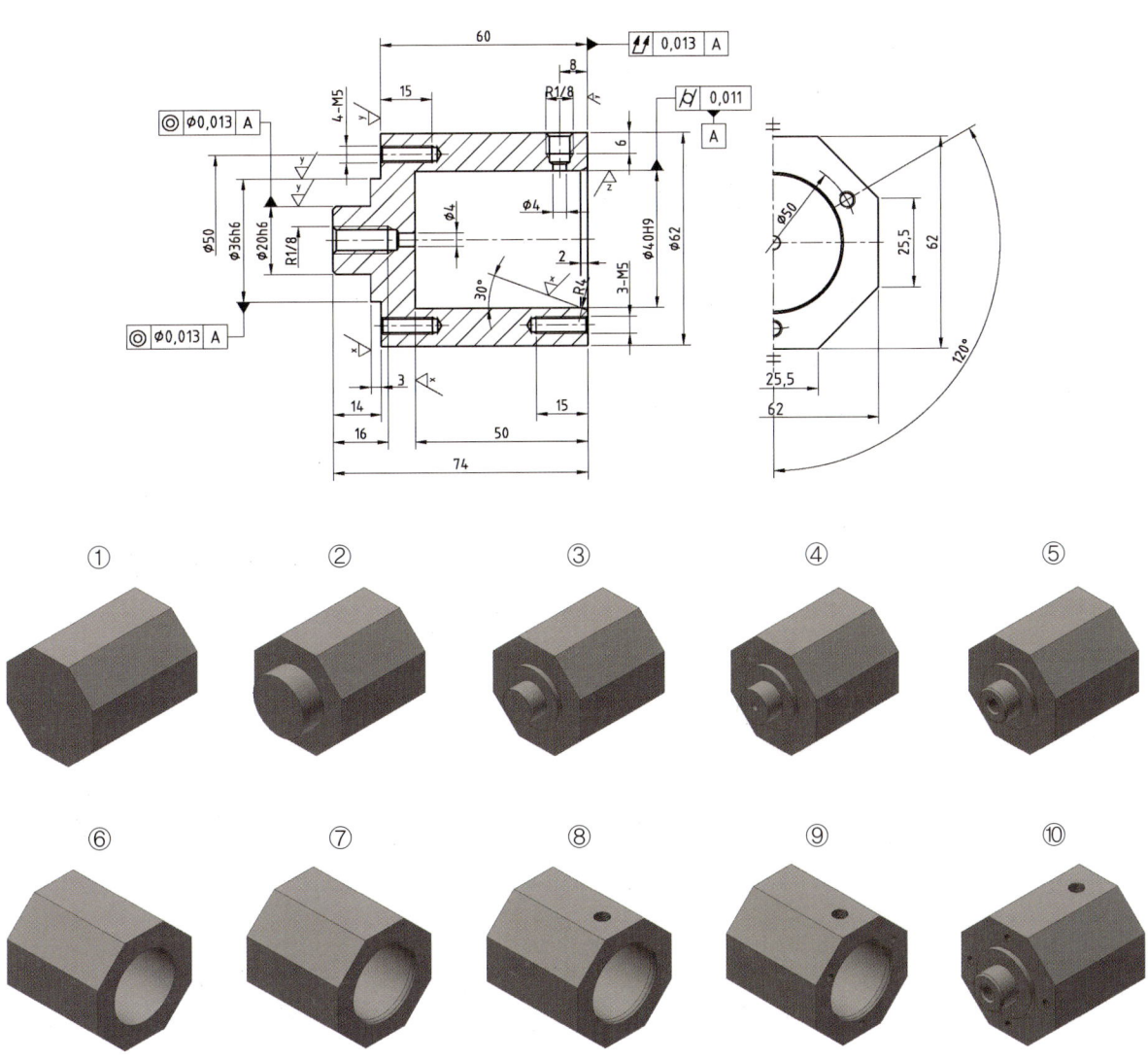

01 F6 (등각투상도) ⇨ 디자인 트리 원점[XZ 평면(정면)] ⇨ **스케치 작성** 📝

02 스케치 원점에서부터 **폴리곤(다각형)** ⬠ 스케치 ⇨ 내접, 8각형 ⇨ 확인

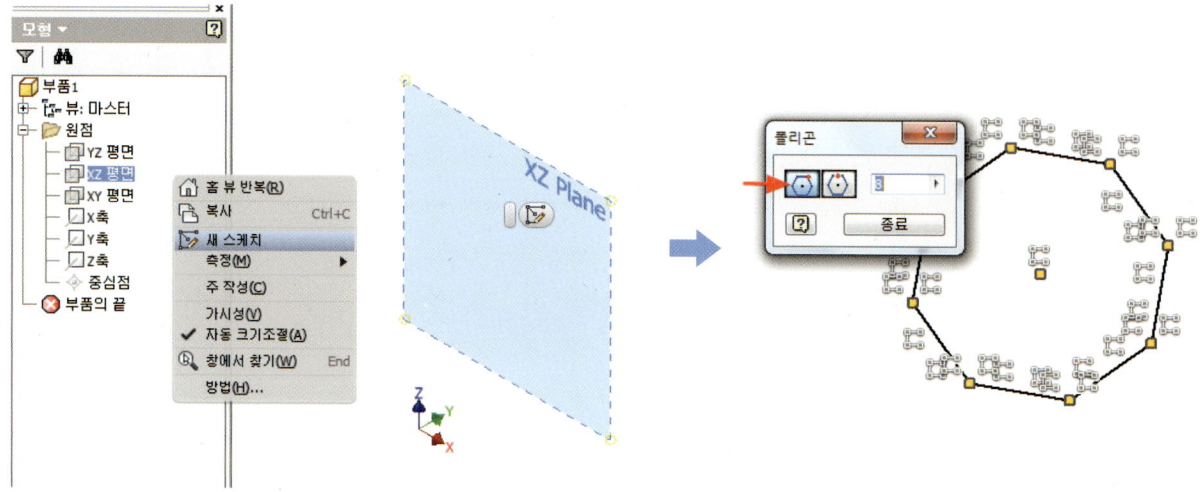

03 구속조건 **수평** ▬ **선택** ⇨ 맨 윗부분 선 **클릭** ⇨ 높이 치수 **62**로 입력 ⇨ 스케치 마무리 ✔

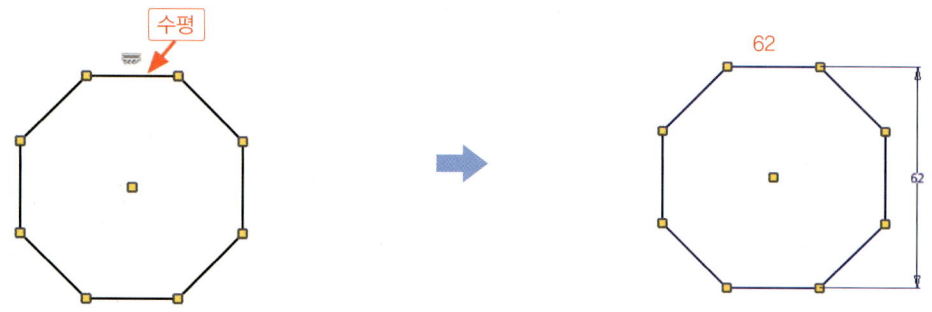

04 **돌출** ⇨ 거리: **72**, 방향: **방향 1** ⇨ 확인 ⇨ 정면에 **스케치 작성** 📝

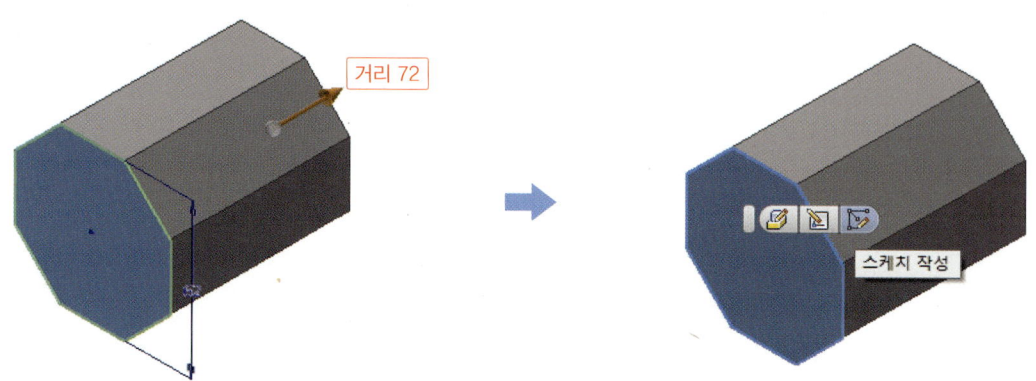

05 스케치 원점에 **원** ⊘ 스케치 ⇨ 지름 **36** 치수기입 ⇨ 스케치 마무리 ✓ ⇨ **돌출** ⇨ 프로파일 **선택** (그림 참조), **차집합**, 거리: **14**, 방향: **방향 2** ⇨ 확인

06 정면에 **스케치 작성** ⇨ 스케치 원점에 **원** ⊘ 스케치 ⇨ 지름 **20**으로 치수 기입 ⇨ 스케치 마무리 ✓ ⇨ **돌출** ⇨ 프로파일 **선택**(그림 참조), **차집합**, 거리: **14-3**, 방향: **방향 2** ⇨ 확인

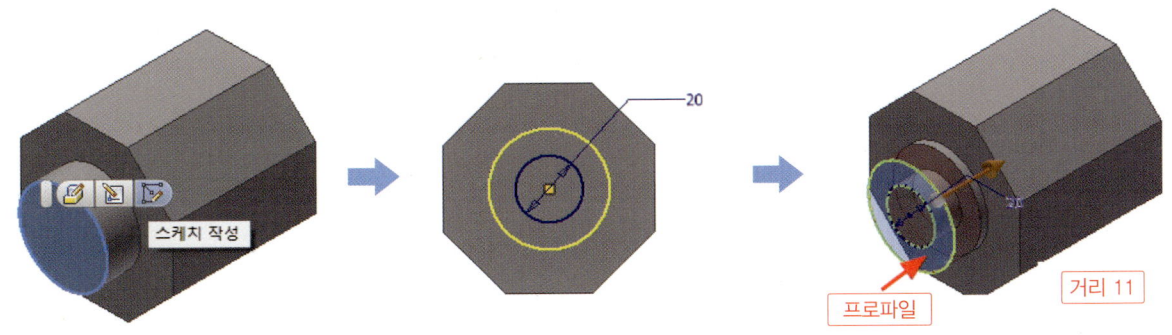

07 정면에 **스케치 작성** ⇨ 스케치 원점에 **점** ⇨ 스케치 ⇨ 스케치 마무리 ✓ ⇨ **구멍** ⇨ 지름 **4** 입력 후 전체 관통시킨다.

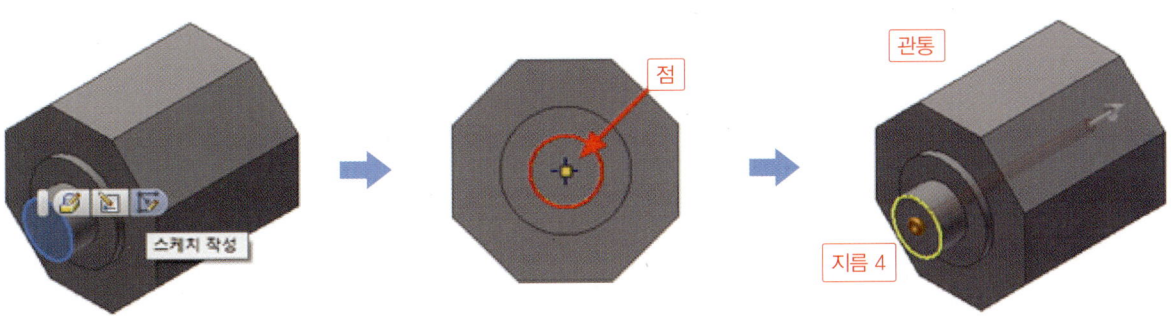

08 정면에 **스케치 작성** ▯ ⇨ 스케치 원점에 **점** ╬ 스케치 ⇨ 스케치 마무리 ✓

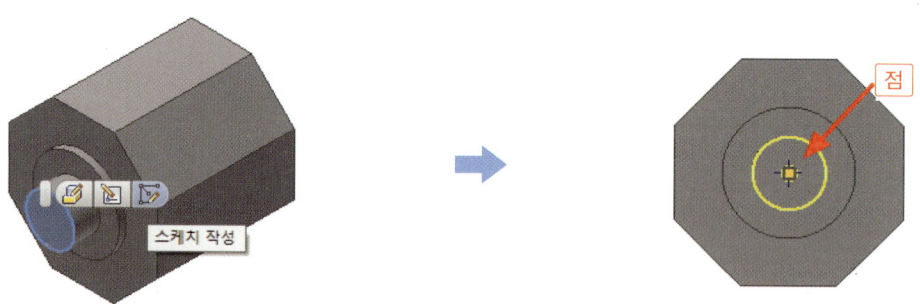

09 구멍 ⇨ 종료: 거리, 드릴 깊이: **19**, 탭 깊이: **16** ⇨ **M9x1** ⇨ 확인

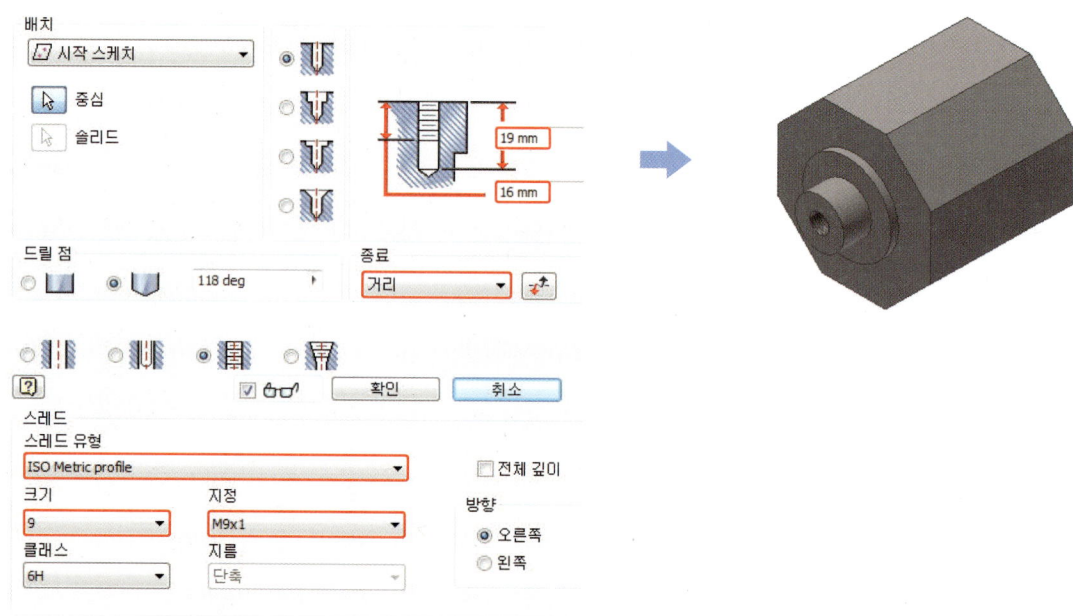

10 모따기 ⇨ 선택 ⇨ 원형 모서리 **선택** ⇨ **C1**으로 모따기

11 뒷면에 **스케치 작성** 📝 ⇨ 스케치 원점에 **점** ✚ 스케치 ⇨ 스케치 마무리 ✓

12 구멍 🔘 ⇨ 종료: 거리, 드릴 깊이: **50**, 드릴 지름: **40** ⇨ 드릴 점: **플랫**(그림 참조) ⇨ 확인

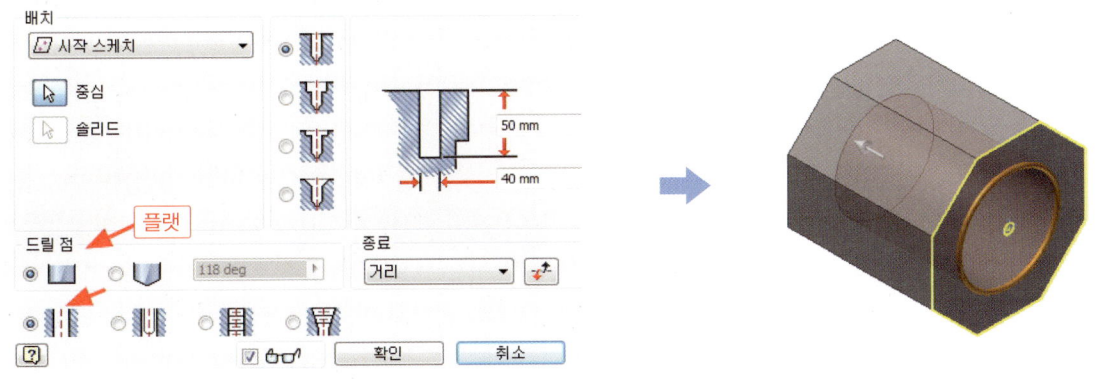

13 모따기 🔷 **선택** ⇨ 거리 및 각도 **선택** ⇨ 거리: **2**, 각도: **30** ⇨ 면과 모서리 **선택**(그림 참조) ⇨ 확인

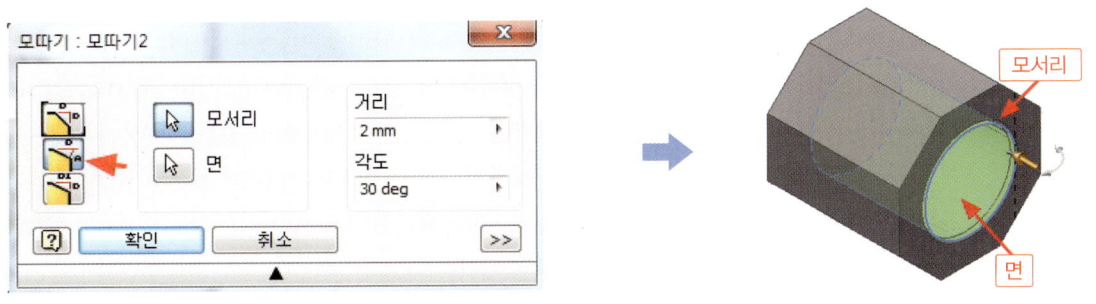

14 모깎기 🔵 선택 ⇨ **13**에서 작업한 모따기의 안쪽 작은 모서리 **선택** ⇨ 반지름 **4** ⇨ 확인

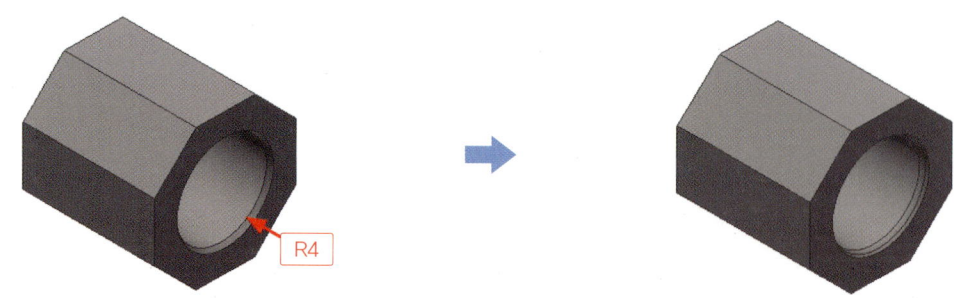

15 윗면에 **스케치 작성** 📝 ⇨ 오른쪽 수직선 중간점에서 **구성선** ✏️ 스케치 ⇨ 구성선 왼쪽 끝점에 왼쪽 수평 방향으로 **점** ➕ 스케치 ⇨ 스케치 마무리 ✅

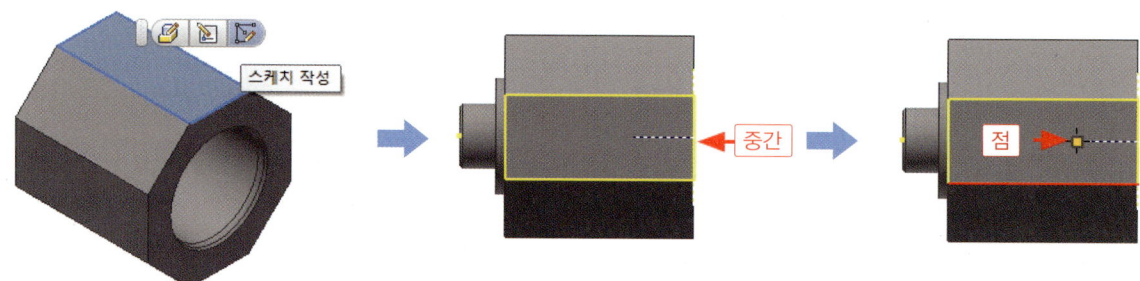

16 가로 치수 **8** 입력 ⇨ 스케치 마무리 ✅ ⇨ **구멍** ⭕ ⇨ 종료: **지정 면까지**, 드릴 지름: **4** ⇨ 지정면 옆 선택 화살표 **클릭** ⇨ **구멍 내 측면 선택**(그림 참조) ⇨ 확인

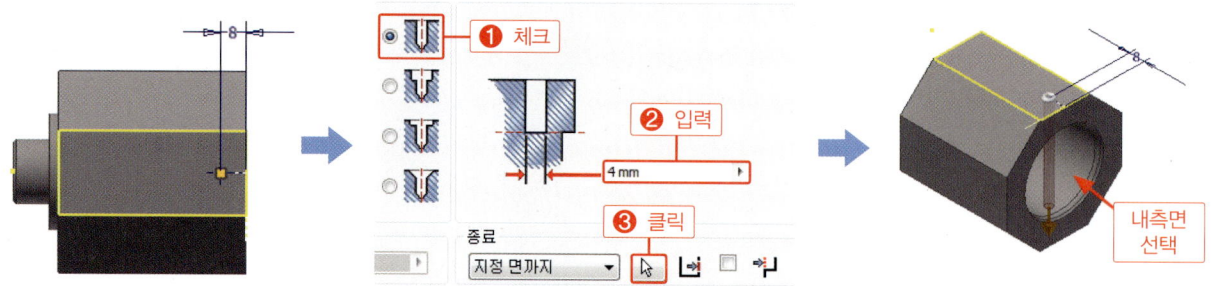

17 윗면에 **스케치 작성** ⇨ 구멍 중심점에 **점** ⇨ 스케치 ⇨ 스케치 마무리 ✓

18 구멍 ⇨ 종료: 거리, 드릴 깊이: **8**, 탭 깊이: **6** ⇨ M9x1 ⇨ 확인

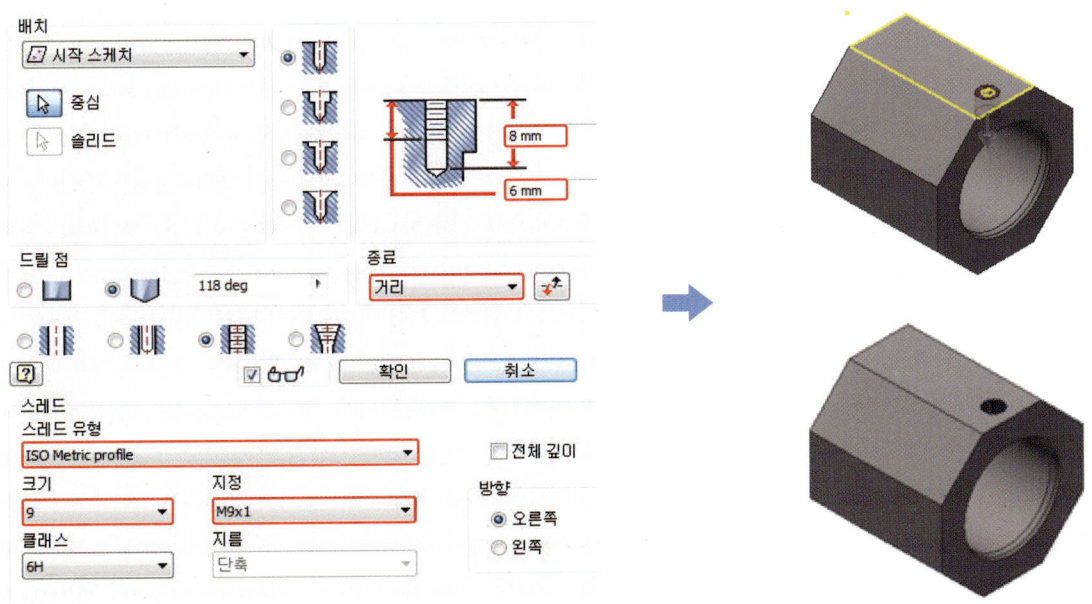

19 우측 면에 **스케치 작성** 📝 ⇨ 스케치 원점에서 6시 방향으로 **구성선** ✏️ 스케치

20 직선 끝점에 **원** ⊙ 스케치 ⇨ 직선 끝점에 **점** ✚ 스케치 ⇨ 원지름 치수 **50** 입력 ⇨ 스케치 마무리 ✔️

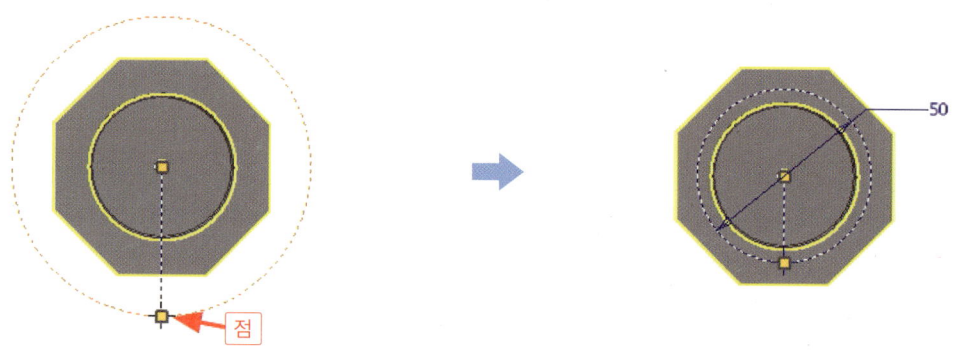

21 구멍 ⇨ 종료: 거리, 드릴 깊이: **18**, 탭 깊이: **15** ⇨ M5x0.8 ⇨ 확인

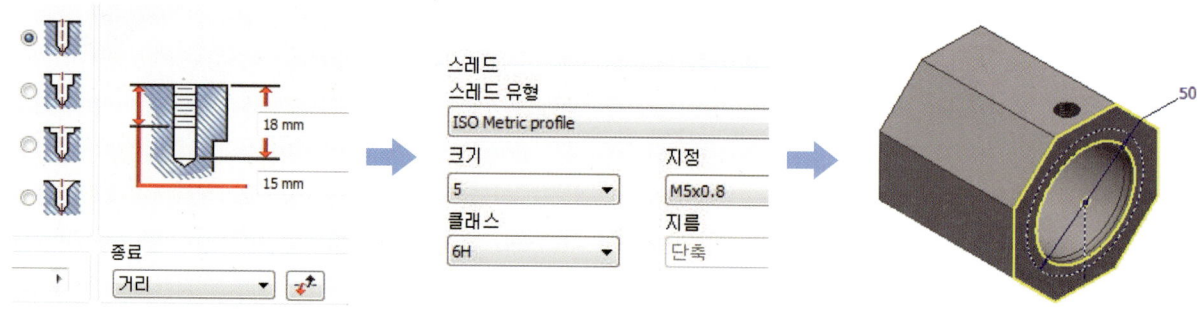

22 원형 패턴 선택 ⇨ 피처 및 회전축(그림 참조) ⇨ 배치: 3, 각도: 360 ⇨ 확인

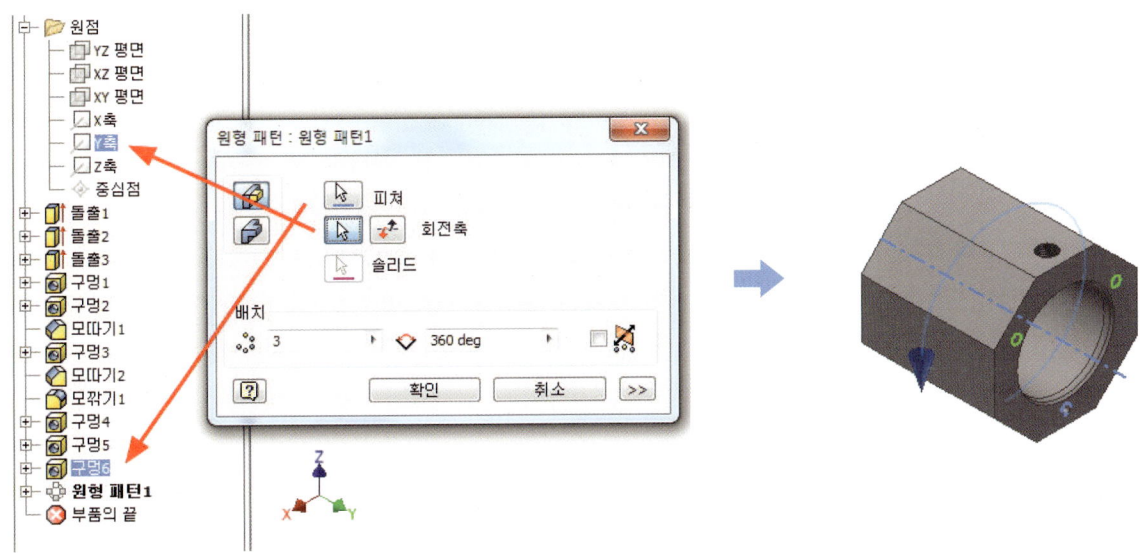

23 부품 좌측면에 **스케치 작성** ⇨ **형상투영** 선택 ⇨ 오른쪽 탭구멍 원형모서리 선택(그림참고) ⇨ 스케치 마무리 ⇨ **구멍** ⇨ M5, 탭깊이 : 15, 드릴깊이 : 18로 구멍을 뚫어준다. ⇨ **원형패턴**을 사용하여 4개 배열(22번 참고)

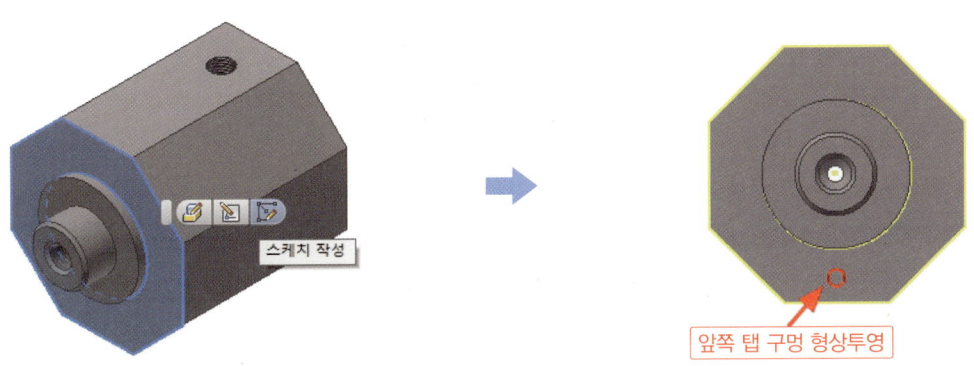

02 | 실린더 헤드

도시되고 지시 없는 모따기 1×45°

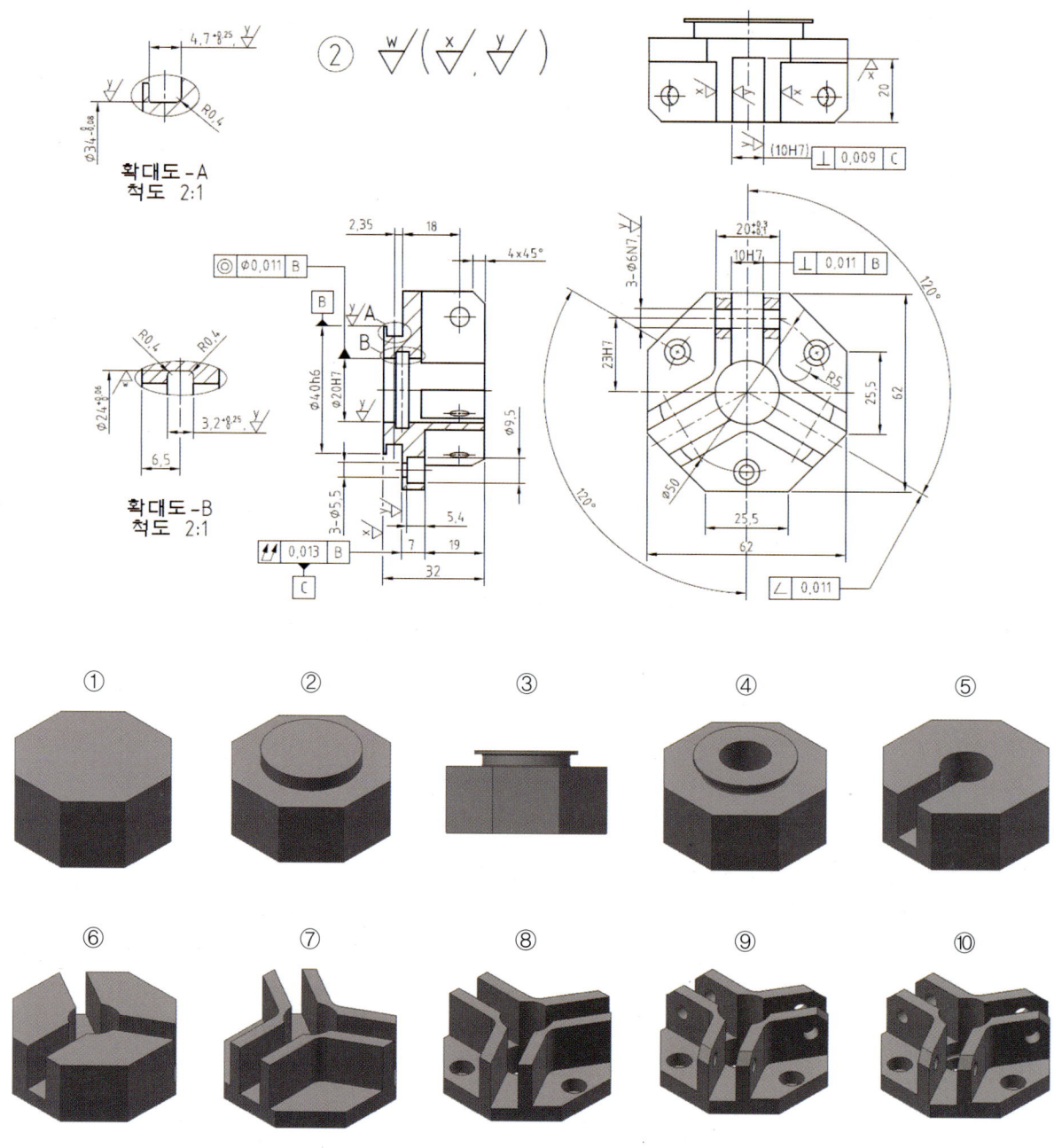

01 디자인 트리 원점[XY 평면] ⇨ **스케치 작성**

02 스케치 원점에서부터 **폴리곤(다각형)** 스케치 ⇨ 내접, **8각형** ⇨ 확인 ⇨ 구속조건 **수평** 선택 ⇨ 맨 윗부분 선 **클릭** ⇨ 높이 치수 **62** 입력 ⇨ 스케치 마무리

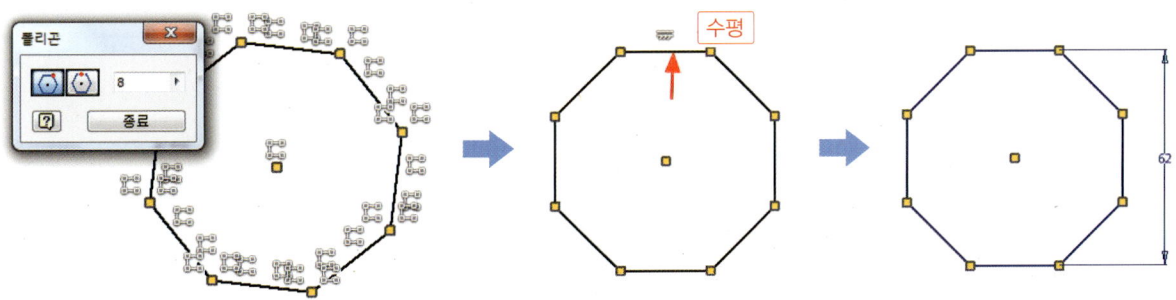

03 F6 (등각투상도) ⇨ **돌출** ⇨ 거리: **32**, 방향: **방향 1** ⇨ 확인

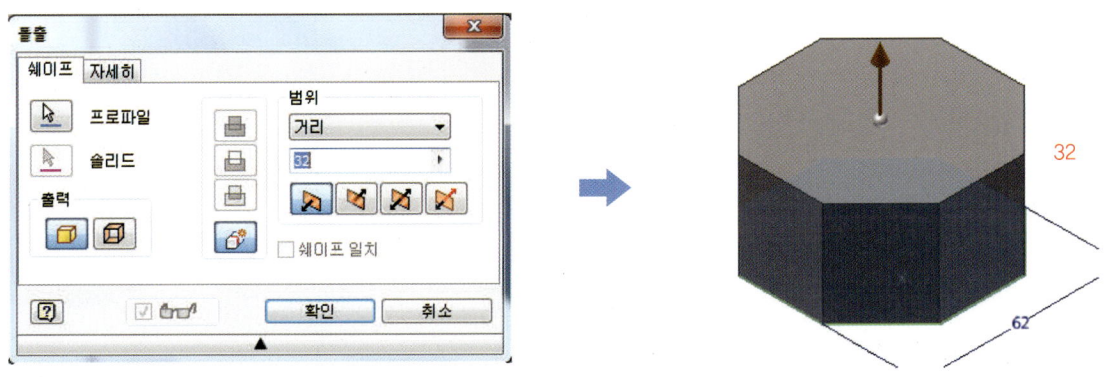

04 윗면에 **스케치 작성** ⇨ 스케치 원점에 **원** 스케치 ⇨ 지름 **40**으로 치수기입 ⇨ 스케치 마무리

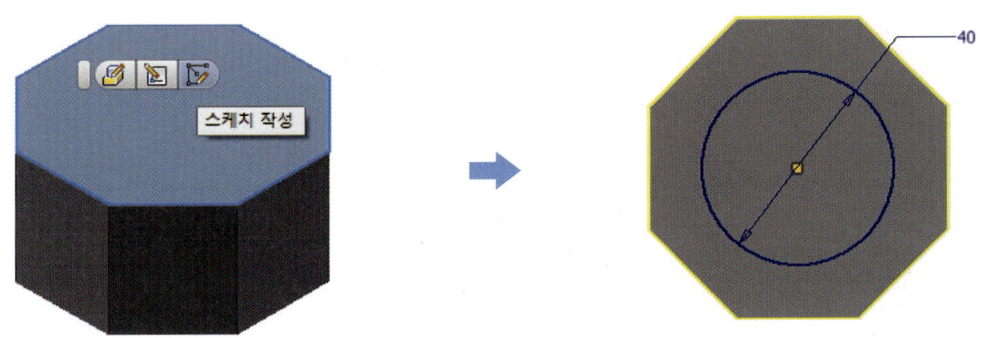

05 돌출 ⬜ ⇨ 프로파일 **선택**(그림 참조), **차집합**, 거리: **32-19-7**, 방향: **방향 2** ⇨ 확인

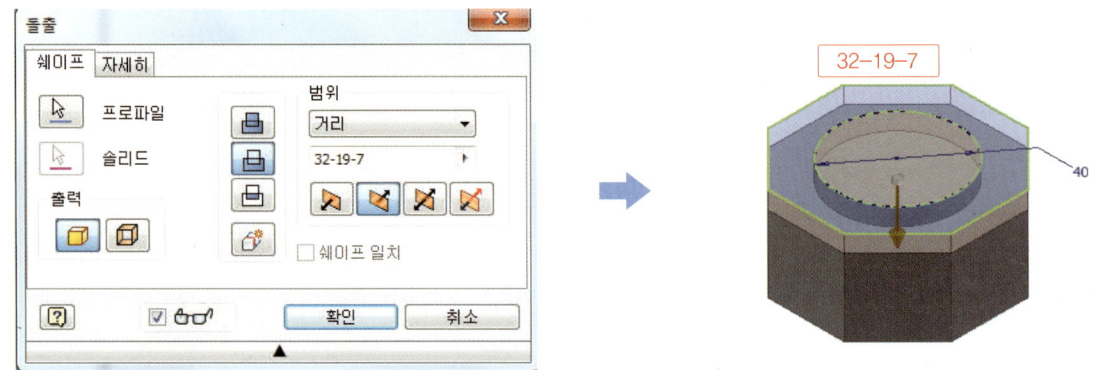

06 작업피처의 **평면** ⬜ **선택** ⇨ 8각기둥 윗면 **클릭** ⇨ 마우스 왼쪽 버튼을 누르고 위아래로 드래그 ⇨ 수치 입력창이 표시되면 마우스 커서 방향을 위로 향하게 하고 수치 **2.35** 입력 ⇨ 확인

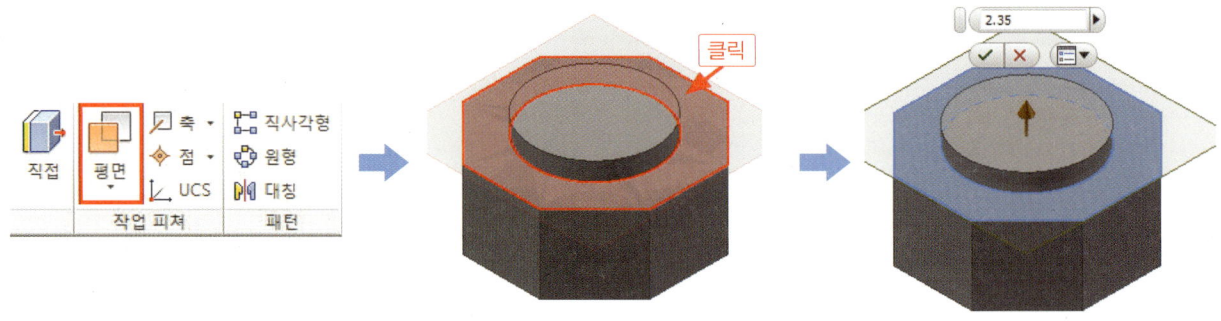

07 작업평면1에 **스케치 작성** ⇨ F7 (그래픽 슬라이스) ⇨ 스케치 원점에 **원** 스케치 ⇨ 지름 치수 **34** 입력 ⇨ 작성의 **형상 투영** **선택** ⇨ 바깥쪽 원형 모서리 **클릭** ⇨ 스케치 마무리 ✓

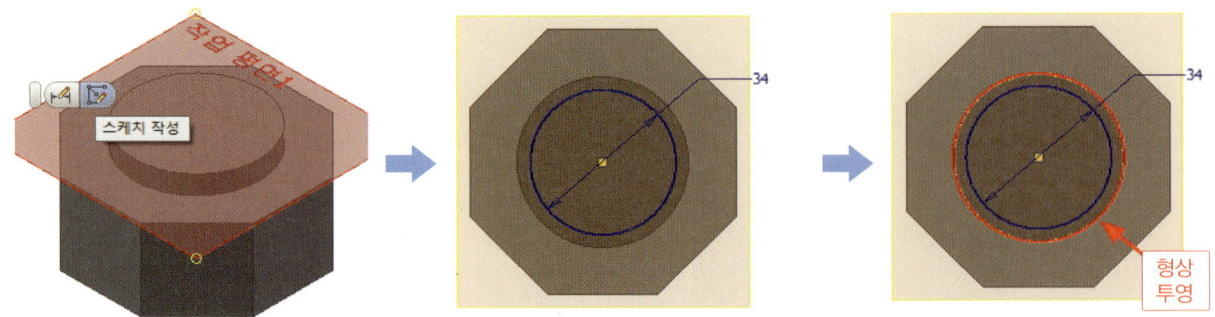

08 디자인 트리 '작업평면1'에 마우스 커서를 올려놓고, 마우스 오른쪽 버튼을 눌러 **가시성** 체크 해제한다. ⇨
돌출 ⇨ 프로파일 **선택**(그림 참조), **차집합**, 거리 **4.7**, 방향: **대칭** ⇨ 확인

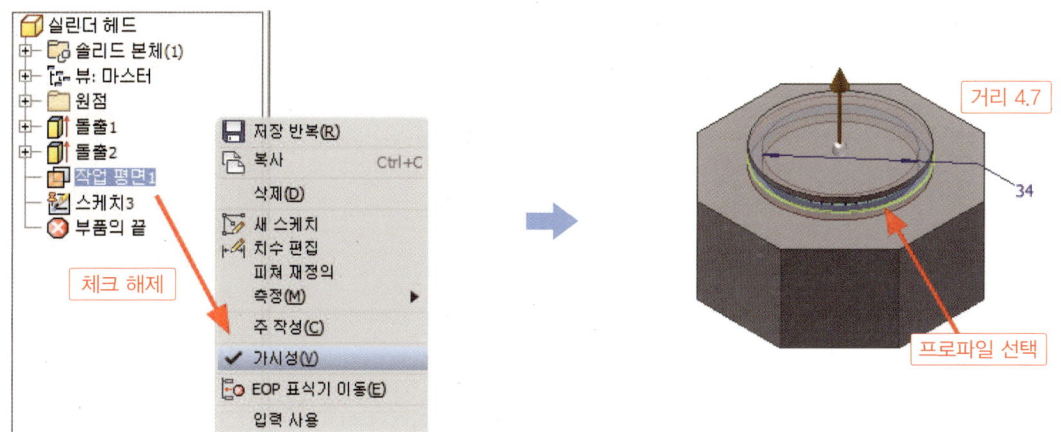

09 **모깎기** 선택 ⇨ **08**에 돌출한 안쪽의 위아래 원형 모서리 **선택** ⇨ 반지름 **0.4** ⇨ 확인

10 윗면에 **스케치 작성** ⇨ 스케치 원점에 **점** ─ 스케치 ⇨ 스케치 마무리 ✓

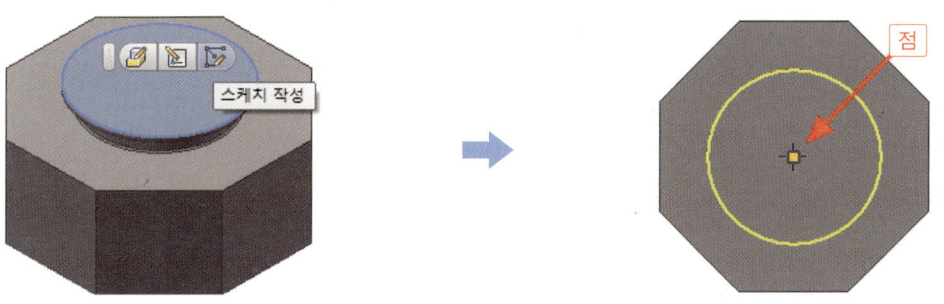

11 구멍 ⇨ 지름 20 입력 후 전체 관통 **선택** ⇨ 확인

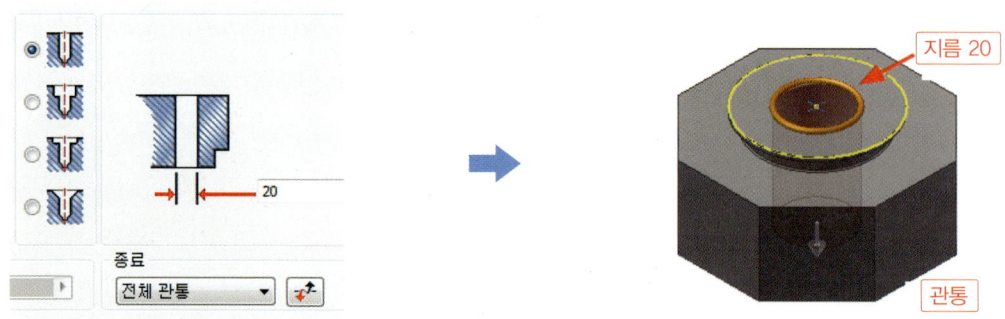

12 윗면에 **스케치 작성** ⇨ 8각형 위쪽 수평선 중간점에 **두 점 중심 직사각형** 스케치 ⇨ 가로 치수 10 입력

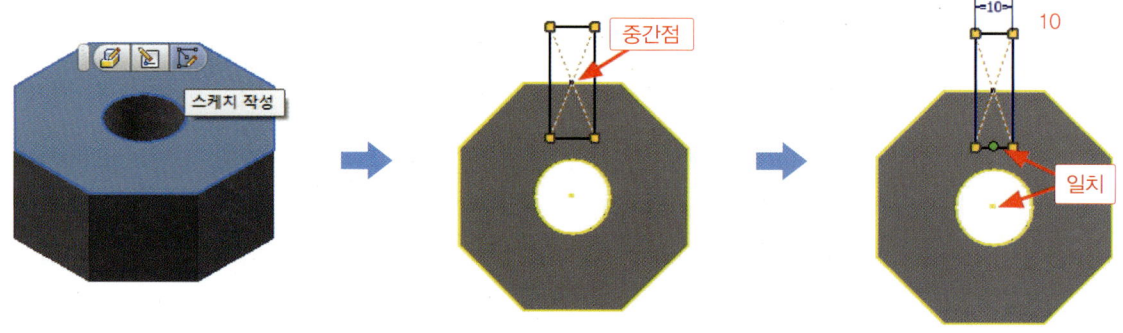

13 직사각형 아래 수평선 중간점과 스케치 원점을 **일치** 구속 ⇨ 스케치 마무리 ⇨ **돌출** ⇨ 프로파일 **선택**(그림 참조), **차집합**, 거리: **20**, 방향: **방향 2** ⇨ 확인

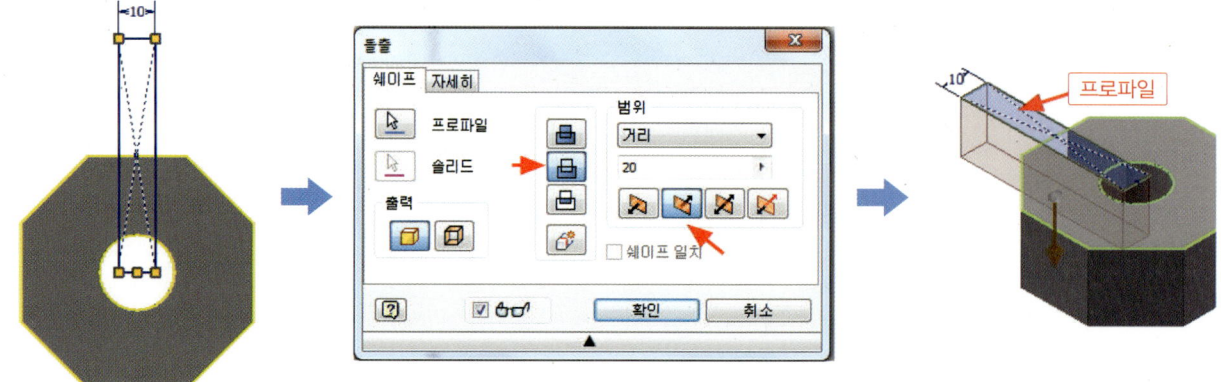

14 원형 패턴 선택 ⇨ 피처 및 회전축(그림 참조) ⇨ 배치: **3**, 각도: **360** ⇨ 확인

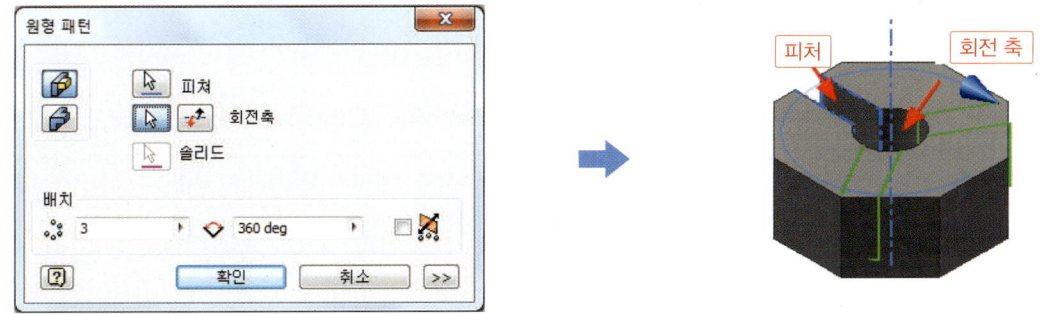

15 왼쪽 윗면에 **스케치 작성** ⇨ 왼쪽 상단지점에서 시계방향으로 **선** 스케치 ⇨ **평행** 구속조건 (그림 참조) ⇨ 도면의 수치 확인

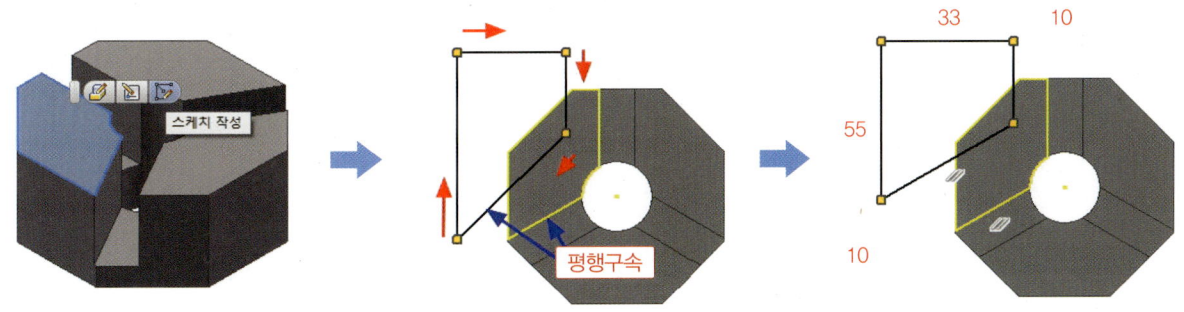

16 스케치 원점에서 각각 **10** 치수기입 ⇨ 나머지 치수는 크게 임의로 기입 ⇨ **모깎기** 선택 ⇨ 구석부분을 **R5**로 모깎기 ⇨ 스케치 마무리

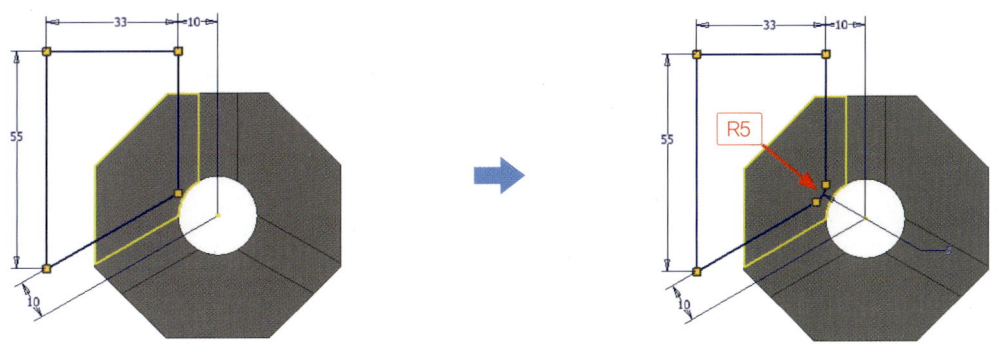

17 돌출 ▭ ⇨ 프로파일 **선택**(그림 참조), **차집합**, 거리 **19**, 방향: **방향 2** ⇨ 확인

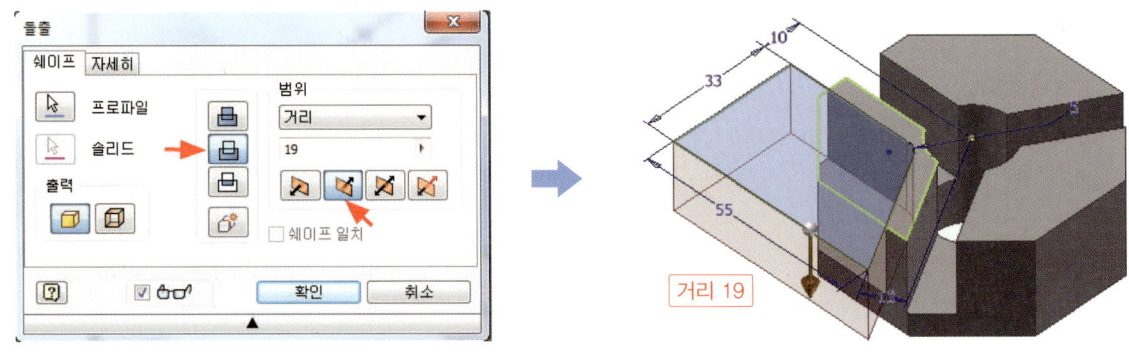

18 원형 패턴 ⇨ **선택** ⇨ 피처 및 회전축(그림 참조) ⇨ 배치: **3**, 각도: **360** ⇨ 확인

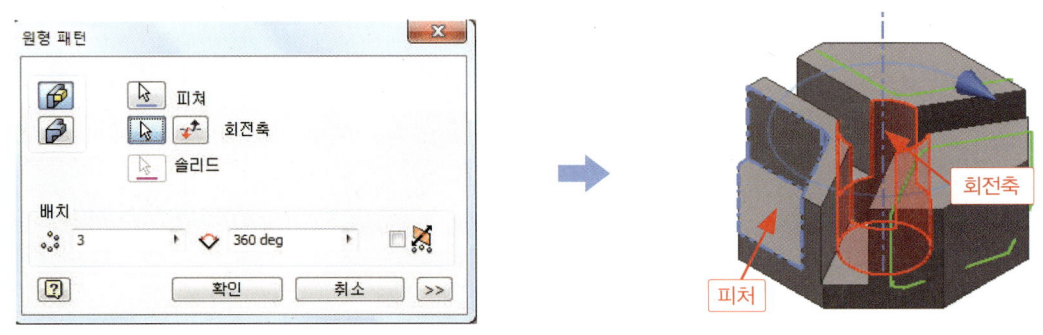

19 부품 바닥의 윗면에 **스케치 작성** ⇨ 스케치 원점에서 수직선으로 **구성선** ╱ 스케치

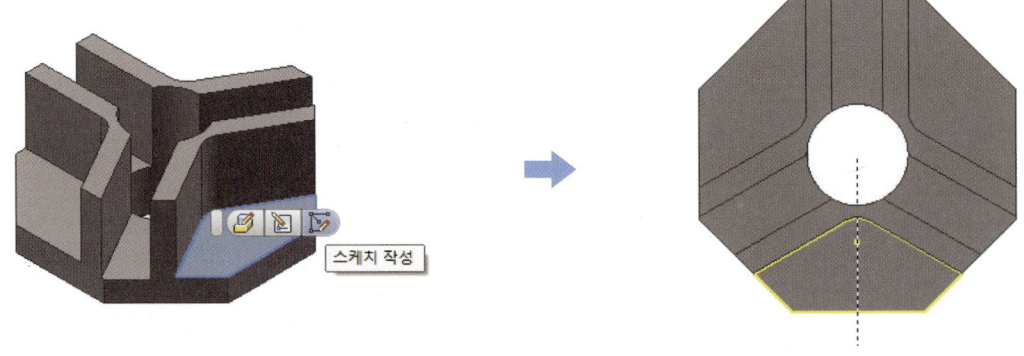

20 구성선 아래 끝점에 점 ┼ 스케치 ⇨ 스케치 원점에서 구성선 아래 끝점에 원 스케치 ⇨ 원 지름치수 50 입력 ⇨ 스케치 마무리 ✓

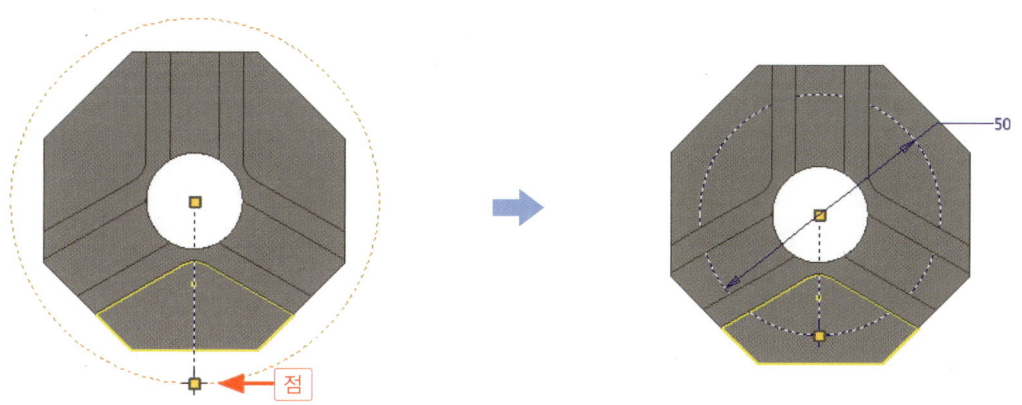

21 구멍 ⇨ 깊은 자리파기 선택 ⇨ 큰 지름 9.5, 깊이 5.4, 작은 지름 5.5 ⇨ 전체 관통 선택 ⇨ 확인

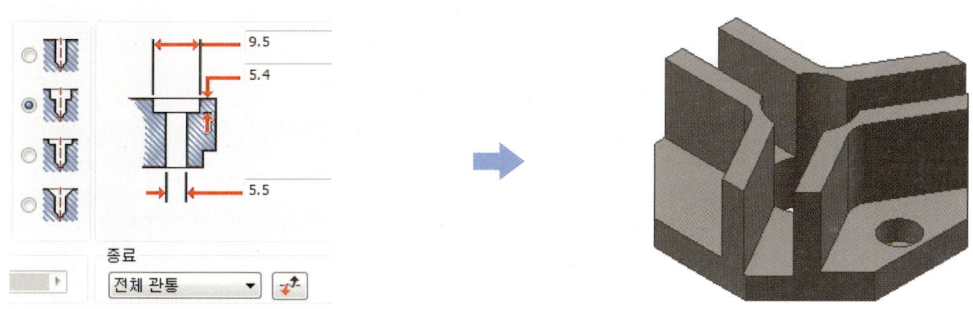

22 원형 패턴 선택 ⇨ 피처 및 회전축(그림 참조) ⇨ 배치: 3, 각도: 360 ⇨ 확인

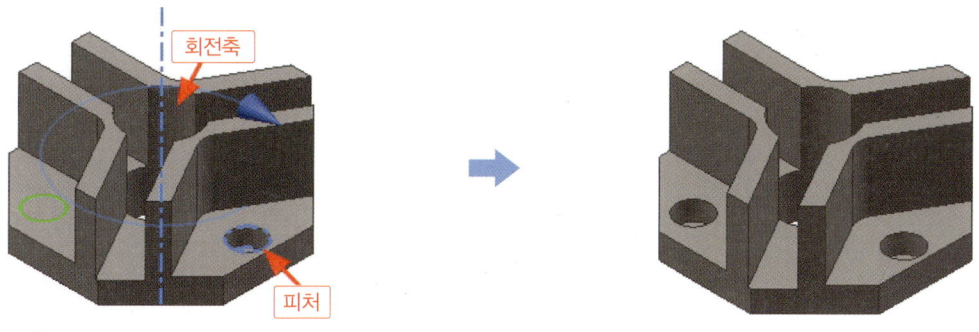

23 모따기 ⬦ 선택 ⇨ 상단 모서리 **6**군데 모서리 **선택** ⇨ **C4**로 모따기

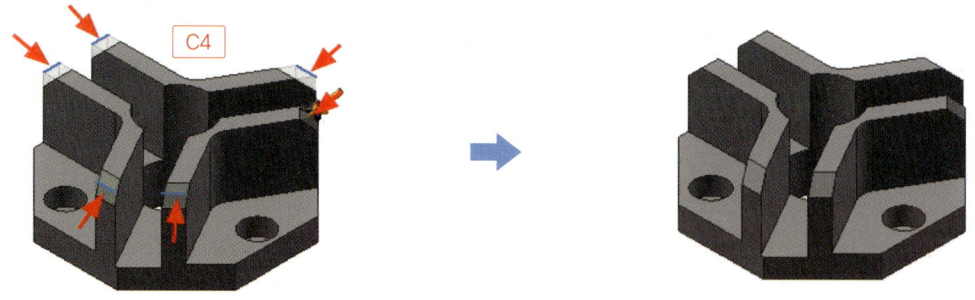

24 부품을 뷰 회전시켜 둘 다 평행인 양측 면 중 하나를 **스케치 작성** 📝 면으로 삼는다. ⇨ 스케치면 중간지점에 **점** ✛ 스케치

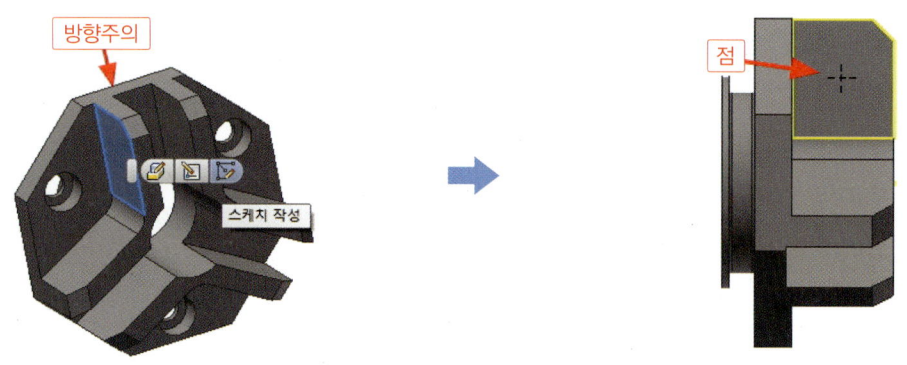

25 디자인 트리 원점의 Z축을 형상 투영 ⇨ 가로 **18**, 세로 **23**으로 치수 기입 ⇨ 스케치 마무리 ✓

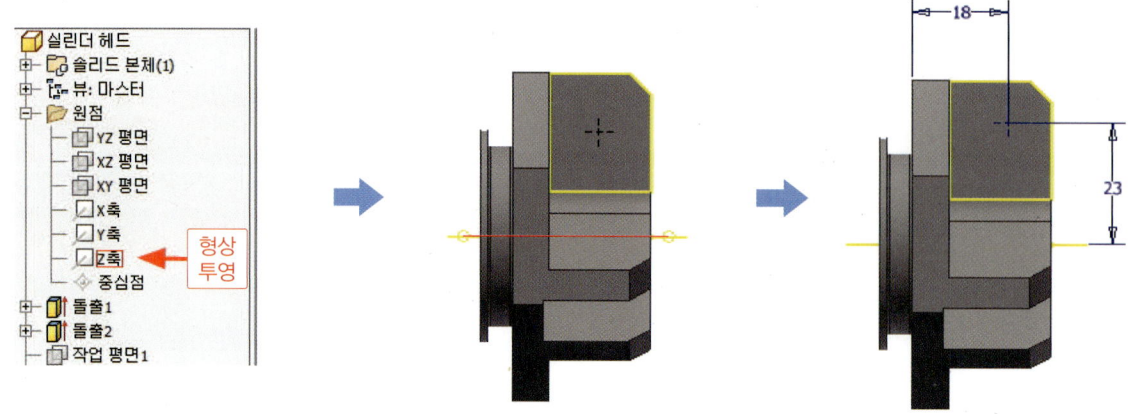

26 구멍 ⬚ ⇨ 드릴 **선택** ⇨ 지름 **6** 입력 ⇨ 전체 관통 **선택** ⇨ 확인

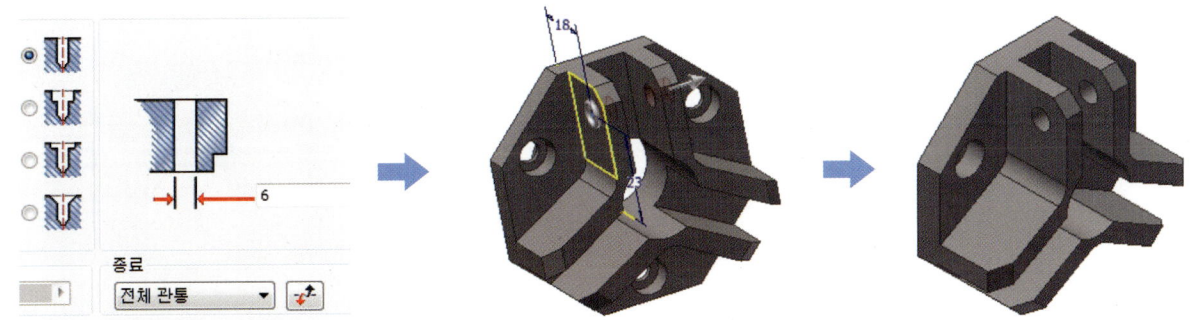

27 원형 패턴 ⬚ **선택** ⇨ 피처 및 회전축(그림 참조) ⇨ 배치 **3**, 각도 **360** ⇨ 확인

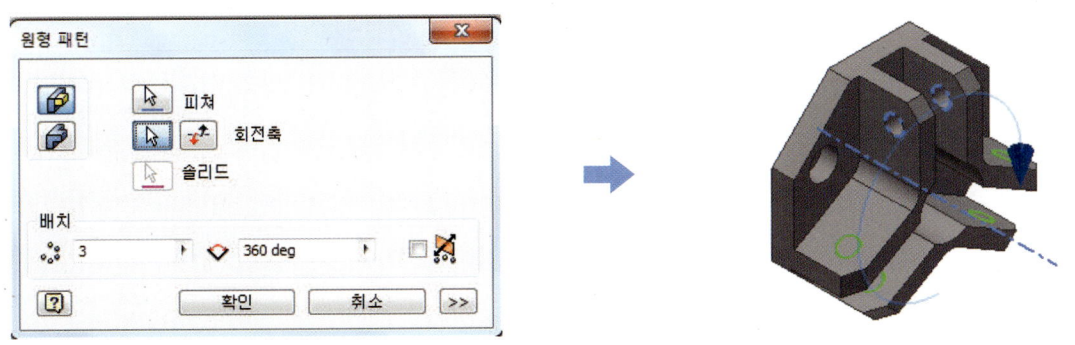

28 작업피처의 **평면** ⬚ 에서 **평면에서 간격 띄우기** ⬚ **선택** ⇨ 부품 윗면 **클릭** ⇨ 마우스로 방향을 아래로 지정 ⇨ 수치 **-6.5** 입력 ⇨ 확인

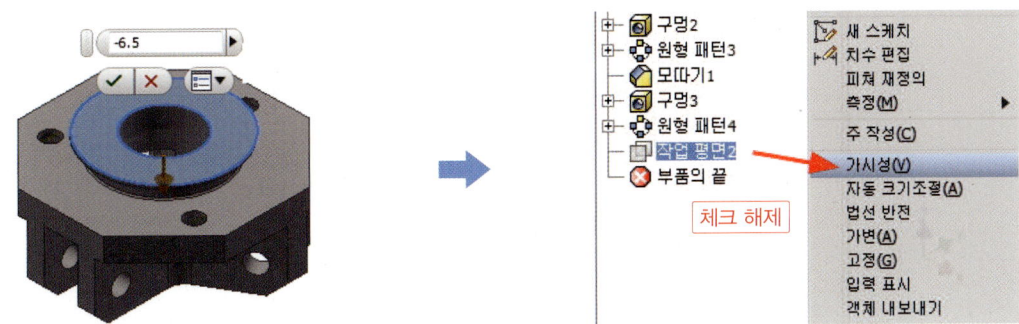

29 디자인 트리에서 '**작업평면2**' **선택** ⇨ 마우스 오른쪽 버튼 **클릭** ⇨ **새 스케치** ⇨ 스케치 원점에 **원** 스케치 ⇨ 지름 치수 **24** 입력 ⇨ 스케치 마무리 ✔

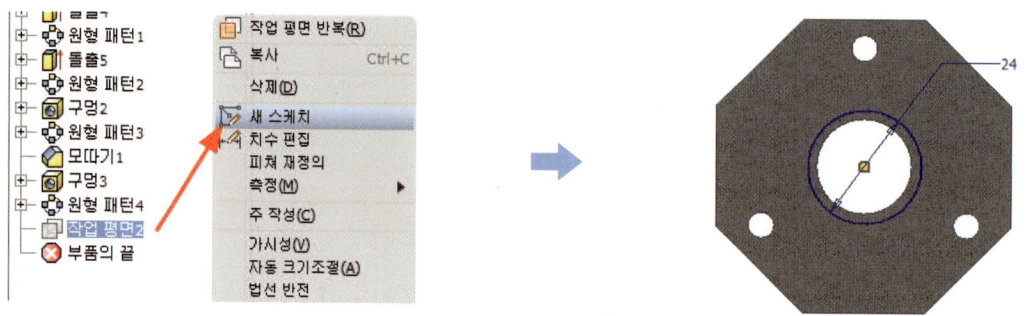

30 돌출 ⇨ 프로파일 **선택**(그림 참조), **차집합**, 거리: **3.2**, 방향: **대칭** ⇨ 확인

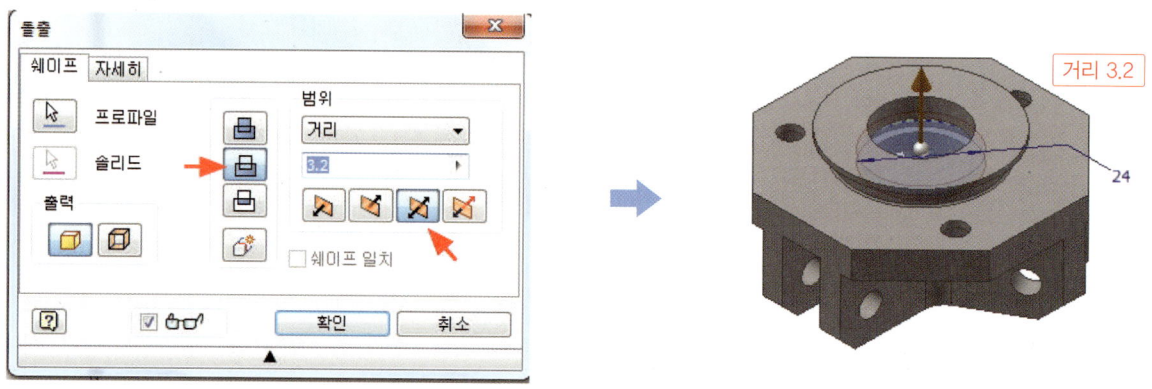

31 모깎기 **선택** ⇨ **30**에서 돌출한 안쪽의 위아래 원형 모서리 **선택** ⇨ 반지름 **0.4** ⇨ 확인

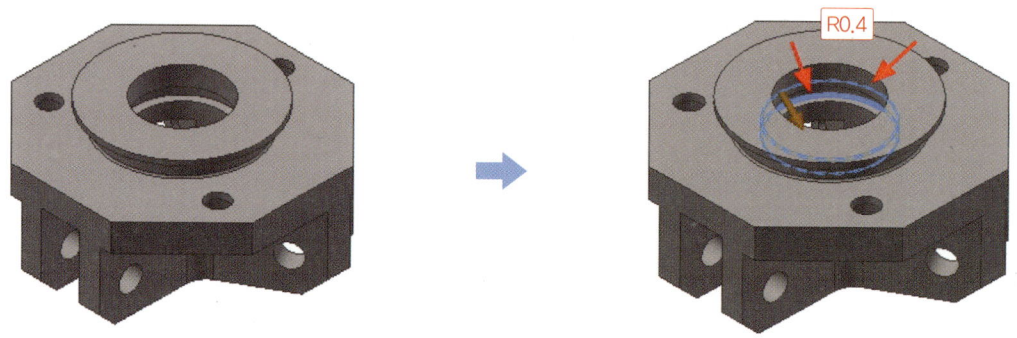

32 최종 완성

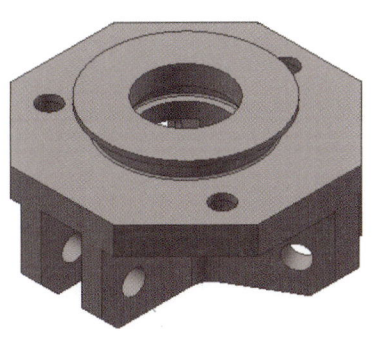

위쪽 등각투상도

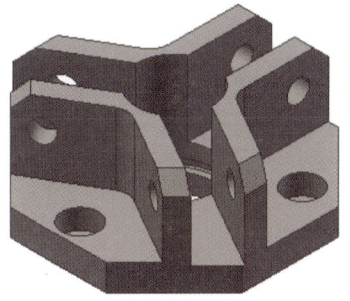

아래쪽 등각투상도

03 | 핑거

도시되고 지시 없는 모따기 $1 \times 45°$

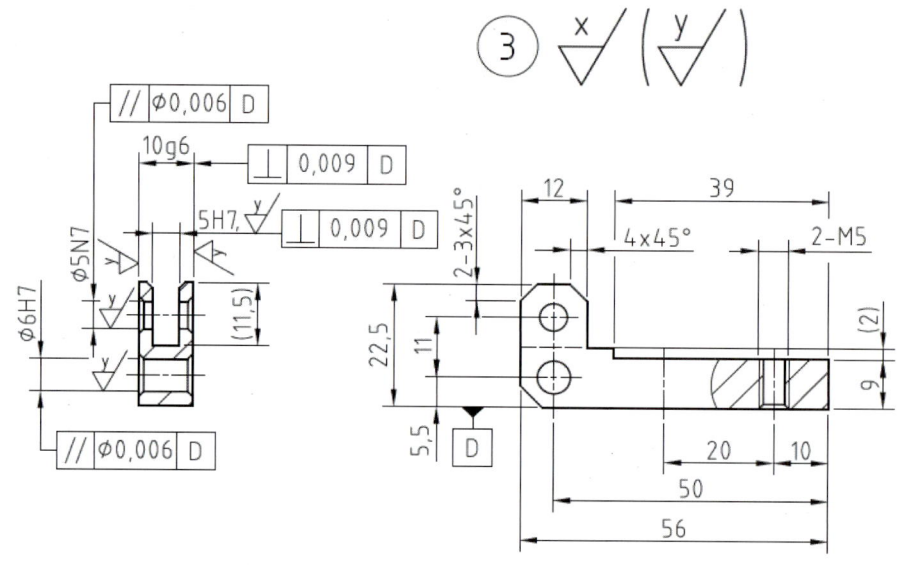

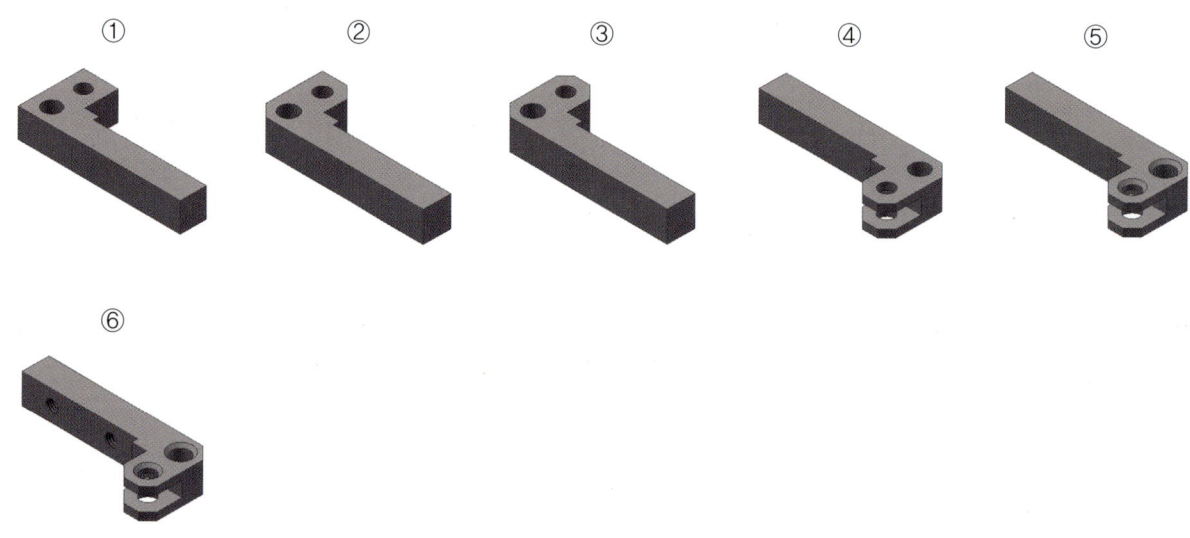

01 디자인 트리 원점[XY 평면] ⇨ **스케치 작성**

02 스케치 **선** / **선택** ⇨ 스케치 원점에서 시계 방향에 따라 수직/수평/직각/평행 구속순으로 스케치

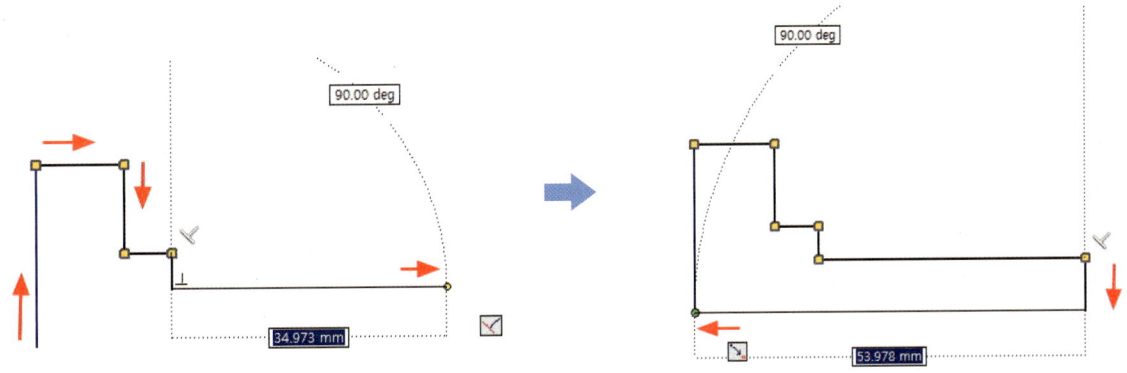

03 아래 그림과 같이 **치수**를 각각 기입하는데, 먼저 **수평 12, 39, 56**을, 나중에 **높이 23, 2, 9**를 기입한다.

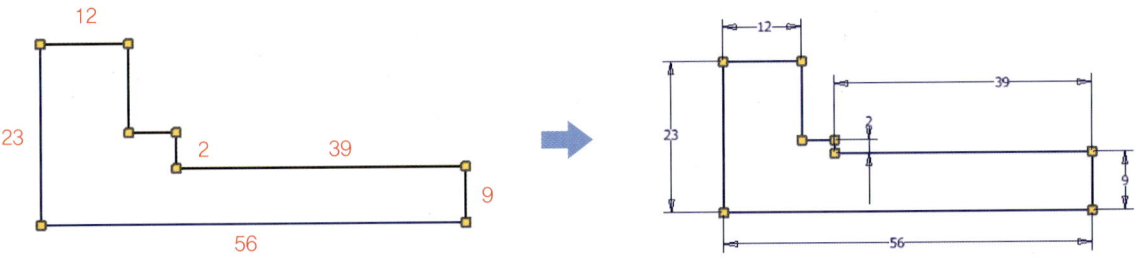

04 스케치 **선** / **선택** ⇨ 수직선 스케치 ⇨ 수직선 양 끝점에 **원** 스케치 ⇨ 수직선 **구성**으로 변경

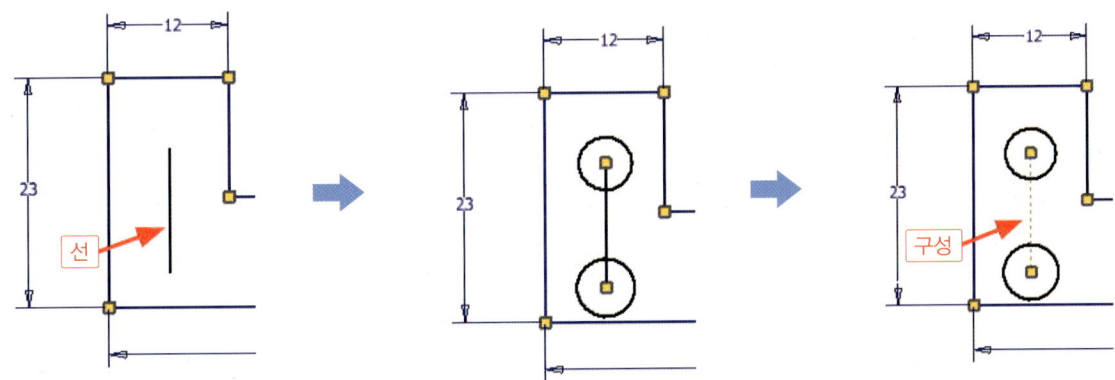

05 아래 그림과 같이 **치수** 를 각각 기입하는데, 먼저 **지름 5, 6**을 나중에, 원 **위치 치수 11, 5.5, 50**을 입력한다.

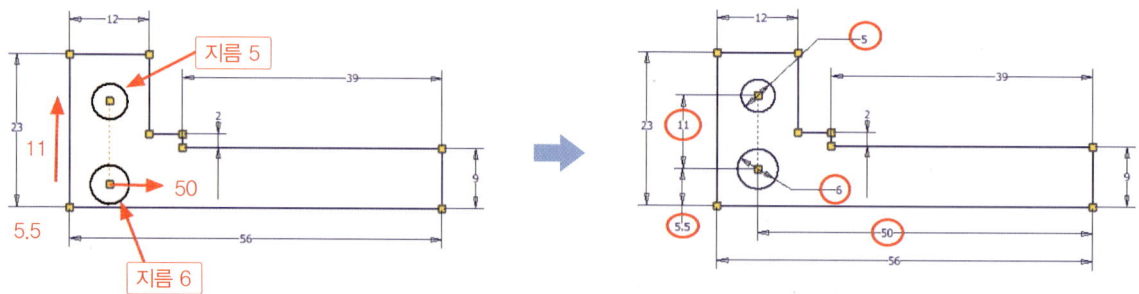

06 스케치 **선** / **선택** ⇨ 오른쪽 직선 끝점에서 왼쪽 수평방향으로 선 스케치

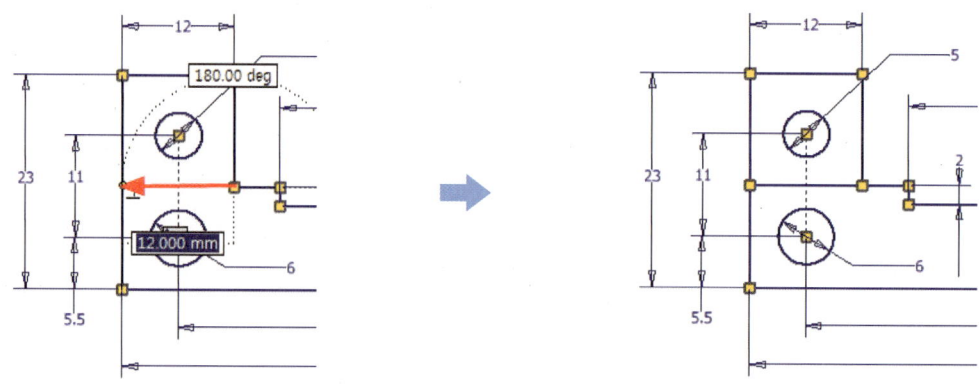

07 F6 (등각투상도) ⇨ **돌출** ⇨ 프로파일 1, 2 **선택**(그림 참조), 거리: **10**, 방향: **대칭** ⇨ 확인

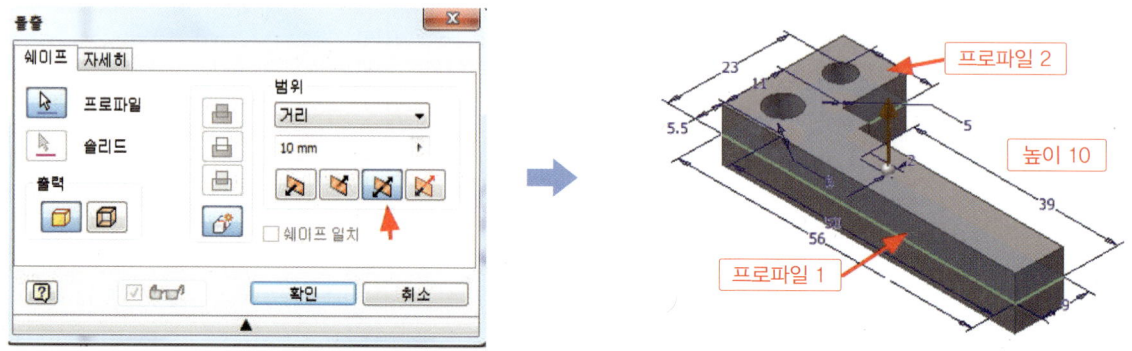

08 모따기 🔲 선택 ⇨ 수직선 **1**군데 모서리를 **C4**로 모따기 ⇨ 수직선 **2**군데 모서리를 **C3**로 모따기

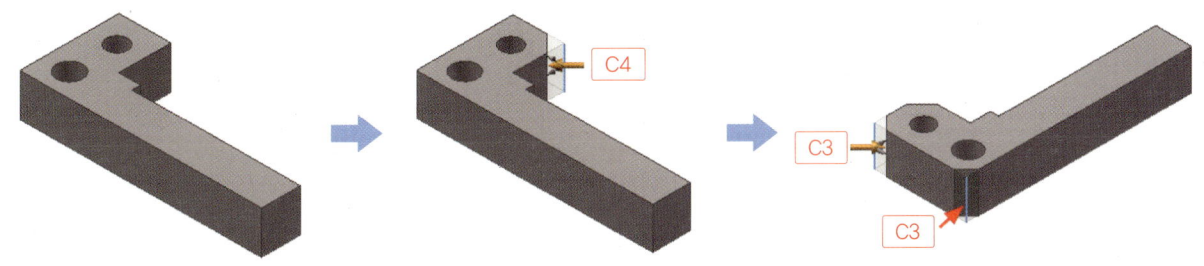

09 디자인 트리 **돌출1** 앞쪽에 **+**를 마우스 왼쪽 버튼으로 **클릭**하여 **−**로 확장한다. ⇨ 스케치1을 **선택**한 후 마우스 오른쪽 버튼 **클릭** ⇨ **스케치 공유 선택**

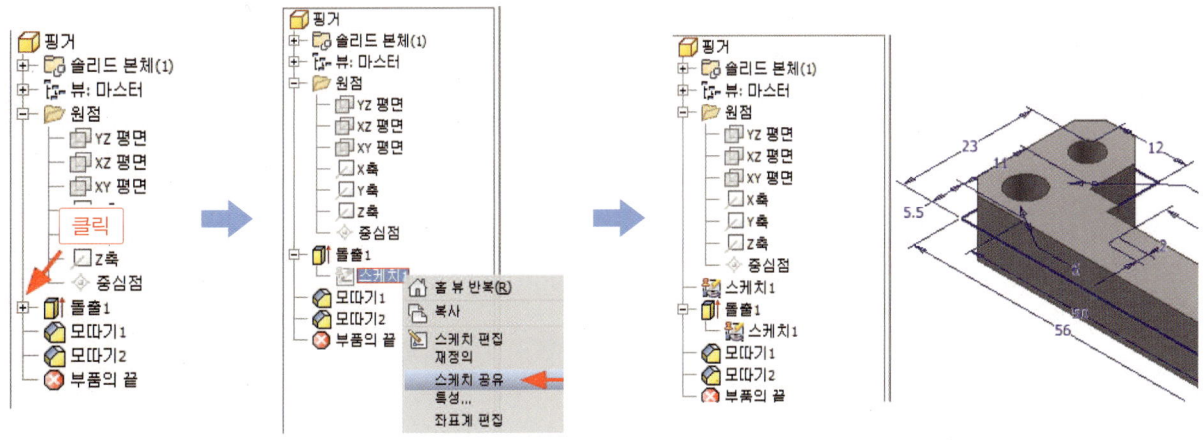

10 돌출 🔲 ⇨ **차집합**, 거리: **5**, 방향: **대칭** ⇨ 확인

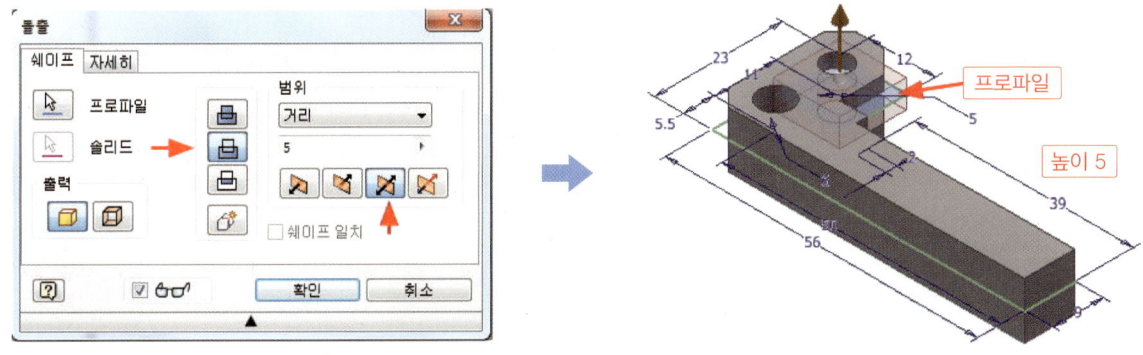

143

11 디자인 트리 **돌출1** 밑부분의 **스케치1 선택** ⇨ 마우스 오른쪽 버튼 **클릭** ⇨ **가시성 체크 해제**

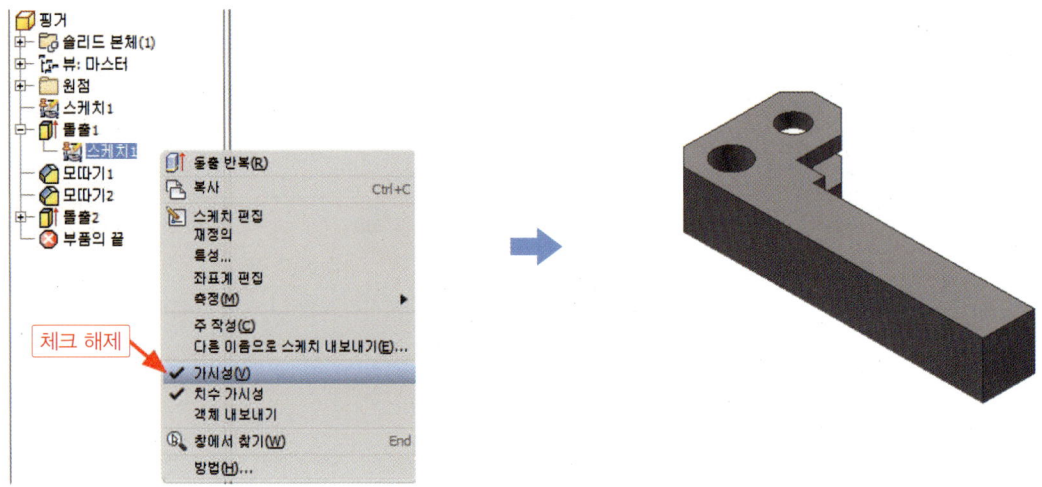

12 모따기 선택 ⇨ 윗부분 원형 모서리 **2군데**, 아랫부분 원형 모서리 **2군데** 총 **4**개의 원형 모서리를 **C1**으로 모따기

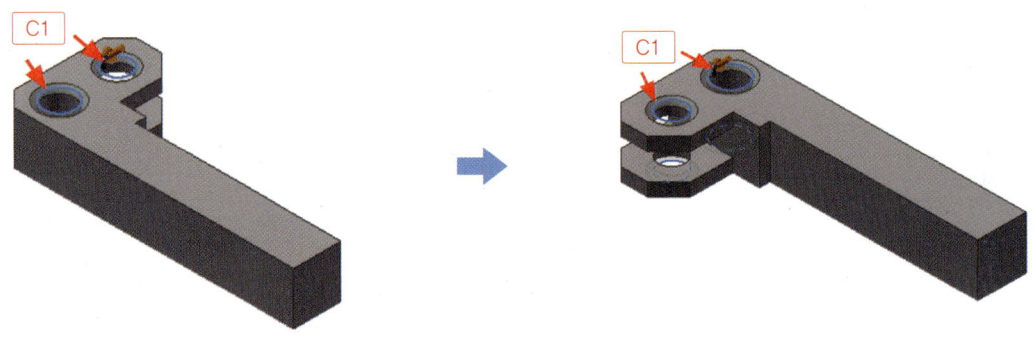

13 부품 정면에 **스케치 작성** ⇨ **구성선** 으로 수직선 중간점에서 왼쪽 방향으로 수평선 스케치 ⇨ 가로 치수 **10** 입력

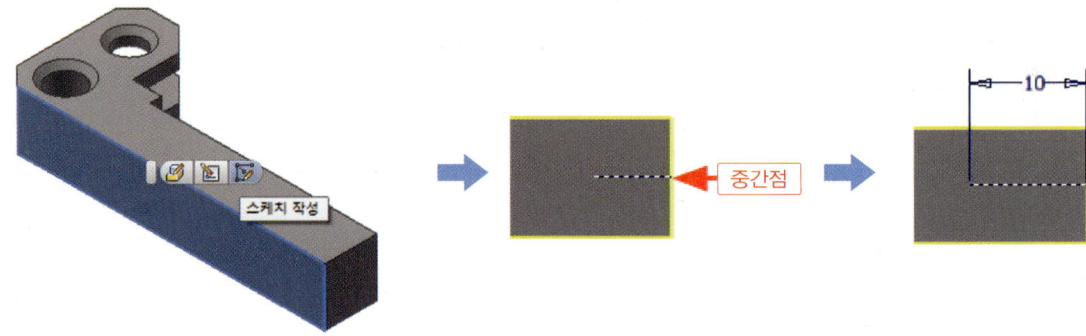

14 **구성선** ╱ 으로 수평선 끝점에서 왼쪽방향으로 수평선 스케치 ⇨ 가로 치수 **20** 입력 ⇨ **20**으로 스케치한 직선 양 끝점에 **점** ┼ 스케치 ⇨ 스케치 마무리 ✓

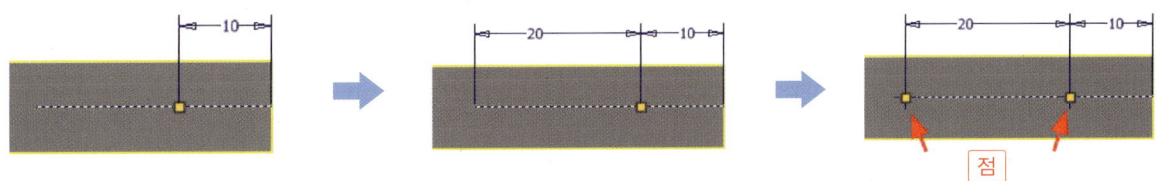

15 **구멍** ⇨ **M5** 탭 ⇨ 전체 관통 선택 후 전체 깊이 체크 ⇨ 확인

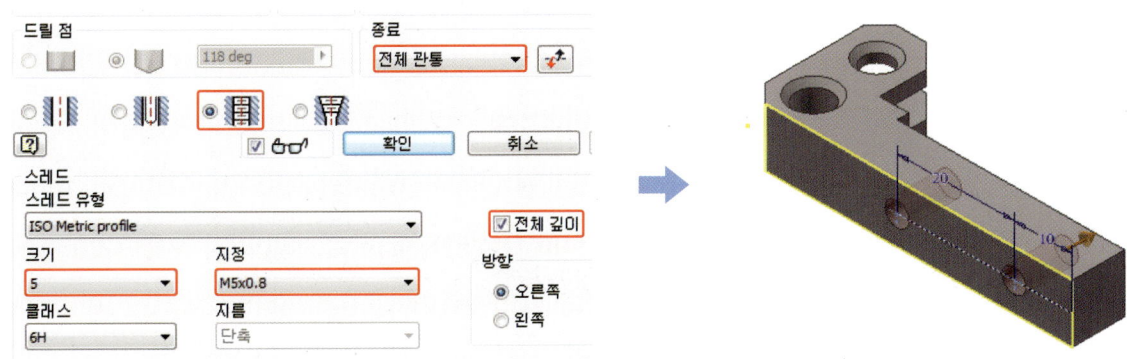

16 최종 완성

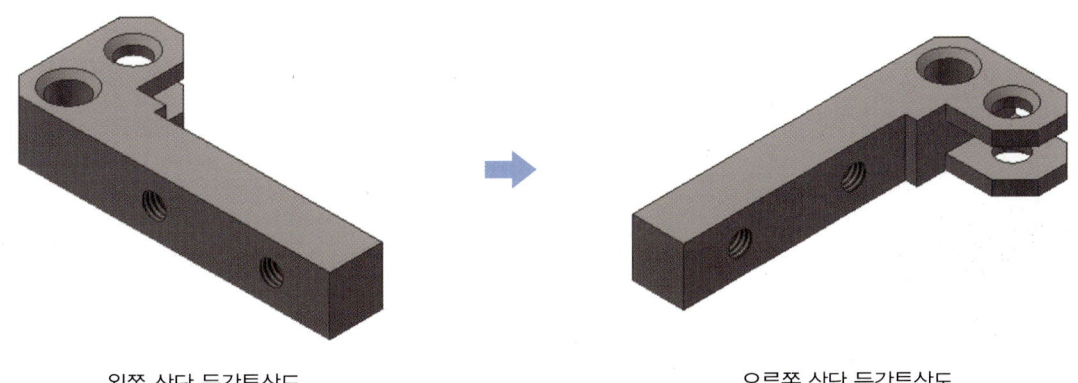

왼쪽 상단 등각투상도   오른쪽 상단 등각투상도

04 피스톤

도시되고 지시 없는 모따기 1×45°, 라운드 R3

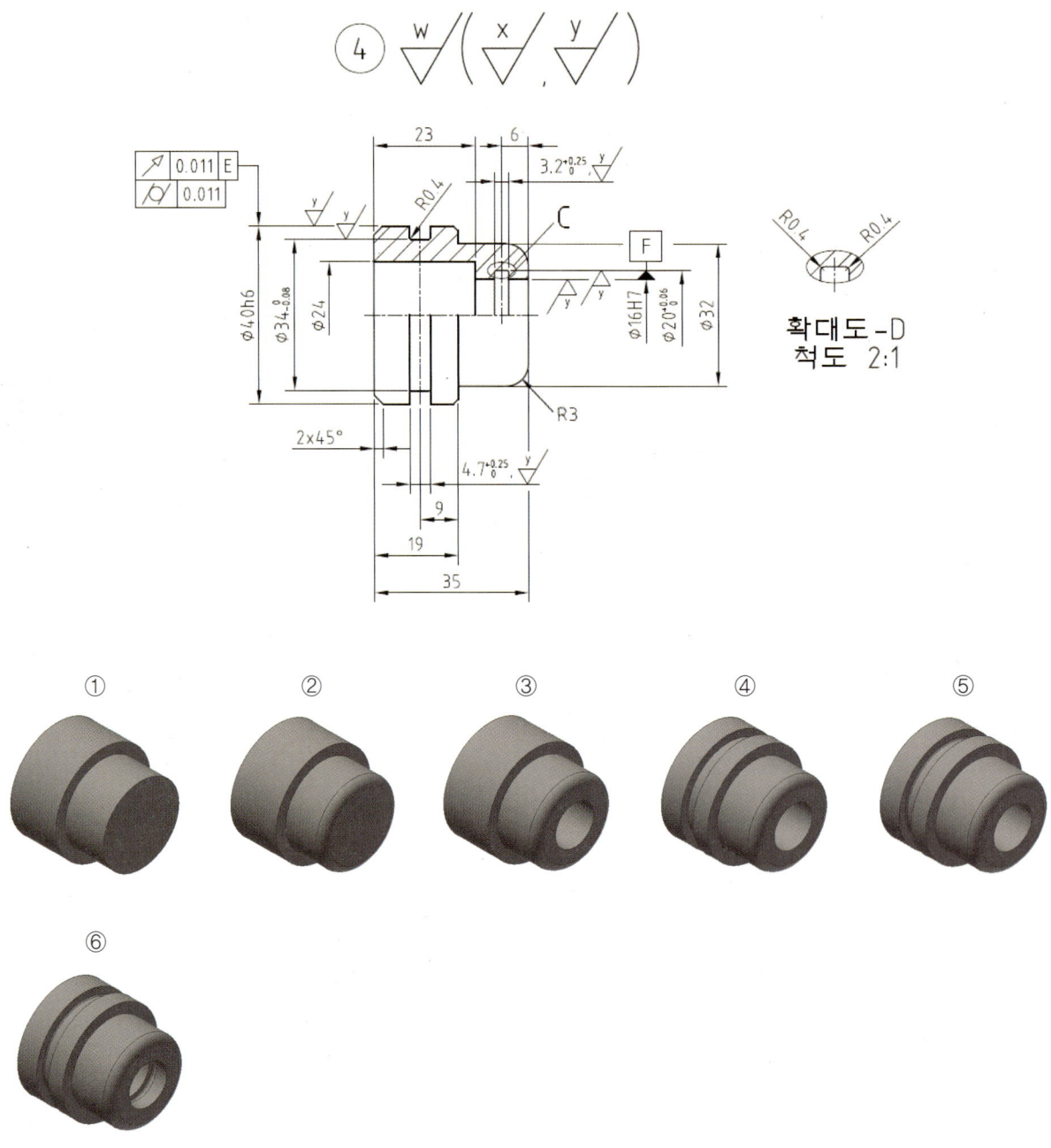

01 디자인 트리 원점[XY 평면] ⇨ **스케치 작성**

02 스케치 원점에서부터 **두 점 직사각형** 스케치 ⇨ 추가로 오른쪽 상단 끝점에 일치시켜 직사각형을 하나 더 스케치한다. ⇨ 직사각형 아래 수평선을 **중심선**으로 변경한다.

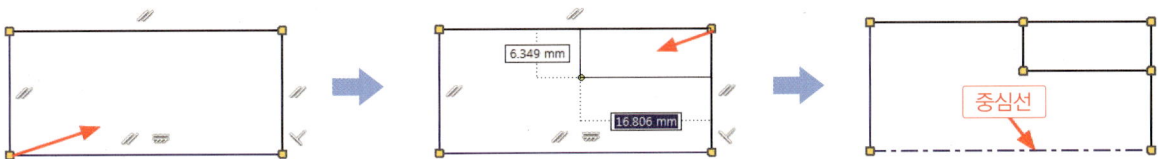

03 도면의 치수 확인 ⇨ 가로, 세로 **치수** 기입 ⇨ 도면 치수로 정정 ⇨ 스케치 마무리 ✓

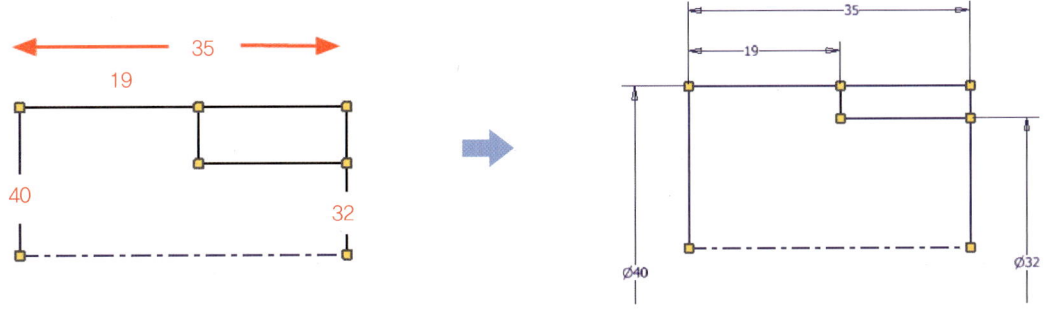

04 회전 ⇨ 프로파일은 마우스로 각각 **선택**, 회전축(그림 참조), 범위: 전체 ⇨ 확인

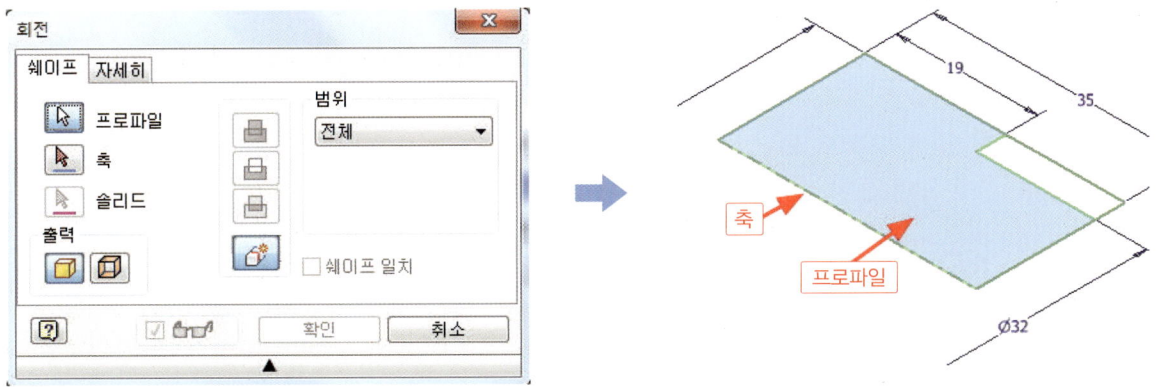

05 모깎기 🔵 선택 ⇨ 앞쪽 원형 모서리 선택 ⇨ 반지름 3 ⇨ 확인

06 모따기 🔵 선택 ⇨ 중간 원형 모서리 선택 ⇨ C1 모따기 ⇨ 적용 왼쪽 끝 원형 모서리 선택 ⇨ C2로 모따기 ⇨ 확인

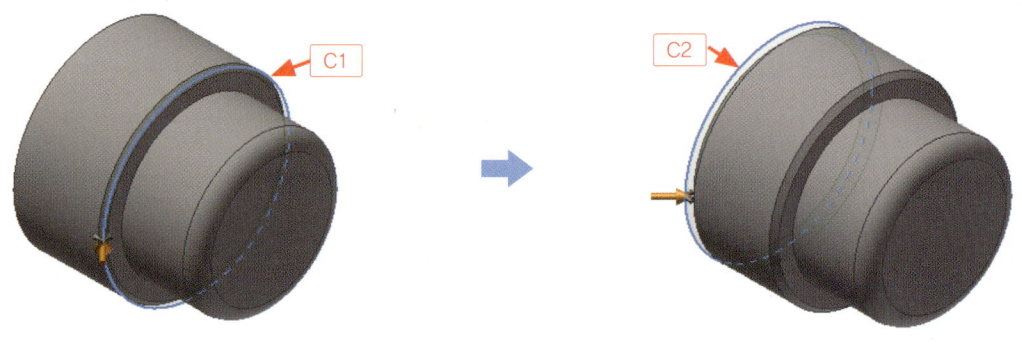

07 좌측 면에 스케치 작성 📝 ⇨ 스케치 원점에 점 ✚ 스케치 ⇨ 스케치 마무리 ✔

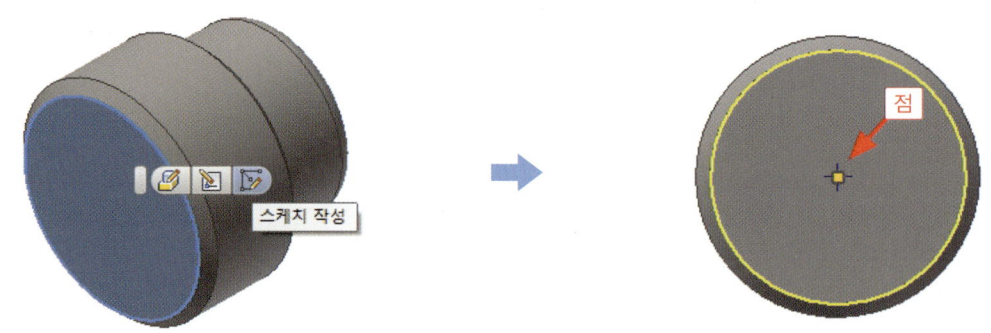

08 구멍  ⇨ 깊은 자리파기 **선택** ⇨ 큰 지름 **24**, 깊이 **23**, 작은 지름 **16** ⇨ **전체 관통 선택** ⇨ 확인

09 작업피처의 **평면** 에서 **평면에서 간격 띄우기 선택** ⇨ 부품 중간 우측 면 **클릭** ⇨ 마우스 방향을 좌측으로 지정 ⇨ 수치 **−9** 입력 ⇨ 확인

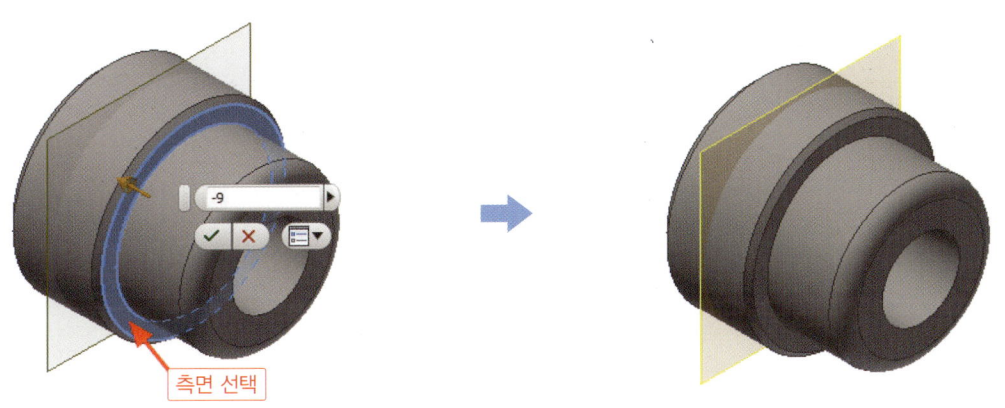

10 디자인 트리의 '**작업 평면1**'에 마우스 커서를 올려놓고 마우스 오른쪽 버튼 **클릭** ⇨ 가시성 체크 해제 ⇨ 같은 방법으로 '**작업 평면1**'에 **스케치 작성**

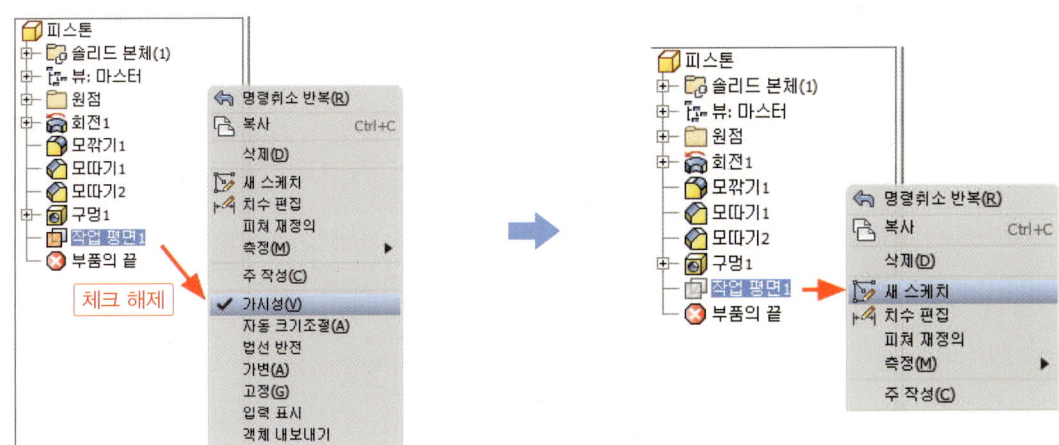

11 F7 (그래픽 슬라이스) ⇨ **형상 투영** 선택 ⇨ 바깥쪽 원형 모서리 **선택** ⇨ 스케치 원점에 **원** 스케치 ⇨ 원 지름 치수 **34** 입력

12 돌출 ⇨ 프로파일 **선택**(그림 참조), **차집합**, 거리 **4.7**, 방향: **대칭** ⇨ 확인

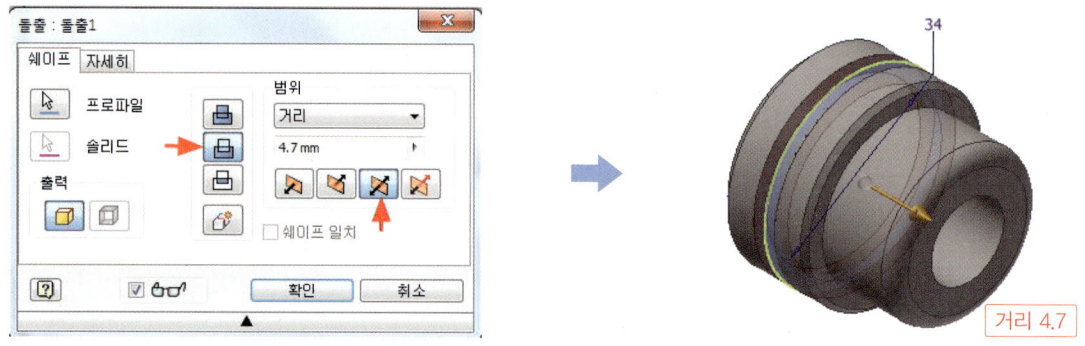

13 모깎기 선택 ⇨ **12**에서 모델링한 안쪽 모서리 2개 **선택** ⇨ 반지름 **0.4** ⇨ 확인

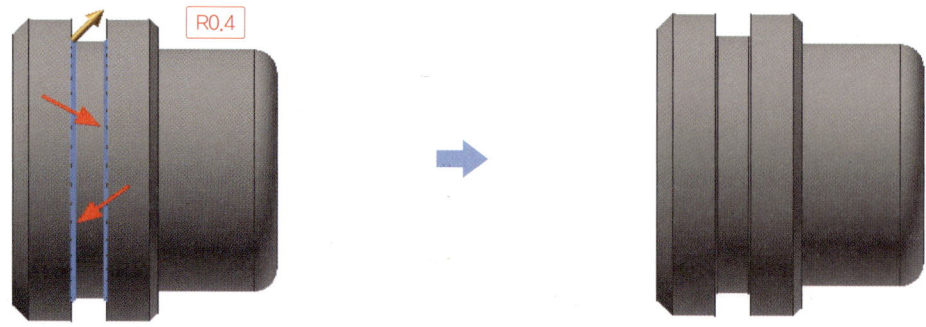

14 작업피처의 **평면** 에서 **평면에서 간격 띄우기 선택** ⇨ 부품 우측 면 **클릭** ⇨ 마우스 방향을 좌측으로 지정 ⇨ 수치 **-6** 입력 ⇨ 확인

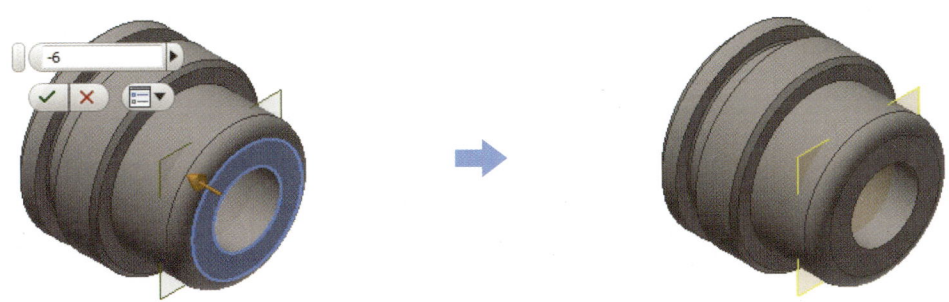

15 디자인 트리의 '**작업 평면2**'에 마우스 커서 올려놓고 마우스 오른쪽 버튼 **클릭** ⇨ 가시성 체크 해제 ⇨ 같은 방법으로 '**작업 평면2**'에 **스케치 작성**

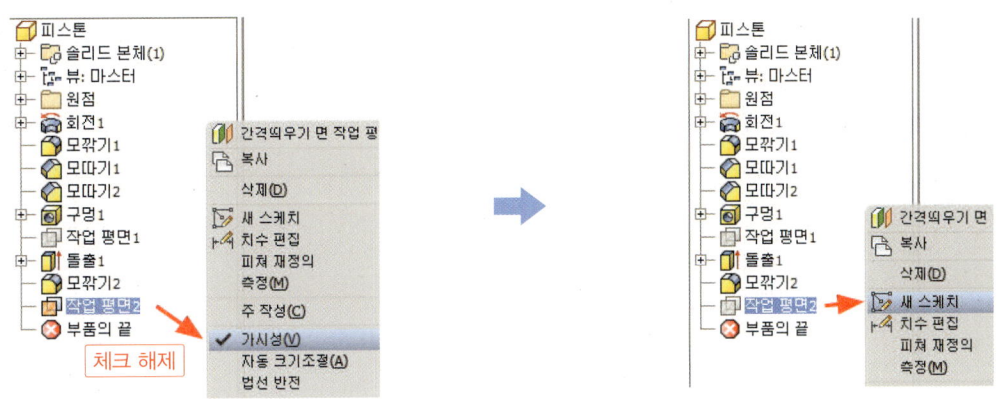

16 F7 (그래픽 슬라이스) ⇨ 스케치 원점에 **원** 스케치 ⇨ 원 지름 치수 **20** 입력

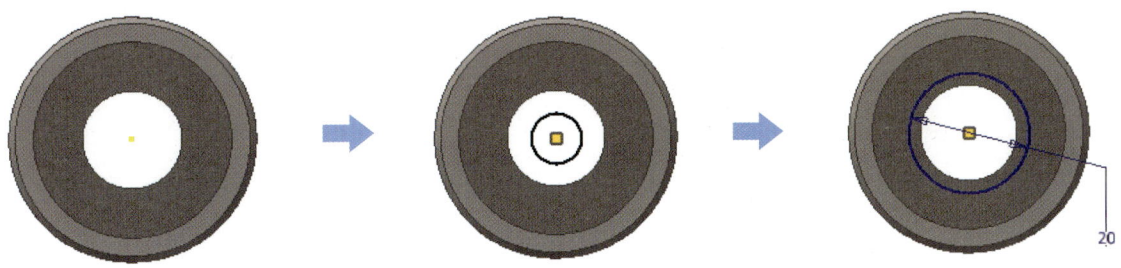

17 돌출 ⬛ ⇨ 프로파일 **선택**(그림 참조), **차집합**, 거리: **3.2**, 방향: **대칭** ⇨ 확인

18 ViewCube의 시점을 아래 그림과 같이 변경 ⇨ 탐색 막대에서 '와이어 프레임' **선택** ⇨ **모깎기** ⬛ **선택** ⇨ **17**에서 모델링한 수직모서리 2개 **선택** ⇨ 반지름 **0.4** ⇨ 확인

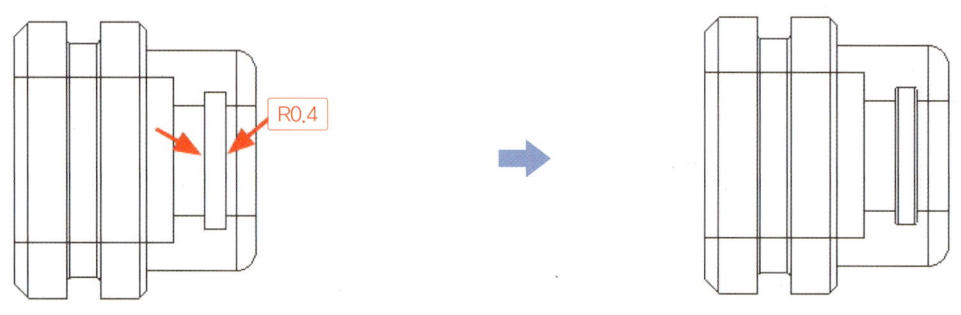

19 최종 완성

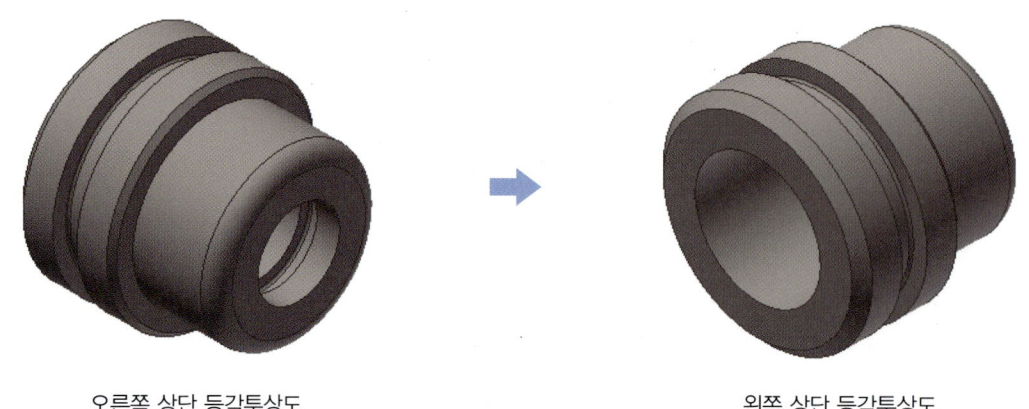

오른쪽 상단 등각투상도   왼쪽 상단 등각투상도

05 호이스트

도시되고 지시 없는 모따기 1×45°

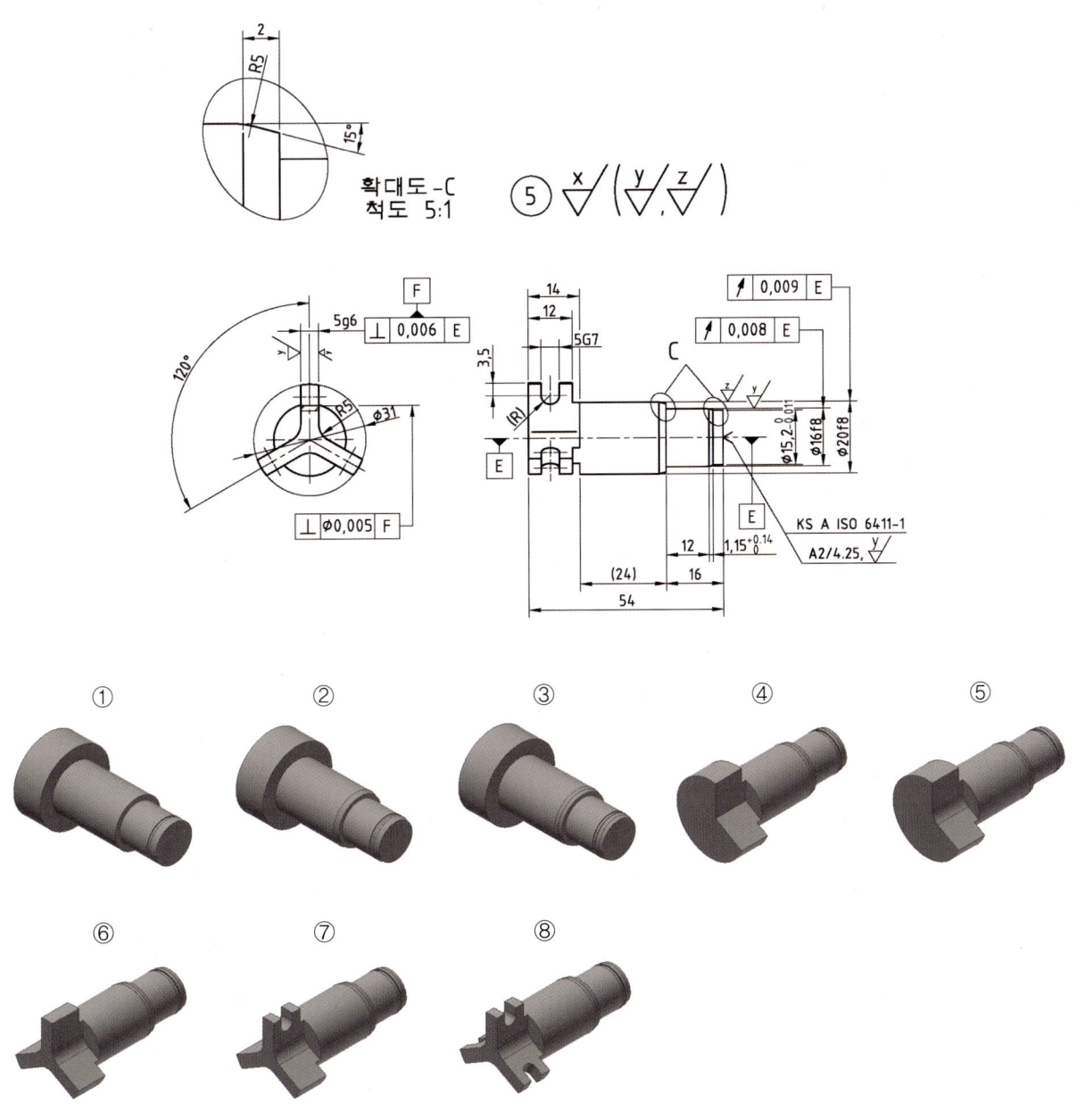

01 디자인 트리 원점[XY 평면] ➡ **스케치 작성**

02 스케치 원점에서부터 **두 점 직사각형** 스케치 ➡ 추가로 오른쪽 하단 끝점에 일치시켜 사각형 두 개를 더 스케치한다.

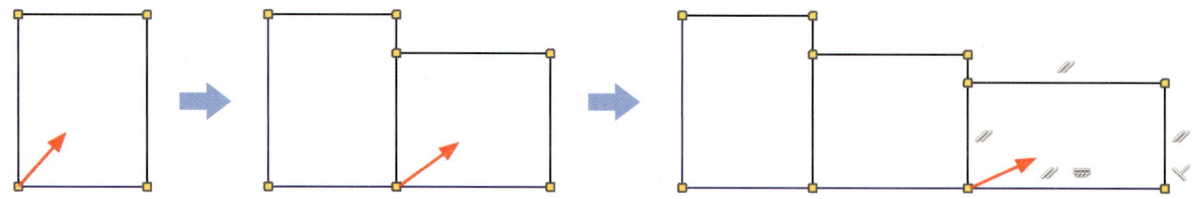

03 커서를 왼쪽 상단 P1 지점에서 P2 지점으로 드래그 ➡ **중심선** 으로 변경

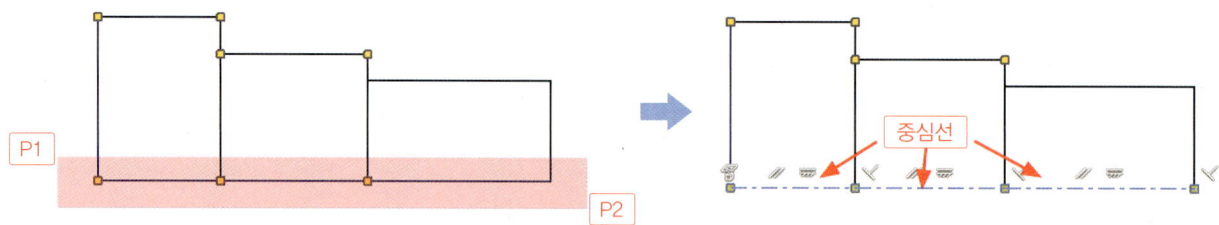

04 가로 치수, 지름 치수순으로 치수 기입 ➡ 도면의 수치 확인 ➡ 순차적으로 치수 정정

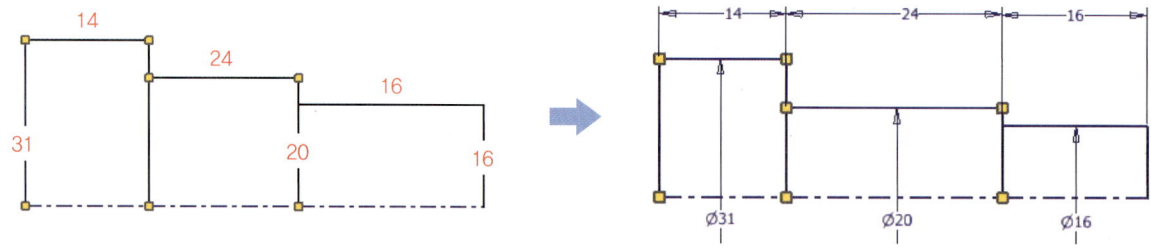

05 직사각형 수평선에서 **두 점 직사각형** 스케치 ➡ 치수 기입 ➡ **가로 12, 1.15, 지름 15.2로 치수 정정**

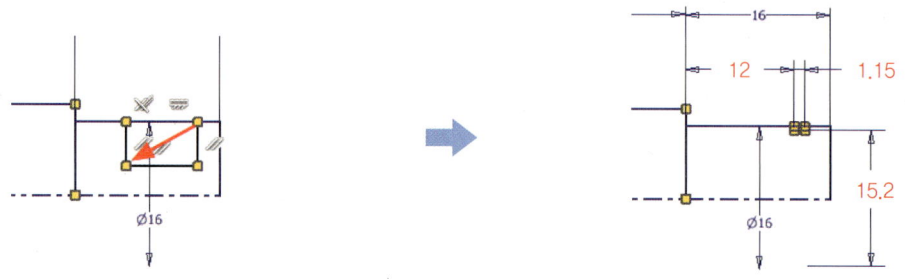

06 스케치 마무리 ✓ ⇨ **회전** ⇨ 프로파일은 각각 **선택**, 회전축(그림 참조), 범위: **전체** ⇨ 확인

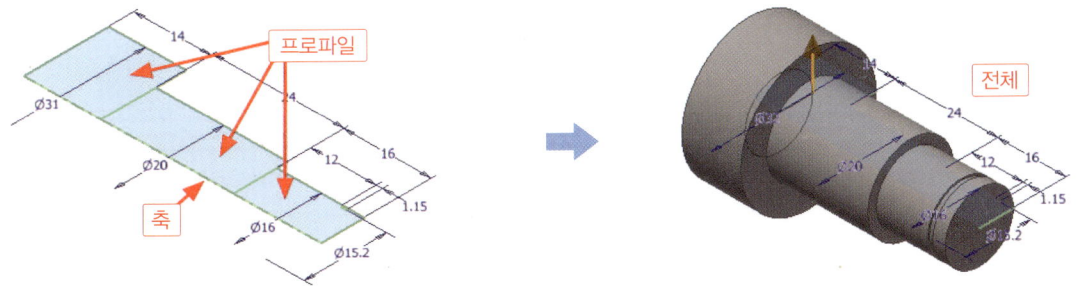

07 모따기 ⇨ **거리 및 각도 선택** ⇨ 거리 2, 각도 15 입력 ⇨ 그림과 같이 **선택** ⇨ **적용**

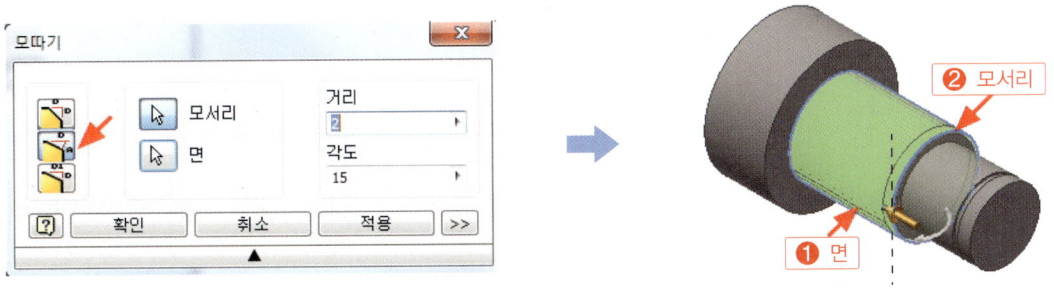

08 모따기 ⇨ **거리 및 각도 선택** ⇨ 거리 2, 각도 15 입력 ⇨ 그림과 같이 **선택** ⇨ 확인

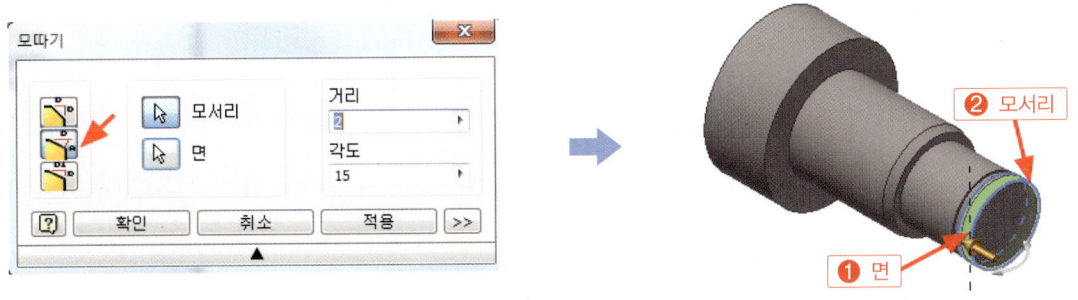

09 모깎기 🔵 선택 ⇨ 08 모따기한 뒷부분 원형 모서리를 각각 선택 ⇨ 반지름 5 ⇨ 확인

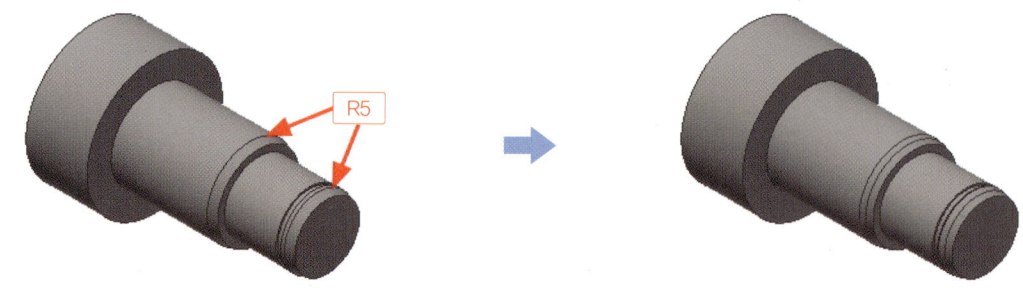

10 ViewCube의 시점을 아래 그림과 같이 변경 ⇨ ViewCube 정중앙 꼭짓점 클릭 ⇨ 오른쪽 마우스 클릭 ⇨ 현재 뷰를 홈 뷰로 설정 선택 ⇨ 뷰에 맞춤 선택

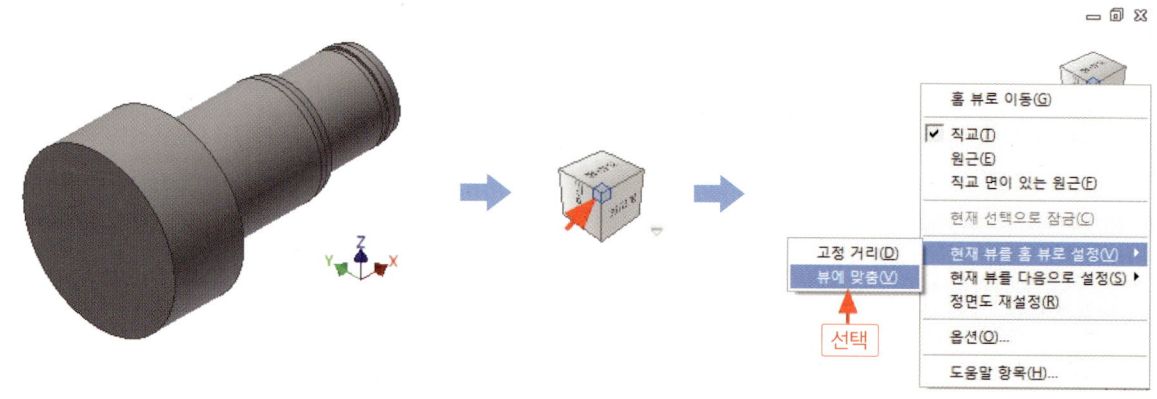

11 좌측 면에 스케치 작성 📝 ⇨ ViewCube를 아래와 같이 회전 ⇨ 스케치 원점에서 경사선 ╱ 스케치

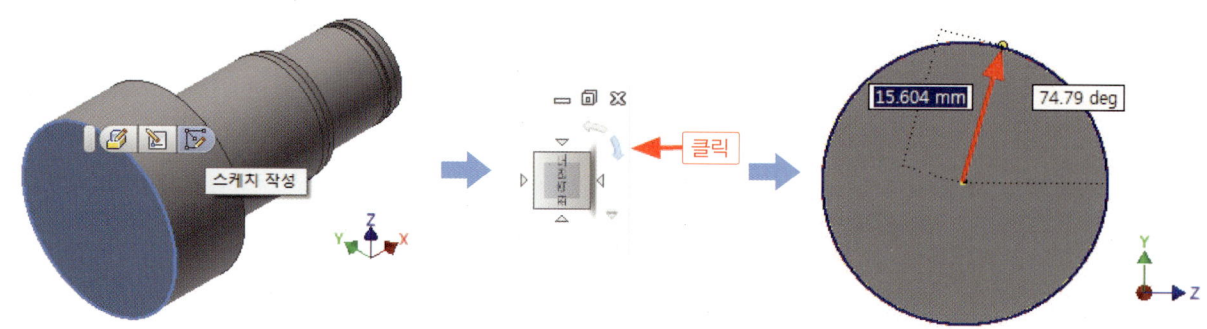

12 **수직** 구속 ⇨ 반시계 방향으로 **선** ／ 스케치 ⇨ 스케치 원점에서 경사진 **선** ／ 스케치

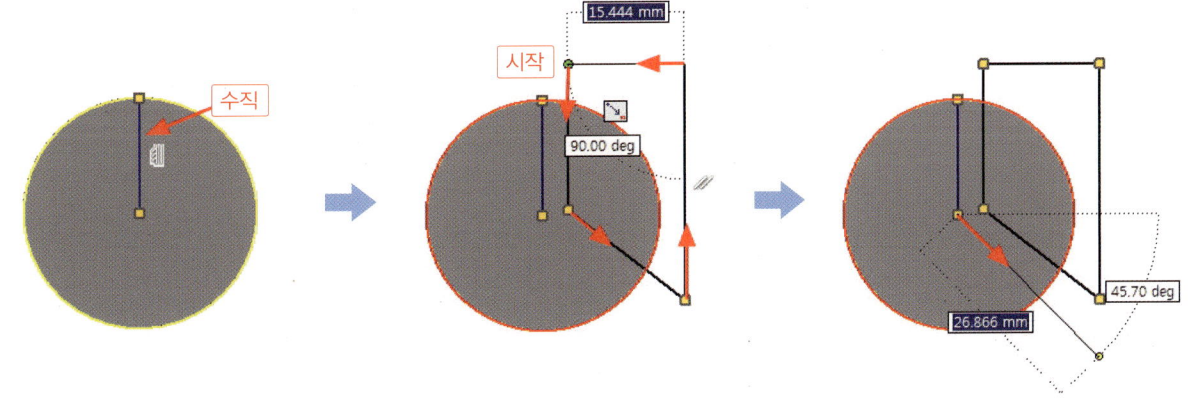

13 앞서 **12**에서 스케치한 선을 **평행** ∥ 구속 ⇨ 직선 끝점과 원을 **일치** 구속 ⇨ 구성으로 변경

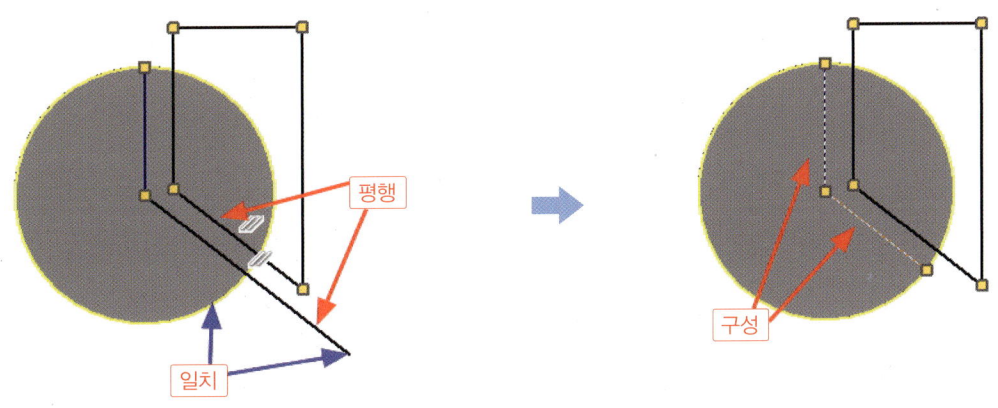

14 도면의 치수(**2.5, 2.5, 120도**)를 확인하고 원 밖으로 뻗어나간 수평(**20**), 수직(**30**) 치수는 임의로 기입

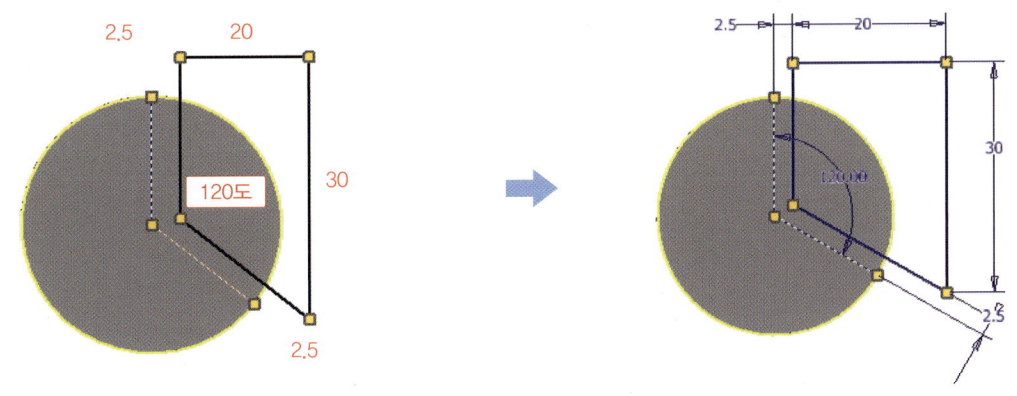

15 돌출 ◨ ⇨ 프로파일 선택(그림 참조), **차집합**, 거리: **14**, 방향: **방향 2** ⇨ 확인

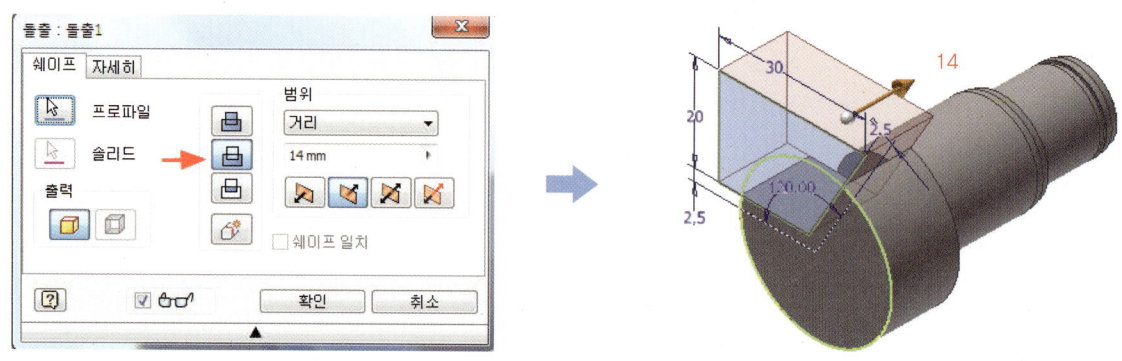

16 모깎기 ◯ 선택 ⇨ 중간 모서리 선택 ⇨ 반지름 **5** ⇨ 확인

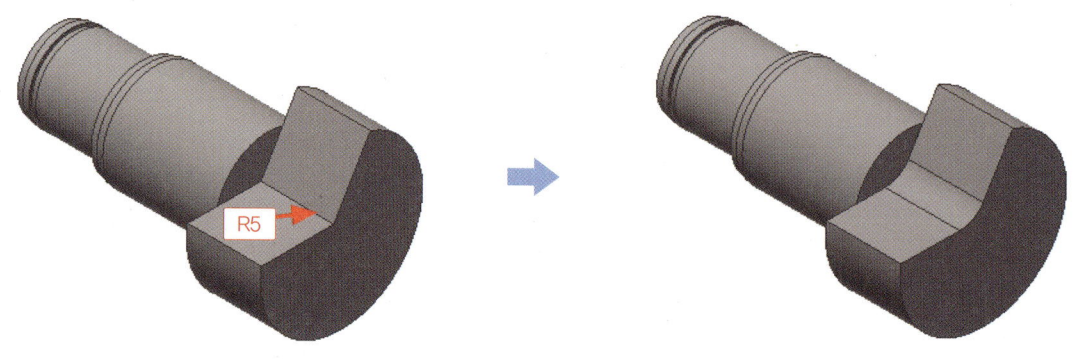

17 원형 패턴 ✥ 선택 ⇨ 피처 및 회전축(그림 참조) ⇨ 배치: **3**, 각도: **360** ⇨ 확인

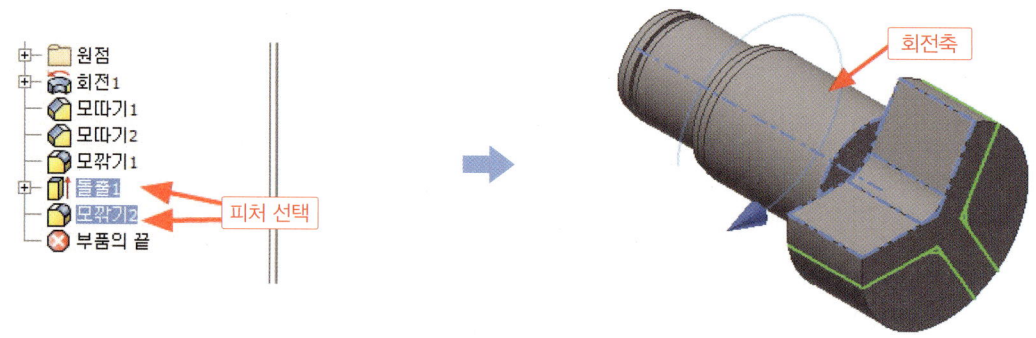

18 스케치 ViewCube의 시점을 아래 그림과 같이 변경 ➪ ViewCube 정중앙 꼭짓점 **클릭** ➪ 오른쪽 마우스 **클릭** ➪ **현재 뷰를 홈 뷰로 설정 선택** ➪ **뷰에 맞춤 선택**

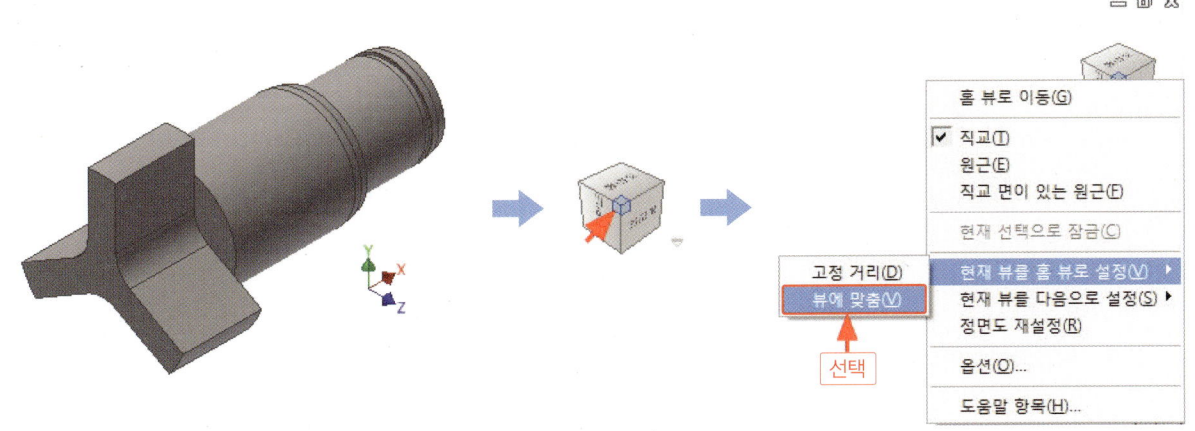

19 수직인 면에 **스케치 작성** ➪ 윗부분 수평선 삭제 ➪ 맨 위 수평선 모서리를 **형상 투영**

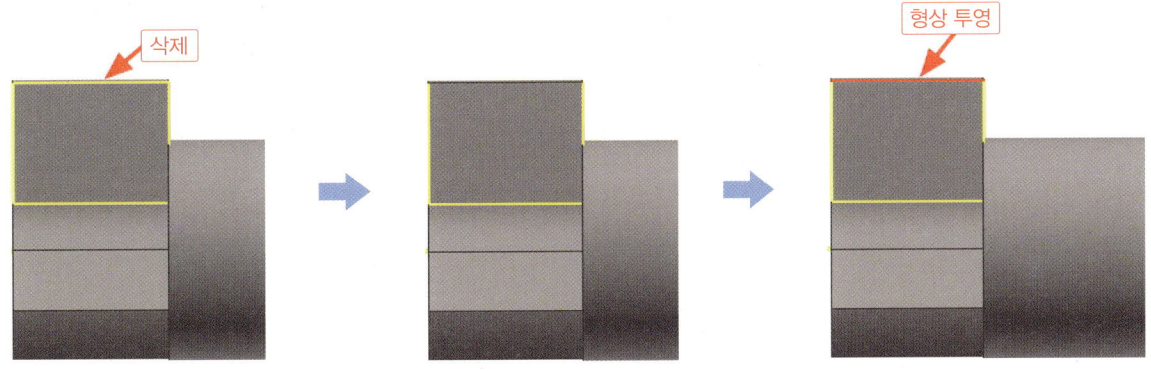

20 **중심점 슬롯** **선택** ➪ 수평선 중간점에서 수직으로 슬롯 스케치 ➪ 가로 **5**, 높이 **3.5**로 치수 기입

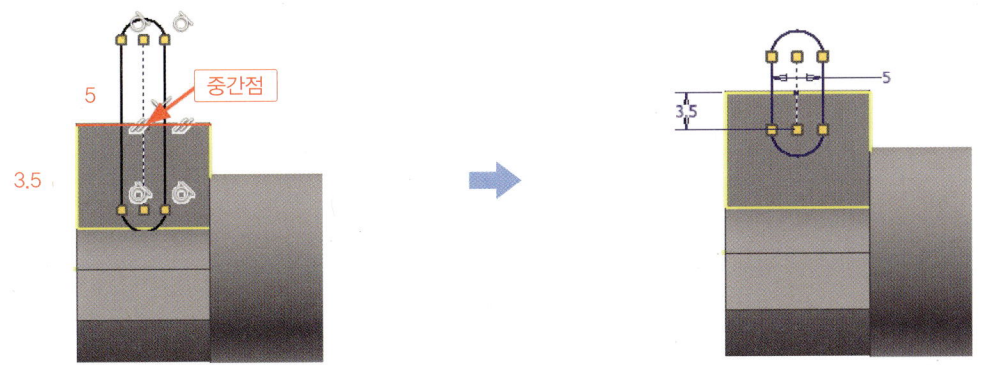

21 돌출 ⇨ 프로파일 **선택**(그림 참조), **차집합**, 거리: **전체**, 방향: **방향 2** ⇨ 확인

22 원형 패턴 **선택** ⇨ 피처 및 회전축(그림 참조) ⇨ 배치: **3**, 각도: **360** ⇨ 확인

23 도면의 치수를 잘못 입력하여 디자인 트리 내용을 수정하고자 할 경우 다음과 같이 한다.

① 디자인 트리 '회전1'의 '+'를 **클릭**하여 '-'로 바꾸고, '**스케치 편집**'을 **클릭**한다.

② 잘못 입력한 수치를 **더블클릭**하여 12, 26으로 각각 정정한다.

③ 로컬 업데이트 아이콘(**번개 표시**)을 **클릭**한다.

④ 시점을 정면으로 하고 도면과 비교 · 점검한다.

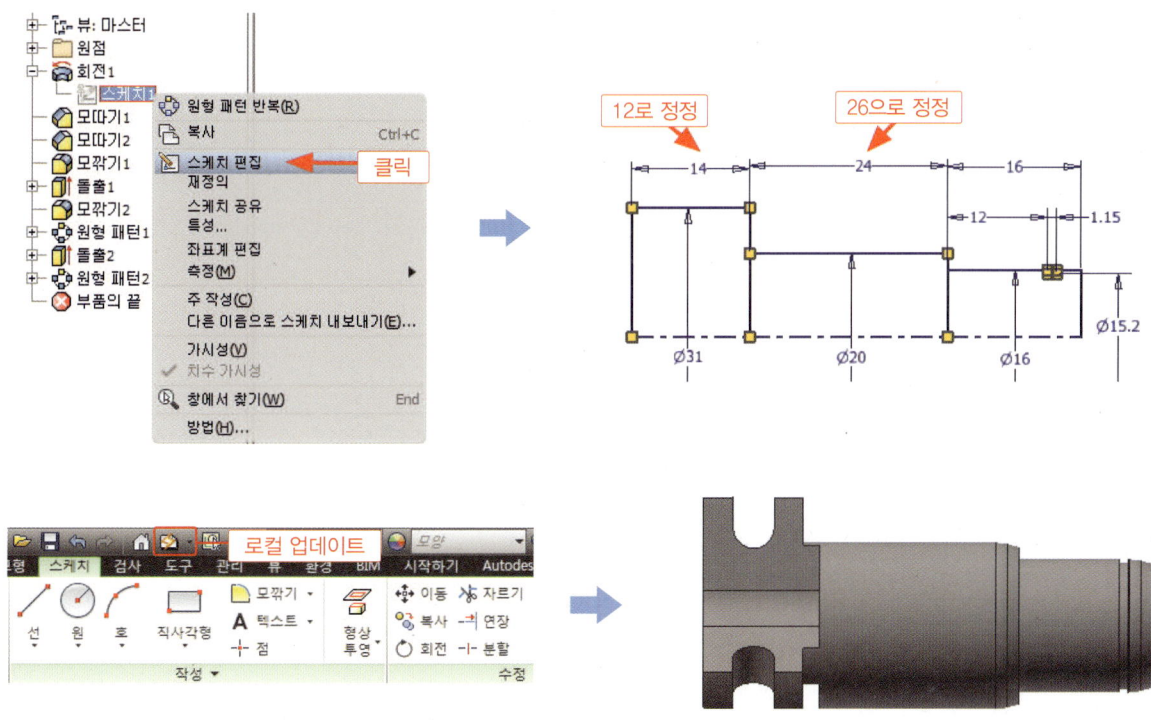

24 최종 완성

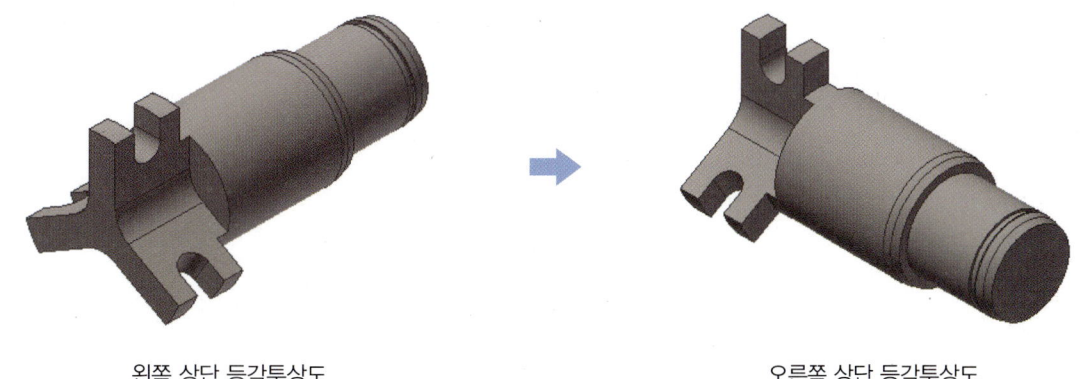

왼쪽 상단 등각투상도   오른쪽 상단 등각투상도

CHAPTER 05

인 벤 터 - 3 d 실 기 · 실 무

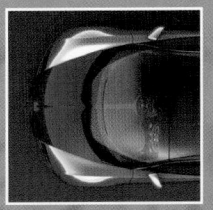

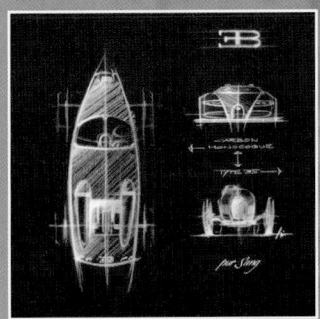

도면

💬 **BRIEF SUMMARY**

1. 인벤터 2D 도면 배치
2. 부품 질량 구하기
3. CAD 기본틀 작성 주의사항 및 인벤터 삽입
4. 3D 출력

01 | 인벤터 2D 도면 배치

01 시작하기 ➡ **새로 만들기** 아이콘 **클릭** ➡ 도면 목록에서 'Standard.idw' 아이콘을 **더블클릭**한다.

02 아래 그림과 같은 도면 초기화면이 나온다.

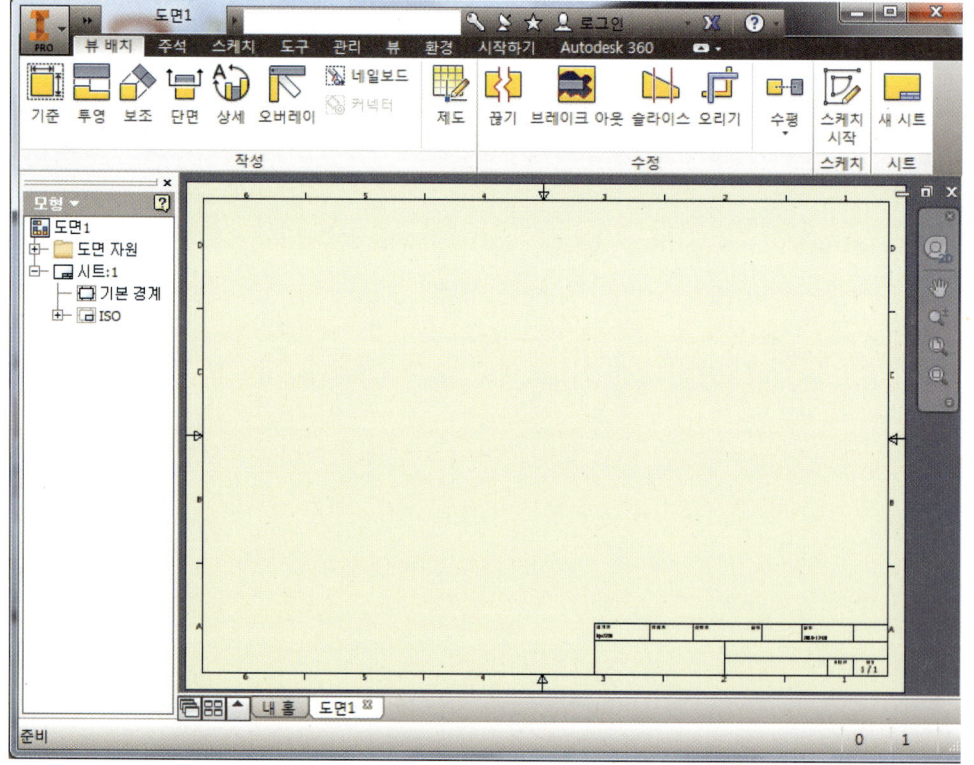

인벤터 도면환경은 **뷰 배치** 및 **주석**으로 구분할 수 있다. 이 단원에서는 자주 사용하는 핵심 명령어만 실제 실기시험에 맞게 설명하도록 한다.

• 작성 A

• 주석

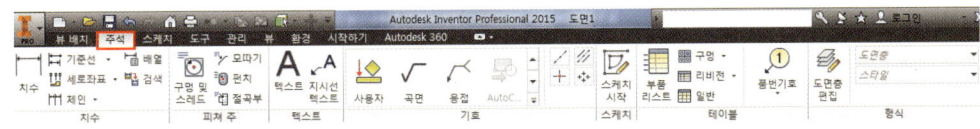

도면 뷰 유형

명령어	아이콘	내용
기준 뷰		첫 번째로 작성한 뷰이다. 나머지 뷰는 이 뷰로부터 파생된다.
투영된 뷰		기준 뷰 또는 기타 기존 뷰로부터 생성되는 직교 뷰 또는 등각투영 뷰이다.
보조 뷰		선택한 모서리나 선에 수직으로 투영된 뷰이다.
단면도		부품이나 조립품을 관통하여 절단하는 데 사용되는 평면을 정의하는 선을 스케치하여 작성된 뷰이다. 단면도는 절단부의 표면 면적을 나타낸다.
상세 뷰		다른 도면 뷰의 부분을 확대한 뷰이다. 상세 뷰를 사용하여 더욱 명확하고 정확한 주석을 제공한다.
오버레이 뷰		다중 위치 표현으로부터 작성된 단일 뷰이다. 오버레이 뷰는 다양한 위치에서의 조립품을 보여준다.
드래프트 뷰		하나 이상의 연관된 2D 스케치를 포함하는 뷰이다. 3D 부품으로부터 작성되지 않는다.
끊기		관련이 없는 부분을 제거하거나 '끊어서' 대형 모형의 크기를 줄이는 작업이다. 끊어진 부분에 걸쳐 있는 치수는 정확한 길이를 반영한다.
브레이크 아웃		기존 도면 뷰에서 정의된 재질 영역을 제거하여 가려진 부품이나 피처를 보이게 하는 작업이다.
오리기		기존 도면 뷰에서 뷰 경계를 제어하는 작업이다.
슬라이스		기존 도면 뷰에서 깊이가 0인 단면을 생성하는 작업이며, 스케치하여 작성된 뷰이다. 단면도는 절단부의 표면 면적을 나타낸다.

03 시트1 클릭 ⇨ 마우스 오른쪽 버튼 클릭 ⇨ 시트 편집(E)… 선택

04 크기 목록에서 A2 선택 ⇨ 확인

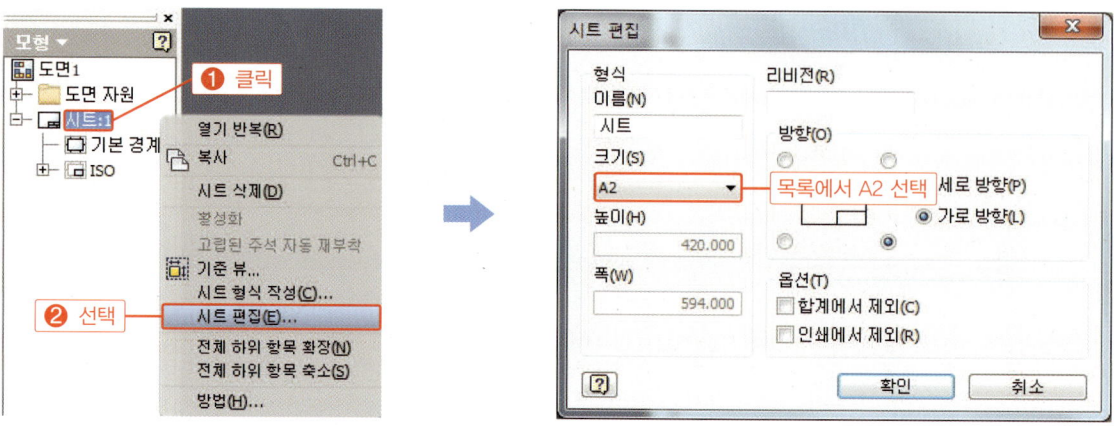

05 시트1 확장 ⇨ ISO 클릭 ⇨ 마우스 오른쪽 버튼 클릭 ⇨ 삭제(D) 선택

06 기본경계 클릭 ⇨ 마우스 오른쪽 버튼 클릭 ⇨ 삭제(D) 선택

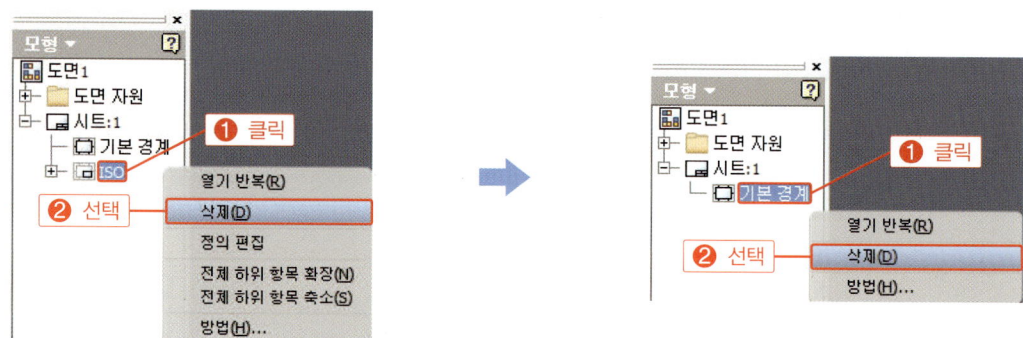

07 다음과 같이 빈 화면이 표시된다.

08 풀다운 메뉴 ➪ **관리** ➪ **스타일 편집기 선택**

09 스타일 및 표준 편집기 ➪ 표준 ➪ 기본 표준(ISO) **선택** ➪ **뷰 기본 설정 클릭** ➪ 투영 유형에서 **삼각법(T) 선택** ➪ 저장 ➪ 종료

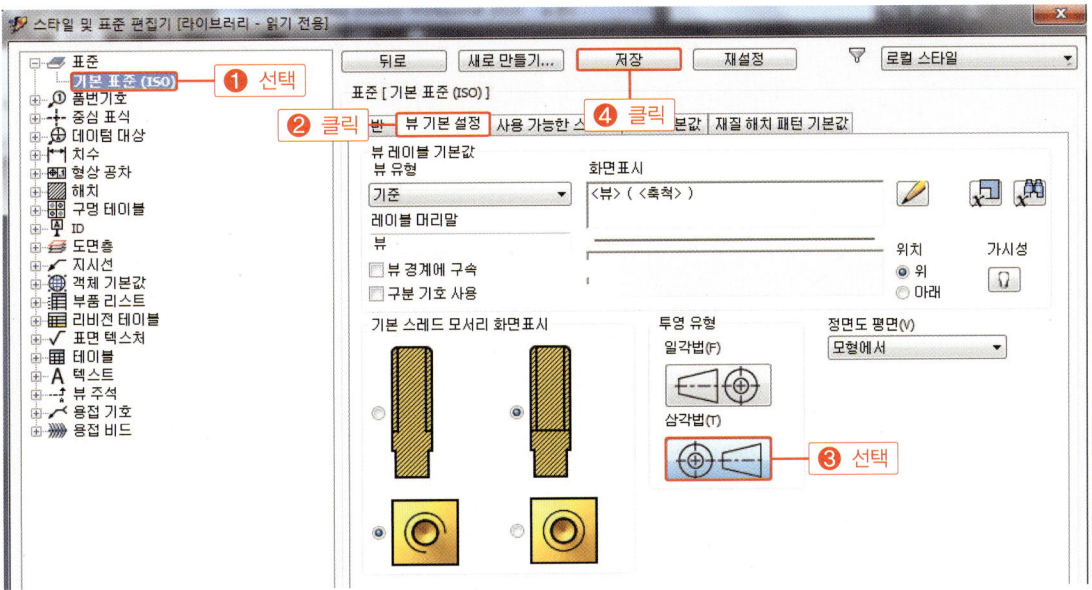

10 뷰 배치 ➪ **기준** 선택

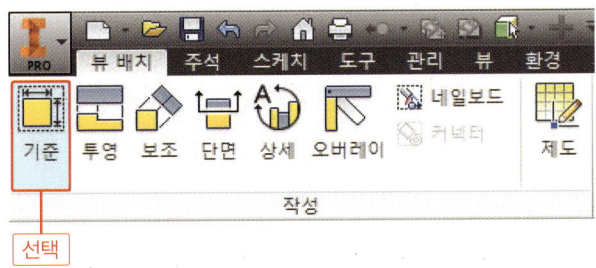

11 구성요소 선택 ▷ **기존 파일 열기**(돋보기) 아이콘 **클릭** ▷ 부품 목록에서 배치할 부품 **선택** ▷ 확인 ▷ 축척 **1:1 선택** ▷ 스타일에서 **은선 제거** 체크 ▷ 화면표시 옵션 **선택** ▷ **스레드 피쳐** 체크 ▷ 뷰 방향 변경 아이콘 **클릭** ▷ 원하는 뷰 **선택** ▷ **사용자 뷰** 마침 선택 후 화면 적당한 지점을 **클릭**

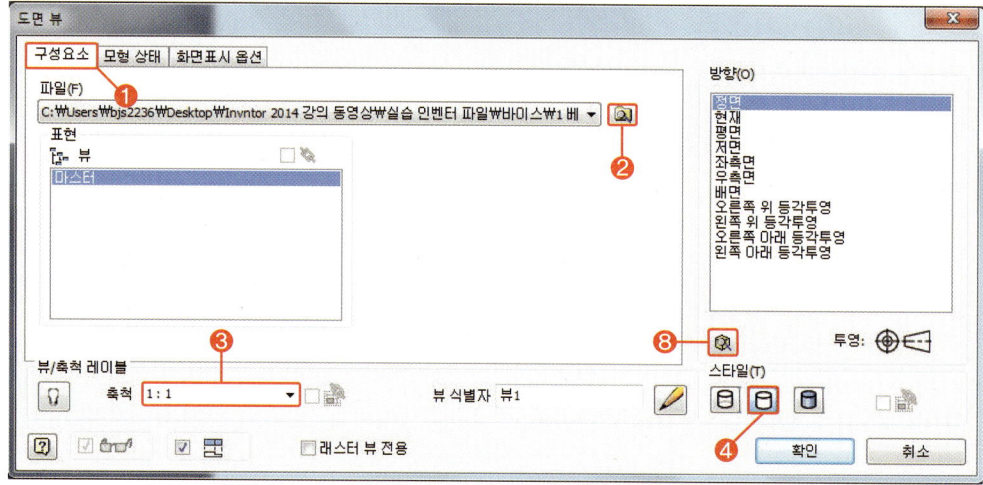

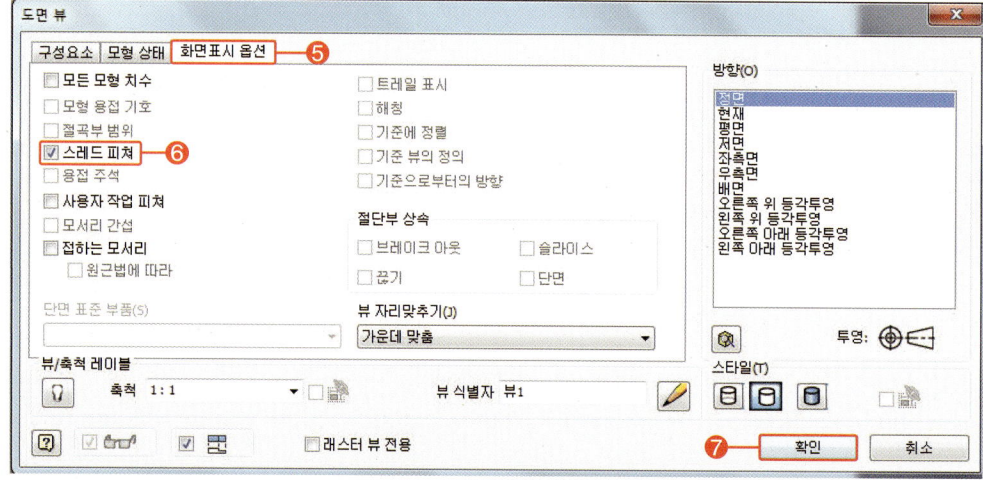

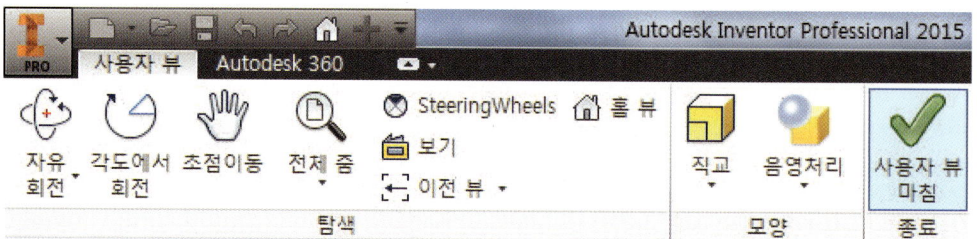

TIP 도면을 배치할 때 F6 을 눌러 등각상태를 확인한 다음에 원하는 방향을 지정하고 반드시 **사용자 뷰 마침**을 선택한다.

12 다음 그림과 같이 3각법으로 설정 저장 후 열린 창을 닫는다.

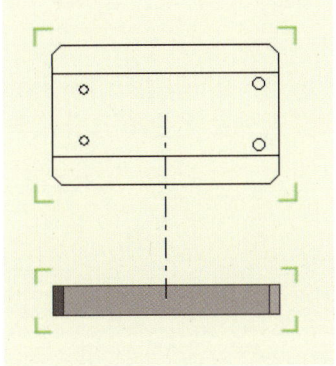

13 투영 뷰 는 기준 뷰 를 **클릭**한 다음에 마우스 커서를 상하, 좌우나 대각선 방향으로 움직이면 자동으로 도면 뷰가 투영되며, 작업을 끝내려면 마우스 오른쪽 버튼을 눌러 '**작성**'을 **선택**하면 된다.

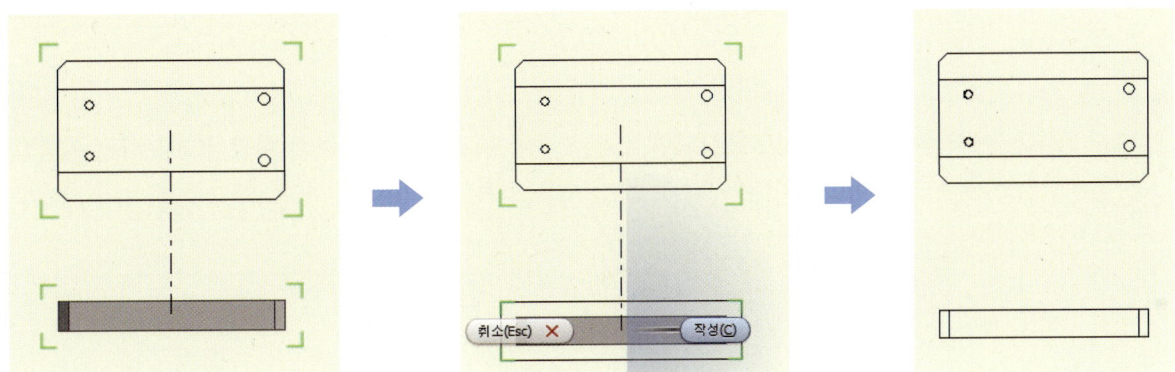

14 여러 개의 투영 뷰를 작성할 때는 마우스 커서를 상하, 좌우로 움직이면서 클릭하고 마우스 오른쪽 버튼을 눌러 작성을 선택하면 된다. 대각선 방향으로 커서를 움직이면서 클릭하면 등각투상도가 배치된다. 이때 등각투상도용 뷰는 항상 정면도를 기준으로 하여 등각투상도를 배치한다.

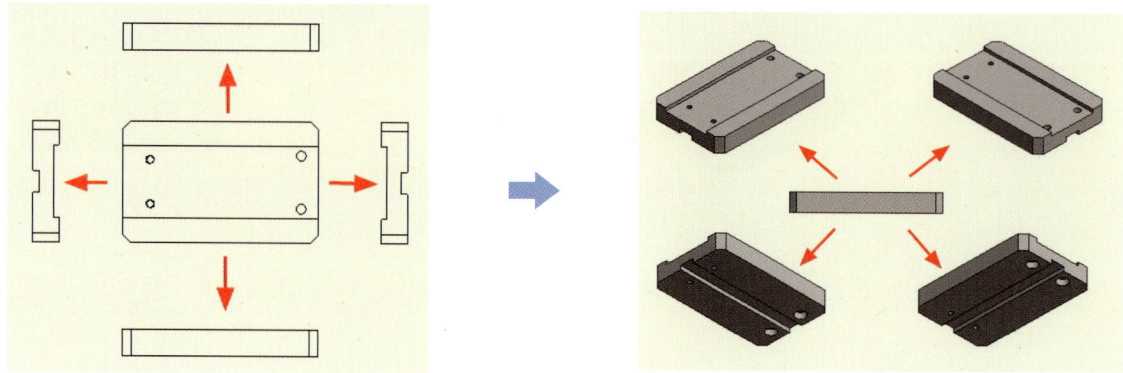

15 왼쪽 그림과 같이 각 부품의 기준 뷰와 투영 뷰를 배치한다. 뷰 이동 시에는 오른쪽 그림과 같이 이동하고자 하는 뷰 전체를 드래그하여 선택한다.

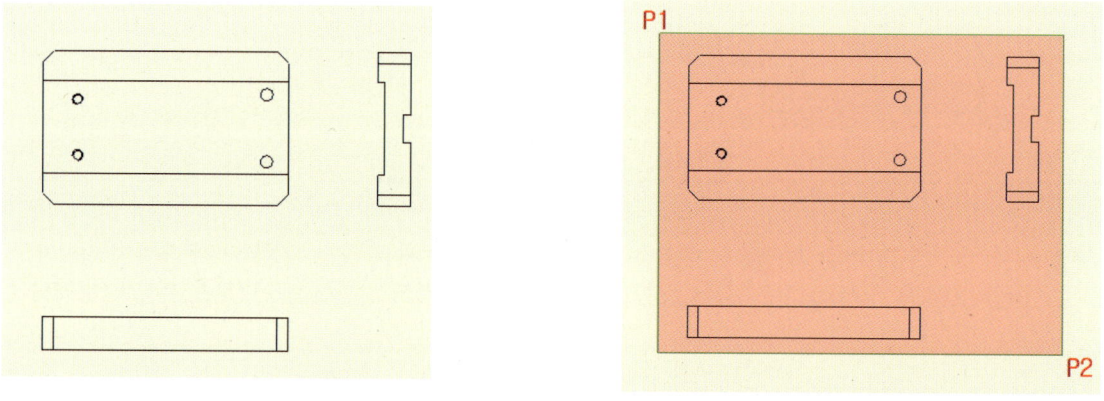

16 마우스 커서 옆에 이동기호가 표시되면 마우스 왼쪽 버튼을 드래그하여 이동하고자 하는 지점으로 이동시킨 후 드래그한 손을 마우스에서 놓아주면 이동이 완료된다.

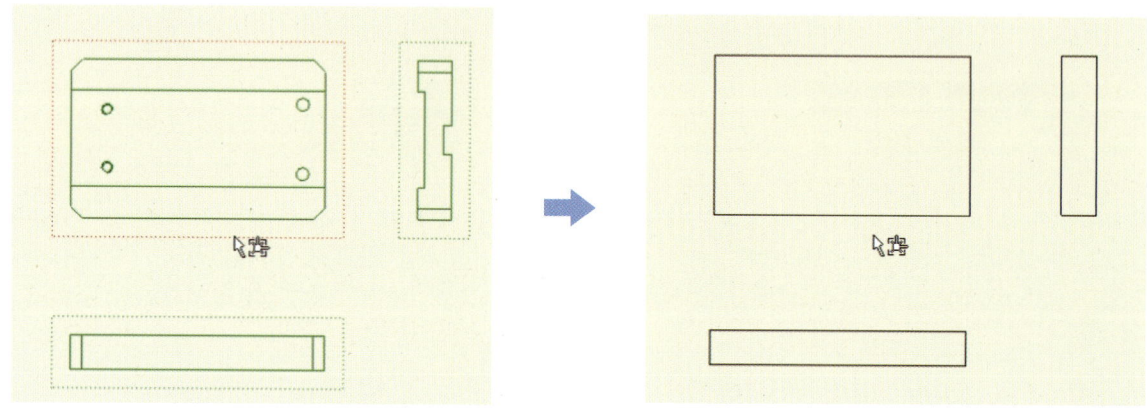

17 나머지 부품들도 적당한 위치에 기준 뷰와 투영 뷰로 원하는 투상도 개수만큼 배치해 준다.

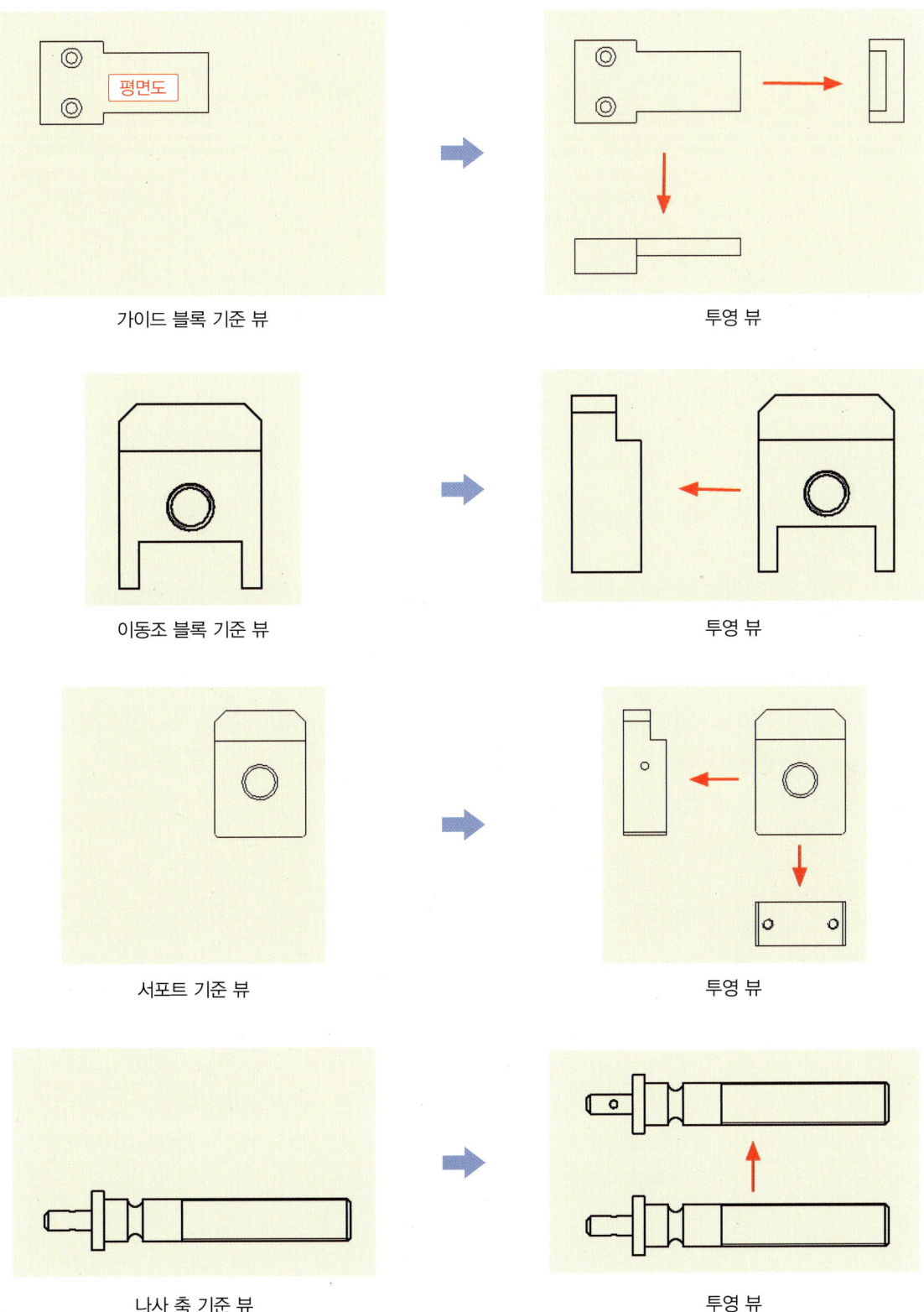

18 베이스 뷰 **선택** ⇨ 마우스 오른쪽 버튼 **클릭** ⇨ 뷰 편집 ⇨ **은선** 체크 ⇨ 확인

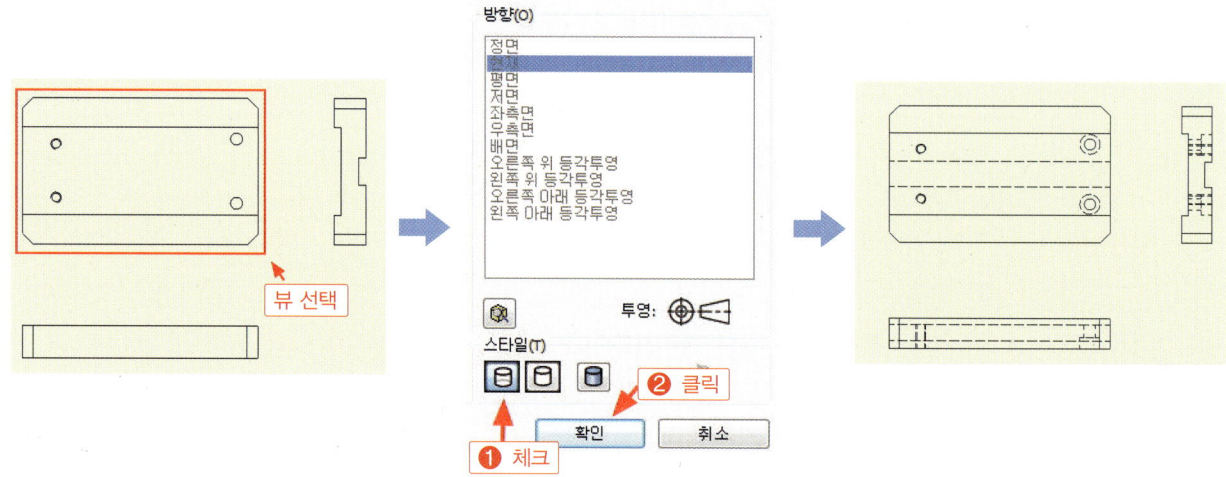

19 부분 단면할 뷰 **선택**(그림 참조) ⇨ 디자인 트리를 확장하여 '**뷰4:1 베이스.ipt**'가 **선택**(파란색 사각형)된 것을 필히 확인한다. ⇨ **스케치 시작**을 **클릭**한다.

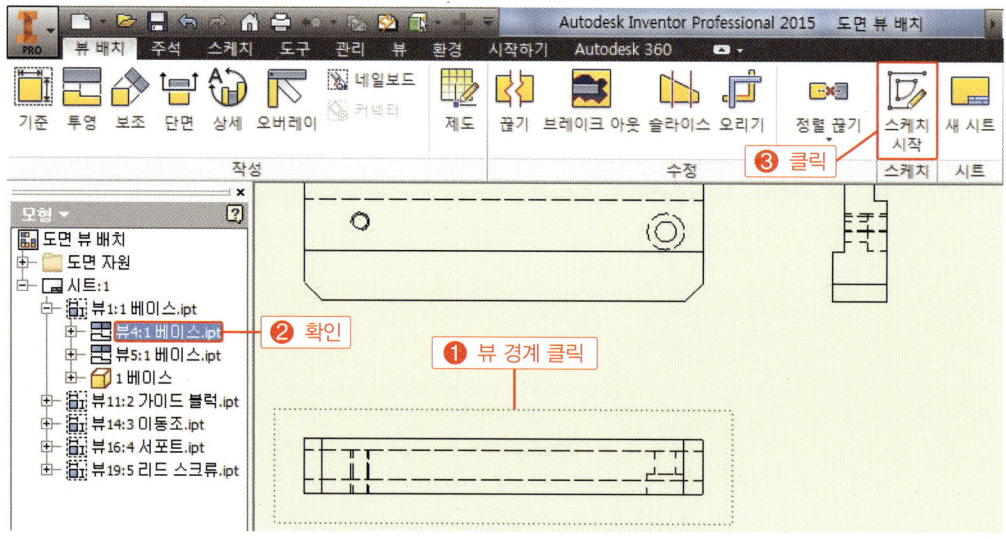

20 아래 그림과 같이 스케치 화면으로 전환된다. 작성에서 **스플라인 보간** 〰️ 을 **선택**한다.

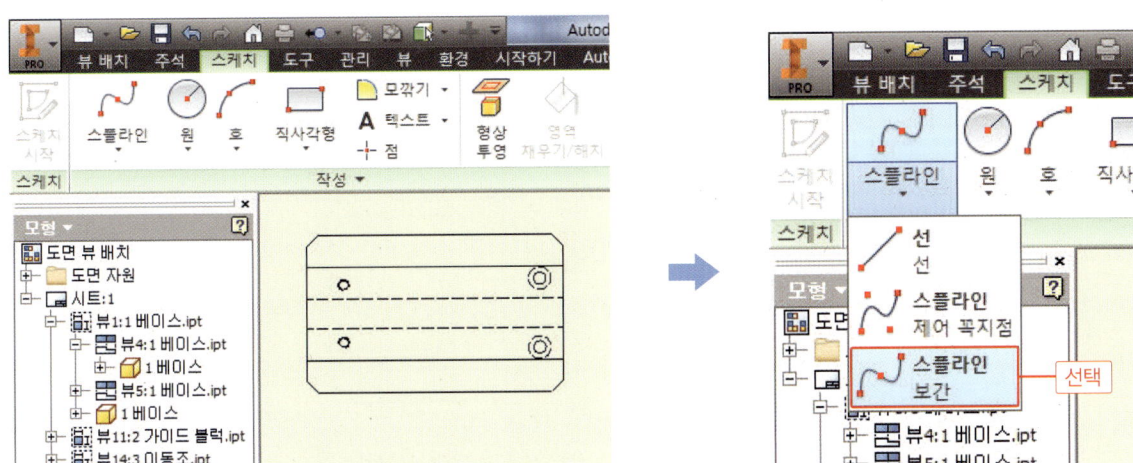

21 순차적으로 스플라인 스케치 ➪ 마지막에 커서를 스플라인 스케치 시작 위치에 놓으면 **자석처럼 달라붙는 데** 이때 **클릭**해준다. ➪ **스케치 마무리 선택**

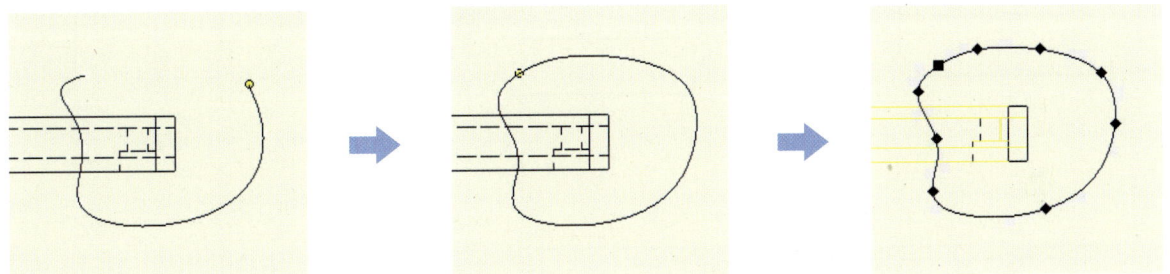

22 디자인 트리에서 스케치가 '**뷰1:1 베이스**' 아래쪽에 있는 것을 확인한다. 만약 스케치가 '**뷰1:1 베이스**' 위쪽에 있으면 **17**부터 다시 작업한다.

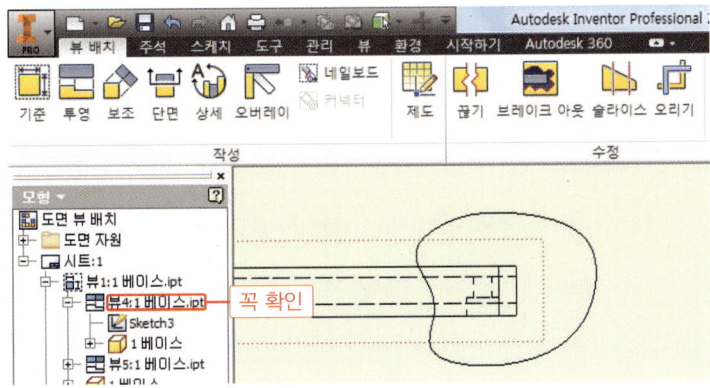

23 수정의 **브레이크 아웃** 클릭 ➪ 그림처럼 부분 단면할 스케치가 있는 뷰 **선택** ➪ 깊이: **끝 구멍 선택** ➪ 윗부분 뷰에서 구멍 **선택**(그림 참조) ➪ 확인

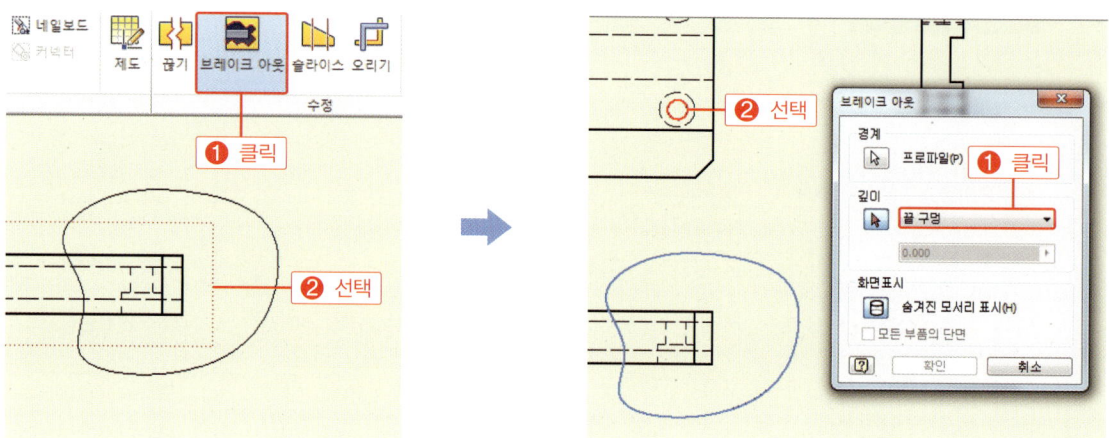

24 왼쪽 **탭** 부분도 **브레이크 아웃** 작업을 해준다.

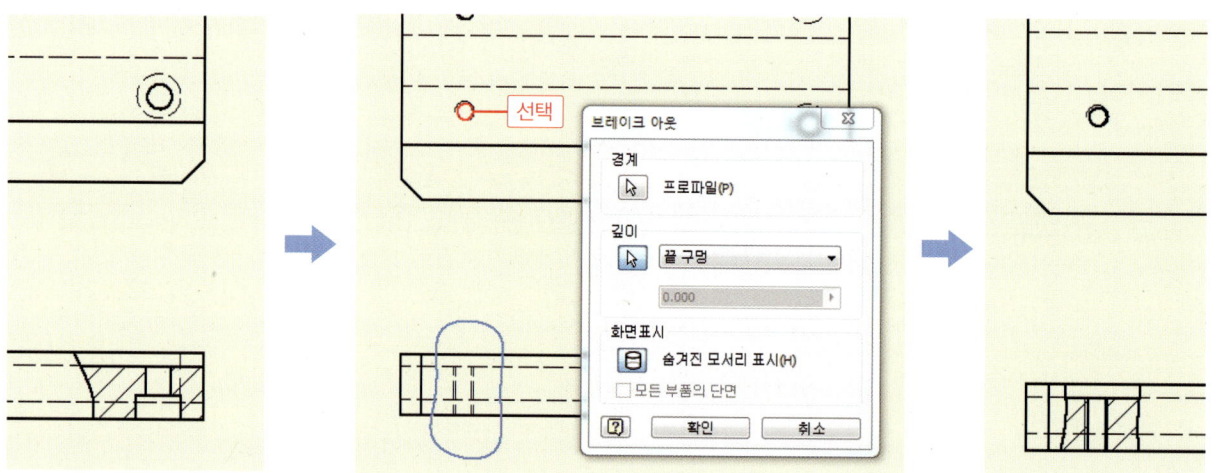

25 '뷰1:1 베이스' 클릭 ➪ 뷰 편집(E)… 선택 ➪ 스타일(T)에서 **은선 제거** 체크 ➪ 확인

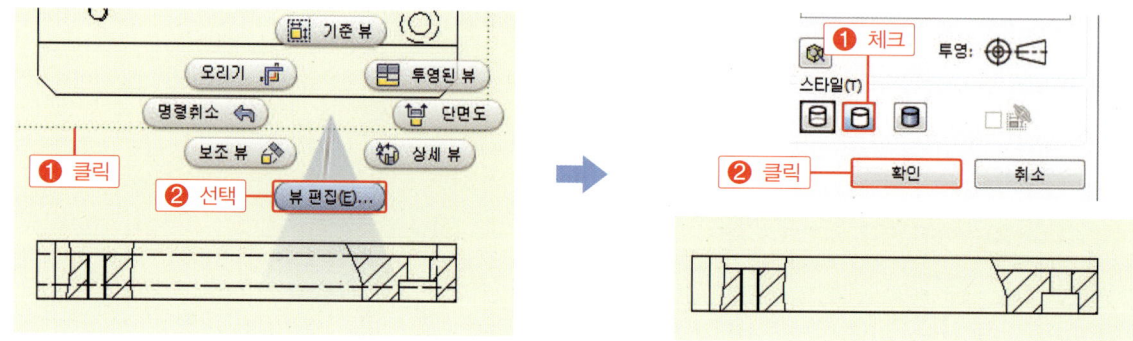

26 **가이드 블록** 정면도에 **브레이크 아웃** 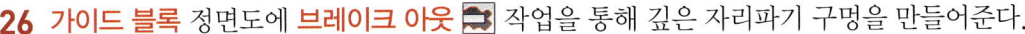 작업을 통해 깊은 자리파기 구멍을 만들어준다.

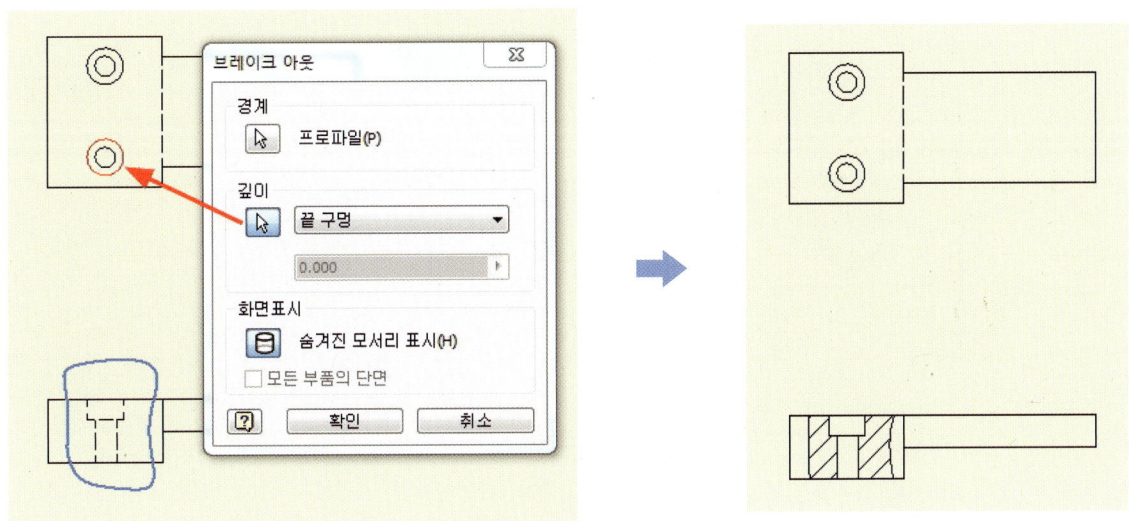

27 **단면도** 아이콘 **클릭** ⇨ 단면도를 작성할 뷰 경계 **클릭**(왼쪽 그림) ⇨ 마우스 커서를 원 중심 위치에서 아래로 점선이 보이도록 내려준다. ⇨ 정면도 아래 바깥쪽 부분의 P1 지점 **클릭** ⇨ 정면도 위 바깥쪽 부분의 P2 지점 **클릭**

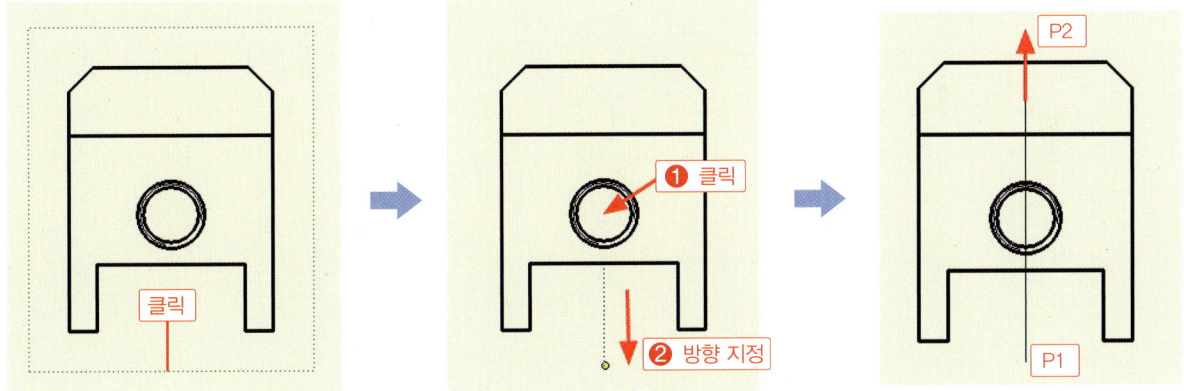

28 마우스 오른쪽 버튼 **클릭** ⇨ 계속(C) **선택** ⇨ 단면도가 작성된 위치를 마우스로 **클릭**해준다.

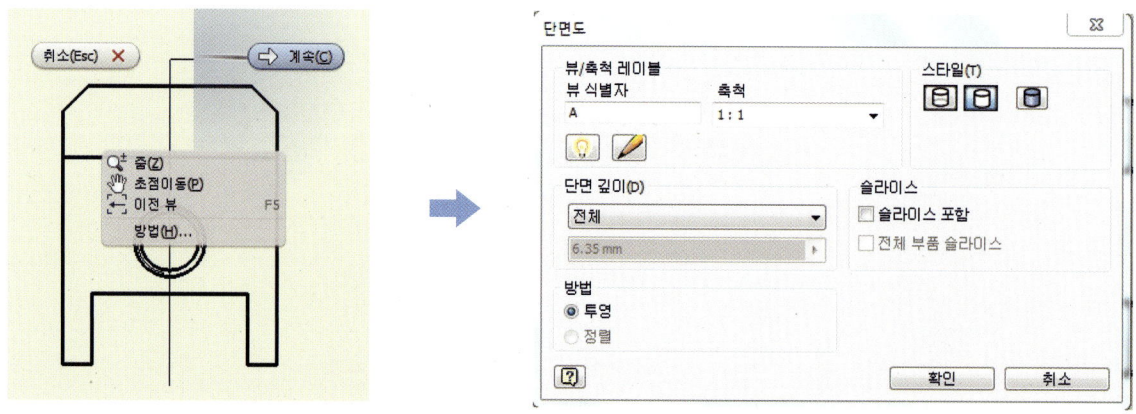

29 다음과 같이 단면도에 뷰 식별자가 표시된다.

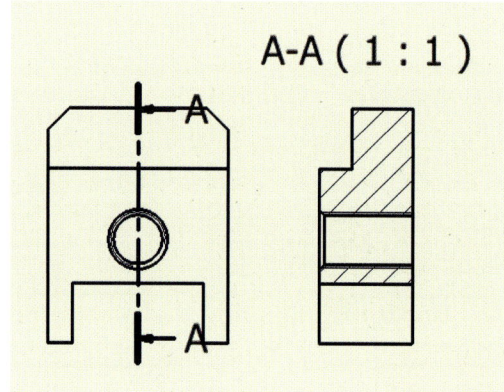

30 키보드의 Home 을 눌러 화면에 꽉 차게 보여준다.

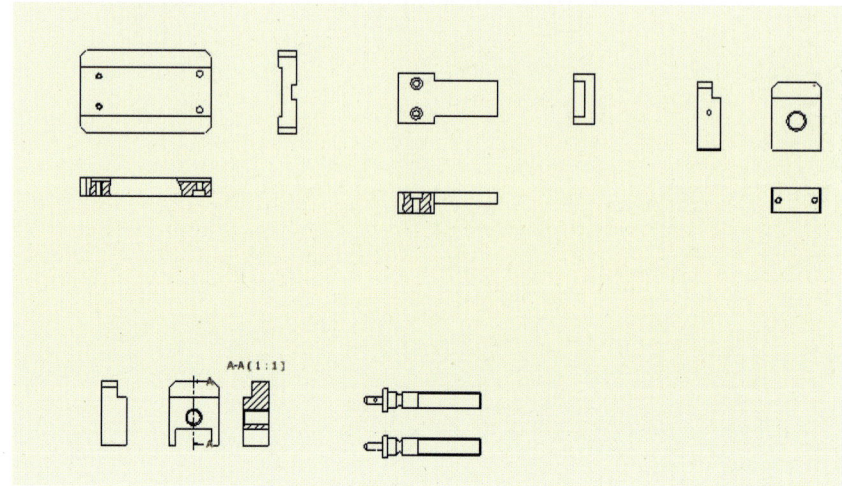

31 응용프로그램 메뉴 클릭 ⇨ 저장 ⇨ 저장 아이콘 클릭 ⇨ 파일명 입력 후 도면 저장

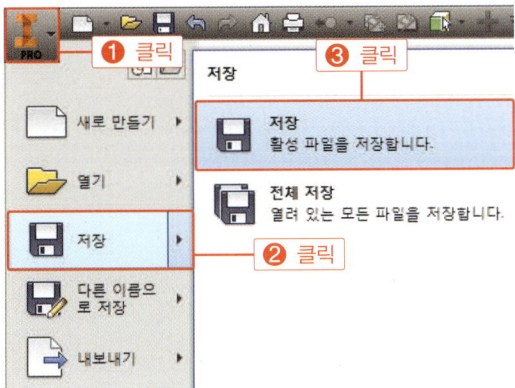

32 응용프로그램 메뉴 클릭 ⇨ 내보내기 ⇨ DWG로 내보내기 선택

⇨ 파일 이름 입력 ⇨ 옵션(P)… 클릭

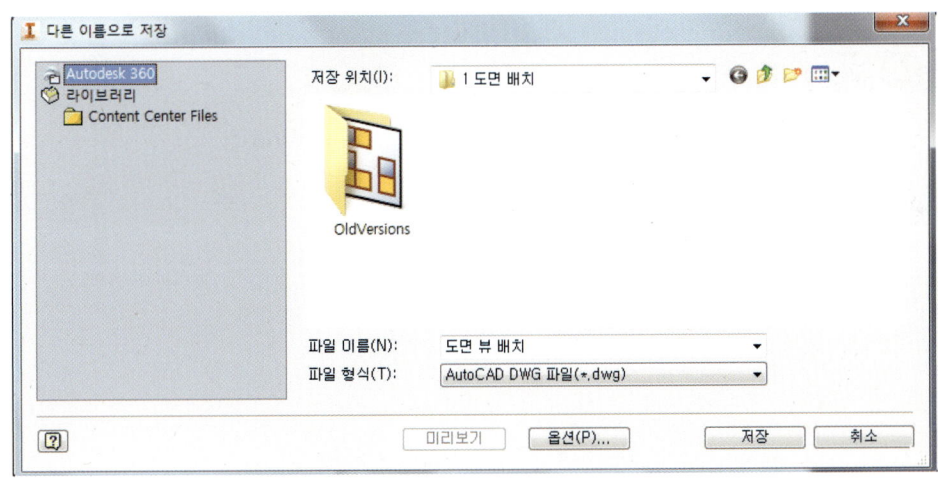

⇨ 사용자 PC의 AutoCAD와 같거나 더 낮은 파일버전 **선택** ⇨ **다음 클릭**

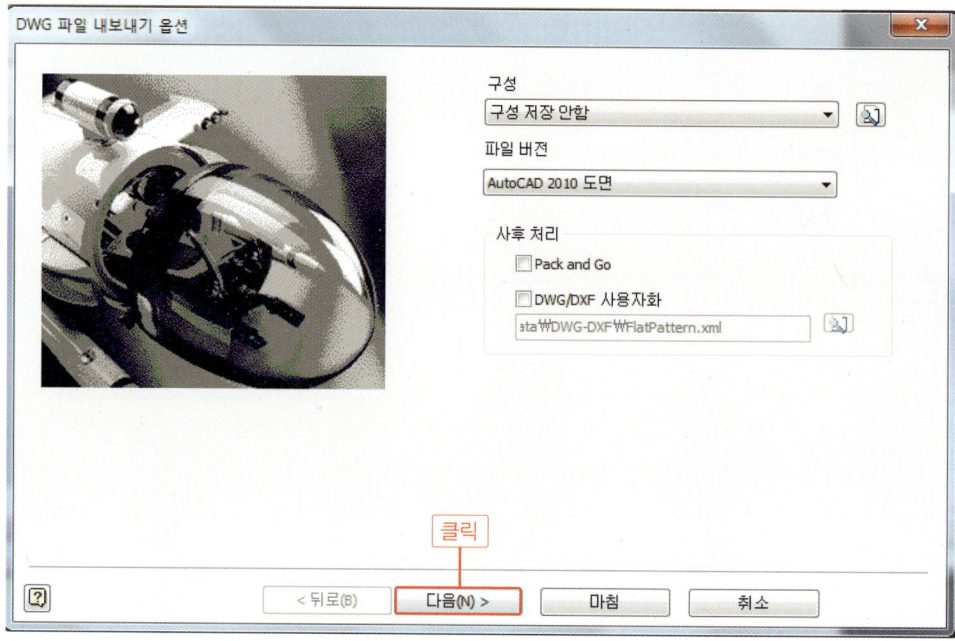

⇨ **마침 클릭**

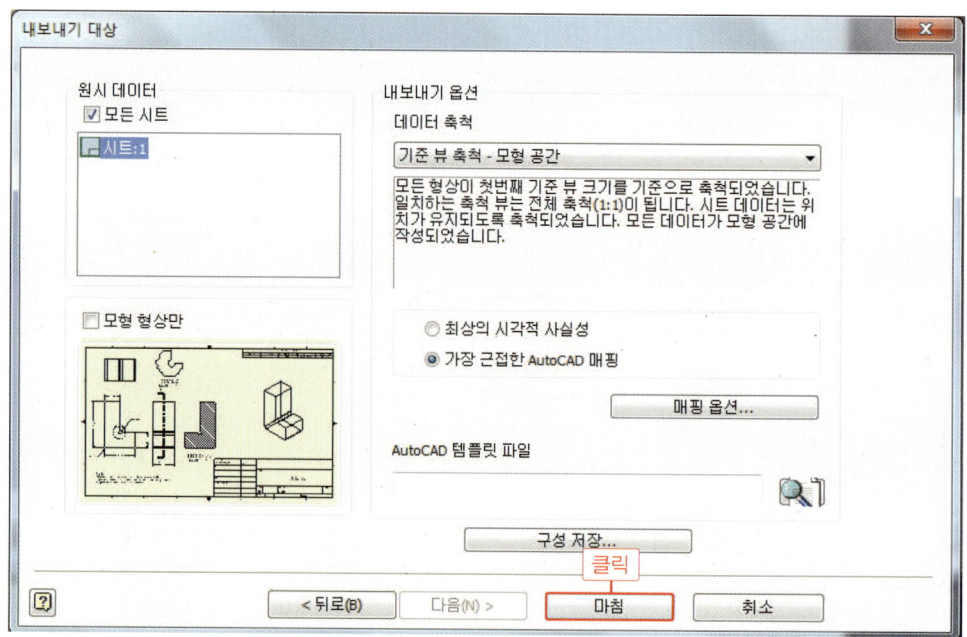

⇨ **저장 클릭**

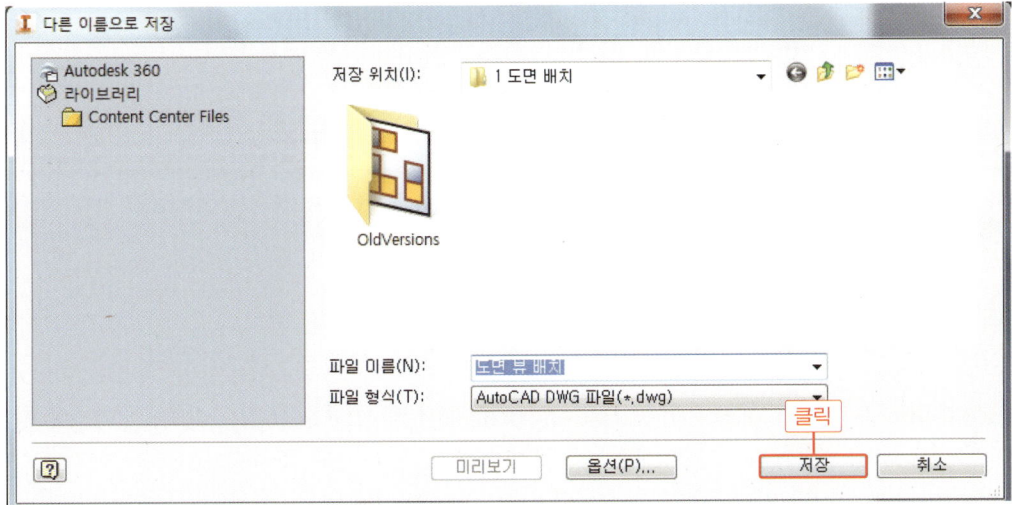

33 저장된 AutoCAD.dwg 파일을 열면 다음과 같다.

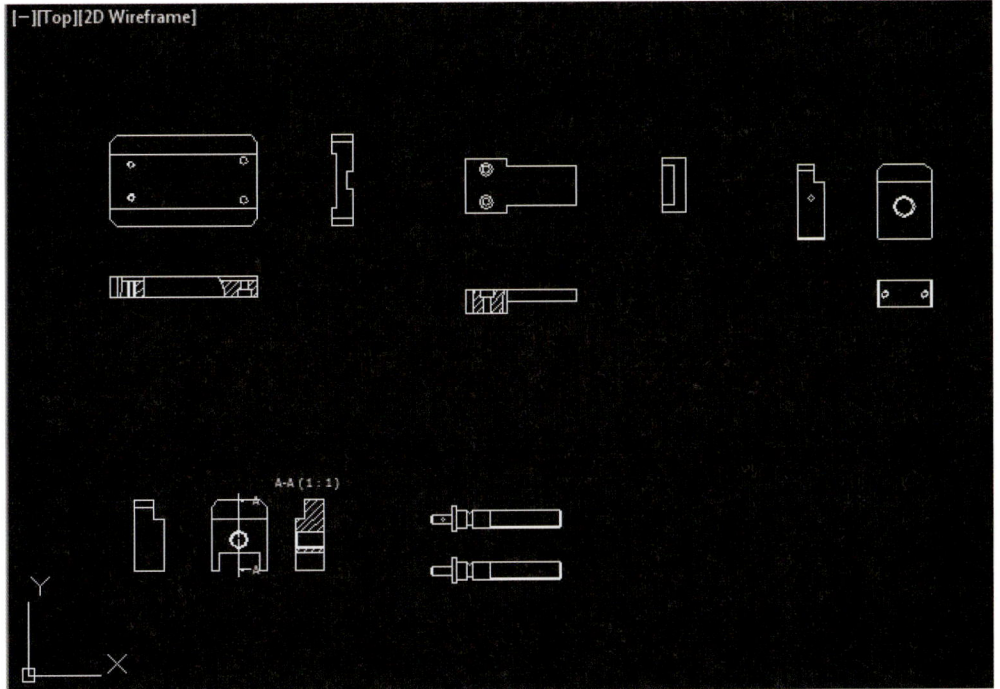

02 | 부품 질량 구하기

• 2장 바이스의 1. 베이스 모델링 부품을 샘플로 설명한다.

01 풀다운 메뉴 ⇨ 도구 ⇨ 재질 아이콘 **클릭**

02 재질 검색기 왼쪽 하단의 '**문서에서 새 재료를 작성합니다.**'라는 메시지 창이 뜨는 아이콘을 **클릭**

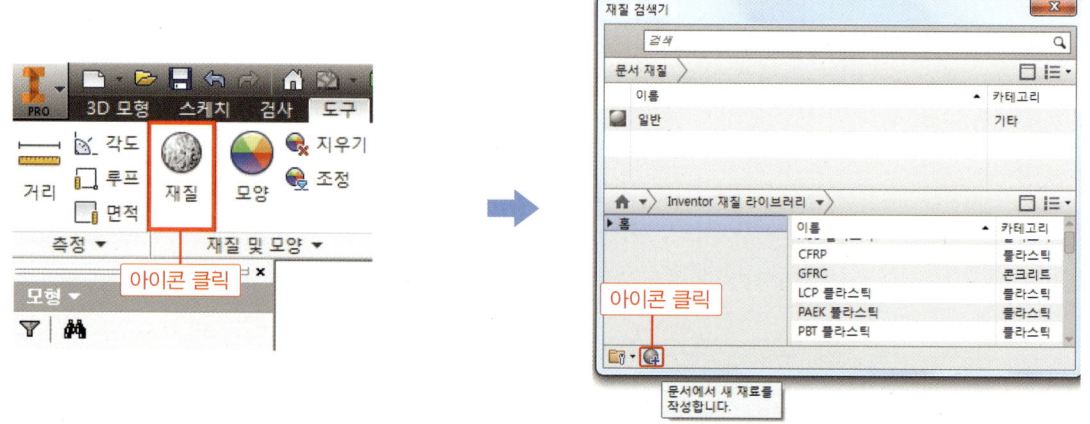

03 재질 편집기의 **ID 클릭** ⇨ 이름에 '**1 시험**' 입력

04 재질 편집기의 **물리적 클릭** ⇨ 재질 편집기의 밀도 입력란에 시험에 제시된 밀도(비중) 수치 입력

　예 시험에서 제시한 재질의 비중(7.85)

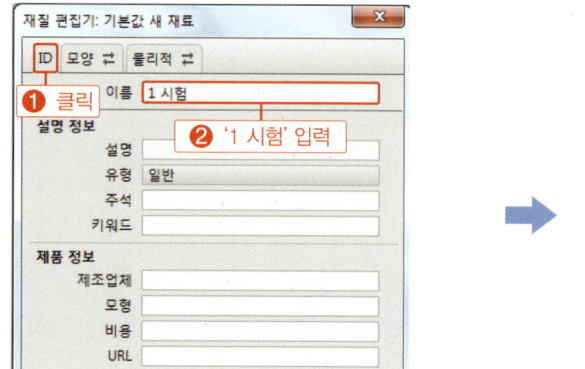 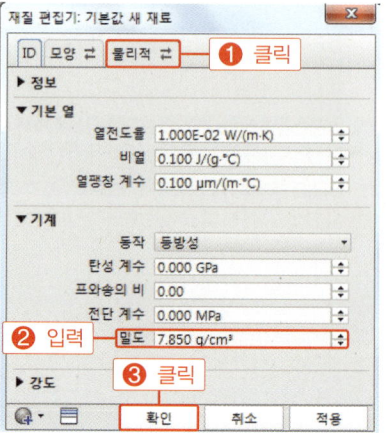

05 재질 검색기 ⇨ '**1 시험**' **선택** ⇨ 오른쪽 마우스 **클릭** ⇨ 아래 그림과 같이 재질 추가

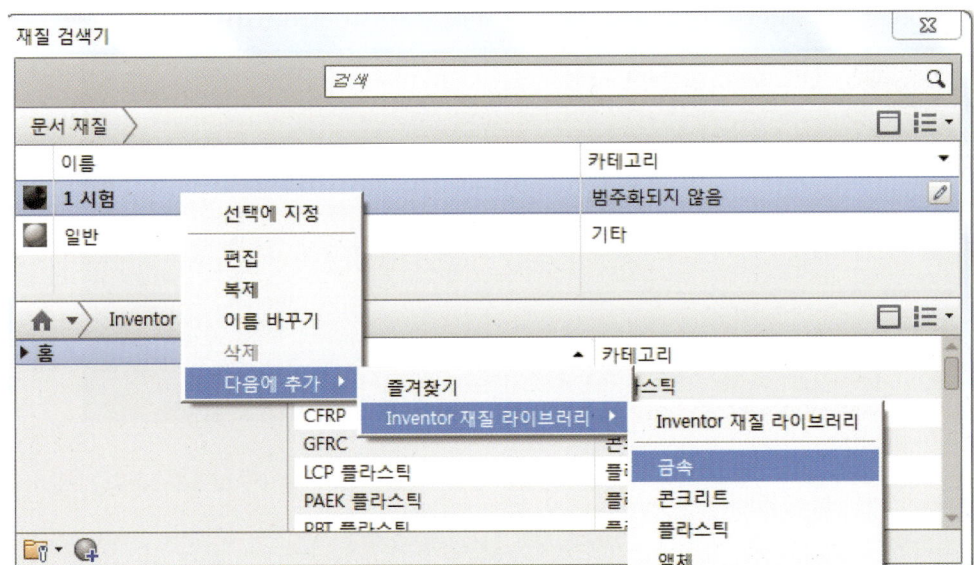

06 디자인 트리 부품명 **클릭** ⇨ 마우스 오른쪽 버튼 **클릭** ⇨ iProperties **선택**

07 **물리적 클릭** ⇨ 재질(M)에서 1 시험 **선택** ⇨ 요청된 정확도(Y)에서 매우 높음 **선택** ⇨ 질량 수치 확인

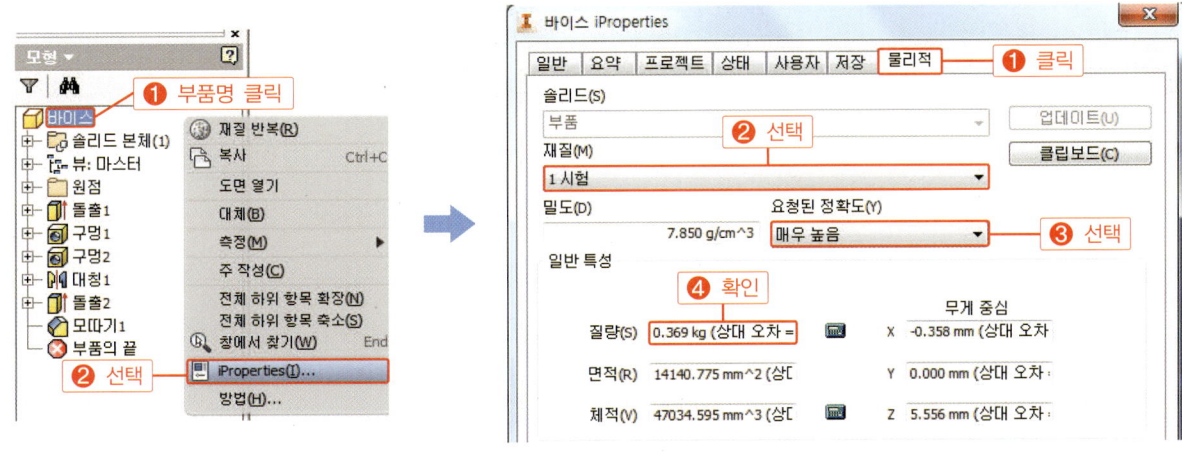

08 기계설계 산업기사에 한하여 각 부품의 질량을 구하여 부품란의 비고 부위에 제시된 단위로 수치를 기입해 준다.

3	이동 조		SCM415	1	127g
2	가이드 블록		SCM415	1	138g
1	베이스		SM45C	1	369g
품 번	품	명	재 질	수 량	비 고
작품명	바이스-1			척 도	1:1
				각 법	3각법

03 | CAD 기본틀 작성 주의사항 및 인벤터 삽입

• 기계설계 산업기사용 CAD 기본틀 ⇨ 용지크기 A2 ⇨ 출력 A3, 지정된 부품 모두 비중(밀도)값으로 질량을 구하고 지정된 부품만 1/4단면하여 음영 출력한다.

01 Auto CAD에서 다음과 같은 형식의 A2(594×420) 도면틀을 만들어 준다.

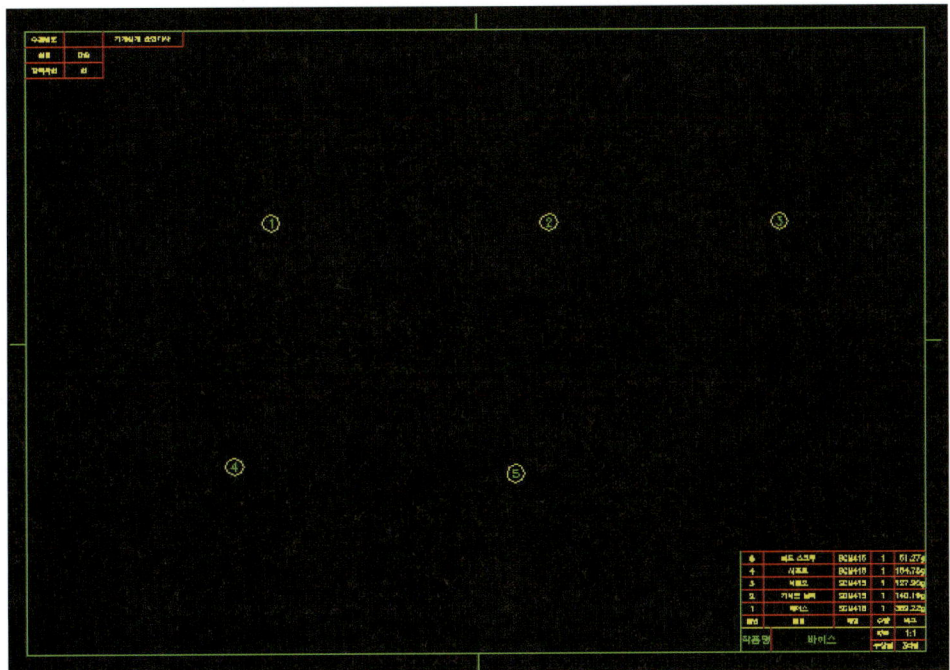

02 수검란의 경우 '연장시간'이 폐지되었으므로 이 부분은 스케치하지 않는다.

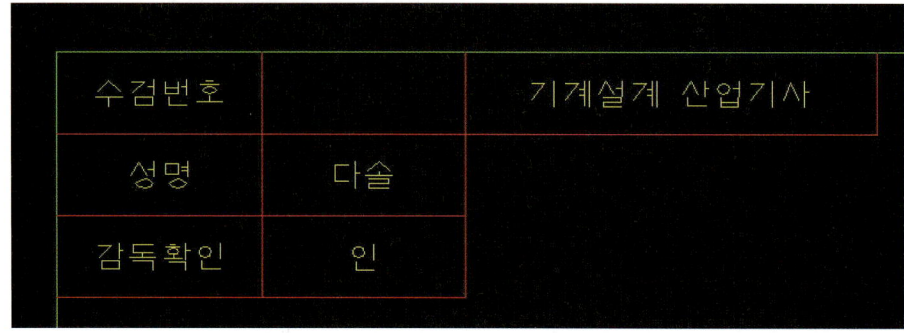

03 표제란/부품란의 비고부분에는 수검자 유의사항에 제시한 비중(밀도)값으로 **모든 부품의 질량을 구하여 입력한다.** 이때 단면을 해야 하는 부품이 있는 경우 단면하지 않은 상태에서 질량을 구하고 단면을 하면 그 사항은 부품란의 **비고**부분에 제시된 단위로 기입한다.

5	리드 스크루	SCM415	1	51.27g
4	서포트	SCM415	1	154.75g
3	이동조	SCM415	1	127.20g
2	가이드 블럭	SCM415	1	140.19g
1	베이스	SCM415	1	369.22g
품번	품명	재질	수량	비고
작품명	바이스		척도	1:1
			투상법	3각법

04 인벤터의 레이어는 화면 상에 직접 선가중치를 표시하므로 'Layer'에 들어와서 각 레이어에 선가중치를 **수검자 유의사항에 나와 있는 선가중치 값으로 입력**하고 모든 색상을 '**흰색**'으로 정정해준다.

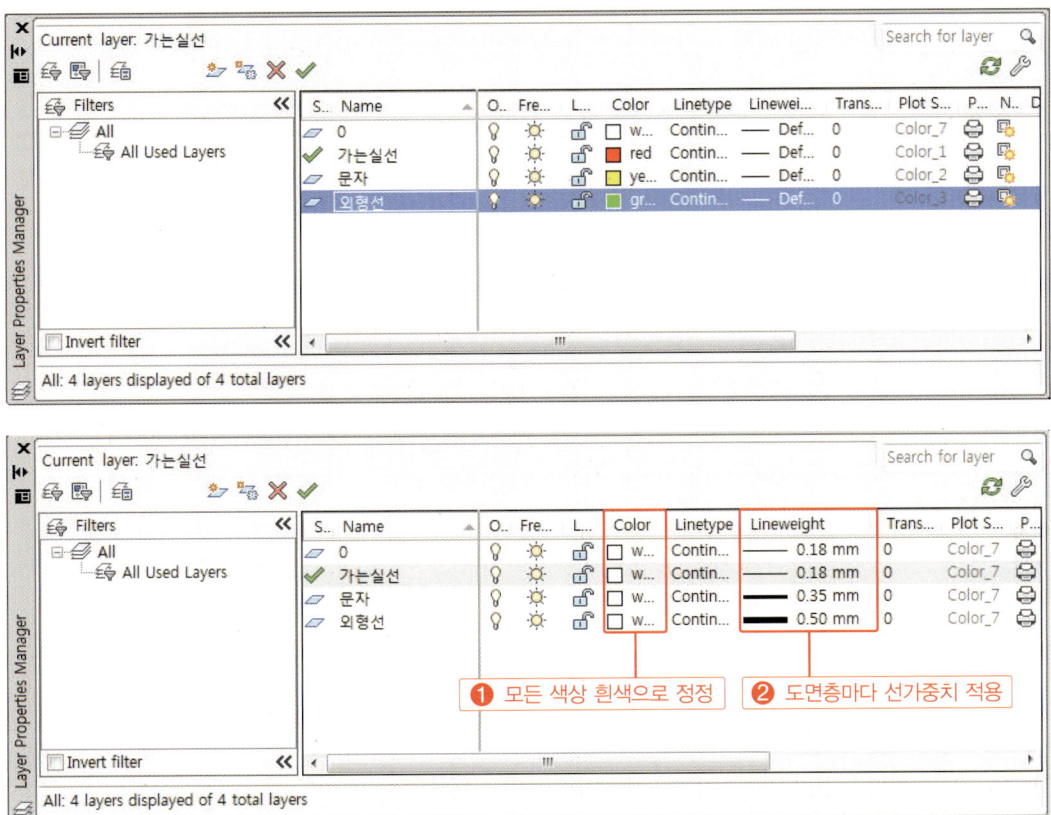

05 LineWeight… 단축키 **LW**를 입력하고 아래와 같은 화면이 나오면 **Display Lineweight**를 체크하고 **Default** 선가중치를 **0.5**로 조정한 후 **OK**를 클릭한다.

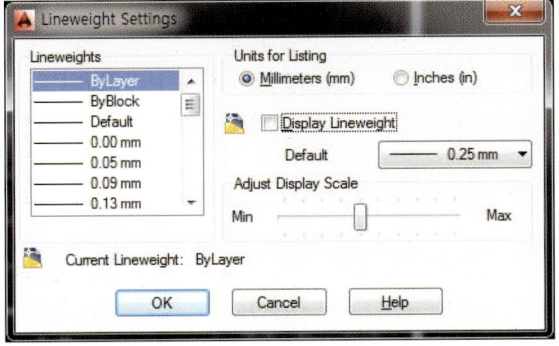 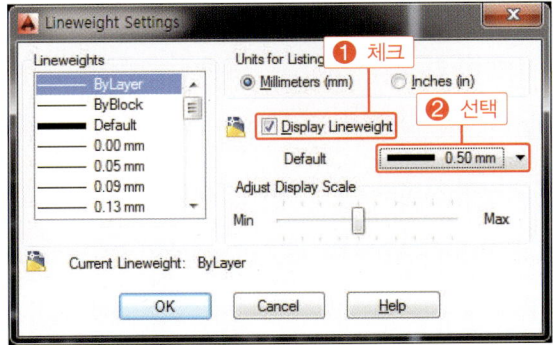

06 아래 그림과 같이 화면 상에 선가중치가 표시되어 나타난다.

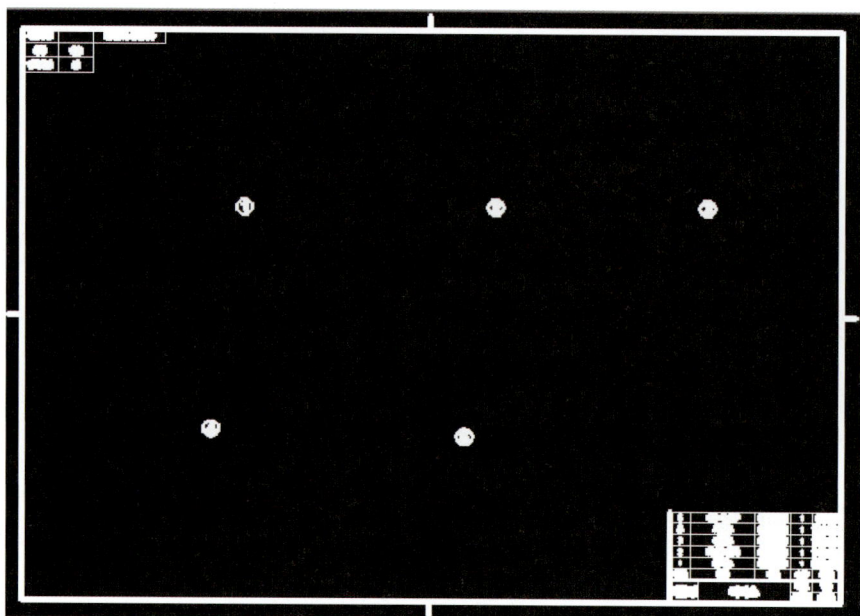

07 SAVE ⇨ 감독관이 알려준 형식으로 **자기 등번호 입력**(여기서는 7번이라고 가정함)

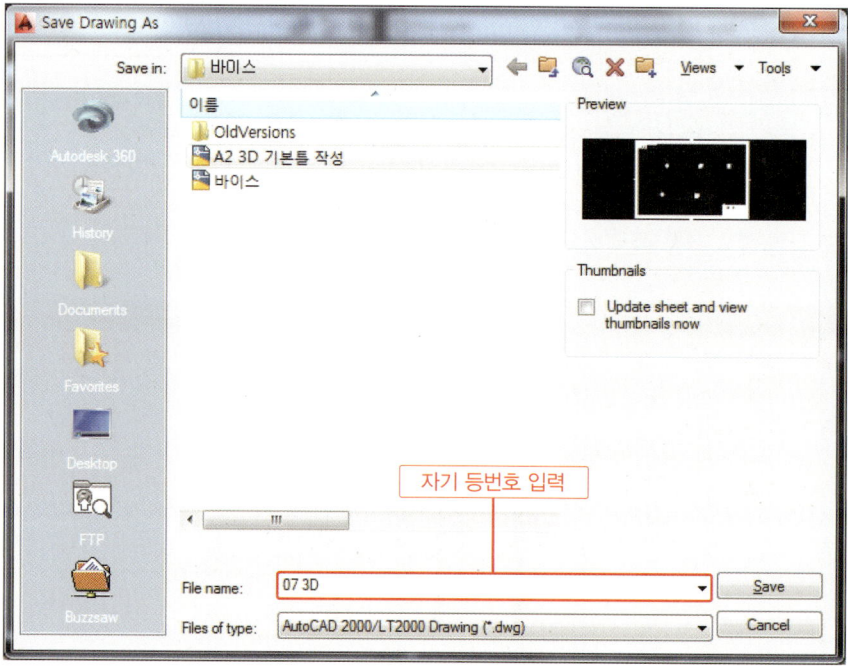

08 인벤터 도면환경(IDW)을 새로 만들기 ⇨ 앞 장의 '인벤터 2D 도면 배치' **01~09까지** 작업

09 도면환경 오른쪽 상단의 '**스케치 시작**' 아이콘을 **클릭**한다.

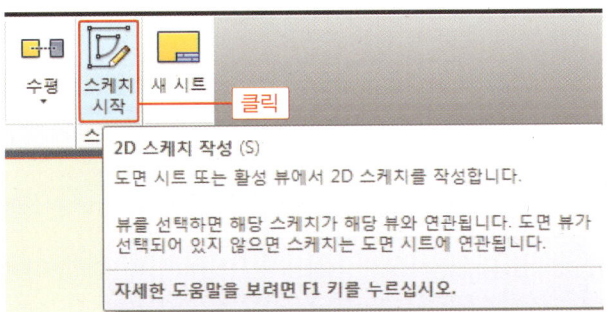

10 **삽입** ⇨ ACAD 아이콘(하단 그림 참조) **클릭**

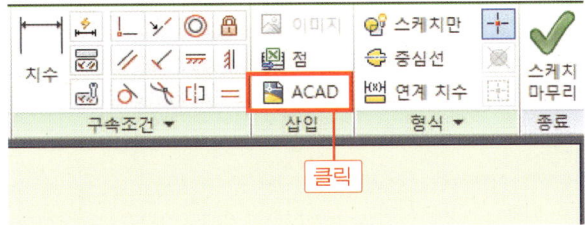

11 CAD에서 저장한 파일 **선택** ⇨ 열기

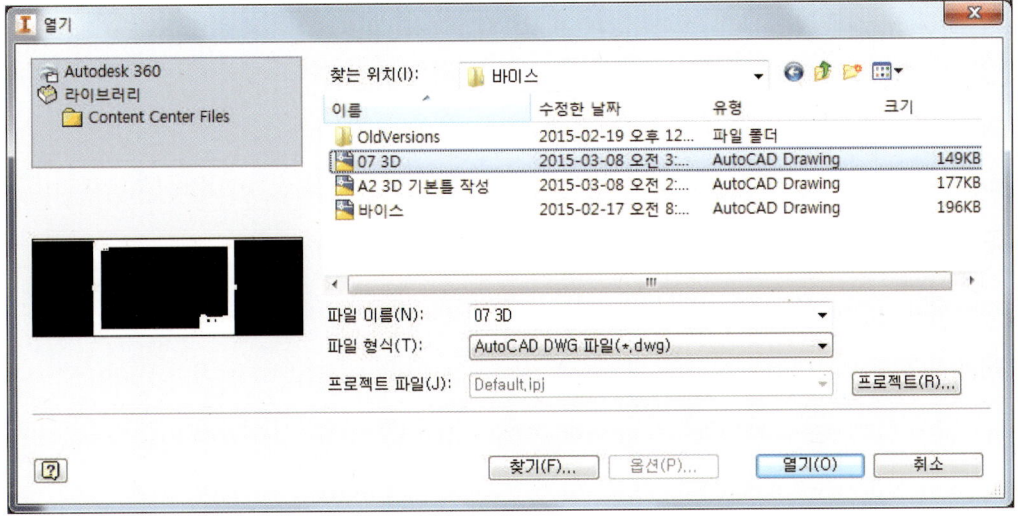

12 왼쪽 하단의 선택에서 '**전체**' 체크 해제 ⇨ '**가져오기**' 선택에서 불필요한 레이어 체크 해제 ⇨ **다음(N) 클릭**

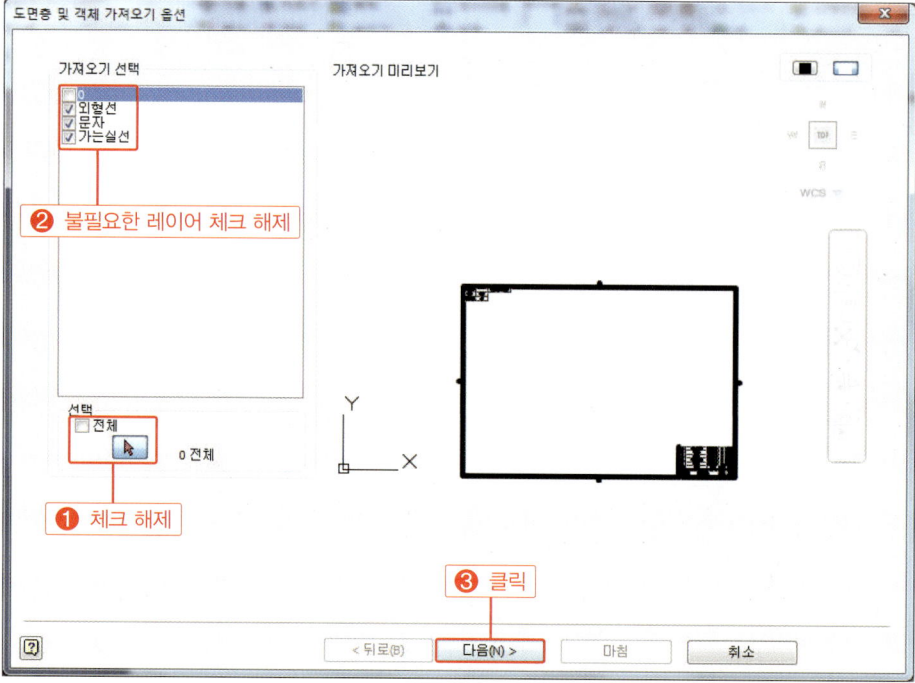

13 왼쪽 중간지점의 '**끝점 구속**' 및 '**형상 구속조건 적용**' 체크 ⇨ **마침 클릭**

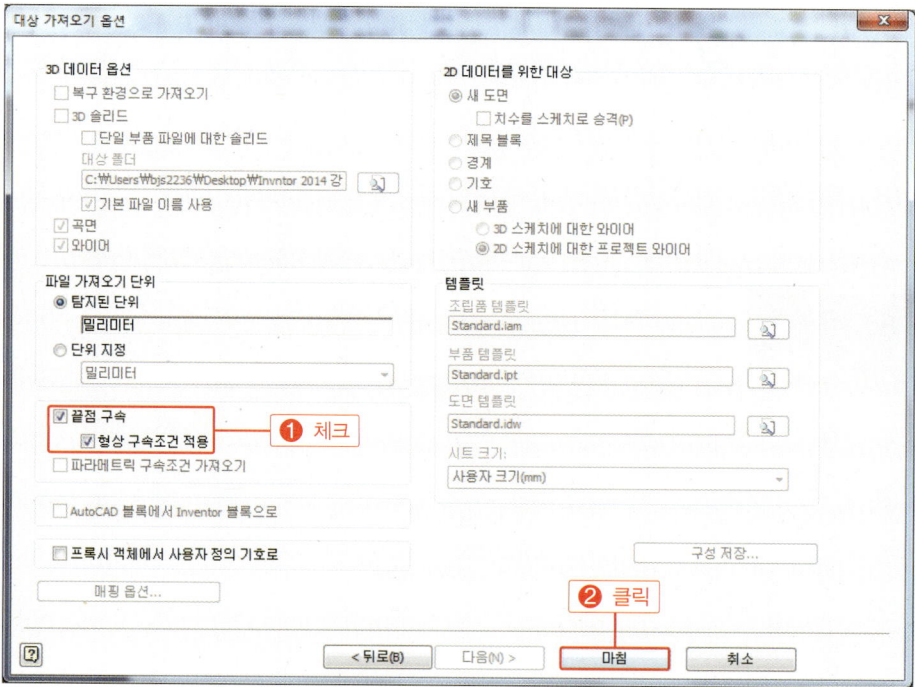

14 다음과 같이 AutoCAD 파일이 인벤터 도면환경으로 삽입된다.

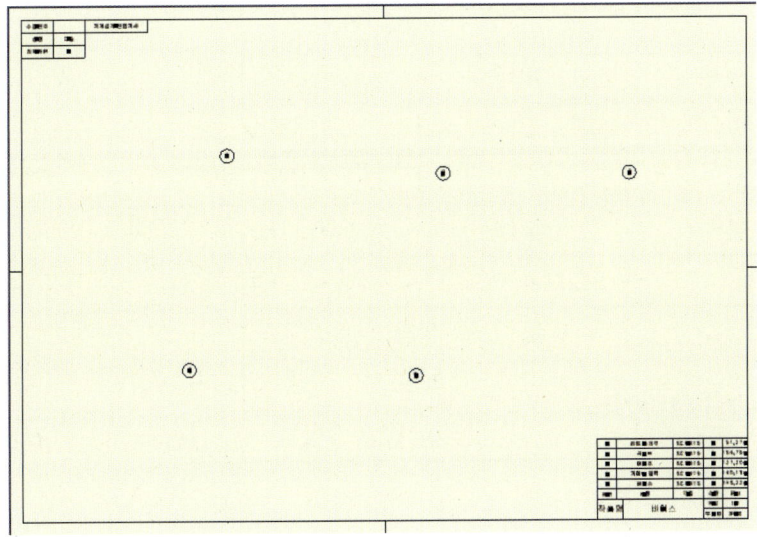

15 수검란 부분을 확대하여 윤곽선에 선가중치가 제대로 적용되었는지 확인 ⇨ 스케치 마무리 ✓

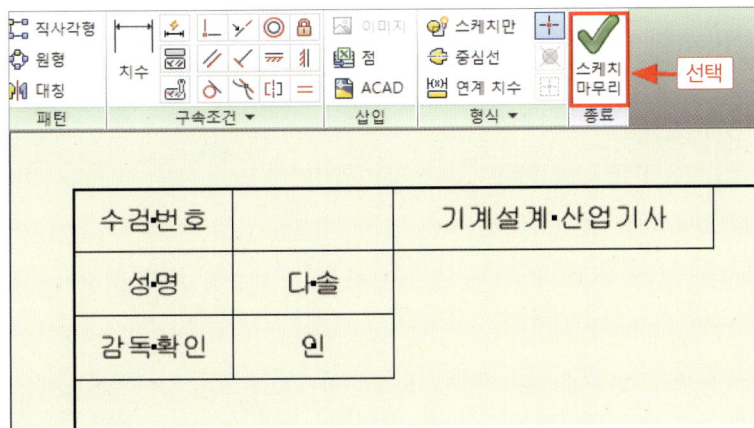

16 문자 위치가 제 위치에 있는지 점검한다.

17 표제란/부품란도 확인 작업을 해준다.

5	리드 스크루	SCM415	1	51.27g
4	서포트	SCM415	1	154.75g
3	이동조	SCM415	1	127.20g
2	가이드 블럭	SCM415	1	140.19g
1	베이스	SCM415	1	369.22g
품번	품명	재질	수량	비고

작품명	바이스	척도	1:1
		투상법	3각법

18 등각투상도를 배치하기 위하여 **기준 뷰** 를 **클릭**하고 바이스의 '**1베이스**' **선택** ➪ 스타일(T)에서 '**은선처리**'와 '**음영처리**'를 체크한다.

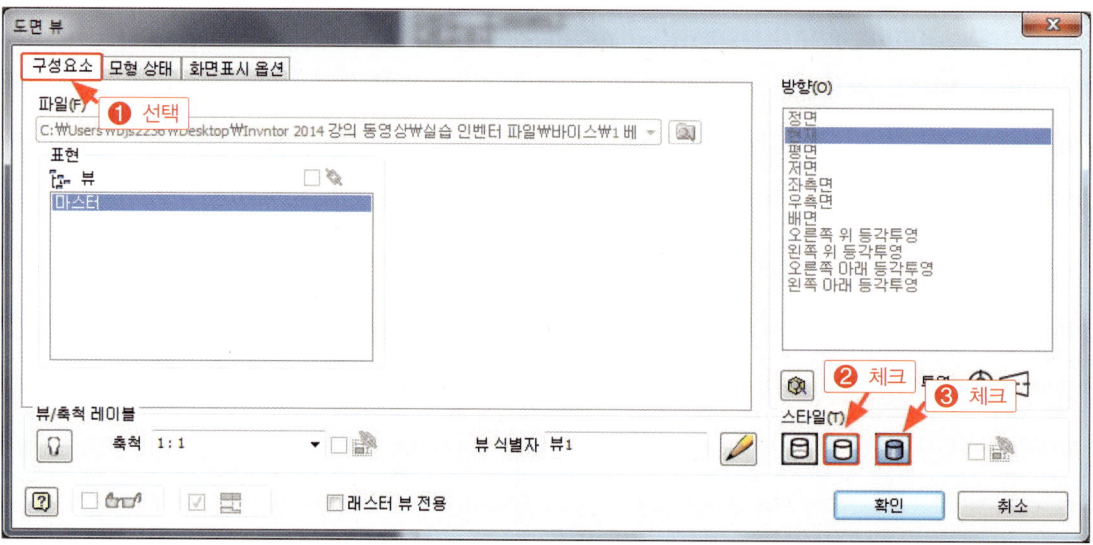

19 화면표시 옵션 **클릭** ⇨ '**스레드 피처**' 체크 ⇨ '**접하는 모서리**' 체크 해제 ⇨ 확인

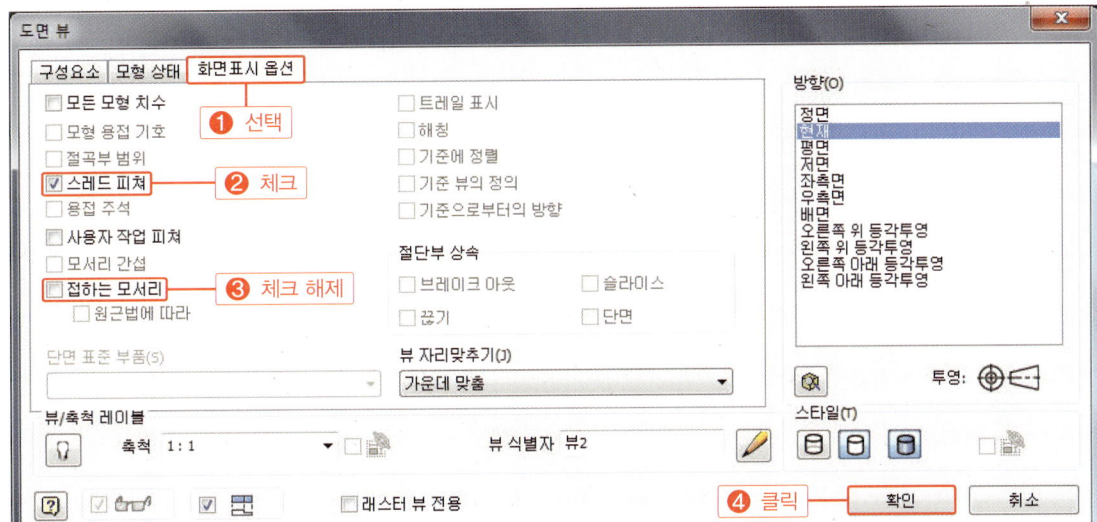

20 베이스 부품의 정면도에 해당하는 뷰를 배치한다.

21 배치된 등각투상도 중에서 부품의 형상이 가장 명확한 2개의 등각투상도를 기본틀 안에 배치한다. 아랫부분에 특별한 형상이 존재하지 않으면 위쪽의 좌우 등각투상도를 배치하고, 아랫부분에 홈이나 탭이 있으면 이런 부분이 잘 보이도록 아래쪽 등각투상도를 배치해 준다.

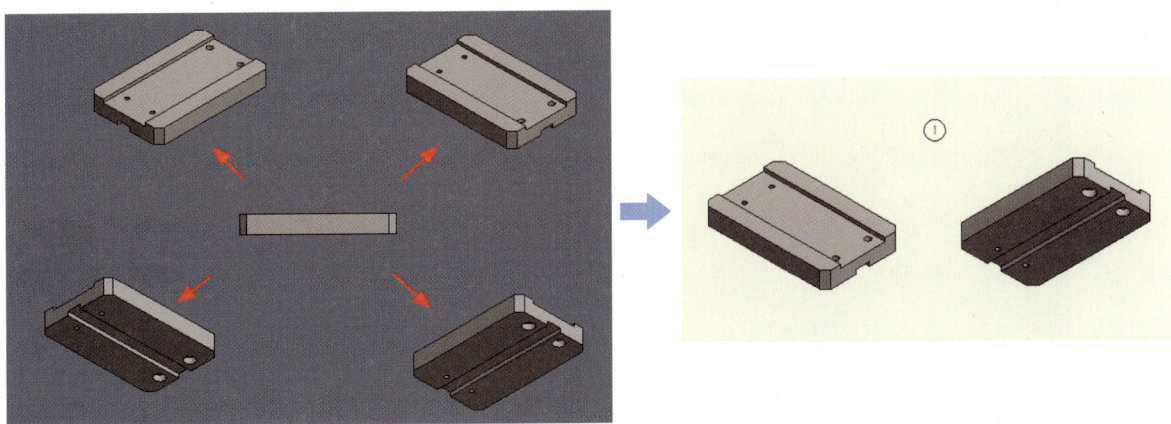

22 **가이드 블록**의 **기준 뷰** 와 **투영 뷰** 를 왼쪽 그림과 같이 배치한다.

23 배치된 등각투상도 중에서 부품의 형상이 가장 명확한 2개의 등각투상도를 기본틀 안에 배치한다.

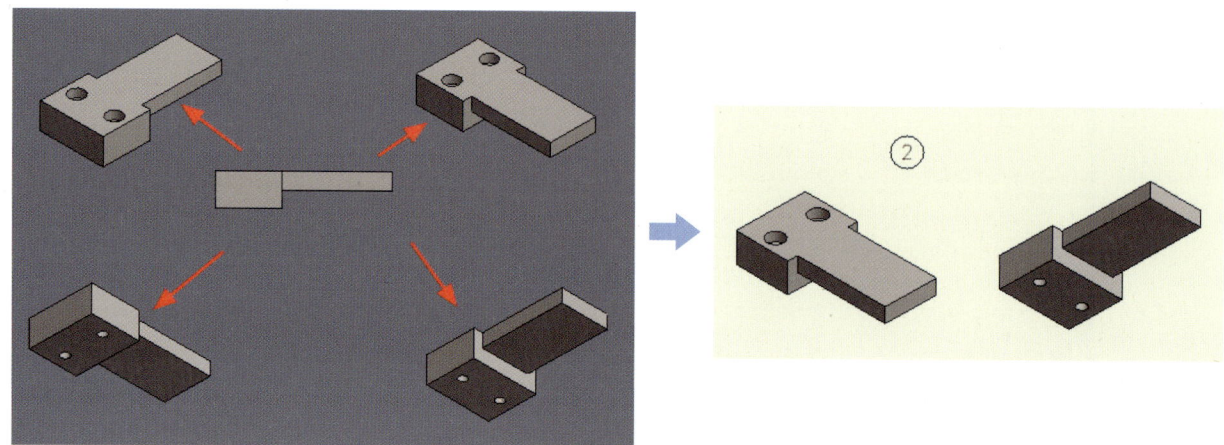

24 **이동조**를 **기준 뷰** 와 **투영 뷰** 로 왼쪽 그림과 같이 배치하고, 적절한 등각투상도 2개를 오른쪽 그림과 같이 배치한다.

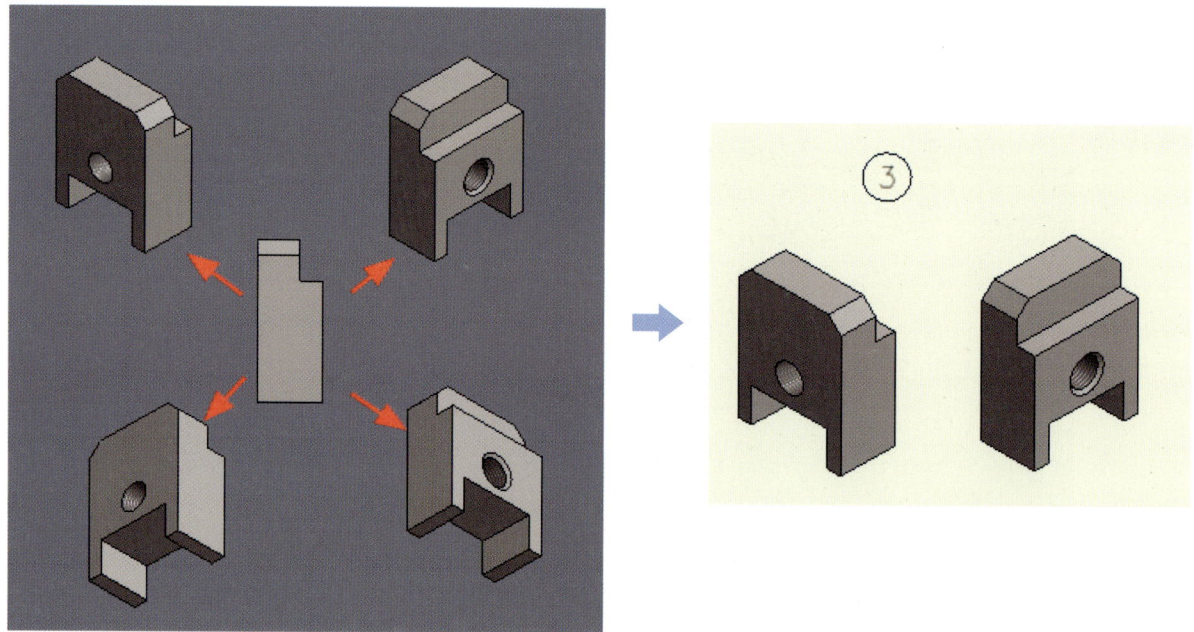

25 서포트를 **기준 뷰** 와 **투영 뷰** 로 왼쪽 그림과 같이 배치하고, 적절한 등각투상도 2개를 오른쪽 그림과 같이 배치한다.

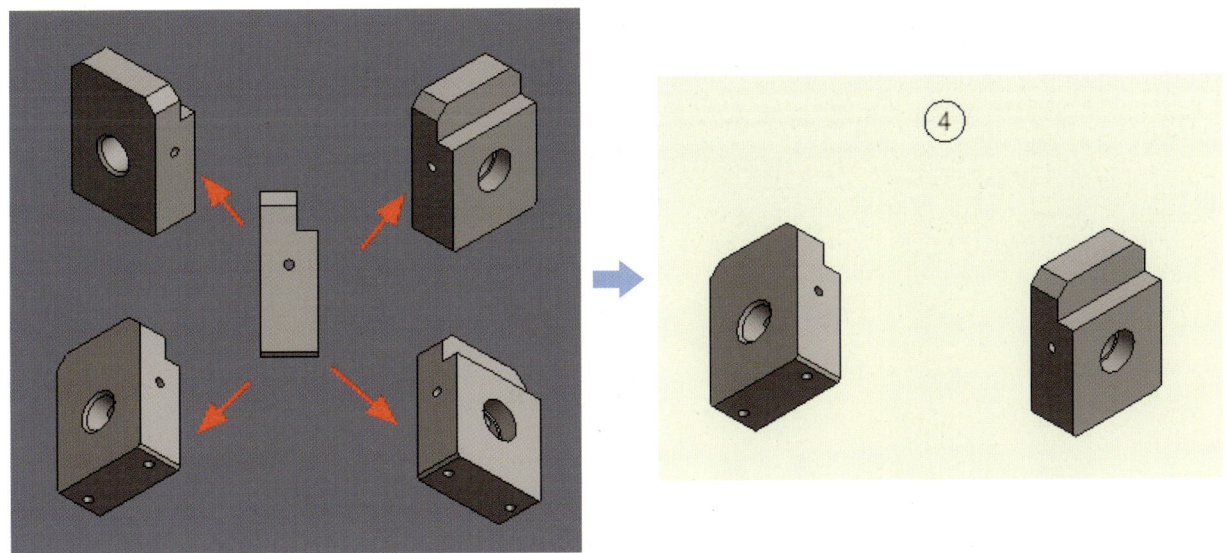

26 나사축을 **기준 뷰** 와 **투영 뷰** 로 왼쪽 그림과 같이 배치하고, 적절한 등각투상도 2개를 오른쪽 그림과 같이 배치한다.

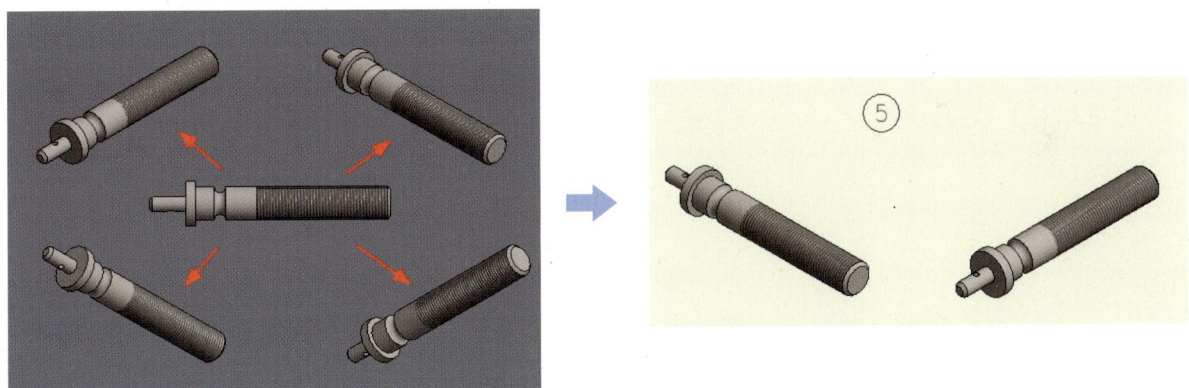

27 그림과 같이 기본틀 외곽 한쪽 방향당 부품을 한두 개씩 배치하고 부품의 형상이 가장 명확한 2개의 등각 투상도만 화면 중앙의 기본틀 안에 배치한다.

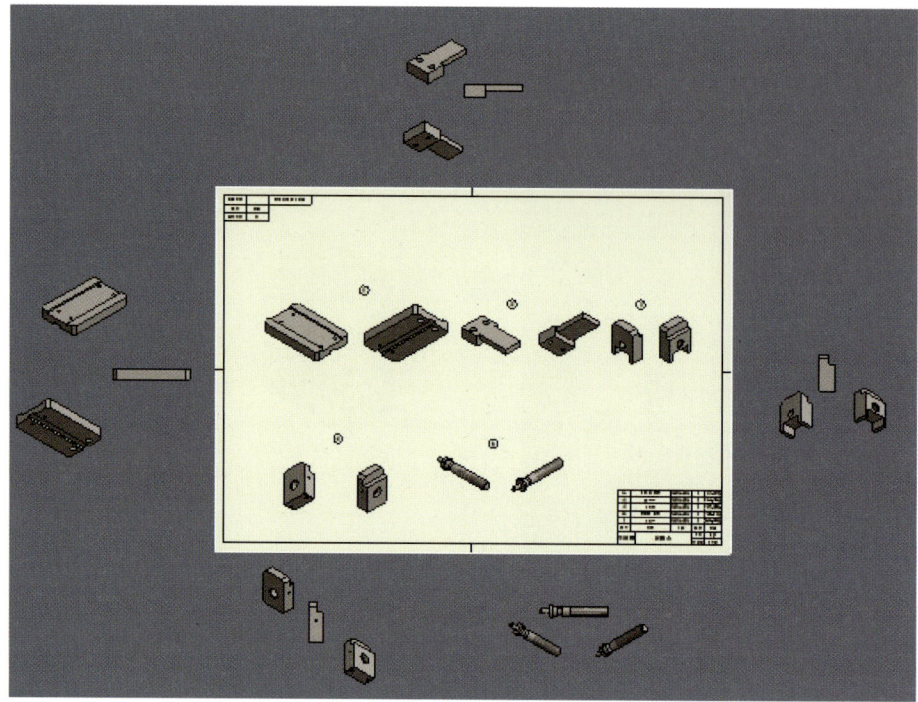

28 남아 있는 뷰는 마우스 오른쪽 버튼을 눌러 '**억제**'하거나 삭제한다.

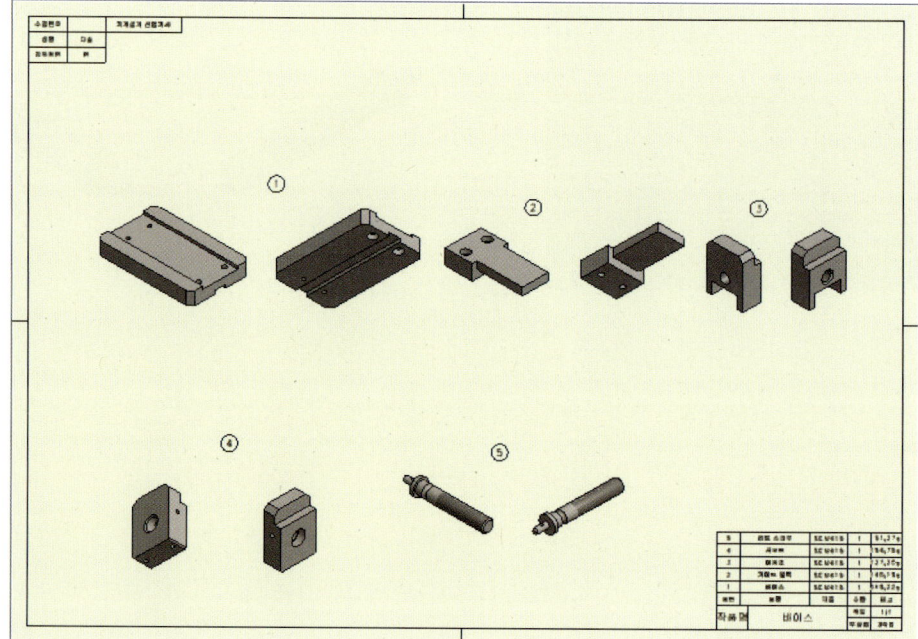

29 시트1의 'Sketch1' 선택 ⇨ 오른쪽 마우스 클릭 ⇨ 편집 선택 ⇨ 이동하고자 하는 품번을 드래그한다.

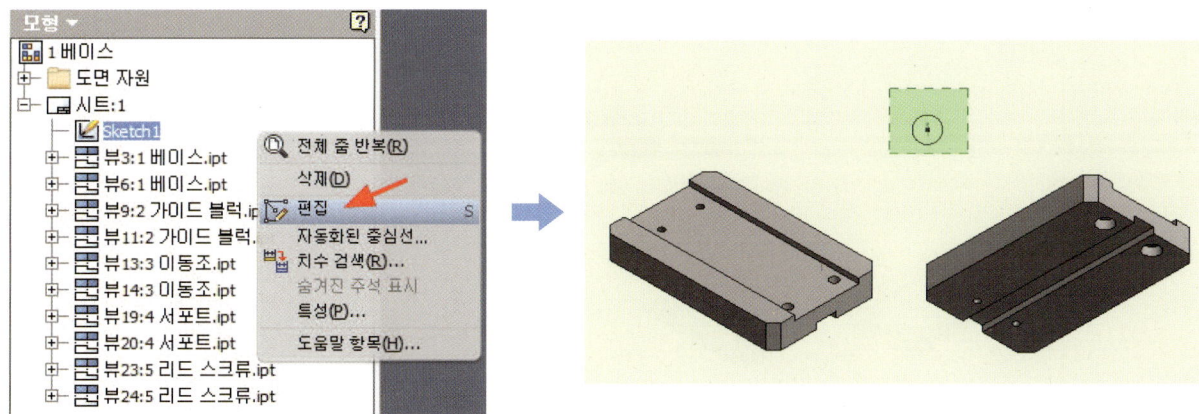

30 품번 객체가 선택되면 원 중심점 부위를 확대 ⇨ 원 중심점 부위에 커서를 놓고 이동하고자 하는 방향으로 드래그한다.

31 품번을 왼쪽 등각투상도 상단에 주로 배치한다.

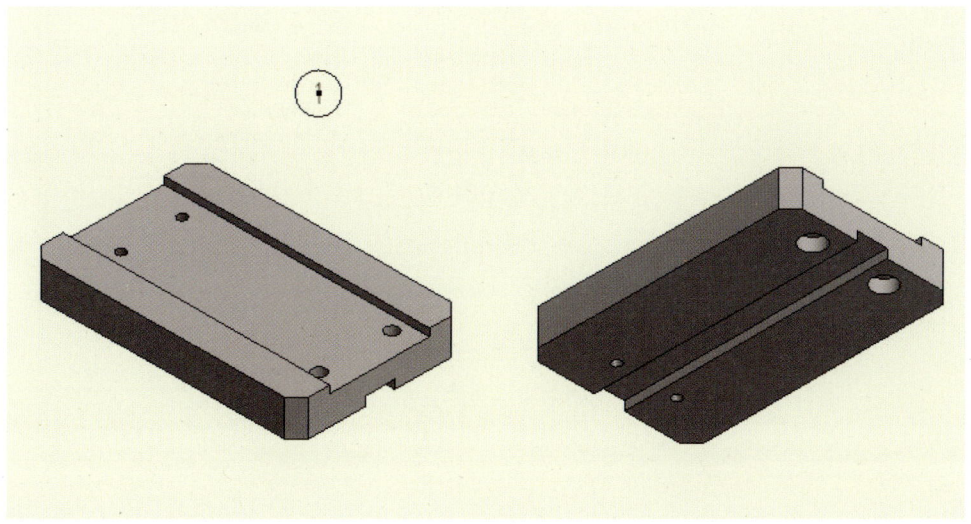

32 기본틀을 확인하고 한쪽에 부품이 몰려 있지 않도록 균형있게 각 부품을 재배치해준다.

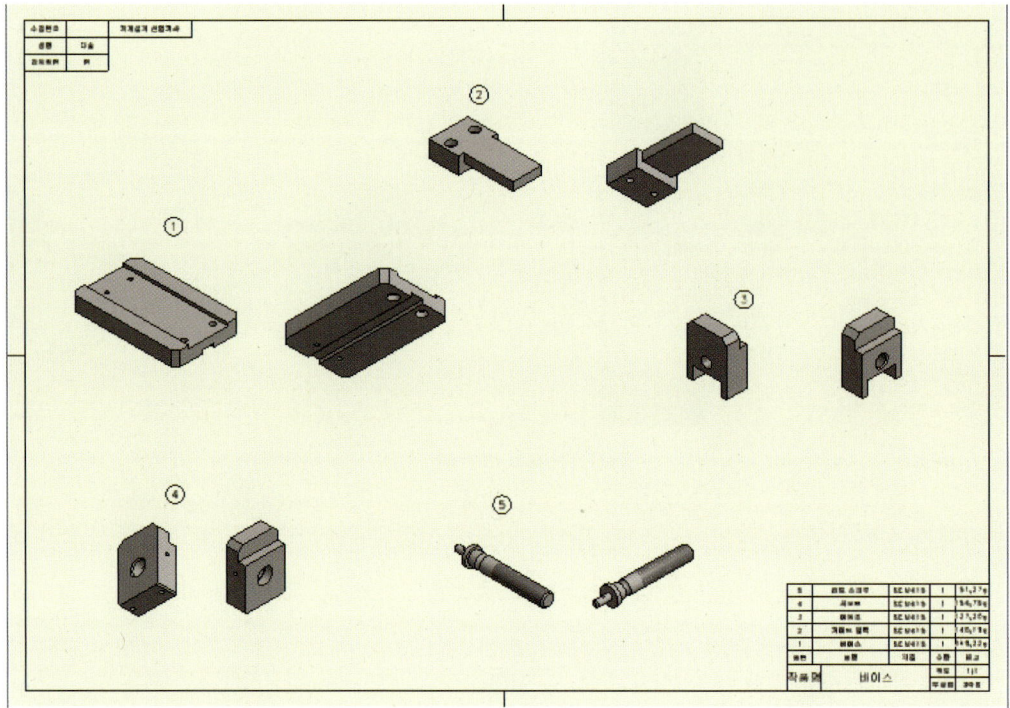

33 인벤터 도면파일을 **저장**해준다.

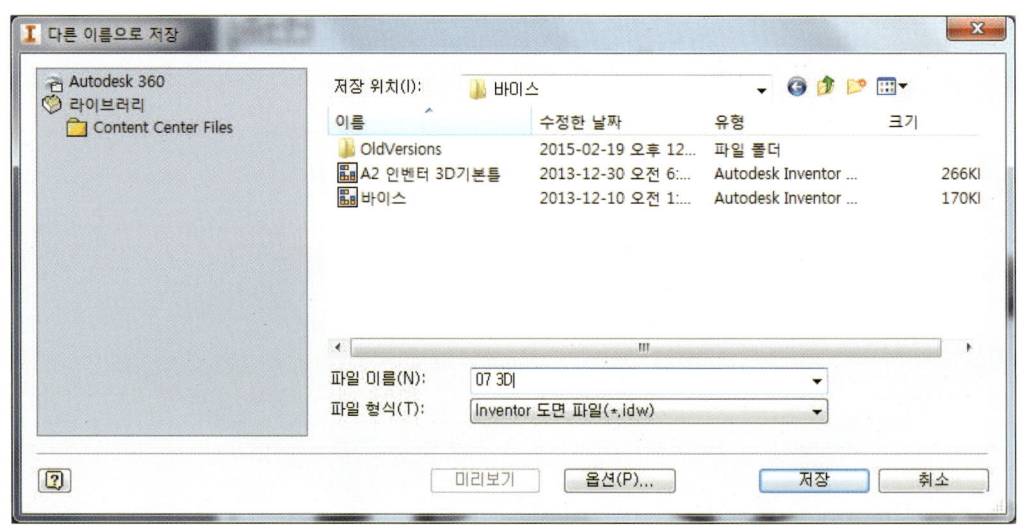

> **TIP** 기계기사(일반·건설) 및 기능사 3D 기본틀 ⇒ 용지크기 A3 ⇒ 출력 A3, 표제란/부품란을 작도하지 않으며 척도는 'NS'로 처리하여 부품을 배치하고, 음영 출력하며 기사는 3D 부품을 3, 4개 정도, 기능사는 2~4개 정도 3D배치한다.

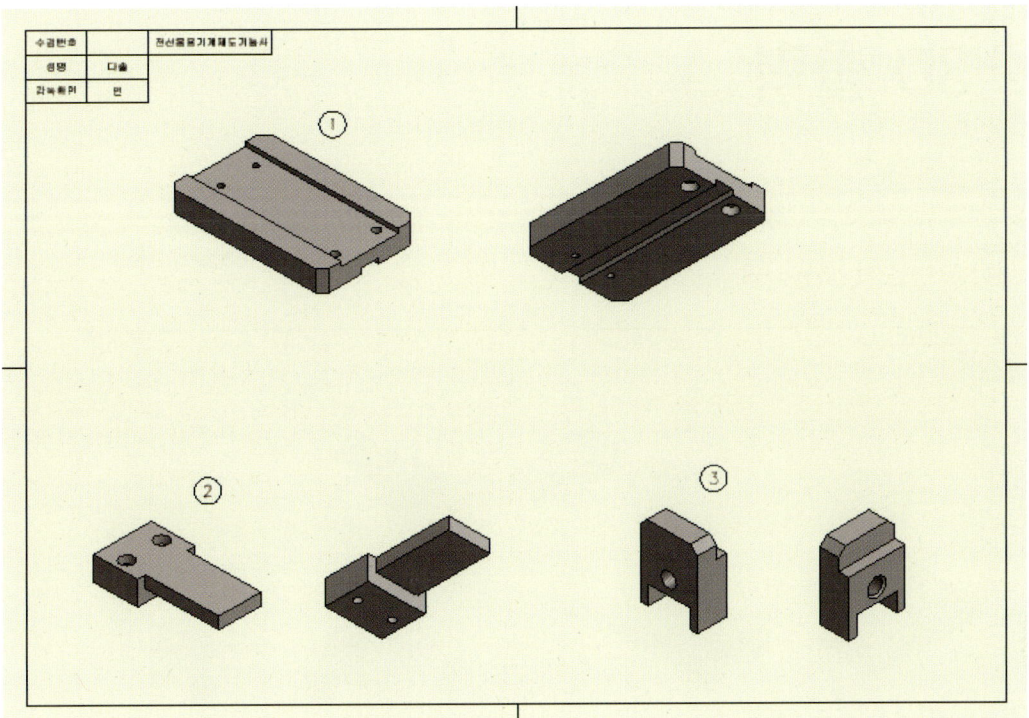

04 3D 출력

01 출력한 도면을 확인한다.

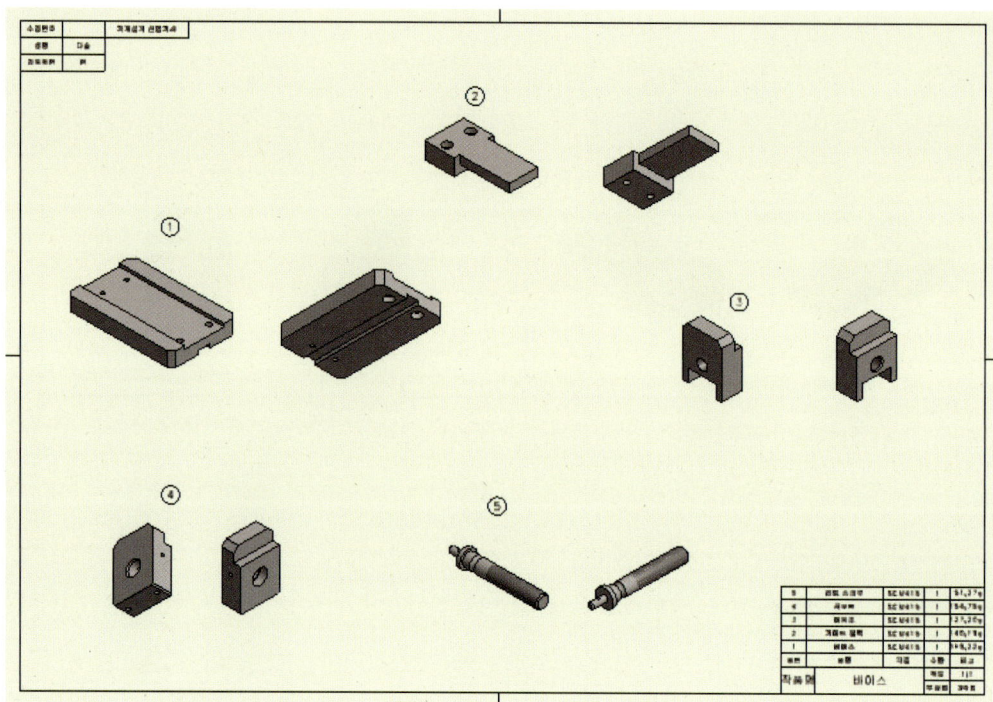

02 풀다운 메뉴 ⇨ 관리 ⇨ **스타일 편집기**를 **클릭**한다.

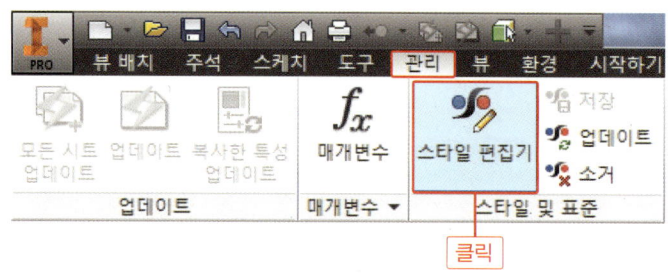

03 **도면층 클릭** ➡ CAD에서 작성한 레이어 **이름** 하나를 **선택**한다.

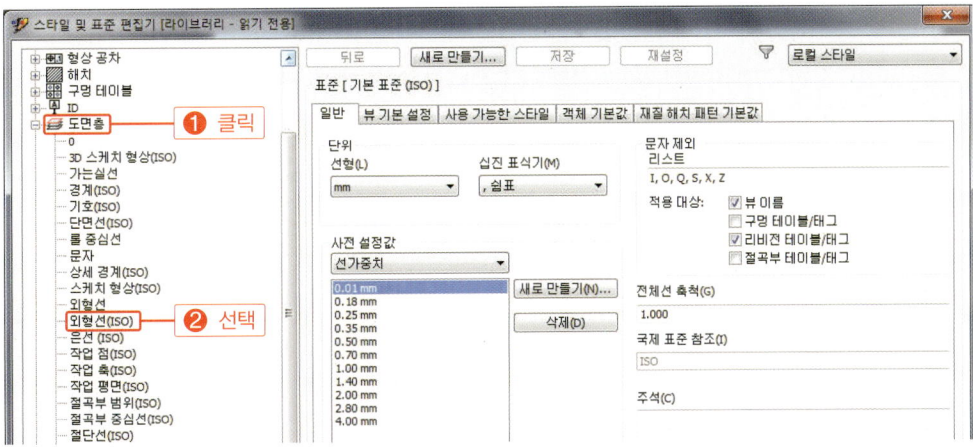

04 CAD에서 만든 레이어(**가는실선, 문자, 외형선**) 모두를 **선가중치**로 체크해준다.

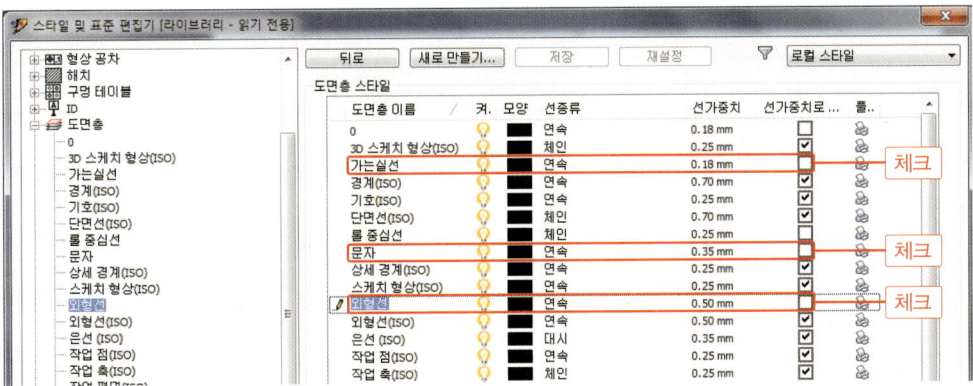

05 정정한 내용을 **저장**한다.

06 표준도구 아이콘 목록에서 인쇄(Ctrl + P) 아이콘을 **클릭**한다.

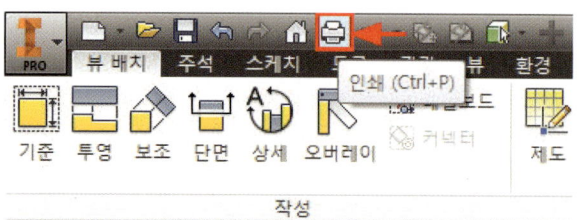

07 프린터 목록 중 사용자 PC에 연결된 프린터 기종 **선택**(여기서는 Adobe PDF) ⇨ **모든 색상을 검은색으로** 체크 ⇨ **최적 맞춤** 체크 ⇨ **특성(P) 클릭**

> **TIP** 실기시험에서는 감독관 자리의 PC에서 출력할 프린터 기종을 별도로 알려주면, 위와 같이 개인이 가져간 PC나 노트북 PDF로 먼저 출력 후 감독관 자리에서 PDF를 출력하여도 무방하다.

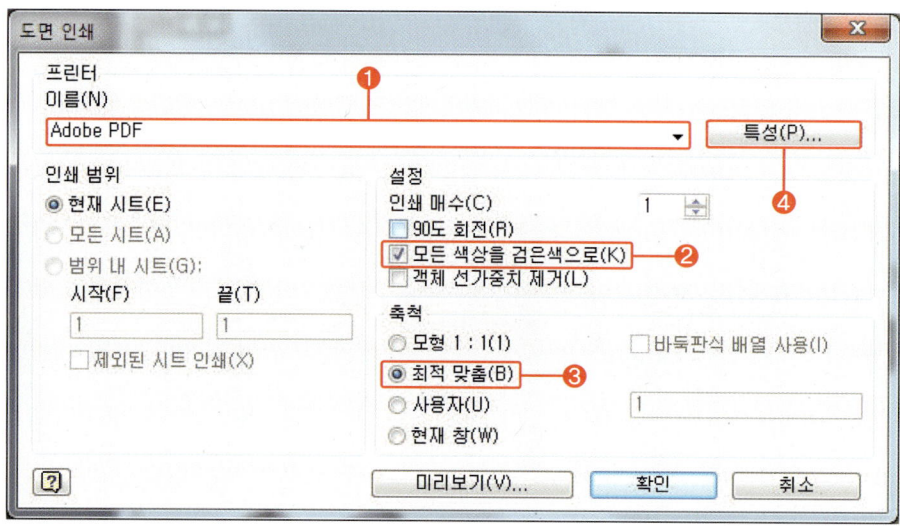

08 기본 설정: **출판 품질 선택** ⇨ 페이지 크기: **A3 선택**

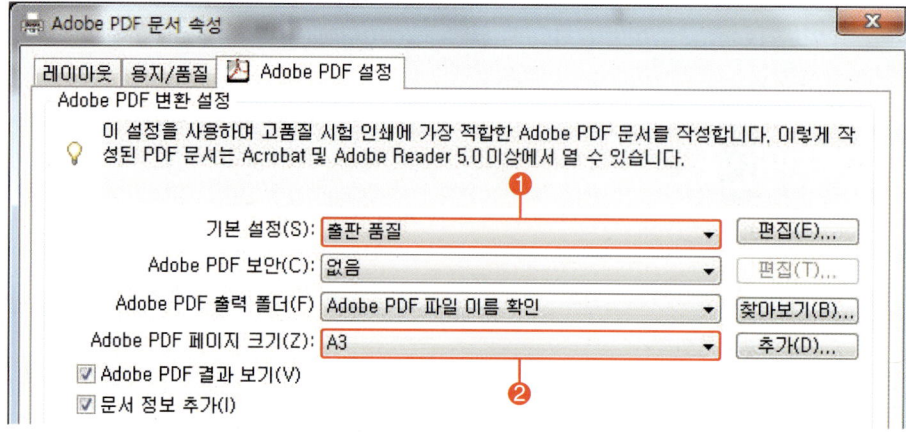

09 용지/품질 **선택** ⇨ 색: 흑백 **선택** ⇨ **고급 클릭**

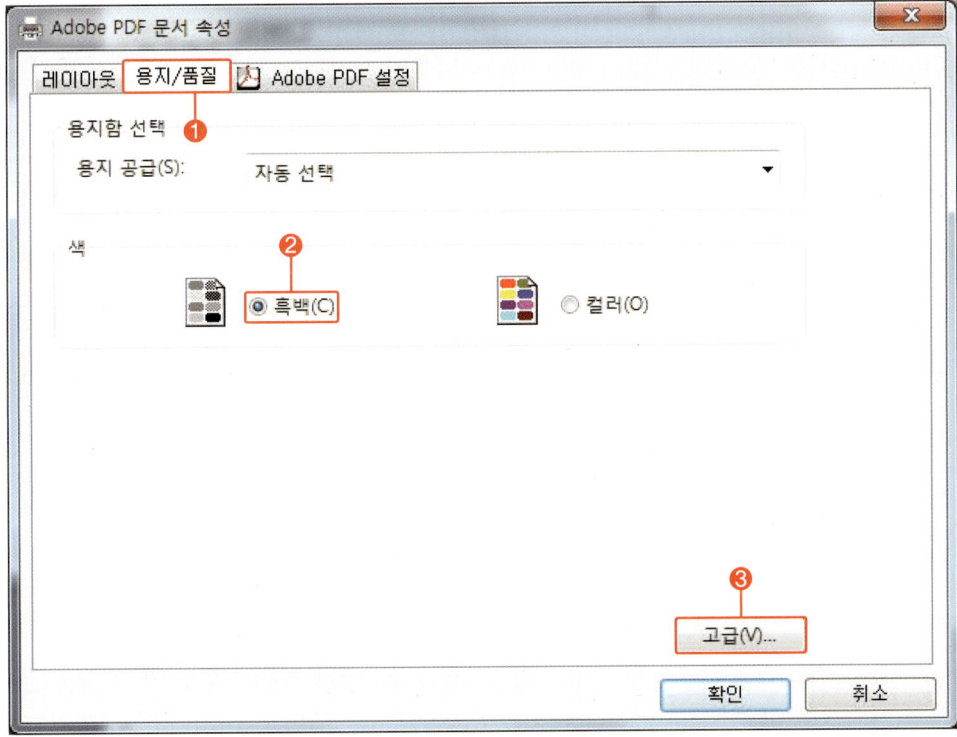

10 인쇄 품질: 2400dpi 이상 **선택** ⇨ 확인 (너무 높은 인쇄 품질을 선택할 경우 인쇄 도중 멈출 수 있으니 주의할 것)

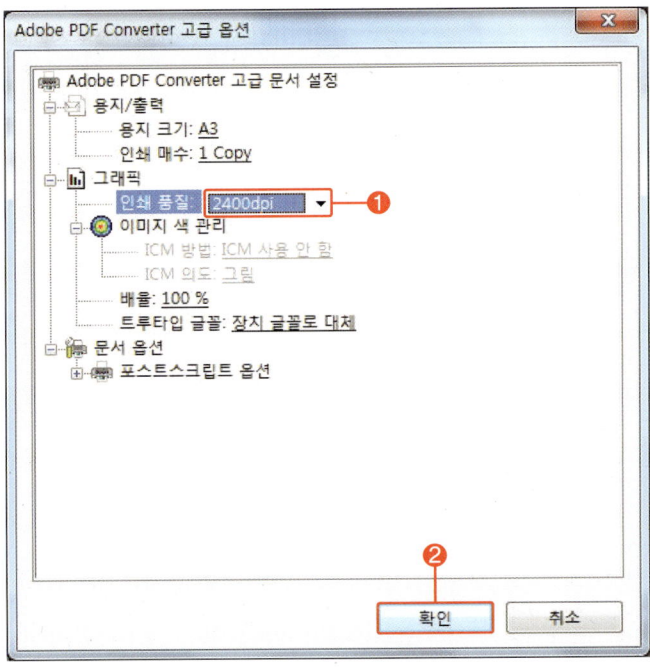

11 확인 클릭

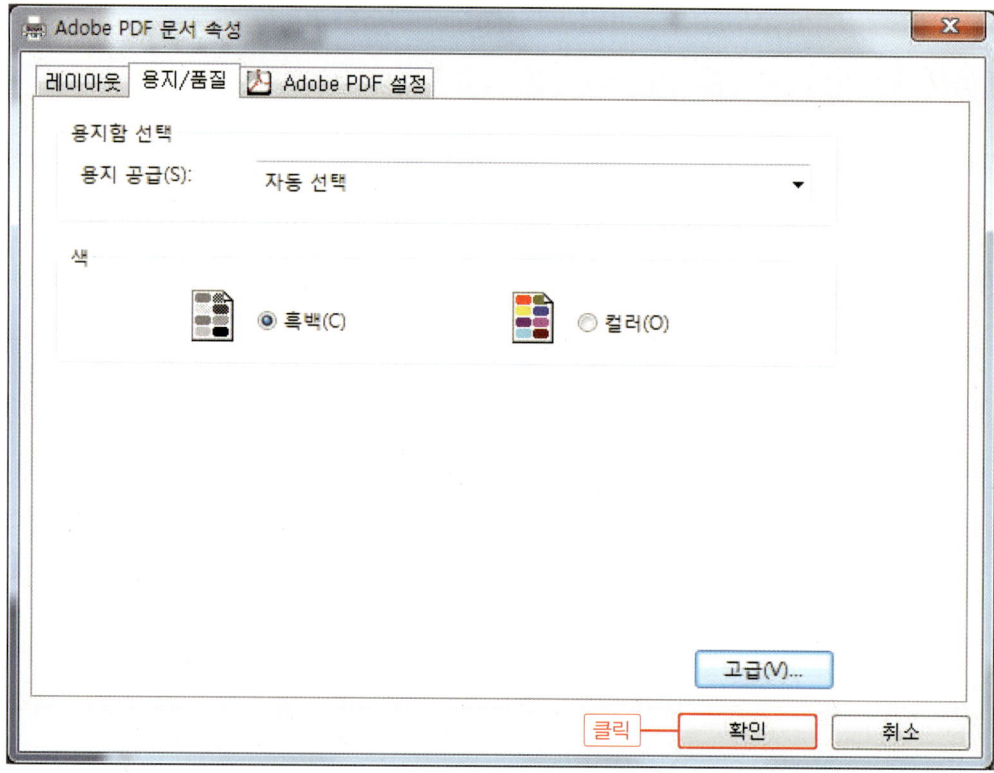

12 확인 클릭

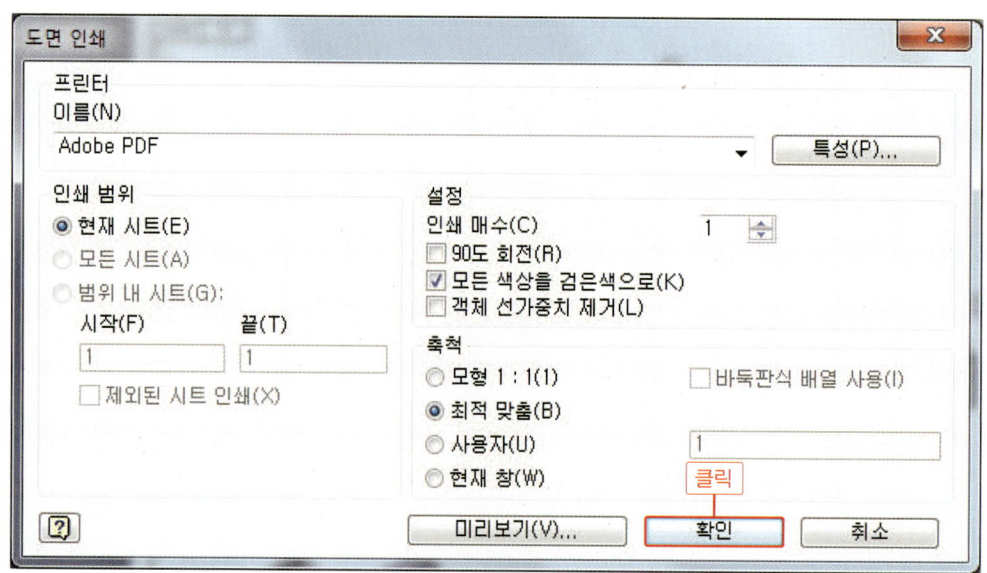

13 파일이름을 지정하고 바탕화면에 **저장**한다.

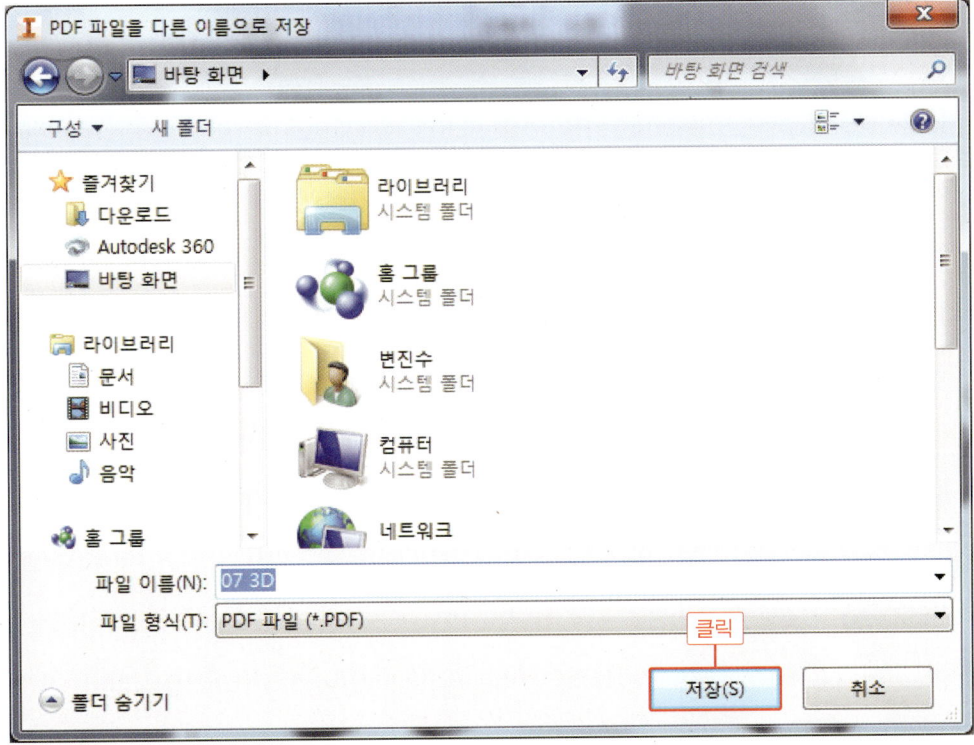

14 다음과 같이 PDF로 출력된다.(단, 실제 실기시험에서는 A3용지에 바로 출력되어 나온다.)

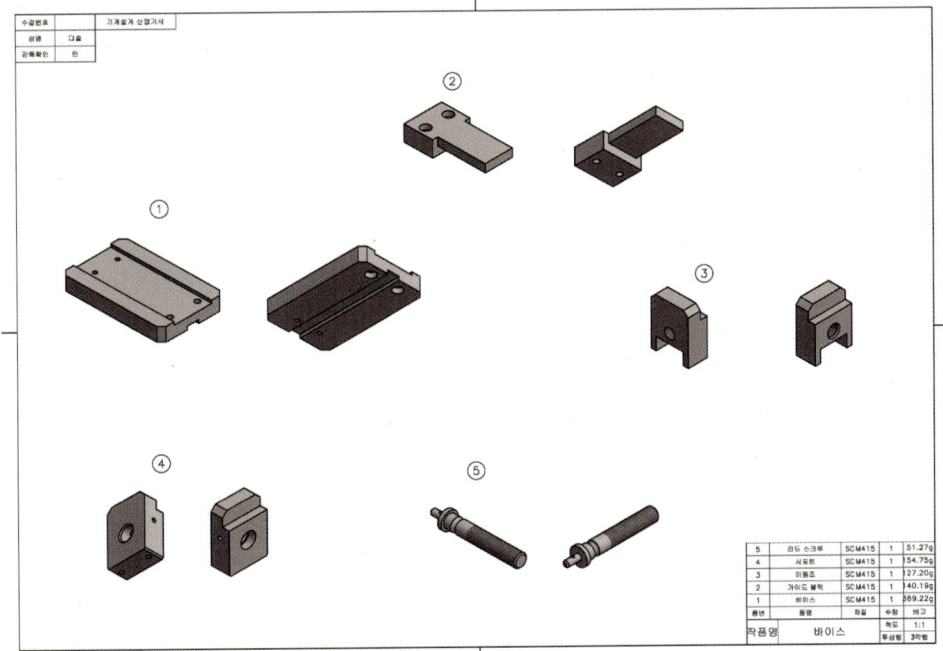

CHAPTER 06

인 벤 터 - 3 d 실 기 · 실 무

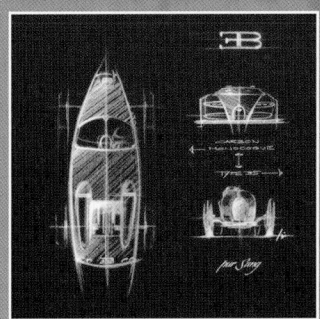

축 모델링

BRIEF SUMMARY

1. 나사
2. 키 홈
3. 일반 축
4. 편심 축
5. 나사 축
6. 캠 축
7. 슬라이더
8. 널링

01 | 나사

도시하되 지시 없는 수나사부 모떼기 2°

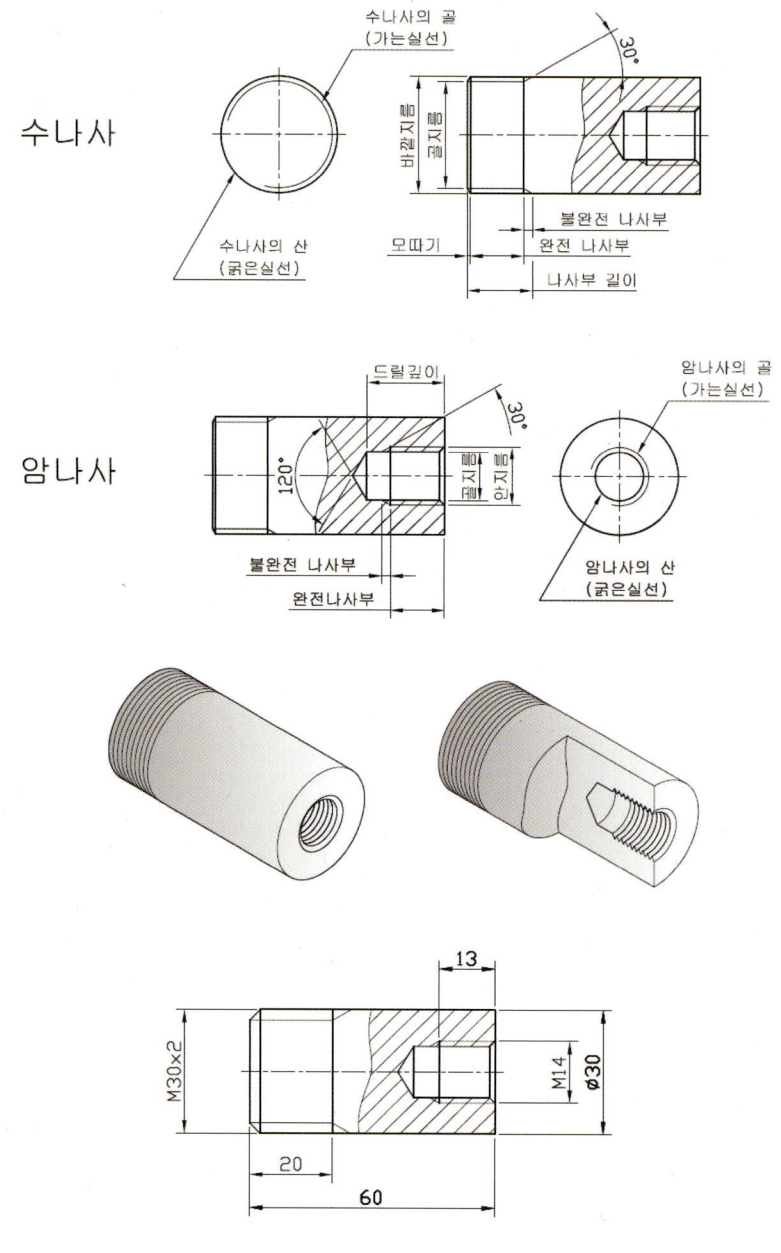

01 스케치 마무리 ✔ ⇨ 기존 스케치1은 삭제 ⇨ 검색기 막대(디자인 트리) ⇨ 원점의 [YZ 평면] ⇨ 스케치 작성

02 원 ⊘ 선택 ⇨ 스케치 원점에 원 스케치 ⇨ 지름 치수 30 입력 ⇨ 스케치 마무리

03 돌출 피처 ⇨ 범위: 거리 60 입력 ⇨ 확인

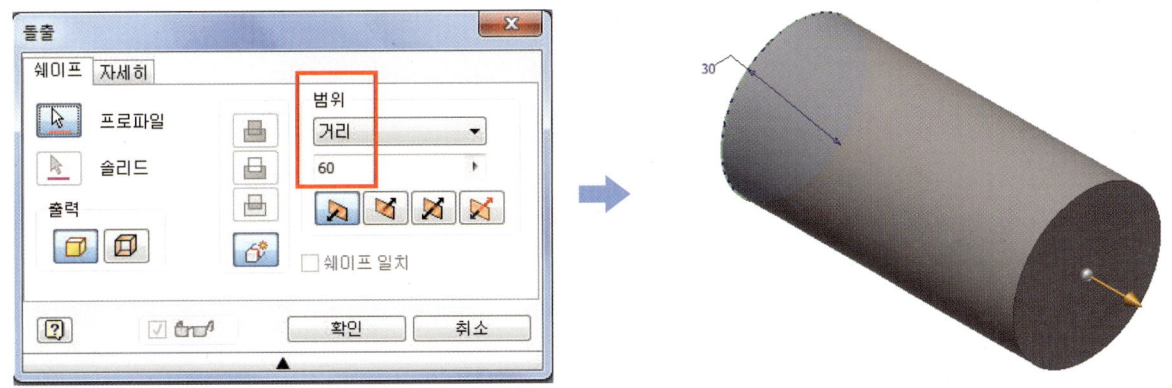

04 부품피처 우측 면 클릭 ⇨ 스케치 작성 ⇨ 곧바로 스케치 마무리 ⇨ 구멍 선택 중심은 오른쪽 그림의 가운데 점 클릭 ⇨ 아래와 같이 번호순으로 선택 및 수치 입력 ⇨ 확인

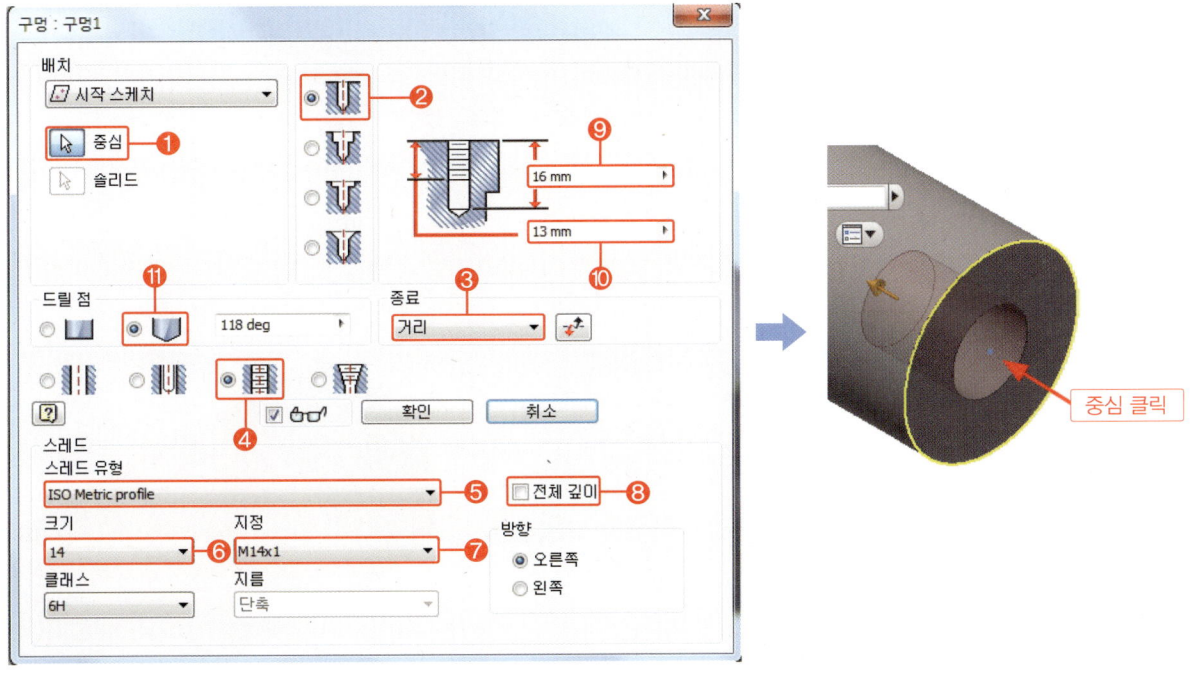

TIP 위 도면에서 드릴 깊이는 탭 깊이보다 2, 3mm 정도 더 깊이 가공한다.

05 다음과 같이 3D탭(암나사)이 완성되었다.

06 인벤터 [IDW=도면]에서 단면을 하면 그림과 같이 표시되는데 **불완전 나사부**는 원칙적으로 표시되지 않는다. **실무용**은 이 상태 그대로 사용하고 **시험용**은 별도로 스케치하여 **불완전 나사부**를 완성한다.

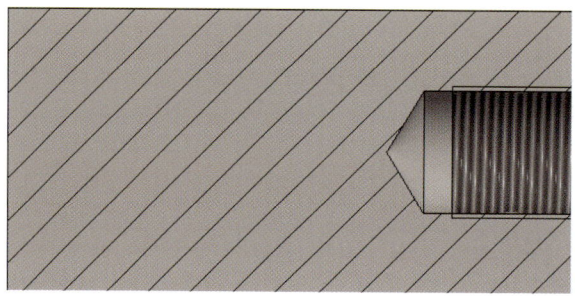

07 수나사를 만들기 위하여 [리본 메뉴] ⇨ [수정패널] ⇨ **스레드** 피처를 **선택**한다.

08 전체 길이 체크 해제 ⇨ 길이 20 입력 ⇨ **면**은 부품피처 왼쪽 면 **선택**(그림 참조)

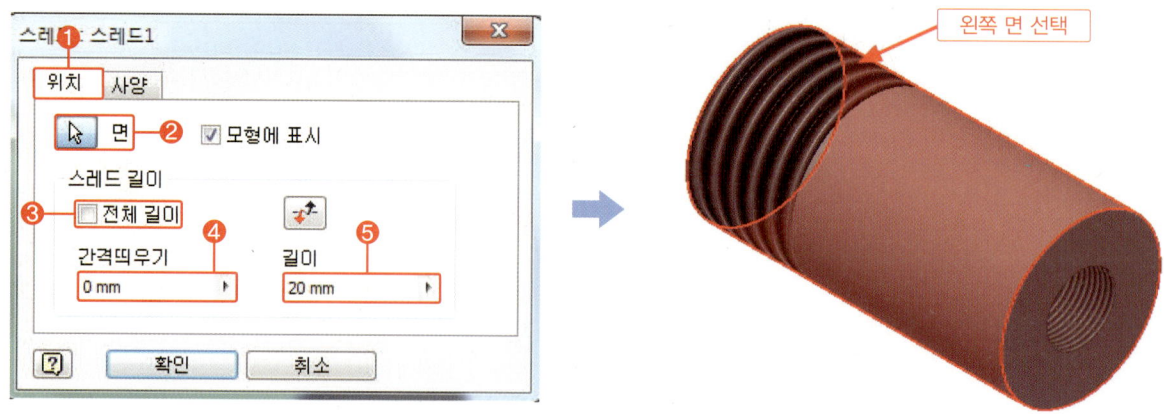

09 사양 선택 ⇨ 스레드 유형: **ISO Metric profile** 선택 ⇨ 피치 **지정: M30×2 선택** ⇨ 확인

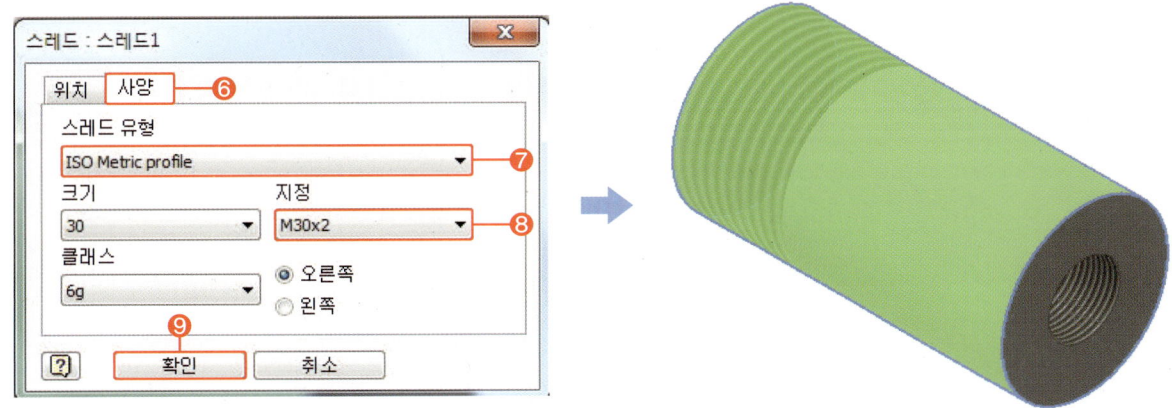

10 수나사부 왼쪽 끝 모서리를 **선택** ⇨ 거리는 수나사 피치값인 2로 45°도 **모따기**한다.

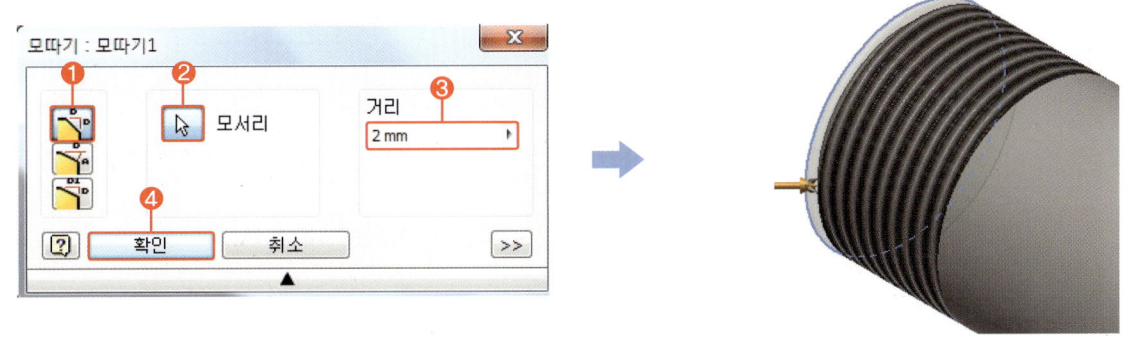

11 암나사부 구멍끝 모서리를 **선택** ⇨ 거리는 수나사 피치값인 1로 45°도 **모따기**한다.

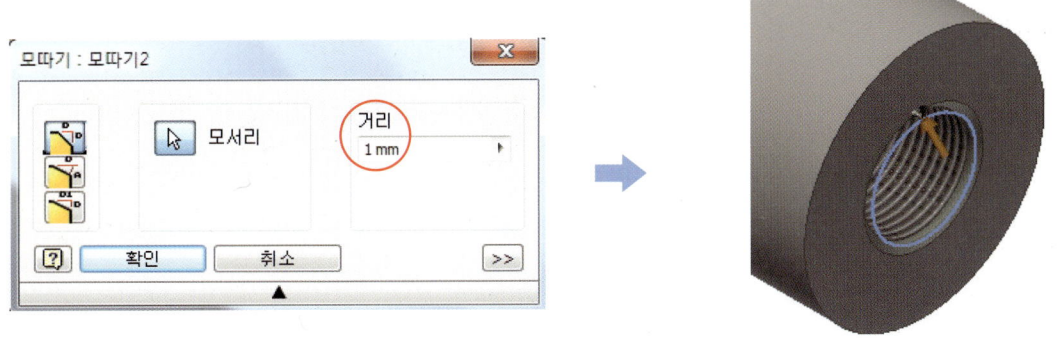

TIP 실제 나사가공에서는 모따기 작업을 먼저 하지만, 모델링할 때는 면의 길이만큼 나사가 표현되기 때문에 모따기 작업을 맨 나중에 한다.

12 최종 완성된 나사 모델링

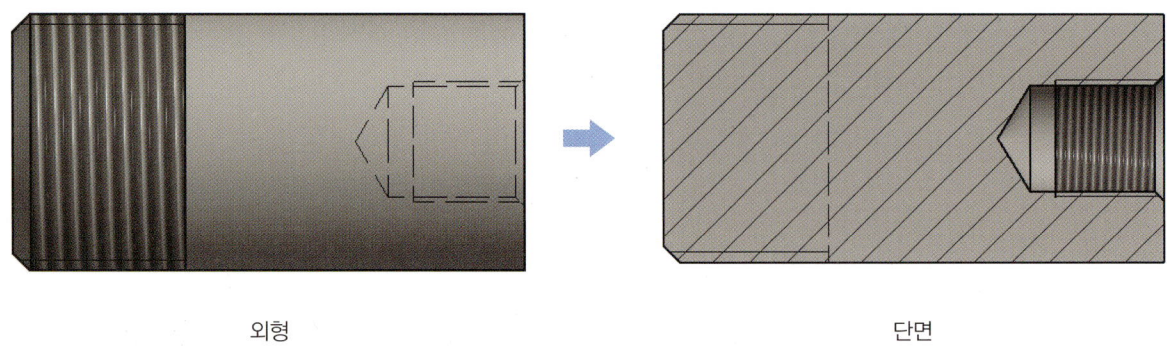

외형   단면

13 인벤터 작업 완료 후 캐드로 넘겨서 도면작업을 할 때에는 나사의 불완전 나사부를 **중심선**에 대하여 **30도 의 가는 실선**을 사용하여 스케치하여야 한다.

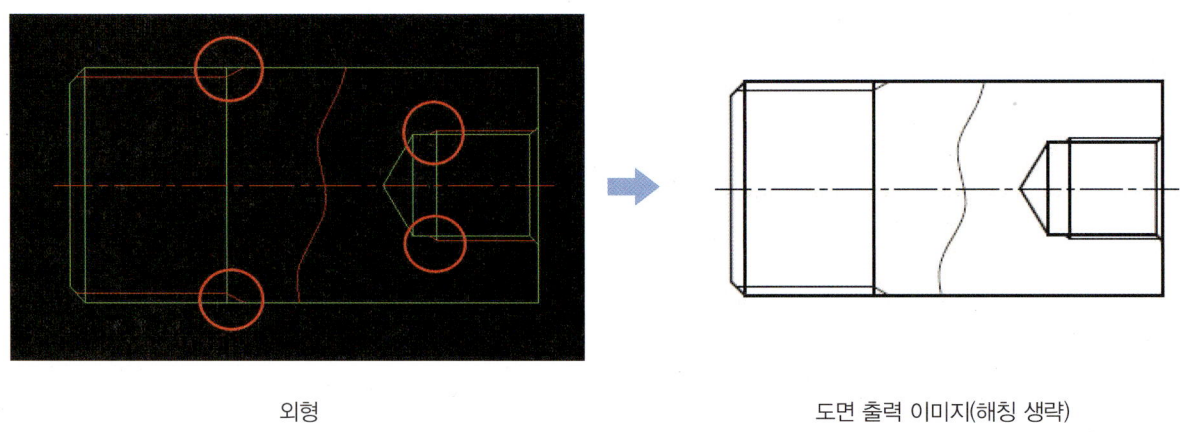

외형   도면 출력 이미지(해칭 생략)

TIP 편의상 나사 단면부 해칭은 생략하였다.

02 | 키 홈

1. 평행키 : 축

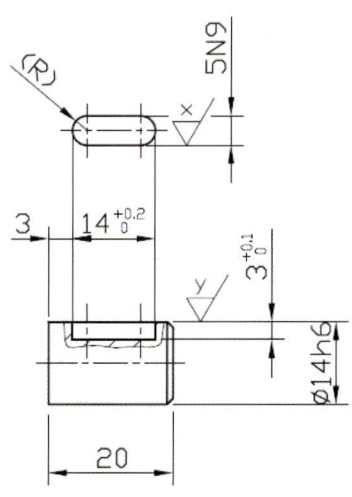

2. 평행키 : 구멍

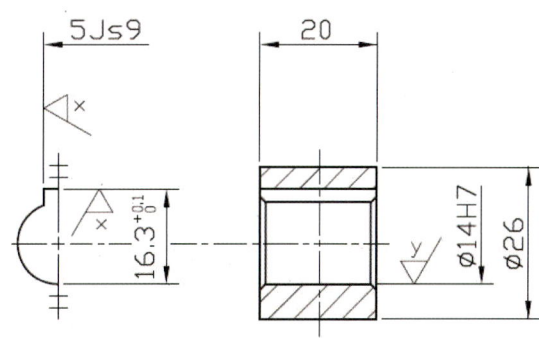

01 평행 키 축부분 홈 작성방법

01 디자인 트리 원점의 [XY 평면] ⇨ 스케치 작성

02 두 점 직사각형 선택 ⇨ 스케치 원점에 직사각형 스케치 ⇨ 맨 아래 수평선을 중심선으로 변경 ⇨ 일반 치수 클릭 ⇨ 가로 20, 지름 14로 치수 기입 ⇨ 스케치 마무리

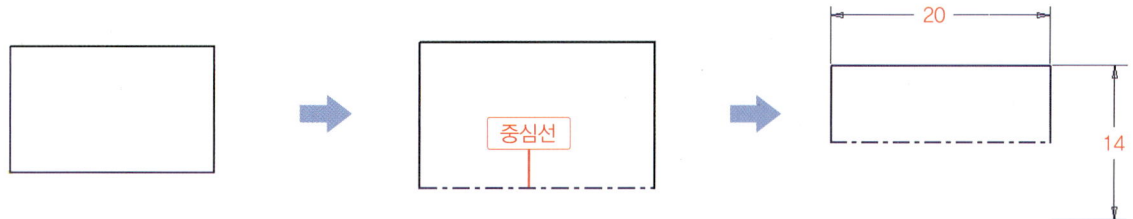

03 회전피처 선택 ⇨ 확인

04 마우스로 원형 모서리 클릭 ⇨ 모따기 선택 ⇨ C1 모따기 ⇨ 확인

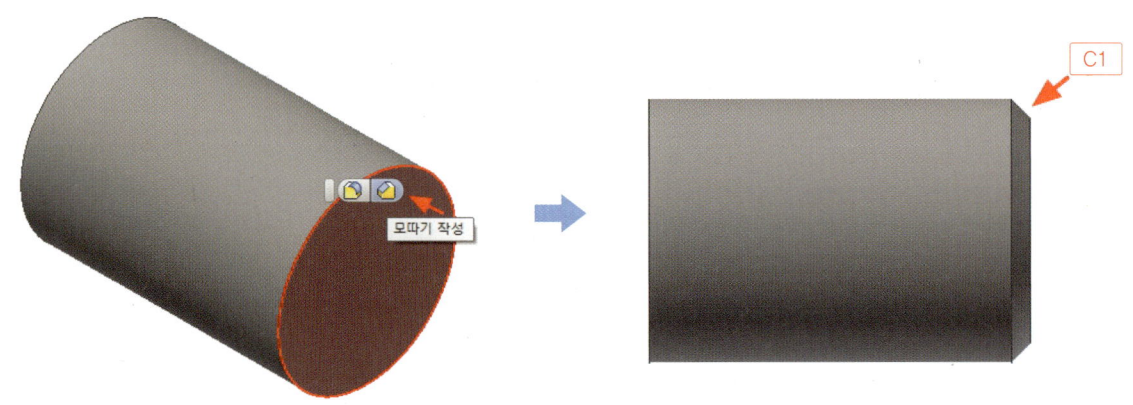

05 와이어프레임 선택 ⇨ 원점의 [XZ 평면] 클릭 ⇨ 마우스 오른쪽 버튼 클릭 ⇨ 스케치 작성 ⇨ ViewCube에서 시점을 변경한다.

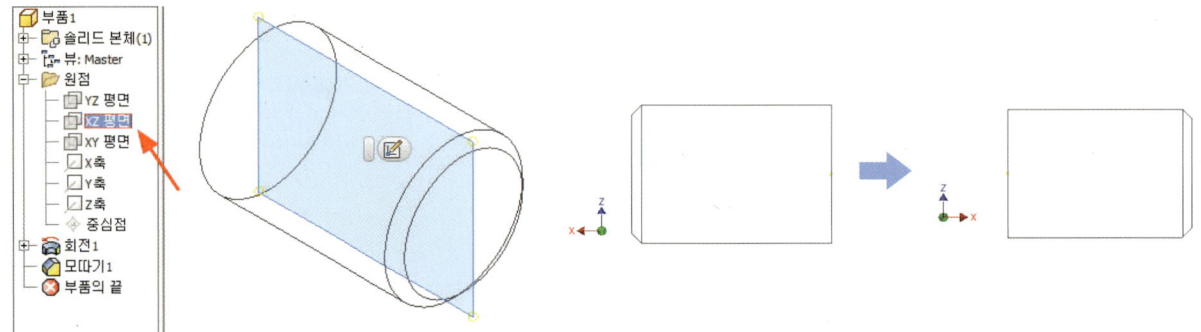

06 윗부분 수평선 **형상 투영** ⇨ 오른쪽 그림과 같이 **두 점 직사각형** 을 스케치한다.

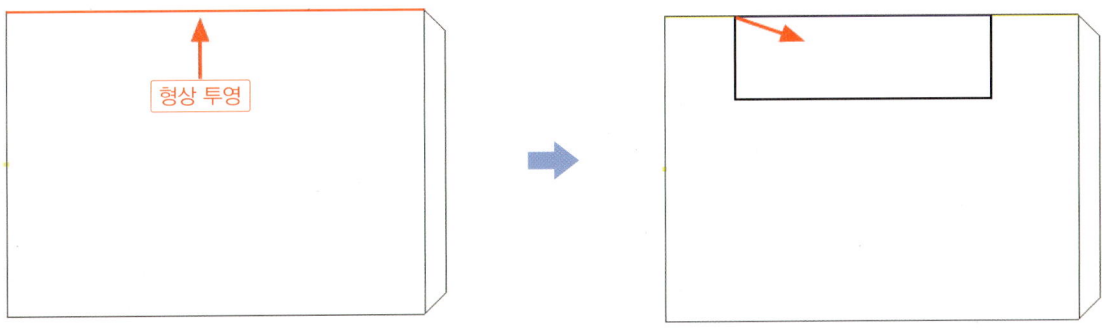

07 일반치수 **클릭** ⇨ 아래 그림과 같이 순차적으로 치수를 기입해준다.

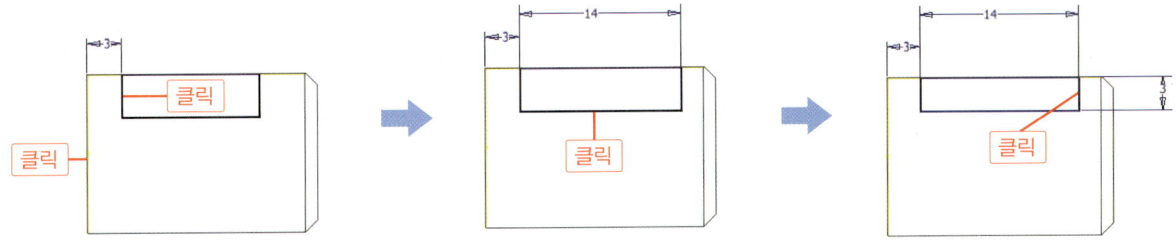

08 돌출 ⇨ **차집합** ⇨ 거리: **5**, 방향: **대칭** ⇨ 확인

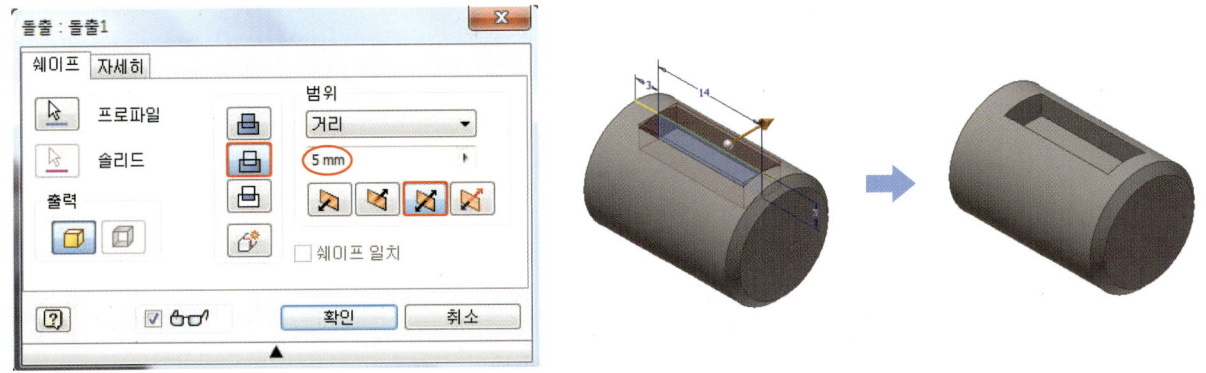

09 수직 모서리 선택 ⇨ **모깎기** 클릭 ⇨ 아래 그림과 같이 수직인 모서리를 **R2.5**로 필렛처리한다.

TIP R값은 항상 키 홈 폭의 절반값을 입력한다. (예시: 키 홈 폭 6 → R3, 5 → R2.5, 4 → R2, 3 → R1.5를 입력)

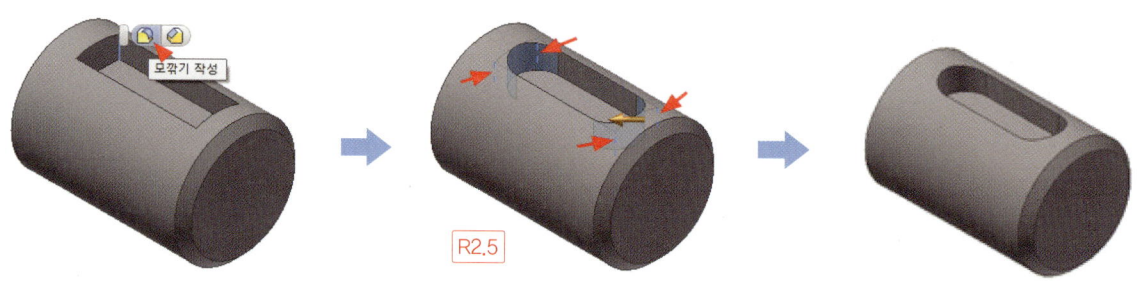

02 평행키: 구멍용 홈

1. 평행키 : 축   2. 평행키 : 구멍

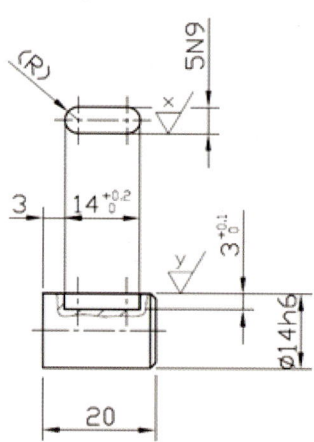
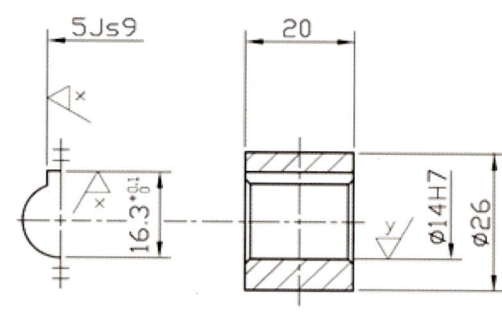

01 디자인 트리 원점의 **[XY 평면]** ⇨ **스케치 작성**

02 두 점 직사각형 ☐ 선택 ⇨ 스케치 원점에 직사각형 스케치 ⇨ 맨 아래 수평선을 중심선으로 변경 ⇨ **일반 치수** ⊢⊣ 클릭 ⇨ 가로 20, 지름 26으로 치수 기입 ⇨ 스케치를 마무리한다.

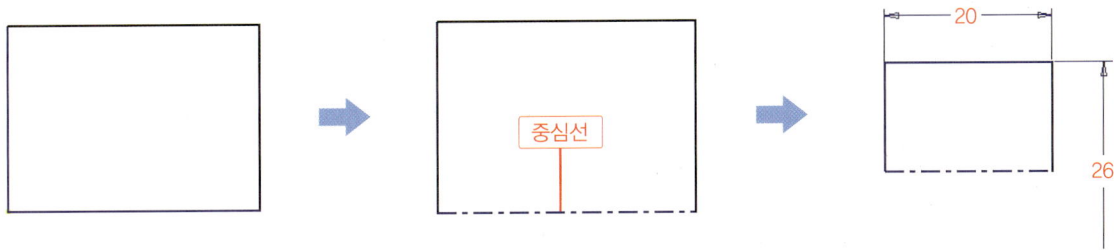

03 회전피처 🗑 선택 ⇨ 확인

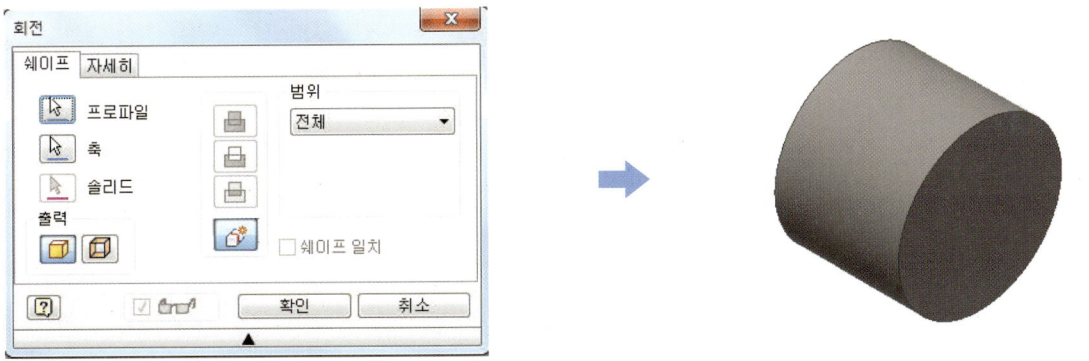

04 우측 면에 **스케치 작성** 📝 ⇨ 두 점 직사각형 **선택** ⇨ 부품 사이에 약간의 공간을 두고 사각형 스케치

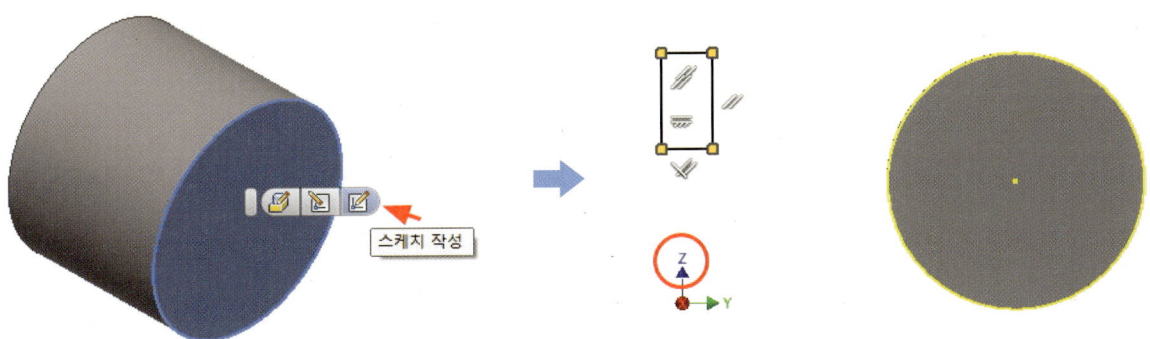

05 직사각형 하단 수평선 중간점에 **원** ⊙ ⇨ 직사각형 상단 수평선 중간점에서부터 **수직선** ╱ 스케치 ⇨ 수직선을 **구성**으로 변경한다.

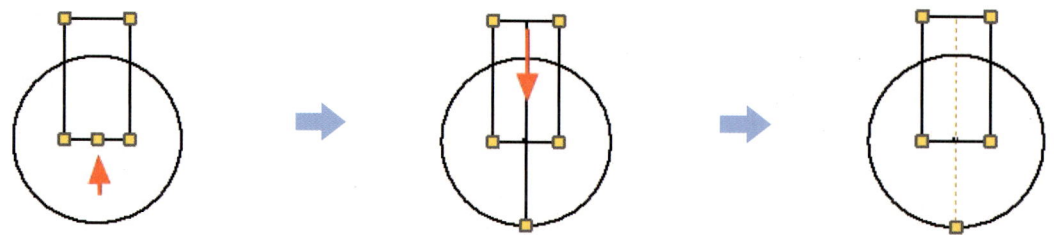

06 **일반치수** ⌐┐ **클릭** ⇨ 지름 **14**, 키 폭 **5**, 높이 치수 **16.3**으로 치수 기입

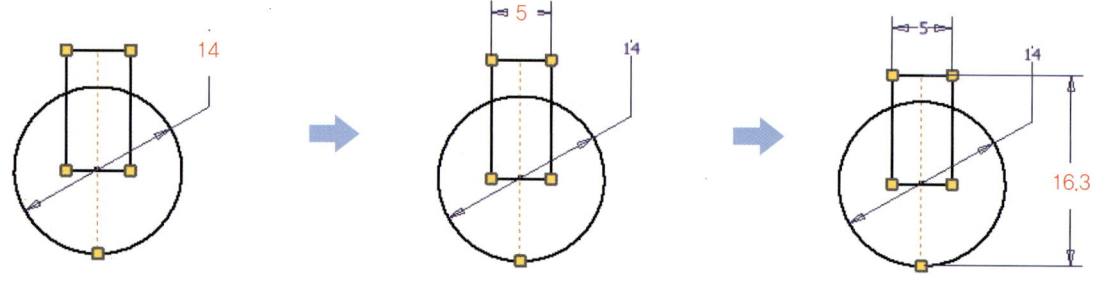

07 구속조건 **동심** ◎ **선택** ⇨ 그림처럼 원 각각 **클릭**

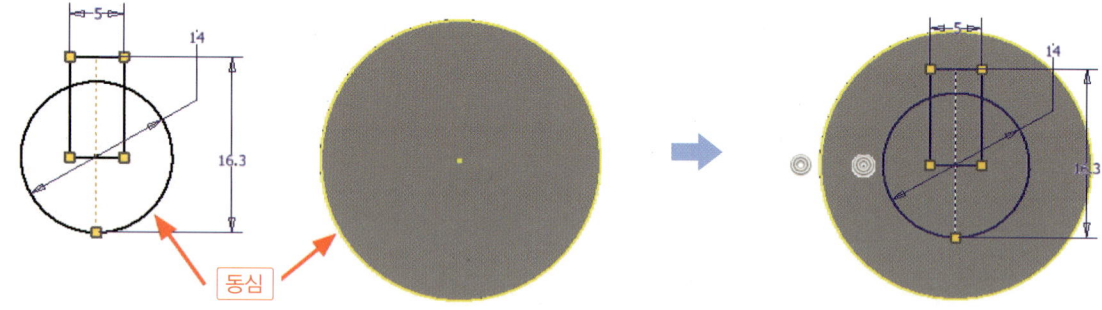

08 돌출 ⇨ **차집합** ⇨ 전체 ⇨ 확인

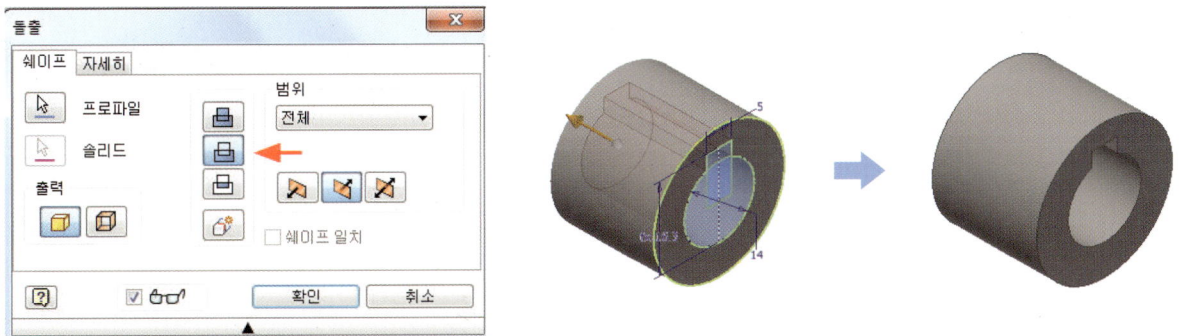

09 양쪽 원형 모서리 **클릭** ⇨ **모따기** **선택** ⇨ C1으로 모따기 처리한다.

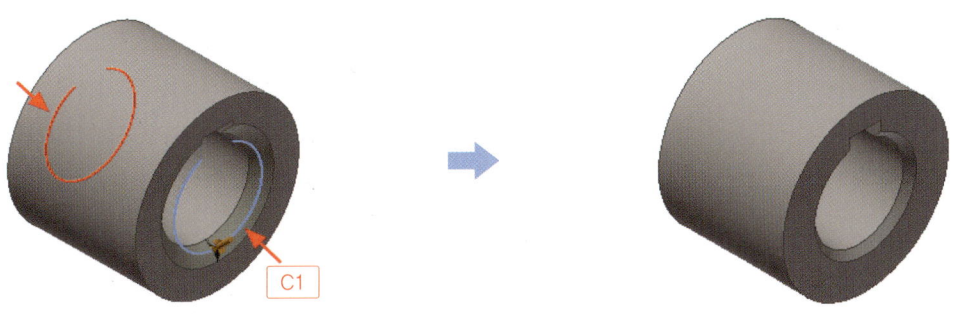

03 축용 키 홈: 내용정리

01 키 홈이 **윗부분**이나 **아랫부분**에 위치해 있으면 작업평면으로 [XZ 평면]을 **선택**한다.

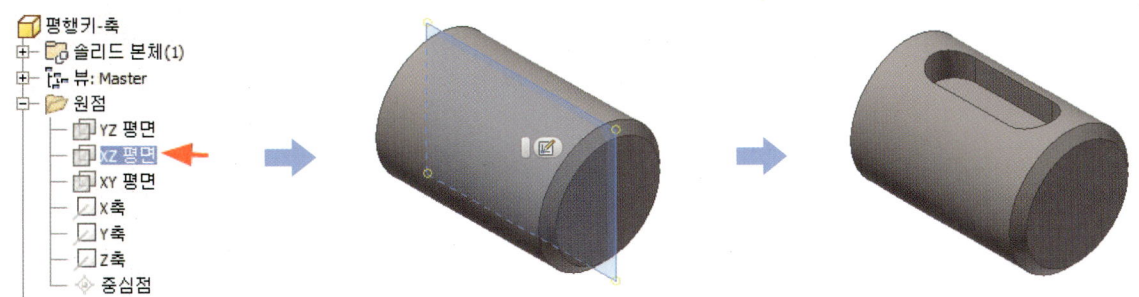

02 키 홈의 위치가 중간의 **앞부분**이나 **뒷부분**에 위치해 있으면 작업평면을 [**XY 평면**]을 **선택**한다.

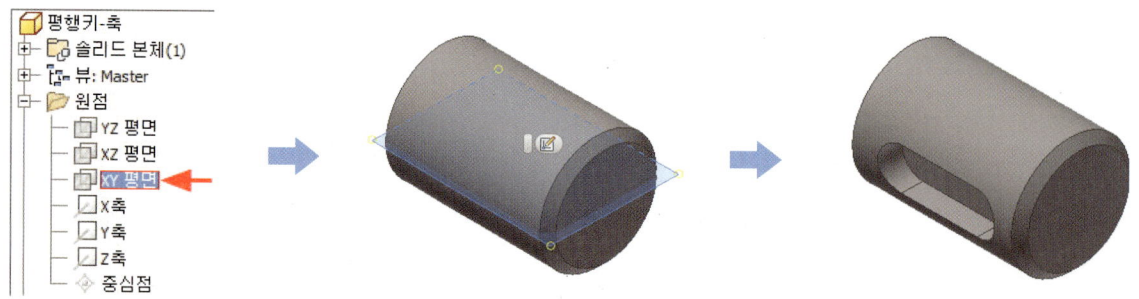

03 키 홈의 위치가 축 끝에 위치해 있으면 사각형 스케치의 **치수구속을 2군데만 적용**한다.

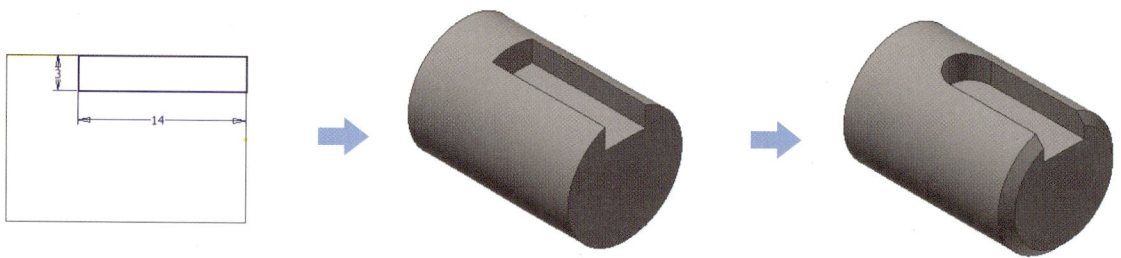

04 원형 밀링커터로 가공된 경우 다음과 같이 스케치하고 **필렛**은 하지 않는다.

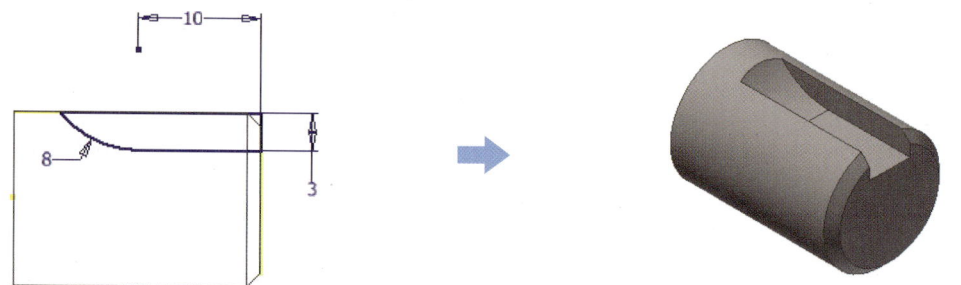

03 일반 축

도시하지 않은 모따기 1°×45°

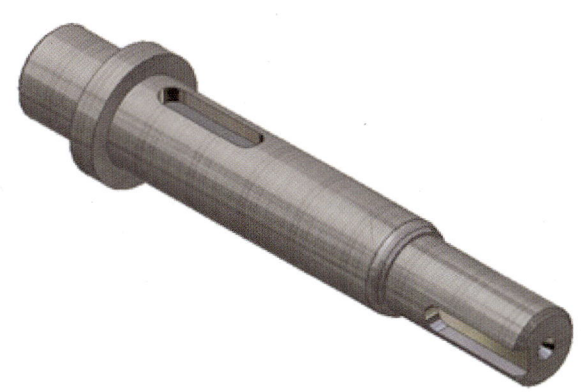

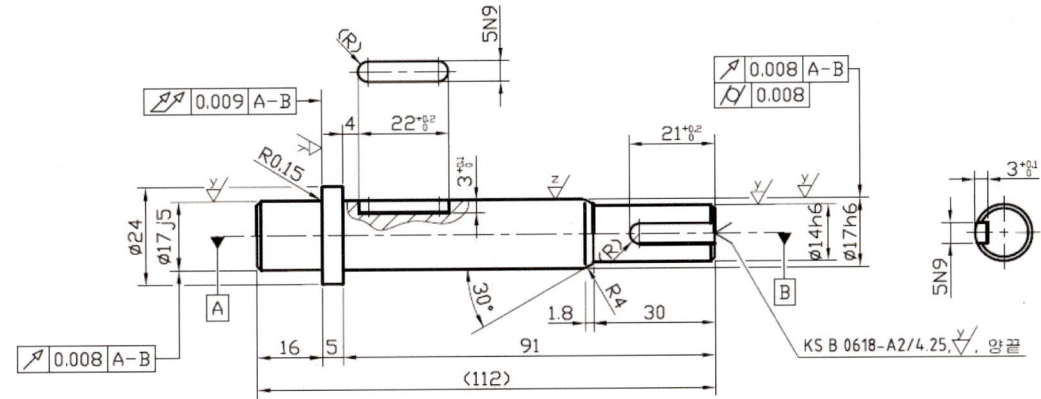

01 축 외형 모델링 방법

방법 1: 다중 프로파일 생성 ⇨ 회전축을 중심으로 **회전** 하는 방법: **가장 많이 사용함**

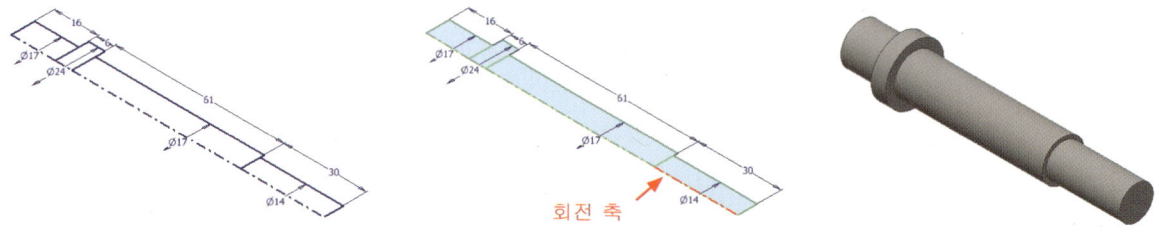

방법 2: 단일 프로파일(원) 생성 ⇨ **돌출** ⇨ 단일 프로파일(원) 생성 ⇨ **돌출** 반복하는 방법

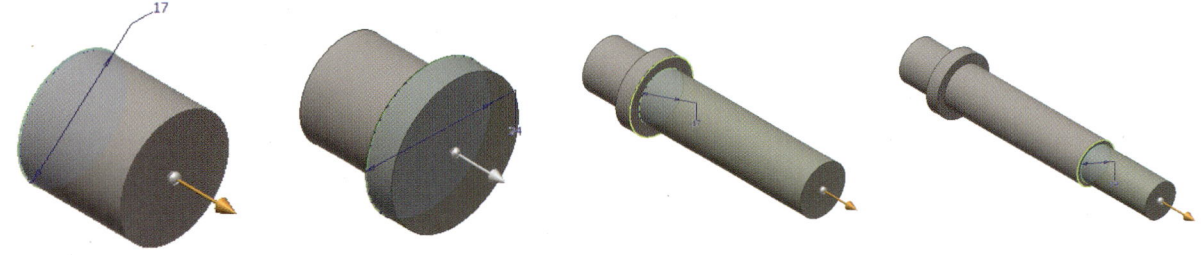

01 디자인 트리 원점[XY 평면] ⇨ 스케치 작성

02 스케치 원점에서부터 **두 점 직사각형** 스케치 ⇨ 사각형 오른쪽 하단 끝점에서 **두 점 직사각형** 을 반복적으로 스케치하여 축 외형을 완성한다.

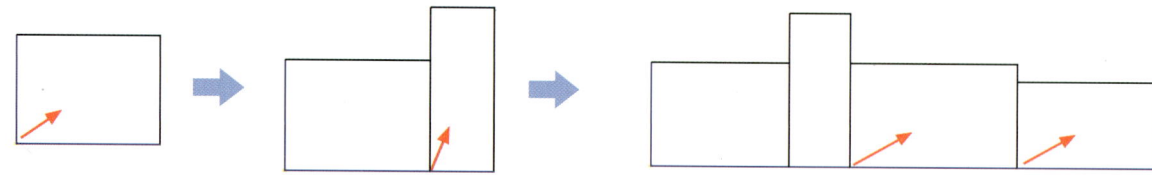

03 사각형 아래 수평선을 아래 그림처럼 **선택** ⇨ **중심선**으로 변경 ⇨ 지름 치수 모두 기입 ⇨ 지름 치수 정정

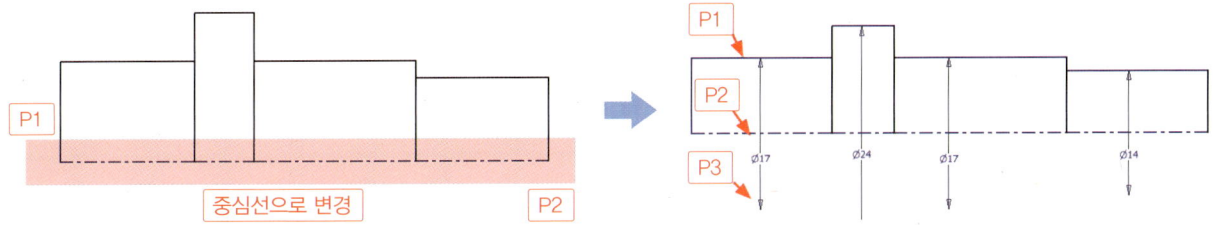

04 가로 치수 모두 기입 ⇨ 가로 치수 도면대로 순차적으로 왼쪽에서 오른쪽 방향으로 정정

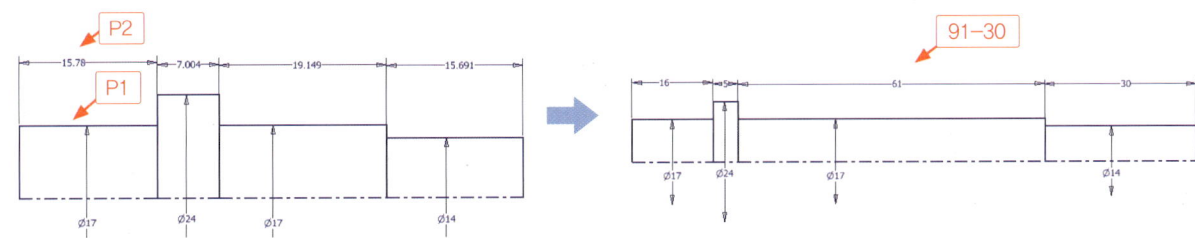

05 **회전**피처 선택 ⇨ 프로파일은 스케치한 직사각형 모두 **선택** ⇨ 축은 중심선 **선택** ⇨ 확인

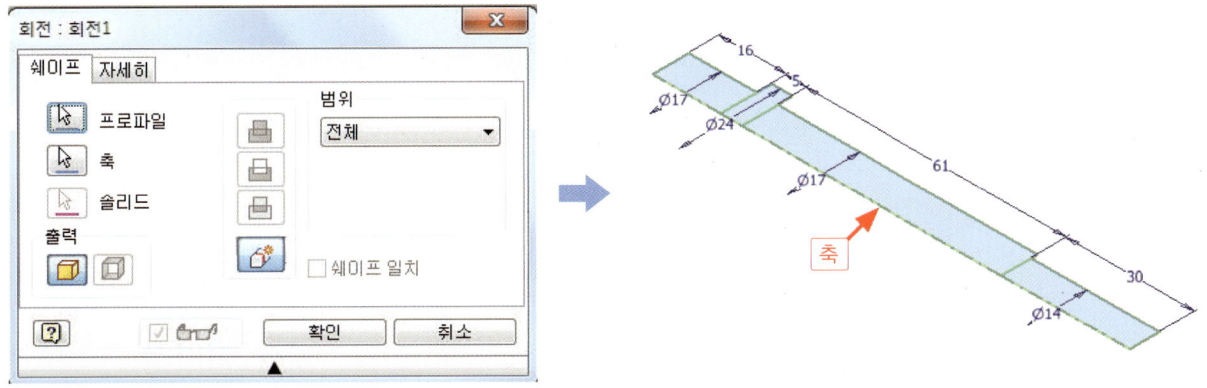

06 원형 모서리 **클릭(빨간 화살표)** ⇨ 모따기 **선택** ⇨ 나머지 모서리 **선택** ⇨ C1으로 모따기 처리한다.

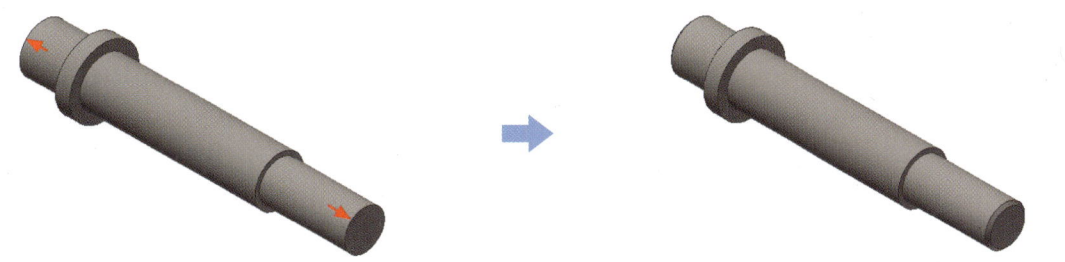

07 모따기 선택 ➡ 거리 및 각도 클릭 ➡ 거리 2, 각도 30 입력 ➡ 아래 그림처럼 선택 ➡ 확인

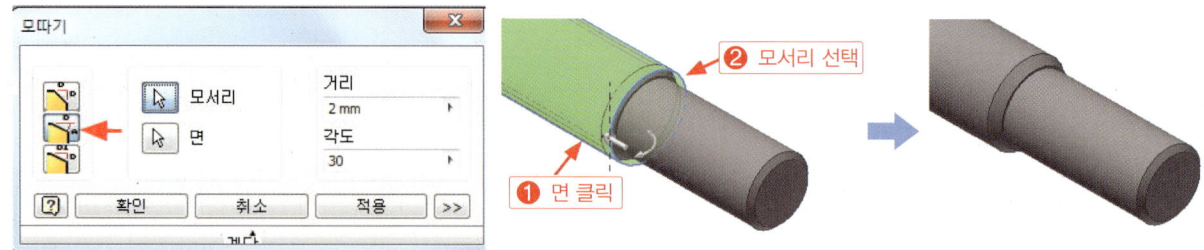

08 디자인 트리 원점[XZ 평면] ➡ 스케치 작성 ➡ 도면 치수대로 키 홈을 모델링한다.

TIP 더욱 자세한 스케치 방법은 축의 '키 홈'을 참조한다.

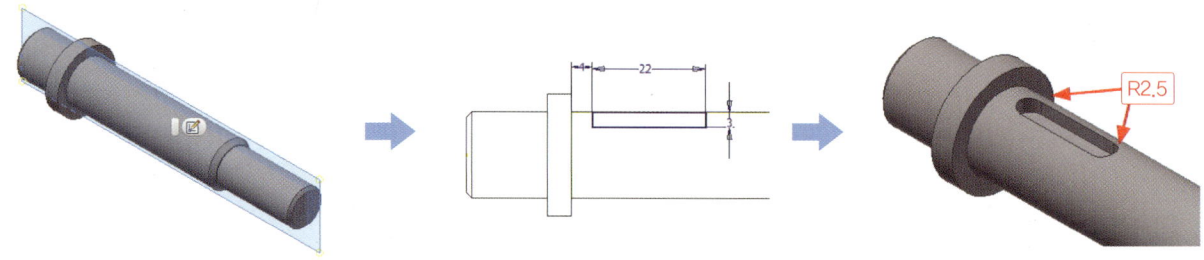

09 디자인 트리 원점[XY 평면] ➡ 스케치 작성 ➡ 도면 치수대로 키 홈을 모델링한다.

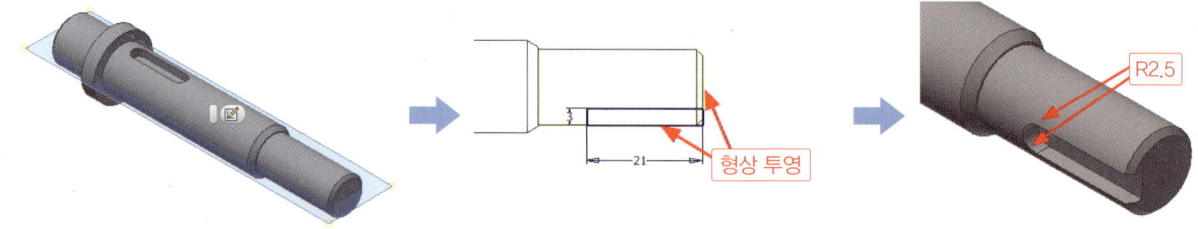

10 모서리 클릭 ➡ 모깎기 선택 ➡ R4로 모깎기한다.

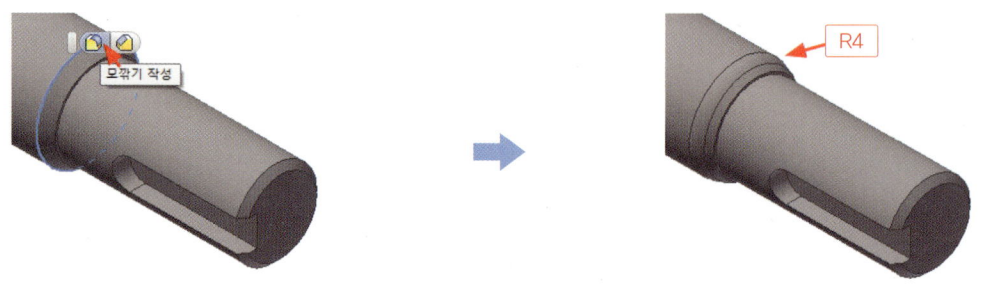

11 모서리 **클릭** ⇨ **모깎기** 선택 ⇨ R0.15로 모깎기한다.

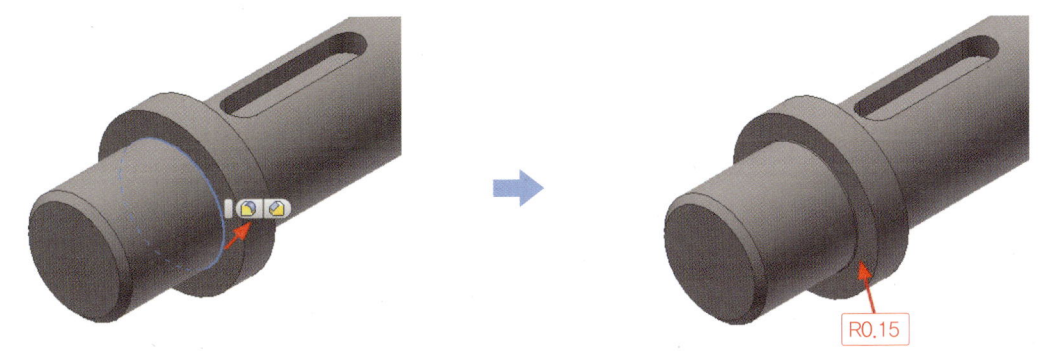

12 최종 완성

13 센터드릴 작업은 3D에서는 표현하지 않아도 무방하나 표현을 한다면 다음과 같이 설정한다. 우측 면에 **새스케치** ⇨ 스케치 마무리 ⇨ 중심점 **클릭** ⇨ 구멍 작성 ⇨ 아래의 치수 입력 ⇨ 확인

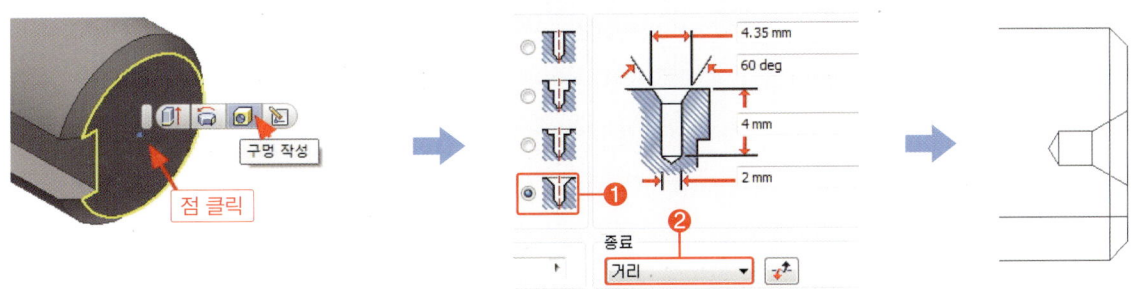

04 편심 축

도시하지 않은 모따기 1°

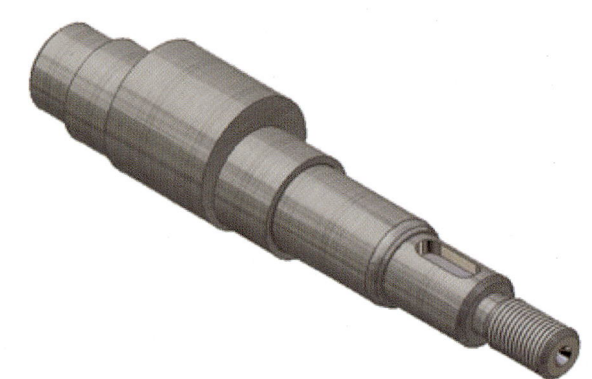

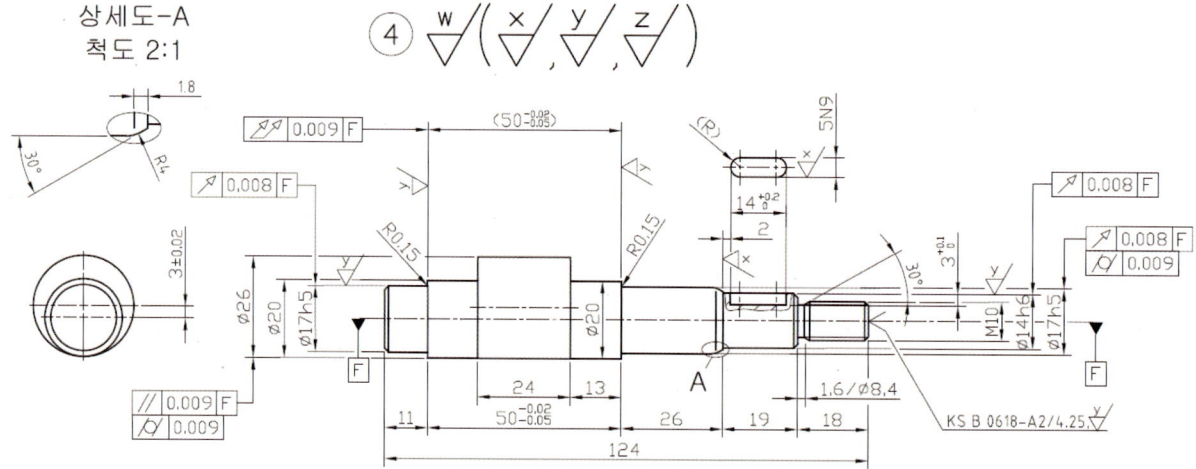

상세도-A
척도 2:1

01 디자인 트리 원점[XY 평면] ⇨ **스케치 작성** 📝

02 스케치 원점에서부터 **두 점 직사각형** ▭ 스케치 ⇨ 사각형 오른쪽 하단 끝점에서 **두 점 직사각형** ▭ 을 반복적으로 스케치하여 축 외형을 완성한다.

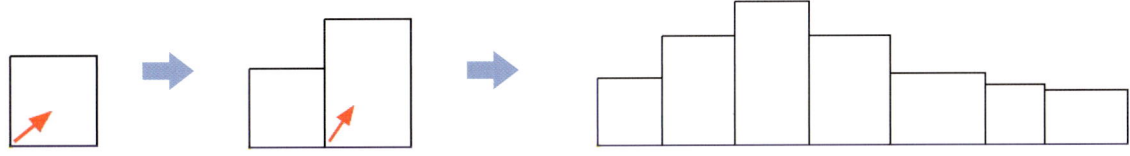

03 사각형 아래 수평선을 아래 그림처럼 **선택** ⇨ 중심선 으로 변경 ⇨ 지름 치수 모두 기입 ⇨ 지름 치수 정정

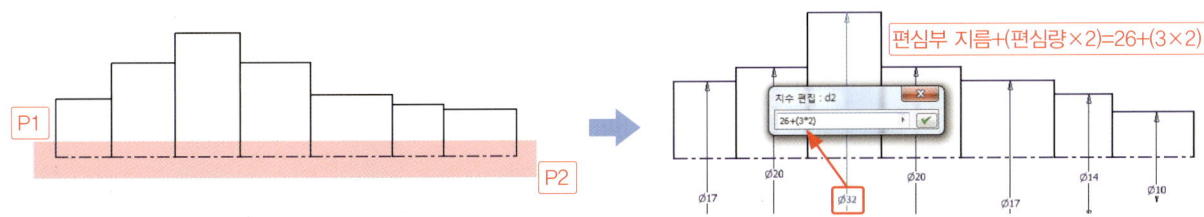

04 가로 치수 모두 기입 ⇨ 가로 치수 도면대로 순차적으로 왼쪽에서 오른쪽 방향으로 정정 ⇨ 스케치 마무리 ✓

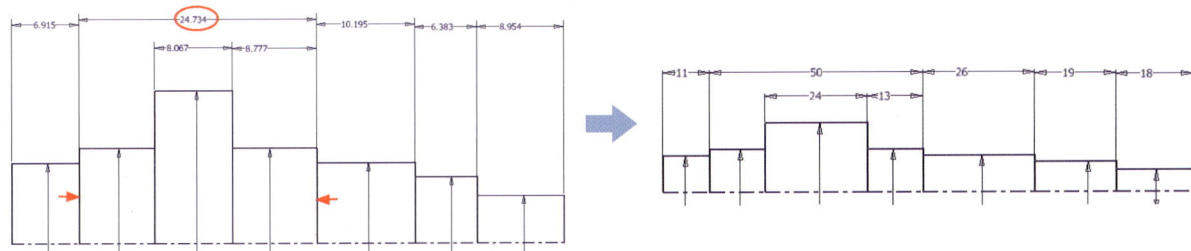

05 **회전**피처 선택 ⇨ 프로파일은 스케치한 직사각형 모두 **선택** ⇨ 축은 중심선 **선택** ⇨ 확인

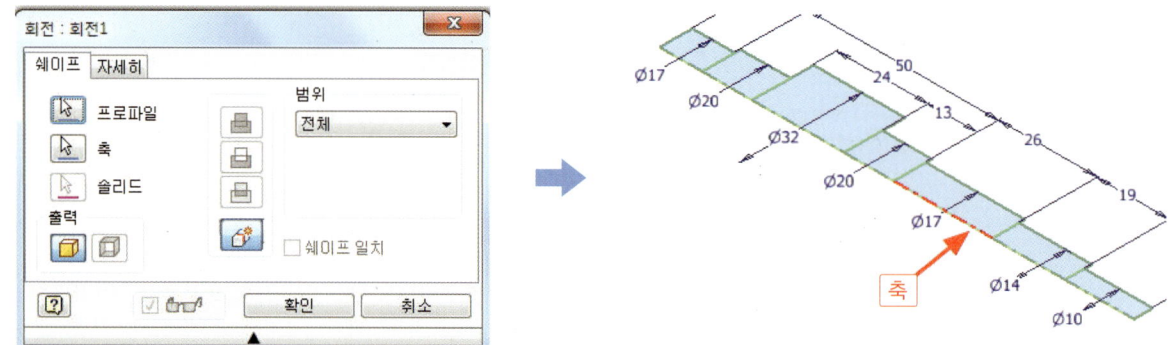

06 편심축 우측 면에 스케치 작성 ⇨ F7 ⇨ 그래픽 슬라이스를 시행하면 단면이 보인다.

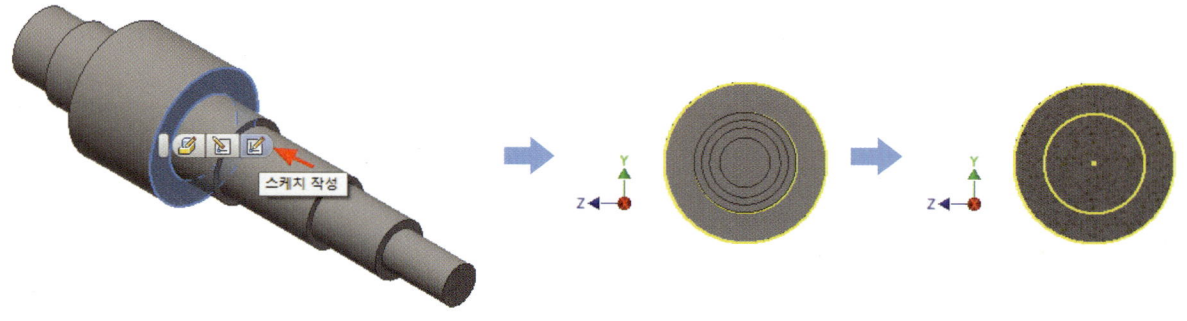

07 스케치 원점에서 왼쪽으로 구성으로 **수평선** 스케치 ⇨ 수평선 왼쪽 끝점에 **원** 스케치 ⇨ 지름 26, 수평선 3으로 각각 치수 기입 ⇨ F7 ⇨ 스케치 마무리 ✓

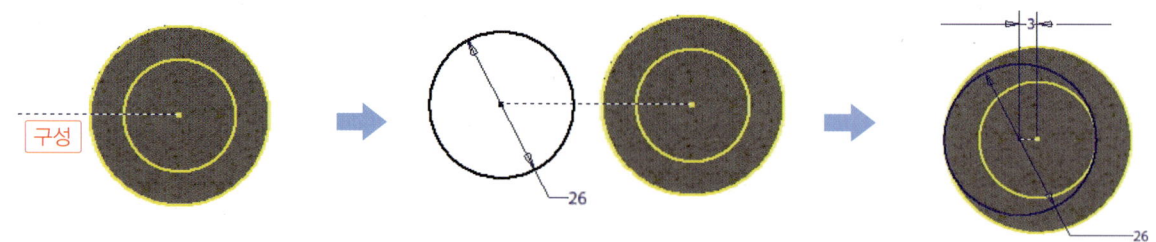

08 돌출 선택 ⇨ 차집합 ⇨ 프로파일은 바깥쪽 초승달 모양 선택 ⇨ 범위: 전체 ⇨ 확인

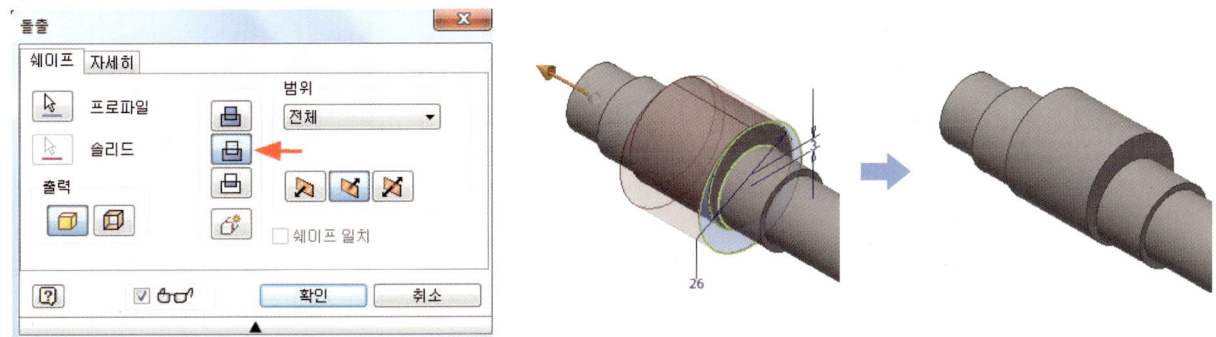

09 모서리 클릭 ⇨ 모깎기 선택 ⇨ 반대편 모서리 선택 ⇨ R0.15로 모깎기한다.

10 모따기 선택 ⇨ 거리 및 각도 클릭 ⇨ 거리 1.8, 각도 30 입력 ⇨ 아래 그림처럼 선택 ⇨ 확인

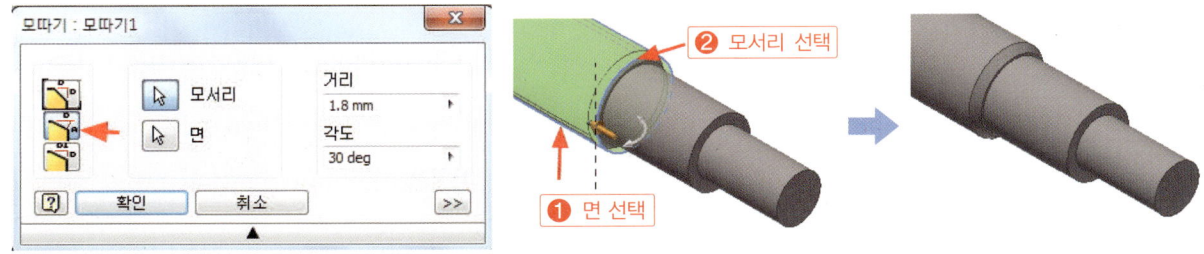

11 위 **09**에서 모따기한 큰 모서리 클릭 ⇨ 모깎기 선택 ⇨ R4로 모깎기한다.

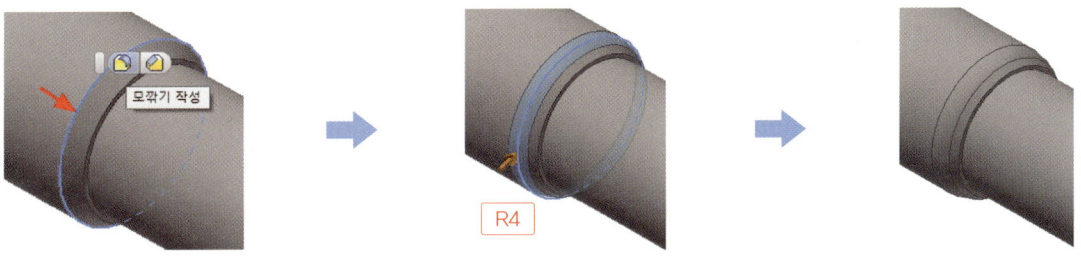

12 모따기 🔲 선택 ➡ 화살표의 모서리를 모두 선택 ➡ C1으로 모따기한다.

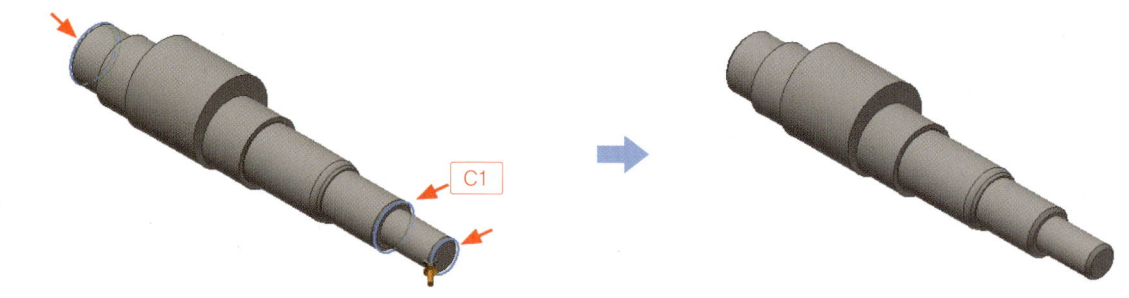

13 디자인 트리 원점[XY 평면]에 스케치 작성 📝 ➡ 수평선 형상 투영 🗂 ➡ 오른쪽 그림처럼 선 ✏ 스케치 ➡ 가운데 선을 중심선 ⊙ 으로 변경한다.

14 치수 🔲 선택 ➡ 각도, 지름, 폭순으로 치수 기입 ➡ 회전 🔄 선택 ➡ 차집합 ➡ 확인

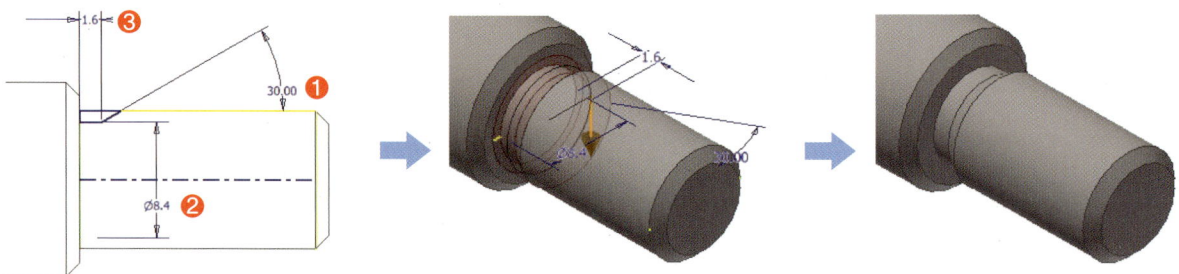

15 스레드 📚 선택 ⇨ 아래 그림과 같이 설정하고 M10x1로 나사 이미지를 만들어 준다.

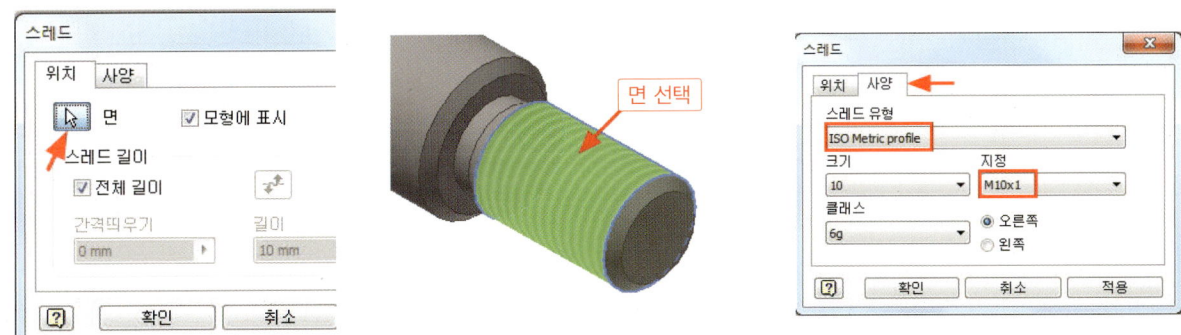

16 디자인 트리 원점[XZ 평면] ⇨ 스케치 작성 📝 ⇨ 도면 치수대로 키 홈을 모델링한다.

> **TIP** 더욱 자세한 스케치 방법은 축의 '키 홈'을 참조한다.

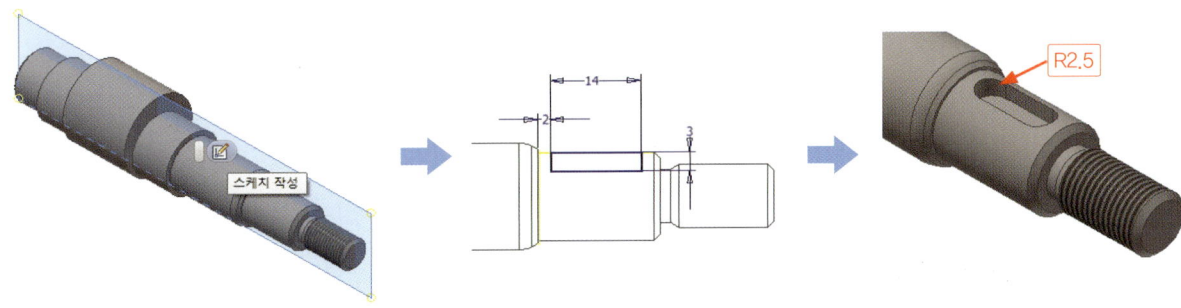

17 최종 완성

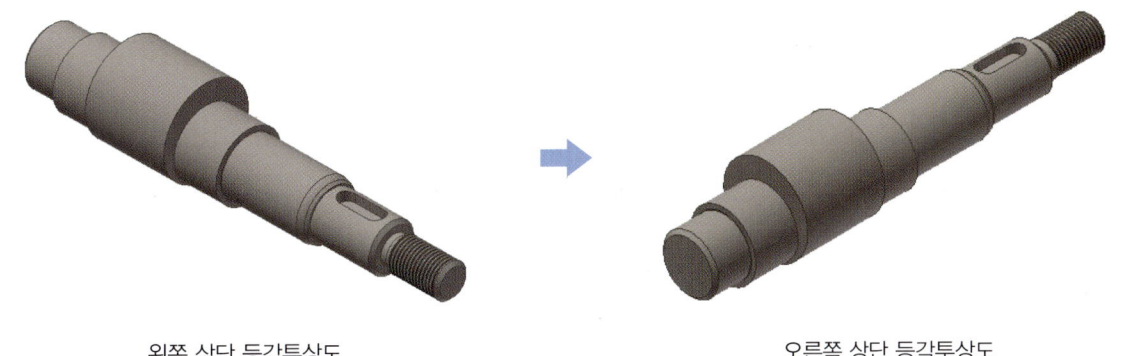

왼쪽 상단 등각투상도   오른쪽 상단 등각투상도

05 나사 축

도시하지 않은 모따기 1°

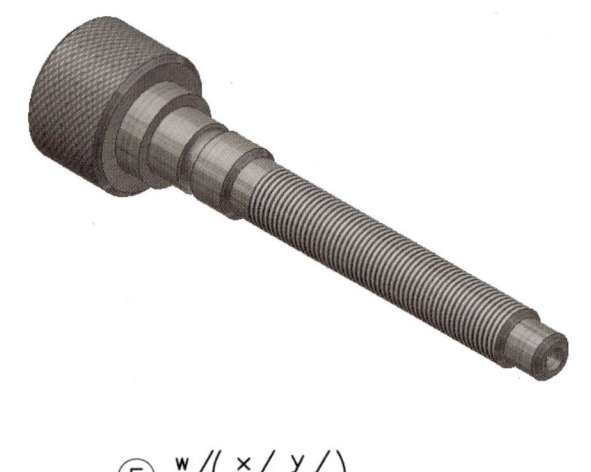

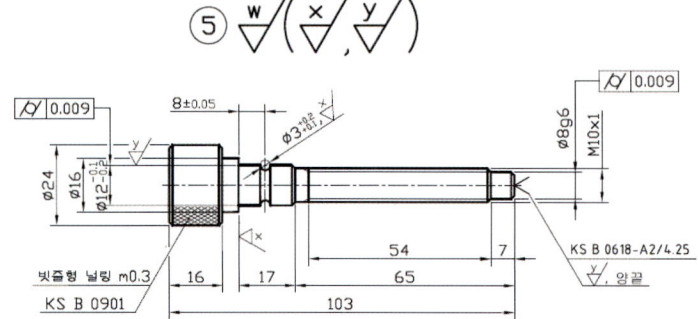

01 디자인 트리 원점[XY 평면] ⇨ **스케치 작성**

02 스케치 원점에서부터 **두 점 직사각형** 스케치 ⇨ 사각형 오른쪽 하단 **끝점**에서 **두 점 직사각형** 을 반복적으로 스케치하여 축 외형을 완성한다.

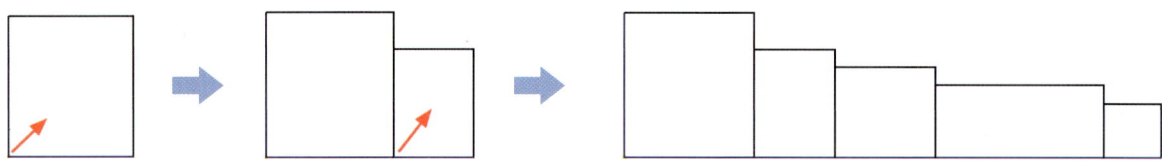

03 사각형 아래 수평선을 아래 그림처럼 **선택** ⇨ **중심선** 으로 변경 ⇨ 지름 치수 모두 기입 ⇨ 지름 치수 정정

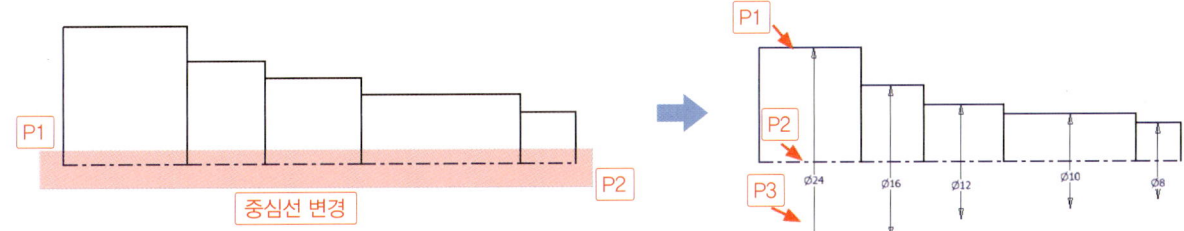

04 가로 치수 모두 기입 ⇨ 가로 치수 도면대로 순차적으로 왼쪽에서 오른쪽 방향으로 정정

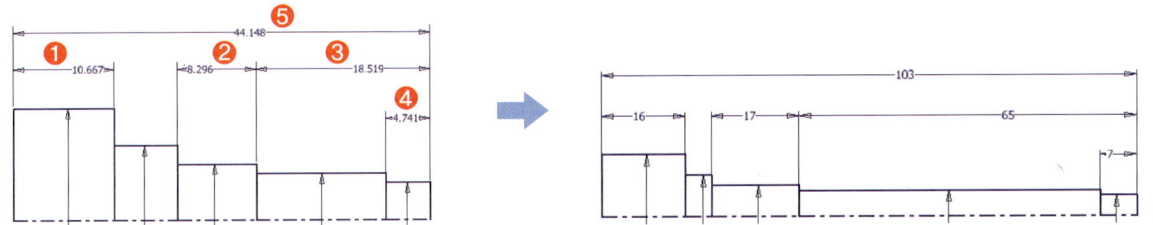

05 세 번째 직사각형 왼쪽 상단 수평선에 **원** 스케치 ⇨ 가로 8, 지름 3으로 치수 기입 ⇨ **분할** 선택 ⇨ 원 **클릭** ⇨ 스케치 마무리 ✓

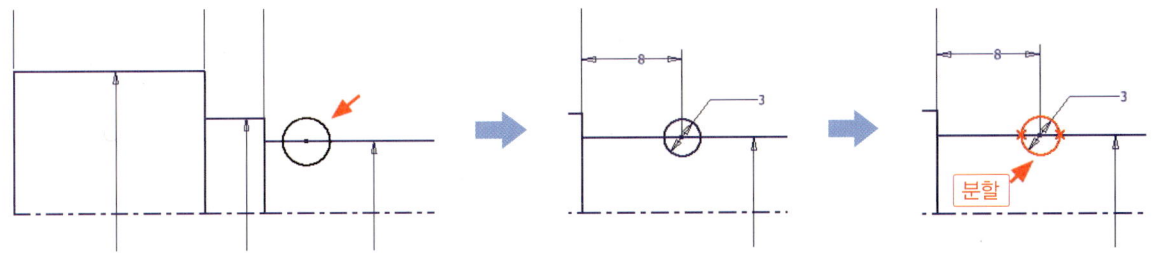

06 **회전**피처 선택 ⇨ 프로파일은 스케치한 직사각형 모두 **선택** ⇨ 축은 중심선 **선택** ⇨ 확인

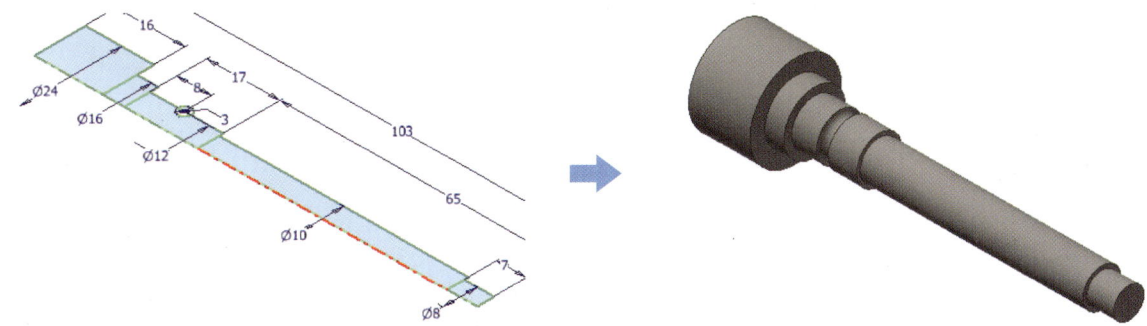

07 스레드 선택 ⇨ 면 화살표 아이콘을 선택하고 부품 오른쪽 측면을 클릭(그림 참조) ⇨ 스레드 길이 54 ⇨ 사양을 선택한 다음 M10x1로 스레드를 생성한다.

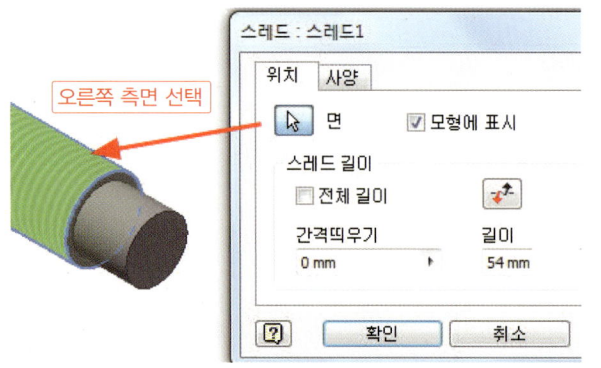
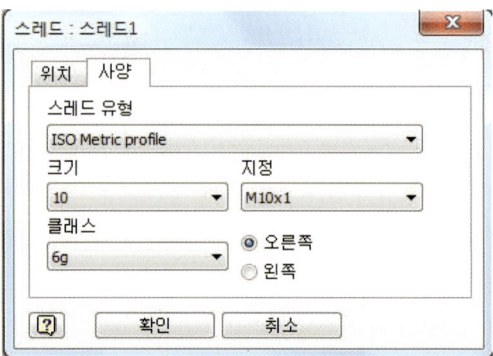

08 모따기 선택 ⇨ 원형 모서리 모두 선택 ⇨ C1으로 모따기 처리한다.

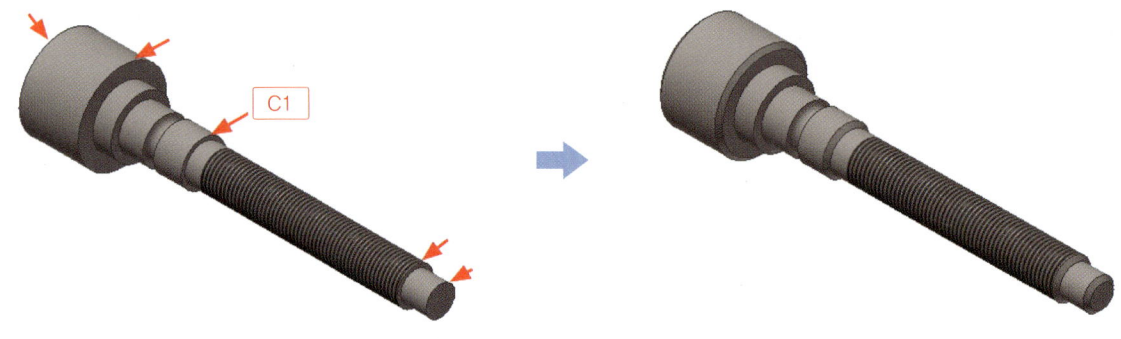

09 널링 이미지 작업을 한다.

> **TIP** 축 모델링의 '8. 빗줄형 널링-이미지 삽입방식'을 참조한다.

10 최종 완성

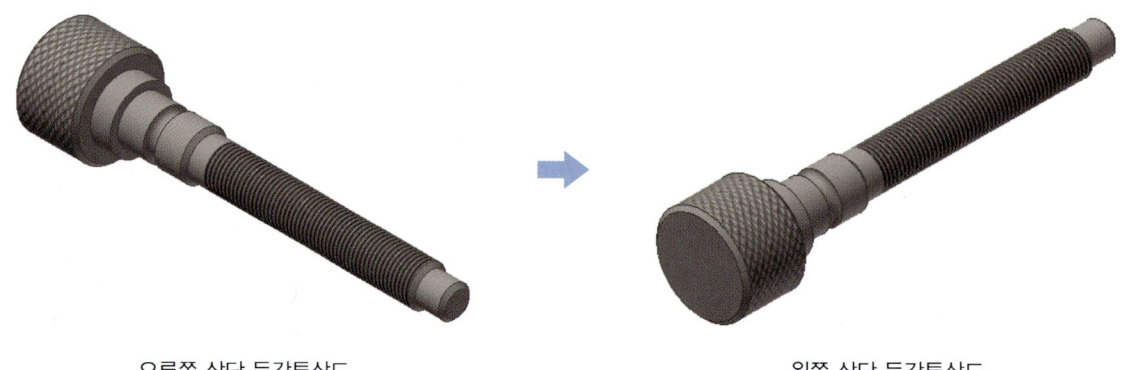

오른쪽 상단 등각투상도   왼쪽 상단 등각투상도

06 캠 축

도시하지 않은 모따기 1°

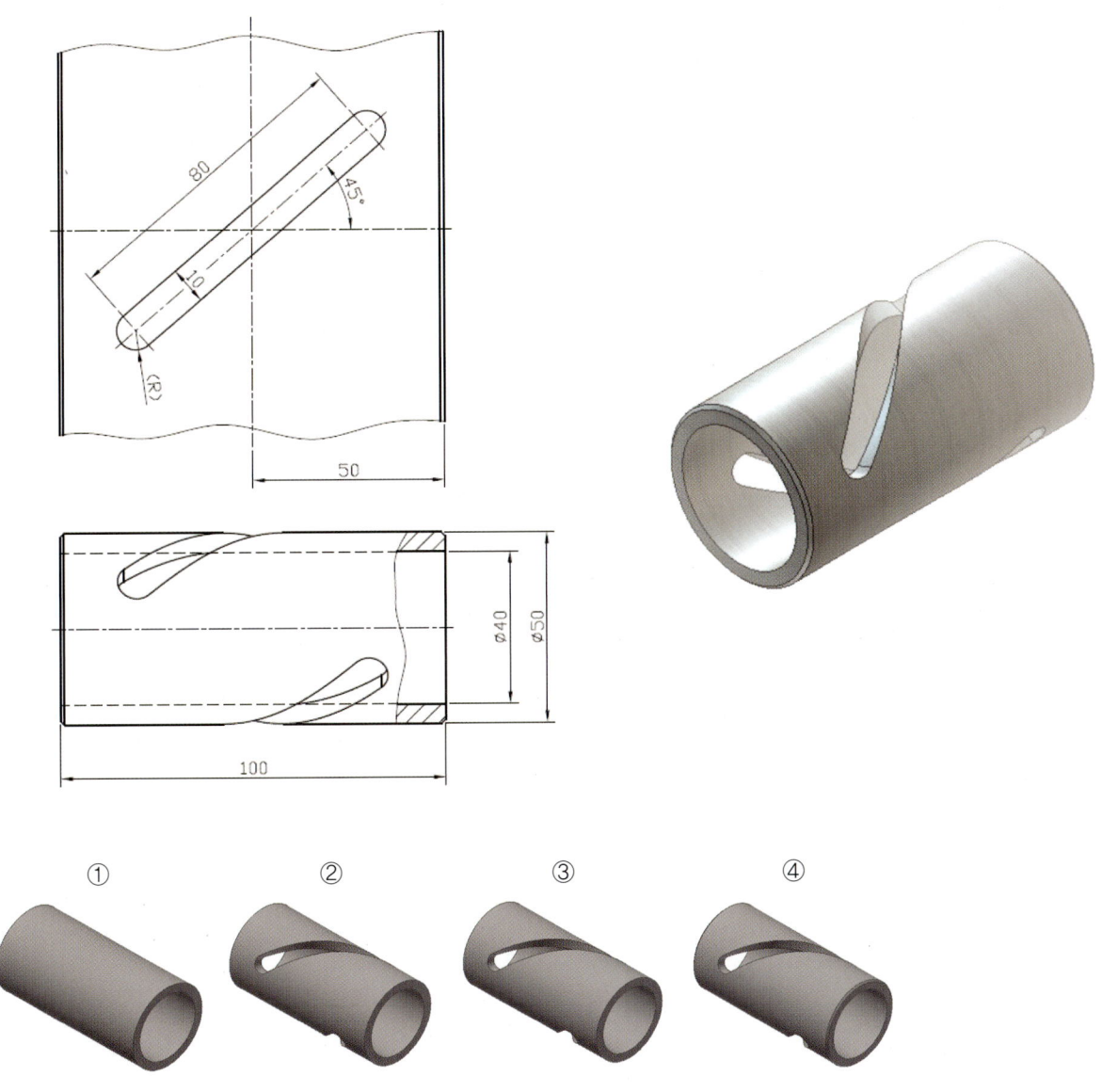

01 F6 (등각투상도) ⇨ 디자인 트리 원점[YZ 평면(우측 면)] ⇨ 스케치 작성

02 스케치 원점에서부터 동심원 ⊙ 스케치 ⇨ 내접, 8각형 ⇨ 안지름 40, 바깥지름 50 치수 기입 ⇨ 스케치 마무리 ✓

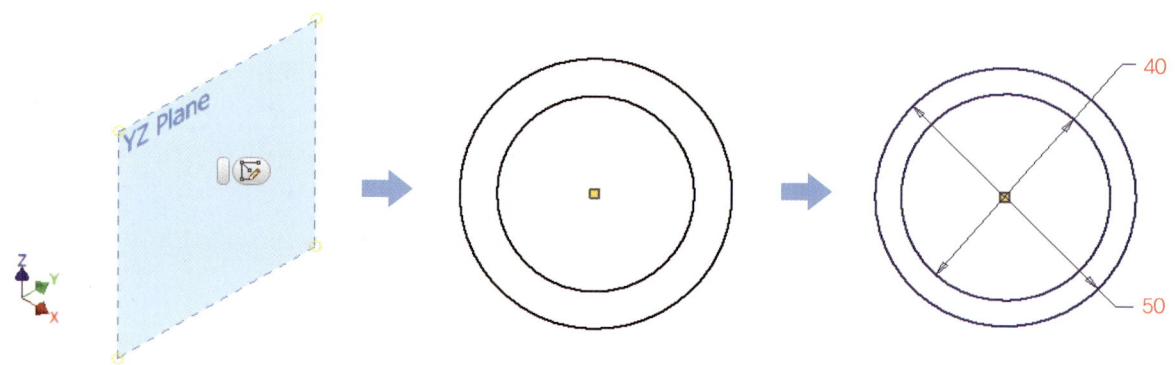

03 돌출 ⇨ 프로파일(그림 참조) ⇨ 거리 100 ⇨ 대칭 ⇨ 확인

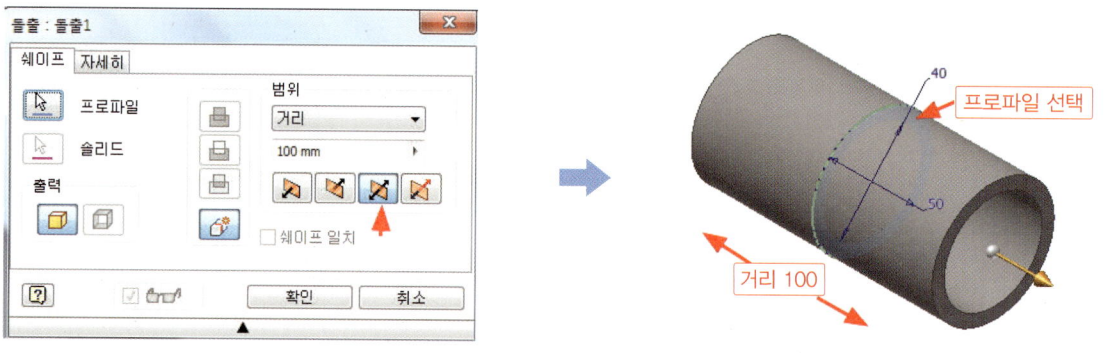

04 디자인 트리 원점[XY 평면(윗면)] ⇨ 스케치 작성 ⇨ F7 (그래픽 슬라이스)

05 중심점 슬롯 ⬭ 선택 ⇨ 그림과 같이 슬롯 홈 스케치

06 형상 투영 선택 ⇨ 디자인 트리 원점의 X축 선택

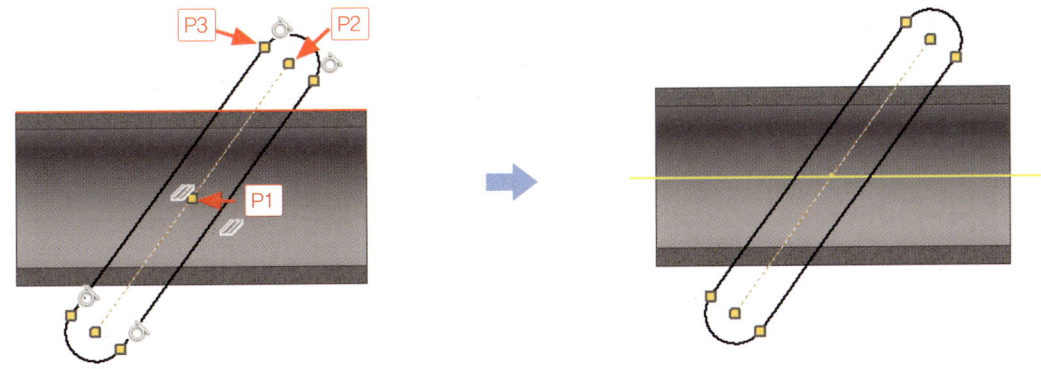

07 슬롯 홈 각도 45도, 정렬길이 80, 슬롯 홈 폭 10으로 치수 기입

08 F7 (그래픽 슬라이스 종료) ⇨ 스케치 마무리 ✓ ⇨ 작성의 엠보싱 선택

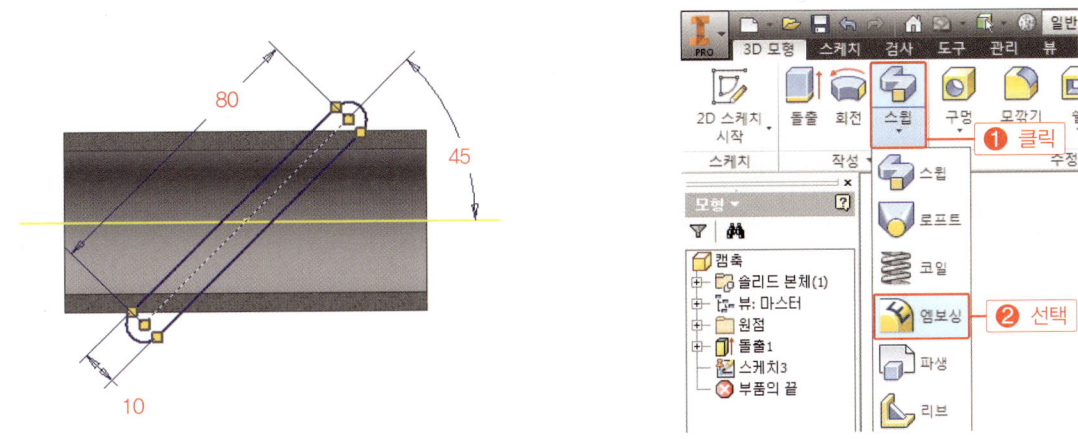

09 음각 ⇨ 깊이 5 입력 ⇨ 면에 감싸기 체크 ⇨ 원통 외측면 선택 ⇨ 반대방향 체크 ⇨ 확인

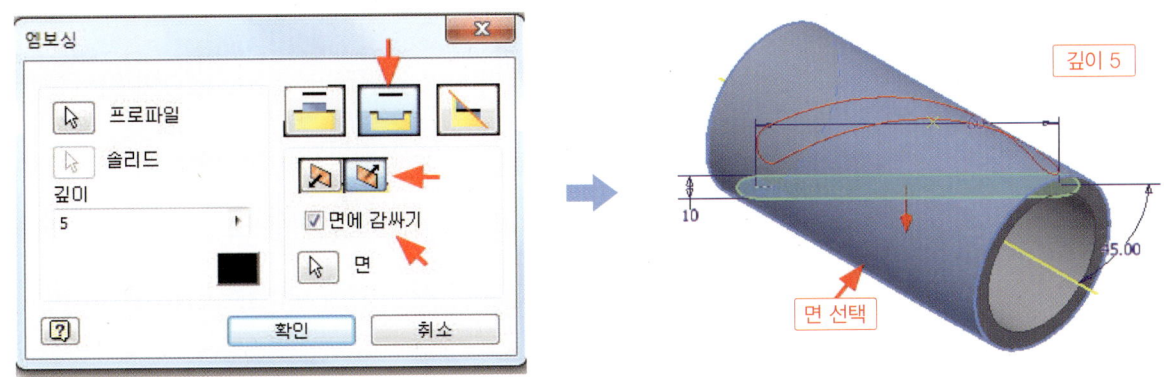

10 원형 패턴 선택 ⇨ 피처(엠보싱 선택), 회전축(원통 외측 면 선택) ⇨ 배치 2, 각도 360 ⇨ 확인

11 모따기 선택 ⇨ 거리 1 입력 ⇨ 양방향 바깥쪽 원형 모서리 선택(그림 참조) ⇨ 확인

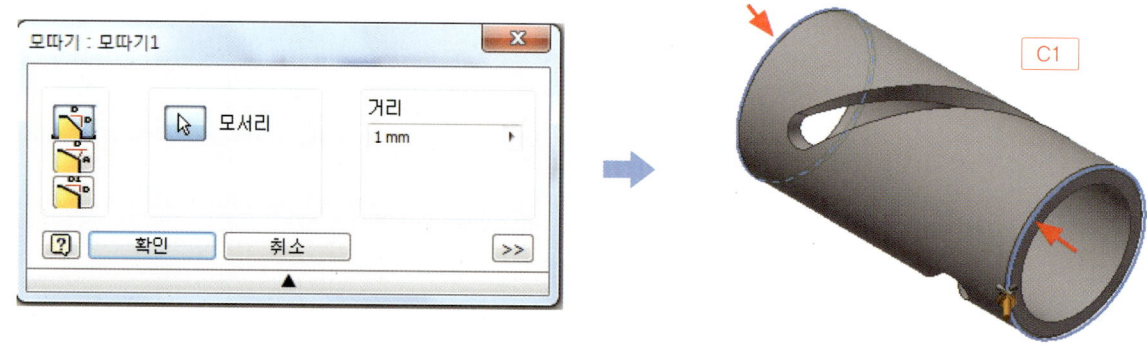

12 최종 완성

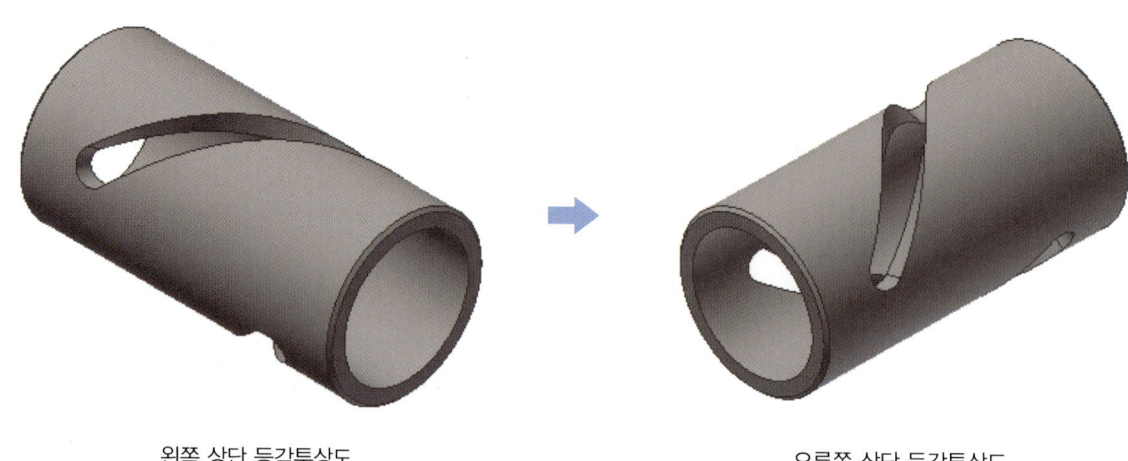

왼쪽 상단 등각투상도   오른쪽 상단 등각투상도

07 슬라이더

도시하고 지시 없는 모떼기 1×45°

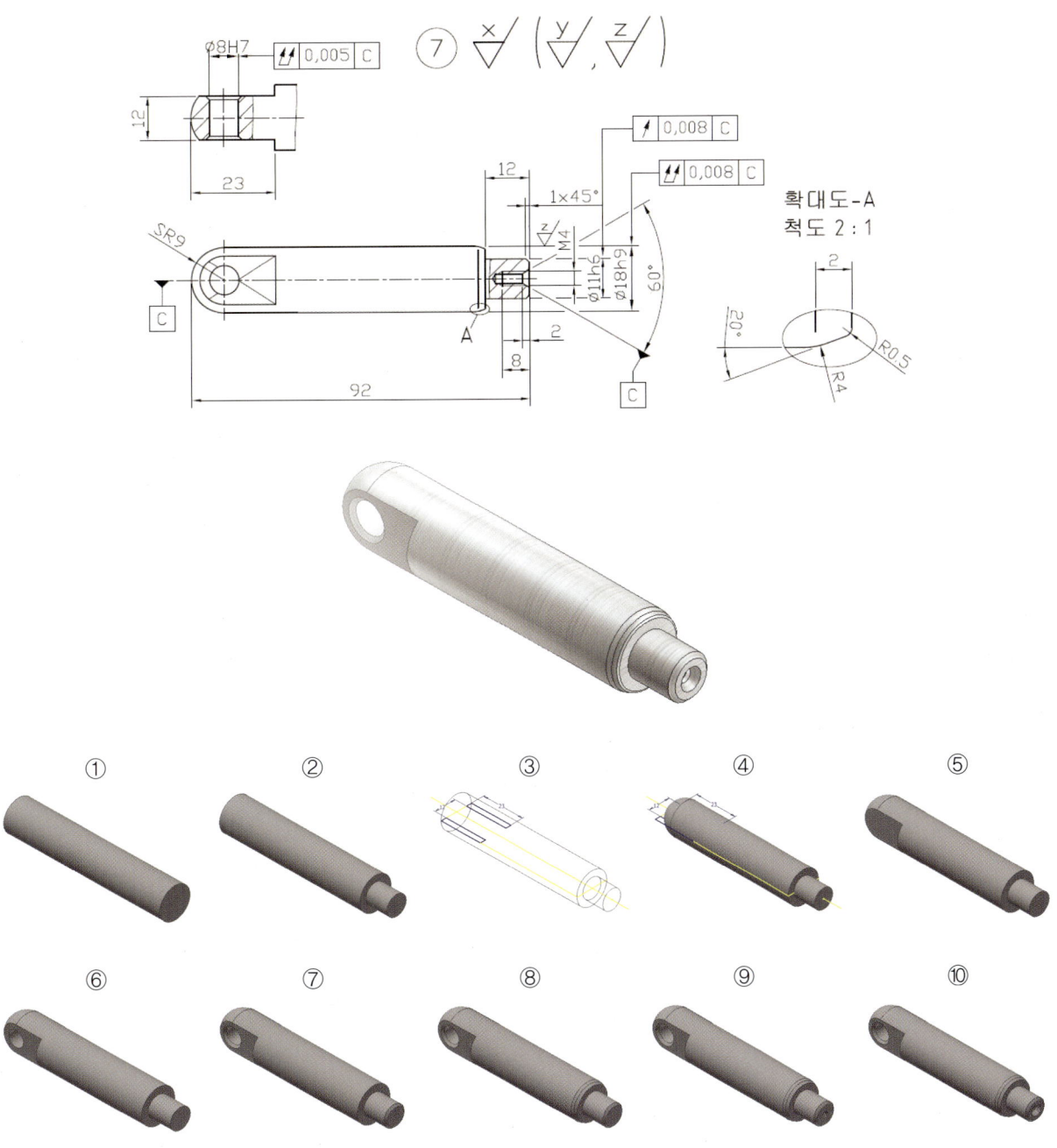

01 `F6` (등각투상도) ⇨ 디자인 트리 원점[YZ 평면(우측 면)] ⇨ 새 스케치

02 스케치 원점에서부터 **원** 스케치 ⇨ 지름 18 치수 기입 ⇨ 스케치 마무리

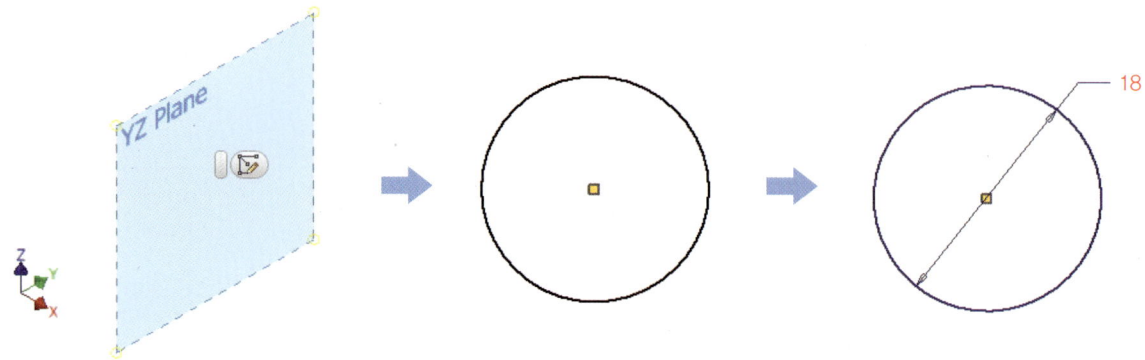

03 **돌출** ⇨ 거리 92 입력 ⇨ 방향 2 **선택** ⇨ 확인

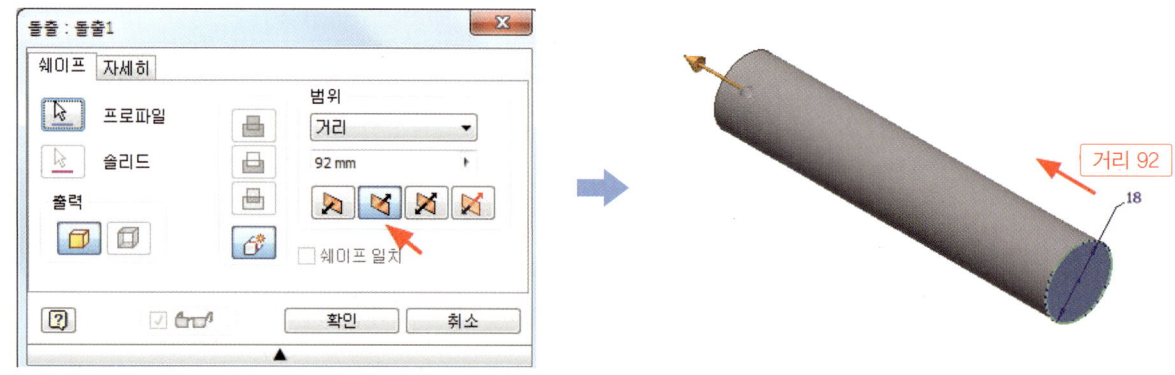

04 부품 우측 면에 **새 스케치** ⇨ 스케치 원점에서부터 **원** 스케치 ⇨ 지름 11로 치수 기입 ⇨ 스케치 마무리

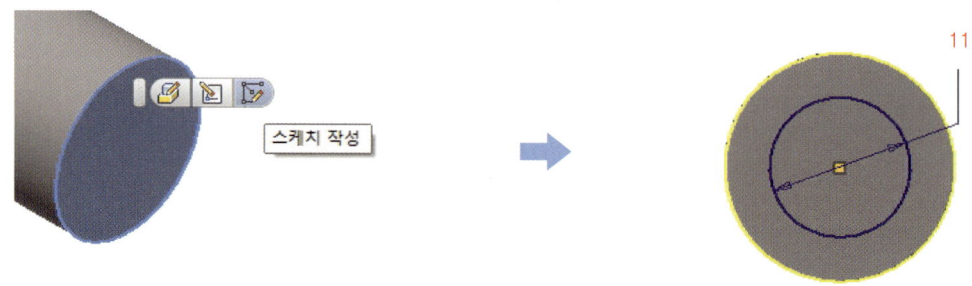

05 돌출 ⇨ 프로파일 **선택**(그림 참조), **차집합**, 거리: **12**, 방향: **방향 2** ⇨ 확인

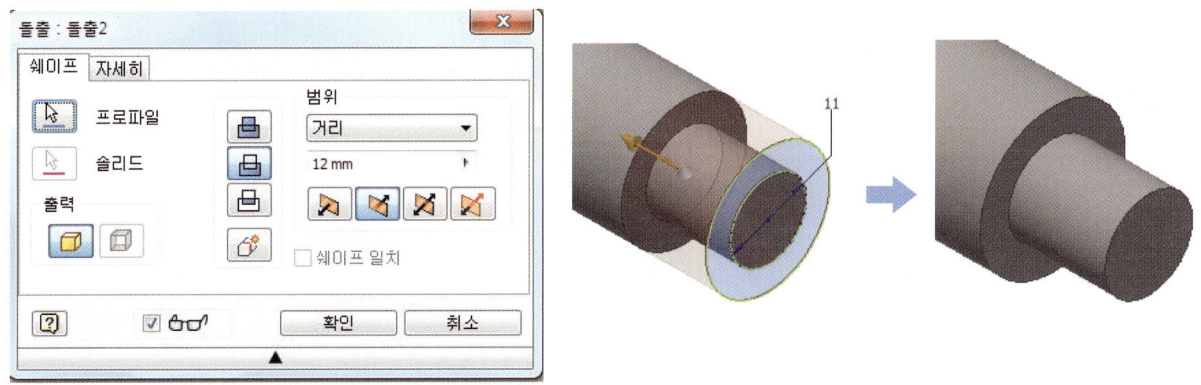

06 검색기 막대(디자인 트리) 원점[XY 평면] 새 스케치 ⇨ F7

07 작성의 **형상 투영** 선택 ⇨ 디자인 트리 원점의 X축과 부분의 맨위 수평선 **클릭** ⇨ 모서리 정점에서부터 **두 점 중심 직사각형** 스케치

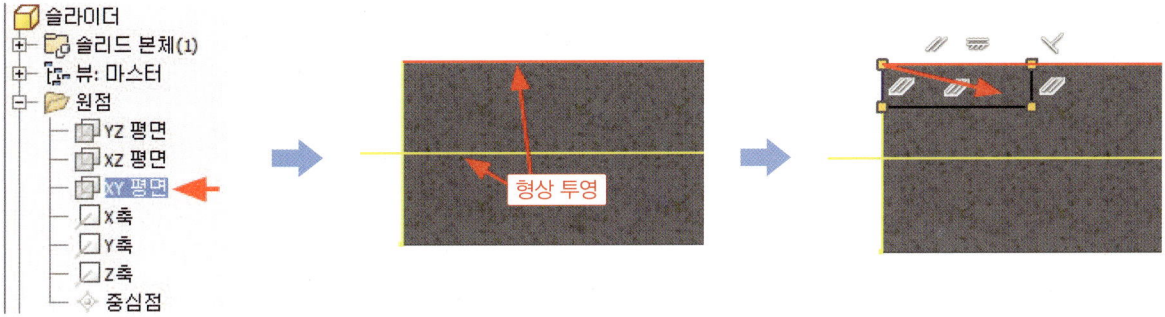

08 스케치 **대칭** 선택 ⇨ 윗부분 직사각형 객체를 **선택**, 가운데 형상 투영한 X축을 대칭선으로 **선택** ⇨ **적용**

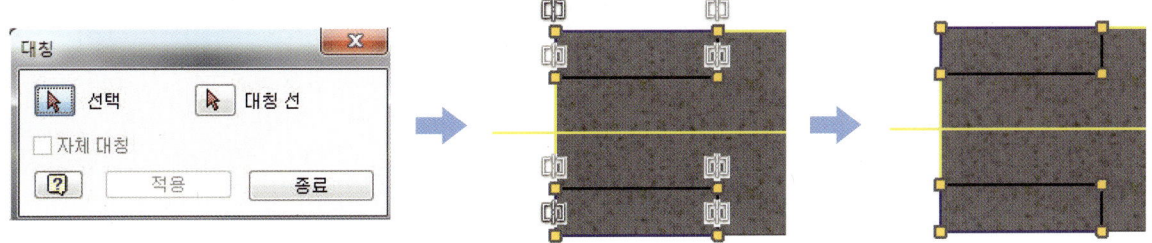

09 가로 **23**, 세로 **12**로 치수 기입 ⇨ 스케치 마무리 ✓ ⇨ **모깎기** ⇨ **선택** ⇨ 뒤쪽 원형 모서리 **선택** ⇨ 반지름 **9** ⇨ 확인

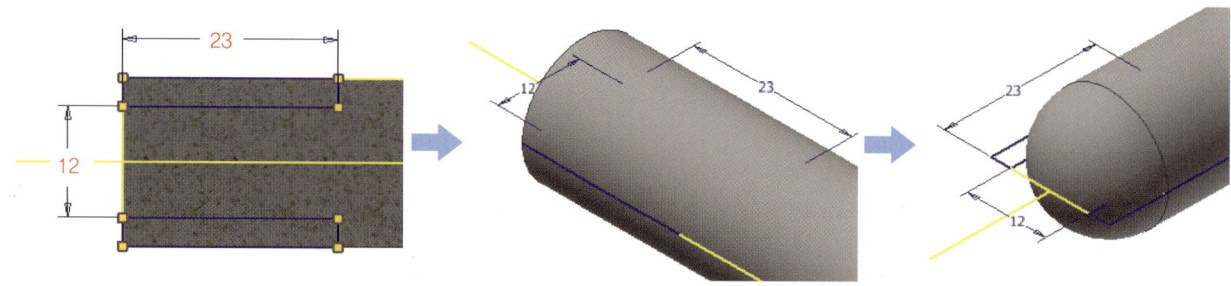

10 **돌출** ⇨ 프로파일 **선택**(그림 참조), **차집합**, 범위: **전체**, 방향: **대칭** ⇨ 확인

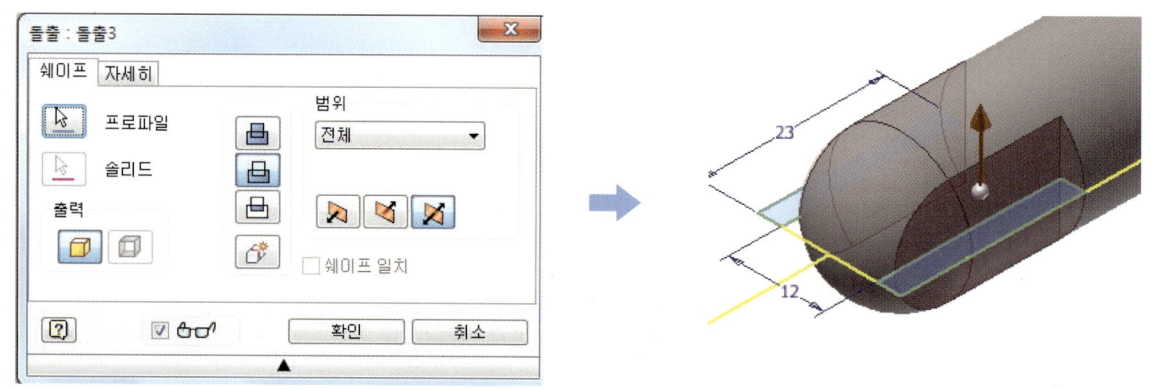

11 오른쪽 수직면에 스케치 작성 ⇨ 원호 중심위치에 점 스케치 ⇨ 스케치 마무리

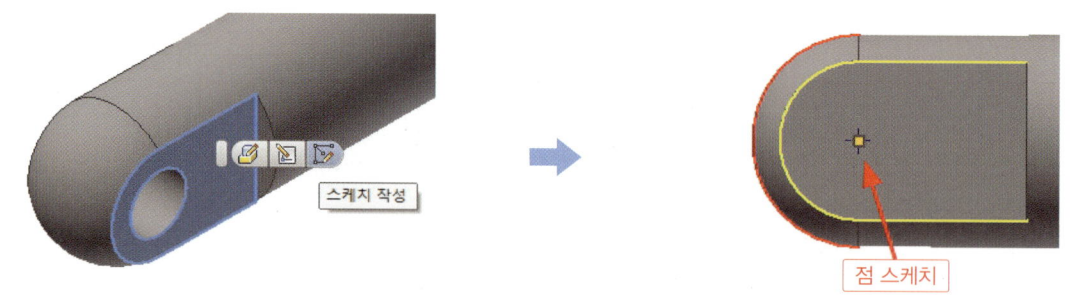

12 구멍 ⬡ ⇨ 드릴 선택 후 지름 **8** 입력 ⇨ **전체 관통**시킨다.

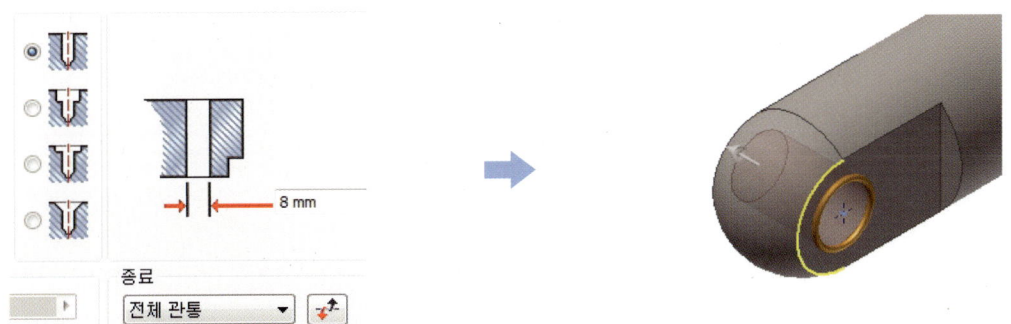

13 모따기 ⬡ **선택** ⇨ 구멍 앞뒤 원형 모서리, 맨 뒤 원형 모서리 각각 **선택** ⇨ **C1** 모따기 ⇨ 확인

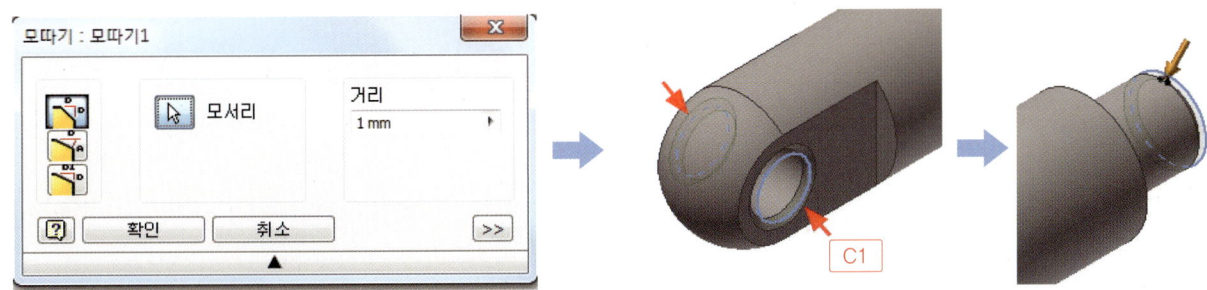

14 중간 점검 시점을 평면으로 회전시키고, 와이어 프레임 상태에서 실제 도면과 점검한다.

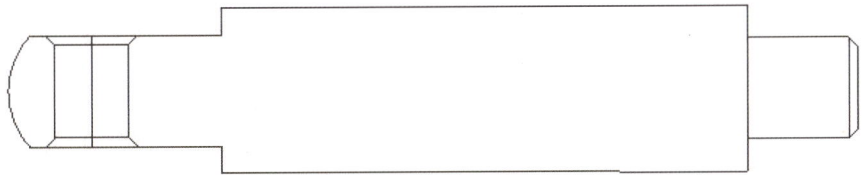

15 모따기 ⬡ ⇨ **거리 및 각도 선택** ⇨ 거리 **2**, 각도 **20** 입력 ⇨ 그림과 같이 **선택** ⇨ **적용**

16 모깎기 선택 ⇨ **15**에서 모깎기한 뒷부분 원형 모서리 큰 부분 **선택** ⇨ 반지름 **4** ⇨ 확인

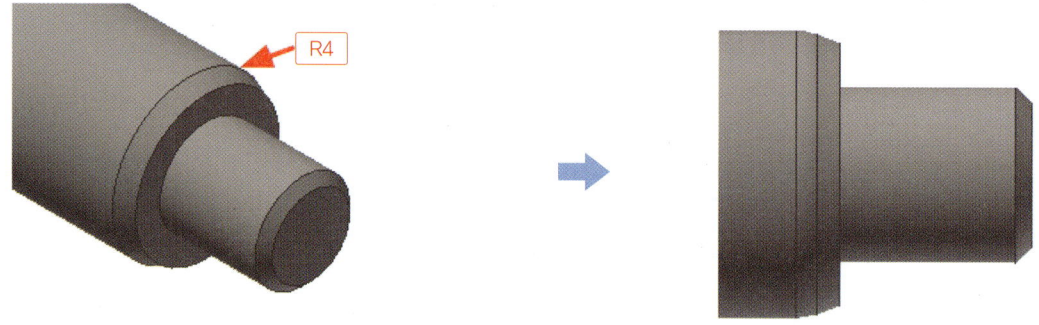

17 부품 우측 면에 **새 스케치** ⇨ 스케치 원점에 **점** ⇨ 스케치 ⇨ 스케치 마무리 ✓

18 아래 그림과 같이 설정하여 **M4** 탭을 만들어준다.

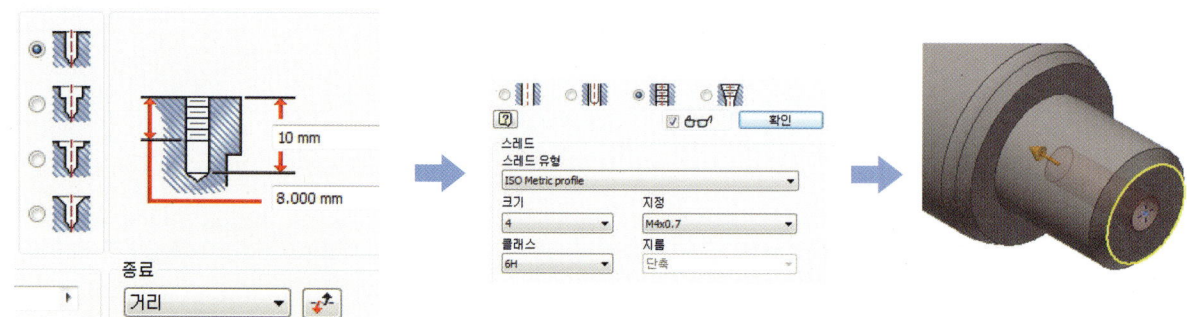

19 모따기 ⬧ ⇨ **거리 및 각도 선택** ⇨ 거리 **2**, 각도 **30** 입력 ⇨ 그림과 같이 **선택** ⇨ **적용**

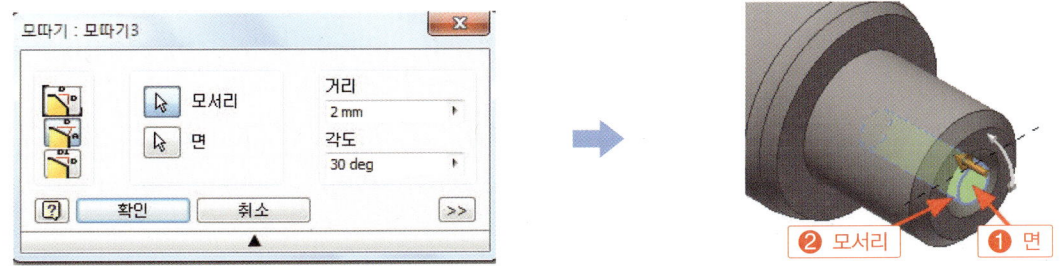

20 평면도, 정면도 최종 점검

21 최종 완성

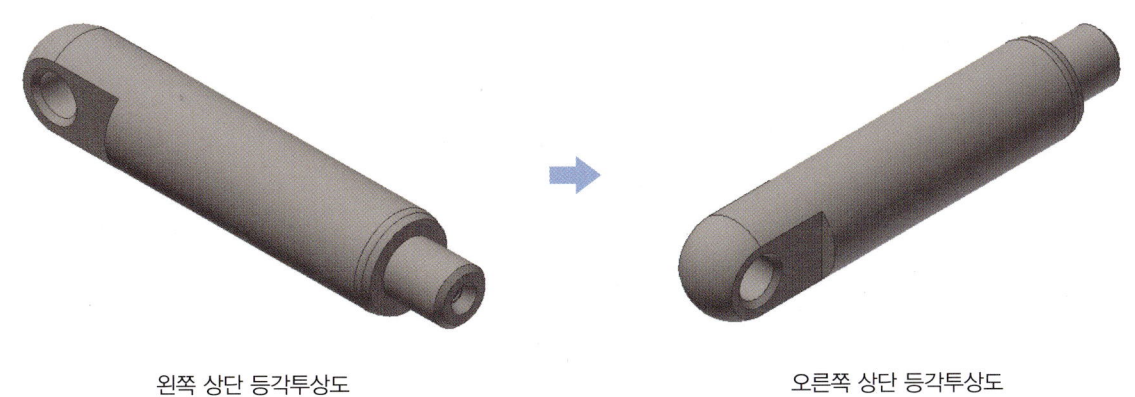

왼쪽 상단 등각투상도   오른쪽 상단 등각투상도

08 | 널링

01 바른줄형 널링

도시하고 지시 없는 모따기 $1 \times 45°$

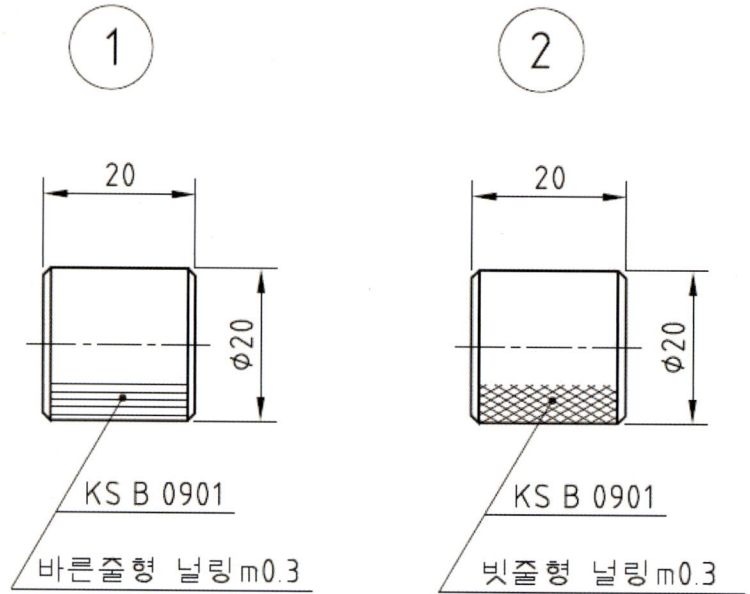

01 디자인 트리 원점의 평면[XY 평면] ⇨ **새 스케치**

02 **두 점 직사각형** 선택 ⇨ **스케치 원점**에 직사각형 스케치 ⇨ 맨 아래 수평선을 **중심선**으로 변경

03 **치수** 선택 ⇨ 도면을 보고 치수 기입 ⇨ **회전** ⇨ 확인 ⇨ 원형 모서리 모따기 C1처리

04 우측 면에 **새 스케치** ⇨ 원형 모서리 삭제 ⇨ **형상 투영** ⇨ 바깥쪽 원 **선택** ⇨ 바깥쪽 원에 원 스케치(위치는 상관없음)

05 0.1로 치수 기입 ⇨ **돌출** 로 관통시킨다.

06 원형패턴 ⟹ 배치 수량은 항상 직경치수에 **두 배** 값을 곱한다.**(자격증 실기 시험용)** ⟹ 회전축은 디자인 트리 원점의 **X축 선택**

자격증 실기 시험용(직경×2)

바른줄 널링 사실적 표현용(직경×4)

02 빗줄형 널링

도시하고 지시 없는 모따기 1°

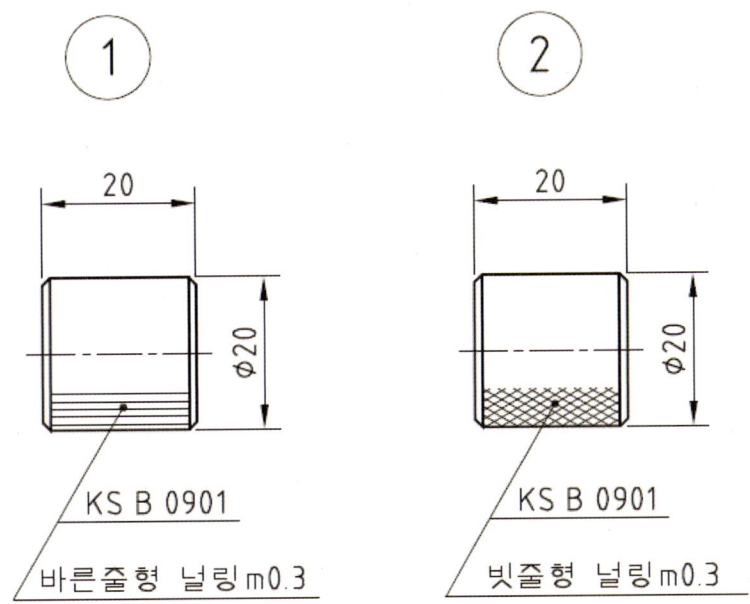

01 디자인 트리 원점의 평면[XY 평면] ⇨ 새 스케치

02 두 점 직사각형 선택 ⇨ 스케치 원점에 직사각형 스케치 ⇨ 맨 아래 수평선을 **중심선**으로 변경

03 **치수** 선택 ⇨ 도면을 보고 치수 기입 ⇨ **회전** ⇨ 확인 ⇨ 원형 모서리 모따기 **C1**처리

04 우측 면에 **새 스케치** ⇨ 원형 모서리 삭제 ⇨ **형상 투영** ⇨ 바깥쪽 원 **선택** ⇨ 바깥 원에 원 스케치
(위치는 상관없음)

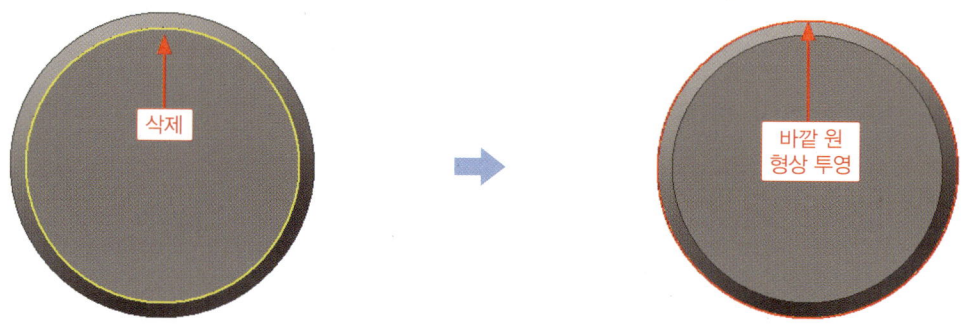

05 0.1로 치수 기입 ⇨ 스케치 마무리 ⇨ F6 (홈뷰)으로 시점 변경

06 코일 ➯ 프로파일: 0.1원, 축: 디자인 트리 원점의 X축 선택 ➯ 차집합 체크 ➯ '코일크기' 클릭 ➯ 아래 오른쪽 그림과 같은 유형을 선택하고 치수 입력 ➯ 확인

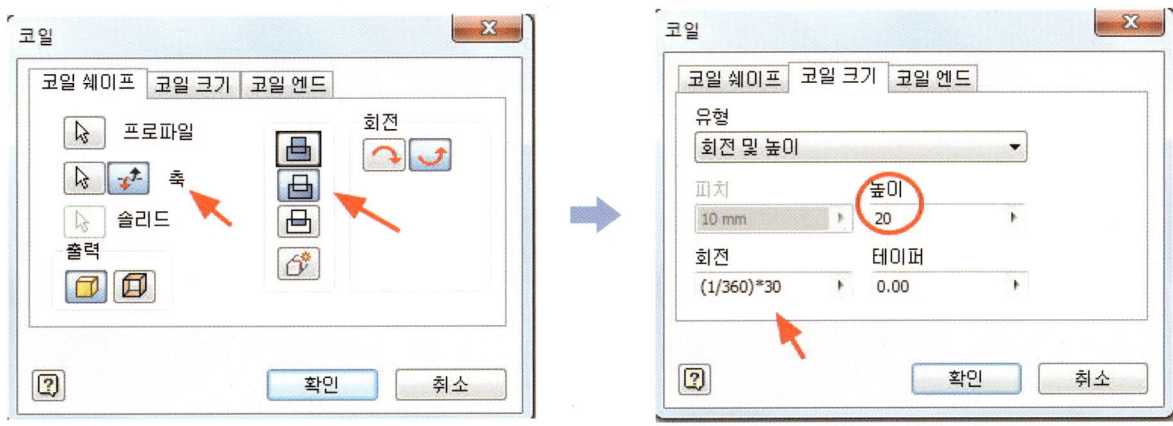

TIP 널링 각도는 30도이므로 코일의 회전값은 항상 $\frac{1}{360} \times 30$을 입력한다.

07 원형패턴 ➯ 배치 수량은 항상 직경치수에 두 배 값을 곱한다.**(자격증 실기 시험용)** ➯ 회전축은 디자인 트리 원점의 X축 선택

자격증 실기 시험용(직경×2)

바른줄 널링 사실적 표현용(직경×4)

08 작업평면: **평면에서 간격 띄우기** 선택 ➪ 우측 면 **클릭** 후 마우스 커서를 10시 방향으로 이동 ➪ **−10** 입력(작업평면 수치는 항상 널링하고자 하는 길이의 절반값을 입력한다.) ➪ 확인

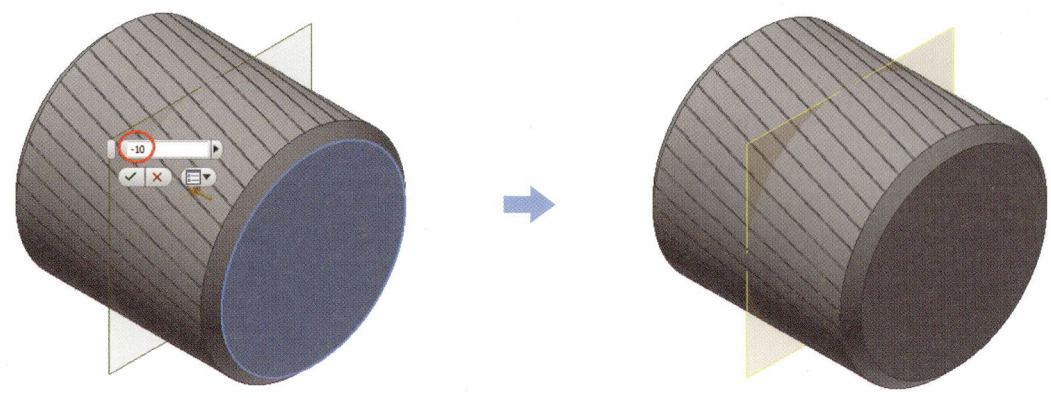

09 대칭 ➪ 작업평면을 기준으로 원형패턴을 좌우 대칭으로 한다. ➪ 작업평면 가시성 제거

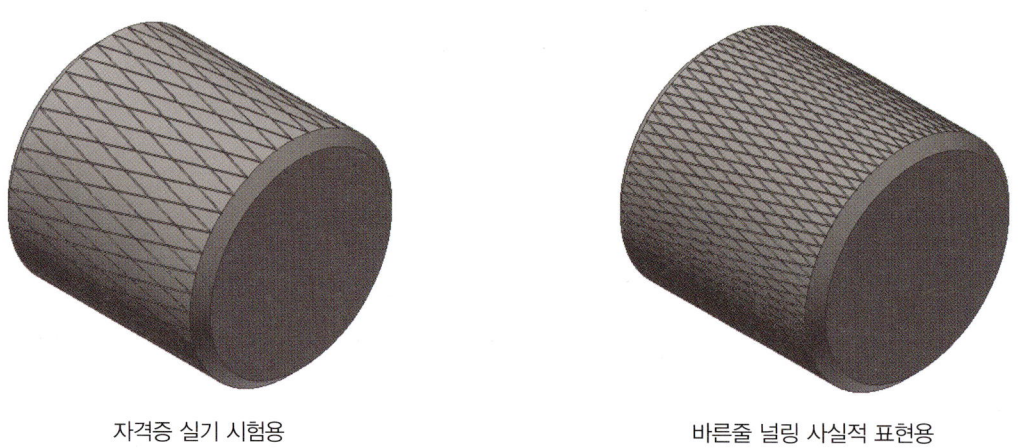

자격증 실기 시험용   바른줄 널링 사실적 표현용

03 빗줄형 널링의 이미지 삽입방식

도시하고 지시 없는 모따기 1°

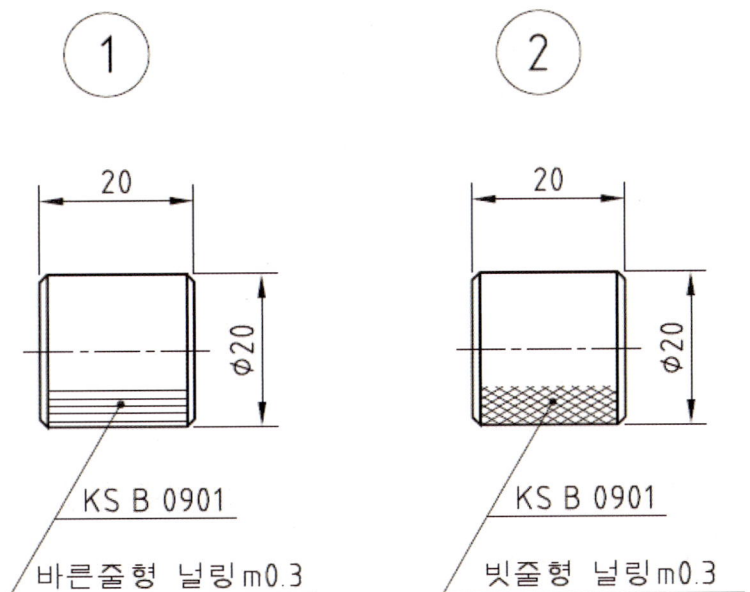

01 디자인 트리 원점의 평면[XY 평면] ⇨ **새 스케치**

02 **두 점 직사각형** 선택 ⇨ **스케치 원점**에 직사각형 스케치 ⇨ 맨 아래 수평선을 **중심선**으로 변경

03 **치수** 선택 ⇨ 도면을 보고 치수 기입 ⇨ **회전** ⇨ 확인 ⇨ 원형 모서리 모따기 C1처리

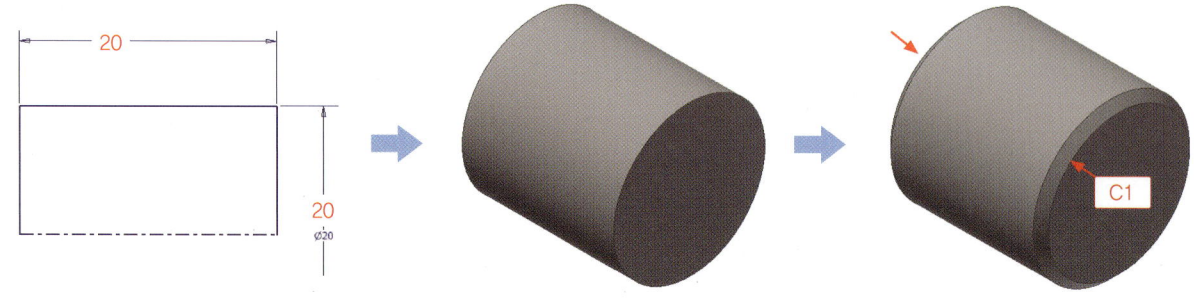

04 마우스로 바깥쪽 원통면 **클릭** ⇨ 풀다운 메뉴 ⇨ 도구 ⇨ 모양 **선택**

05 기본값 이미지에서 마우스 오른쪽 버튼 **클릭** ⇨ **복제 선택** ⇨ '1 널링' 입력

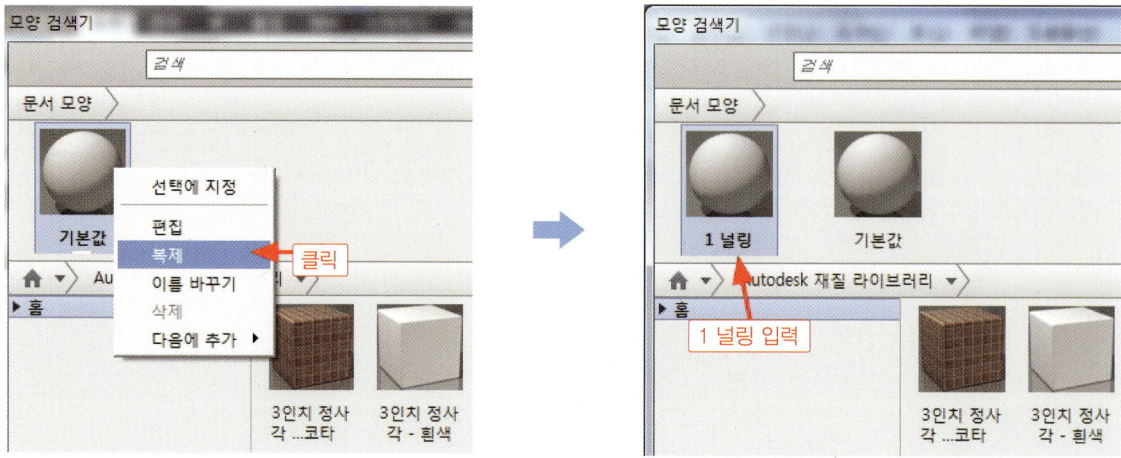

06 1 널링 이미지 **더블클릭** ⇨ '**(선택된 이미지 없음)**…' 글자를 **클릭**한다.

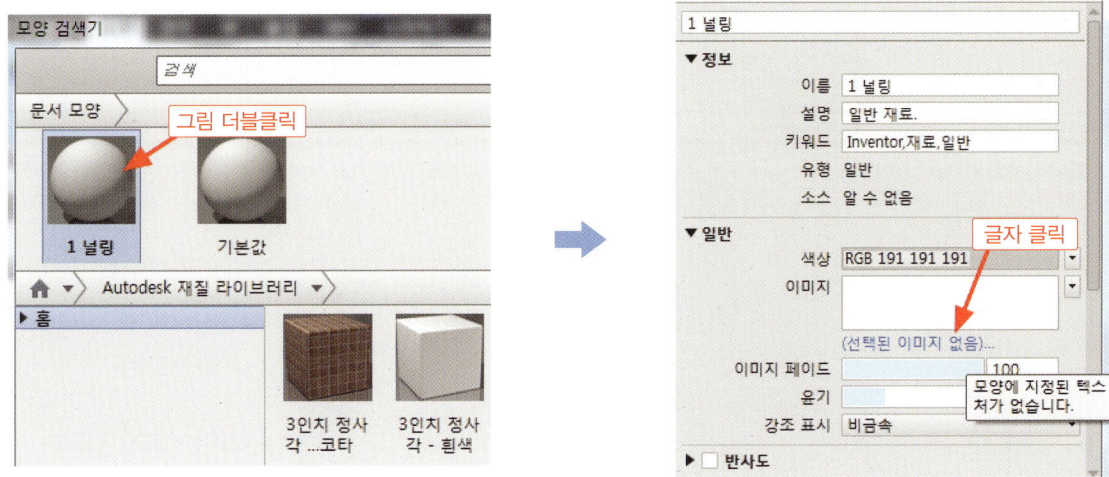

07 문서 라이브러리 슬라이드바를 아래로 내린 후 '**Knurl_2**'를 **선택** ⇨ 오른쪽 상단의 닫기 아이콘 을 **클릭**한다.

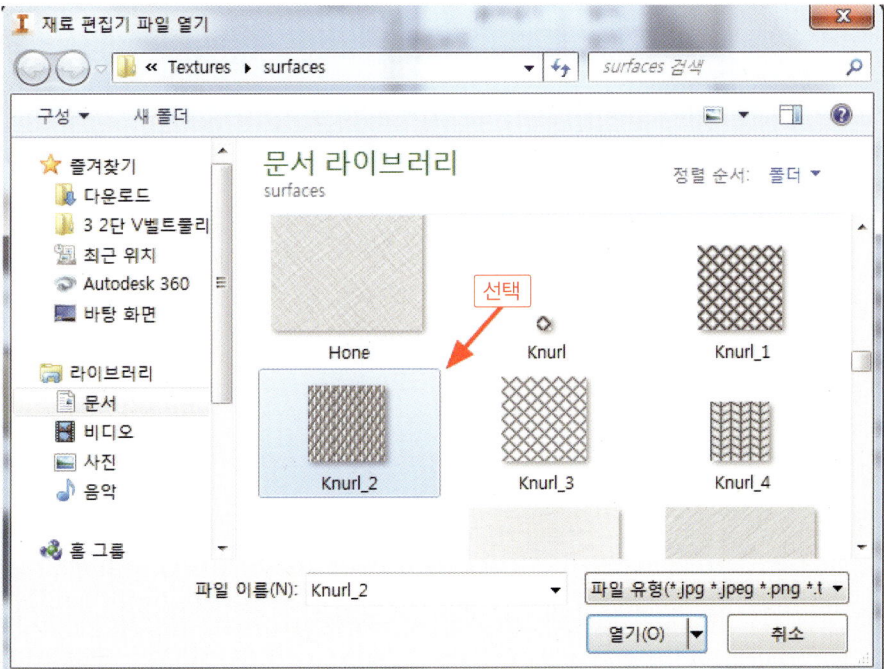

08 축척의 견본 크기 폭과 높이 수치를 1.5로 정정한다.

 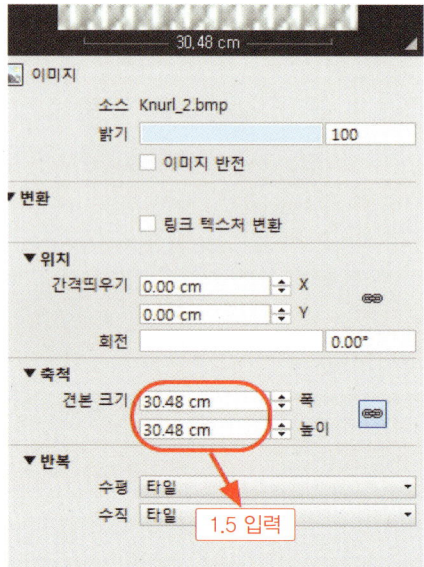

09 모양 편집기에서 확인 을 클릭한다.

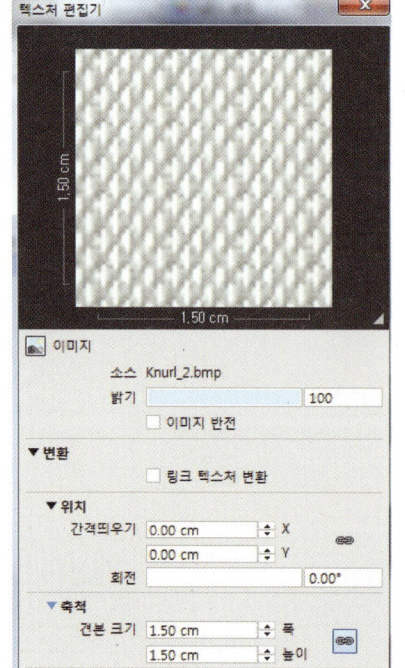 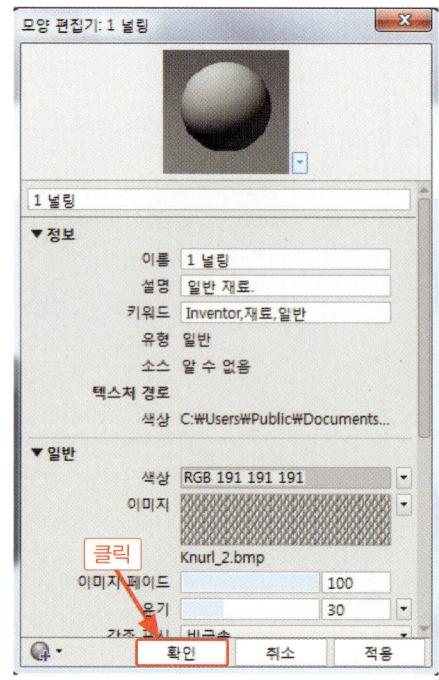

10 최종 완성

11 다른 면에 널링 이미지를 부착하고자 하면 원하는 면을 **선택** 후 마우스 오른쪽 버튼 **클릭** ⇨ **특성(P) 클릭** ⇨ 면 특성 대화상자에서 **역삼각형 클릭**

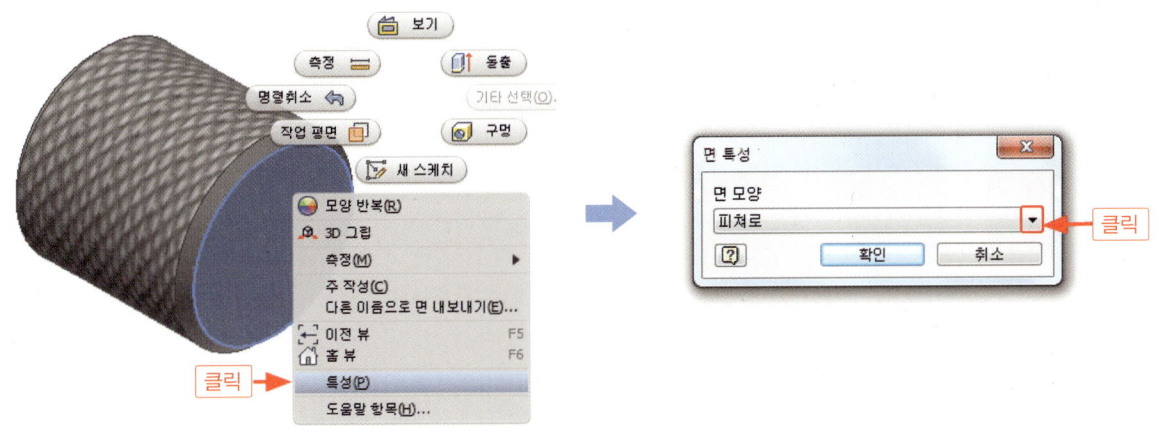

12 목록에서 '**1 널링**' **선택** ⇨ 확인

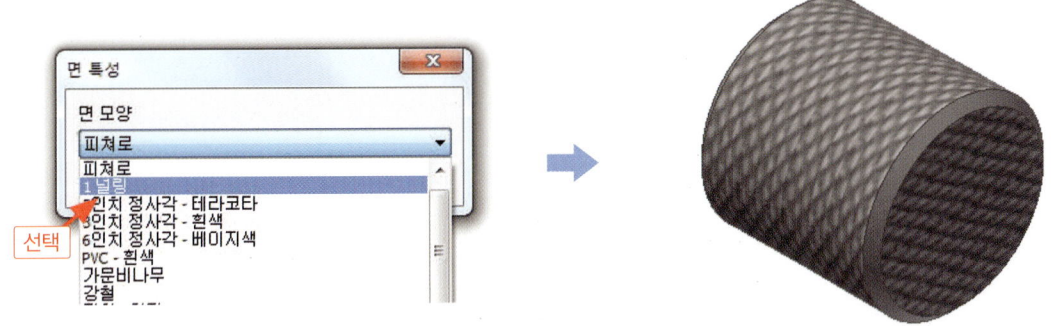

CHAPTER 07

인 벤 터 - 3 d 실 기 · 실 무

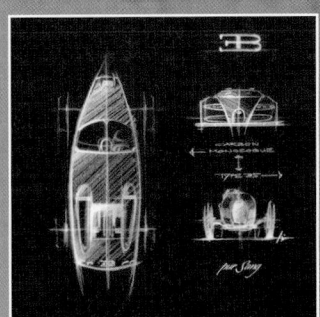

커버 모델링

BRIEF SUMMARY

1. 오일실 조립형
2. O링 조립형

01 오일실 조립형

도시되고 지시 없는 모따기 1×45°, 필렛 및 라운드 R3

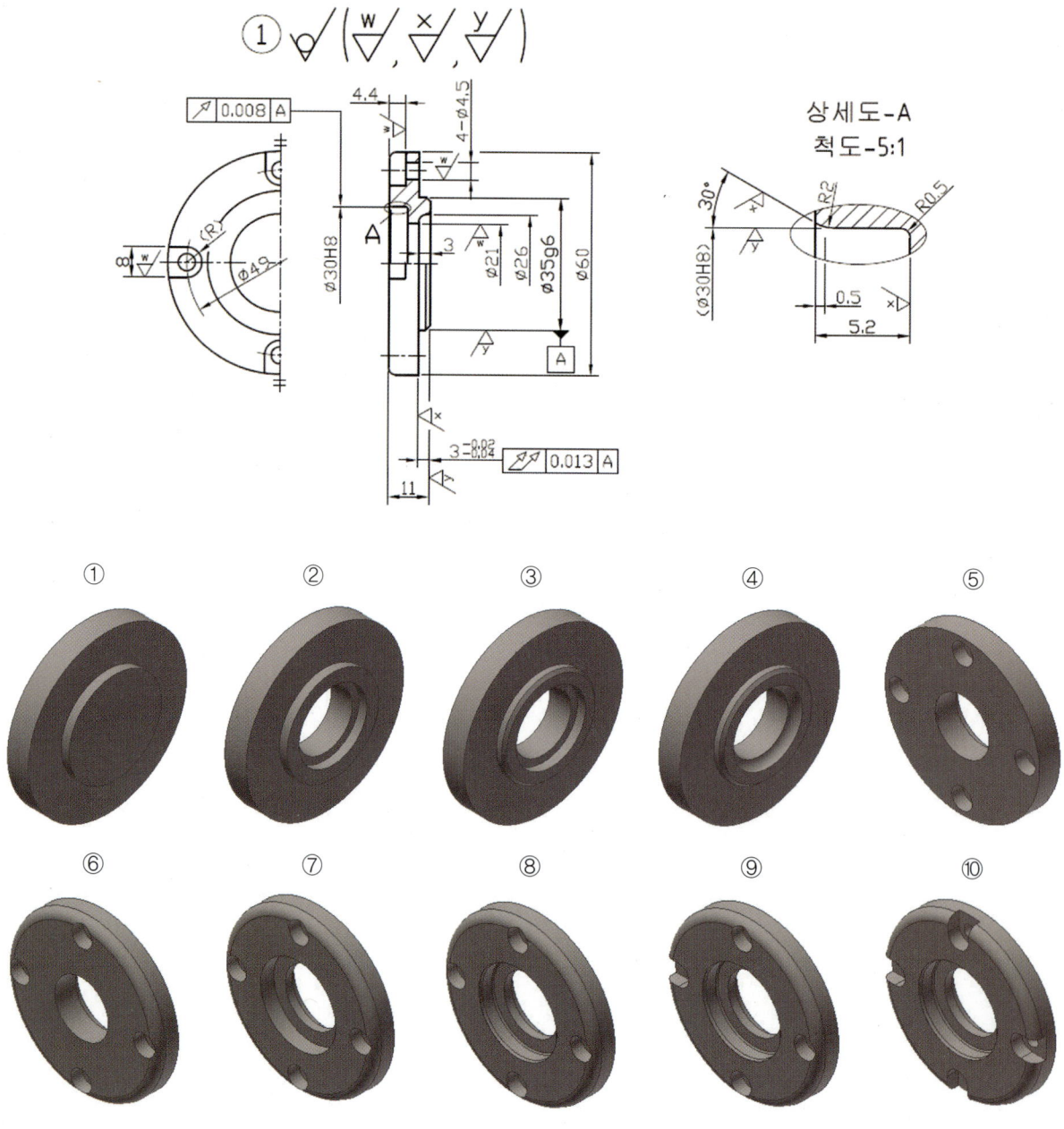

01 디자인 트리 원점의 평면[XY 평면] ⇨ **스케치 작성**

02 **선** **선택** ⇨ **스케치 원점**에 시계방향으로 선 스케치 ⇨ 맨 아래 수평선을 **중심선** 으로 변경

03 **치수 기입** ⇨ 도면을 보고 치수를 정정한다.

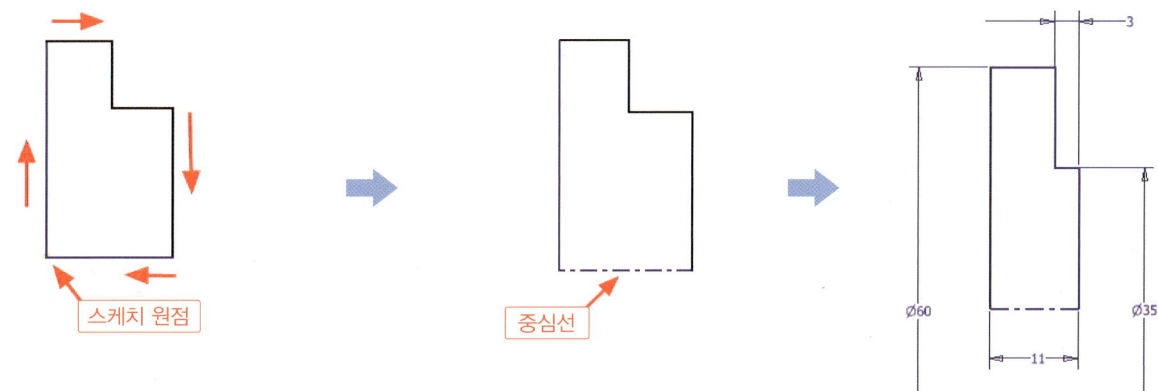

04 회전 **선택** ⇨ **프로파일 및 축 선택**(자동) ⇨ **확인**

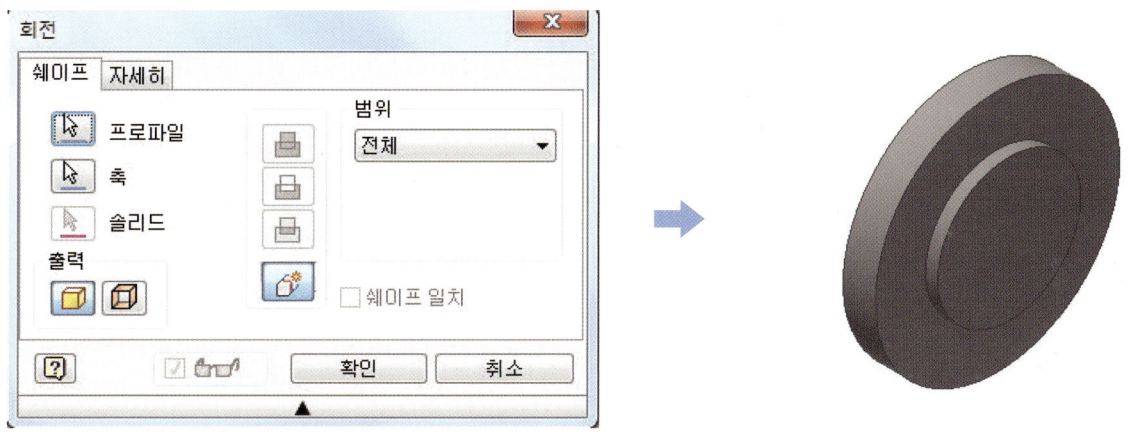

05 커버 오른쪽 측면에 **스케치 작성** ⇨ 중심점 **선택** ⇨ 영문 'H'를 타이핑하여 구멍 대화상자를 불러낸다.

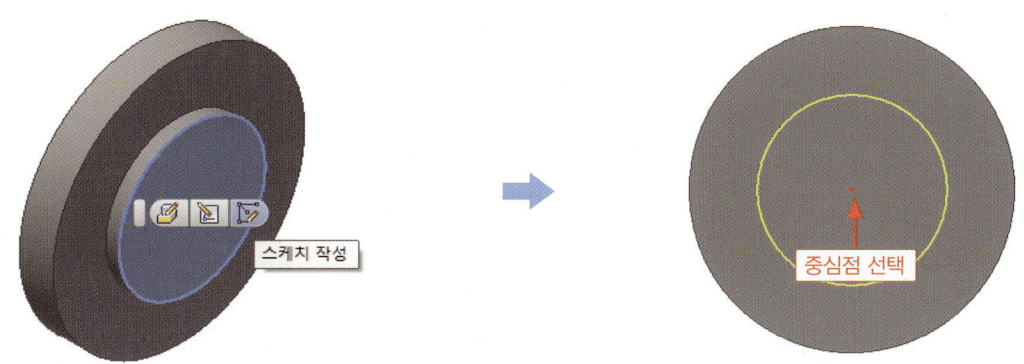

06 구멍 대화상자에서 **작은 지름 21**, **큰 지름 26**, **깊이 3**으로 치수 입력 ⇨ 확인

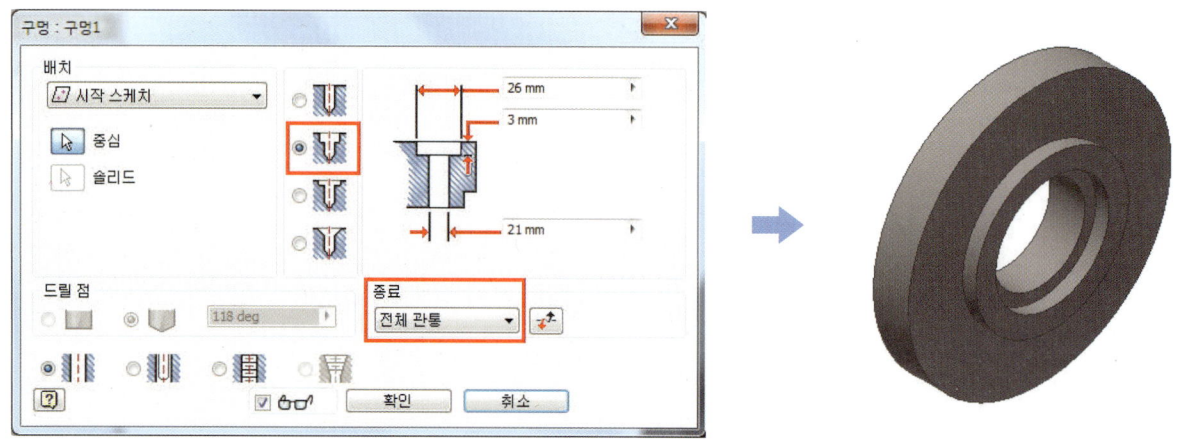

07 모따기할 모서리를 마우스로 **클릭** ⇨ **모따기** 아이콘 **선택** ⇨ **C1**으로 모따기한다.

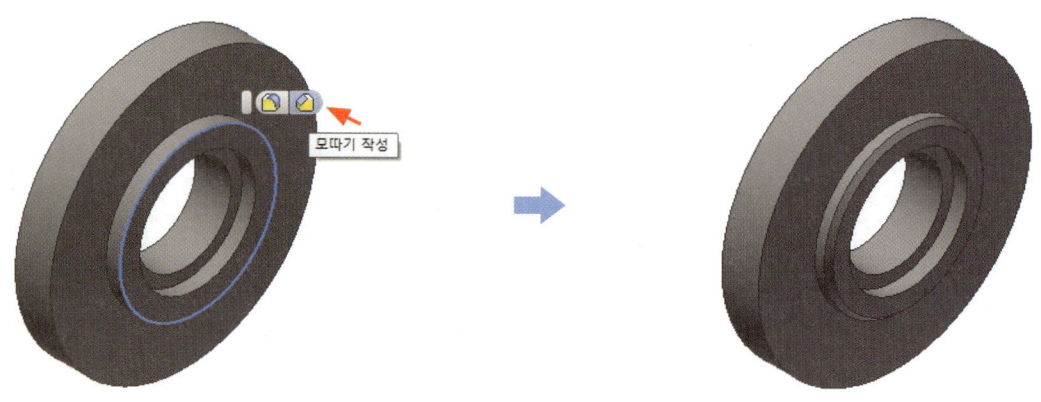

08 그림 상의 모서리를 마우스로 **선택** ⇨ **모깎기** 아이콘 **클릭** ⇨ **R3**으로 모깎기한다.

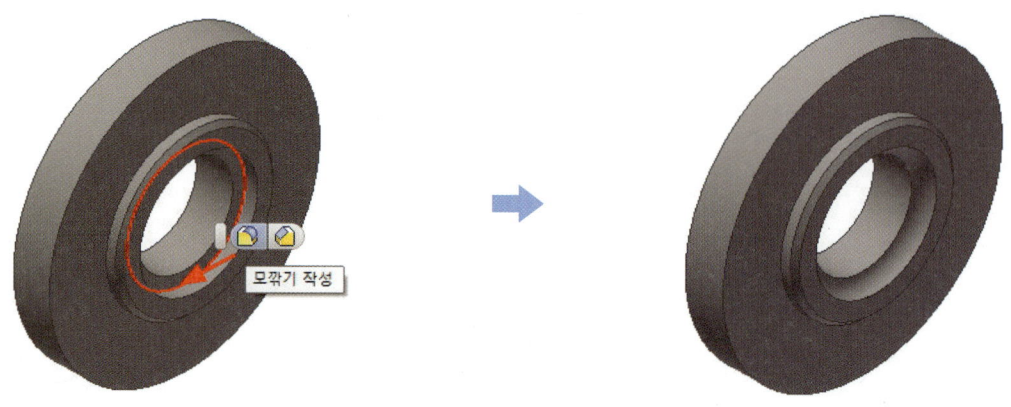

09 좌측 면 **선택** ⇨ **스케치 작성** ⇨ 스케치 원점에 **수직선**, **원**, **점** 을 차례대로 스케치 ⇨ 스케치한 선을 모두 **구성**으로 변경 ⇨ 지름 **49**로 치수 기입 ⇨ 구멍 단축키 '**H**' 타이핑

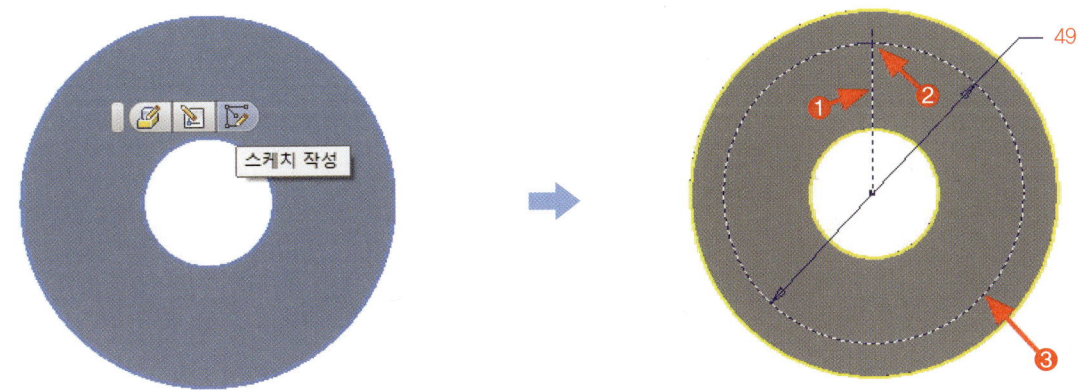

10 구멍 대화상자에서 **작은 지름 4.5**, **큰 지름 8**, **깊이 4.4**로 치수 입력 ⇨ 확인

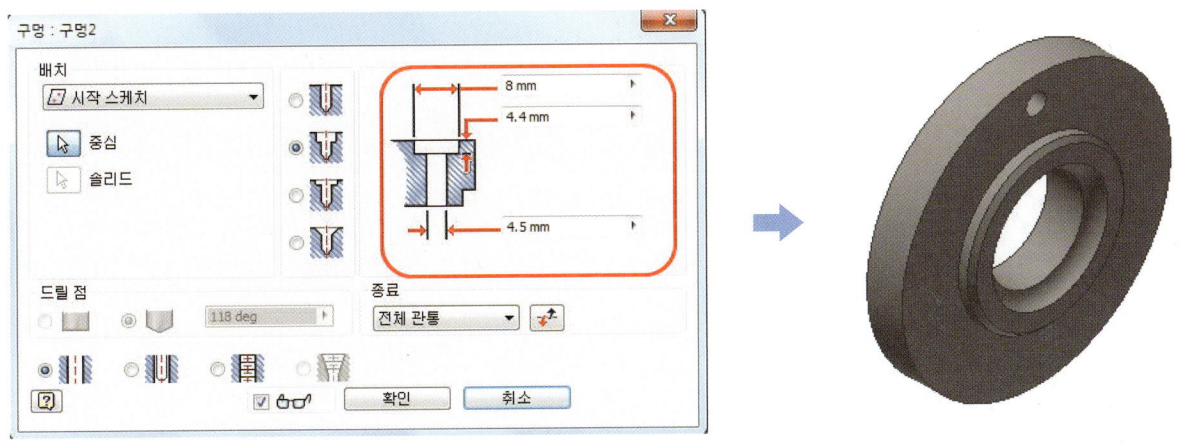

11 원형 패턴 **선택** ⇨ 배치 **수량 4**, **각도 360** 입력 ⇨ 회전축은 **커버 안쪽 면 선택** ⇨ 확인

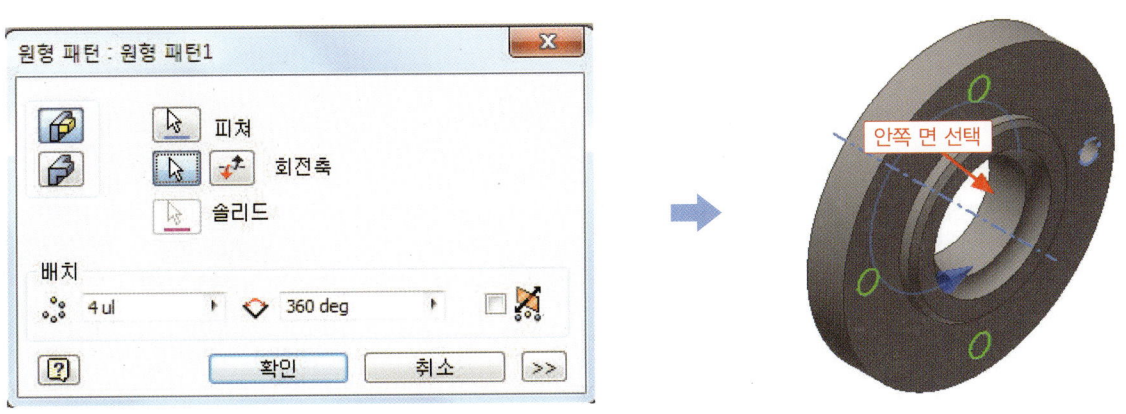

12 그림 상의 모서리를 마우스로 **선택** ⇨ **모깎기** 🔲 아이콘 **클릭** ⇨ 안쪽 부위도 추가로 **선택** ⇨ R3으로 모깎기한다.

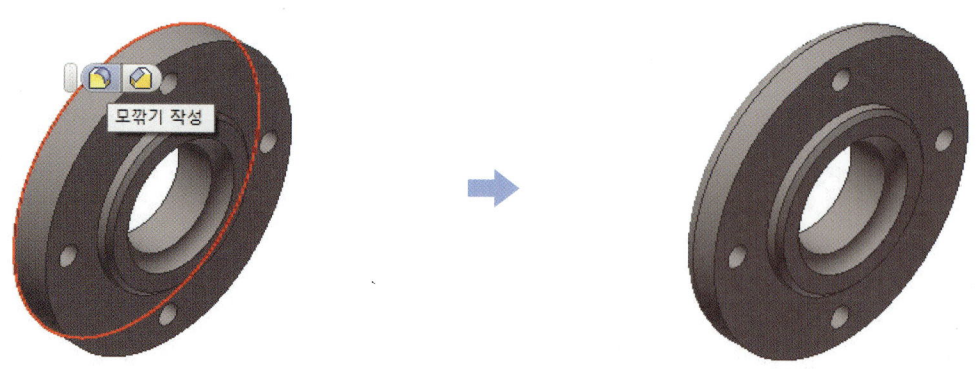

13 좌측 면 **선택** ⇨ **스케치 작성** 📝 ⇨ 부품 중앙점 **선택** ⇨ 키보드에서 구멍의 단축키 'H'를 타이핑하고 **작은 지름 21, 큰 지름 30, 깊이 5.2**로 치수 입력 ⇨ 확인

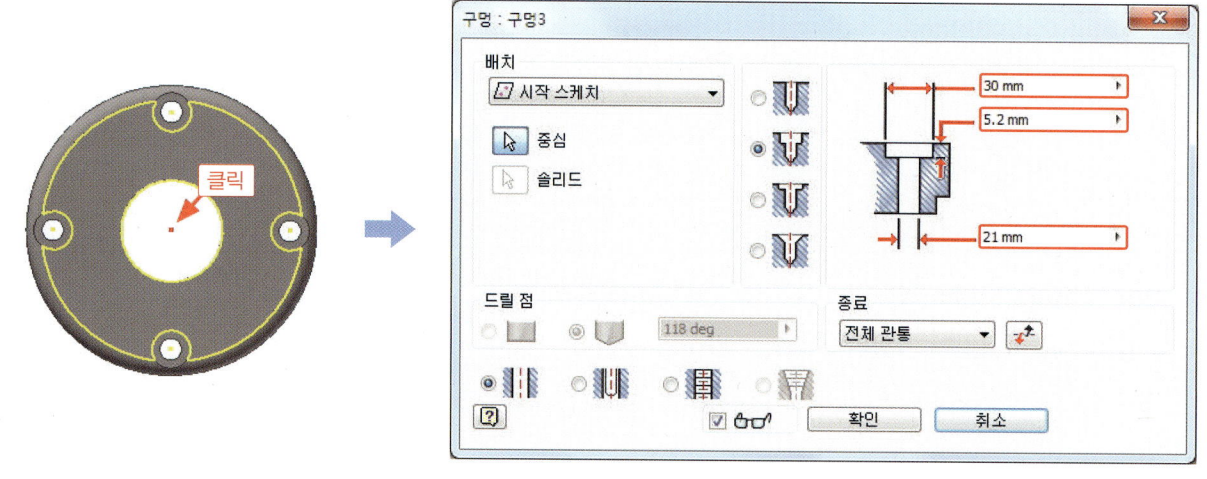

14 그림 상의 모서리를 마우스로 **선택** ⇨ **모깎기** 🔲 아이콘 **클릭** ⇨ R0.5로 모깎기한다.

15 모따기 🔲 선택 ⇨ **거리 0.5, 각도 30** 입력 ⇨ 그림과 같이 **선택** ⇨ 확인

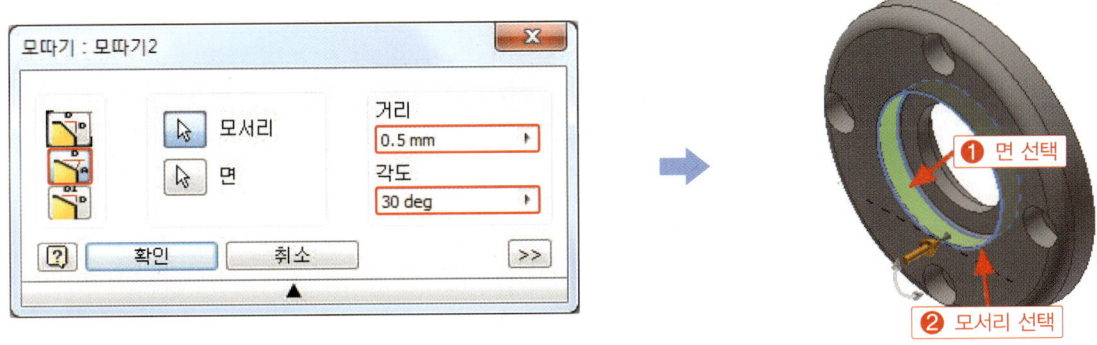

16 그림 상의 모서리를 마우스로 **선택** ⇨ 모깎기 🔲 아이콘 **클릭** ⇨ **R2**로 모깎기한다.

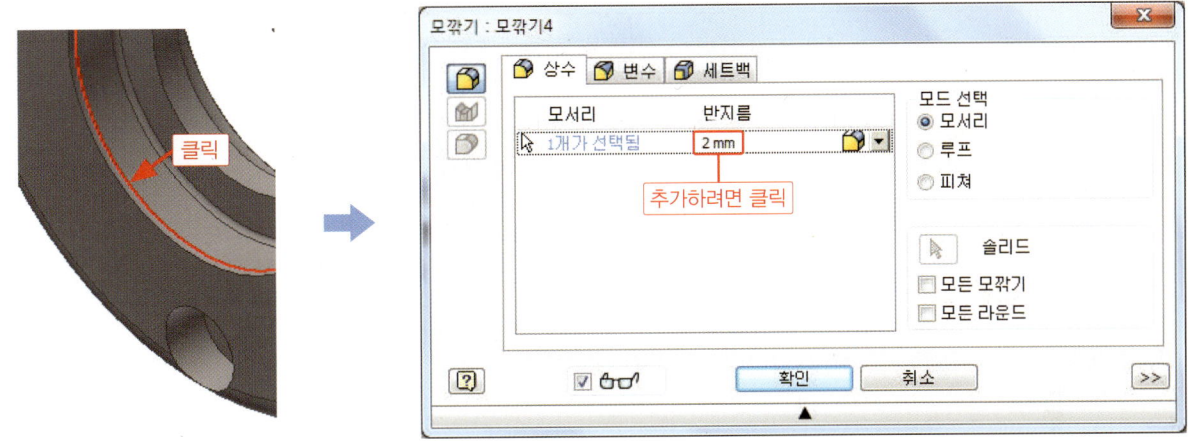

17 디자인 트리 원점의 XY 평면에 **스케치 작성** 📝 ⇨ 화면을 와이어프레임 🔲 표시로 변경 ⇨ 볼트 자리파기 부위 확대

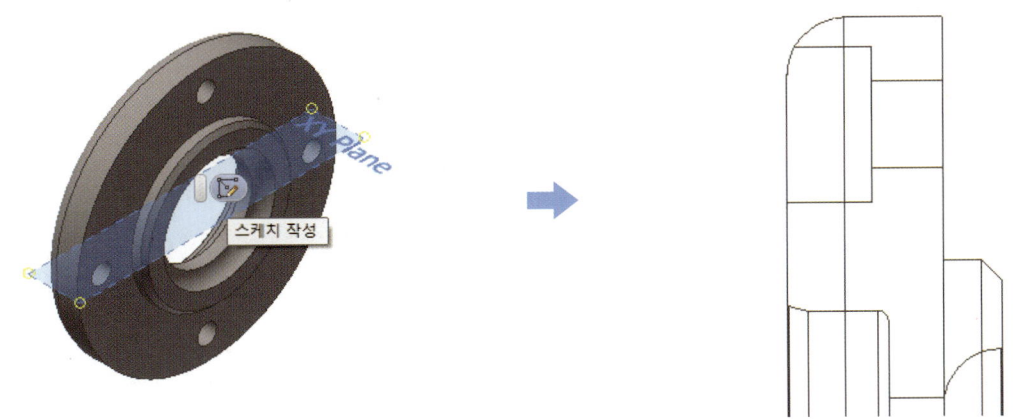

18 **형상 투영** 아이콘 ⇨ 왼쪽 그림처럼 3군데 모서리 **선택** ⇨ 확인 ⇨ **직사각형** 아이콘 **선택**
⇨ 형상 투영한 볼트 자리파기 수직선 **중간점**에 일치하여 사각형을 바깥쪽으로 스케치한다.

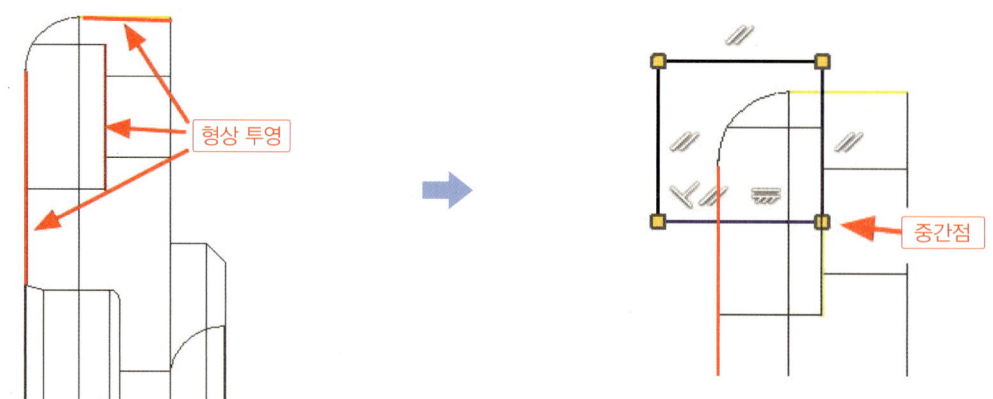

19 **동일 선상** 구속조건을 사용하여 투영한 **수평선**과 **수직선**에 구속을 각각 부가한다.

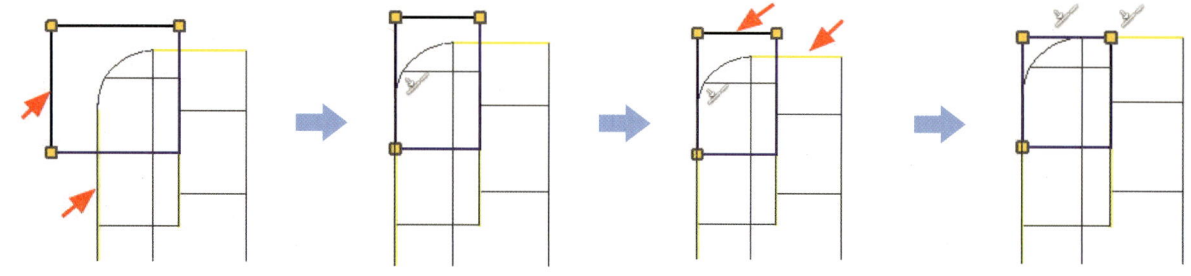

20 **와이어프레임** 표시에서 **모서리로 음영처리** 화면으로 변경한다.

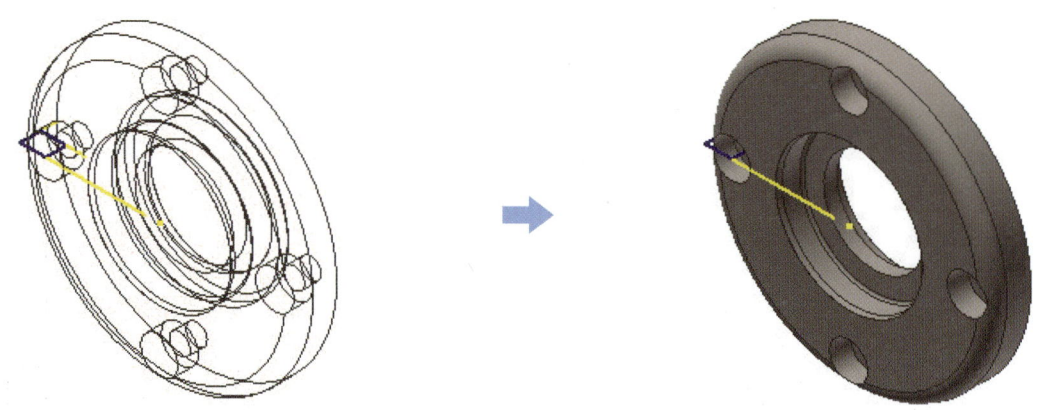

21 돌출 선택 ⇨ 차집합 ⇨ 돌출방향: 대칭 ⇨ 거리 8 입력 ⇨ 확인

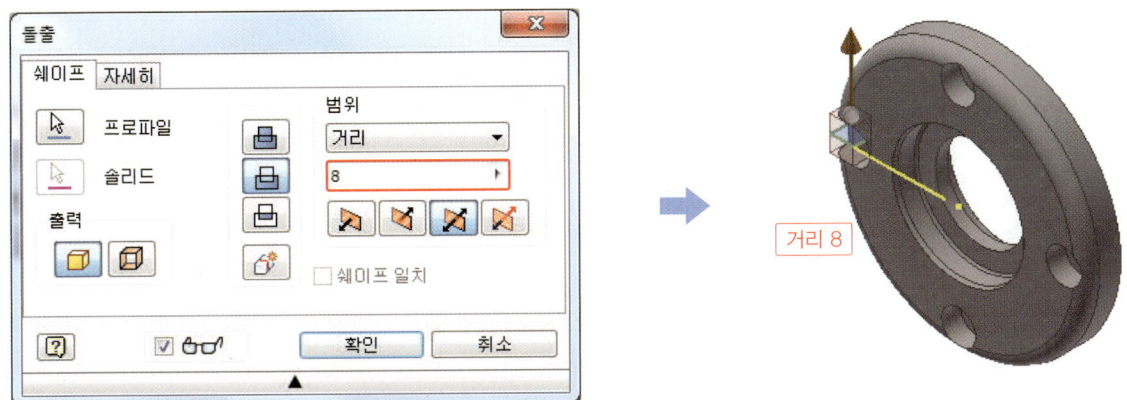

22 원형 패턴 선택 ⇨ 배치 수량 4, 각도 360 입력 ⇨ 회전축은 커버 안쪽 면 선택 ⇨ 확인

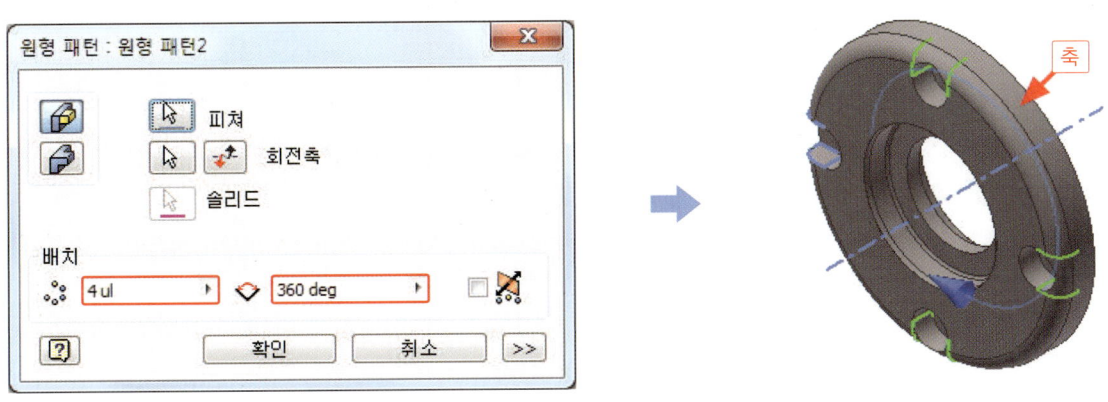

23 최종 완성

왼쪽 상단 등각투상도

오른쪽 상단 등각투상도

02 | O링 조립형

도시되고 지시 없는 라운드 및 필렛 R3, 모따기 $1 \times 45°$

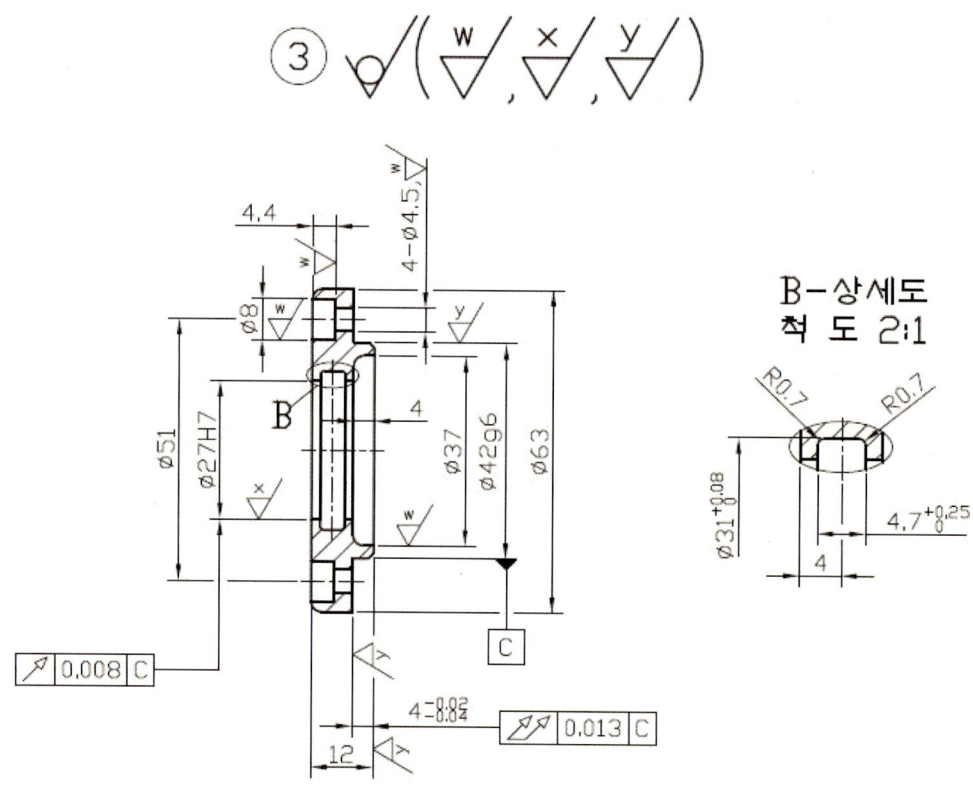

01 위의 도면을 **커버 오일실 삽입형**과 같은 방법으로 아래 그림처럼 모델링한다.

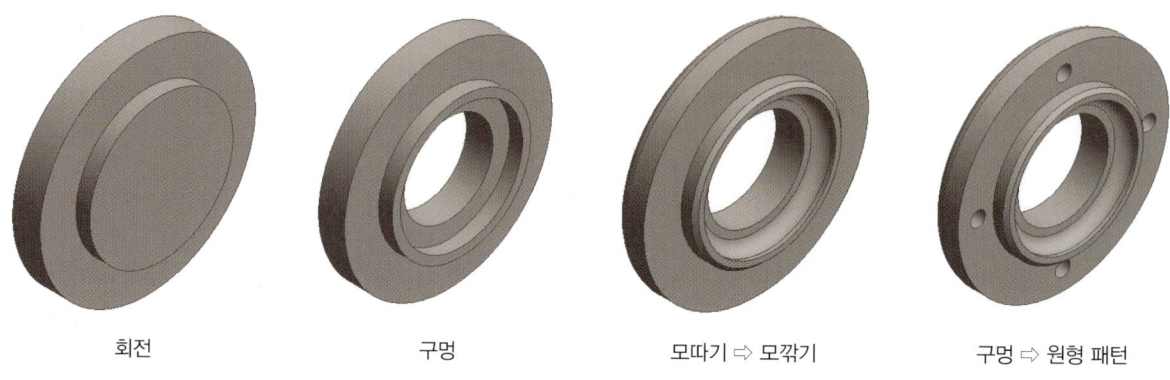

회전　　　　구멍　　　　모따기 ⇨ 모깎기　　　　구멍 ⇨ 원형 패턴

02 아래 그림과 같이 시점 변경 ⇨ **평면에서 간격 띄우기** 선택 ⇨ 커버 좌측 면 **클릭**
⇨ 아래 그림처럼 마우스 왼쪽 버튼을 누르고 화살표 방향으로 드래그 ⇨ **-4** 입력

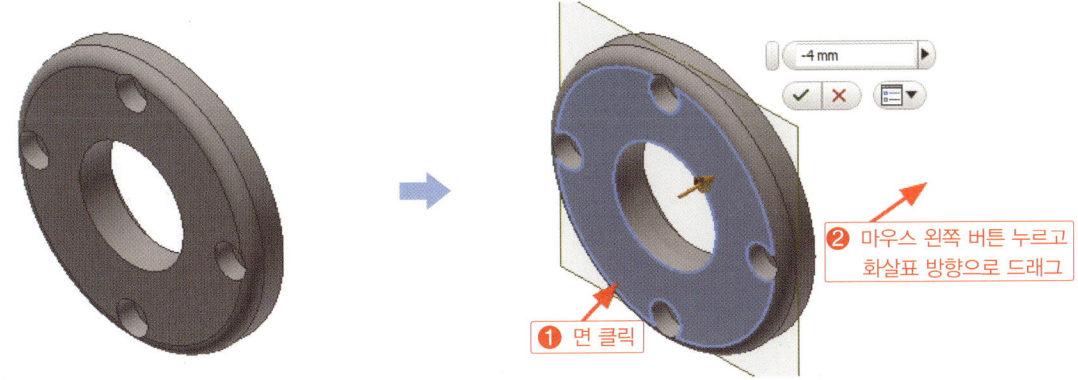

03 작업평면의 모서리 구석 정점 부위를 **선택** ⇨ **스케치 작성** 클릭

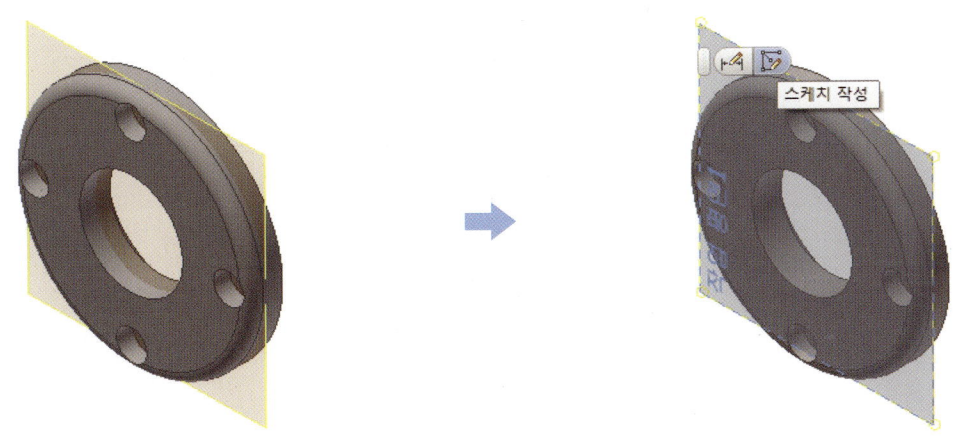

04 디자인 트리에서 '작업평면1' **선택** ⇨ 오른쪽 마우스 **클릭** ⇨ 가시성 체크 해제
⇨ 화면을 좌측 면으로 변경 ⇨ **와이어프레임** 선택

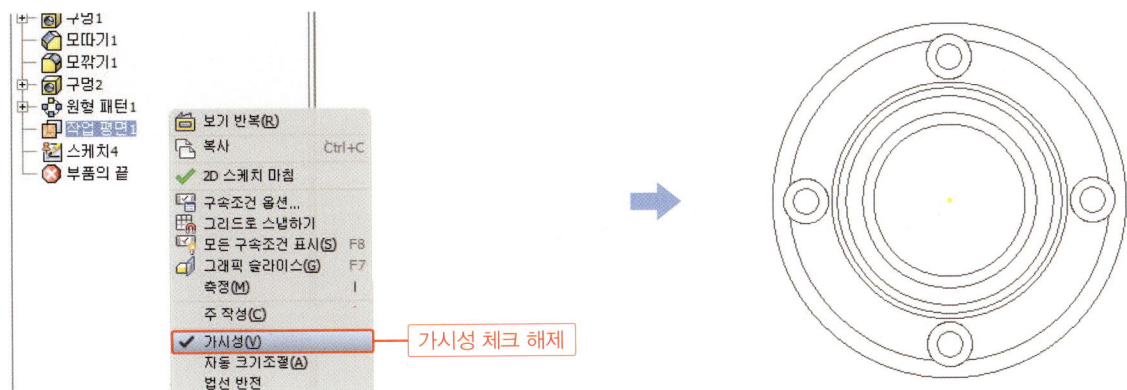

05 중심점에 원 ⊙ 을 스케치 ➡ 31로 치수를 기입한다.

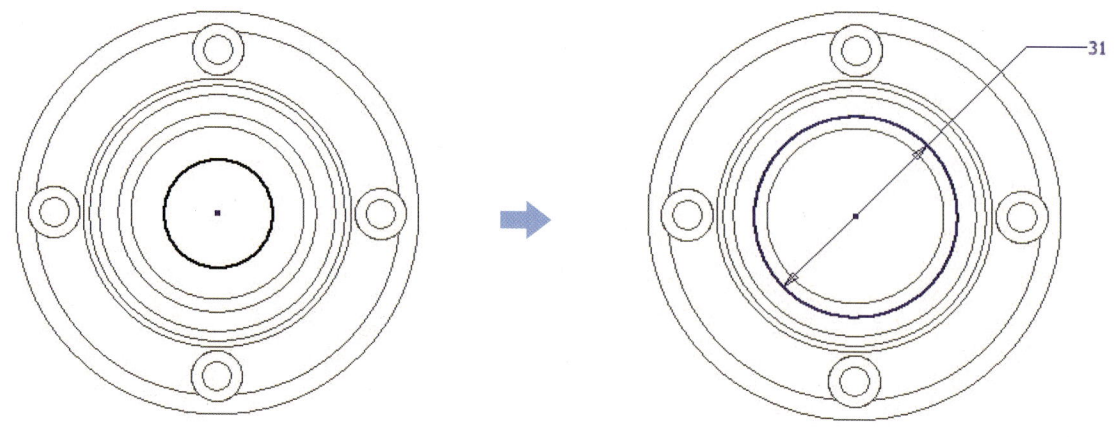

06 돌출 📦 선택 ➡ 차집합 ➡ 거리 4.7 ➡ 대칭방향 선택 ➡ 확인

07 시점을 정면으로 전환 ➡ 빨간색 화살표가 가리키는 모서리 2곳을 선택 ➡ 모깎기 🔵 R0.7로 처리한다.

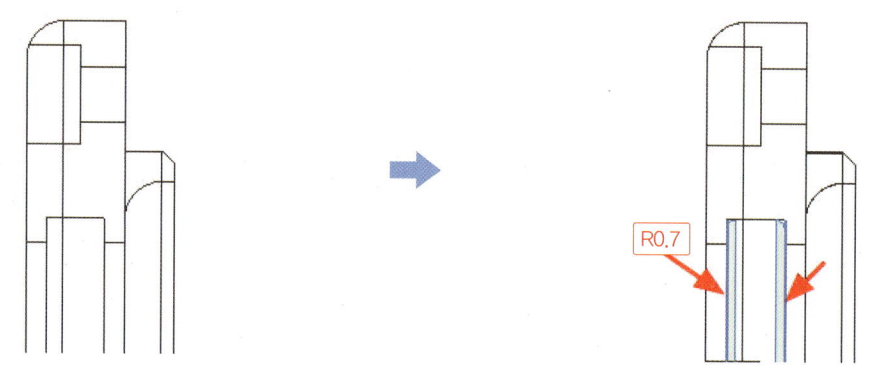

08 최종 완성
이 상태에서 **질량**을 구한다.(단, 기계설계 산업기사만 해당)

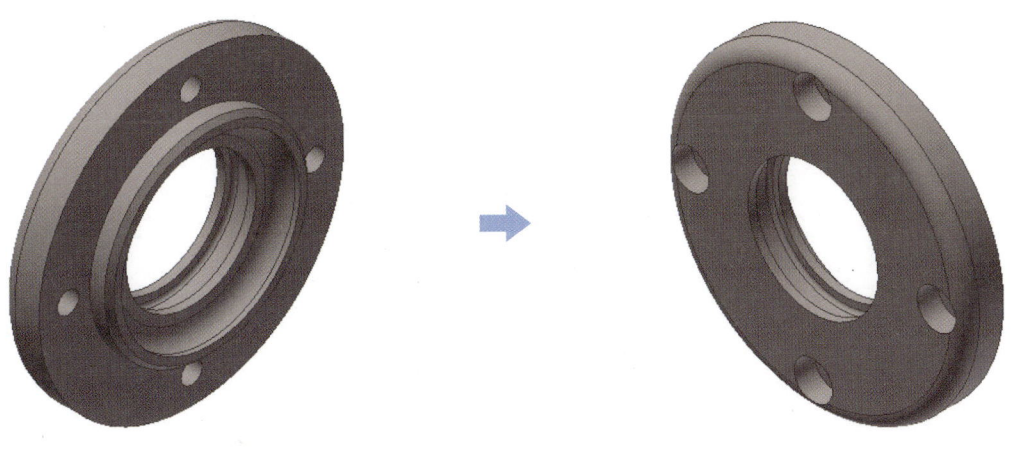

왼쪽 상단 등각투상도 　　　　　　　　　오른쪽 상단 등각투상도

CHAPTER 08

인 벤 터 - 3 d 실 기 · 실 무

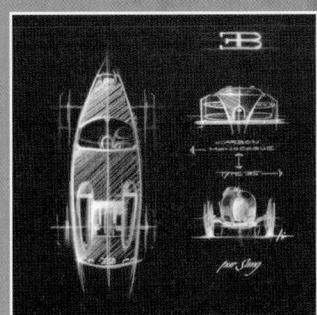

기어 모델링

BRIEF SUMMARY

1. 스퍼기어
2. 다단 스퍼기어
3. 기어 샤프트
4. 래크
5. 스프로킷

01 | 스퍼기어

도시되고 지시 없는 라운드 및 필렛 R3, 모따기 1×45°

치부 고주파경화 HRC50±2

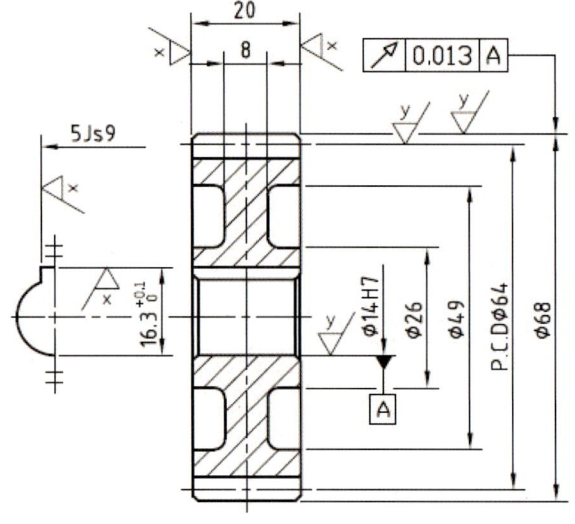

스퍼기어 요목표		
기어치형		표준
공 구	모 듈	2
	치 형	보통이
	압력각	20°
전체 이 높이		4.5
피치원 지름		Ø64
잇 수		32
다듬질 방법		호브절삭
정밀도		KS B ISO 1328-1, 4급

01 디자인 트리 원점의 평면[XY 평면] ⇨ **스케치 작성** 📝

02 **선** ✏ **선택** ⇨ 스케치 원점에서 **수직선** 작성 ⇨ **원** ⊙ **선택** ⇨ 수직선 끝점에 원 스케치 ⇨ 바깥쪽 원을 안쪽 방향으로 **간격 띄우기**한다.(2회)

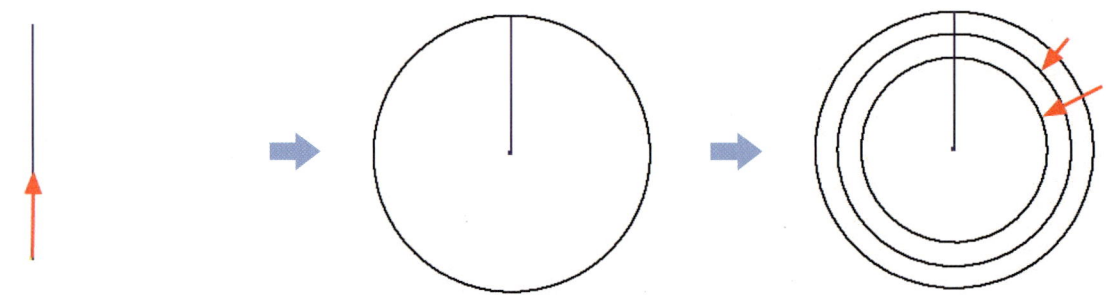

03 일반치수 선택 ➡ 바깥쪽 원과 중간에 있는 원 선택 ➡ '모듈' 수치로 치수를 기입한다.
　　➡ 바깥쪽 원과 가장 안쪽에 있는 원 선택 ➡ 치수편집이 나오면 모듈 숫자를 클릭 후 'd0*2.25' 입력
　　➡ 중간에 있는 원 선택 ➡ 치수편집이 나오면 모듈 숫자를 클릭 후 'd0*32' 입력

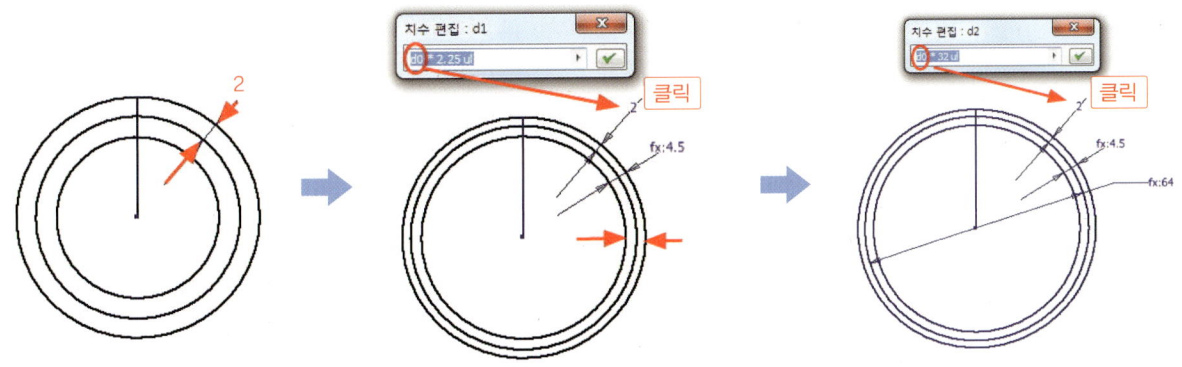

04 선 선택 ➡ 스케치 원점에서 수평수직 순으로 선을 스케치한다.

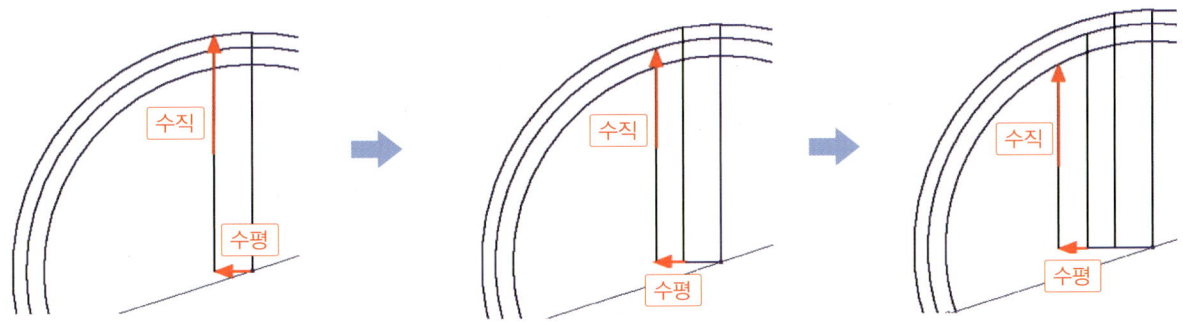

05 아래와 같이 순차적으로 치수를 모두 기입 ➡ 나중에 수치를 하나씩 편집한다.

　　① 수직선 선택 ➡ d0/4
　　② 수직선 선택 ➡ d0/2
　　③ 수직선 선택 ➡ d0*0.785

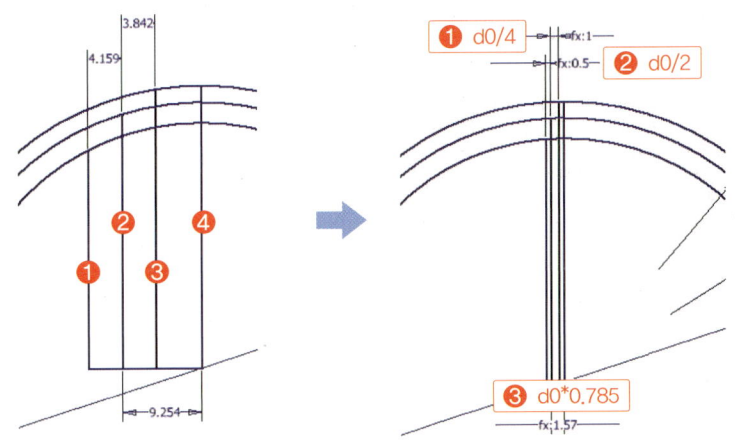

06 스케치한 모든 객체 **선택** ⇨ **구성**으로 변경 ⇨ 맨 위 치수문자들을 아래로 이동시킨다.

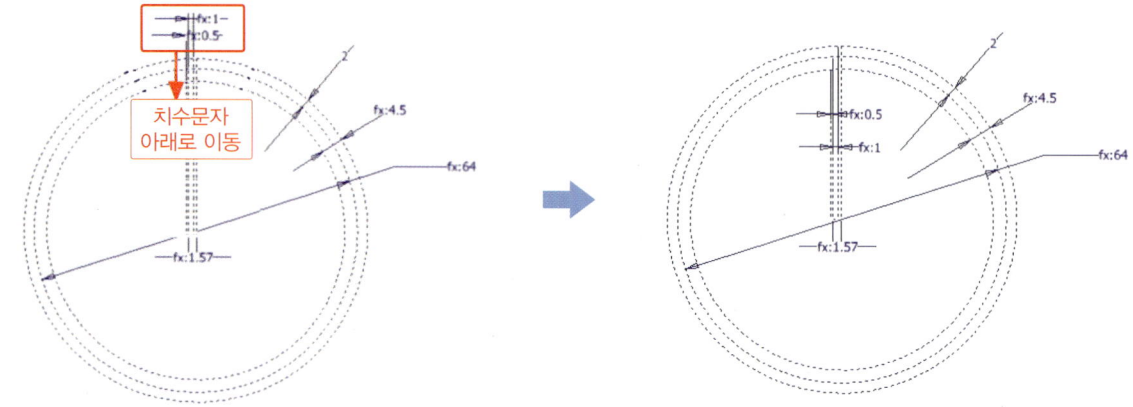

07 3점호 선택 ⇨ 아래와 같이 스케치 ⇨ **대칭** 으로 3점호를 오른쪽으로 대칭 ⇨ **3점호** 로 맨 윗부분을 추가 스케치하여 메워준다.

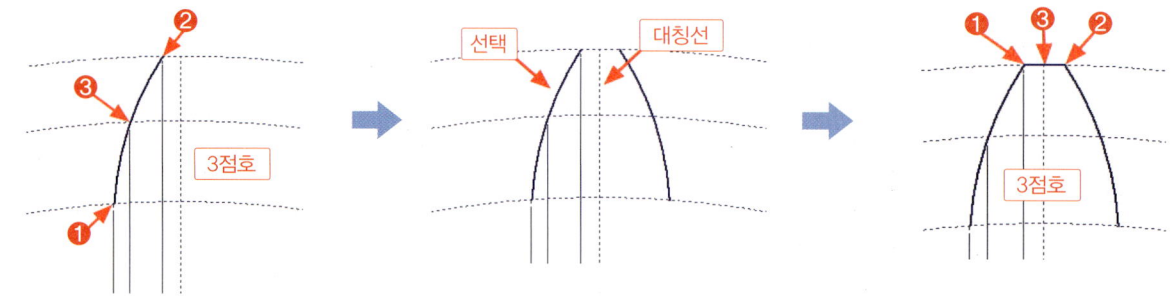

08 중심점호 ⇨ 반시계 방향으로 스케치(2, 3번 스케치할 때 반드시 초록색 일치점이 보일 때 클릭한다.) ⇨ **필렛** 을 사용하여 2로 필렛 ⇨ 아래와 같이 매개변수를 사용하여 '**d0/4**'로 치수 정정

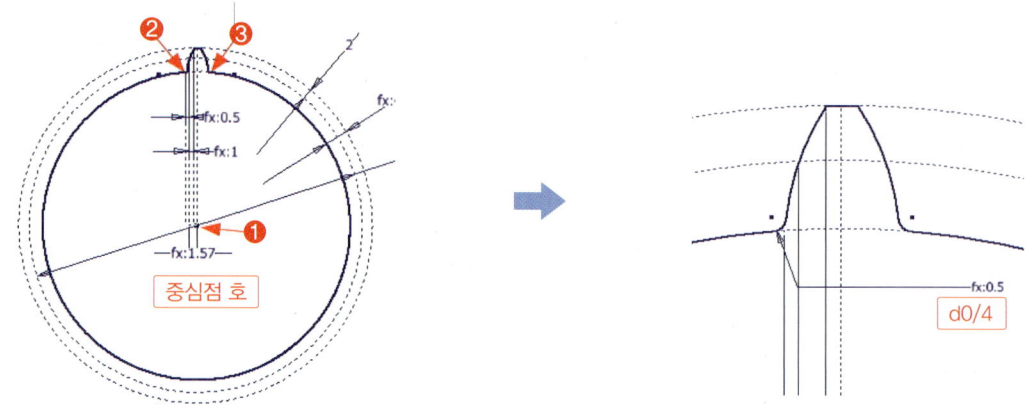

09 스케치 마무리 ✓ ⇨ 돌출 📦 선택 ⇨ 그림처럼 **대칭 방향**, 거리 **20** 입력 후 돌출한다.

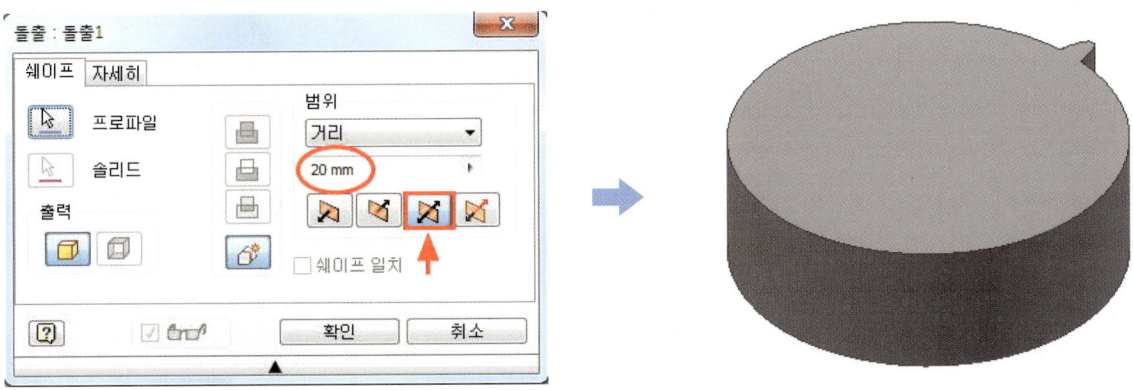

10 모따기 🔲 ⇨ 스퍼기어 치형의 상하 원형 모서리 두 곳을 **C1**으로 모따기 처리한다.

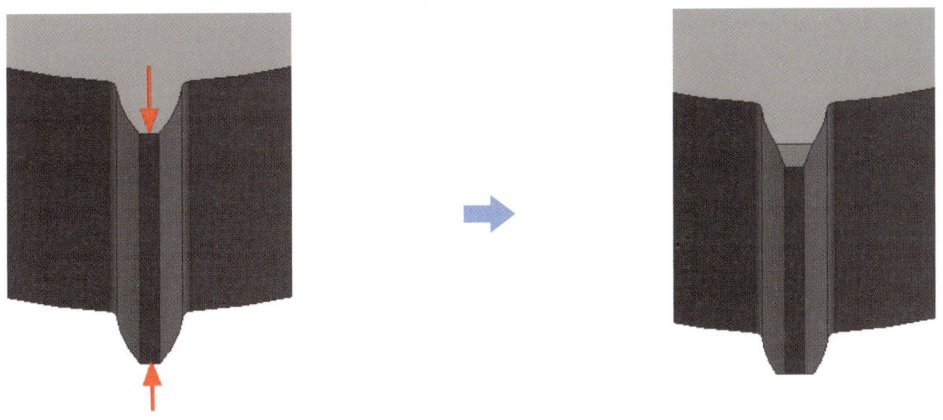

11 원형 패턴 🔳 선택 ⇨ 배치 **32**, 회전축은 원통 옆면을 **선택**해서 원형 배열한다.

12 디자인 트리의 '원형 패턴1' **선택** ⇨ 치수 표시 ⇨ #32를 **더블클릭** ⇨ 치수 편집창이 나오면 그 옆의 치수 아이디를 메모해 놓는다.

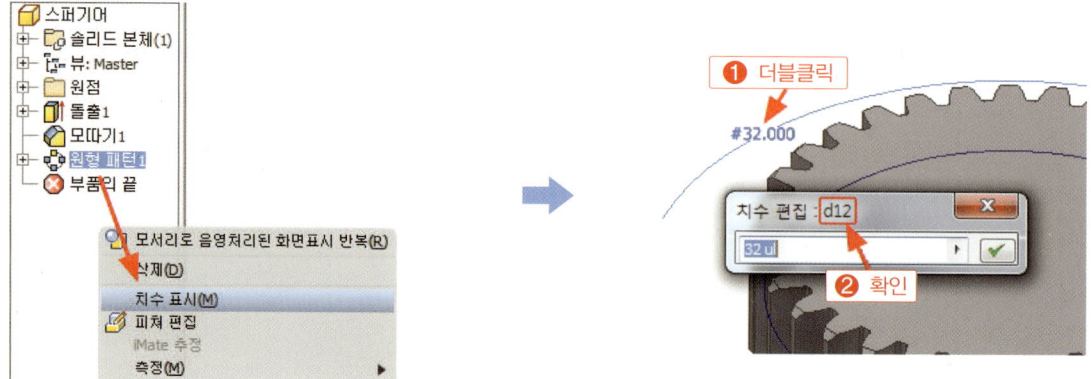

13 디자인 트리에서 돌출1의 '+'부분을 **클릭**하여 '-'로 확장 ⇨ '스케치1' 선택 ⇨ 오른쪽 마우스 **클릭** 후 '스케치 편집' **선택** ⇨ 피치원 치수지름(64) **더블클릭** ⇨ 치수편집 창이 나오면 잇수를 삭제하고 **12**에서 확인한 치수 아이디를 잇수 대신에 기입 ⇨ 스케치 마무리 ✓

TIP 위와 같이 작업을 하면 원형패턴 잇수만 수정하면 스퍼기어 외형이 자동으로 변경된다.

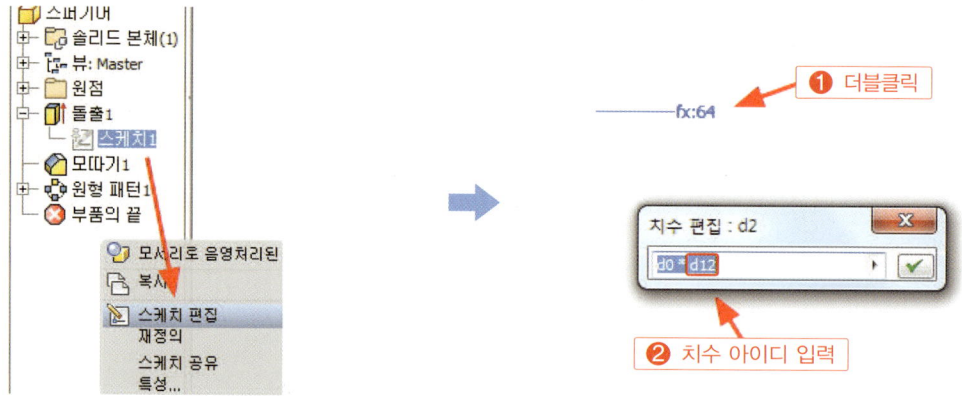

14 윗면에 **스케치 작성** ⇨ **원** 을 사용해서 동심원 2개 스케치 ⇨ 각각 **26, 49**로 치수 기입

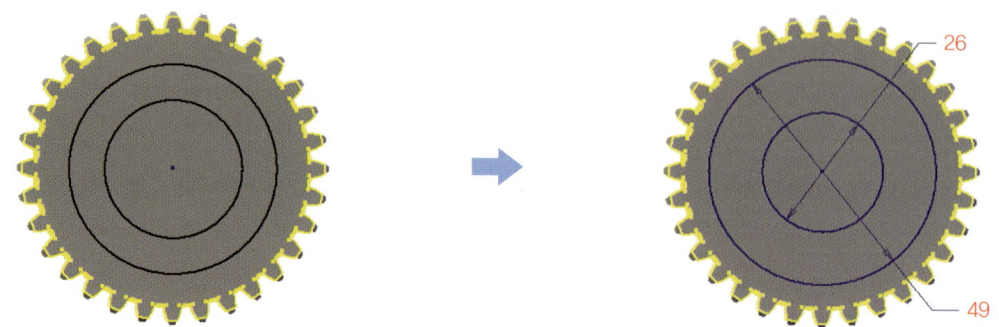

15 돌출 ▭ ⇨ 차집합 ⇨ 범위: 거리 = (20−8)/2 입력 ⇨ 확인

16 모깎기 ◯ 선택 ⇨ 구석진 모서리 2곳을 선택 ⇨ R3으로 모깎기한다.

17 대칭 ▯▯ 선택 ⇨ 아래 그림과 같이 피처와 대칭평면(XY 평면)을 선택하고 상하 대칭시킨다.

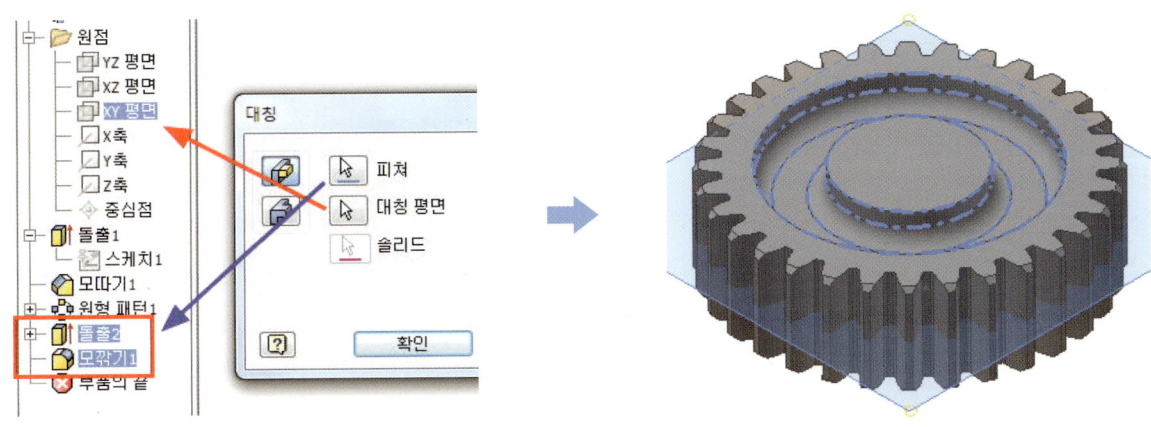

18 중앙 원형면에 스케치 작성 ▭ ⇨ 키 홈을 스케치하고 마무리한다.

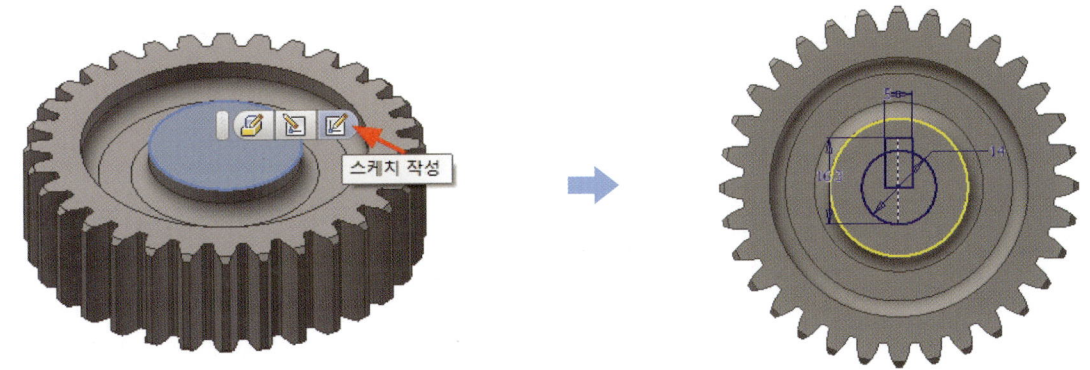

19 돌출 ⇨ **차집합** ⇨ 범위: **전체** ⇨ 확인

20 모따기 **선택** ⇨ 키 홈 구멍의 앞뒤 원형 모서리 **2**곳을 C1으로 모따기한다.

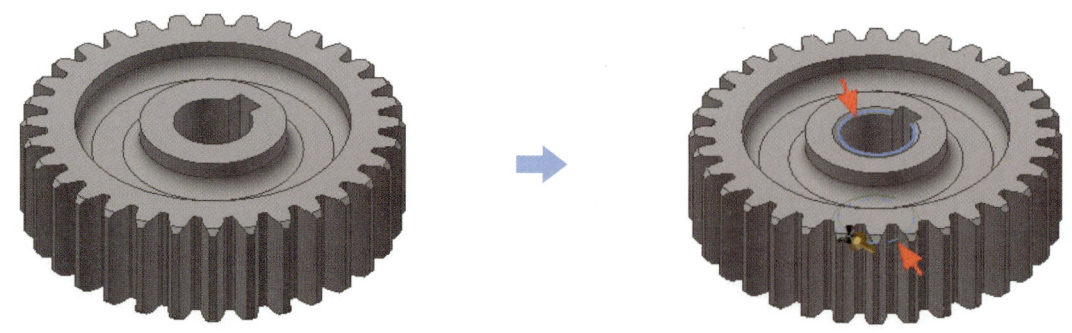

21 필요할 경우 아래 그림처럼 단면 처리하고 시점을 등각투상도 상태로 정정해준다.

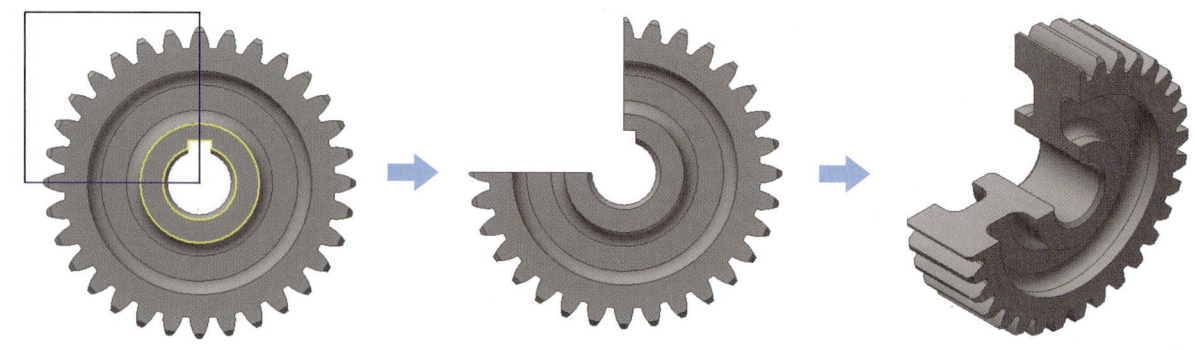

22 최종 완성

왼쪽 상단 등각투상도

오른쪽 상단 등각투상도

02 | 다단 스퍼기어

도시되고 지시 없는 라운드 및 필렛 R3, 모따기 1×45°

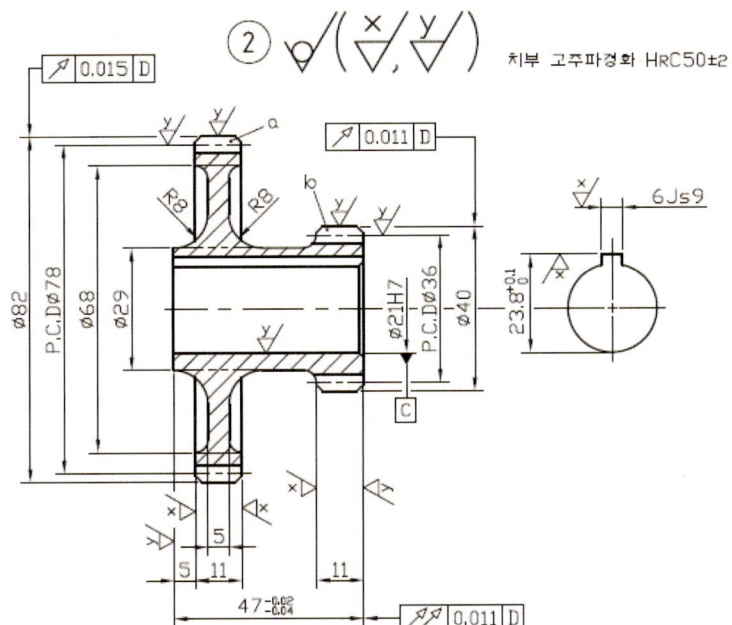

스퍼기어 요목표		
구분	품번	3-a	3-b
기어치형		표준
공구	모듈	2
	치형	보통이
	압력각	20°
전체 이 높이		4.5
피치원 지름		Φ78	Φ36
잇수		39	18
다듬질 방법		호브절삭
정밀도		KS B ISO 1328-1, 4급

01 앞장의 스퍼기어 스케치 방식 **01~13**과 동일한 방법으로 스퍼기어 3-b(**잇수: 18, 피치원 지름: Φ36**) 부분을 완성한다.

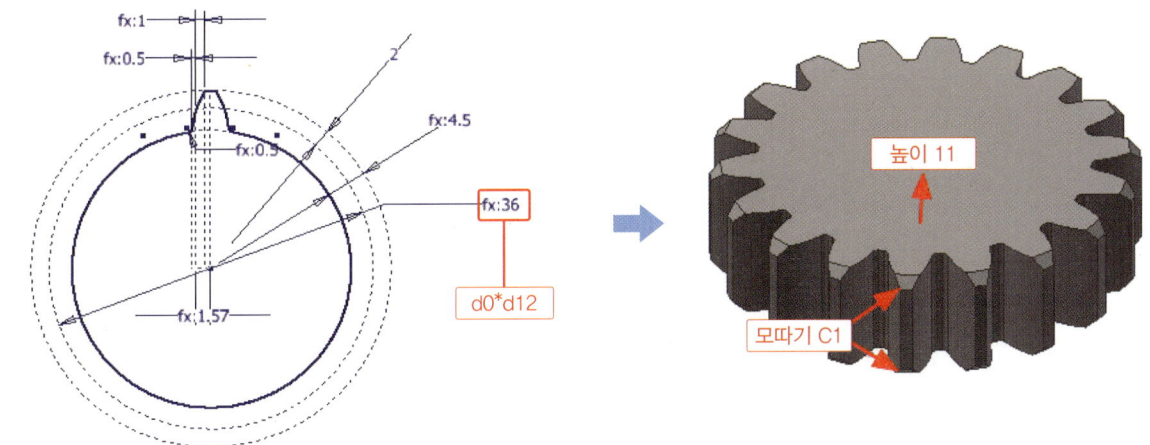

02 윗면에 **스케치 작성** 📝 ⇨ **원** ⊙ 스케치 ⇨ 치수를 **29**로 입력 ⇨ **돌출** 📐 ⇨ **거리(20) = 47−(5+11+11)** 입력 ⇨ 확인

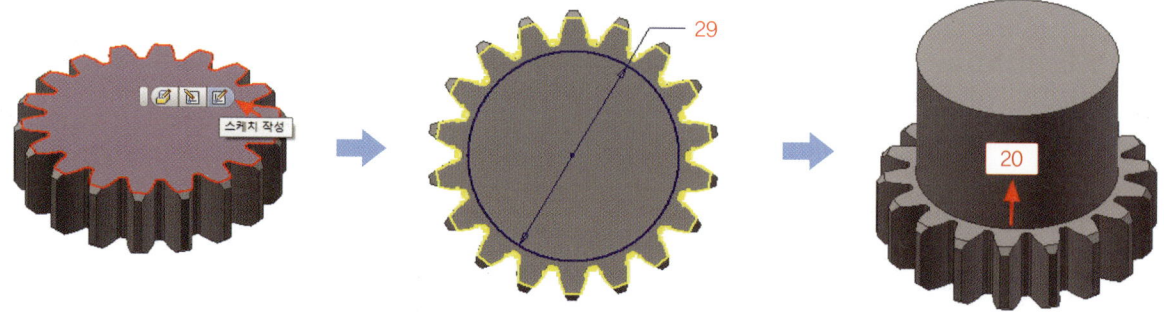

03 디자인 트리 모형의 모든 객체를 Ctrl 을 누른 상태로 **선택** ⇨ 오른쪽 마우스 눌러 **복사**(Ctrl + C) ⇨ 윗면 **클릭** ⇨ 오른쪽 마우스 눌러서 **붙여넣기**(Ctrl + V)한다.

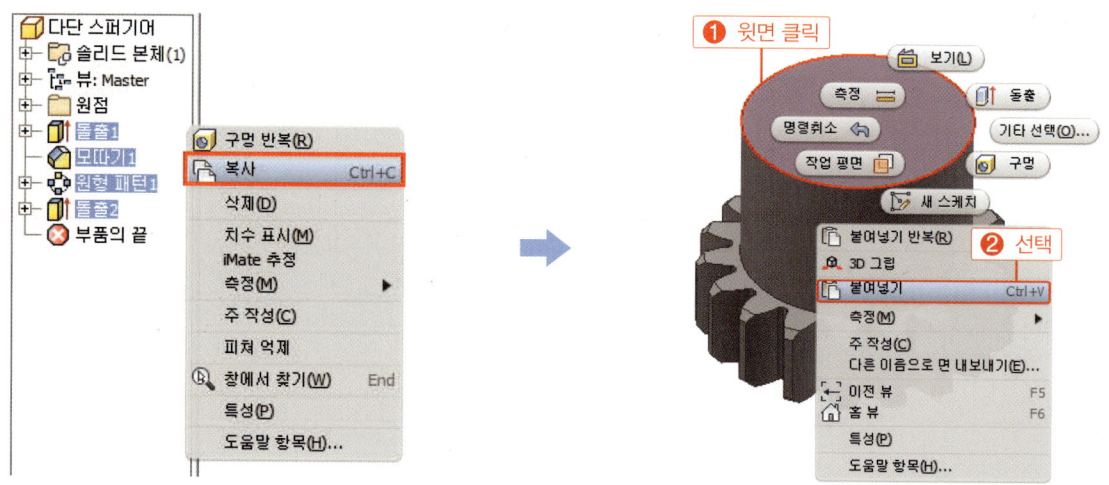

04 '피처 붙여넣기' 대화상자가 나오면 마침을 누른다.

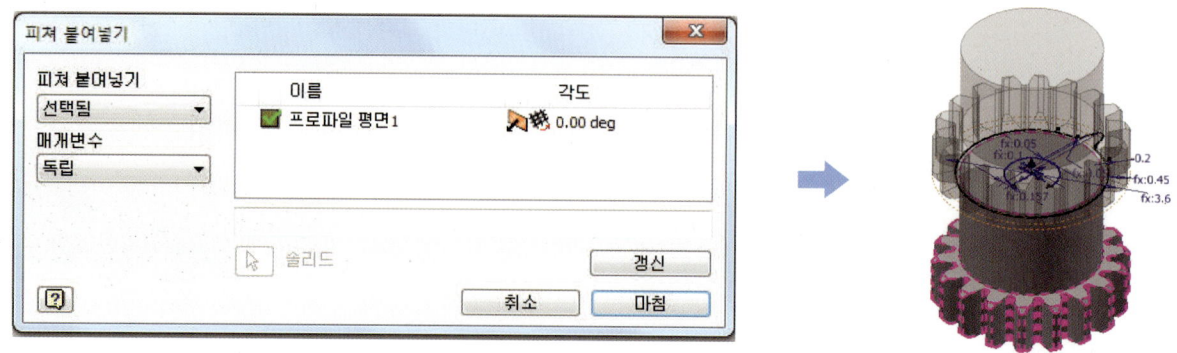

05 디자인 트리의 **돌출4 선택** ⇨ 마우스 오른쪽 버튼을 눌러 **피처 편집 선택** ⇨ **돌출** 높이를 **5**로 정정한다.

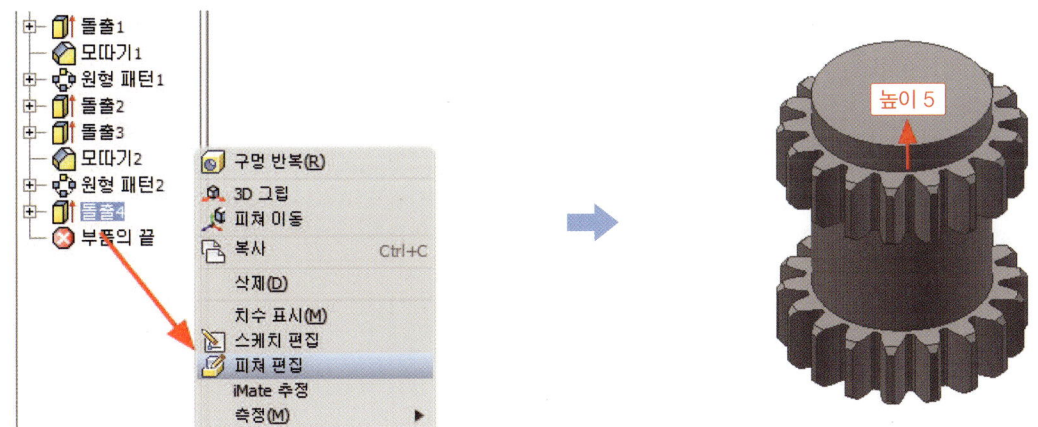

06 디자인 트리의 **돌출3 선택** ⇨ 마우스 오른쪽 버튼을 눌러 **스케치 편집**
⇨ 기존 경계(**노란색**)와 붙여넣기한 원호를(**검은색**) **동심** ◎ 으로 구속을 부가한다.

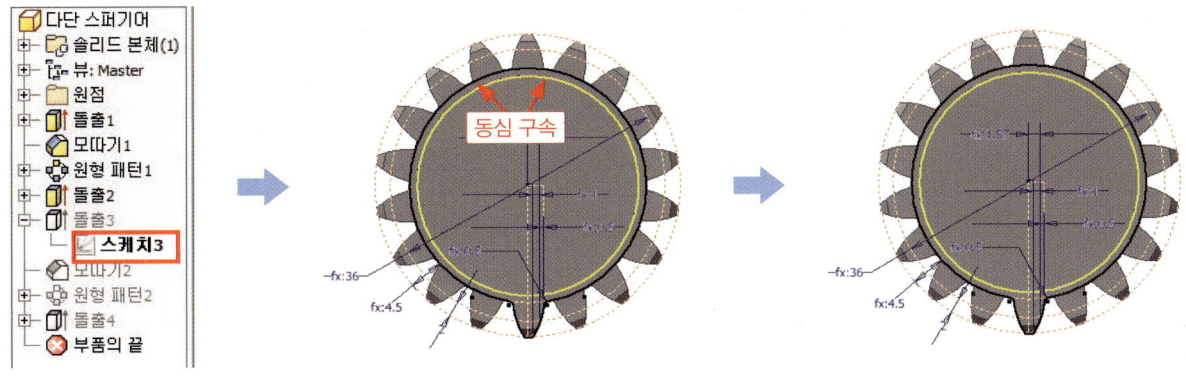

07 디자인 트리의 '**원형 패턴2**'를 **선택** ⇨ 오른쪽 마우스 **클릭** ⇨ 피처 편집 ⇨ 배치수량 **39**로 정정

08 큰 스퍼기어 윗면 **선택** ⇨ **스케치 작성** ⇨ 안쪽 원을 바깥쪽으로 간격 띄우기
⇨ **68**로 치수 기입 ⇨ **돌출** ⇨ **차집합** ⇨ 거리 3 입력 ⇨ **확인**

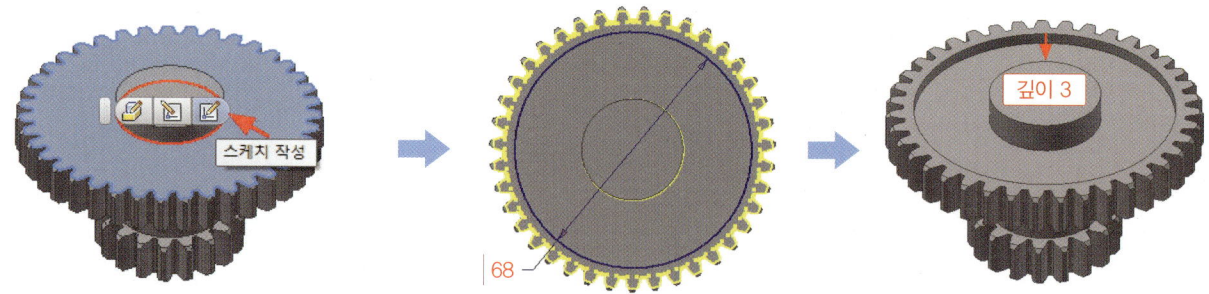

09 큰 스퍼기어 반대면 **선택** ⇨ **스케치 작성** ⇨ 안쪽 원을 바깥쪽으로 간격 띄우기
⇨ **68**로 치수 기입 ⇨ **돌출** ⇨ **차집합** ⇨ 거리 3 입력 ⇨ **확인**

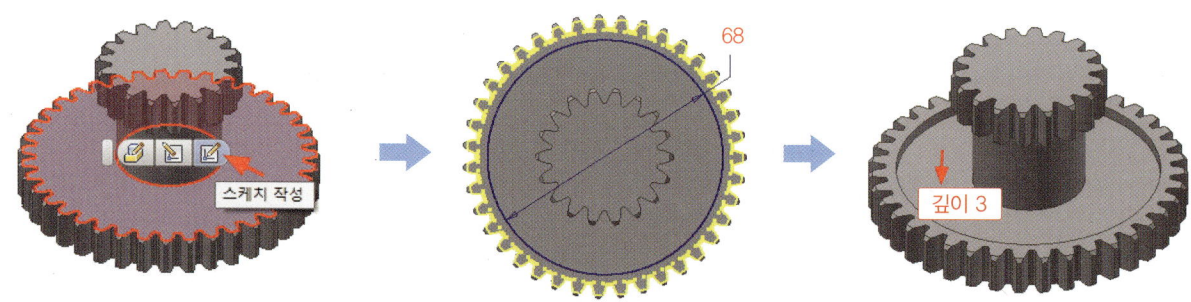

10 모깎기 ⇨ **모든 모깎기 체크** ⇨ 반지름 3 입력 ⇨ **확인**

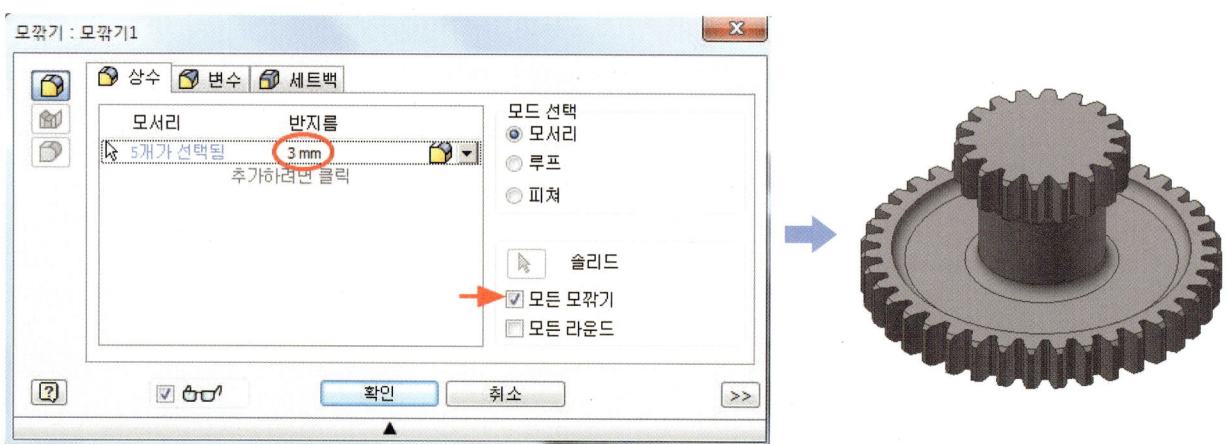

11 중앙 원형면에 **스케치 작성** ⇨ 키 홈(지름 21, 키폭 6, 높이 23.8)을 스케치 ⇨ **돌출** ⇨ **차집합** ⇨ 범위: 전체 ⇨ 확인

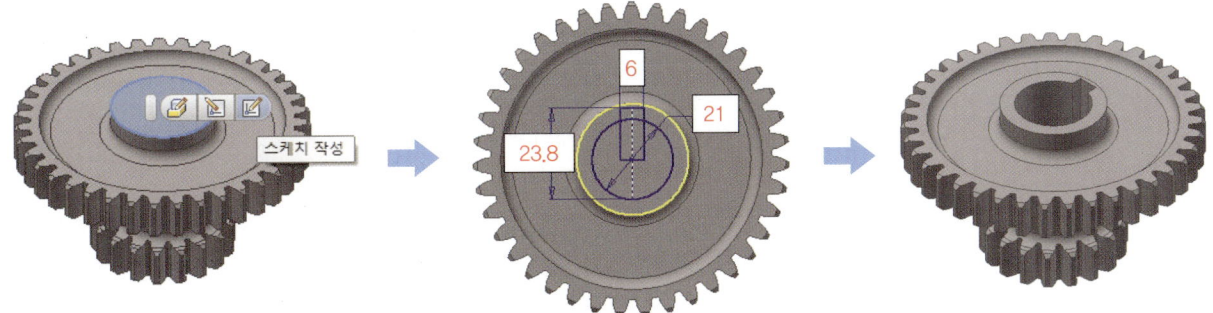

12 모따기 선택 ⇨ 키 홈 구멍의 윗부분 원형 모서리 **선택** ⇨ C1으로 모따기 처리한다.

13 필요할 경우 아래 그림처럼 단면 처리하고 시점을 등각투상도 상태로 정정해준다.

03 | 기어 샤프트

- 도시되고 지시 없는 모따기 $1 \times 45°$
- 기어 샤프트 M=2, PCD=32, Z=18
- 생크 사각축 호칭지름: 12

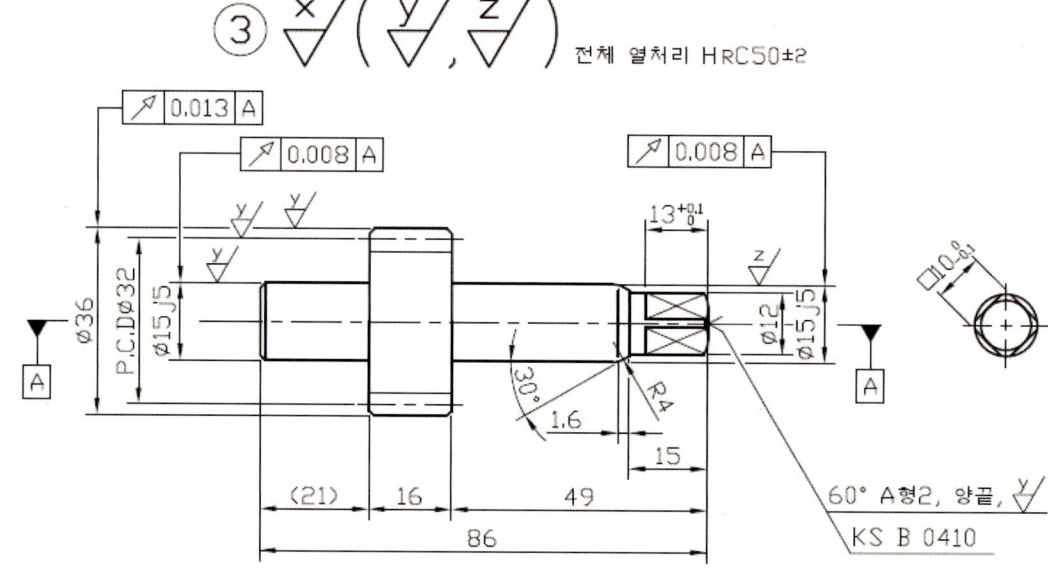

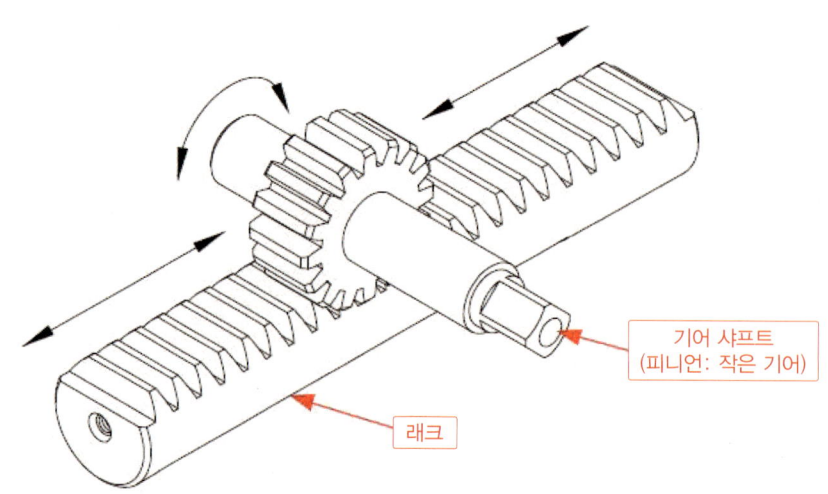

래크와 피니언(기어 샤프트) 구동방향

01 앞의 스퍼기어 스케치 방식 **01~13**과 동일한 방법으로 스퍼기어(**잇수 : 18, 피치원 지름 : Φ36**) 부분을 완성한다. 단, 돌출 높이는 16으로 하고 방향은 '**거리**'로 설정한다.

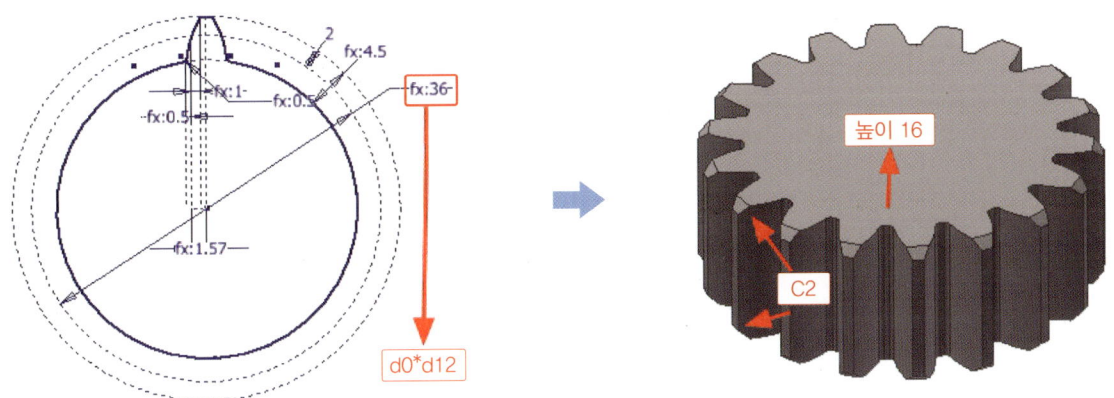

02 윗면에 **스케치 작성** ⇨ 스케치 원점에 **원** ⇨ 스케치 ⇨ 15 치수 기입 ⇨ 스케치 마무리 ✓

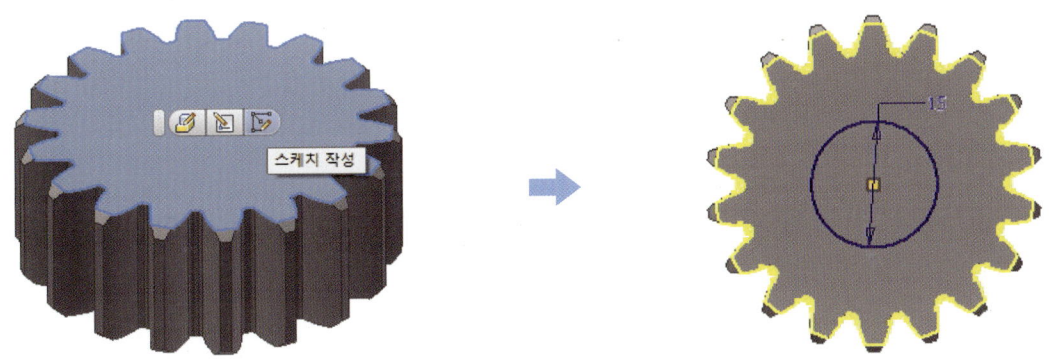

03 돌출 ⇨ 방향 = **비대칭** ⇨ 거리 1 : 49, 거리 2 : 21+16 입력 ⇨ 확인

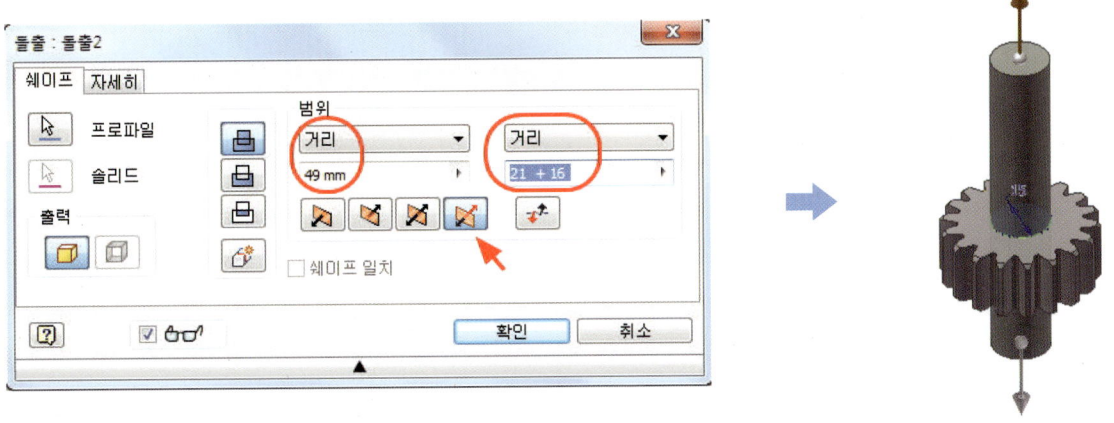

04 윗면에 **스케치 작성** ▱ ⇨ **원** ⊘ 스케치 ⇨ **12**로 치수 기입 ⇨ **돌출** ⇨ **차집합** ⇨ 거리 **15** 입력 ⇨ 확인

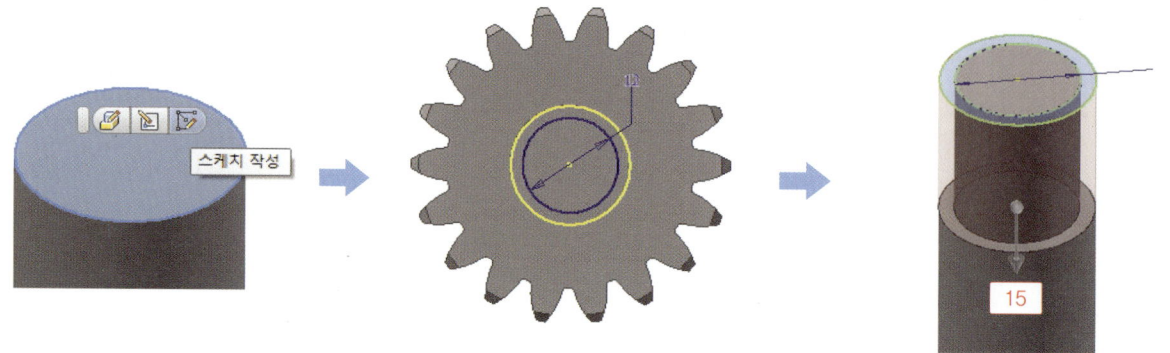

05 **모따기** ⇨ 거리 및 각도 ⇨ 거리: **12/10**, 각도: **30** 입력 ⇨ 그림처럼 **선택** ⇨ 확인 ⇨ 윗면에 **스케치 작성** ▱

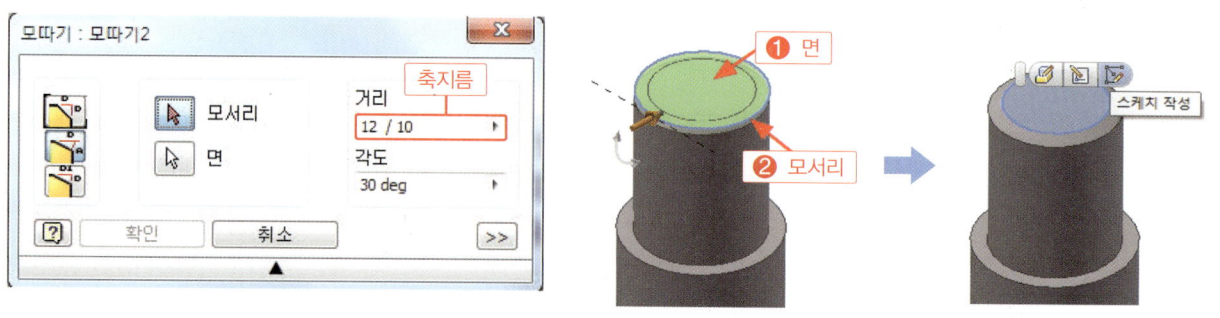

06 **수직선** ╱ ⇨ **원** ⊘ ⇨ **다각형** ⬠ 순으로 스케치 ⇨ 수직선을 **구성**으로 변경 ⇨ 대각선 치수를 **10** 기입 ⇨ **돌출** ⇨ **차집합** ⇨ 거리 **13** 입력 ⇨ 확인

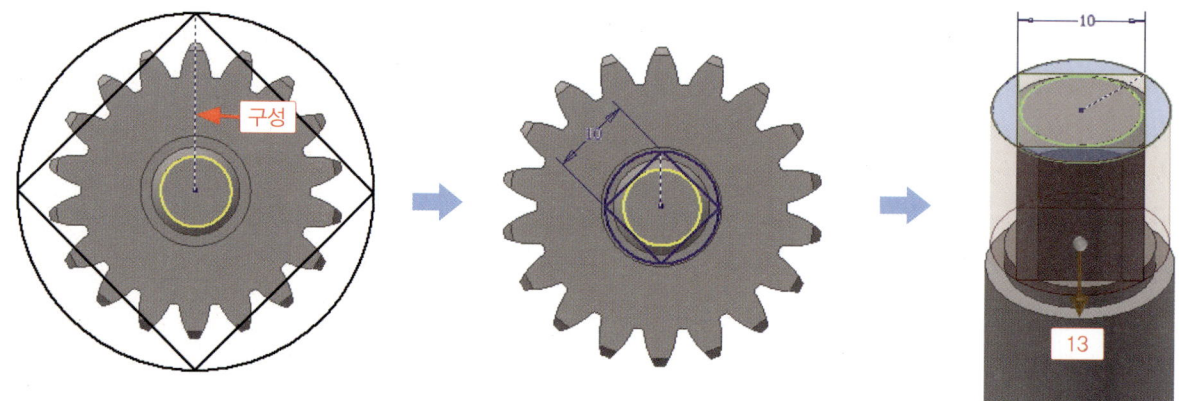

07 모따기 ⬨ ⇨ 거리 및 각도 ⇨ **거리 1.6, 각도 30** 입력 ⇨ 그림처럼 **선택** ⇨ 확인

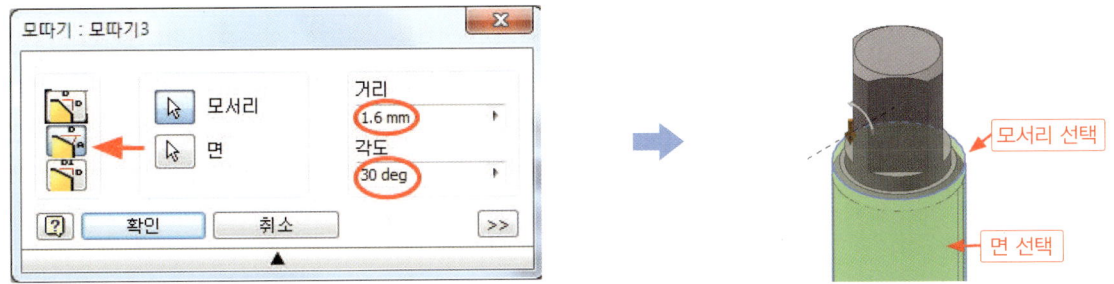

08 원형 모서리 **클릭** ⇨ **모깎기** ⬨ **선택** ⇨ R4로 필렛한다.

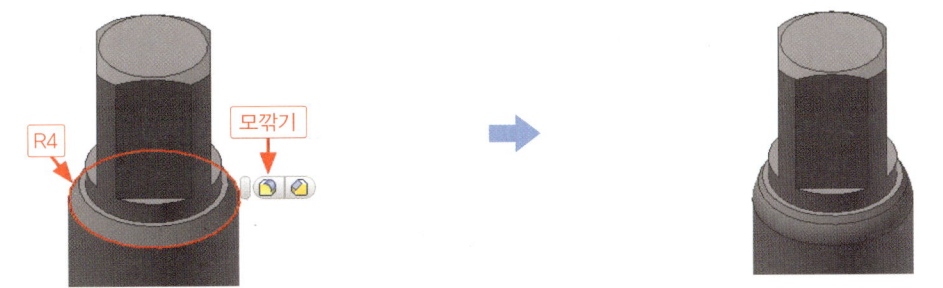

09 원형 모서리 **클릭** ⇨ ⬨ **선택** ⇨ C1으로 모따기 처리한다.

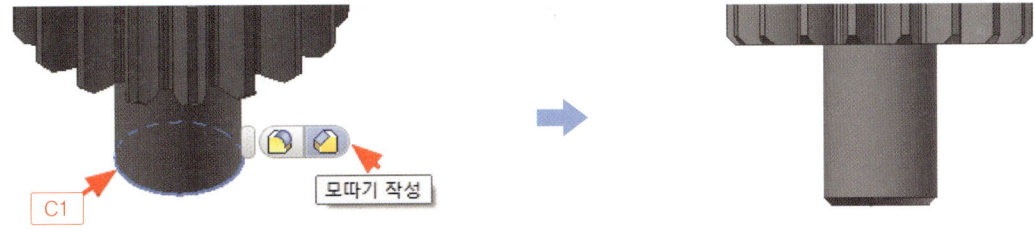

10 왼쪽 그림상태로 시점 변경 ⇨ View Cube 꼭짓점 **클릭** ⇨ '현재 뷰를 홈 뷰로 설정' **선택** ⇨ **'뷰에 맞춤'** 체크 ⇨ 최종 완성

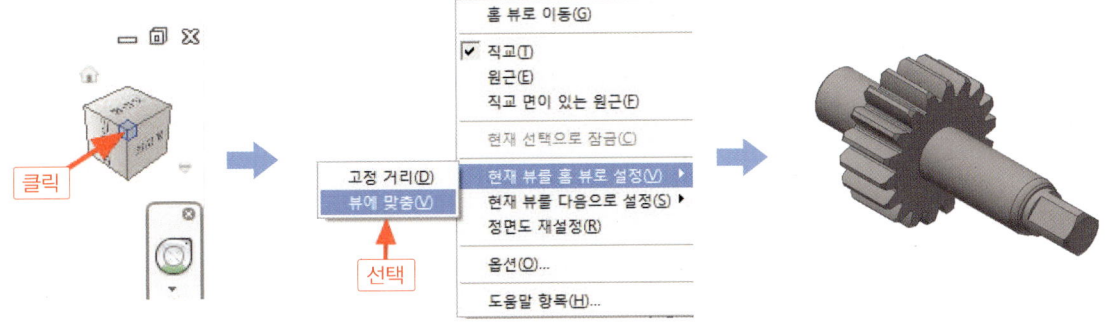

04 | 래크

- 도시되고 지시 없는 모따기 1×45°
- 래크 M=2, Z=32
- M5탭, 깊이: 15, 드릴 깊이: 18

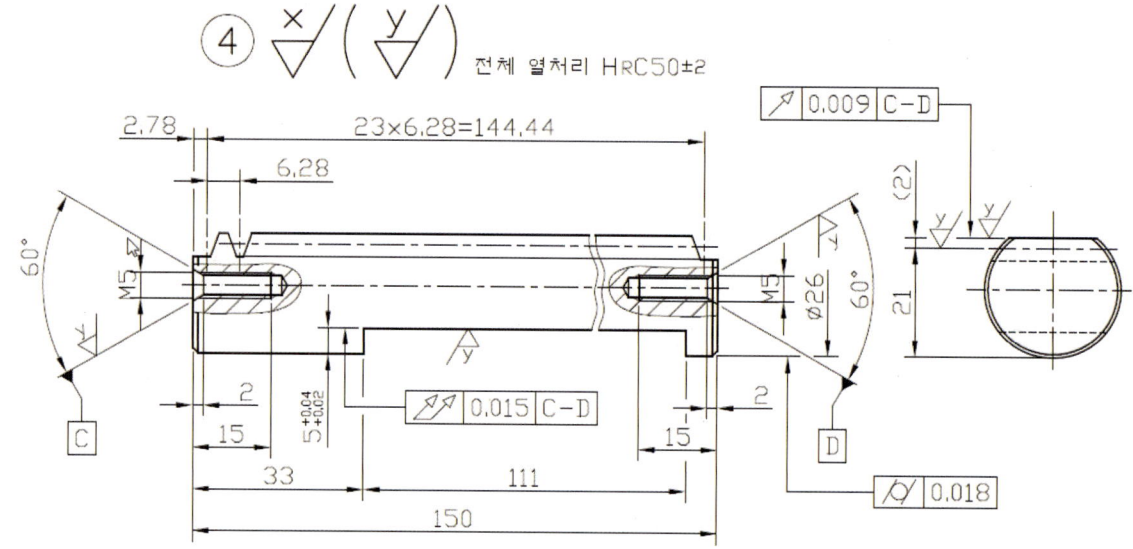

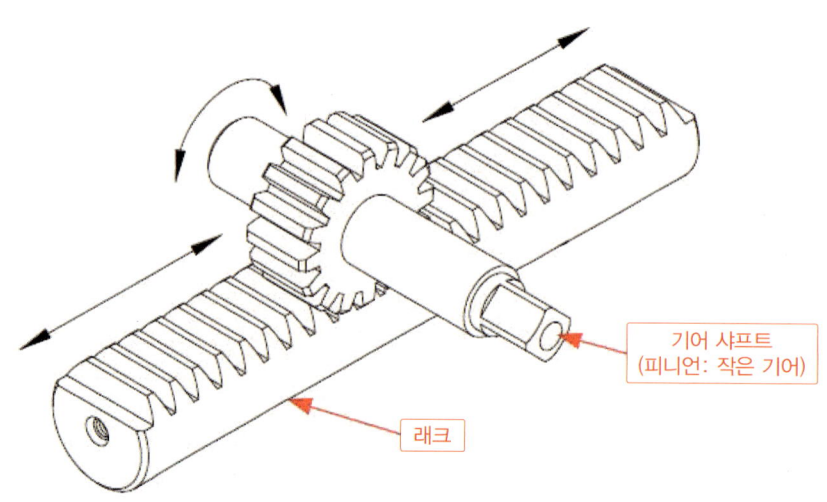

래크와 피니언(기어 샤프트) 구동방향

01 디자인 트리 원점의 평면[XY 평면] ⇨ **스케치 작성** ⇨ 스케치 원점에서 사각형 스케치 ⇨ 가로 **150**, 세로 **26**으로 치수 기입 ⇨ **돌출** ⇨ 거리 **21+2**로 돌출한다.

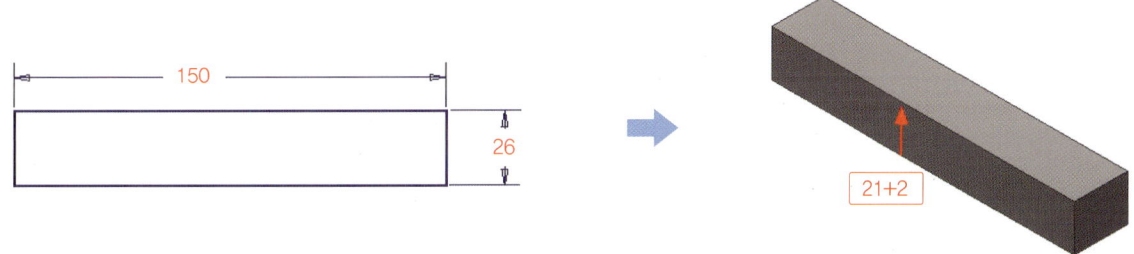

02 부품 정면에 **스케치 작성** ⇨ 그림과 같이 **두 점 직사각형** 스케치 후 치수 기입 ⇨ **돌출 차집합**, 범위: 전체 ⇨ **확인**

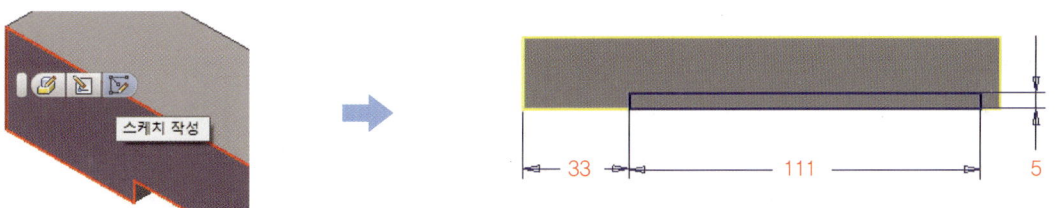

03 부품 정면에 **스케치 작성** ⇨ 왼쪽 상단에 래크 절반 스케치 ⇨ 스케치를 좌우 **대칭** 시킨다.

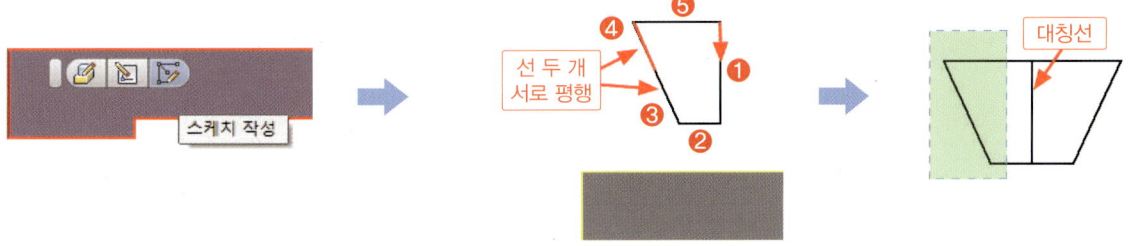

04 가운데 수직선을 구성으로 변경 ⇨ 아래와 같이 치수 기입 ⇨ **동일 선상** 으로 구속을 부가한다.

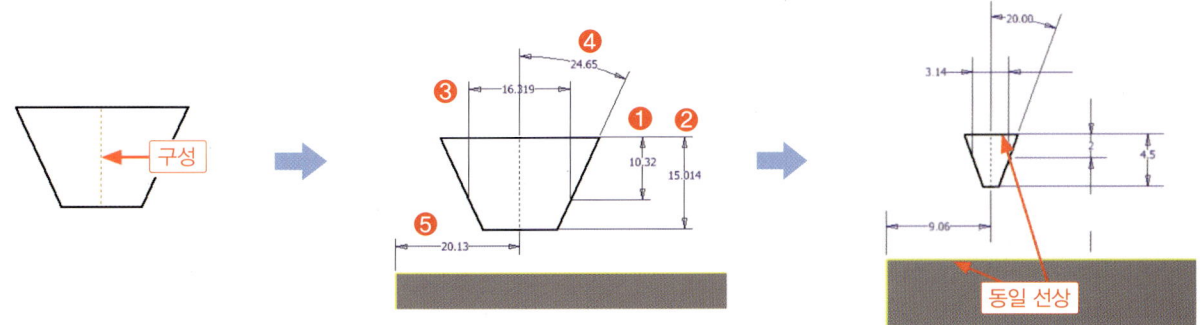

05 돌출 ▣ ➡ **차집합**, 범위: 전체 ➡ 확인 을 눌러 돌출시킨다.

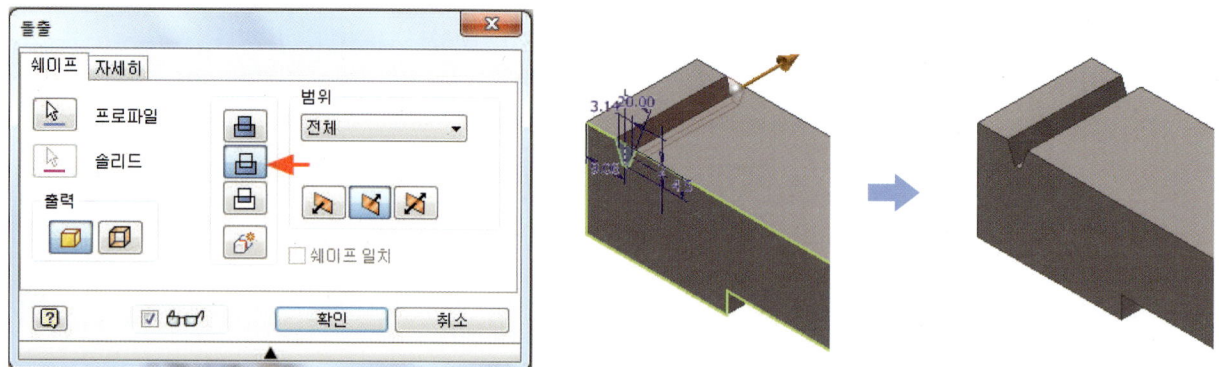

06 직사각형 패턴 ➡ 아래 그림과 같이 입력하여 직사각형 배열을 완성한다.

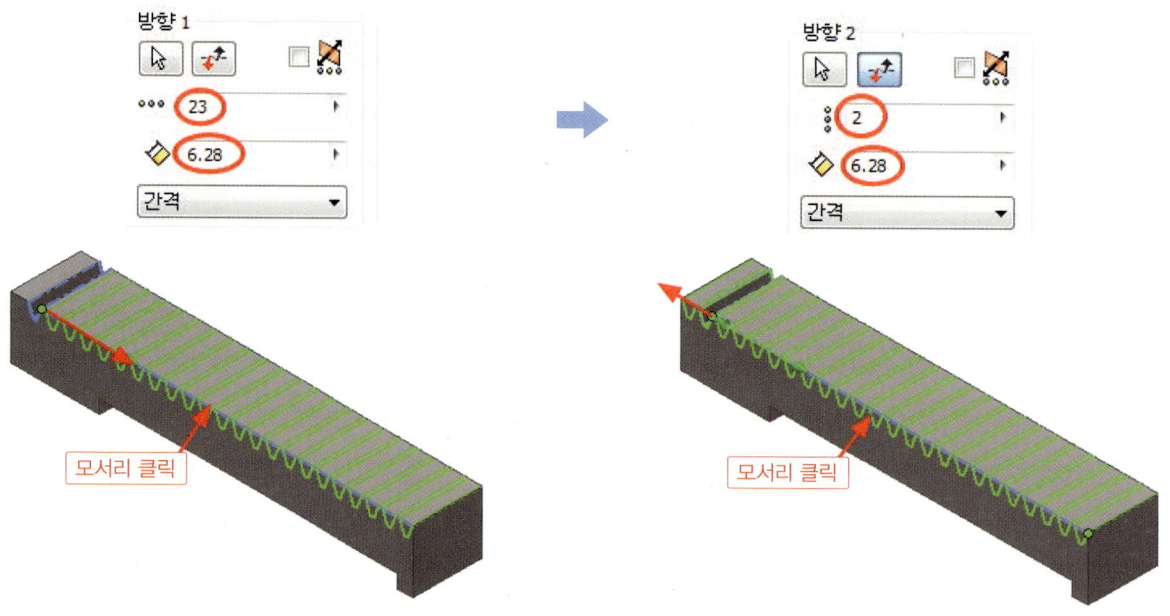

07 정면에 **스케치 작성** ➡ 직사각형 **선택** ➡ 아래와 같이 양쪽 끝부분에 직사각형을 스케치

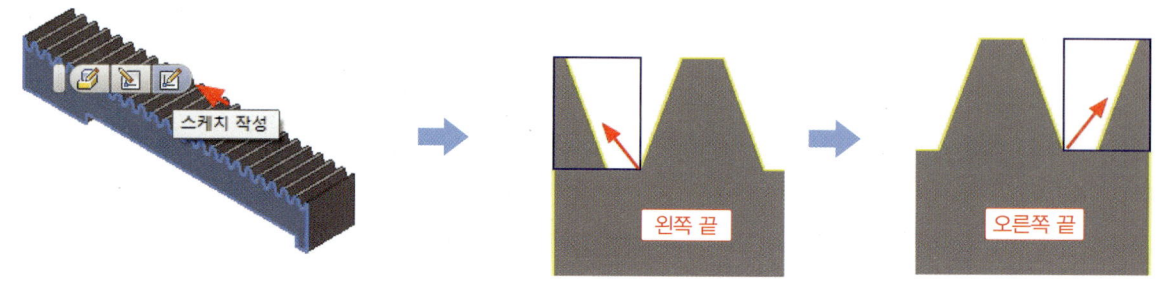

08 돌출 ⬜ ➡ 프로파일은 양쪽 직사각형 각각 **선택** ➡ **차집합** ➡ 범위: **전체** ➡ 확인

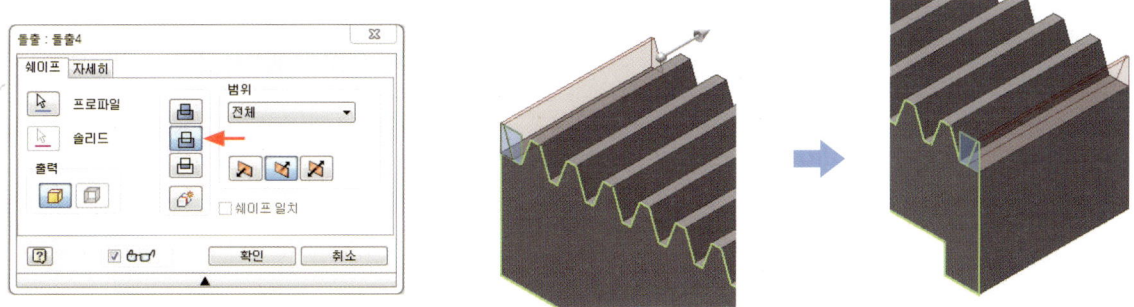

09 사각형 래크 완성(원형 래크인 경우 측면에 추가 작업을 진행한다.)

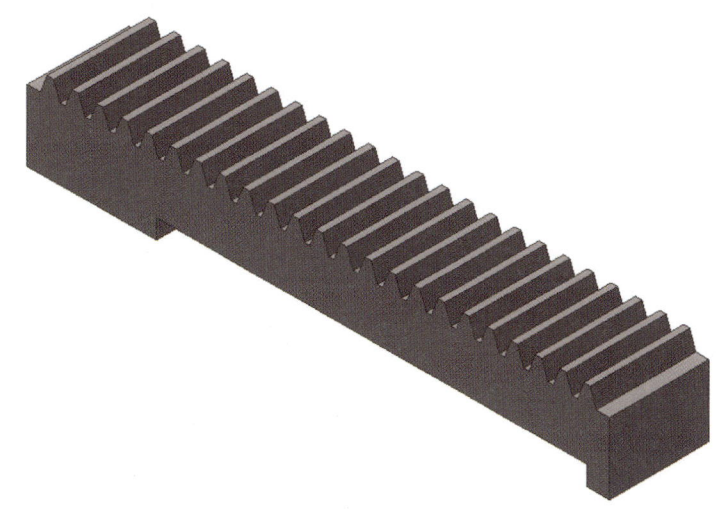

10 우측 면에 **스케치 작성** ✏ ➡ **접하는 원** ⭕ **선택** 그림의 번호대로 **클릭** ➡ 스케치 마무리

11 돌출 ➡ 교집합 선택, 범위: **전체** ➡ 확인

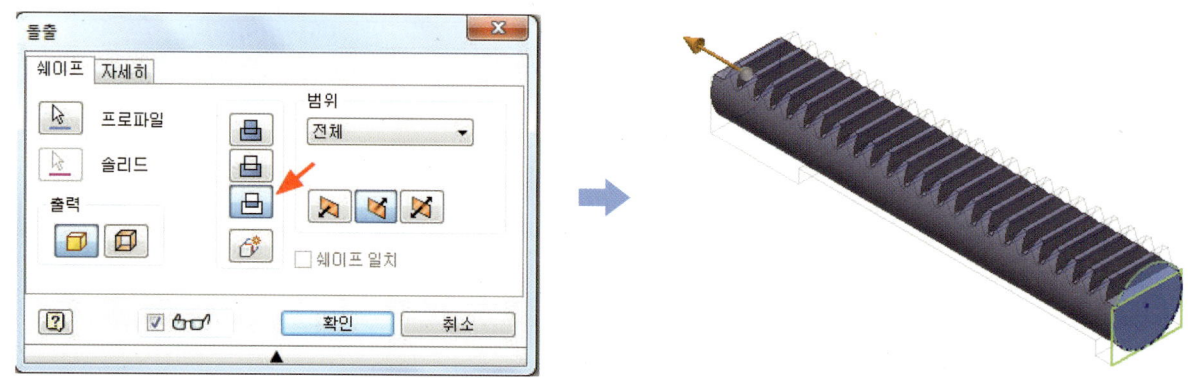

12 우측 면에 **스케치 작성** ➡ 가운데 점 **클릭** ➡ **구멍** 선택 ➡ 아래 그림과 같이 입력한다.

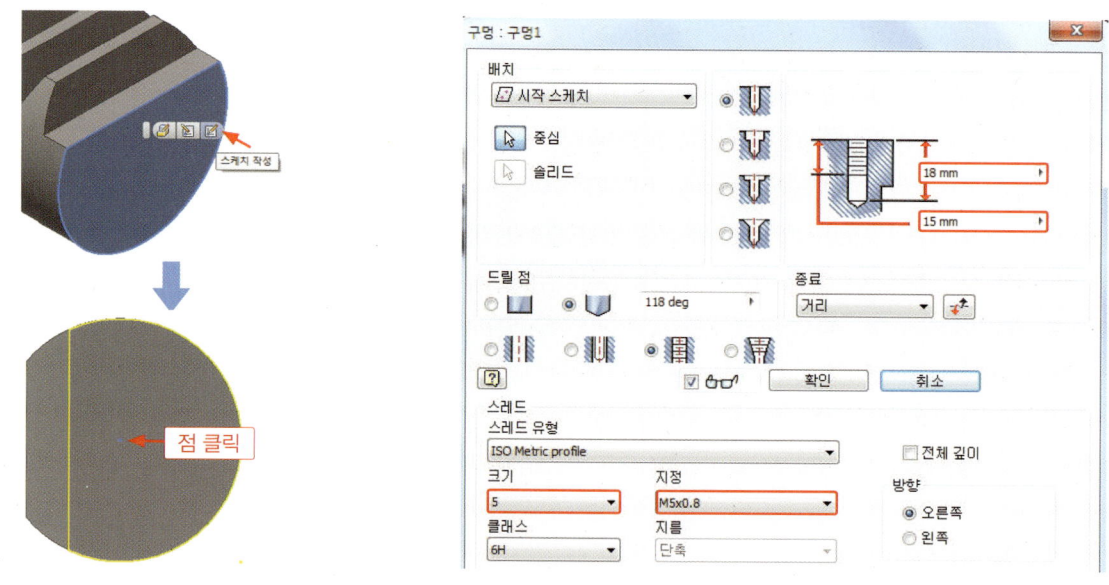

13 모따기 ➡ 바깥쪽은 **C1** 모따기 ➡ 안쪽은 거리 및 각도를 사용하여 모따기한다.

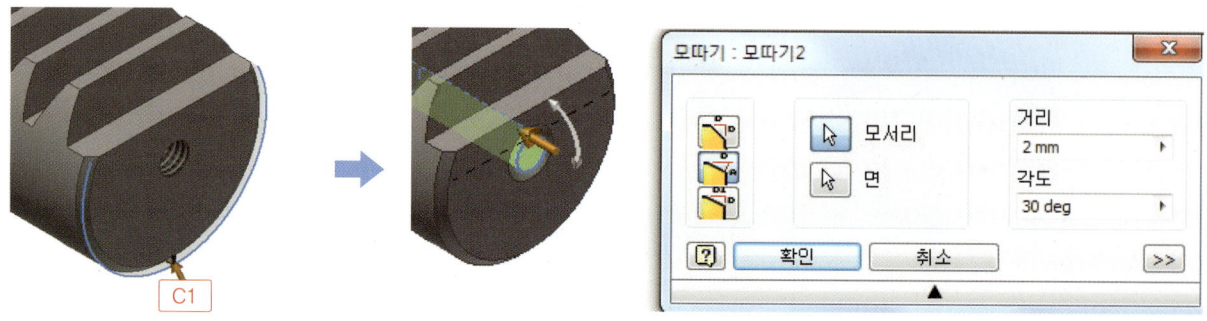

14 반대편의 구멍 및 모따기 작업도 왼쪽과 동일하다.

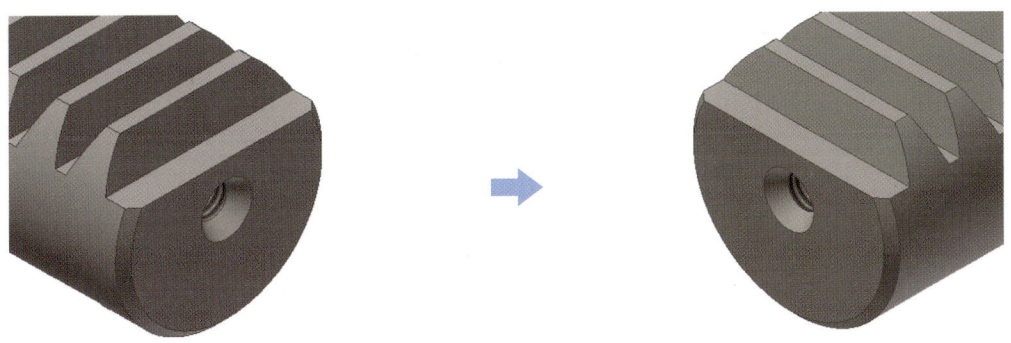

15 최종 완성

05 스프로킷

도시되고 지시 없는 라운드 및 필렛 R3, 모따기 1×45°

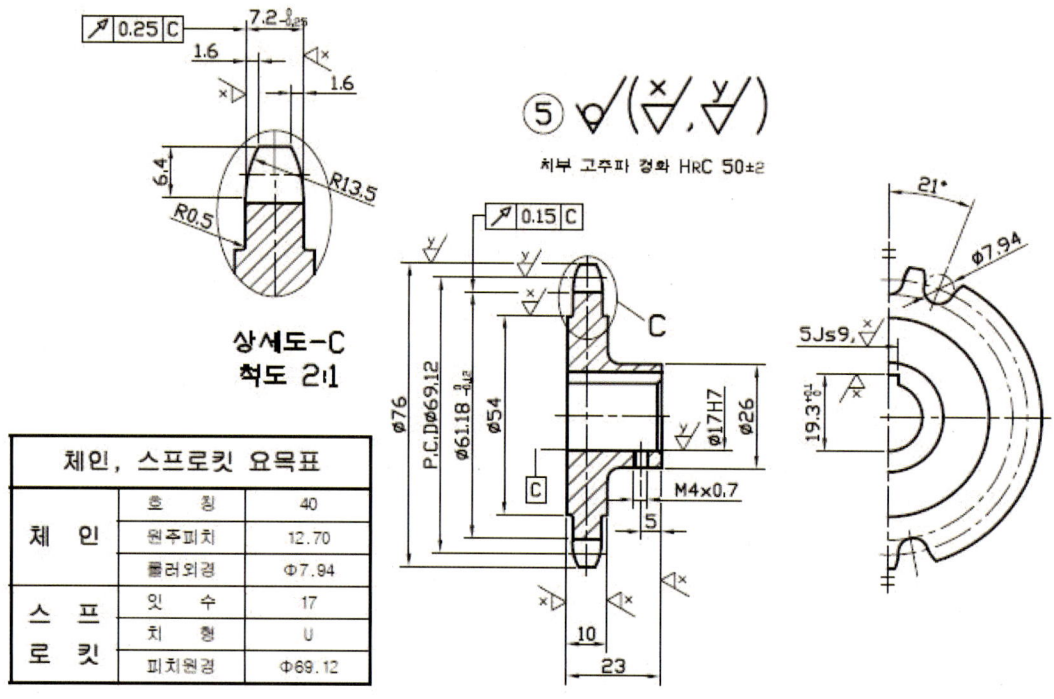

01 디자인 트리 원점의 평면[XY 평면] ⇨ 스케치 작성

02 선 ⇨ 스케치 원점에서부터 스프로킷 외형을 시계방향으로 스케치

03 탄젠트 호 ⇨ 02에서 스케치한 수직선 끝점 클릭 ⇨ 북동방향으로 탄젠트 호 스케치

04 선 ⇨ 탄젠트 호 끝점을 클릭하고 수평, 수직으로 직선을 스케치

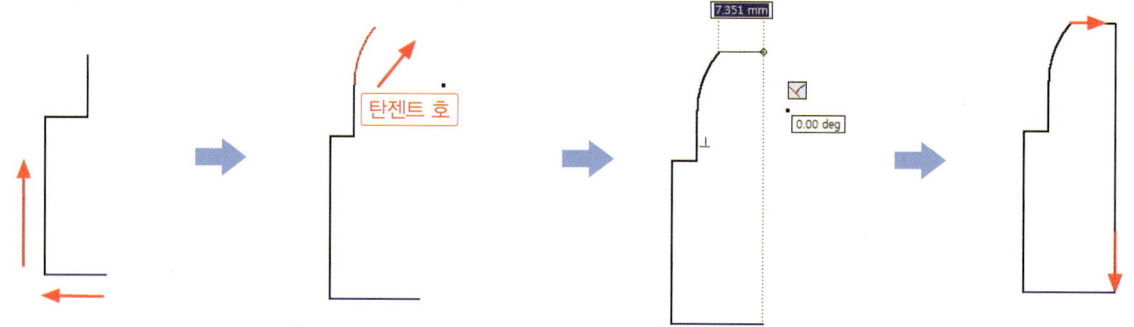

05 스케치 원점에서 작성된 수직선을 **구성**으로 변경한다.

06 **대칭** 선택 ⇨ 가운데 그림처럼 좌우 대칭시킨다.

07 **직사각형** 선택 ⇨ 수평선 오른쪽 하단 끝점에 일치 ⇨ 화살표 방향으로 스케치한다.

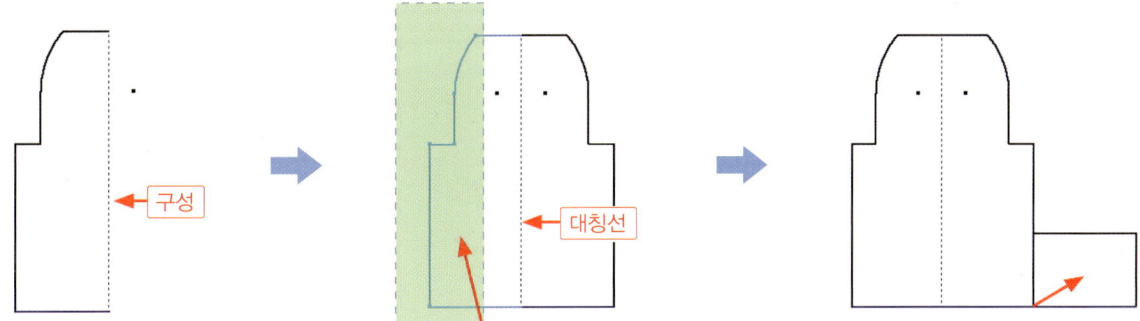

08 **자르기** 선택 ⇨ **07**에서 스케치한 **왼쪽 수직선 사이**를 마우스로 잘라준다. ⇨ 지름 치수 기입

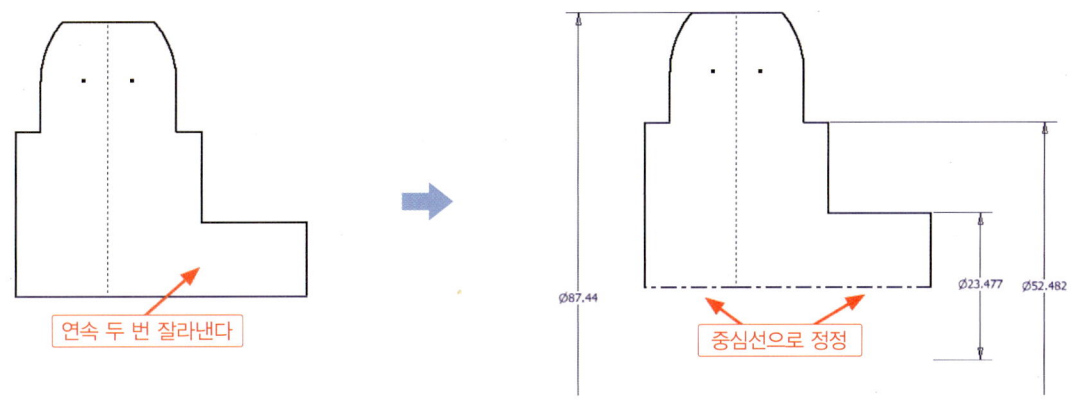

09 지름 치수 정정 ⇨ 나머지 부분 치수를 기입하고 번호순으로 정정한다.

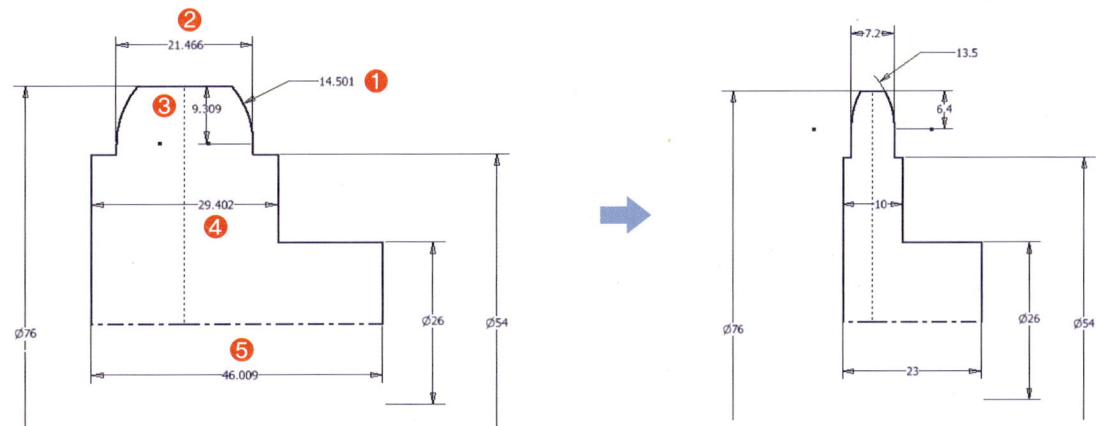

10 회전 🍩 ⇨ 확인 (프로파일이 한 개이고, 중심선이 동일 선상에 있으면 자동으로 객체가 선택된다.)

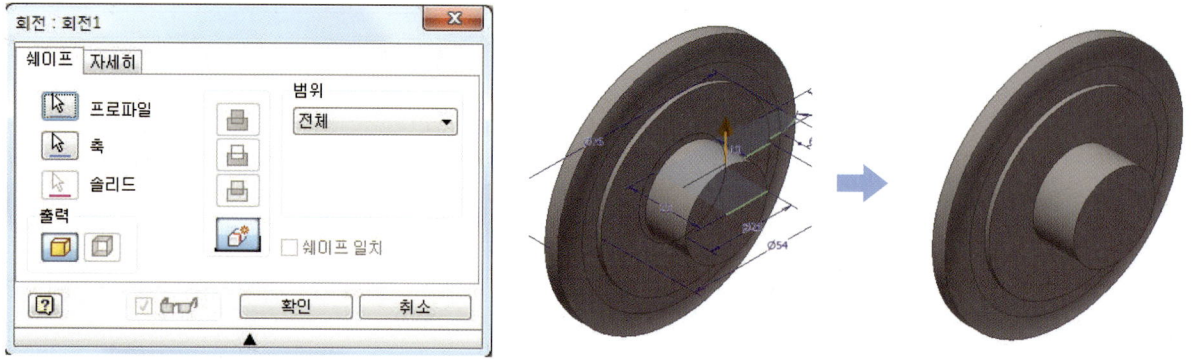

11 모깎기 🔵 선택 ⇨ R3 및 R0.5로 각각 필렛 처리한다.

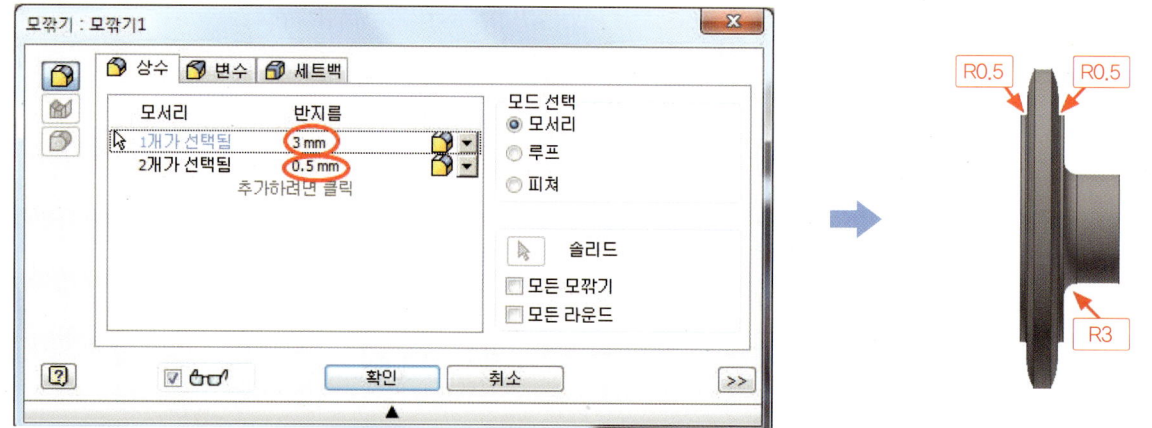

12 우측 면에 스케치 작성 📝 ⇨ 선 ╱ ⇨ 스케치 원점에서 수직선 ⇨ 끝점이 회색점으로 보이면 북서방향으로 드래그해서 원호 스케치

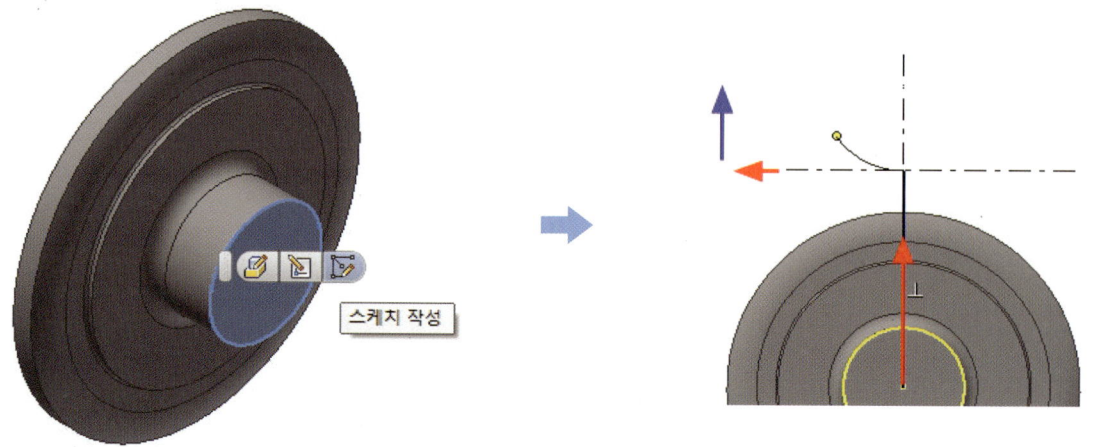

13 다시 10시 방향으로 드래그해서 원호 추가 스케치 ⇨ **대칭** 선택 ⇨ 아래 그림처럼 좌우 대칭 ⇨ **원** 선택 ⇨ 스케치 원점에서 수직선 끝점으로 원을 스케치한다.

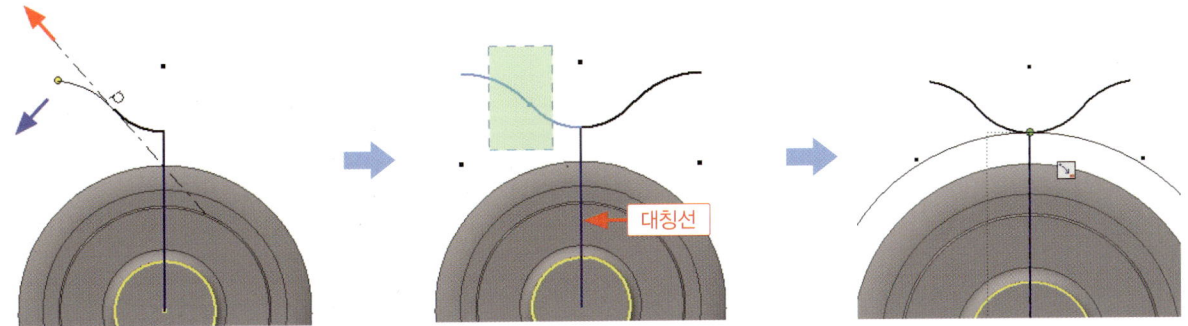

14 **중심점호** 선택 ⇨ 첫 번째 그림처럼 스케치 ⇨ **원** 선택 ⇨ 피치원(원호 중심점에 스케치), 이끝원(원호 끝점에 스케치) ⇨ 치저원, 피치원, 이끝원 수직선을 모두 **구성**으로 변경

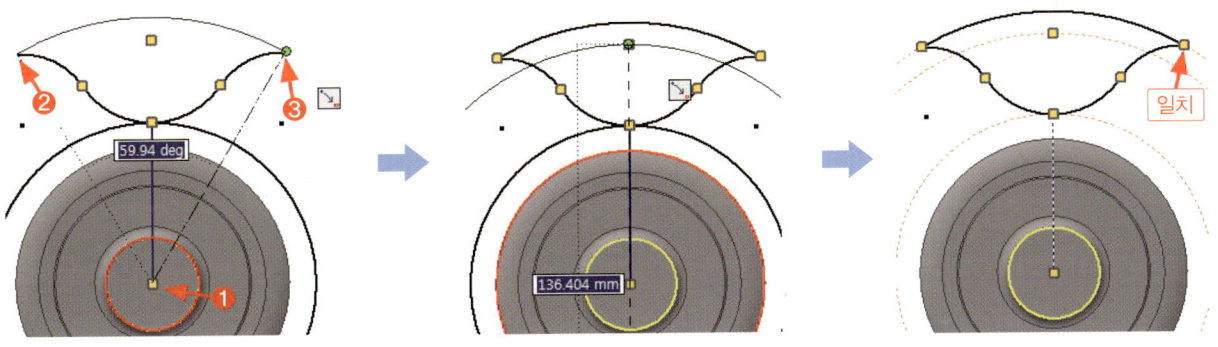

15 **일반치수** 선택 ⇨ 그림과 번호순으로 치수 기입 ⇨ 빠른 번호순으로 정정

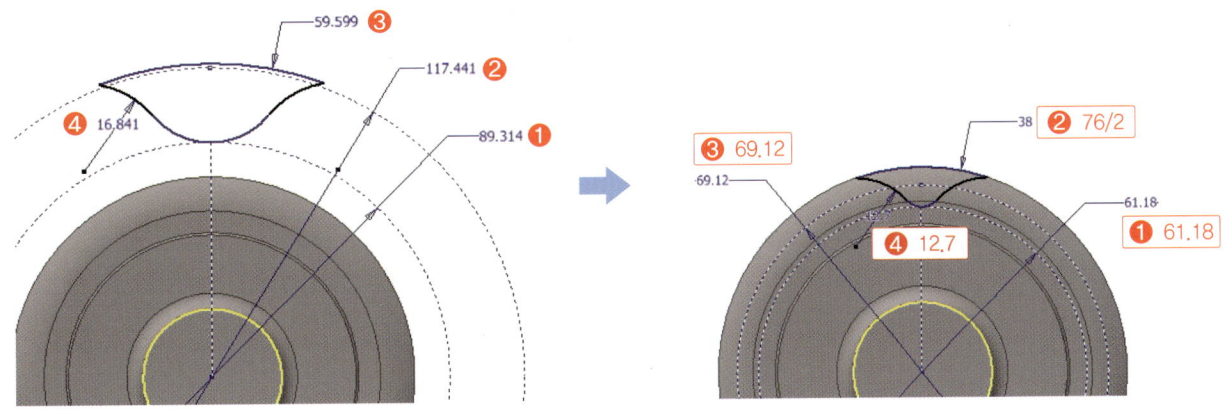

16 치수 기입이 끝났을 때 상단의 원호가 왼쪽 방향으로 너무 치우쳐 있으면 마우스로 끝점을 드래그하여 오른쪽 방향으로 원호를 드래그하여 스케치가 꼬이는 것을 방지한다. ⇨ 12.7 원호 중심점을 피치원과 **일치** 구속시킨다.

> **TIP** 12.7은 스프로킷 요목표의 '원주 피치'값을 적용한다.

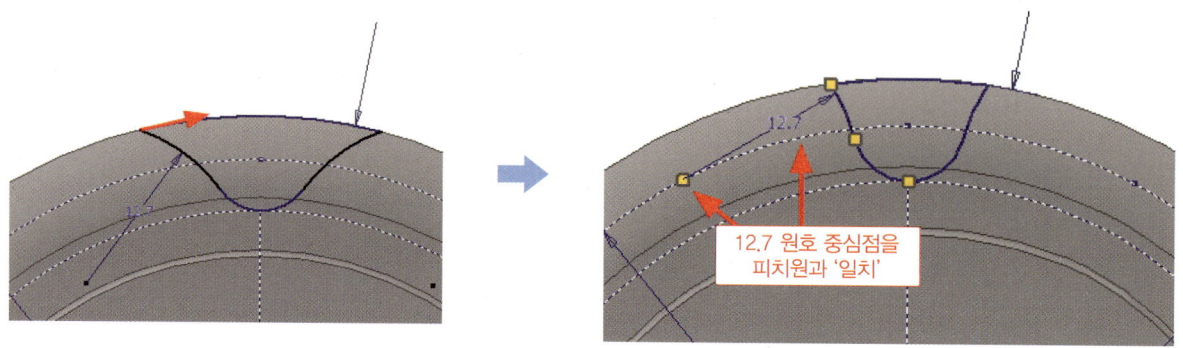

17 돌출 (차집합), 전체로 돌출한다.

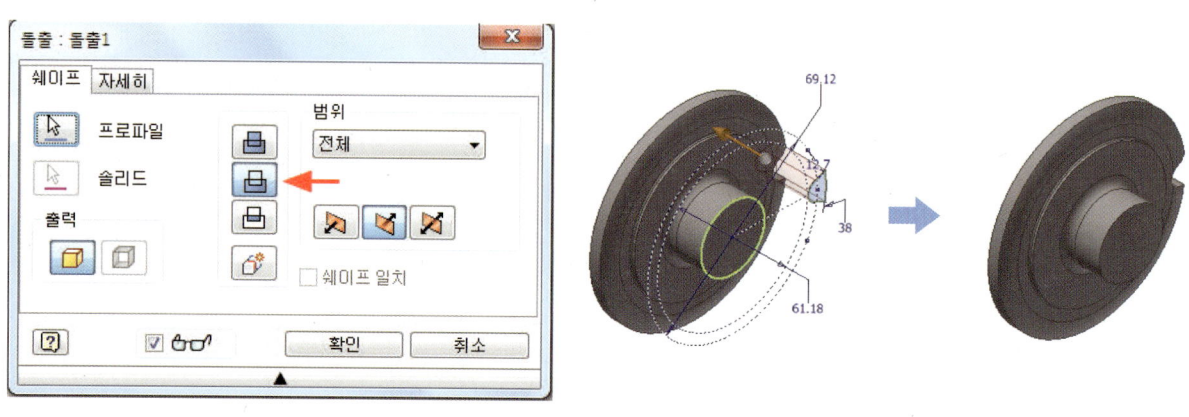

18 원형 패턴 선택 ⇨ 배치 17, 회전축은 원통 옆면을 선택 ⇨ 확인

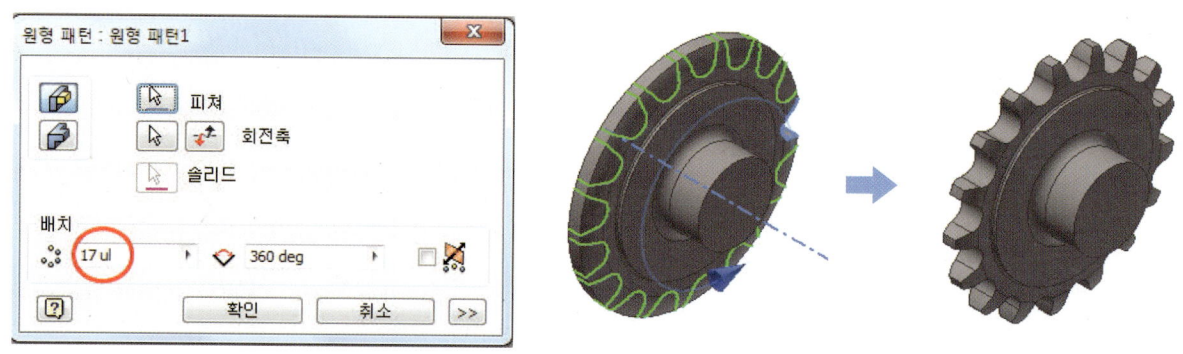

19 우측 면에 **스케치 작성** 📝 ⇨ 키 홈 스케치 ⇨ 아래 그림처럼 치수 기입 ⇨ 스케치 마무리

TIP 키 홈의 자세한 스케치 방법은 '6장 축 모델링의 키 홈' 부분을 참조한다.

20 돌출 ⇨ **차집합**, 범위: 전체로 돌출한다. ⇨ **모따기** 선택 ⇨ 원형 모서리를 **C1**으로 모따기 처리한다.

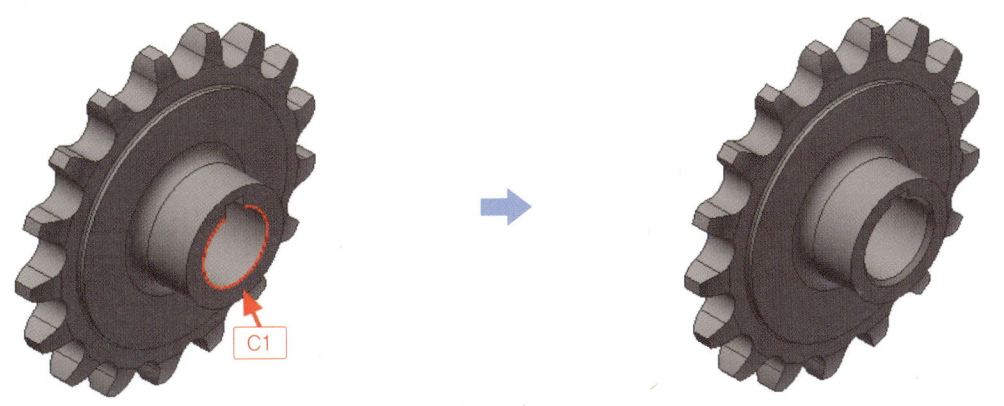

21 디자인 트리 원점의 평면[XY 평면] ⇨ **스케치 작성** 📝 ⇨ 수직인 모서리를 **형상 투영** 한다.

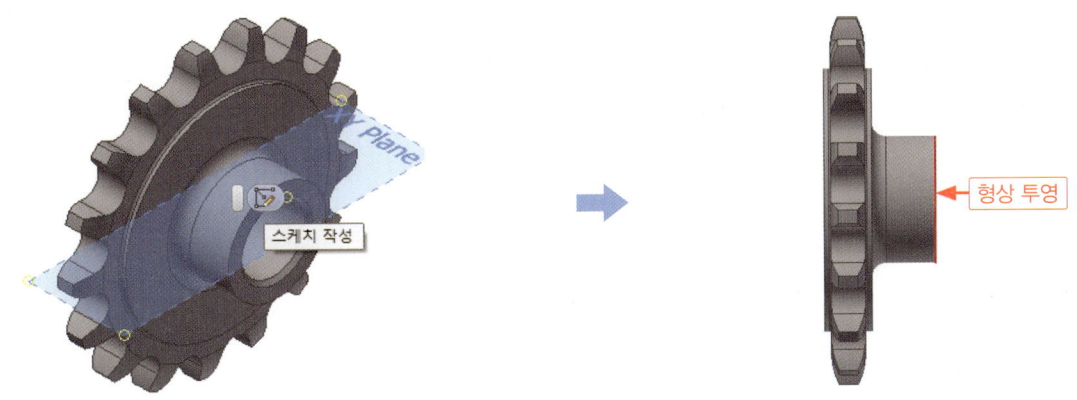

22 형상 투영 수직선에 ➪ **직선** / 과 **점** ┼ 을 순차적으로 스케치 ➪ 직선 치수를 **5**로 입력

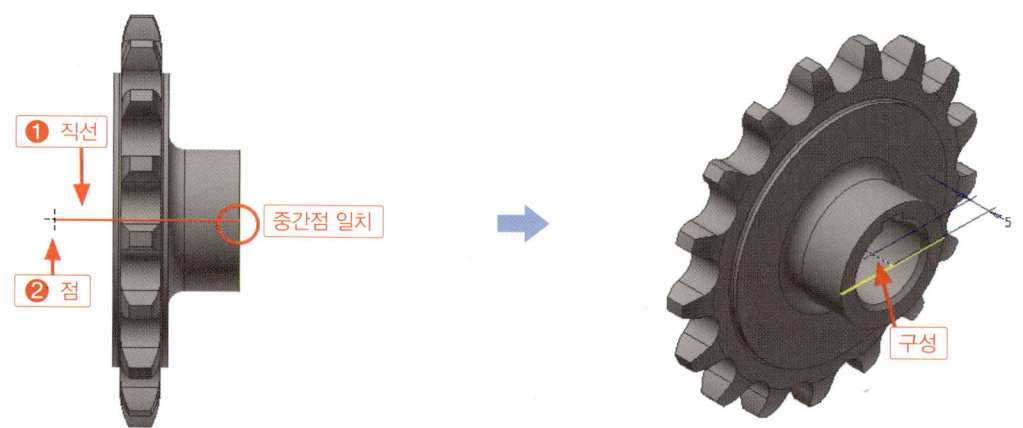

23 **구멍** 선택 ➪ 아래와 같이 설정하고 **M4x0.7 탭 구멍**을 아래 방향으로 뚫어준다.

24 필요할 경우 **우측 면** 하단에 사각형을 스케치하여 **돌출** ➪ **차집합**으로 1/4을 잘라준다.
(단, 기계설계 산업기사만 해당)

CHAPTER 09

인 벤 터 - 3 d 실 기 · 실 무

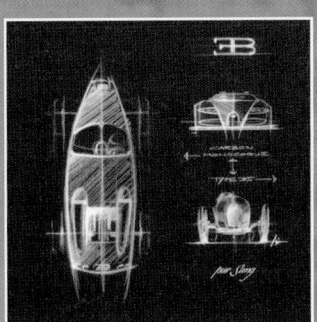

벨트 풀리 모델링

BRIEF SUMMARY

1. 평 벨트 풀리
2. V벨트 풀리
3. 2단 V벨트 풀리

01 | 평 벨트 풀리

- 도시되고 지시 없는 모따기 1×45°, 필렛과 라운드 R3
- 도면의 키 홈은 '**반달 키**'

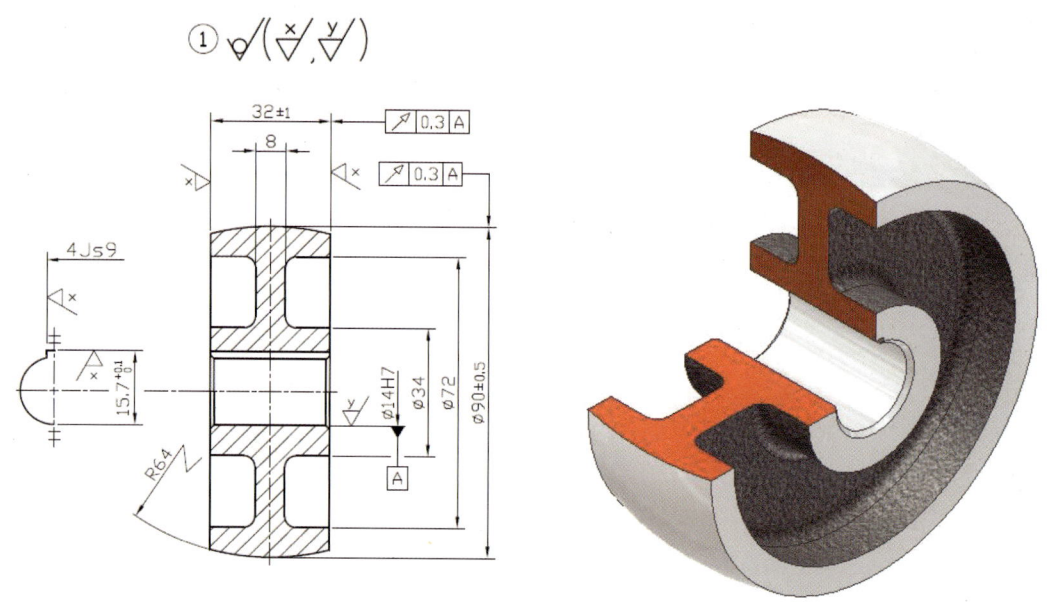

01 디자인 트리 원점의 평면[XY 평면] ⇨ 스케치 작성

02 선 ╱ 선택 ⇨ 스케치 원점에 수직선 스케치 ⇨ 원호를 스케치한다(그림 설명 참조).

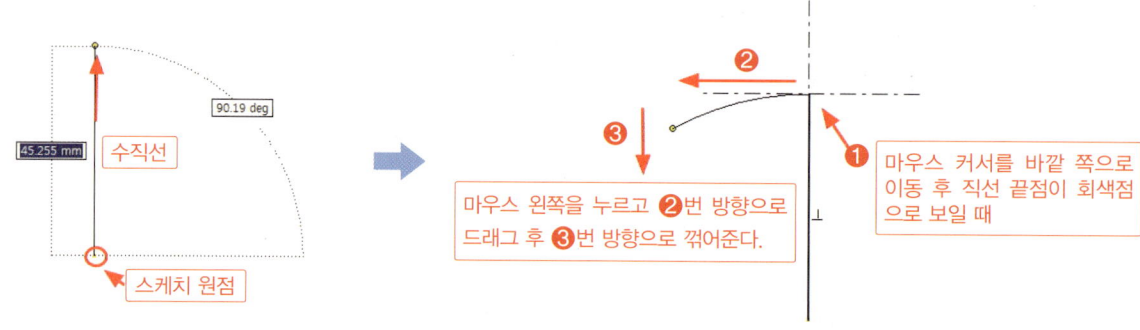

03 마우스 커서를 **수직**으로 내려서 추적선(점선)이 보이면 **클릭** ⇨ 스케치 원점을 **클릭**한다.

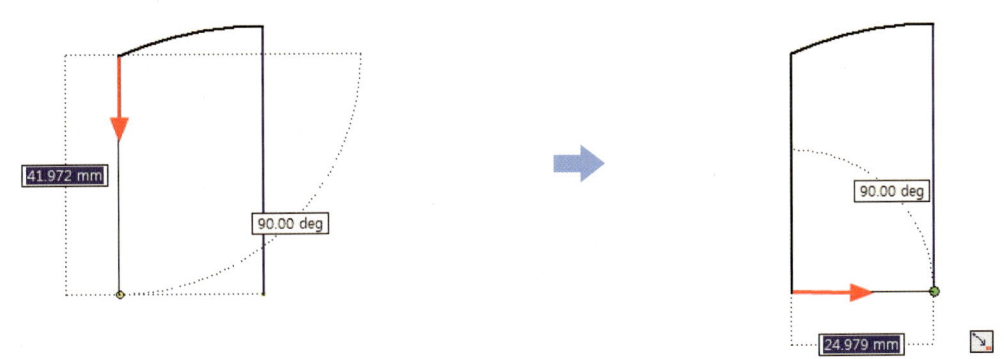

04 **두 점 직사각형** ☐ **선택** ⇨ 왼쪽 수직선 중간지점보다 더 윗부분 **클릭** ⇨ 그림 안쪽으로 사각형 스케치 ⇨ 수평선은 **중심선**, 수직선은 **구성**으로 선 형식을 변경한다.

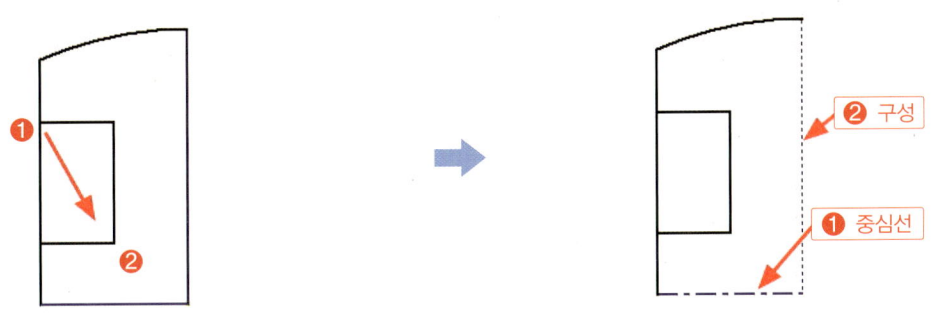

05 **대칭** 선택 ⇨ 그림과 같이 객체를 **선택**하고 오른쪽으로 스케치를 대칭시킨다.

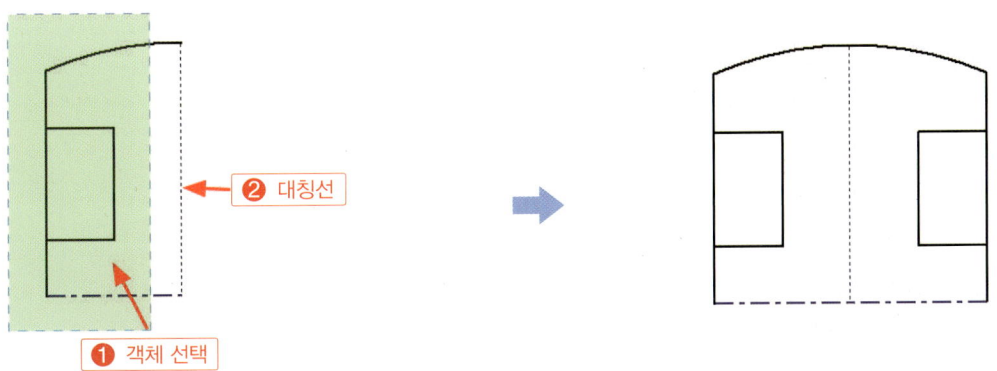

06 키보드에서 'R'을 눌러 회전 피처를 실행 ⇨ 프로파일: 가운데 영역 선택 ⇨ 축: 중심선 ⇨ '범위: 전체'를 선택하여 피처를 회전시킨다.

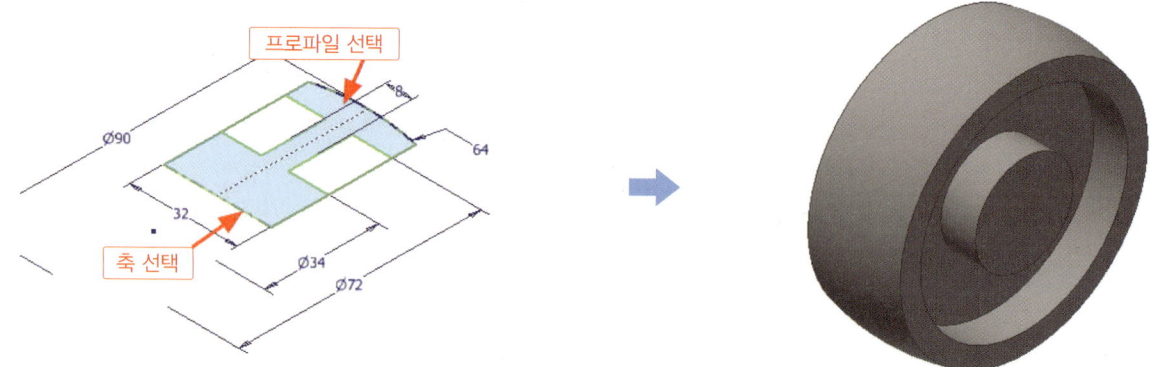

07 모깎기 아이콘 클릭 ⇨ 모든 모깎기 선택 ⇨ R3으로 모깎기한다.

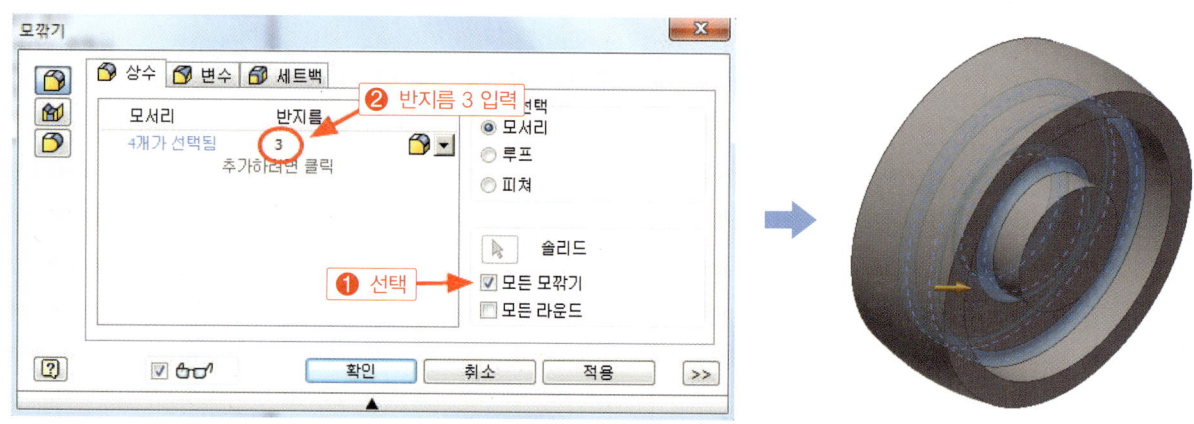

08 우측 면에 스케치 작성 ⇨ 키 홈을 스케치하고 치수(지름 14, 폭 4, 높이 15.7)를 기입한다.

TIP 키 홈의 자세한 스케치 방법은 '6장 축 모델링의 키 홈' 부분을 참조한다.

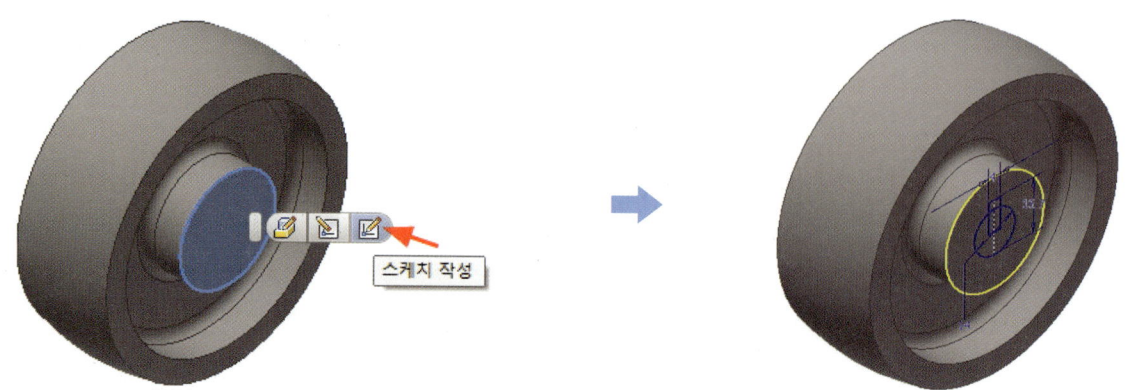

09 모따기 선택 ⇨ 키 홈 구멍 **양쪽 원형 모서리**를 C1으로 모따기한다.

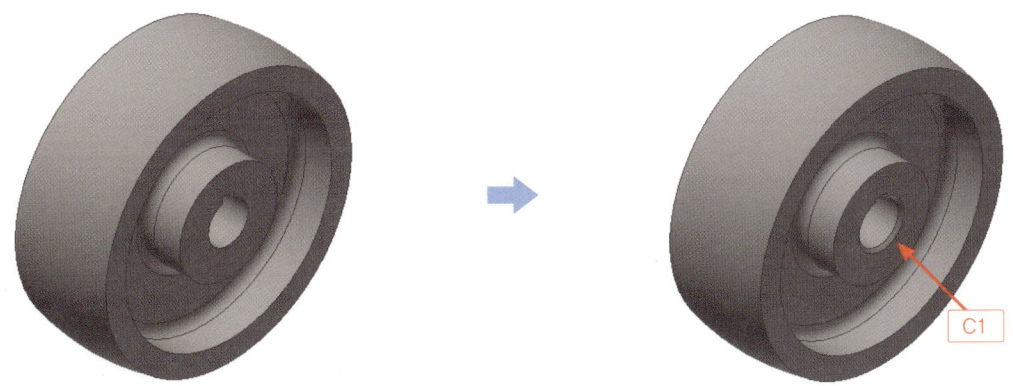

10 최종 완성

이 상태에서 **질량**을 구한다.(단, 기계설계 산업기사만 해당)

11 필요할 경우 **우측 면** 하단에 사각형을 스케치하여 **돌출** (절단)으로 1/4을 잘라준다.
(단, 기계설계 산업기사만 해당)

02 | V벨트 풀리

도시되고 지시 없는 모따기 1×45°, 필렛과 라운드 R3

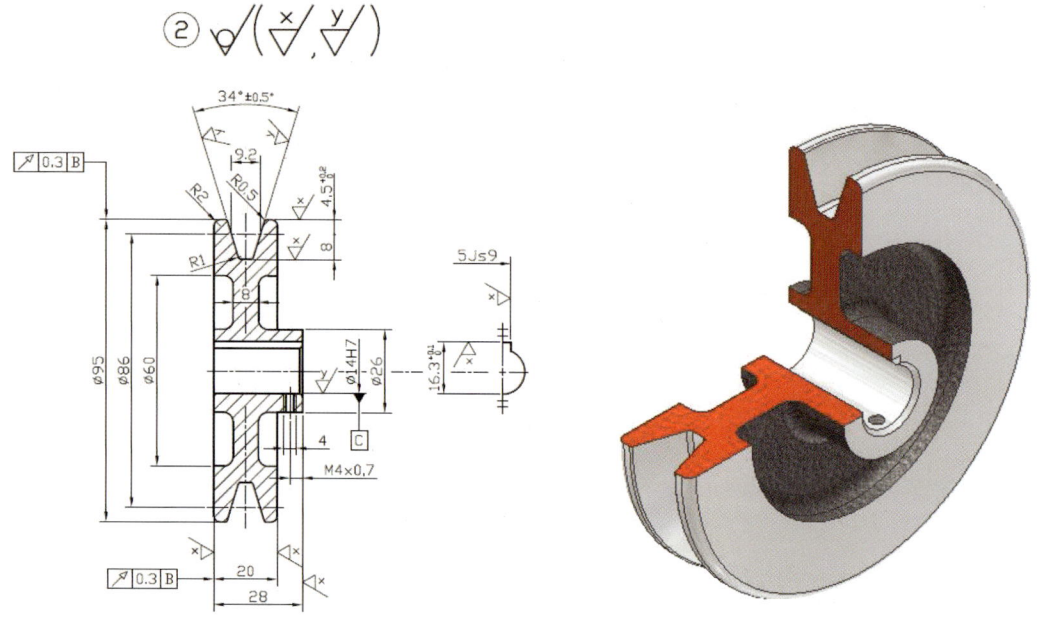

01 디자인 트리 원점의 평면[XY 평면] ⇨ **새 스케치**

02 선 / **선택** ⇨ **스케치 원점**에서부터 V벨트 풀리 외형을 반시계방향으로 스케치

> **TIP** 경사진 부분 스케치는 반드시 2개의 선을 따로 스케치해야 하며 평행 구속조건이 적용되어야 한다.

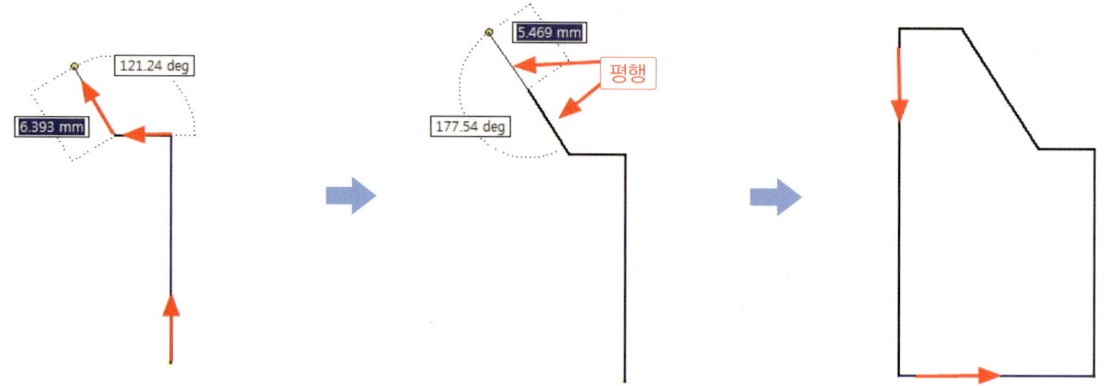

03 **직사각형** 🔲 아이콘 **선택** ⇨ 왼쪽 상단 수직선(중간점을 피해서)에서 오른쪽 하단반향으로 사각형 스케치 ⇨ 맨 아래 수평선은 **중심선**으로, 오른쪽 수직선은 **구성**으로 각각 선형식을 변경해 준다.

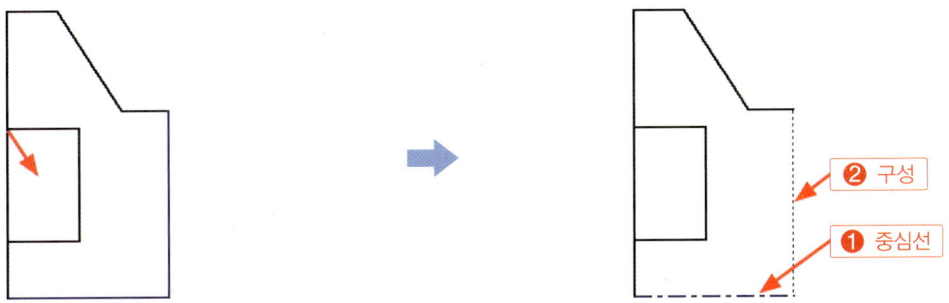

04 **대칭** 선택 ⇨ 그림과 같이 객체를 **선택**하고 오른쪽으로 스케치를 대칭시킨다.

05 **일반치수** 선택 ⇨ 치수를 기입하고 수정하는 과정을 **3단계**로 구분하여 치수를 모두 기입한다.

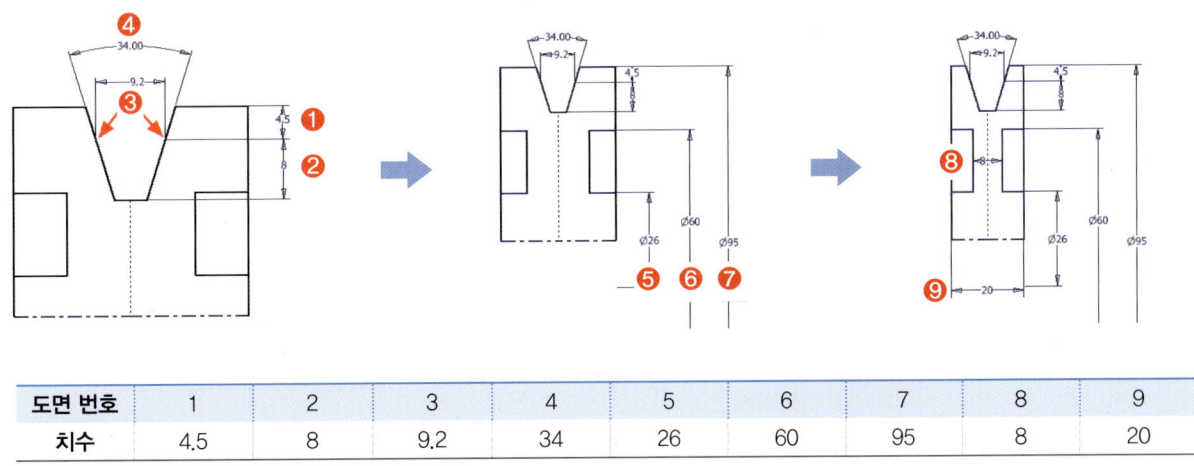

도면 번호	1	2	3	4	5	6	7	8	9
치수	4.5	8	9.2	34	26	60	95	8	20

06 키보드에서 'R'을 눌러 회전 피처 실행 ⇨ 프로파일: 가운데 영역 선택 ⇨ 축: 중심선 ⇨ '범위: 전체'를 선택하여 피처를 회전시킨다.

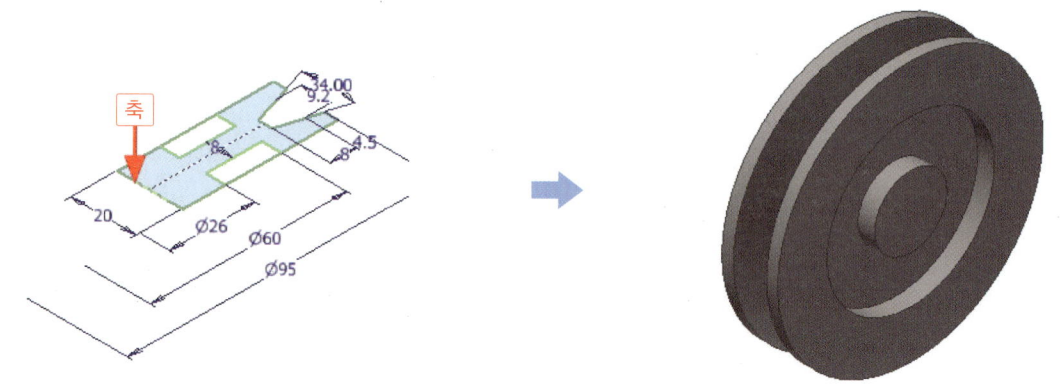

07 모깎기 아이콘 클릭 ⇨ 그림과 같은 부위를 각각 R2, R1, R0.5로 모깎기한다.

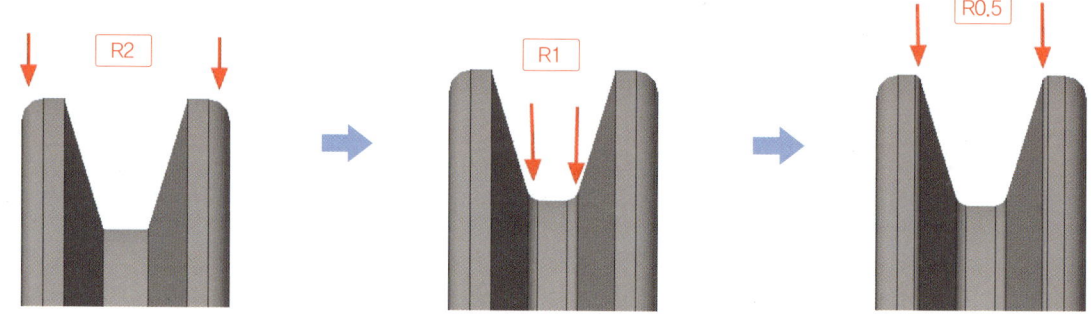

TIP 아래 그림과 같이 '추가하려면 클릭'이라는 글자를 선택하여 한 번에 모깎기를 하여도 무방하다.

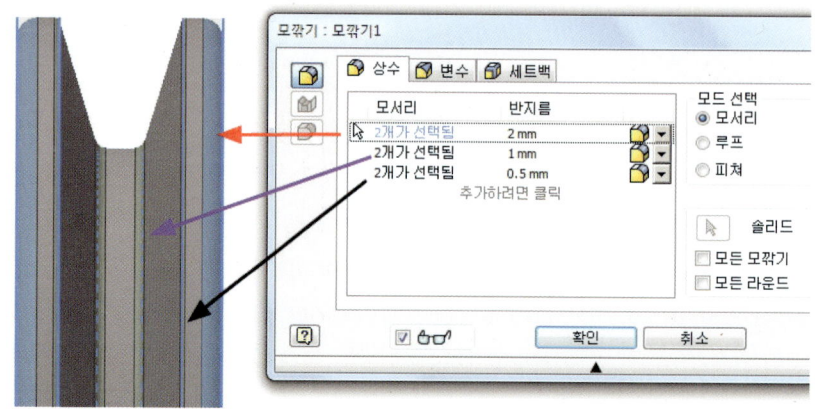

08 모깎기 아이콘 클릭 ⇨ 모든 모깎기 선택 ⇨ R3으로 모깎기한다.

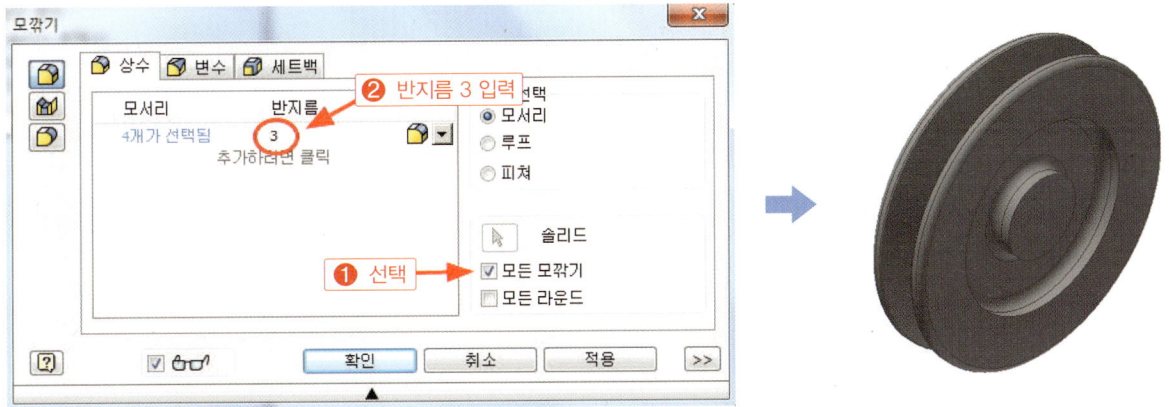

09 우측 면에 스케치 작성 ⇨ 곧바로 스케치 마무리 ✓ ⇨ 돌출 거리: 8로 돌출한다.

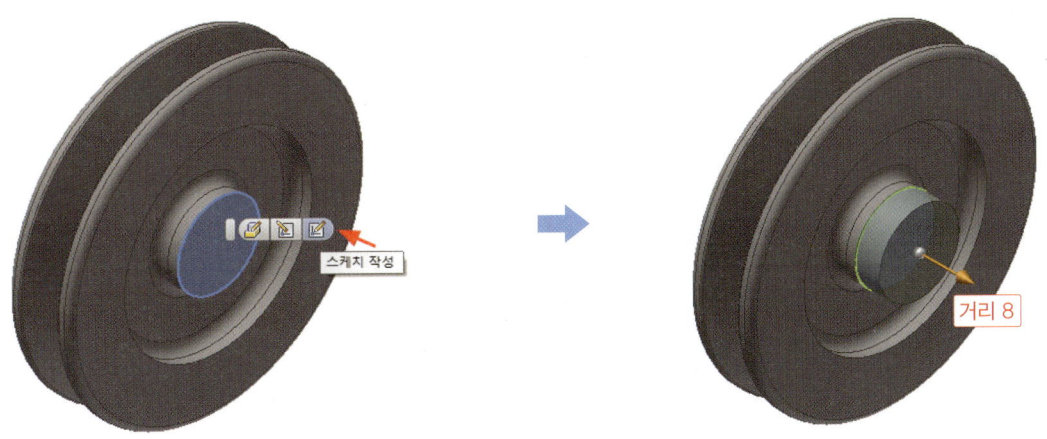

10 우측 면에 스케치 작성 ⇨ 키 홈 스케치 ⇨ 돌출 ⇨ 차집합, 범위: 전체로 돌출한다.

TIP 키 홈의 자세한 스케치 방법은 '6장 축 모델링의 키 홈' 부분을 참조한다.

11 키 홈 구멍 원형 모서리 **선택** ⇨ **모따기** 🔶 아이콘 **선택** ⇨ **C1**으로 모따기한다.

12 디자인 트리 원점의 **XY 평면**을 **선택**하고 **스케치 작성** 📝 **선택** ⇨ 수직선을 **형상 투영** 🗂 한다.

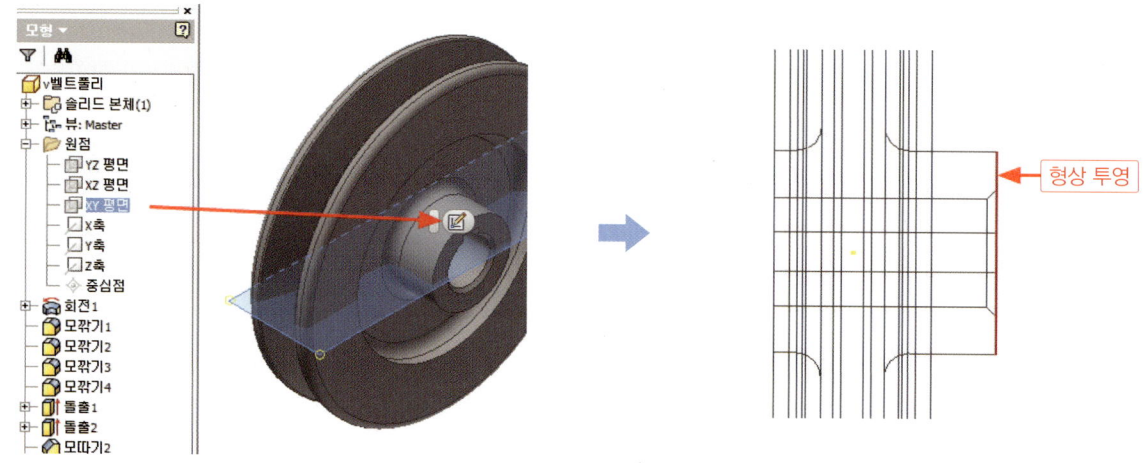

13 형상 투영한 수직선 중간점에서 왼쪽으로 수평선 스케치 ⇨ 직선 끝부분에 **점** ┼ 스케치
⇨ 직선을 **구성**으로 변경 ⇨ 직선길이를 **4**로 입력

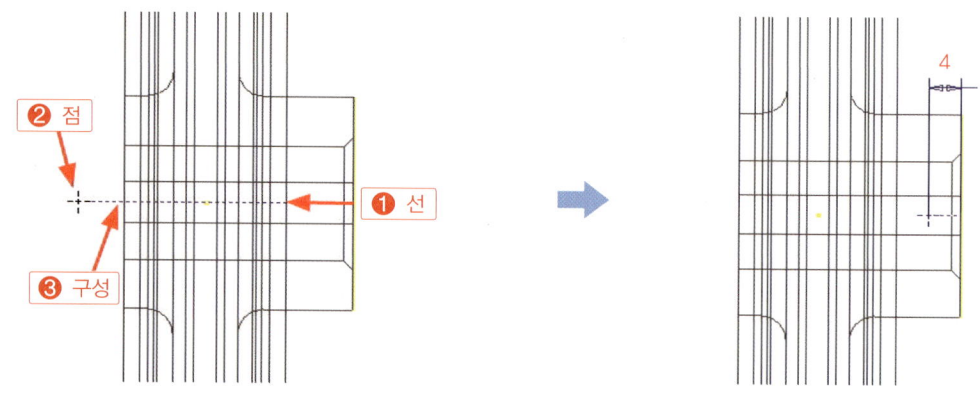

14 구멍 🔘 선택 ⇨ 아래와 같이 스레드를 설정해서 암나사를 만들어 준다.

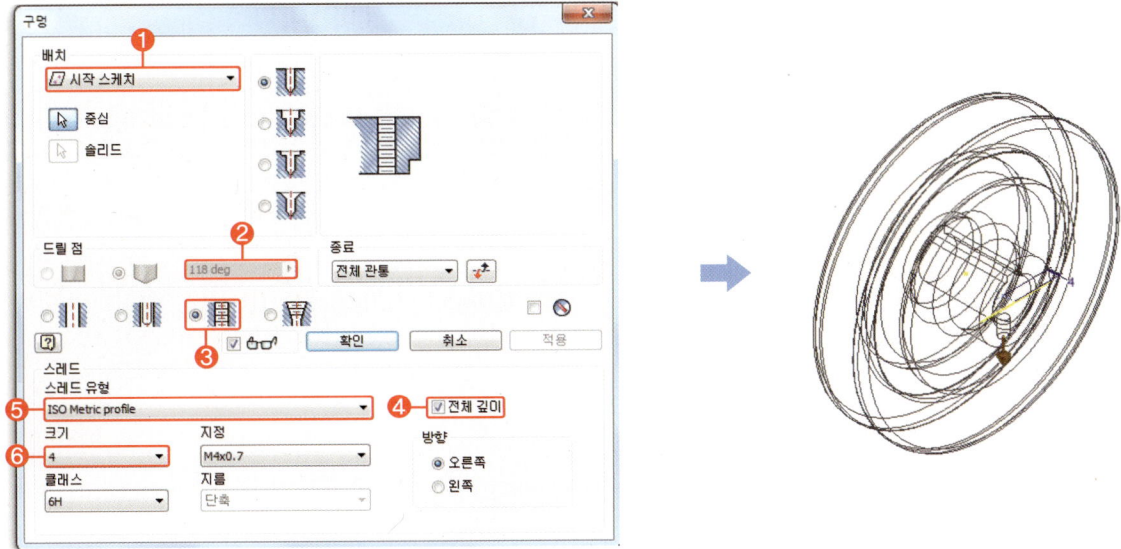

15 최종 완성
이 상태에서 **질량**을 구한다.(단, 기계설계 산업기사만 해당)

16 필요할 경우 **우측 면** 하단에 사각형을 스케치하여 **돌출** (절단)으로 1/4을 잘라준다.
(단, 기계설계 산업기사만 해당)

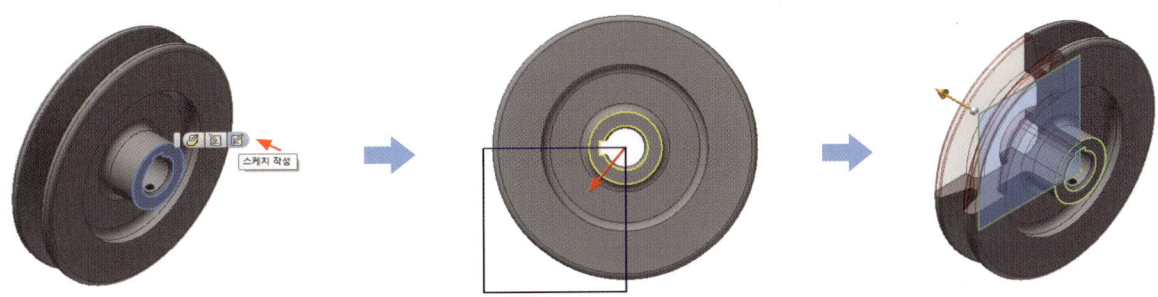

03 | 2단 V벨트 풀리

도시되고 지시 없는 모따기 1×45°, 필렛과 라운드 R3

01 디자인 트리 원점의 평면[XY 평면] ⇨ 스케치 작성

02 선 / 선택 ⇨ 스케치 원점에서부터 V벨트 풀리 외형을 시계방향으로 스케치 ⇨ 아래쪽 수평선을 중심선으로 변경 ⇨ 치수를 기입한다.

03 키보드에서 'R'을 눌러 **회전** 피처 실행 ⇨ 곧바로 확인 을 누른다.

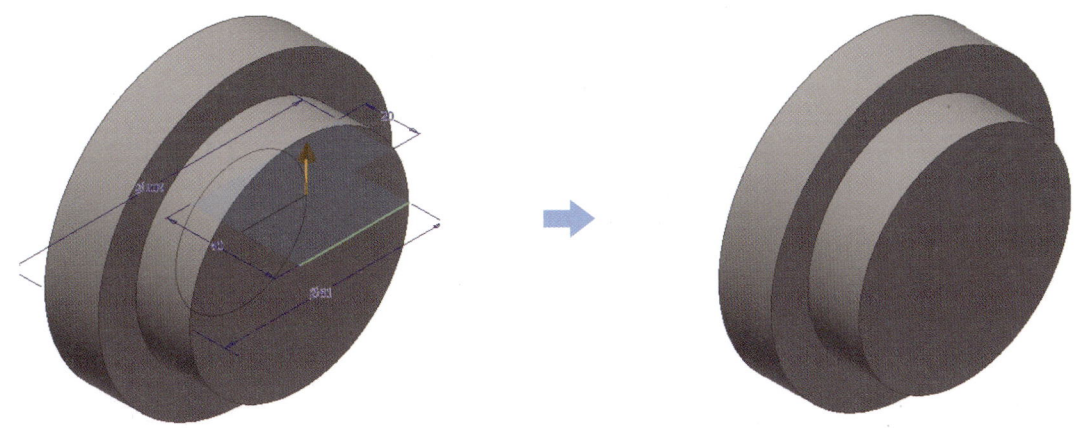

04 ViewCuve에서 정면 **선택** ⇨ 양쪽 수직선 형상 투영 ⇨ 좌측 **직사각형** , 우측 **선** 으로 스케치

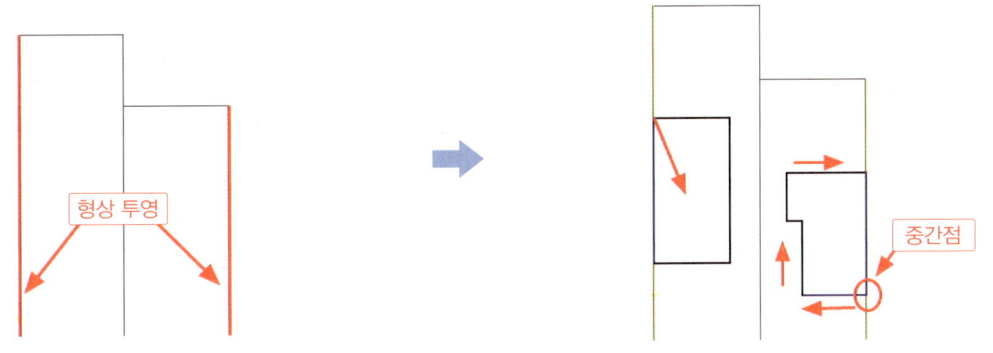

05 오른쪽 하단 수평선을 중심선을 변경 ⇨ **일반치수** **선택** ⇨ 수평, 지름 치수 기입

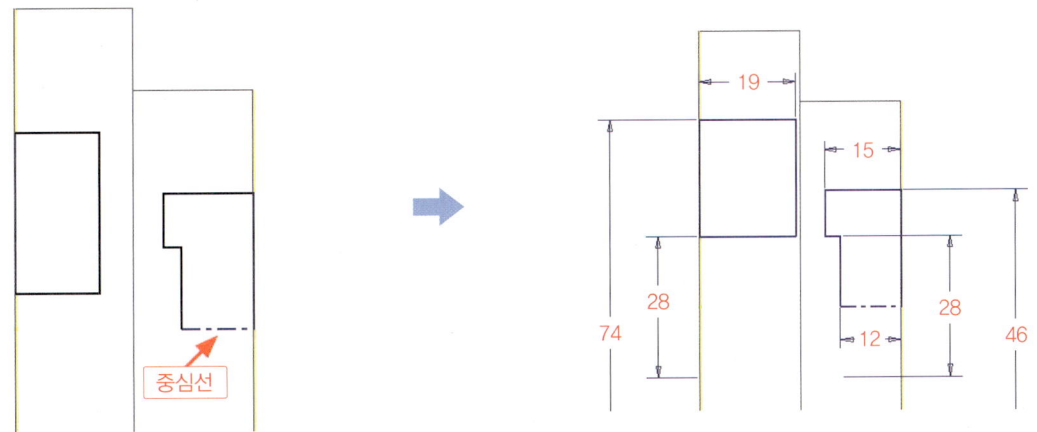

06 회전 선택 ⇨ 차집합, 범위: 전체 ⇨ 확인

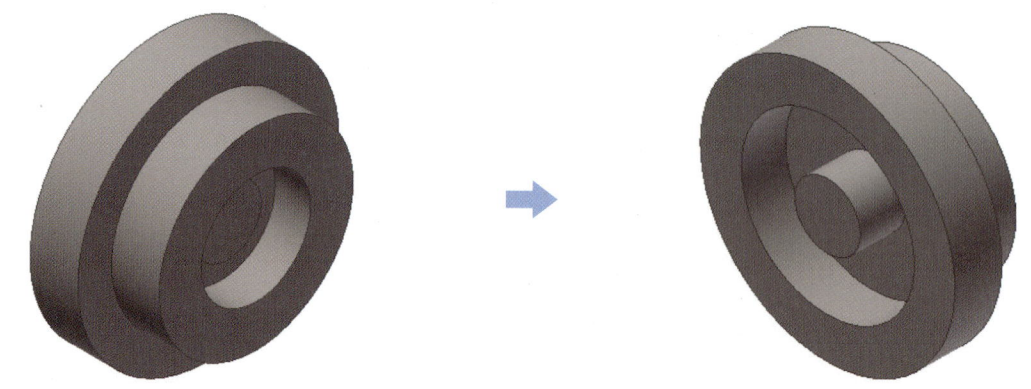

07 모깎기 아이콘 클릭 ⇨ 모든 모깎기 선택 ⇨ R3으로 모깎기한다.

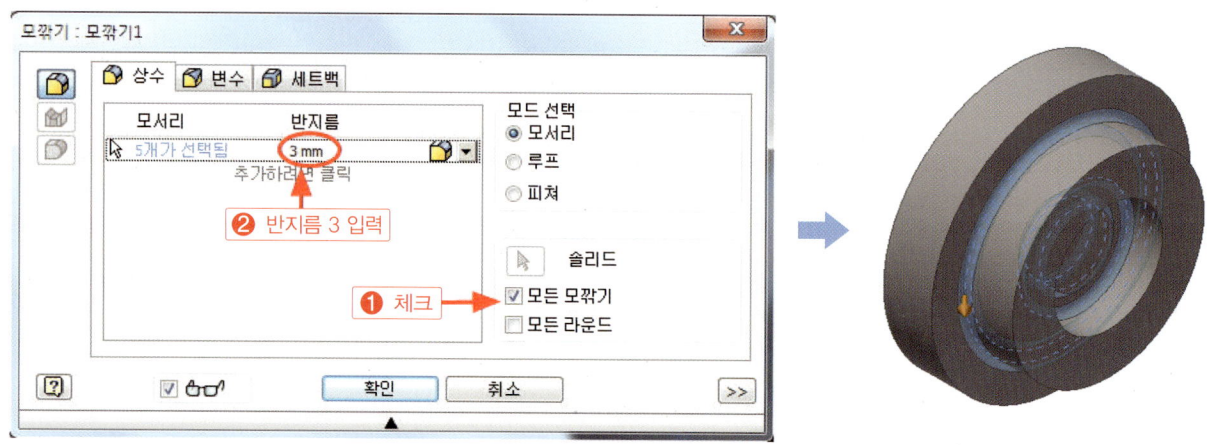

08 디자인 트리 원점의 평면[XY 평면] ⇨ 스케치 작성 ⇨ ViewCuve: 정면 ⇨ V벨트 풀리 왼쪽 상단에 **직사각형** 을 스케치한다.

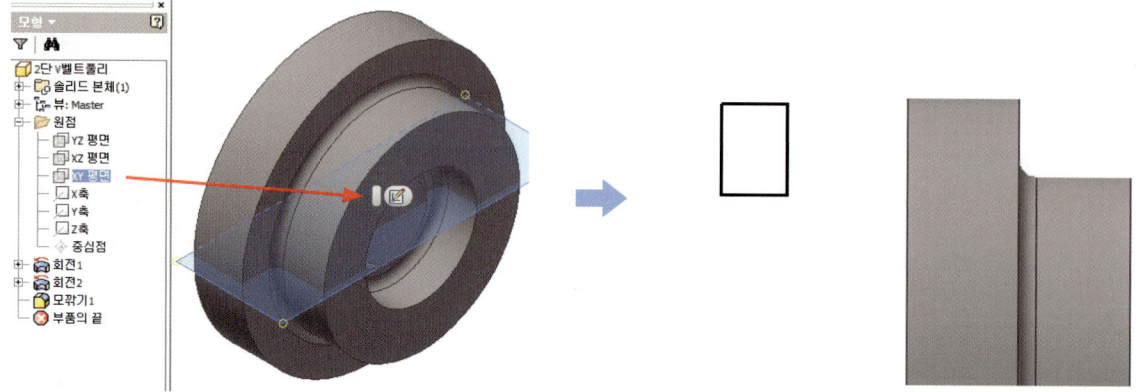

09 **직선** / 을 사각형 왼쪽 모서리 정점에서 오른쪽 하단방향으로 2개로 나누어 평행하게 스케치 ⇨ **자르기** ✂ 로 불필요한 선 제거 ⇨ 스케치를 좌우 **대칭** ⇨ 수직선을 구성으로 변경한다.

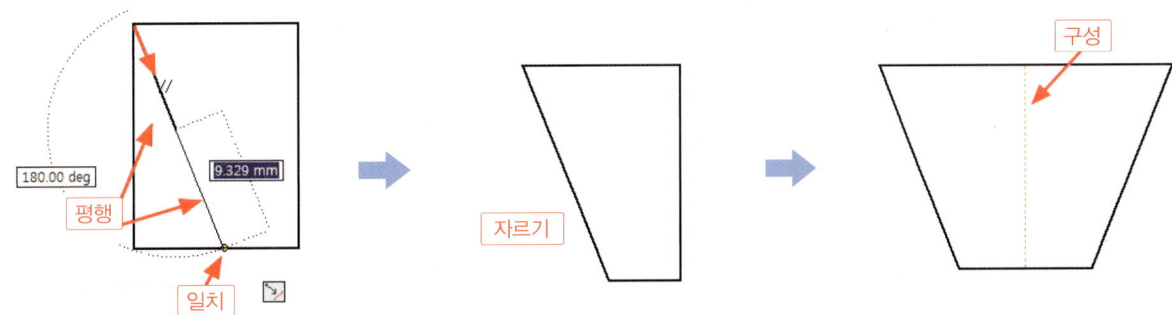

10 **치수** 를 그림과 같이 순차적으로 기입 ⇨ 도면 치수로 편집한다.

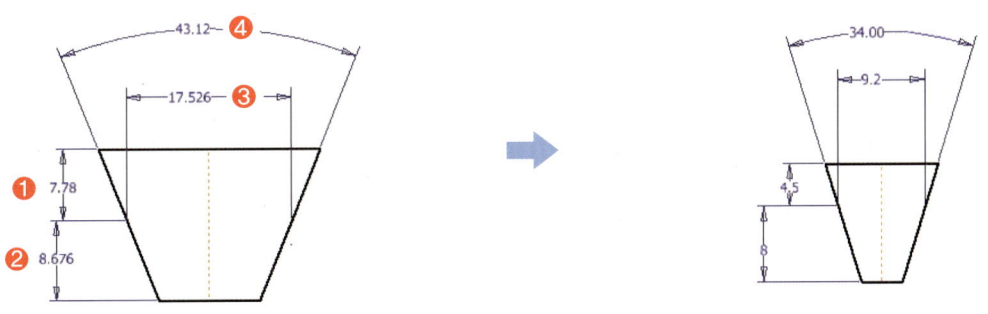

11 **형상 투영** 아이콘 **선택** ⇨ 상단 수평선 2개 **선택** ⇨ **점** 아이콘 **선택** ⇨ 수평선 중간지점을 각각 **클릭**하여 '점'을 스케치한다.

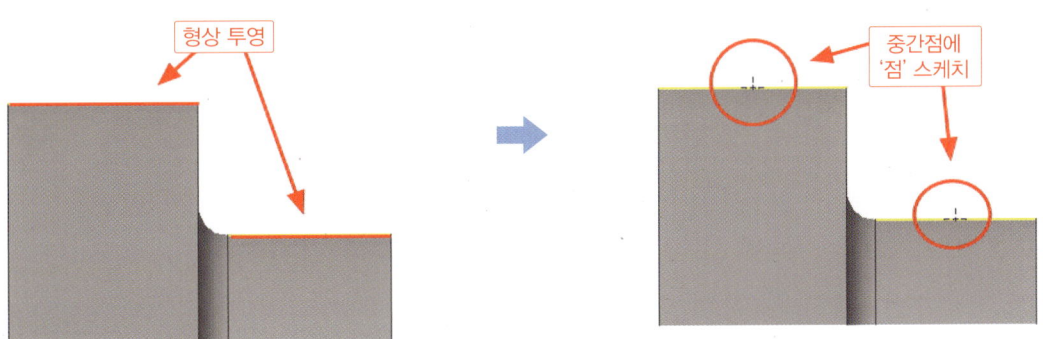

12 복사아이콘 **선택** ➡ 단일 **선택**을 위해 최적화 체크 ➡ 왼쪽 **선택** 화살표 누른 후 복사할 객체**선택** ➡ 가운데 화살표 **클릭** ➡ 그림처럼 복사 **기준점**과 **완료점**을 각각 **클릭**해준다.

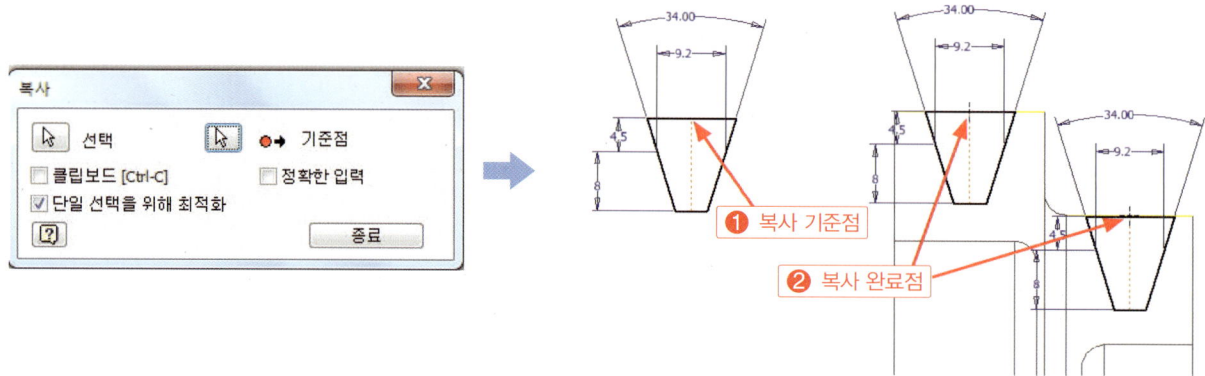

13 회전 **선택** ➡ **차집합**, 축: 디자인 트리 원점의 **X축**, 범위: **전체** ➡ 확인

14 모깎기 아이콘 클릭 ➡ 앞뒤 원형 모서리 **선택** ➡ R3으로 모깎기한다.

15 모깎기 **선택** ➡ R2, R1, R0.5순으로 모깎기한다.

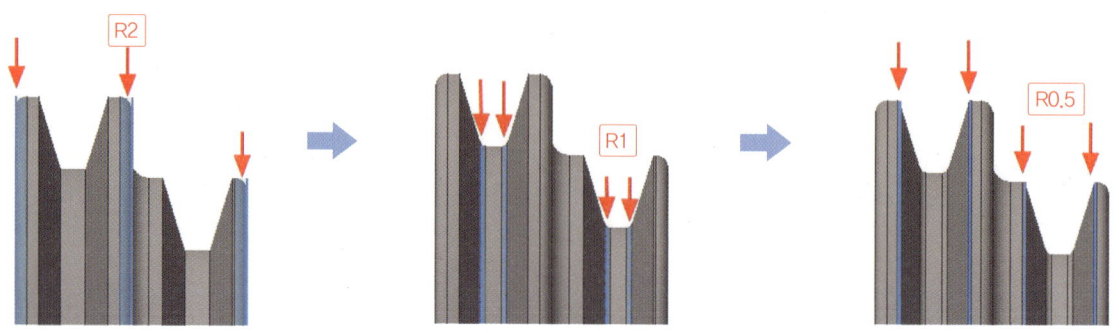

16 작업평면: **평면에서 간격 띄우기** 아이콘 **선택** ⇨ 좌측 면 **선택** ⇨ 거리 **-6** 입력 ⇨ 생성된 작업평면에 **스케치** 를 작성한다. ⇨ 작업평면 1 가시성을 체크 해제한다.

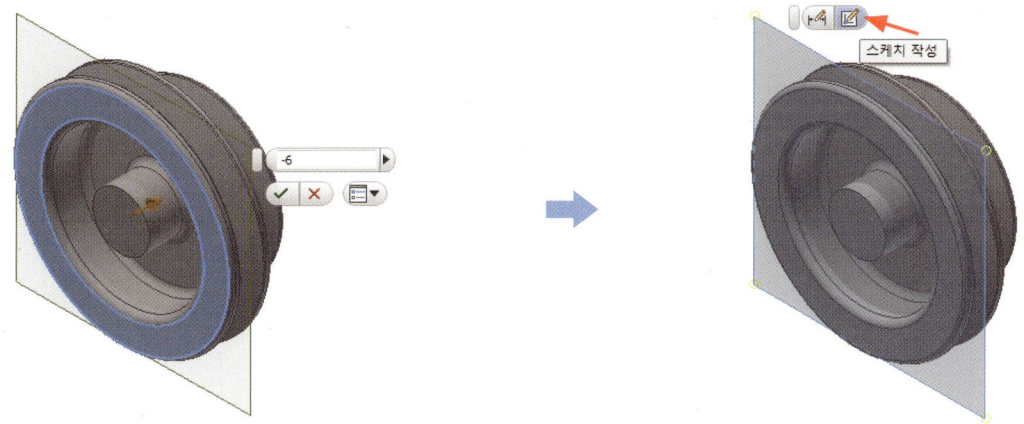

17 ViewCuve 시점에서 정면 **선택** ⇨ 키보드에서 F7 을 눌러서 그래픽슬라이스를 실행 ⇨ **슬롯(중심 대 중심)** 아이콘 **클릭** ⇨ 원 중심점에서 동쪽 방향으로 스케치 ⇨ 길이 **39**, 반지름 **3**으로 치수 기입

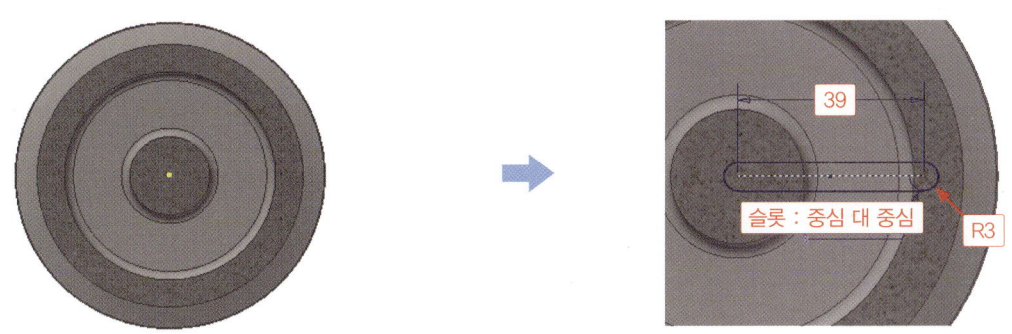

18 돌출 ⇨ 다음 면까지로 방향을 지정한 후 돌출한다.

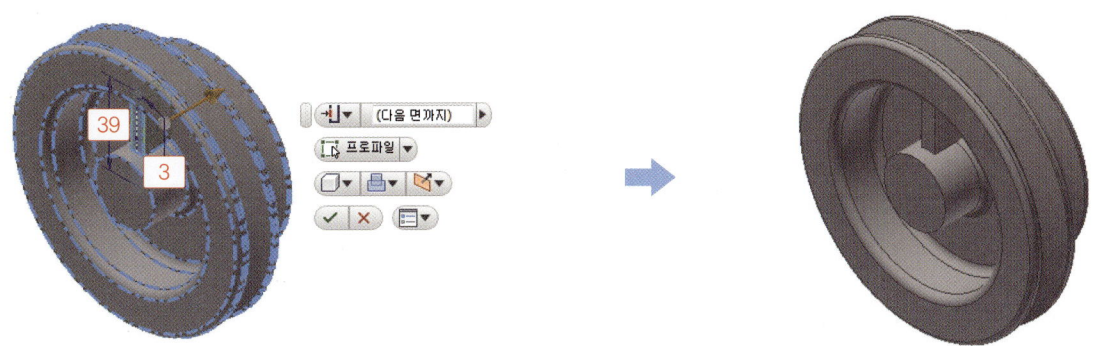

19 모깎기 ◯ 선택 ⇨ 순차적으로 R3으로 모깎기한다.

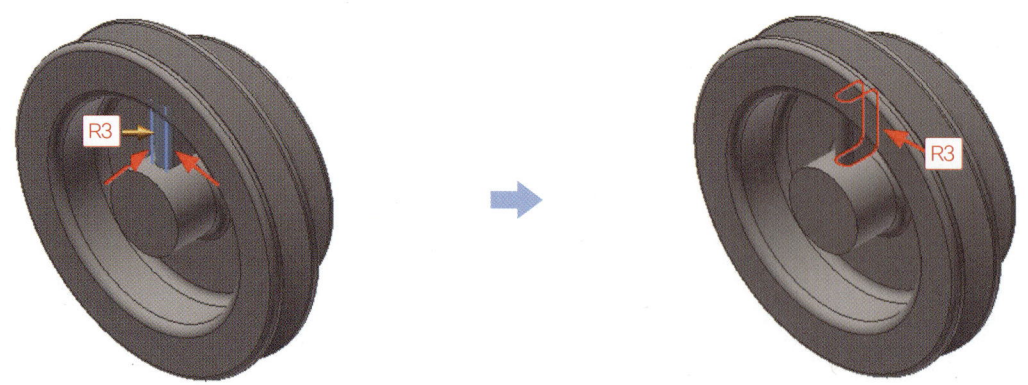

20 원형 패턴 선택 ⇨ 피처와 회전축을 아래 그림과 같이 선택 ⇨ 6개 원형을 패턴한다.

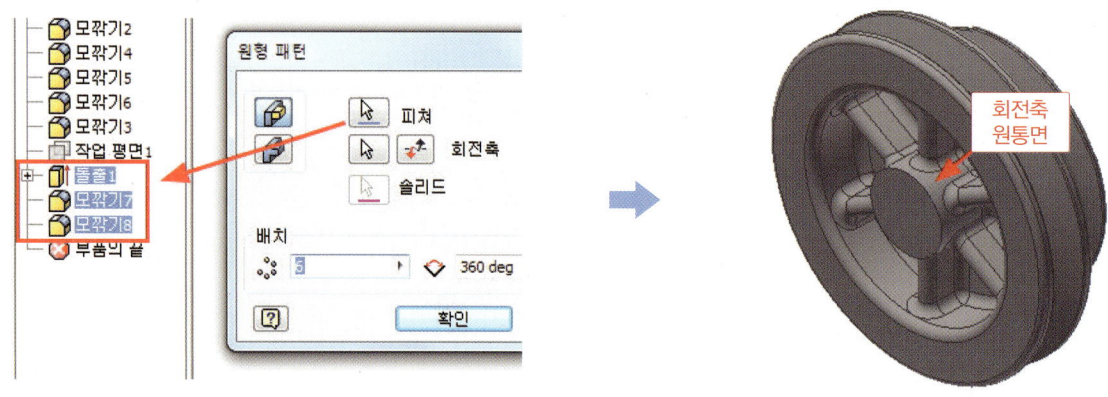

21 우측 원형 돌기부분에 스케치 작성 ⇨ 키 홈을 스케치하고 돌출 한다.

TIP 키 홈의 자세한 스케치 방법은 '6장 축 모델링의 키 홈' 부분을 참조한다.

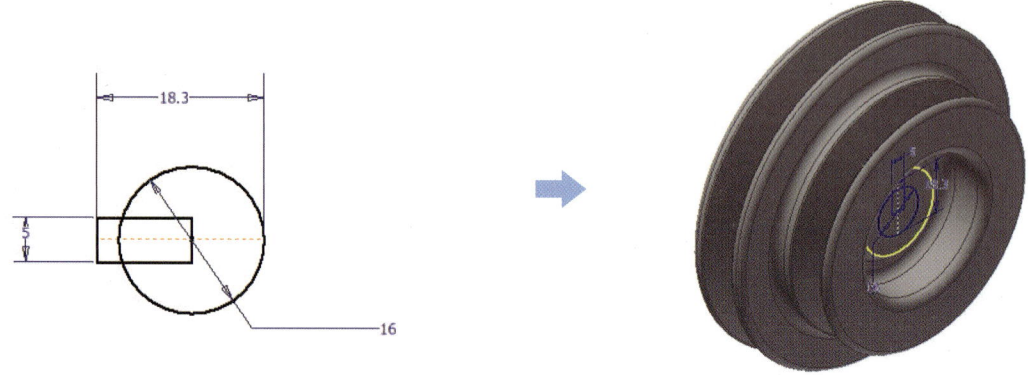

22 키 홈 구멍 원형 모서리를 **C1**으로 모따기한다.

23 필요할 경우 **우측 면** 하단에 사각형을 스케치하여 **돌출** (절단)으로 1/4을 잘라준다.
(단, 기계설계 산업기사만 해당)

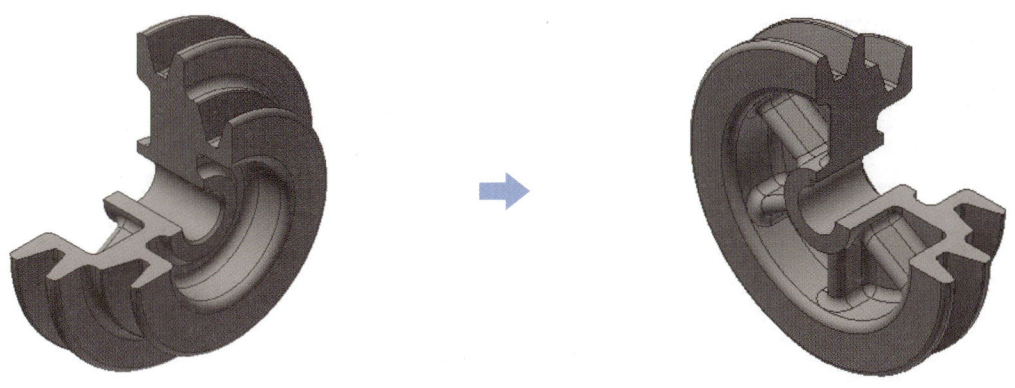

CHAPTER 10

인 벤 터 - 3d 실 기 · 실 무

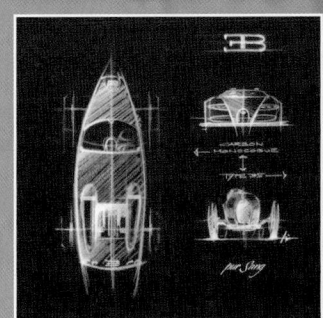

본체(하우징) 모델링

BRIEF SUMMARY

1. 축받침 장치
2. 동력 전달장치
3. 편심 구동장치
4. 기어박스
5. V벨트 풀리 전동장치
6. 핵심 본체 모델링

01 | 축받침 장치

도시되고 지시 없는 라운드 및 필렛 R3, 모따기 1×45°

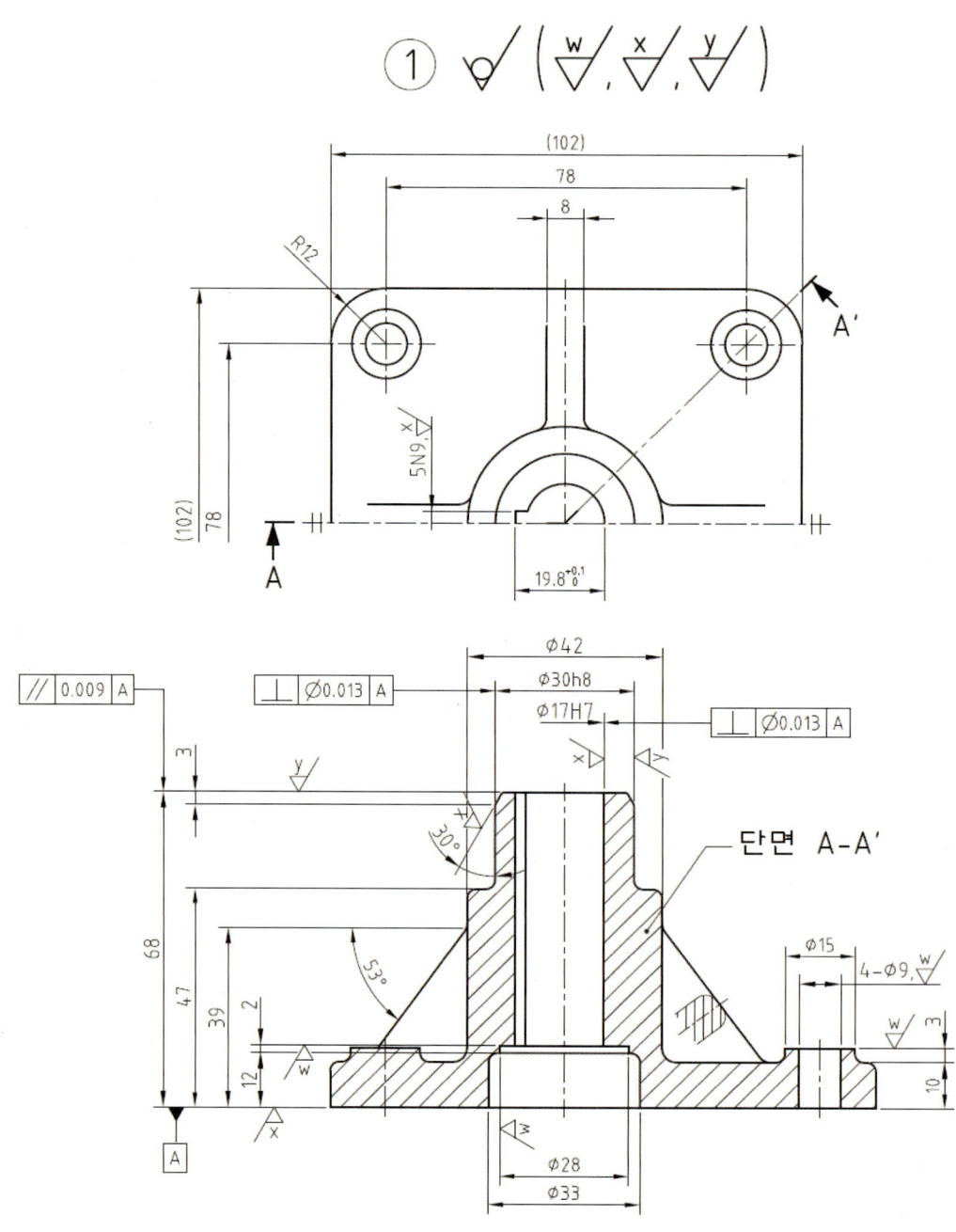

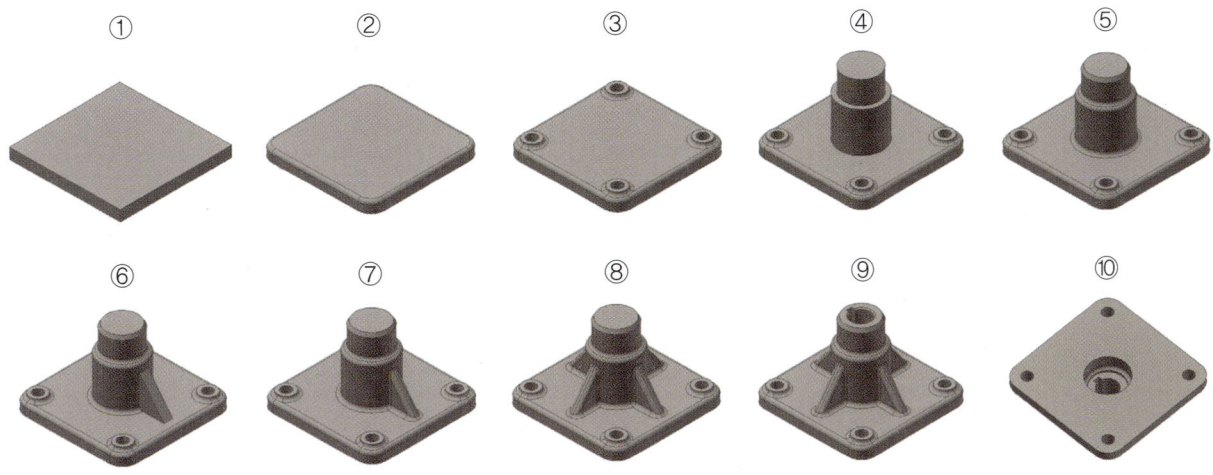

01 디자인 트리 원점[XY 평면] ⇨ **스케치 작성**

02 스케치 원점에서부터 **두 점 중심 직사각형** 스케치 ⇨ 가로, 세로 각각 **102**로 치수 기입
⇨ 스케치 마무리 ✓ ⇨ **돌출** ⇨ 거리 **10**으로 돌출한다.

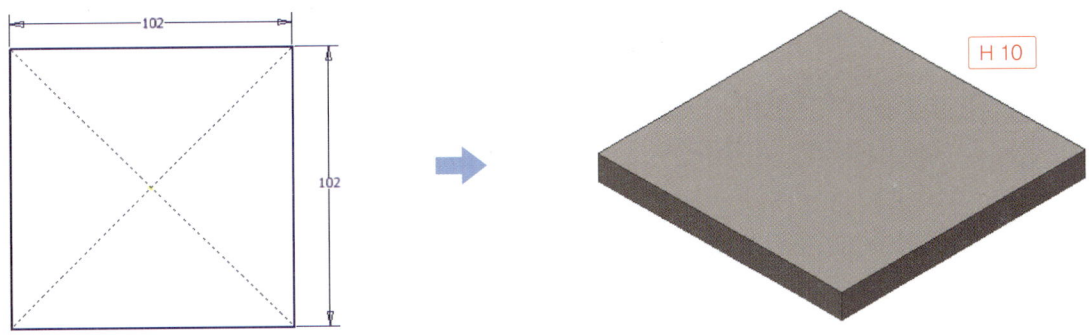

03 **필렛** ⇨ 반지름 **12** 입력 ⇨ 수직선 4군데 모서리 필렛 ⇨ 상단 모서리 **3**으로 필렛

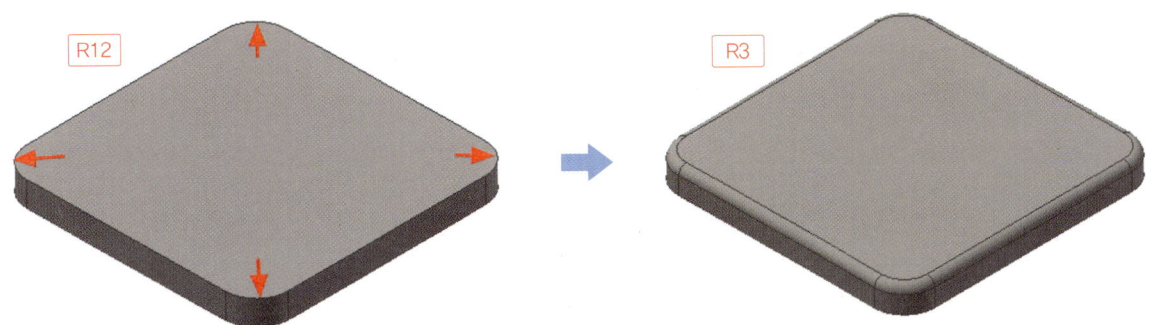

04 윗면에 **스케치 작성** ⇨ 코너 중심점에 **원** 스케치 ⇨ 지름 **15**로 치수 기입 ⇨ 돌출 거리 **3**
⇨ 구석부분 **R3 모깎기** ⇨ 지름 15 윗면에 **스케치 작성** ⇨ **구멍** ⇨ 지름 **9**로 구멍을 관통시킨다.

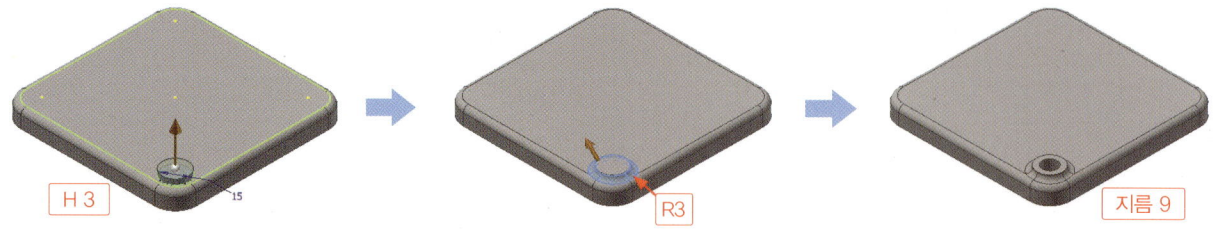

05 디자인 트리 원점 '+' 클릭해서 '−'로 확장 ⇨ **원형 패턴 선택** ⇨ 그림과 같이 피처와 회전축 **선택** ⇨ 배치수량 **4** ⇨ **확인**

06 디자인 트리 [정면] ⇨ **스케치 작성** ⇨ **두 점 직사각형 선택** ⇨ 아래 그림과 같이 스케치하고 지름 치수, 높이순으로 기입 후 정정한다.

07 키보드에서 'R'을 눌러 **회전** 피처를 실행 ⇨ 프로파일: 가운데 사각형 두 군데 **선택**
⇨ 축: 중심선 ⇨ '범위: **전체**'를 **선택**하여 피처를 회전시킨다.

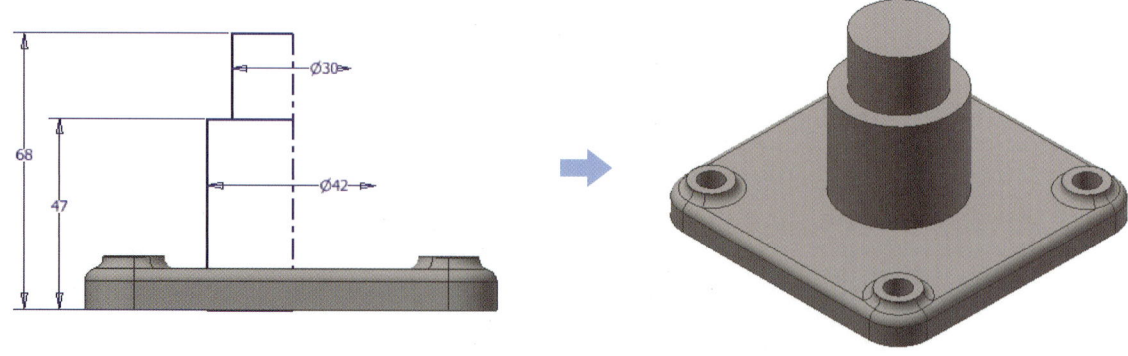

08 모깎기 ▢ ➡ R3으로 화살표 부분 모깎기

09 모따기 ▢ ➡ **거리 및 각도 선택** ➡ 거리 **3**, 각도 **30**도 입력 ➡ 그림과 같이 **선택** ➡ 확인

10 디자인 트리[XZ(정면)] ➡ **스케치 작성** ▢

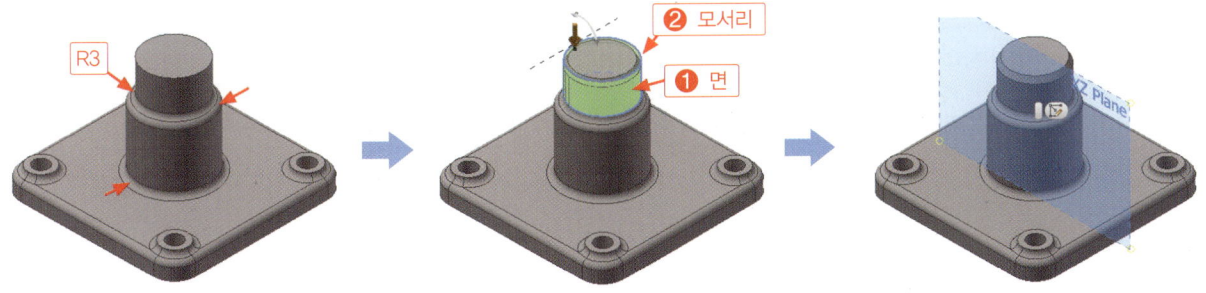

11 **절단모서리 형상 투영** ▢ **클릭** ➡ F7 ➡ **선** ▢ **선택** ➡ 대각선 사선으로 직선 스케치
➡ **연장** ▢ **선택** ➡ 직선 스케치를 투영된 선까지 연장 ➡ 높이 **39**, 각도 **53** 입력
➡ F7 ➡ 스케치 마무리 ✓

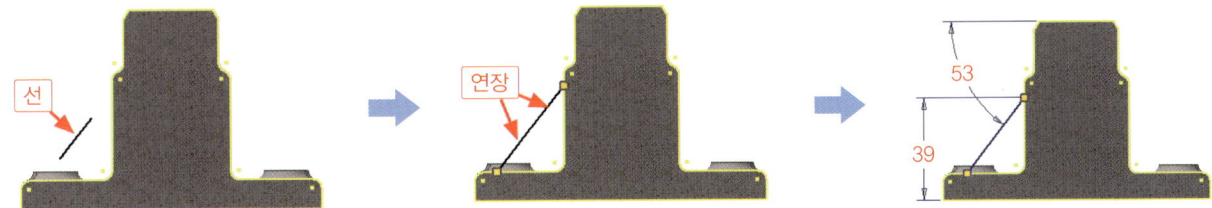

12 작성의 **리브** ▢ **선택** ➡ 스케치 평면에 평행 **선택** ➡ 그림과 같은 순서대로 **클릭** ➡ 두께 **8** ➡ 방향: 양방향 ➡ 확인

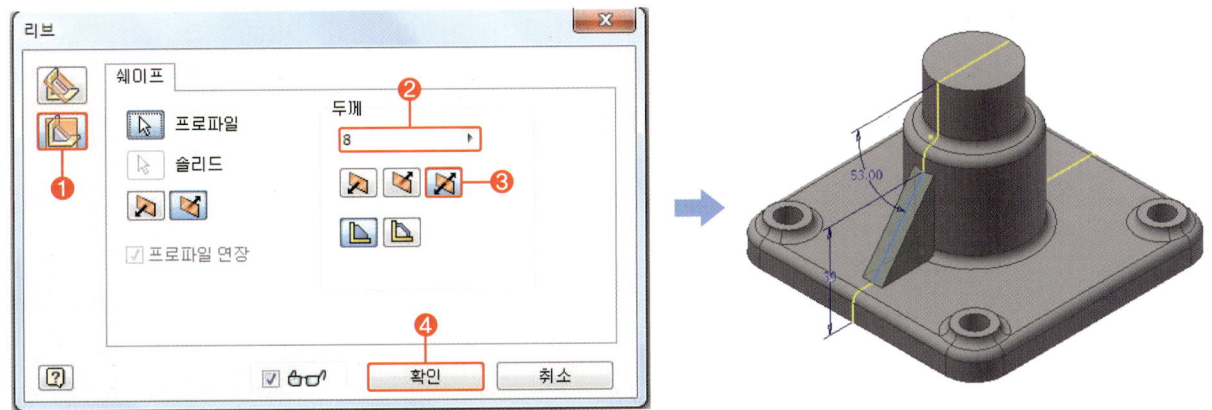

13 모깎기 클릭 ⇨ R3으로 경사진 부분(화살표로 표시된 2곳) 우선 모깎기 ⇨ 다시 구석진 부분 R3으로 모깎기한다.

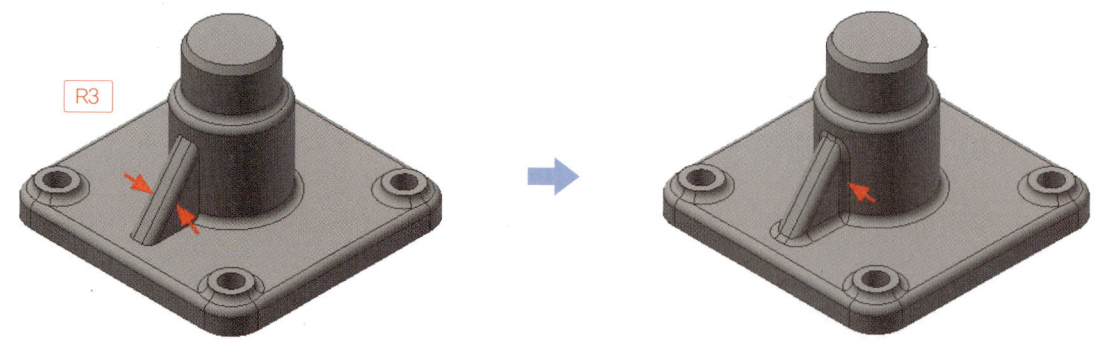

14 원형 패턴 선택 ⇨ 그림과 같이 피처와 회전축 선택 ⇨ 배치 수량 4 ⇨ 확인

15 본체 맨 윗부분 상단 면 선택 ⇨ 스케치 작성 ⇨ 키 홈 스케치 ⇨ 돌출 = 관통 ⇨ 원형 모서리 모따기 C1 처리

TIP 이해가 잘 안 되면 6장 축 모델링의 6-2 키 홈 모델링 방법을 참조한다.

16 바닥면에 **스케치 작성** ⬜ ⇨ 곧바로 스케치 마무리 ✓ ⇨ **구멍** ⇨ 아래와 같이 입력

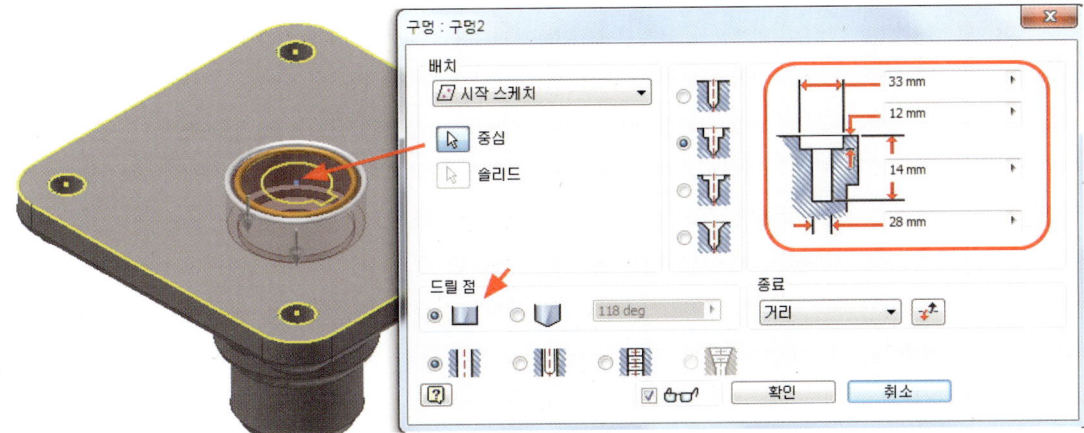

17 모깎기 ⇨ R3으로 구석진 부분을 모깎기한다.

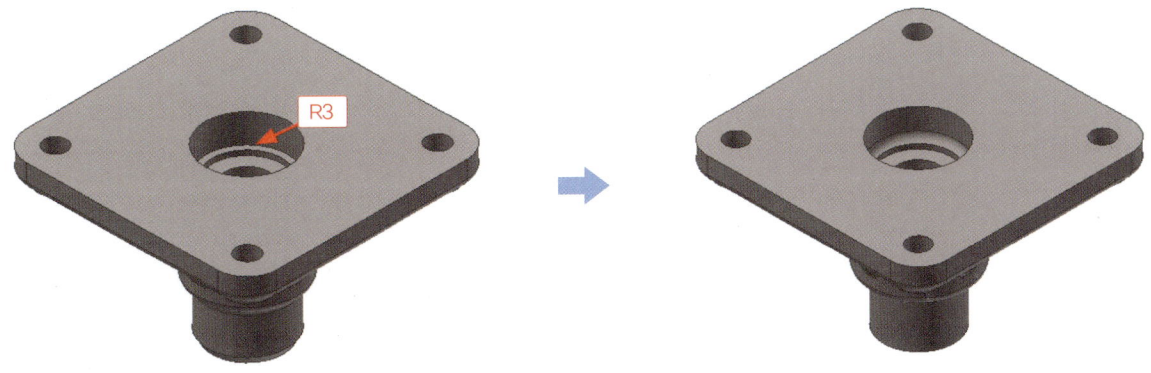

18 최종 완성

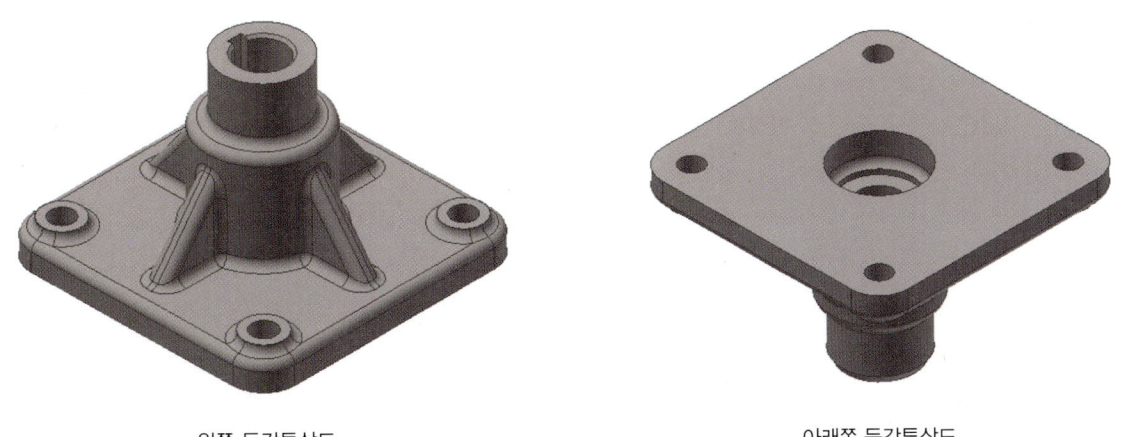

위쪽 등각투상도   아래쪽 등각투상도

02 동력 전달장치

도시되고 지시 없는 라운드 및 필렛 R3, 모따기 1×45°

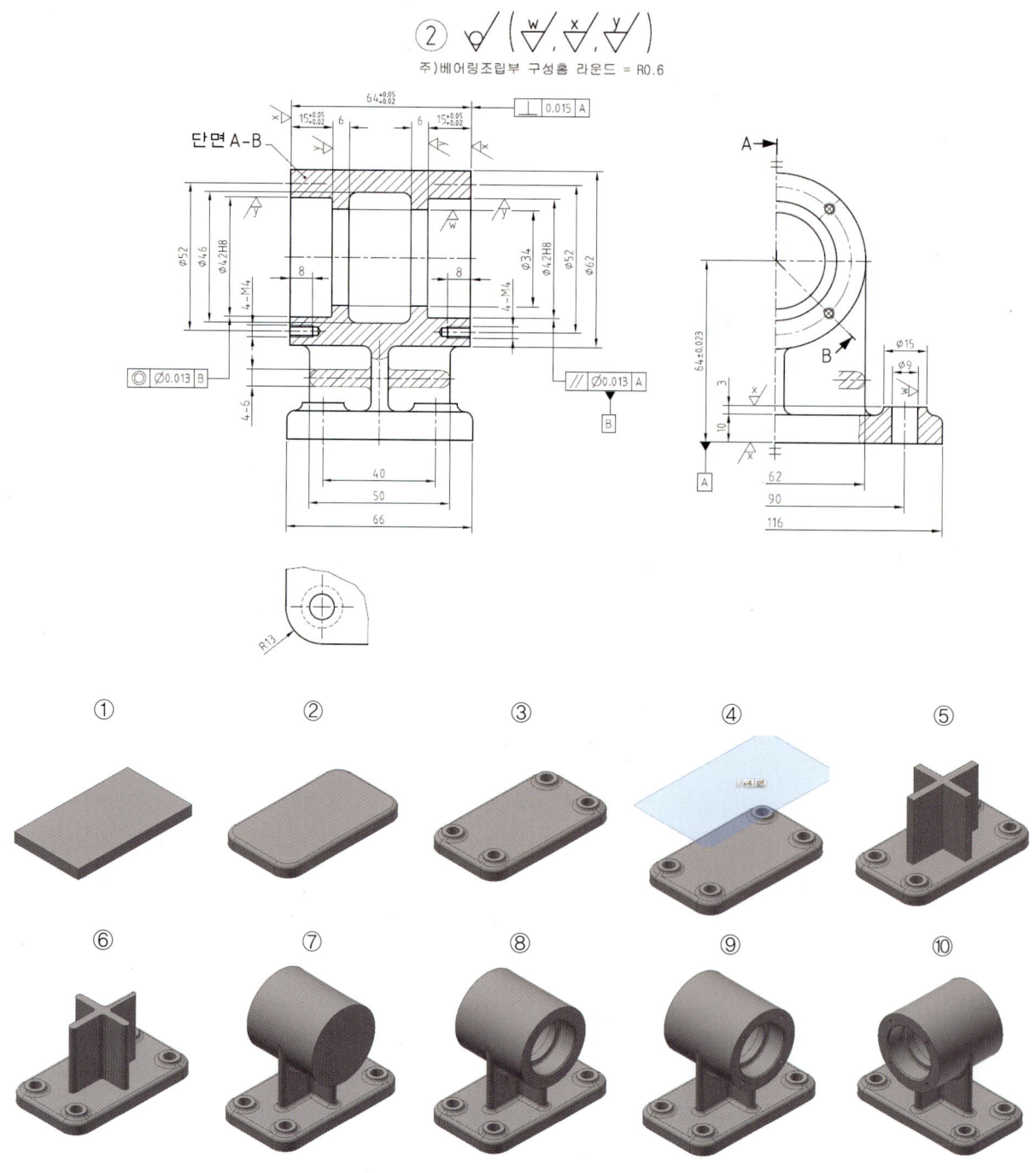

01 디자인 트리 원점[XY 평면] ⇨ **스케치 작성**

02 스케치 원점에서부터 **두 점 중심 직사각형** 스케치 ⇨ 가로 66, 세로 116으로 치수 기입 ⇨ **돌출** ⇨ 거리 10으로 돌출한다.

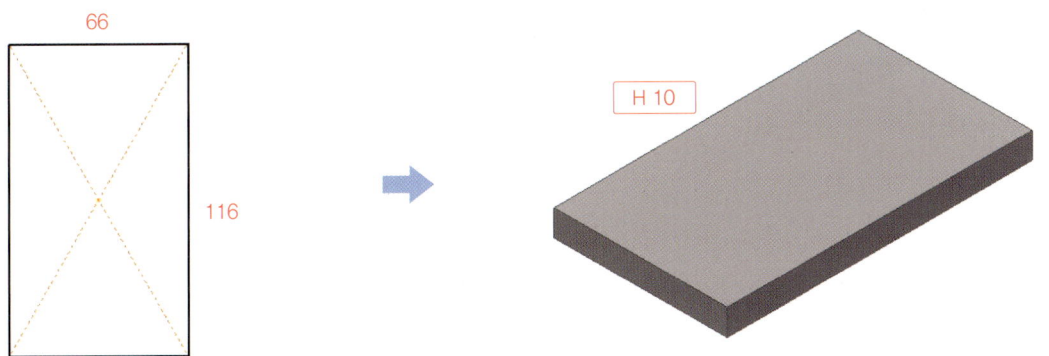

03 **필렛** ⇨ 반지름 12 입력 ⇨ 수직선 4군데 모서리 필렛처리 ⇨ 상단 모서리 3으로 필렛

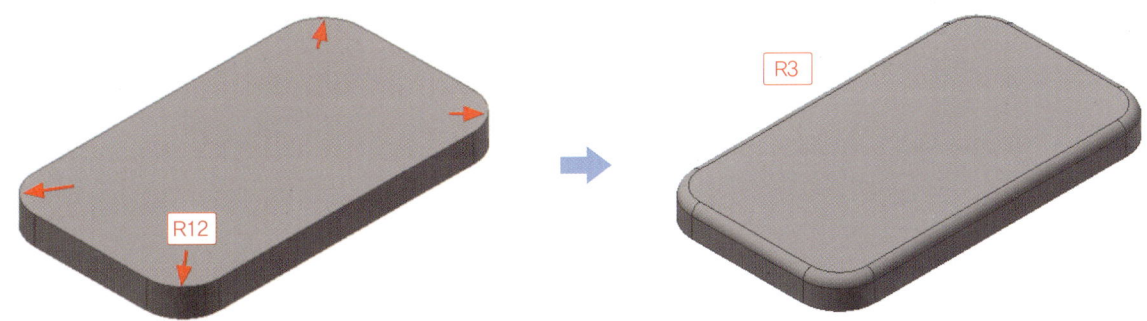

04 윗면에 **스케치 작성** ⇨ 코너 중심점에 **원** 스케치 ⇨ 지름 15로 치수 기입 ⇨ 나머지 원 모두 **선택** 후 **동일** 구속 ⇨ 돌출 거리: 3 ⇨ 구석부분 R3 모깎기

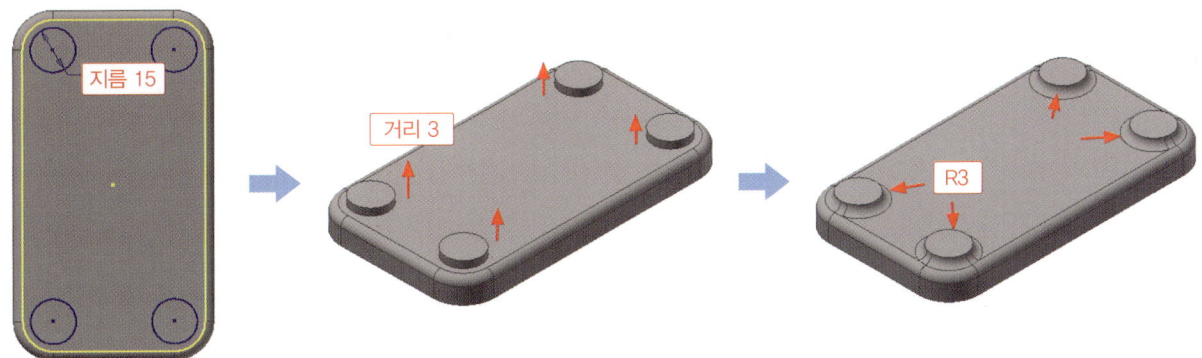

05 스케치 작성 ✏️ ⇨ 스케치 마무리 ⇨ **구멍** 🔘 ⇨ 구멍위치 4곳 **선택** ⇨ 지름 9로 구멍을 관통시킨다.

06 평면에서 간격 띄우기 **선택** 📄 ⇨ 디자인 트리 원점[XY 평면] **선택** ⇨ 높이 64 입력

07 스케치 원점에서부터 **두 점 중심 직사각형** 🔲 2개 스케치 ⇨ 아래 그림과 같이 치수 기입 ⇨ **돌출** 📦 거리 64로 돌출한다.

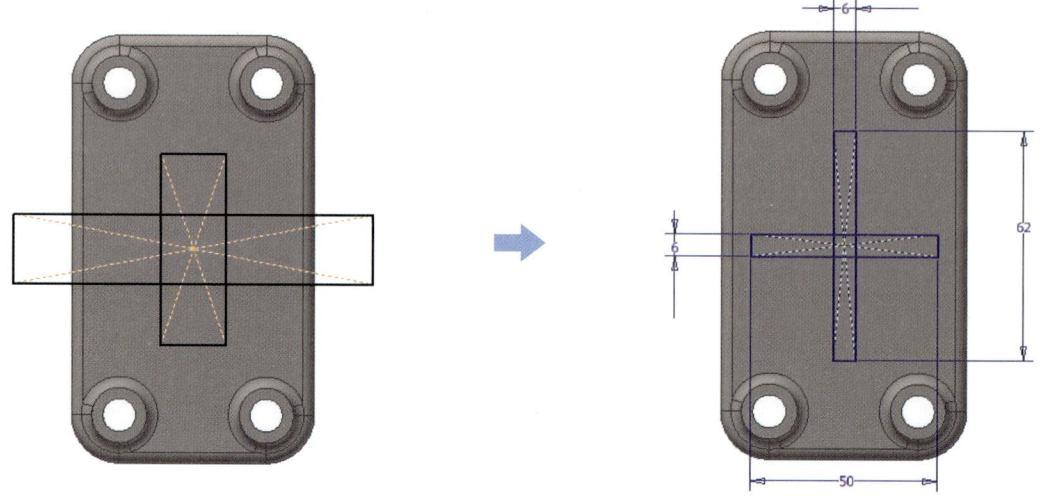

08 디자인 트리 원점[YZ 평면] ⇨ **스케치 작성** ⇨ **형상 투영** ⇨ 왼쪽 수직선과 중앙 수평선 **선택** ⇨ **원** **선택** ⇨ 중앙 수평선 중간점과 수직선 끝점에 일치해서 원을 스케치한다.

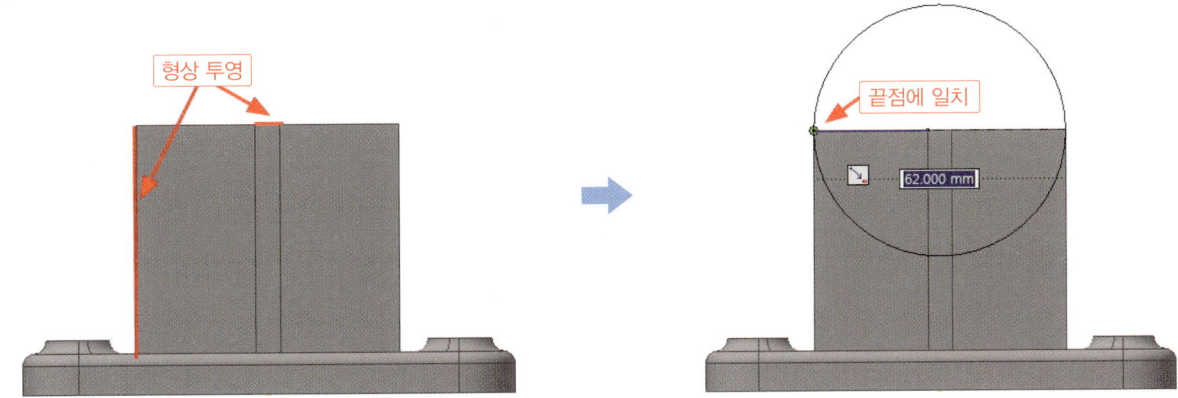

09 돌출 ⇨ 거리: **64**, 방향: **대칭**으로 돌출 ⇨ 리브 수직선 12군데를 R3 모깎기 한다.

10 리브 상하단 경계 모서리를 R3 모깎기 ⇨ 디자인 트리 원점[XZ 평면] ⇨ 스케치 작성

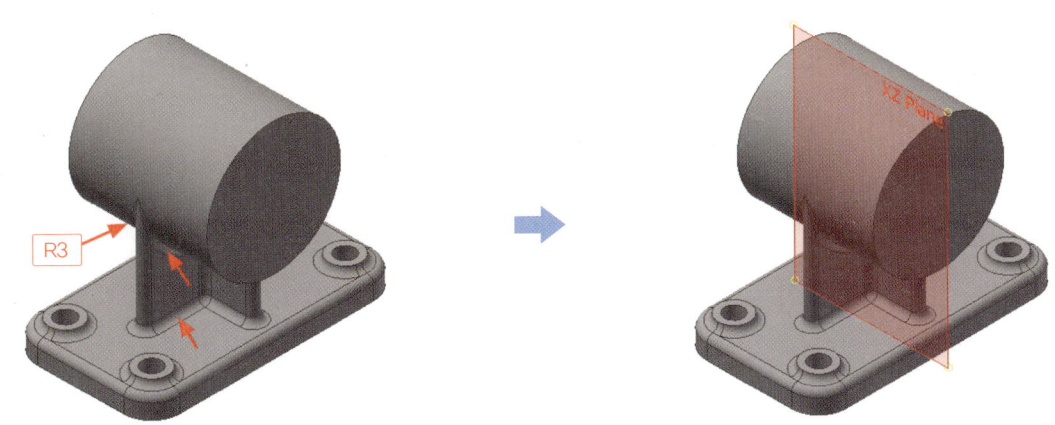

11 와이어 프레임 으로 변경 ⇨ **형상 투영** ⇨ 왼쪽, 오른쪽 수직선 **클릭**
⇨ 축 스케치하듯 **두 점 직사각형** 으로 내부를 스케치하고, 하단 수평선을 **중심선**으로 변경한다.

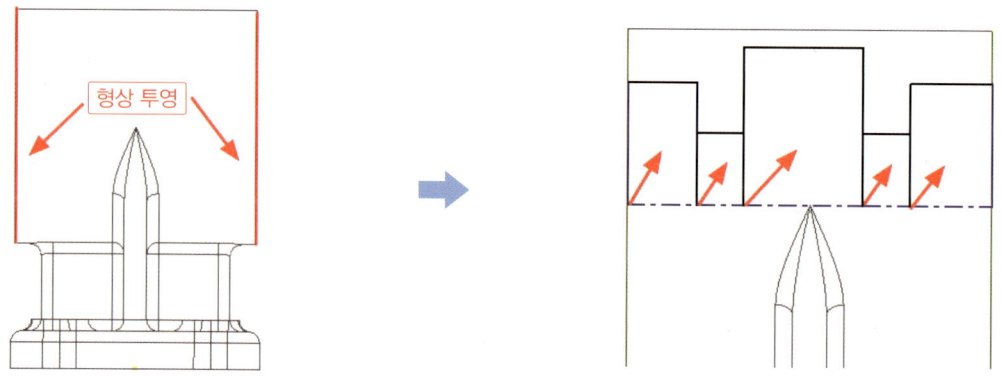

12 모깎기 ⇨ 가운데 사각형 상단 모서리를 R3, 양쪽 베어링 구석홈부를 R0.6으로 모깎기한다.

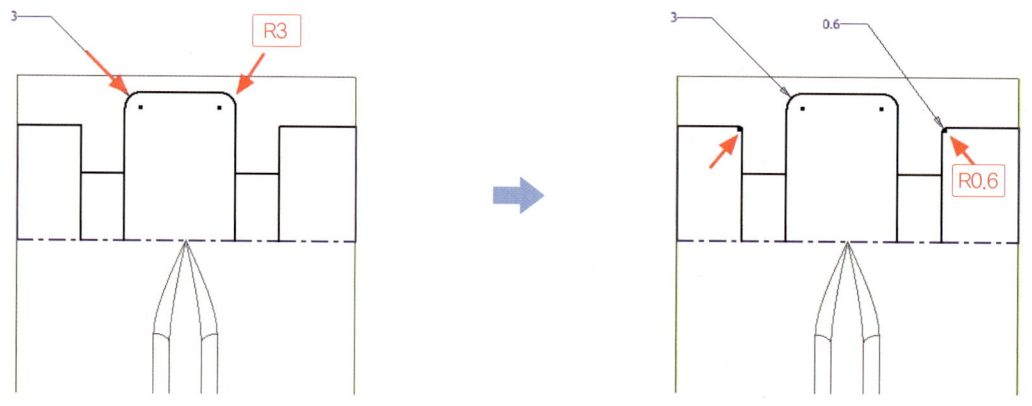

13 왼쪽 가로 치수로 15, 6 입력 ⇨ 양쪽 수평선을 **동일** 구속으로 각각 구속한다.

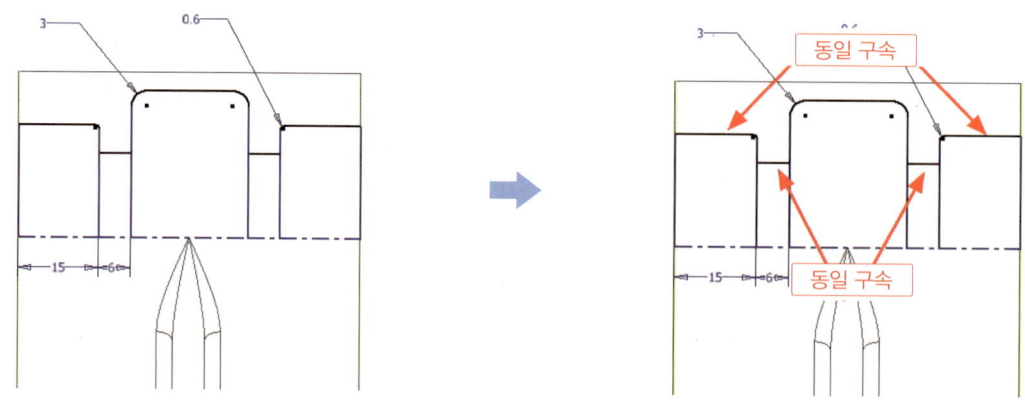

14 지름이 작은 것부터 큰 것순으로 **34**, **42**, **56** 치수 기입 ⇨ **회전** ⇨ 프로파일은 스케치한 사각형 모두 **선택** ⇨ 회전축은 가운데 중심선 ⇨ **차집합** ⇨ 확인

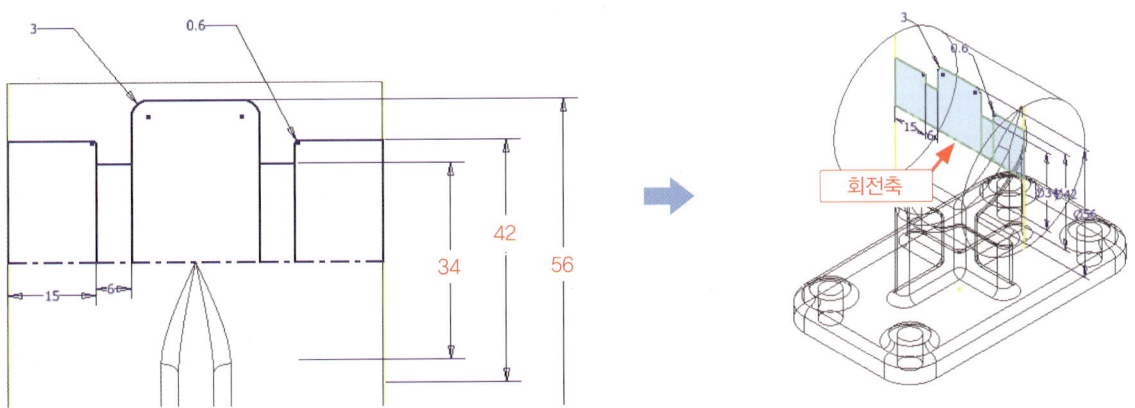

15 모서리로 음영처리 **선택** ⇨ 양쪽 구멍입구를 모따기 **C1** 처리한다.

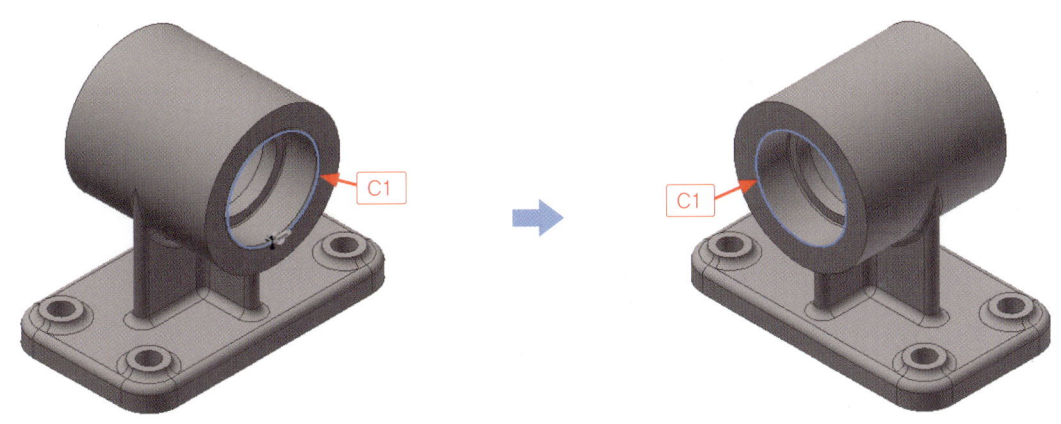

16 하우징 상단 우측 면에 **스케치 작성** ⇨ 탭 위치를 스케치 ⇨ 각도 **45**, 지름 **52** 치수 기입

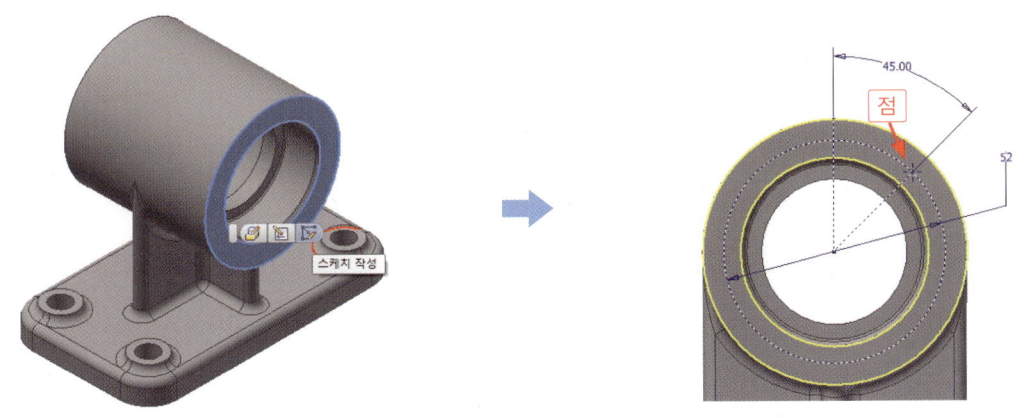

17 구멍 ⬡ ⇨ 아래와 같이 탭을 **선택** ⇨ **M4**, 탭 깊이 **8**, 드릴 깊이 **11**로 구멍을 뚫어준다.

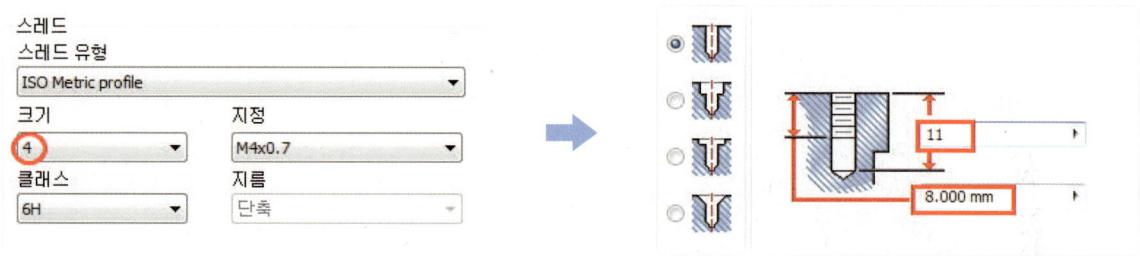

18 원형 패턴 **선택** ⇨ 배치 **수량 4, 각도 360** 입력 ⇨ 회전축: **하우징 안쪽 면 선택** ⇨ 확인

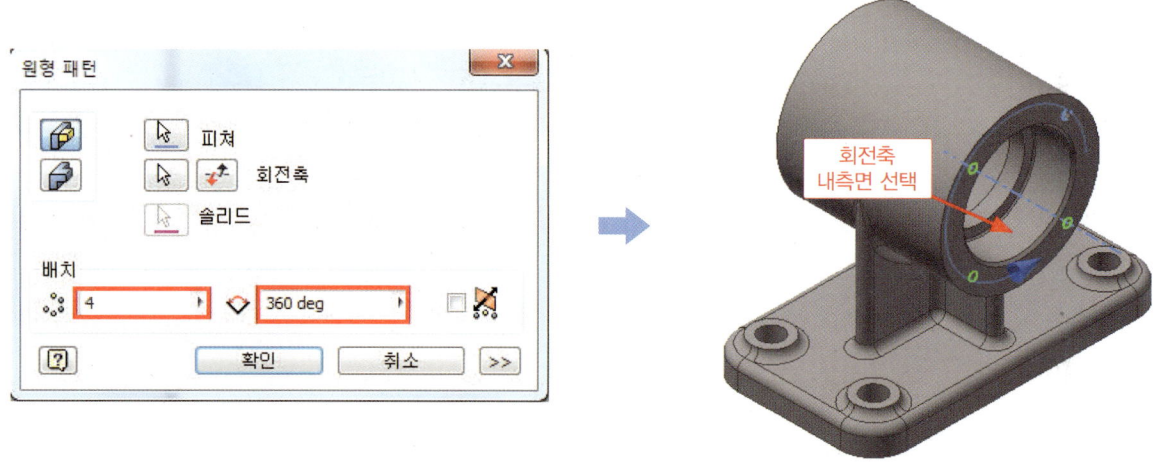

19 대칭 **선택** ⇨ 아래 그림과 같이 피처와 대칭평면을 **선택**하고 좌우 대칭시킨다.

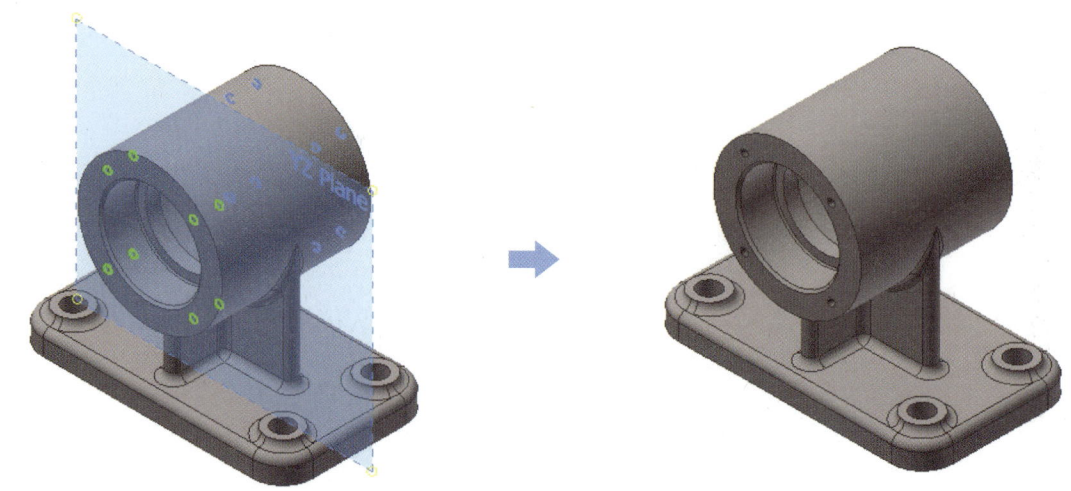

03 | 편심 구동장치

도시되고 지시 없는 라운드 및 필렛 R3, 모따기 1×45°

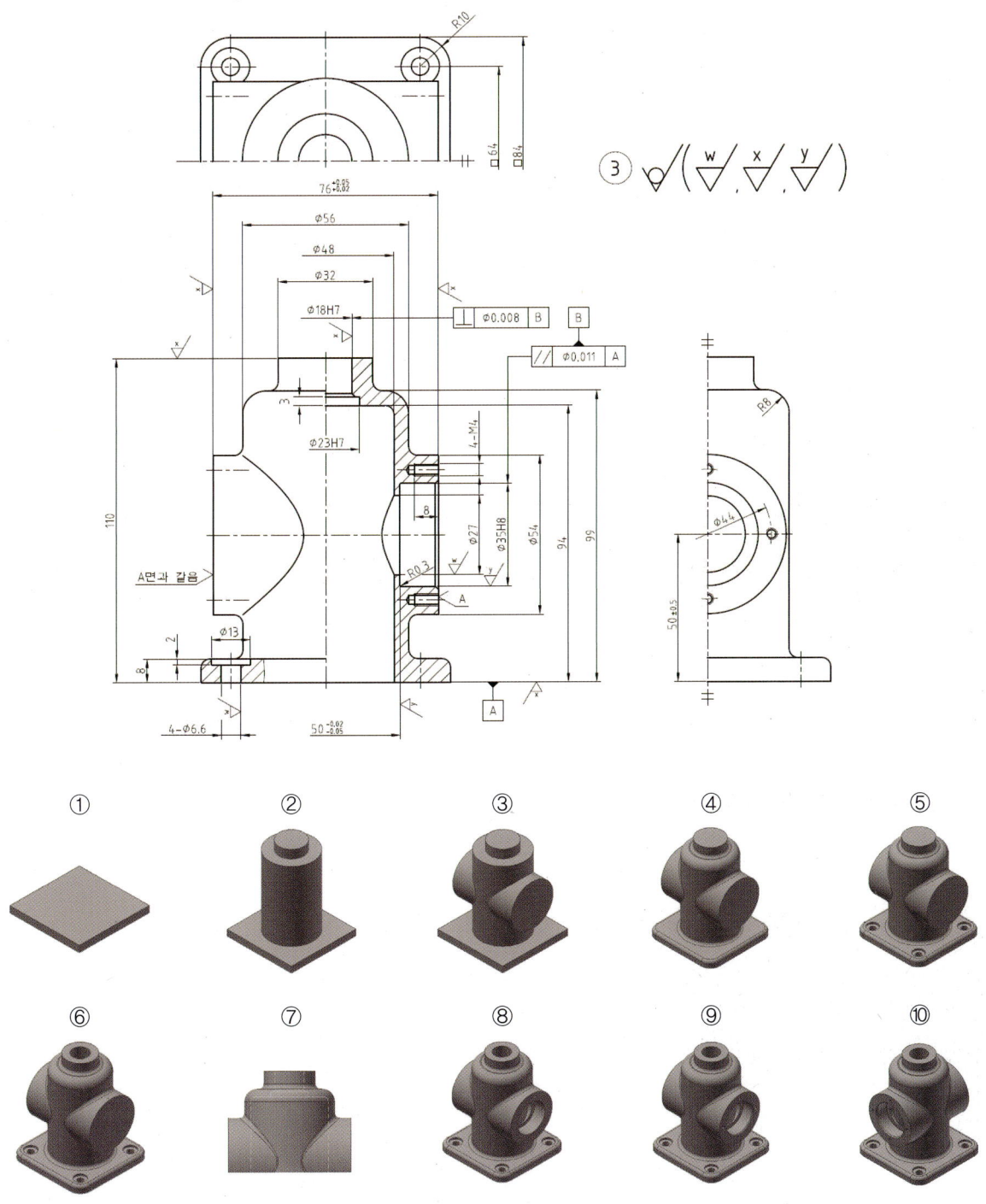

01 디자인 트리 원점[XY 평면] ⇨ **스케치 작성**

02 스케치 원점에서부터 **두 점 중심 직사각형** 스케치 ⇨ 가로, 세로 치수 **84** 입력
⇨ **돌출** ⇨ 거리 **8**로 돌출한다.

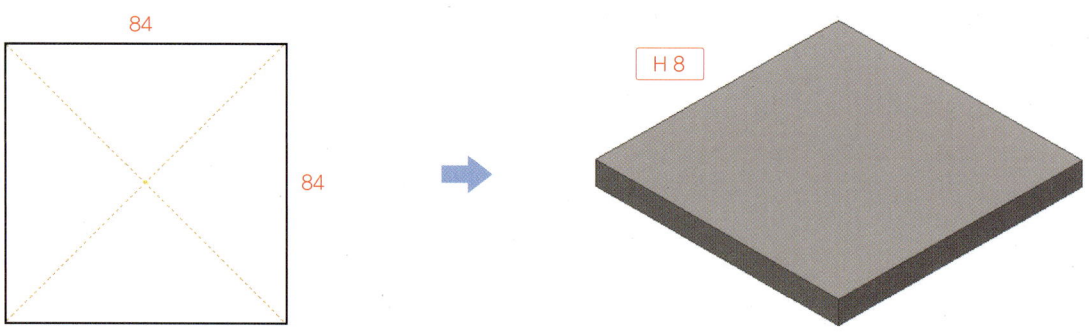

03 필렛 ⇨ 반지름 **12** 입력 ⇨ 수직선 네 군데 모서리 필렛처리 ⇨ 상단 모서리를 **3**으로 필렛

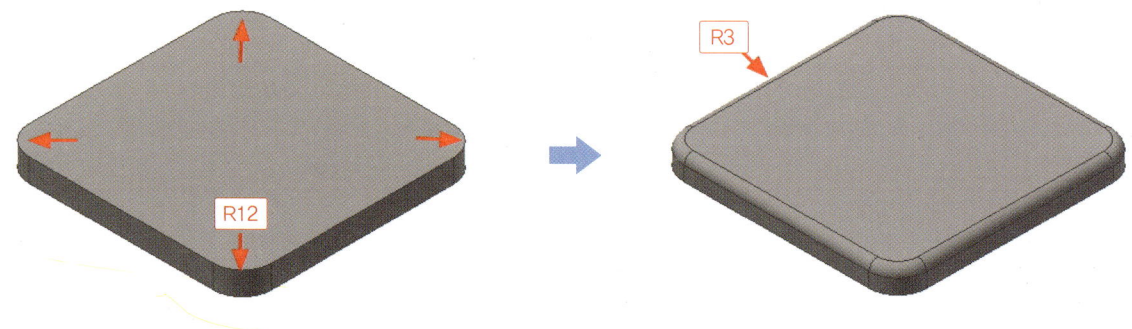

04 윗면에 스케치 작성 ⇨ 스케치 마무리 ⇨ **구멍** ⇨ 구멍위치 네 군데 직접 **선택**
⇨ 아래와 같이 큰 지름 **13**, 깊이 **2**, 작은 지름 **6.6**으로 구멍을 관통시킨다.

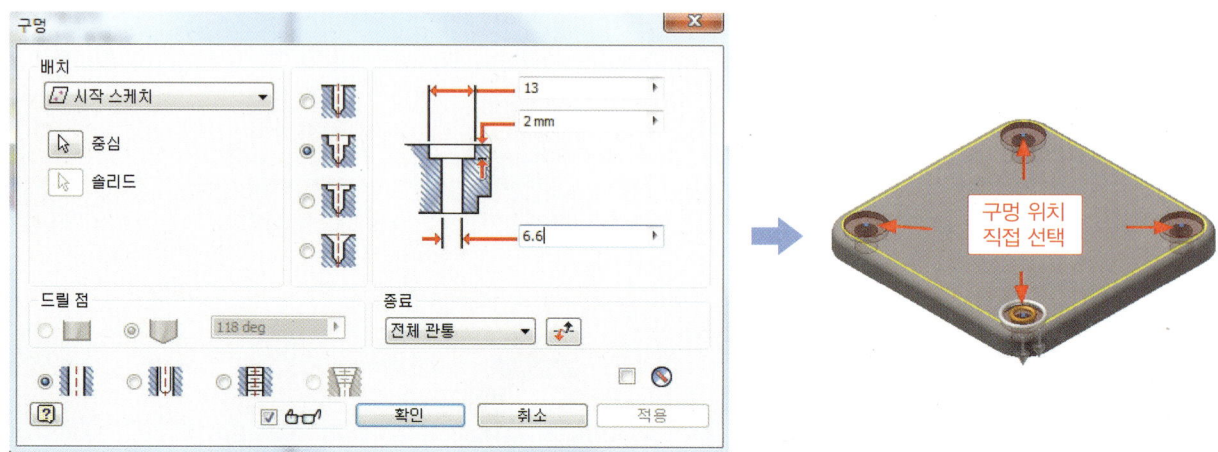

05 정면에 **스케치 작성** ⇨ 축 스케치하듯 **두 점 직사각형** 으로 외형스케치
⇨ 왼쪽 수직선을 중심선으로 변경한다.

06 지름 32, 56, 높이 110, 99순으로 치수 기입 ⇨ **회전** ⇨ 프로파일은 스케치한 사각형 모두 **선택** ⇨
회전축은 가운데 중심선 ⇨ **합집합** ⇨ 확인

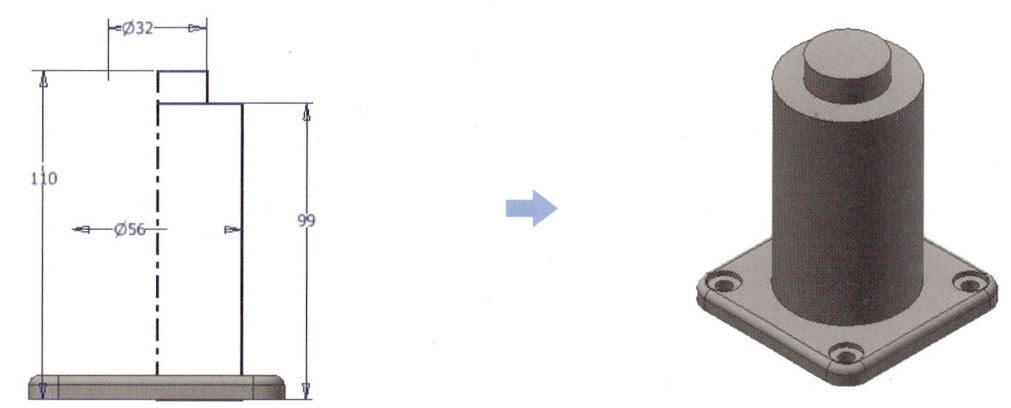

07 우측 면에 **스케치 작성** ⇨ 수직인 구성선과 **원** 을 스케치하고 각각 높이 50, 지름 54로 치수 기입
⇨ 돌출 , 방향: 대칭, 거리: 76으로 돌출한다.

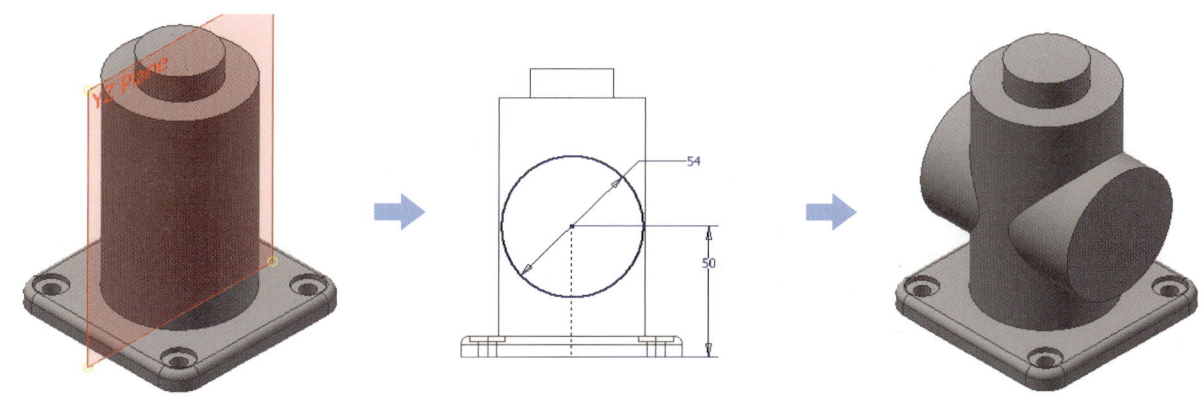

08 모깎기 ⬡ ⇨ 상단 모서리 **R8** ⇨ 나머지 구석 모서리를 **R3**으로 모깎기한다.

09 **바닥면**에 **스케치 작성** 📝 ⇨ 스케치 마무리 ⇨ **구멍** 🔘 ⇨ 가운데 점을 **선택**하고 아래와 같이 입력하여 구멍을 모델링한다.

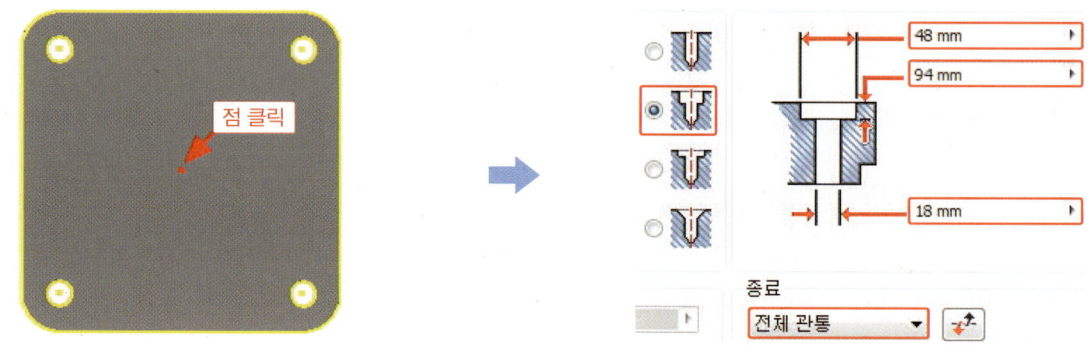

10 구멍으로 뚫린 밑면에 **스케치 작성** 📝 ⇨ 가운데 **원** ⭕ 을 스케치하고 **23**으로 치수를 기입 ⇨ **돌출** 📦, 깊이 **3**, **차집합**으로 돌출한다.

11 우측 면에 **스케치 작성** ⇨ 스케치 마무리 ⇨ **구멍** ⇨ 가운데 점을 **선택**하고 아래와 같이 입력하여 구멍을 모델링한다.

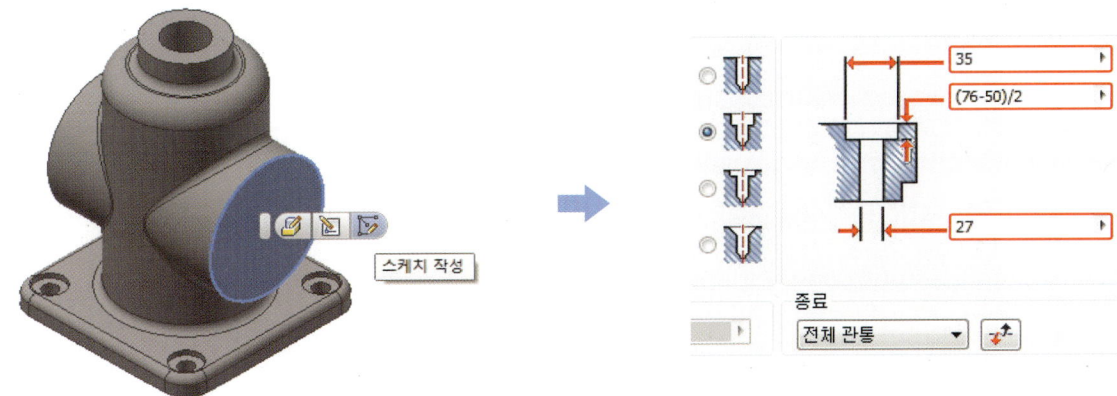

12 구석 모서리 **선택** ⇨ **모깎기** ⇨ **R0.3 모깎기** ⇨ **우측 면에 스케치 작성**

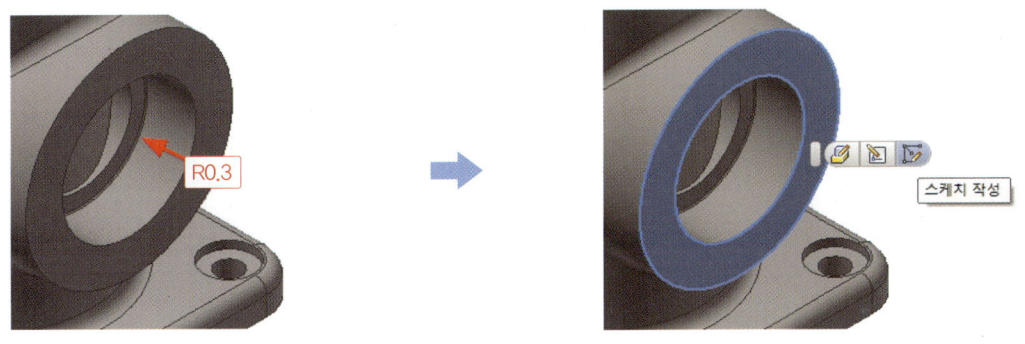

13 그림과 같이 스케치하고 지름 44, M4, 탭 깊이 8, 드릴 깊이 10으로 탭을 모델링한다.

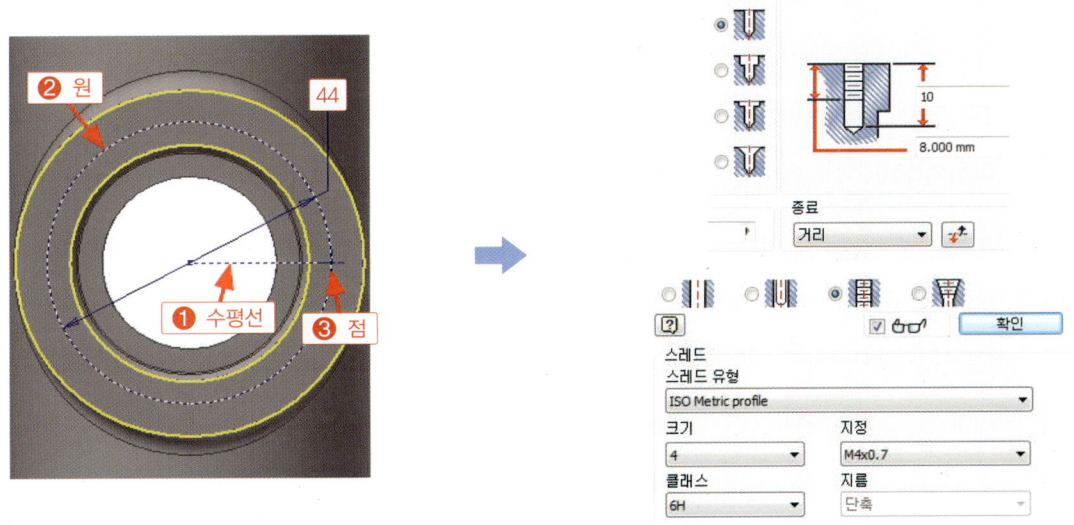

14 탭(**원형 패턴** 수량: **4개**)을 360도 원형배열한다.

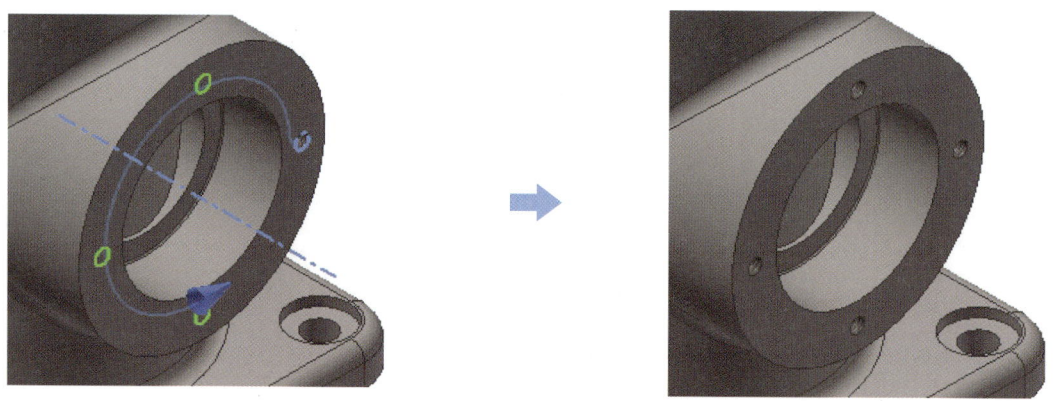

15 대칭 ⇨ 디자인 트리 'YZ 평면(우측 면)'을 기준으로, 피처(**구멍 3, 모깎기 5, 구멍 4, 원형 패턴 1**)를 좌우 대칭해준다.

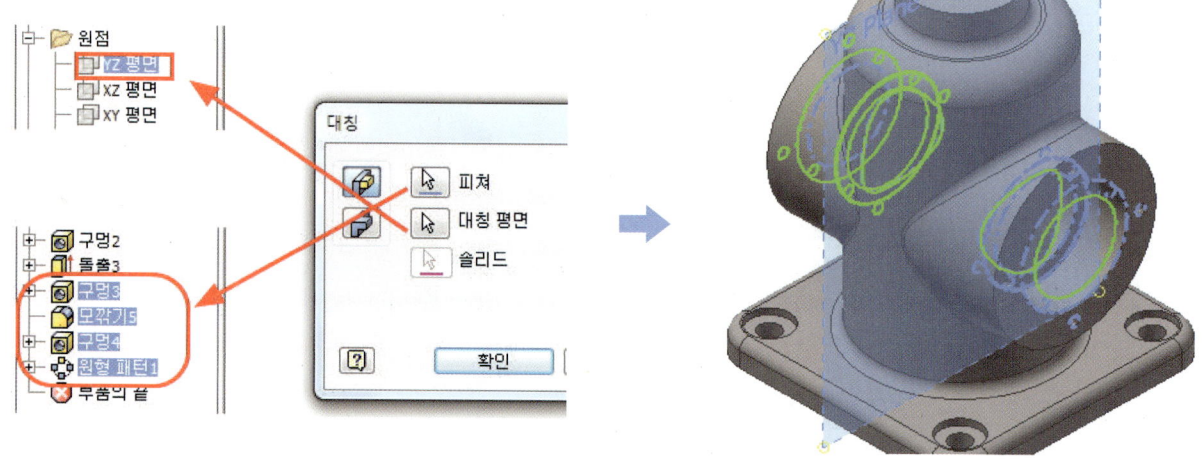

16 모따기 **선택** ⇨ 아래 왼쪽 그림처럼 양쪽 원형 모서리와 오른쪽 그림 상단 모서리 부분을 **C1**으로 모따기한다. ⇨ 모깎기 **선택** ⇨ 안쪽 상단 모서리(오른쪽 그림 참조)를 **R3**으로 모깎기한다.

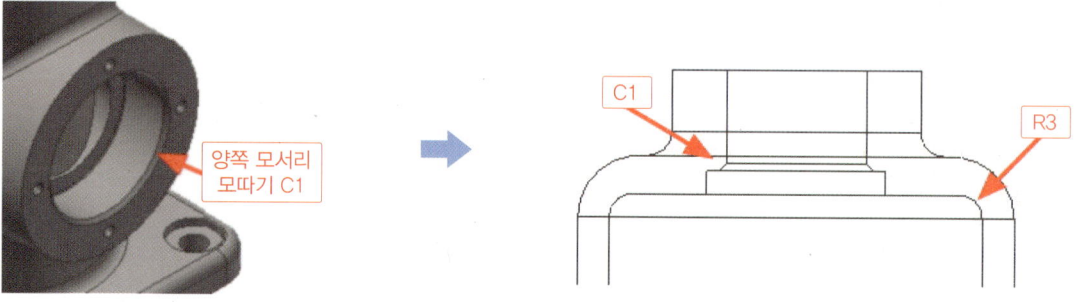

17 최종 완성

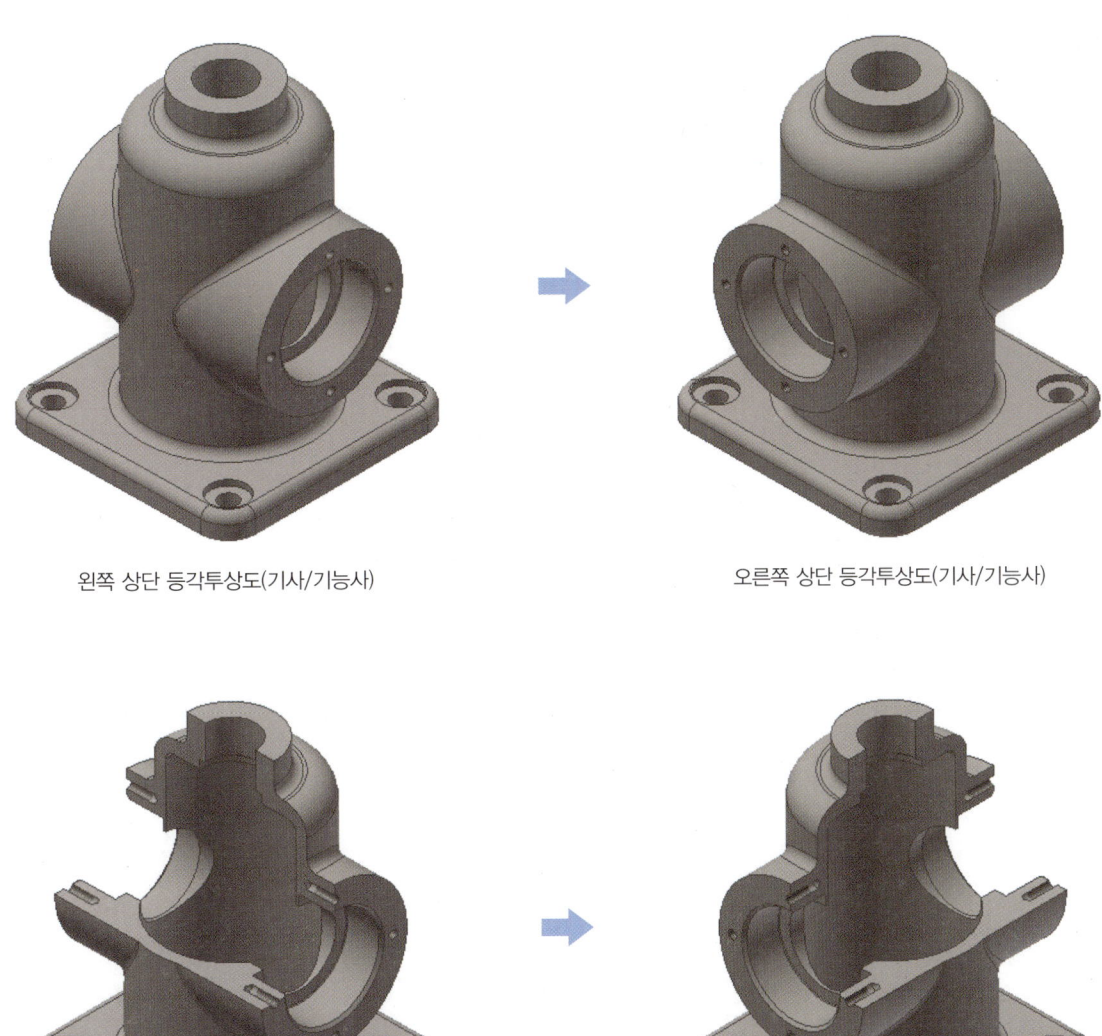

왼쪽 상단 등각투상도(기사/기능사) 오른쪽 상단 등각투상도(기사/기능사)

왼쪽상단 등각투상도(기계설계 산업기사) 오른쪽 상단 등각투상도(기계설계 산업기사)

04 기어박스

도시되고 지시 없는 라운드 및 필렛 R3, 모따기 1×45°

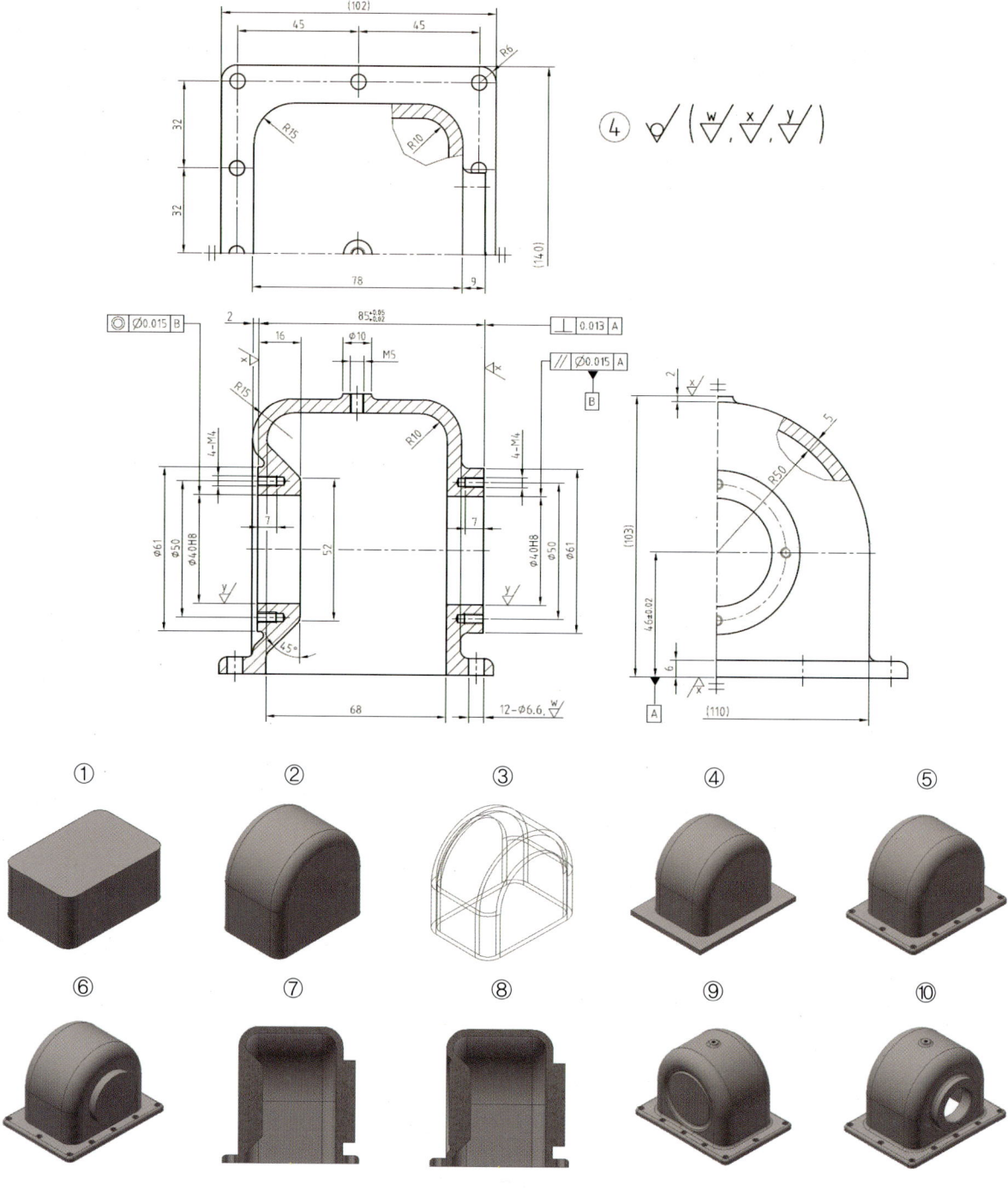

01 디자인 트리 원점[XY 평면] ⇨ 스케치 작성

02 스케치 원점에서부터 **두 점 중심 직사각형** 스케치 ⇨ 가로 68, 세로 100으로 치수 기입 ⇨ **돌출** ⇨ 거리 46으로 돌출한다.

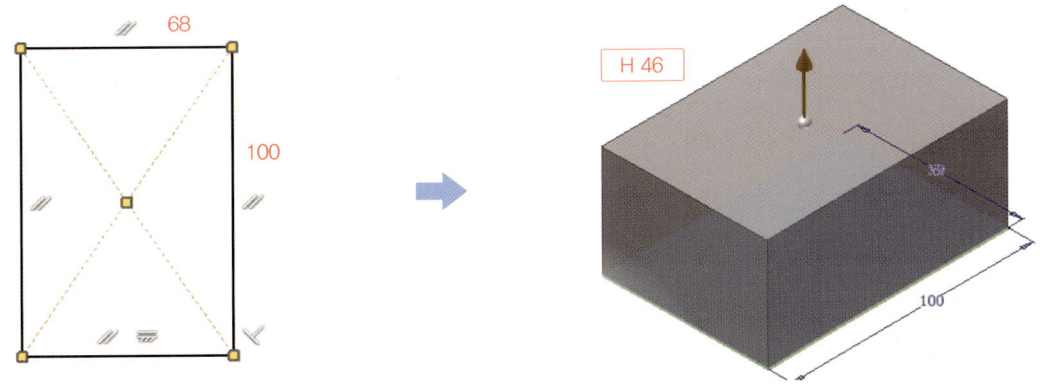

03 **모깎기** 선택 ⇨ 수직선 모서리 4개 선택 ⇨ 반지름 10 ⇨ 확인 ⇨ 윗면에 **스케치 작성**

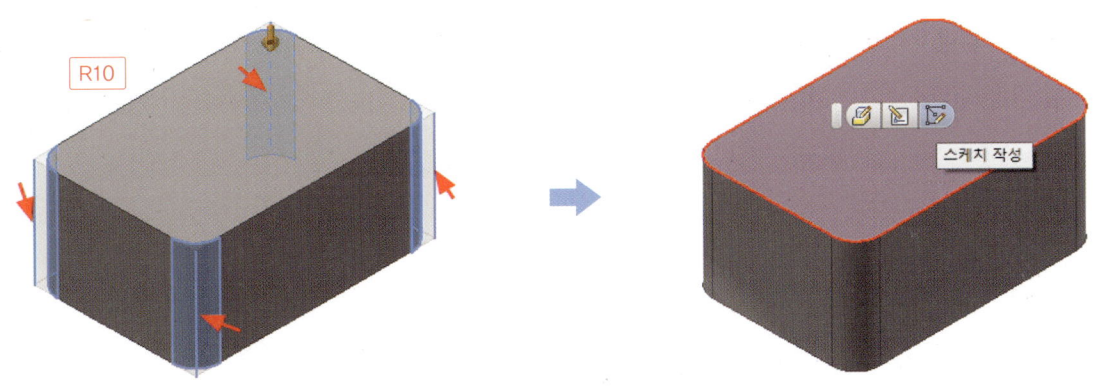

04 왼쪽 중간지점에서 수평으로 **선** 스케치 ⇨ 형식의 **중심선**으로 변경 ⇨ 스케치 마무리

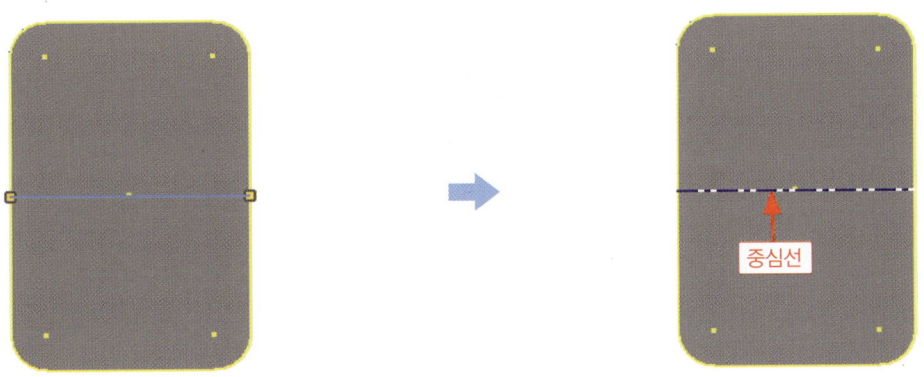

05 회전 ➡ 프로파일: **2. 프로파일 본체 선택**, 회전축(그림 참조), 범위: **각도(180)**

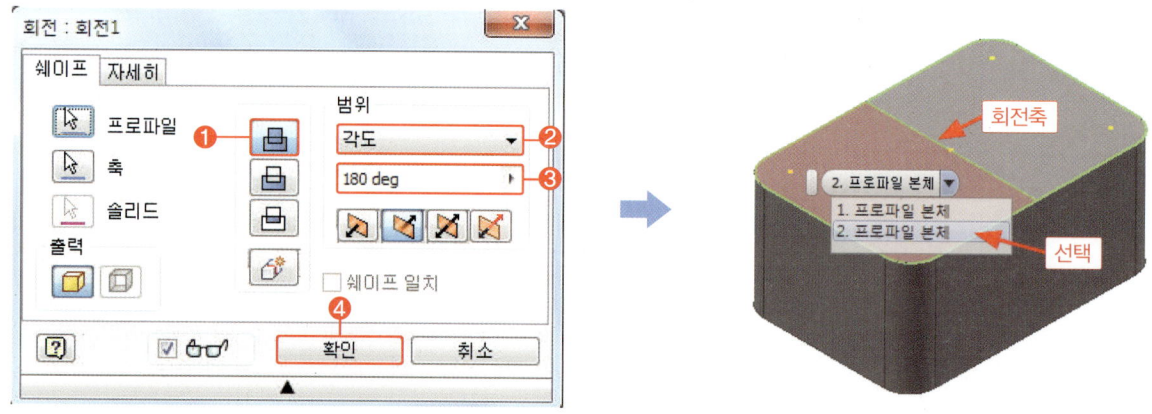

06 피처 회전방향을 위쪽으로 180도 회전시킨다.

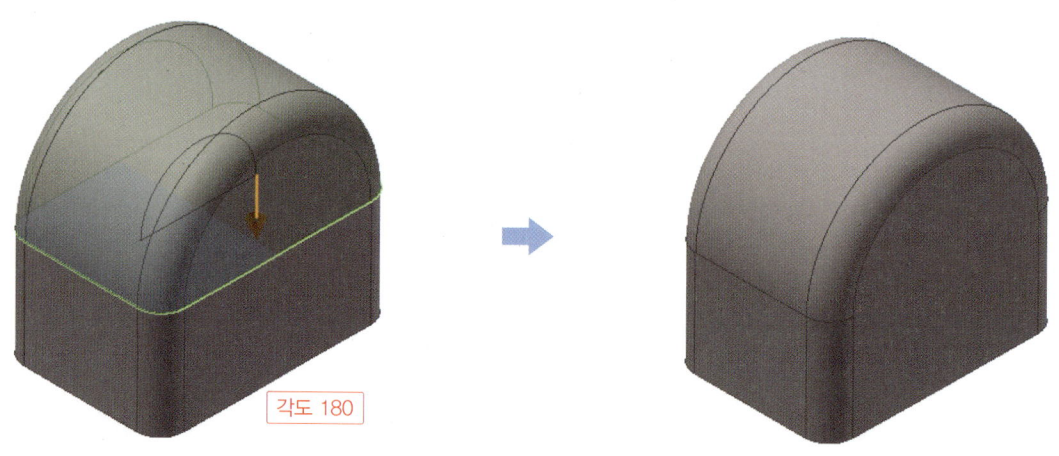

07 수정의 셀 선택 ➡ 셀방향 외측 ➡ 면 제거: **본체 밑바닥면 선택** ➡ 두께 5 ➡ 확인

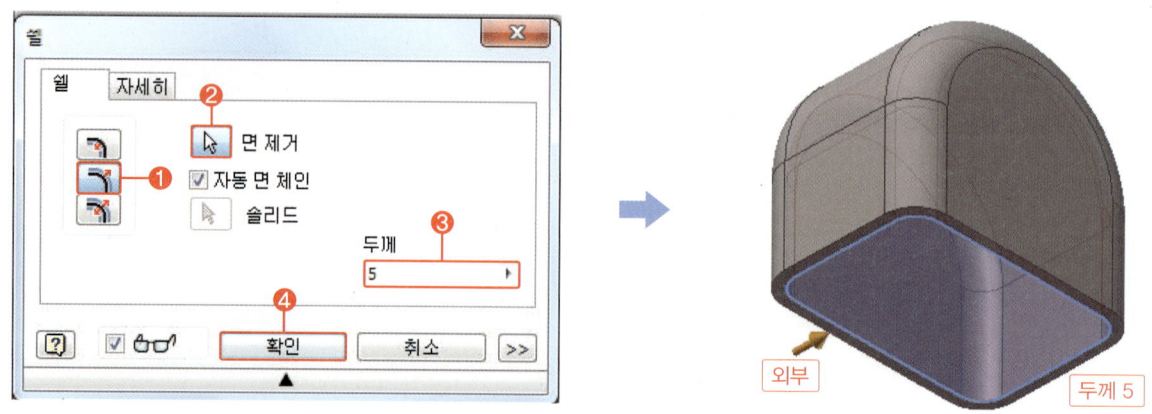

08 바닥면에 **스케치 작성** ⇨ 스케치 원점에서부터 **두 점 중심 직사각형** 스케치 ⇨ 가로 **140**, 세로 **102** 치수 기입 ⇨ 스케치 마무리 ✓

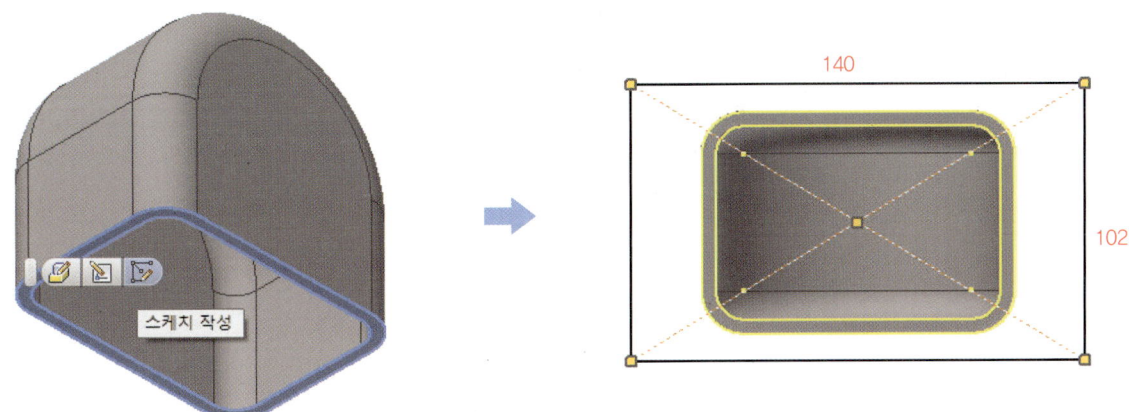

09 **돌출** ⇨ 프로파일 **선택**(그림 참조), **합집합**, 거리 **6**, 방향(그림 참조) ⇨ 확인

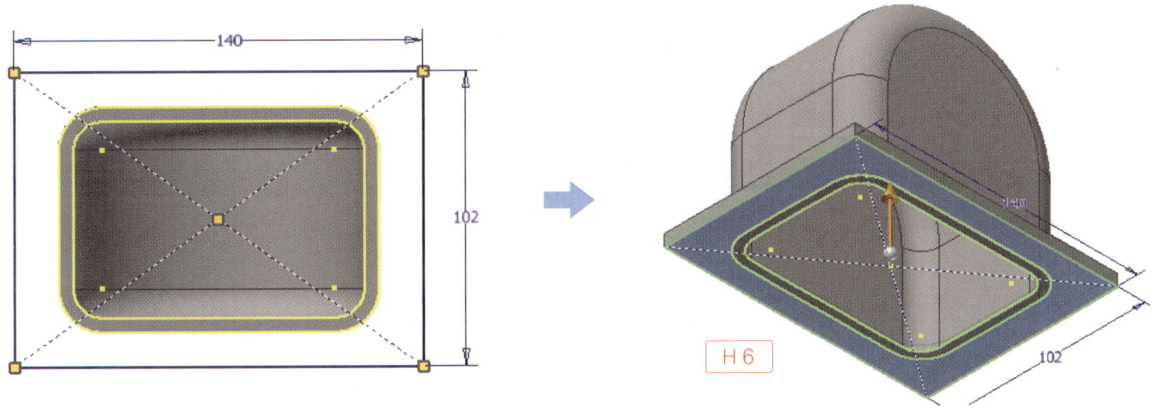

10 **모깎기** 선택 ⇨ 수직선 모서리 4개 선택 ⇨ **반지름 6** ⇨ 확인

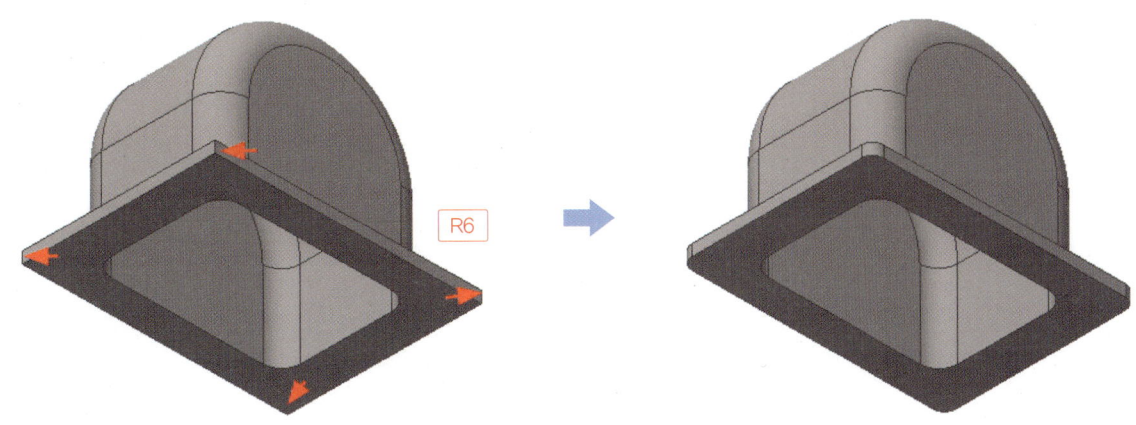

11 모깎기 ⬢ 선택 ➡ 수평선 모서리 1개 선택 ➡ 반지름 3 ➡ 확인

12 바닥면에 스케치 작성 ➡ 구성 클릭 ➡ 본체 왼쪽 상단 원호 중심점에서, 본체 오른쪽 하단 원호 중심점까지 두 점 직사각형 ⬜ 스케치

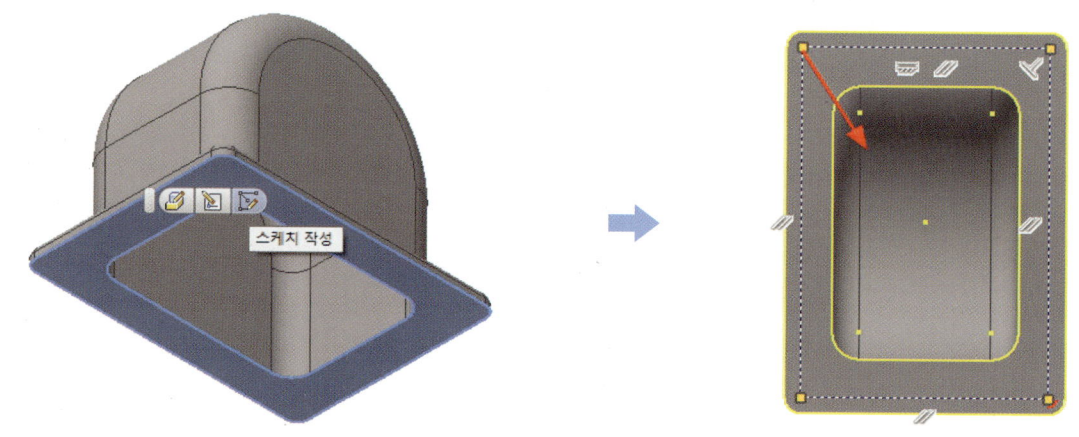

13 상하 2개의 수평선을 수직선에 일치 시켜 선 스케치 ➡ 높이 32로 치수 기입 ➡ 점 선택
➡ 화살표가 있는 끝점, 중간점 위치에 점 스케치

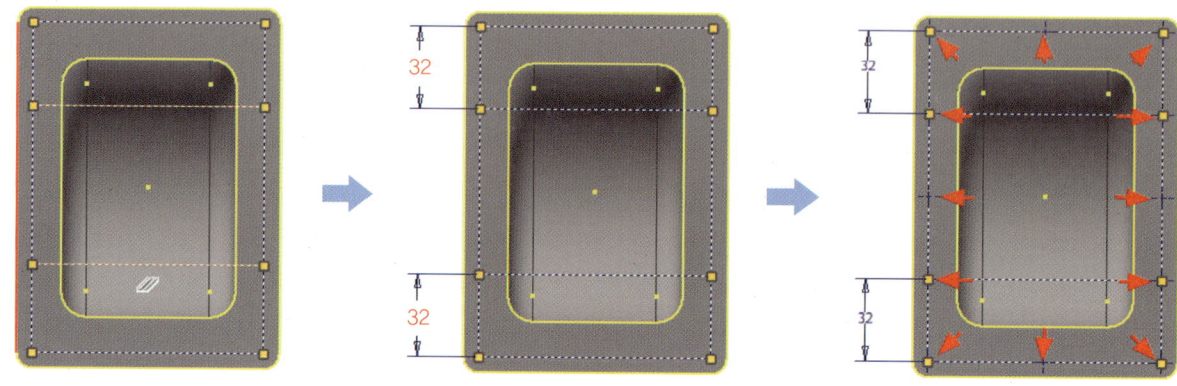

14 구멍 ⟹ 지름 6.6 입력 ⟹ **전체 관통 선택** ⟹ 확인

15 우측 면에 **스케치 작성** ⟹ 원호 중심에 **원** 스케치 ⟹ 지름 61로 치수 기입 ⟹ 스케치 마무리 ✓

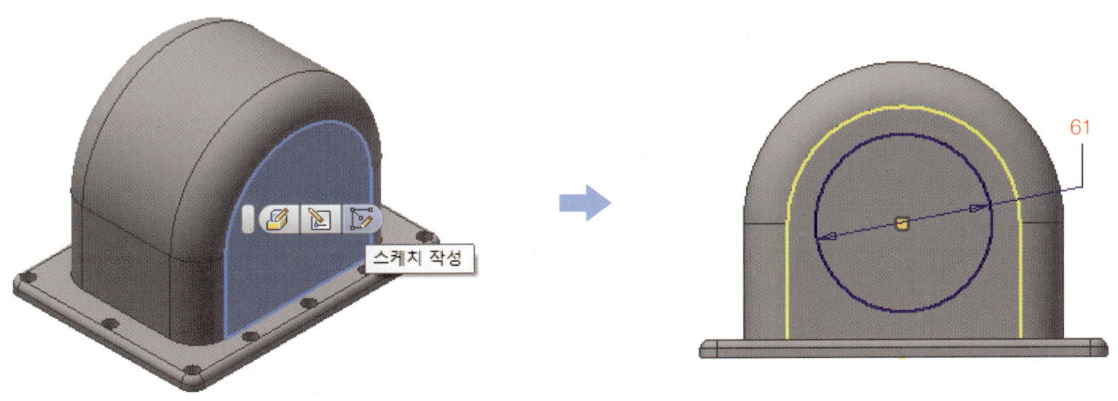

16 돌출 ⟹ 프로파일(원), 합집합, 거리 9 ⟹ 확인

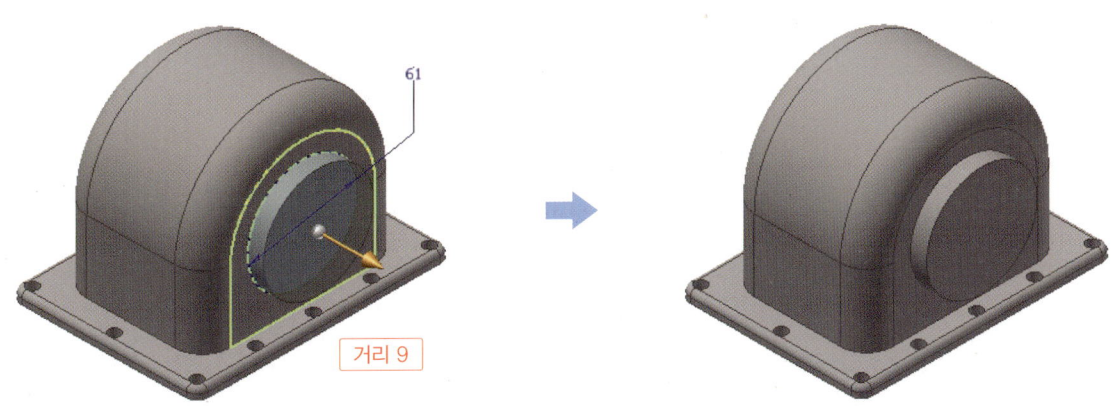

17 정면에 스케치 작성 📝 ⇨ 형상 투영 🗒 선택 ⇨ 화살표 위치 수직선 클릭

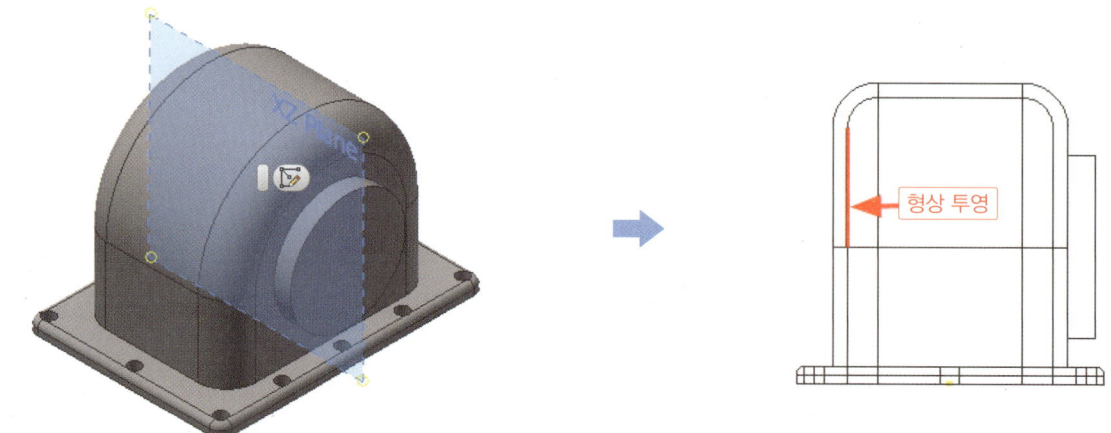

18 형상 투영한 수직한 아래 끝점에서 반시계 방향으로 선 ✏ 스케치 ⇨ 맨 아래 수평선 중심선 변경

19 지름 52, 각도 45, 가로 16으로 치수 기입 ⇨ 스케치 마무리 ✔

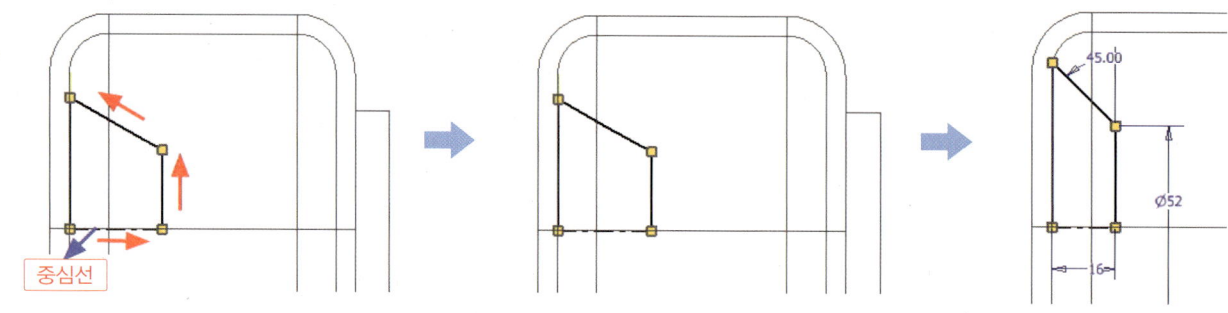

20 회전 🎛 ⇨ 프로파일(자동), 회전축(자동) ⇨ 합집합 ⇨ 범위: 전체 ⇨ 확인

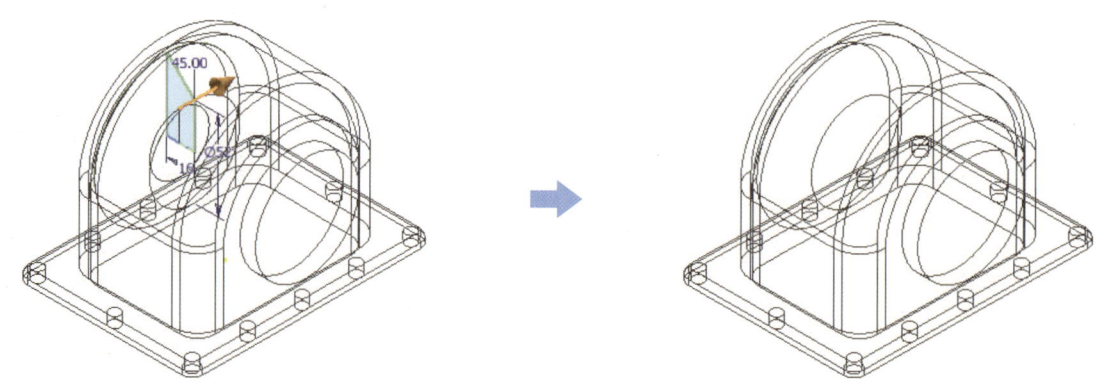

21 정면에 **스케치 작성** ➡ **형상 투영** **선택**(그림 참조)

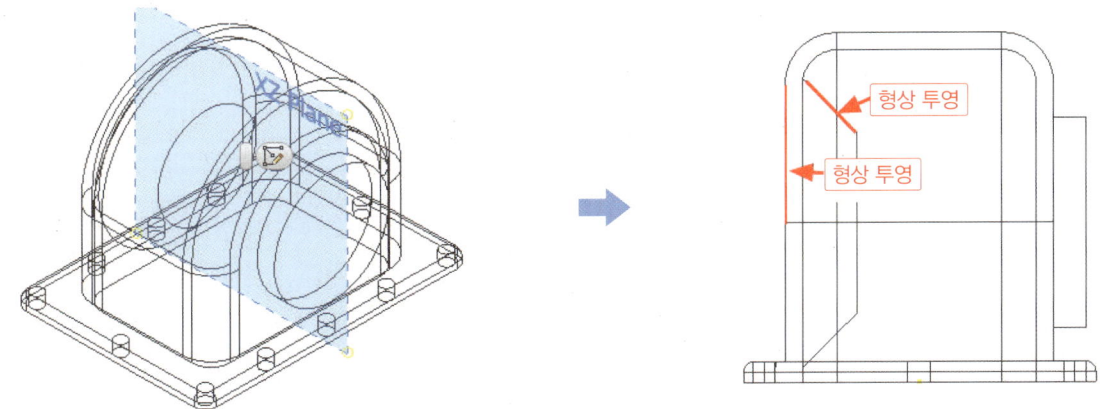

22 형상 투영한 왼쪽 수직선 하단 끝점에서 **두 점 직사각형** 스케치 ➡ 직사각형 왼쪽 상단 끝점에서 **선** 스케치 ➡ 구속조건 **평행** **선택** ➡ 형상 투영한 선과 경사진 선 **선택**

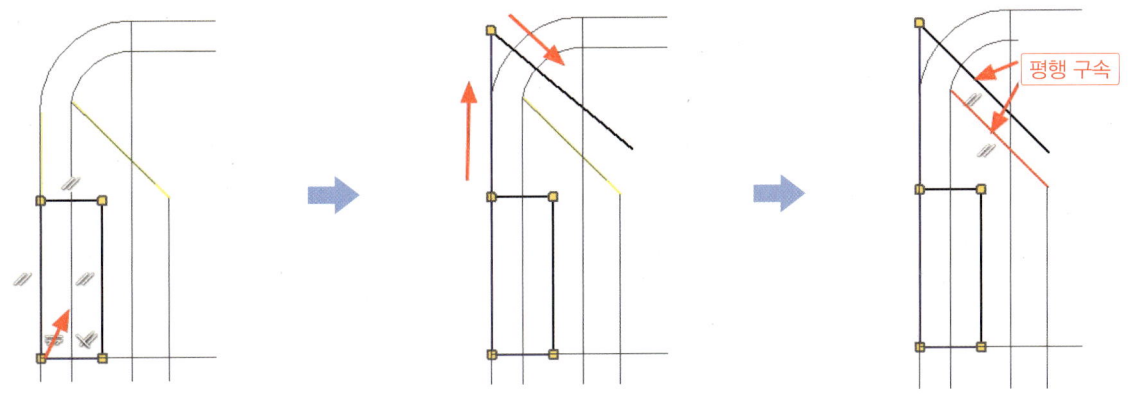

23 **접선호** 를 그림처럼 스케치 ➡ 사각형 아랫부분 수평선을 **중심선** 으로, 윗부분 수평선은 구성으로 변경 ➡ 원호와 **접선** 구속

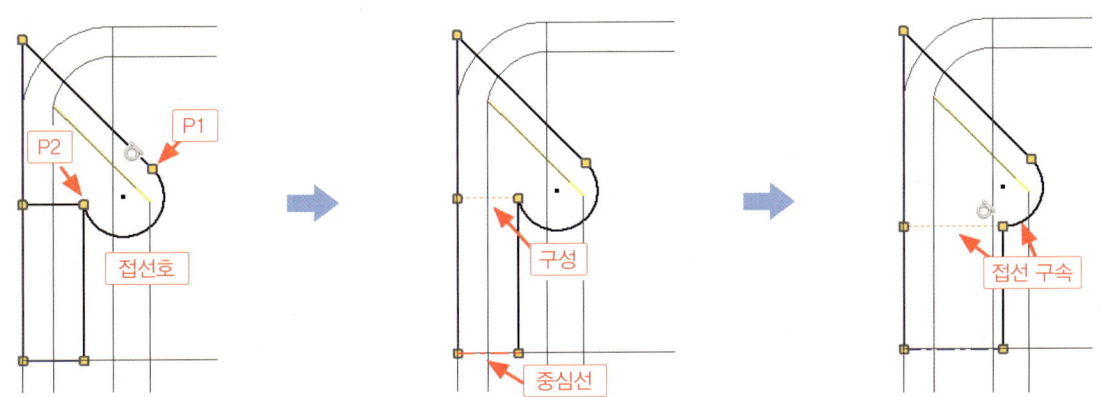

351

24 지름 61, 가로 2, 두께 5로 치수 기입 ⇨ 스케치 마무리 ✓

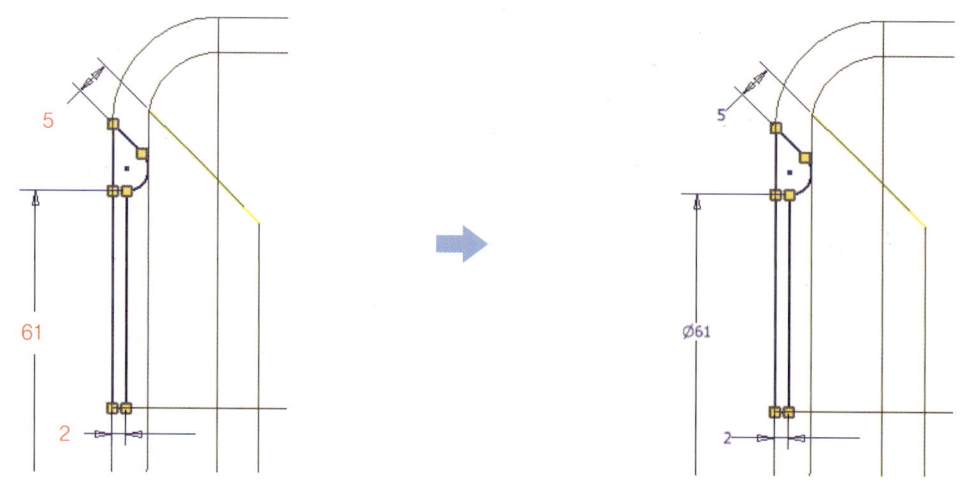

25 회전 ⇨ 프로파일(자동), 회전축(자동) ⇨ 차집합 ⇨ 범위: 전체 ⇨ 확인
26 모깎기 선택 ⇨ 그림처럼 각각 선택 ⇨ 반지름 3 ⇨ 적용

반대편 구석진 원형 모서리 선택 ⇨ 반지름 3 ⇨ 확인

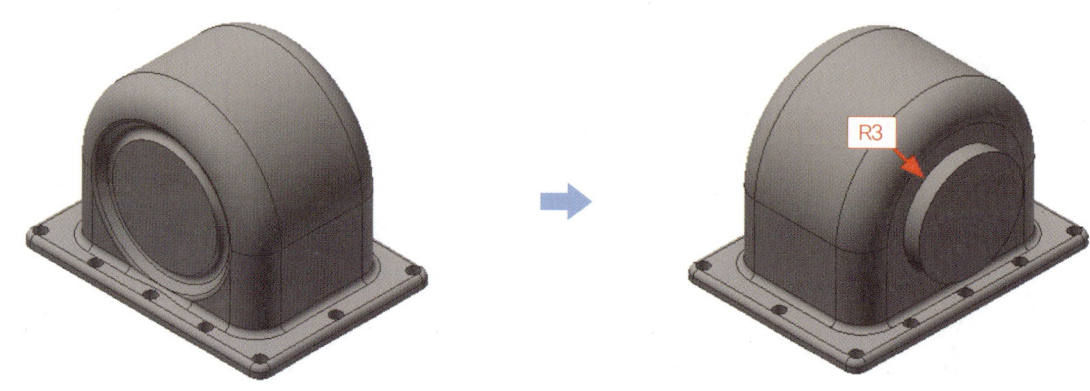

27 평면에서 간격 띄우기 선택 ▷ 원점의 XY 평면 클릭

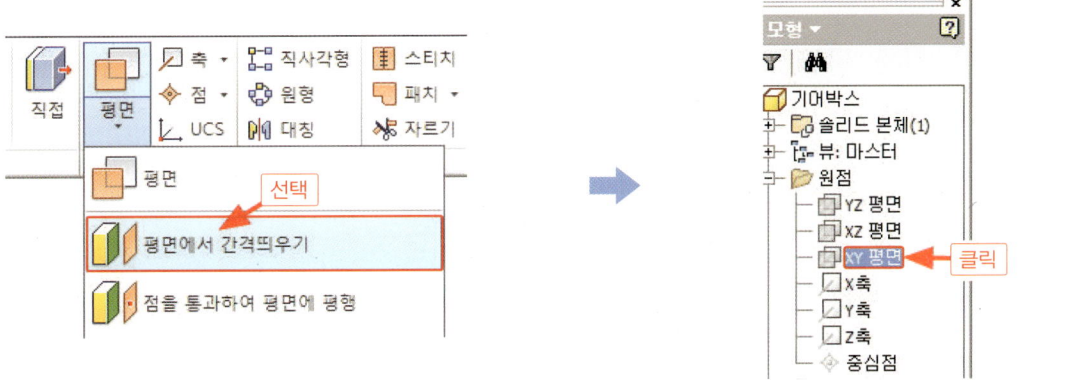

28 북쪽방향으로 103 입력 ▷ 적용 ▷ '**작업평면1**'에 스케치 작성

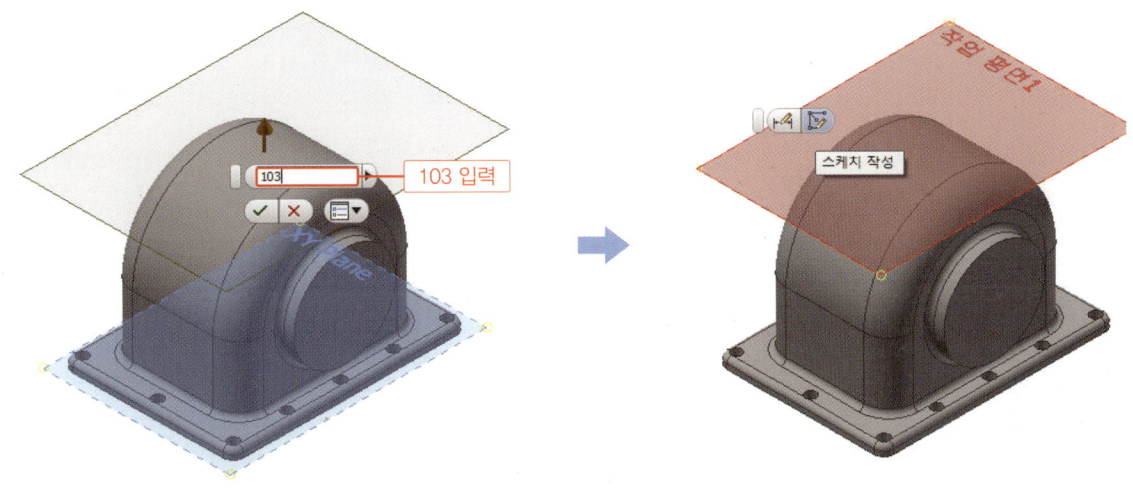

29 디자인 트리 '**작업평면1**' 선택 ▷ 마우스 오른쪽 버튼 클릭 ▷ **가시성** 체크 해제 ▷ **원** 선택
▷ 스케치 원점에 원 스케치

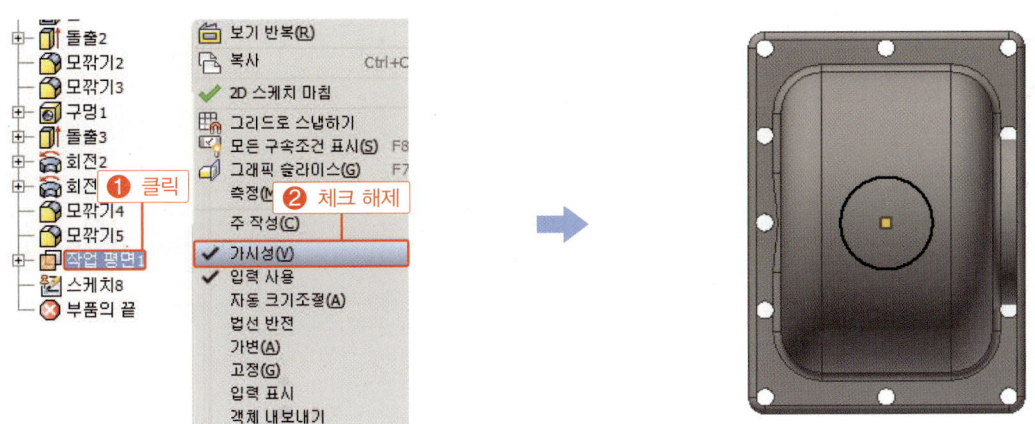

30 지름 10 치수 기입 ⇨ 스케치 마무리 ✓

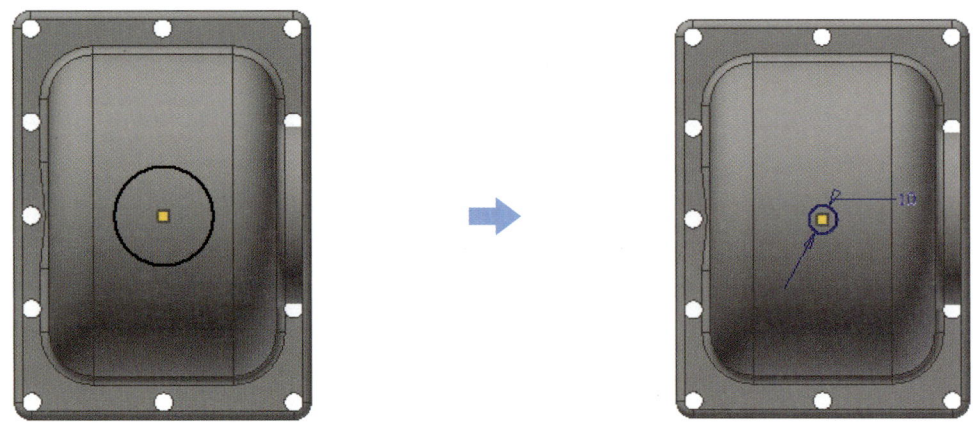

31 돌출 ⇨ 프로파일(원), 합집합, 범위: 다음 면까지 ⇨ 확인

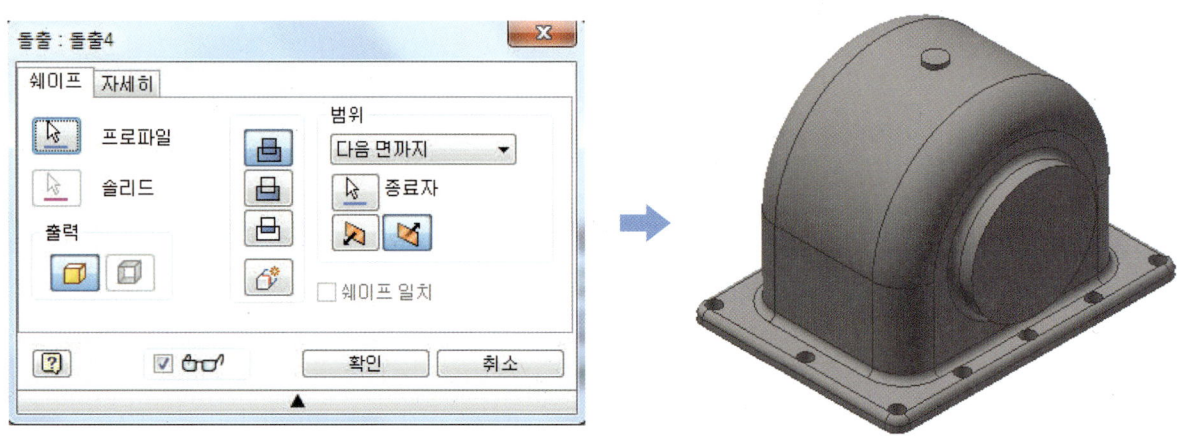

32 모깎기 선택 ⇨ 그림처럼 선택 ⇨ 반지름 3 ⇨ 확인 ⇨ 윗면에 스케치 작성 ⇨ 곧바로 스케치 마무리 ✓

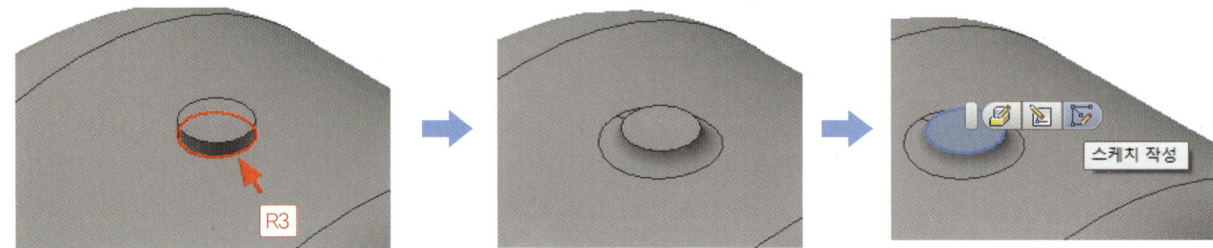

33 구멍 ⊙ ⇨ 중심: 원 중심, 종료: 전체 관통 ⇨ M5x0.8 ⇨ 전체 깊이 체크 ⇨ 확인

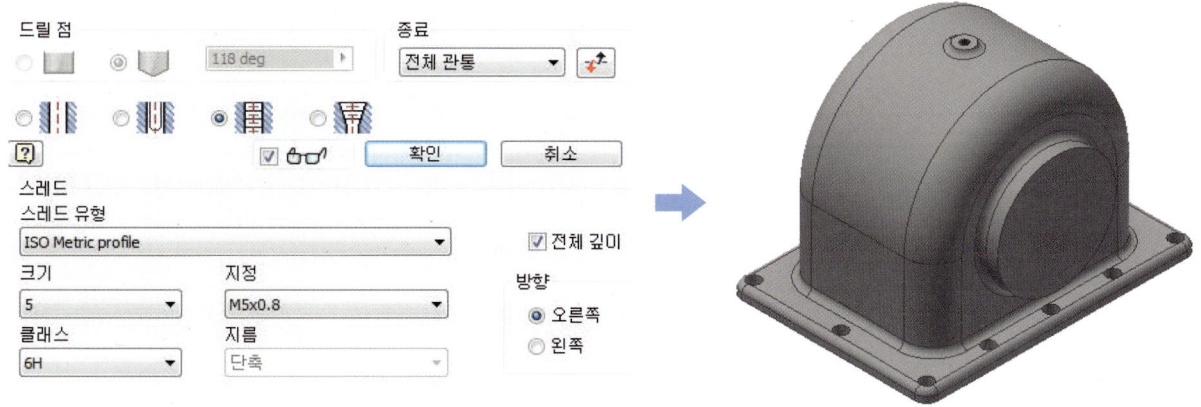

34 우측 면에 스케치 작성 ⇨ 곧바로 스케치 마무리 ✓ ⇨ 점 클릭 ⇨ 구멍 ⊙ 선택

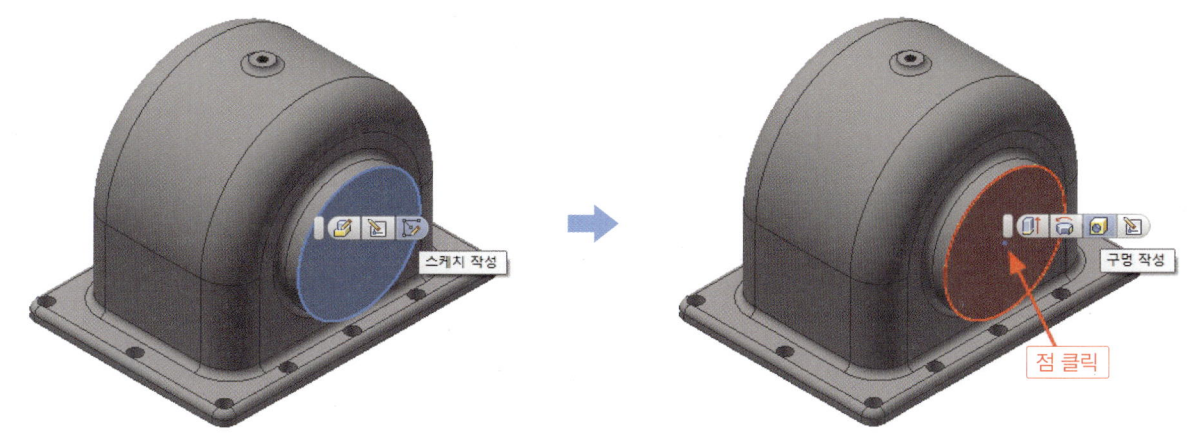

35 지름 40 입력 ⇨ 전체 관통 선택 ⇨ 확인

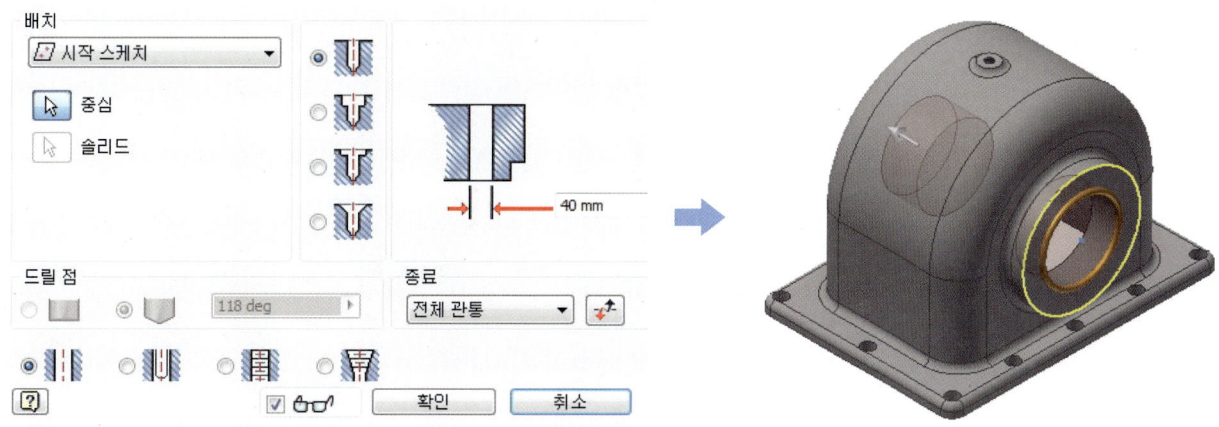

36 모따기 ◆ **선택** ⇨ 양쪽 원형 모서리 **선택** ⇨ C1으로 모따기

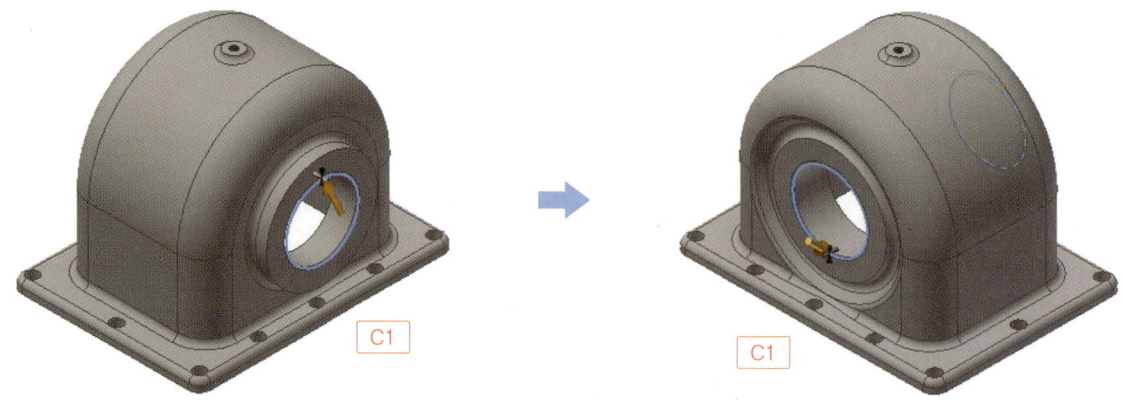

37 우측 면에 **스케치 작성** ✎ ⇨ 형식의 **구성** ⬡ **선택** ⇨ 원 중심에서 왼쪽으로 **수평선** ╱ 스케치

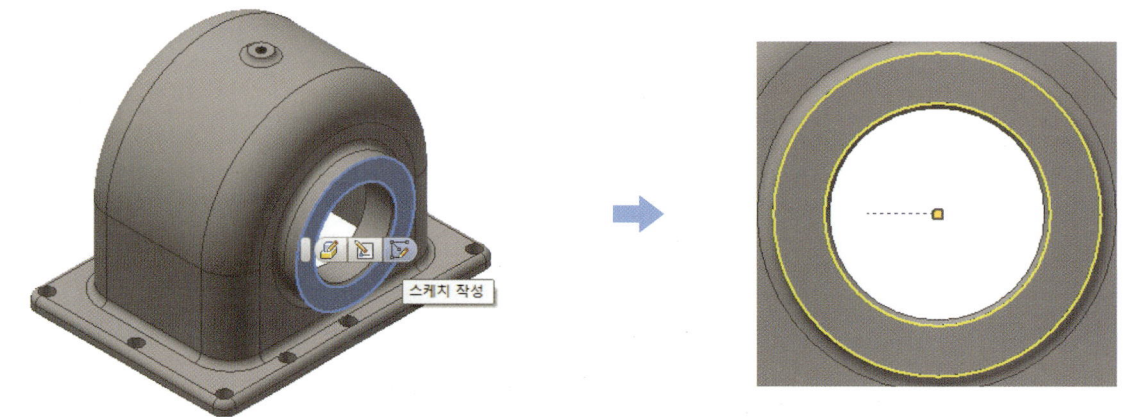

38 원 중심점에서 수평선 끝점으로 **원** ⊙ 스케치 ⇨ **폴리곤** ⬡ **선택**, 4각형 ⇨ 원 중심 **클릭**, 수평선 왼쪽 끝점 **클릭** ⇨ 다각형 끝점에 각각 **점** ┼ 스케치 ⇨ 원지름 50으로 치수 기입 ⇨ 스케치 마무리 ✔

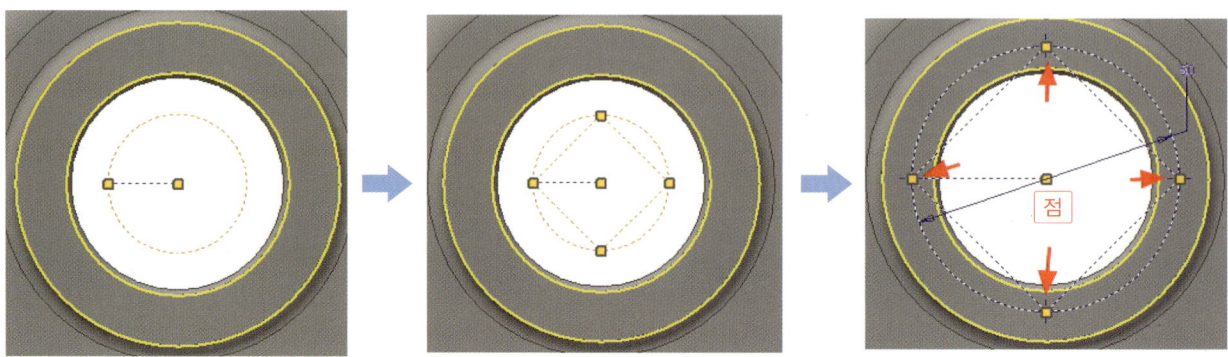

39 구멍 🔘 ⇨ 종료: 거리, 드릴 깊이 **7**, 탭 깊이 **9** ⇨ **M4x0.7** ⇨ 확인

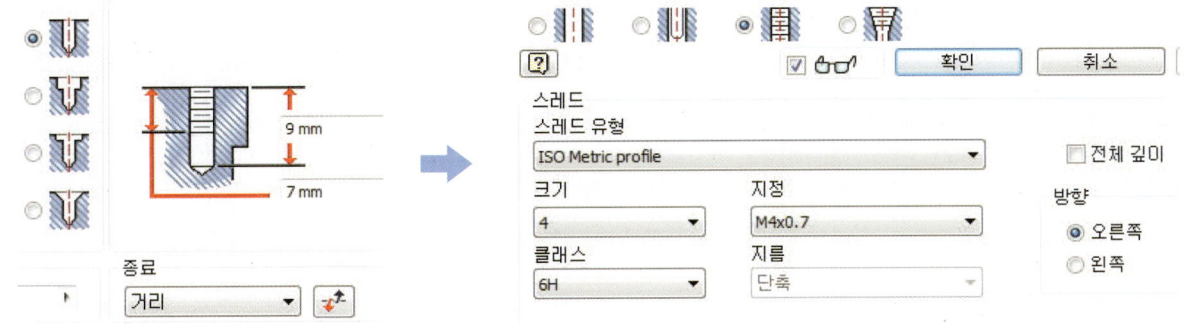

40 왼쪽 측면에 **스케치 작성** 📝

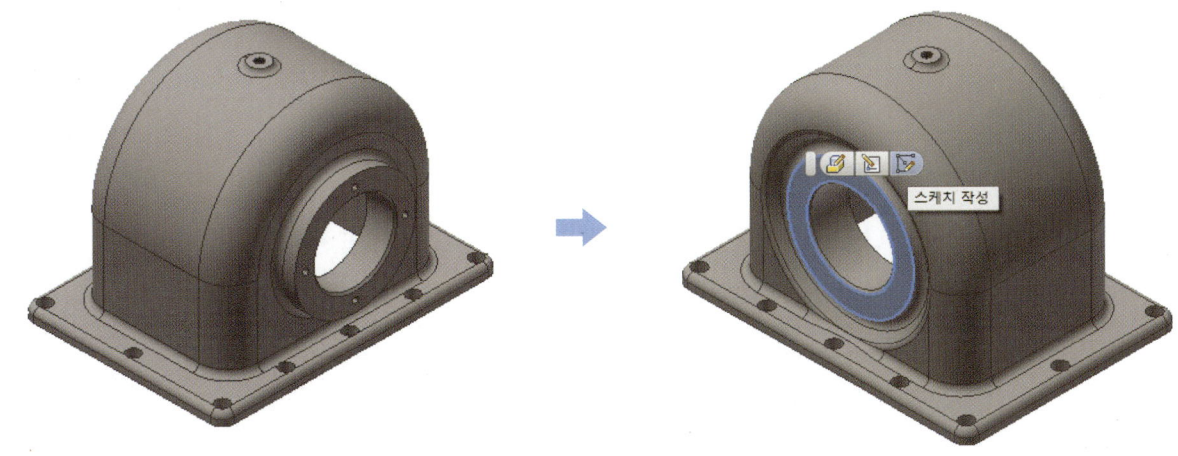

41 형상 투영 🗂 **선택** ⇨ 마우스 커서를 원 중심에서부터 동서남북으로 움직여서 원형 모서리가 보이면 **클릭** ⇨ 투영시킨 원 중심위치에 **점** ✛ 스케치 ⇨ 스케치 마무리 ✓

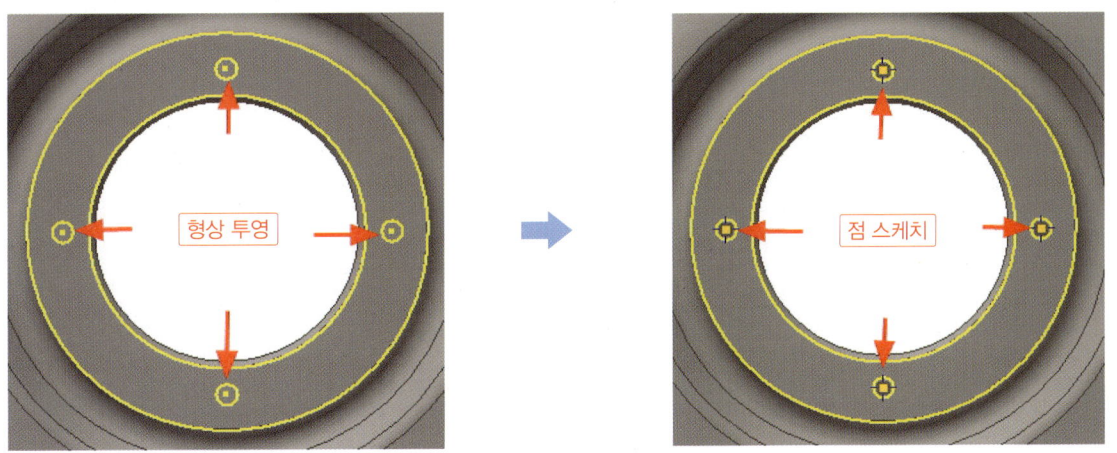

42 구멍 ⌾ ⇨ 종료: 거리, 드릴 깊이 **7**, 탭 깊이 **9** ⇨ **M4x0.7** ⇨ 확인

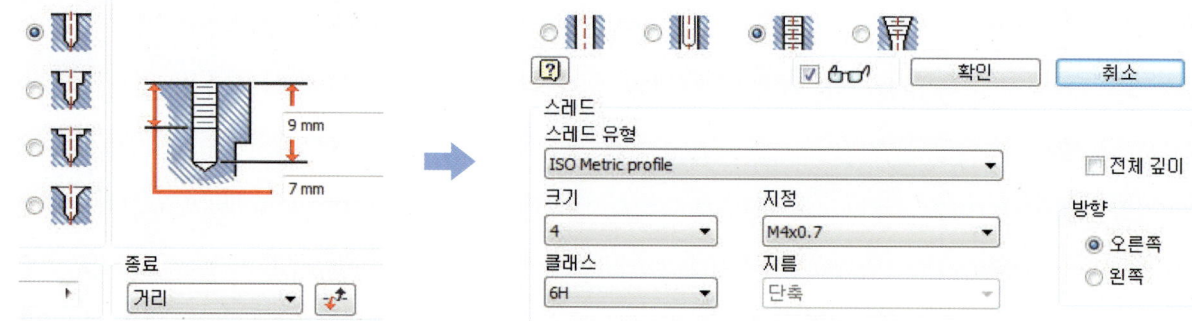

43 그림처럼 좌측 측면에 **M4**탭이 모델링된다.

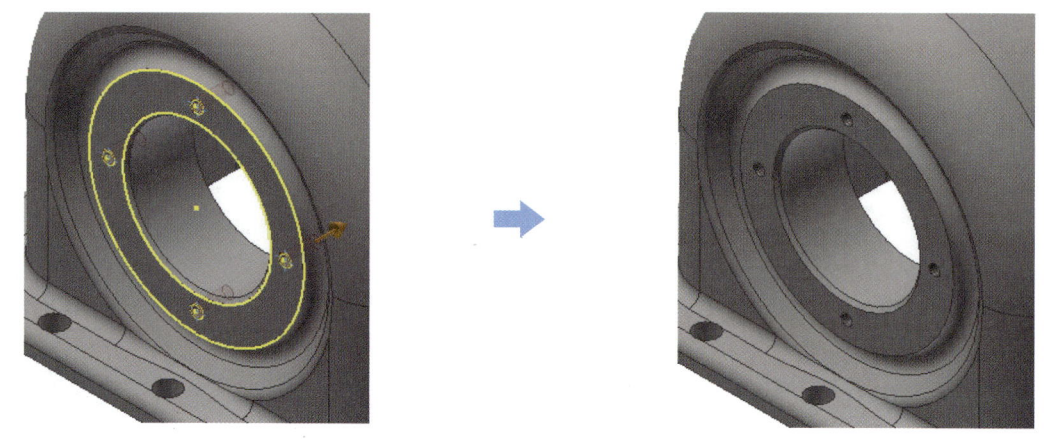

44 뷰를 반대로 뒤집고 그림처럼 **모깎기** ⌾ R3을 만들어 준다.

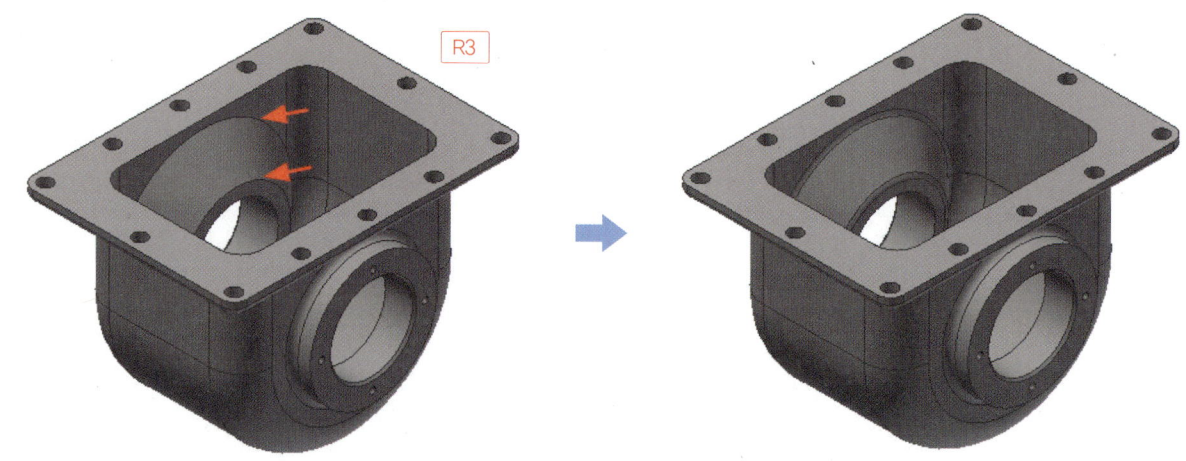

45 최종 완성

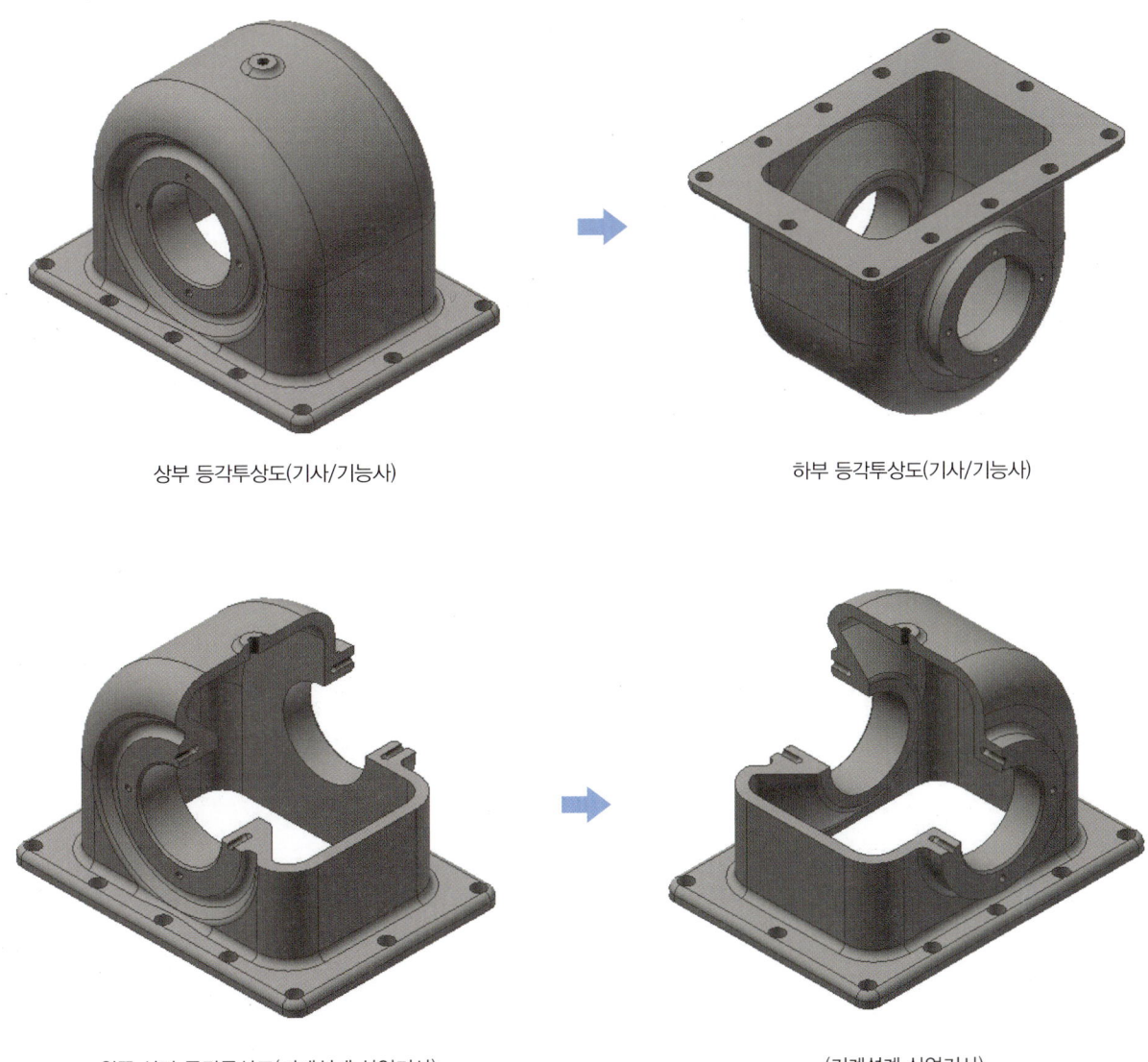

상부 등각투상도(기사/기능사)

하부 등각투상도(기사/기능사)

왼쪽 상단 등각투상도(기계설계 산업기사)

(기계설계 산업기사)

TIP 기계설계 산업기사의 경우 수검자 요구사항에 따라 단면처리한다.

05 | V벨트 풀리 전동장치

도시되고 지시 없는 라운드 및 필렛 R3, 모따기 1×45°

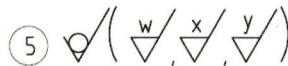

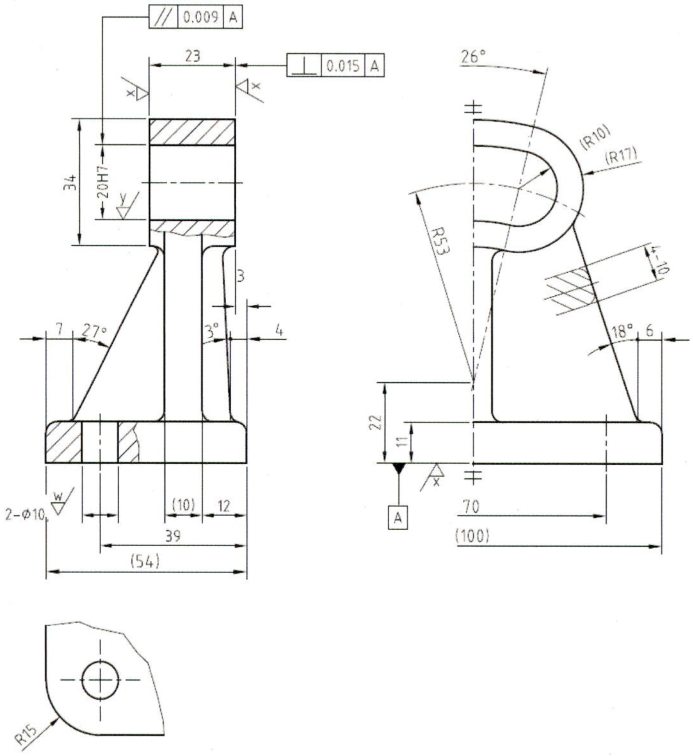

①

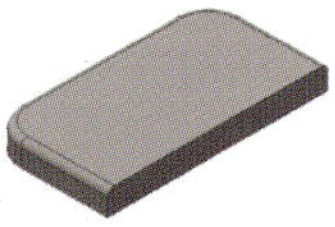

②

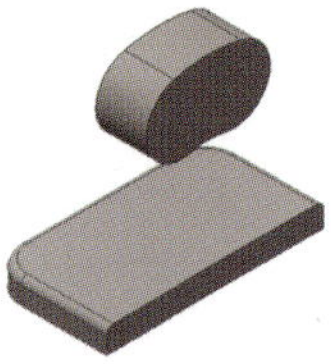

③

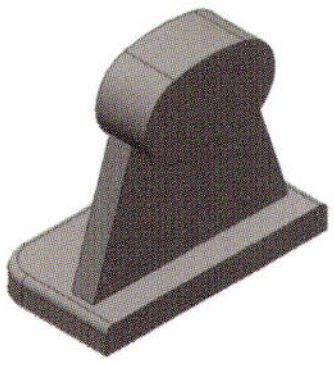

④

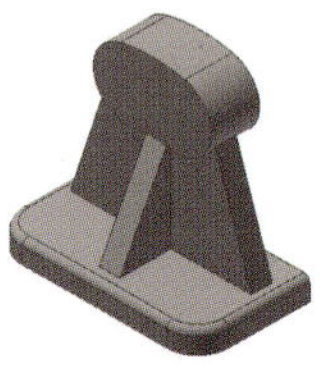

⑤

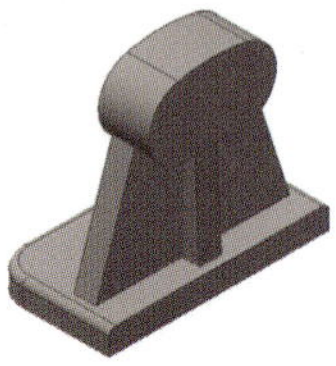

⑥

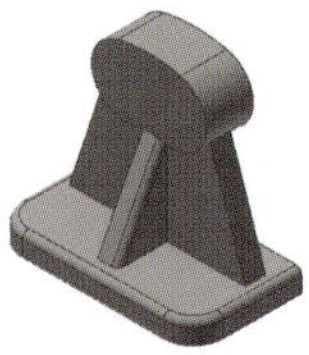

⑦

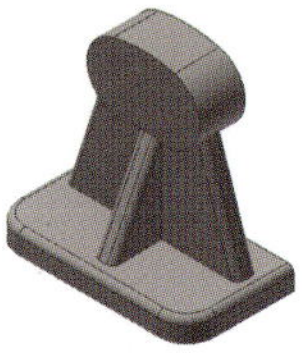

⑧

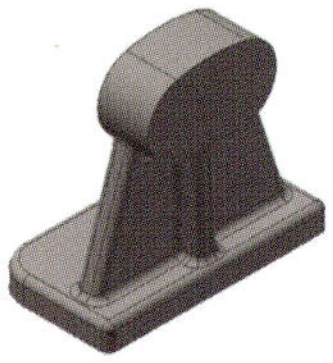

⑨

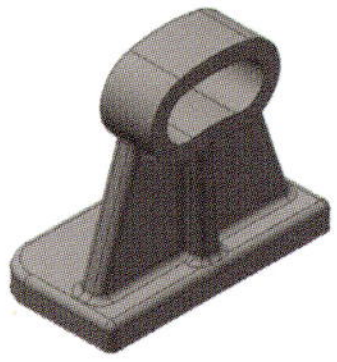

⑩

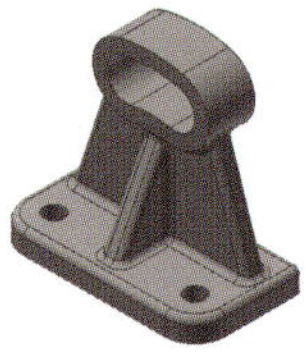

01 디자인 트리 원점[XY 평면] ⇨ **새 스케치**

02 스케치 원점 주위에 **두 점 직사각형** 스케치 ⇨ 직사각형 왼쪽 상하 코너에 **R15 모깎기** ⇨ 직사각형 가로 **54**, 세로 **100**으로 치수 기입

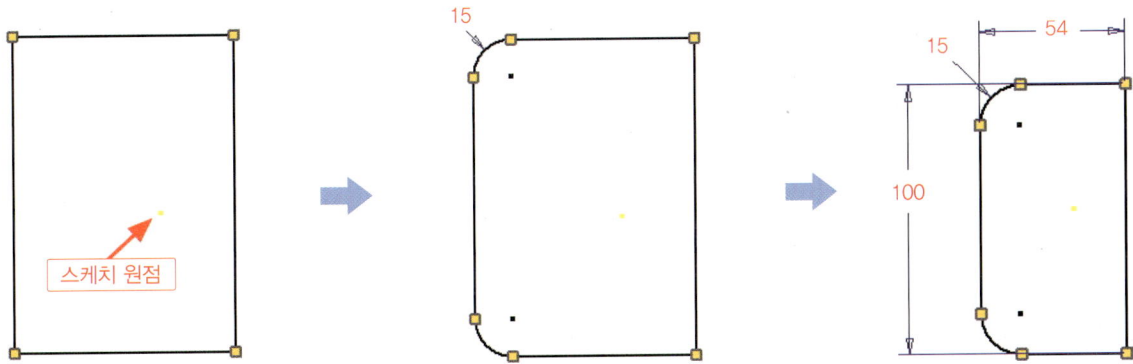

03 스케치 원점에서 오른쪽 수직선 중간점으로 **선** 스케치 ⇨ 선을 **수평**으로 구속 ⇨ 가로 **12**로 치수 기입 ⇨ 선을 **구성**으로 변경 ⇨ 스케치 마무리

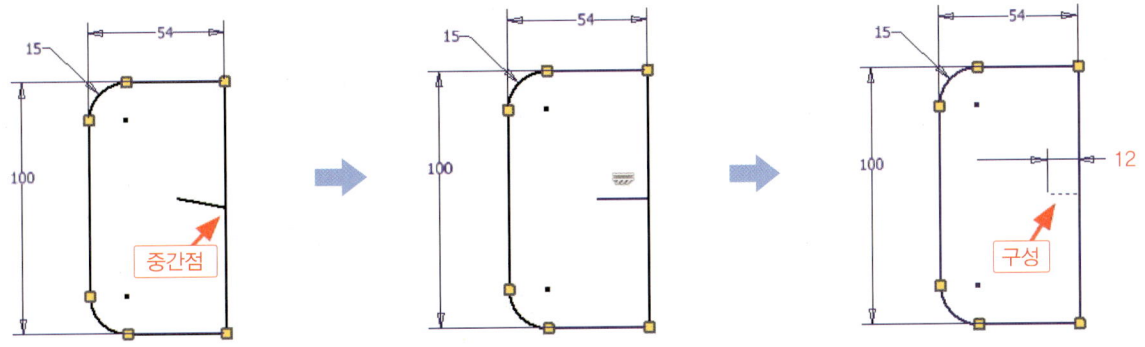

04 **돌출** ⇨ 거리 **11** ⇨ **필렛** ⇨ 상단 모서리 **선택**(그림 참조), 반지름 **3** 입력

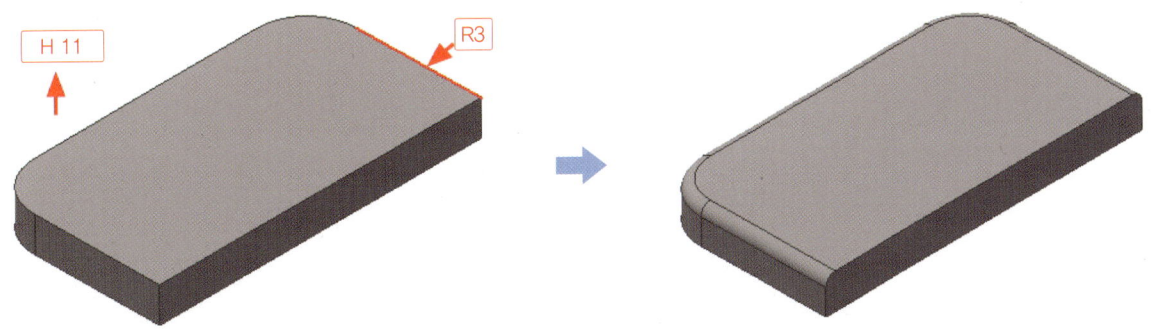

05 디자인 트리 원점의 우측 면(YZ 평면) **새 스케치** 🗹 ⇨ **구성 선택** ⇨ 스케치 원점에서 **선** ✏ 스케치

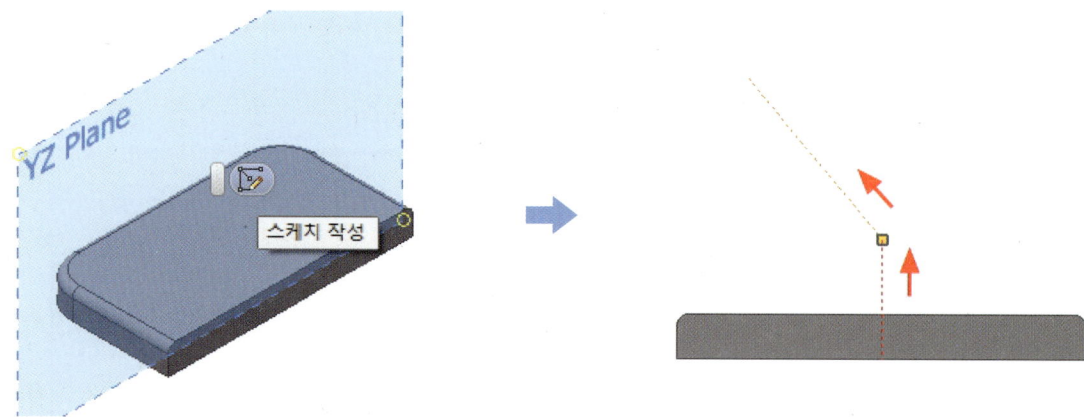

06 패턴의 **대칭** ▸|◂ **선택** ⇨ 경사진 선을 반대편으로 대칭 ⇨ 높이 22, 정렬 길이 53, 각도 26 치수 기입
⇨ **구성 선택**

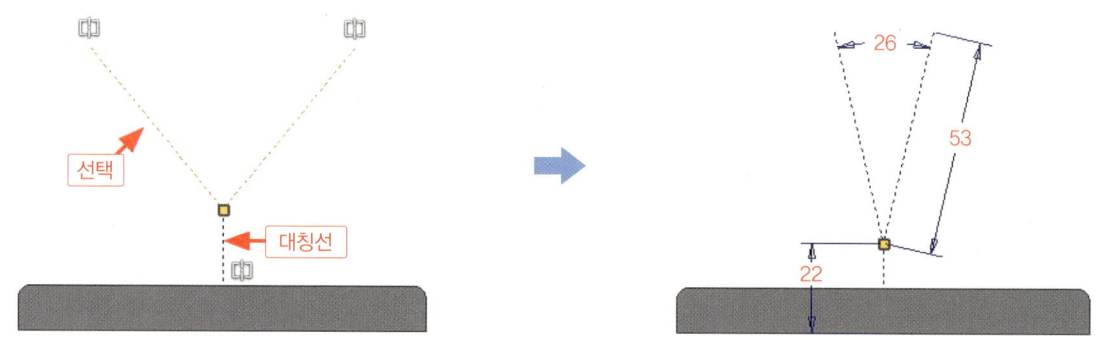

07 **슬롯 중심점 호** ⌢ **선택** ⇨ 첫 번째 슬롯 중심점 **클릭**(P1), 두 번째 슬롯 시작위치 **클릭**(P2), 세 번째 슬롯 종점 위치 **클릭**(P3), 슬롯 원호 반경 **클릭**(P4) ⇨ 슬롯 원호 반지름 17로 치수 기입

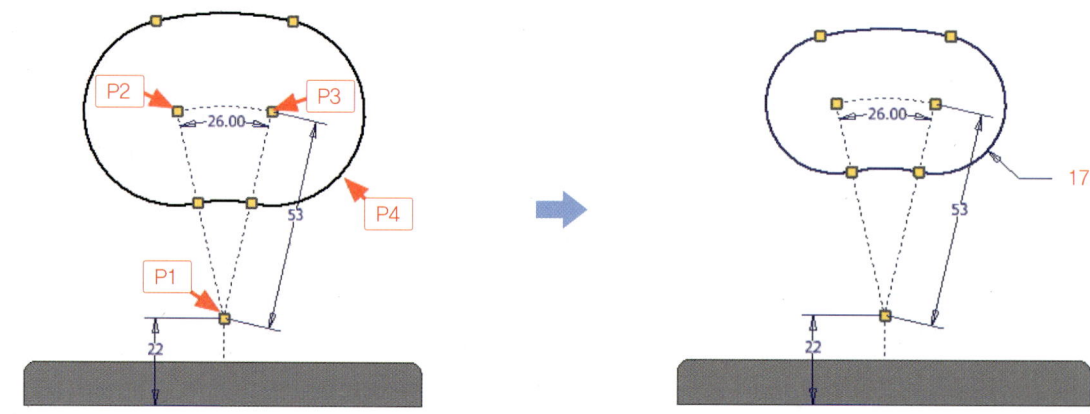

08 수정 메뉴의 **간격 띄우기** 선택 ⇨ **슬롯 중심점 호**를 선택하고 안쪽으로 클릭
 ⇨ **슬롯 반지름 10**으로 치수 기입 ⇨ 스케치 마무리 ✓

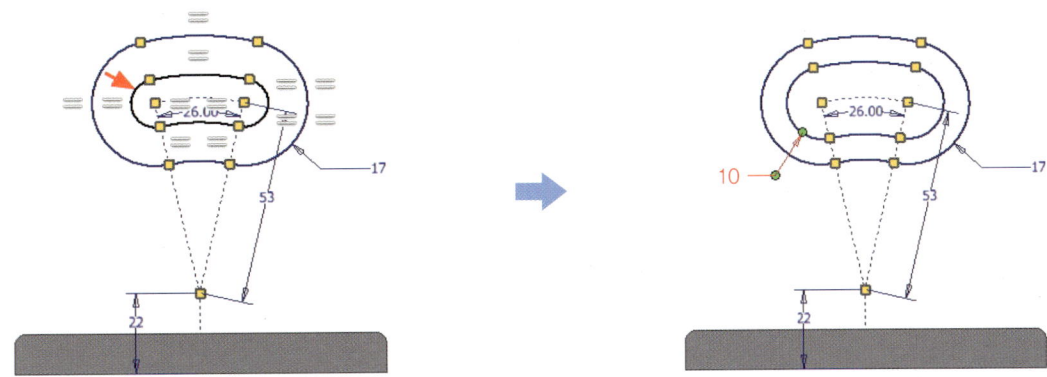

09 **돌출** ⇨ 프로파일(슬롯 홈 내부 모두) **선택**, **합집합** ⇨ **비대칭 선택** ⇨ 첫 번째 거리 **9**, 두 번째 거리 **14**
 ⇨ 확인

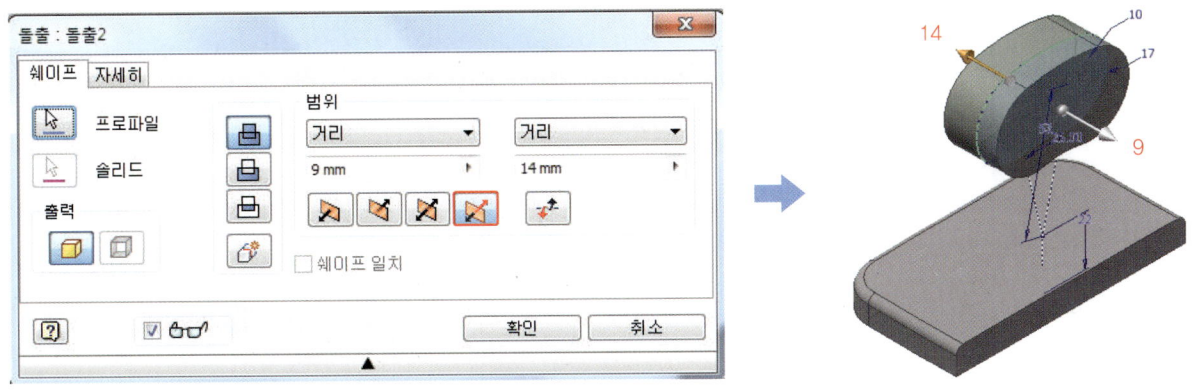

10 디자인 트리 우측 면(YZ 평면) **새 스케치**

11 **절단 모서리 투영** **선택** ⇨ 비주얼 스타일을 '**와이어 프레임**'으로 변경 ⇨ **선** **선택** ⇨ 슬롯 중심점에
 서 스케치 원점으로 수직선, 슬롯홈 상단 원호에서 경사진 직선을 스케치한다.

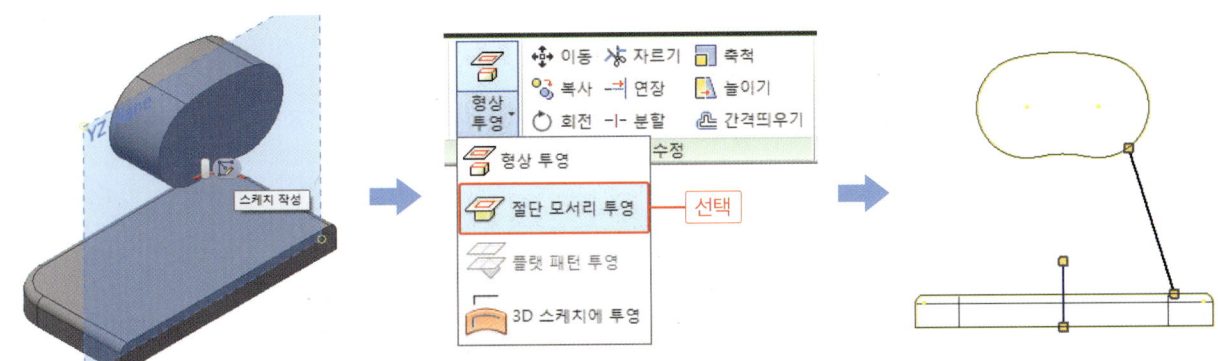

12 패턴의 **대칭** 선택 ⇨ 경사진 선을 반대편으로 대칭 ⇨ 가로 **6**, 각도 **18** 치수 기입

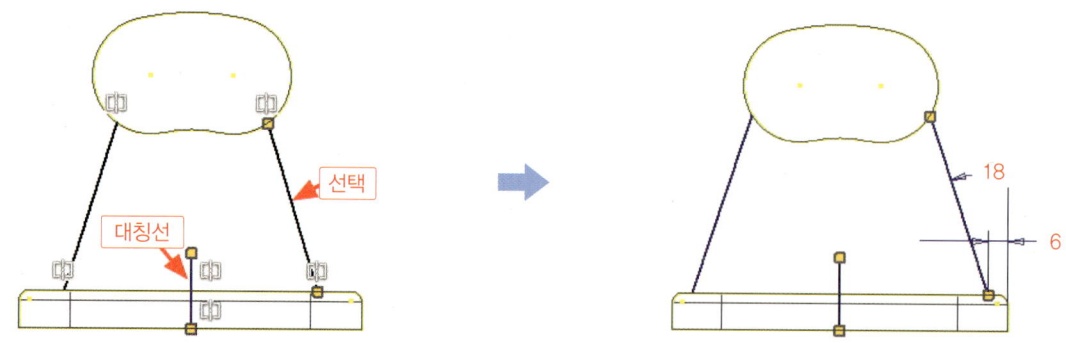

13 경사진 선 왼쪽 끝점에서 오른쪽 끝점으로 **수평선** 스케치 ⇨ 상단에 **슬롯 중심점 호** 를 경사진 선에 일치시켜 똑같은 크기로 스케치

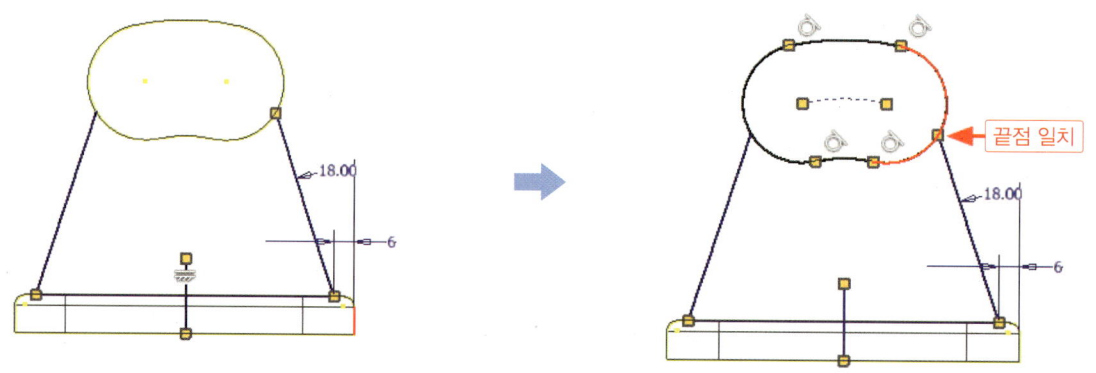

14 **자르기** 선택 ⇨ 슬롯 중심점 호 상단 객체 4곳을 **선택**해서 잘라준다. ⇨ 스케치 마무리 ✓
⇨ 비주얼 스타일에서 '**모서리로 음영처리**' 선택

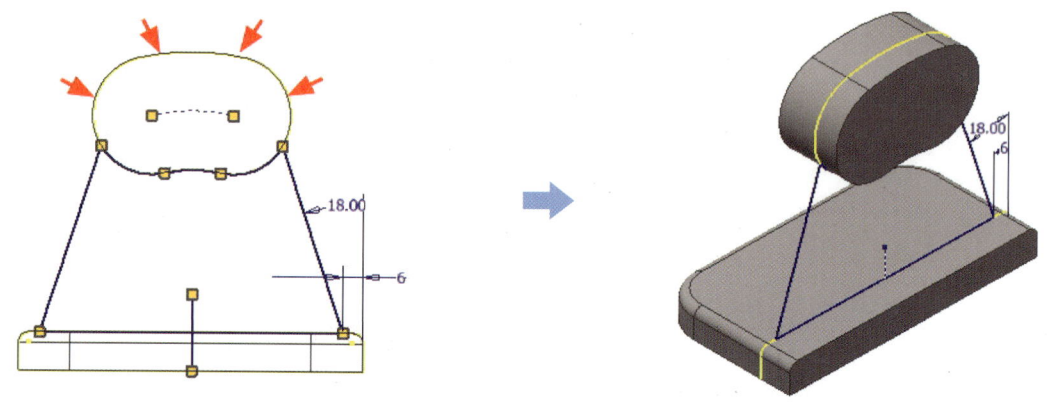

15 돌출 ⇨ 프로파일(자동), **합집합**, 거리 10, 왼쪽 방향 ⇨ 확인

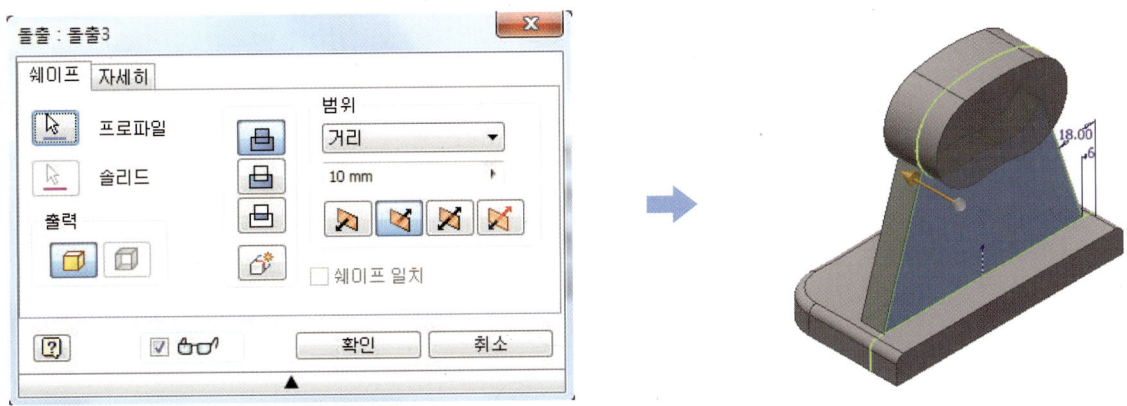

16 디자인트리 우측면(XZ 평면) **새 스케치** ⇨ **절단 모서리 투영** 선택 ⇨ F7
왼쪽 중간지점에서 절단한 아래 수평선 왼쪽방향으로 경사진 **선** 스케치

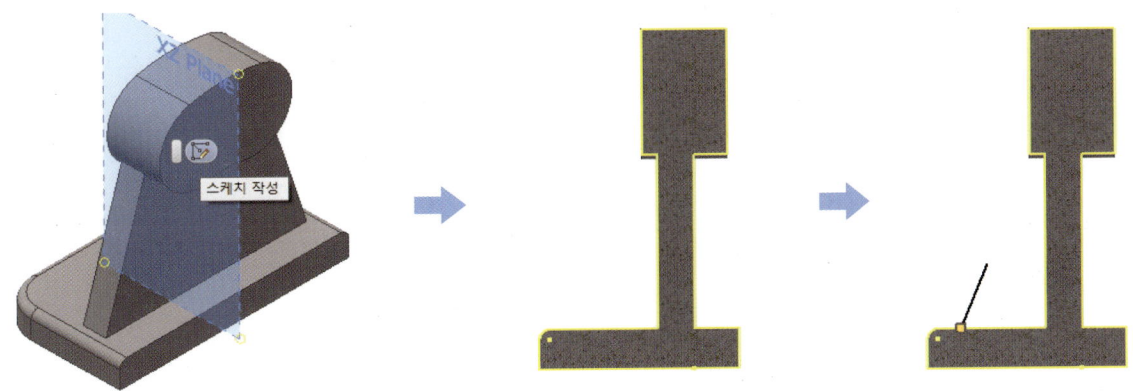

17 가로 7, 각도 27로 치수 기입 ⇨ **연장** 선택 ⇨ 경사진 선 윗부분을 **클릭**하여 선을 연장
⇨ F7 (그래픽슬라이스 종료)

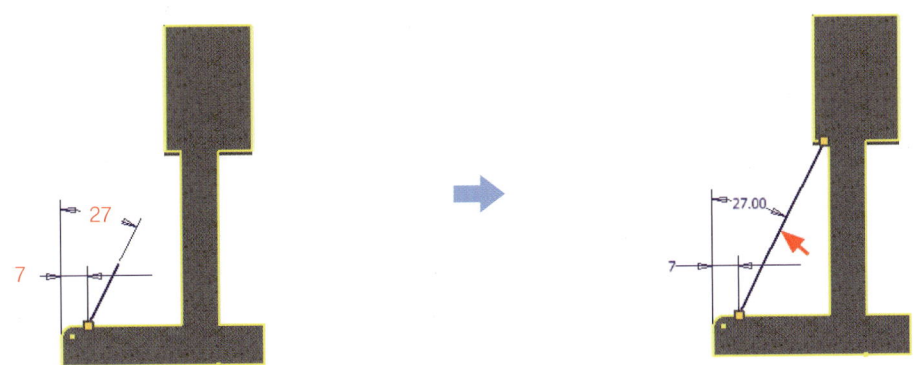

18 작성 리본메뉴의 스윕 명령 아래쪽에 **리브** 메뉴 **선택** ⇨ 프로파일(자동) ⇨ **프로파일에 수직 선택** ⇨ 두께 10 입력 ⇨ **대칭 선택** ⇨ **다음 면까지 선택** ⇨ 확인

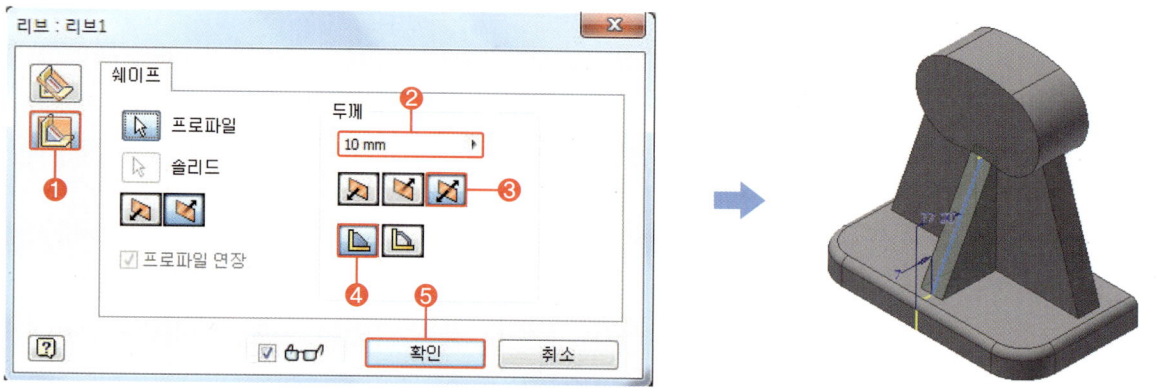

19 디자인트리 우측면(XZ 평면) **새 스케치** ⇨ **절단 모서리 투영** **선택** ⇨ F7 ⇨ 오른쪽 중간 부분에 상단에서 하단 방향으로 오른쪽으로 경사지게 **선** 스케치

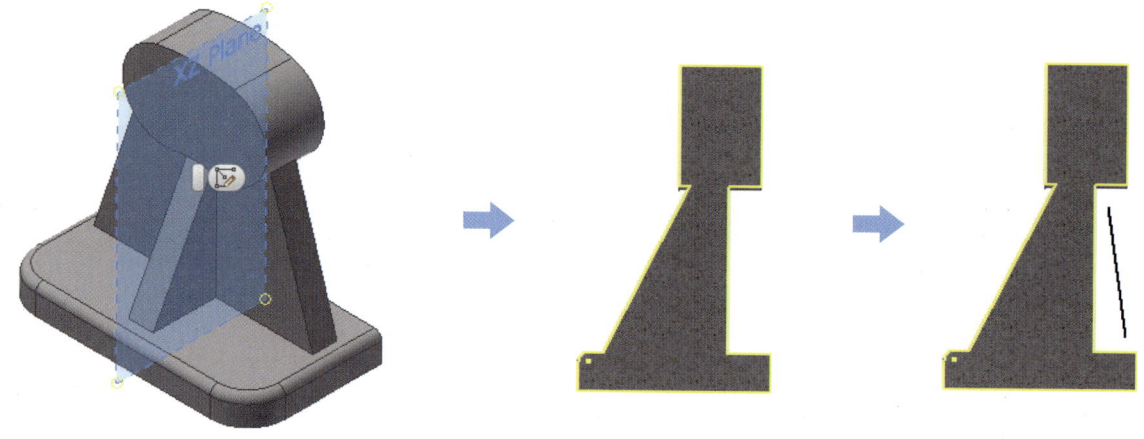

20 경사진 선의 위아래를 클릭하여 **연장** ⇨ 가로 **4**, 각도 **3**로 치수 기입 ⇨ F7 (그래픽슬라이스 종료)

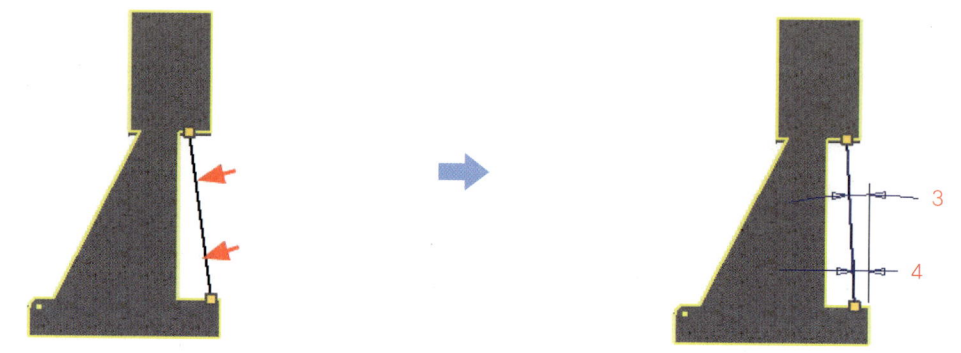

21 작성 리본메뉴의 스윕 명령 아래쪽에 **리브** 메뉴 **선택** ⇨ 프로파일(자동) ⇨ **프로파일에 수직 선택** ⇨ 두께 10 입력 ⇨ **대칭 선택** ⇨ **다음 면까지 선택** ⇨ 확인

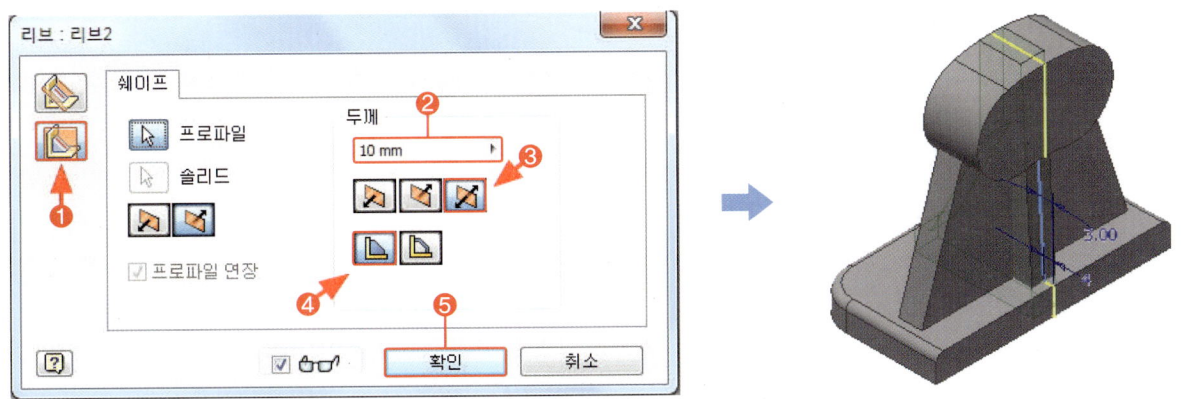

22 모깎기 선택 ⇨ 경사진 수직선 모서리 왼쪽 4개, 오른쪽 4개 **선택** ⇨ 반지름 3 ⇨ **적용**

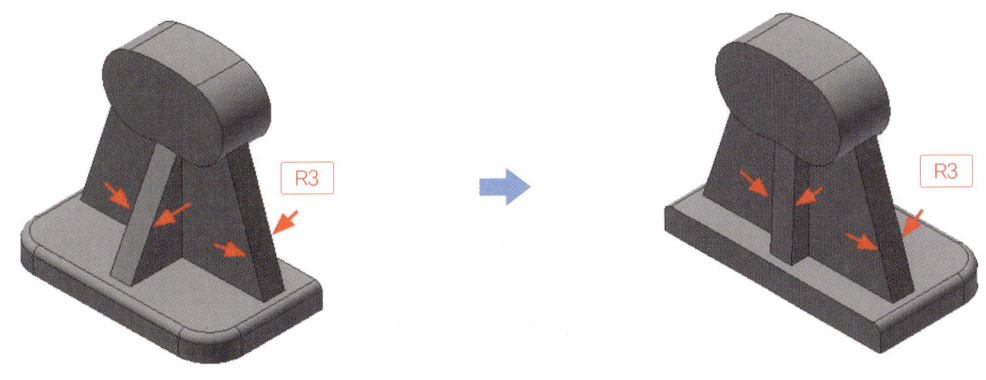

23 수직선 모서리 왼쪽 2개, 오른쪽 2개 **선택** ⇨ **적용**

24 부품 상하단 모서리 경계 3곳 **선택** ⇨ 확인

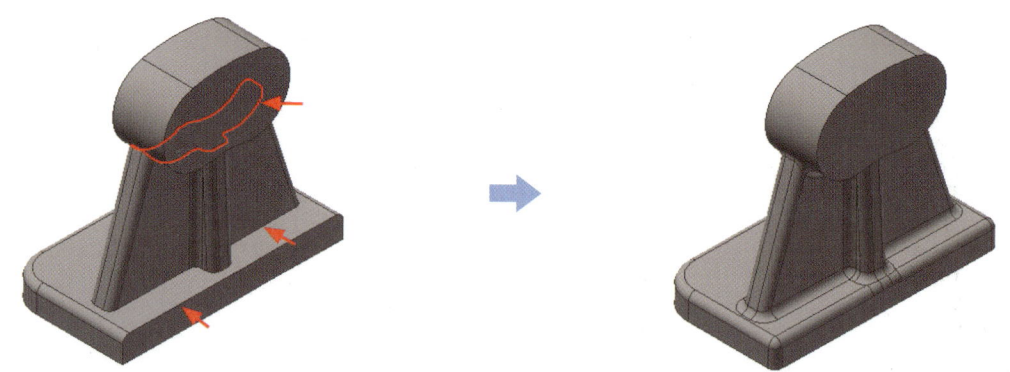

25 검색기 막대(디자인 트리)의 돌출2, **스케치2 선택** ⇨ 마우스 오른쪽 **클릭** ⇨ **스케치 공유 선택**

26 **돌출** ⇨ 프로파일(슬롯 홈 내부) **선택**, **차집합**, 범위: **전체**, 방향: **대칭** ⇨ 확인

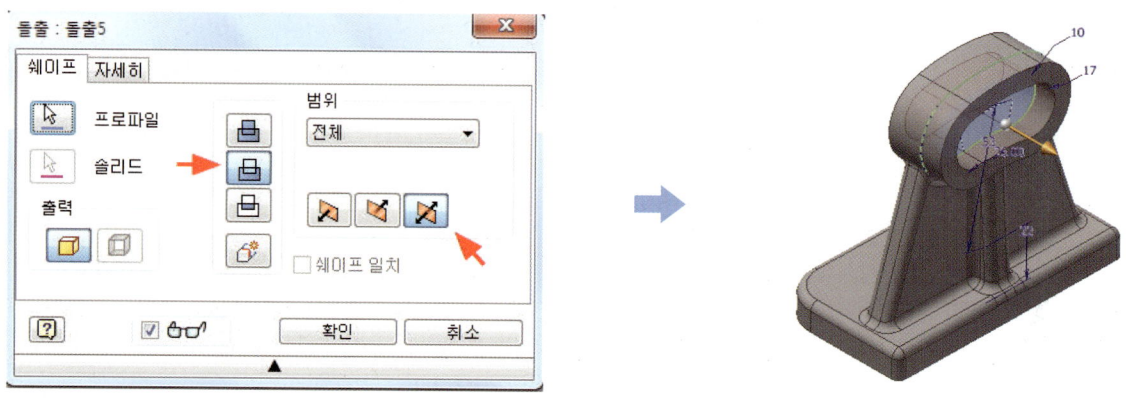

27 바닥면에 **새 스케치** ⇨ 아래 방향 큰 원호 좌우 중심점에 각각 **점** 스케치

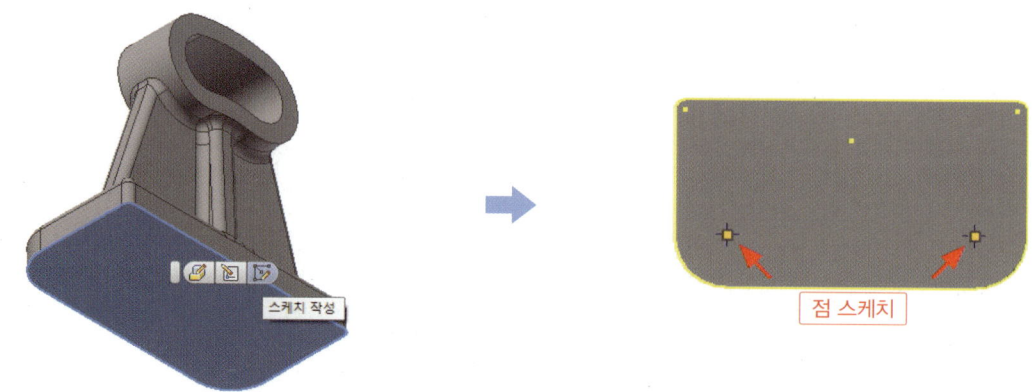

28 구멍 ➡ 지름 10, 깊이 15 ➡ 확인

29 최종 완성

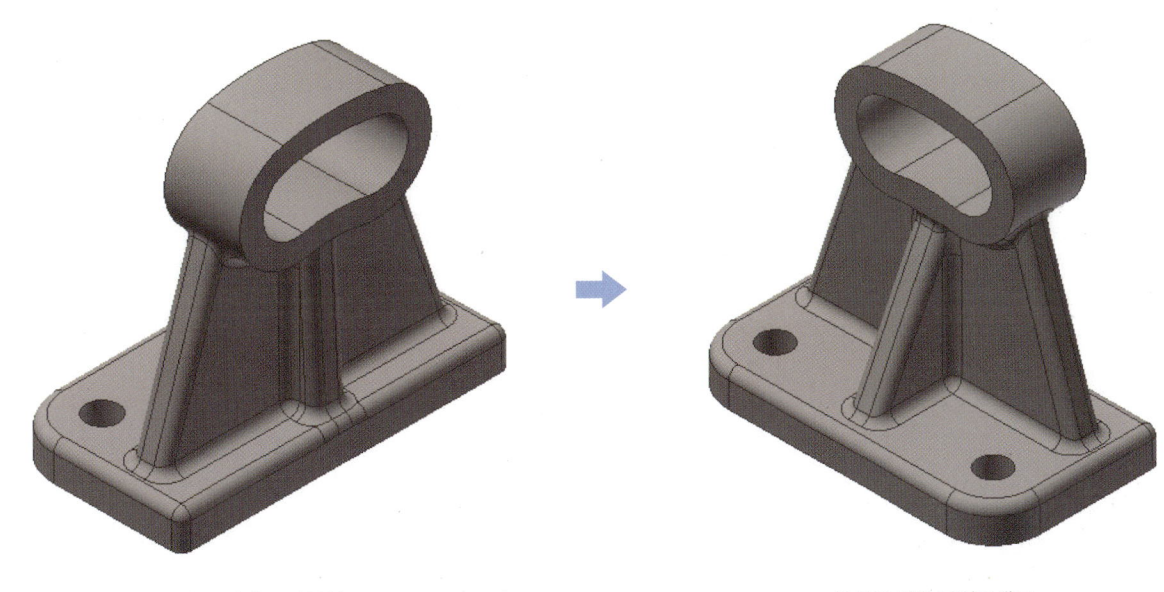

왼쪽 상단 등각투상도   오른쪽 상단 등각투상도

06 핵심 본체 모델링

01 동력 전달장치-3

도시되고 지시 없는 라운드 및 필렛 R3, 모따기 1×45°

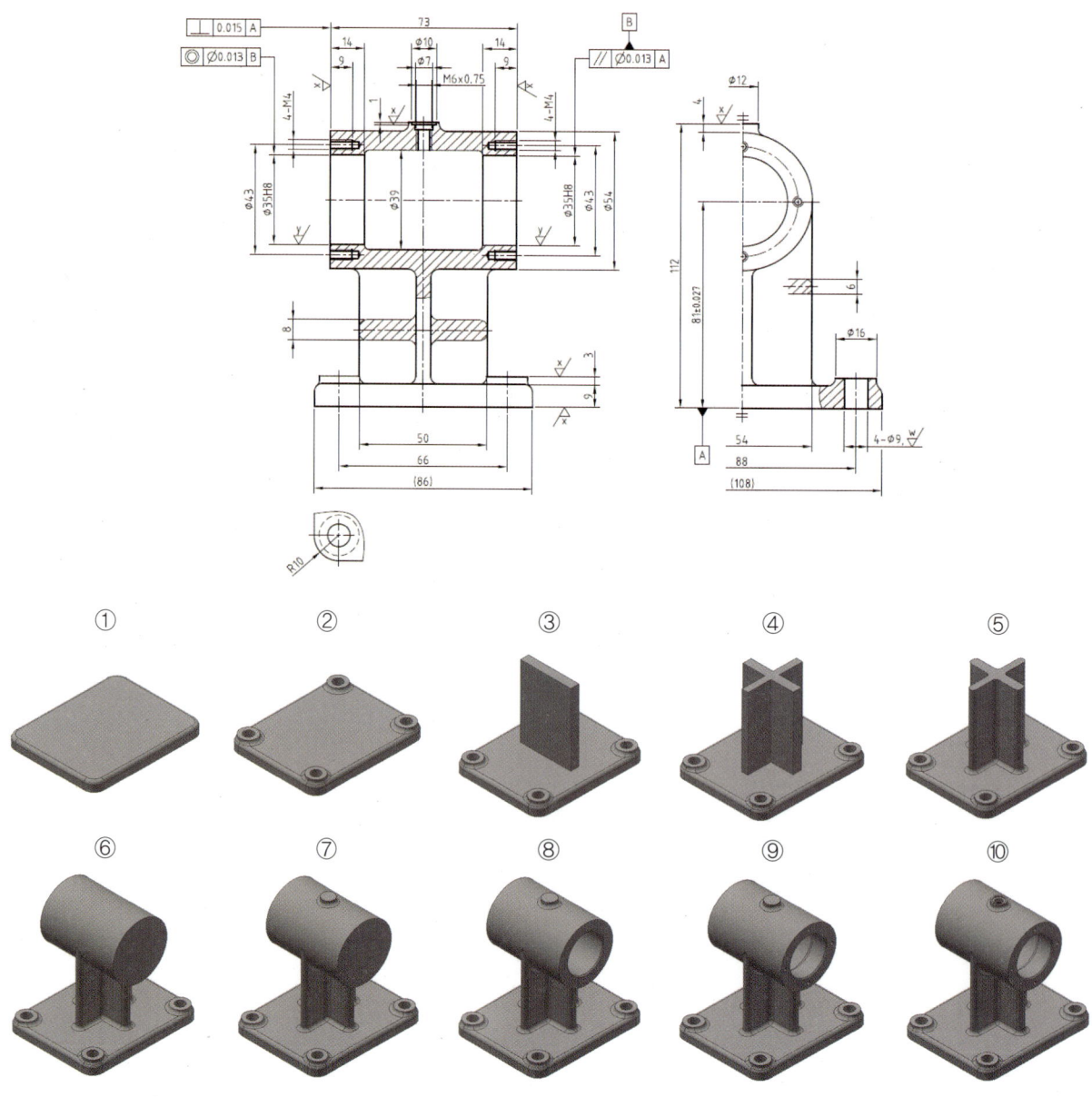

02 동력 전달장치-4

도시되고 지시 없는 라운드 및 필렛 R3, 모따기 $1 \times 45°$

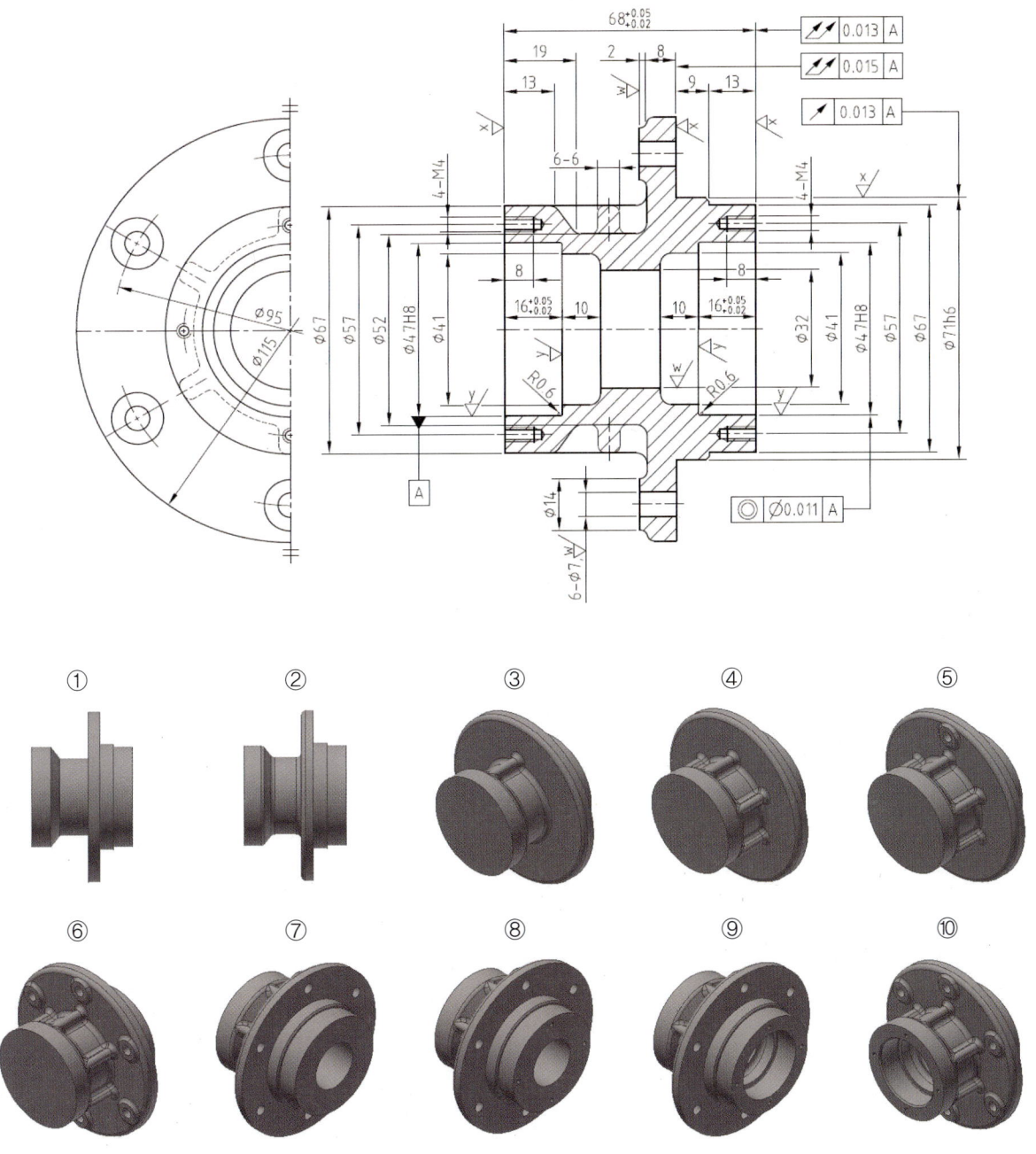

03 동력 전달장치-8

도시되고 지시 없는 라운드 및 필렛 R3, 모따기 1×45°

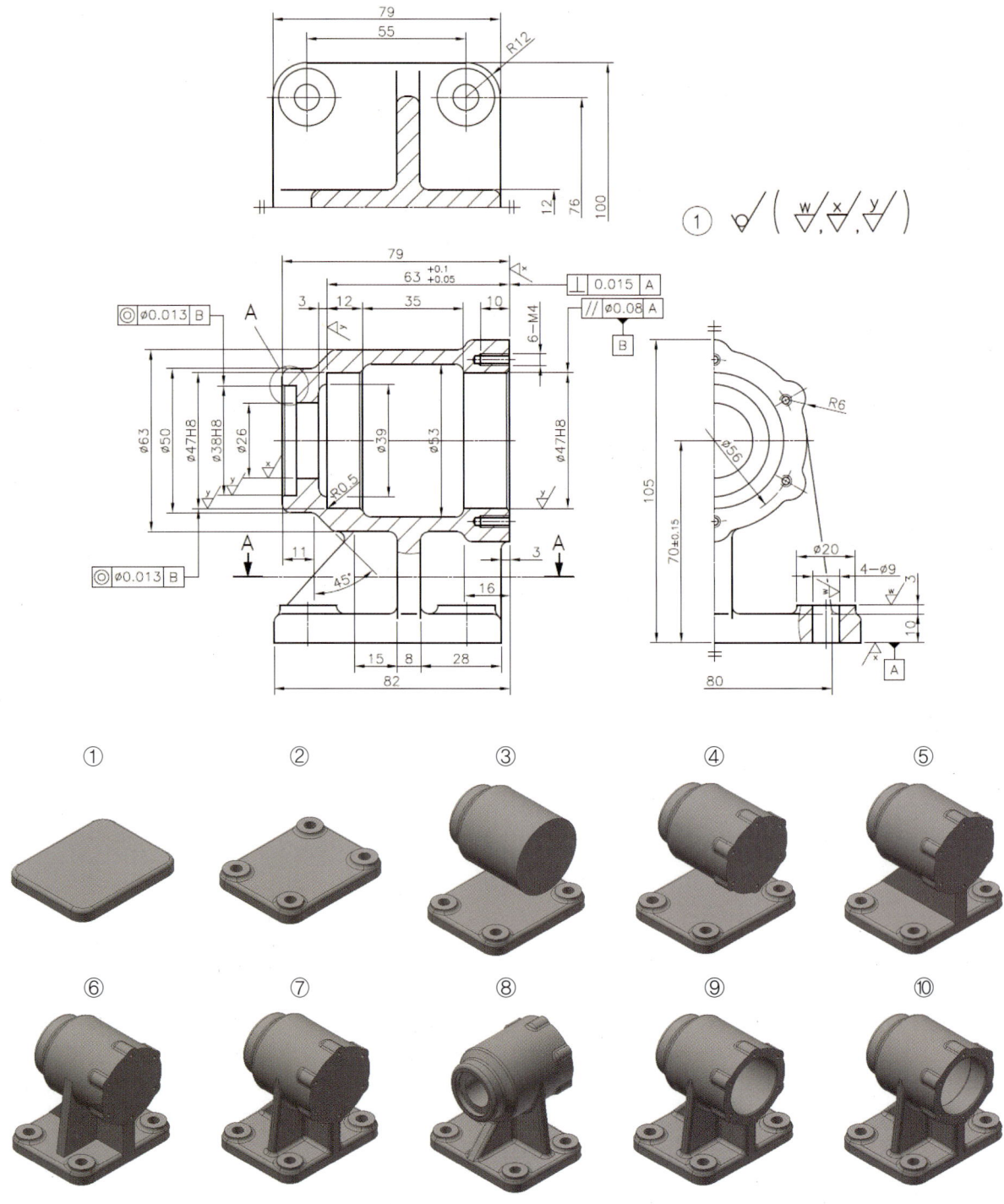

04 펀칭 머신-2

도시되고 지시 없는 라운드 및 필렛 R3, 모따기 1×45°

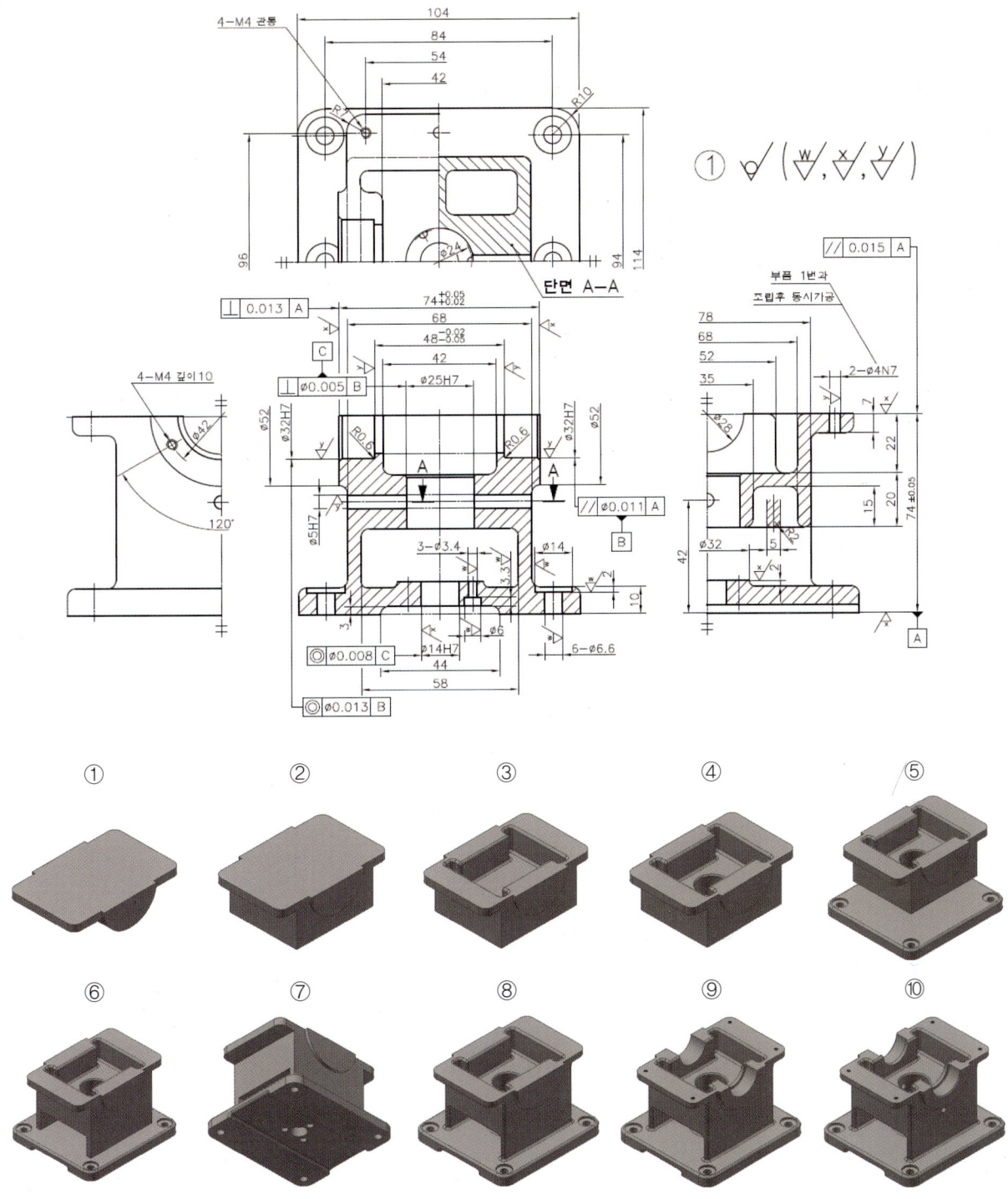

05 기어 펌프-1

도시되고 지시 없는 라운드 및 필렛 R3, 모따기 1×45°

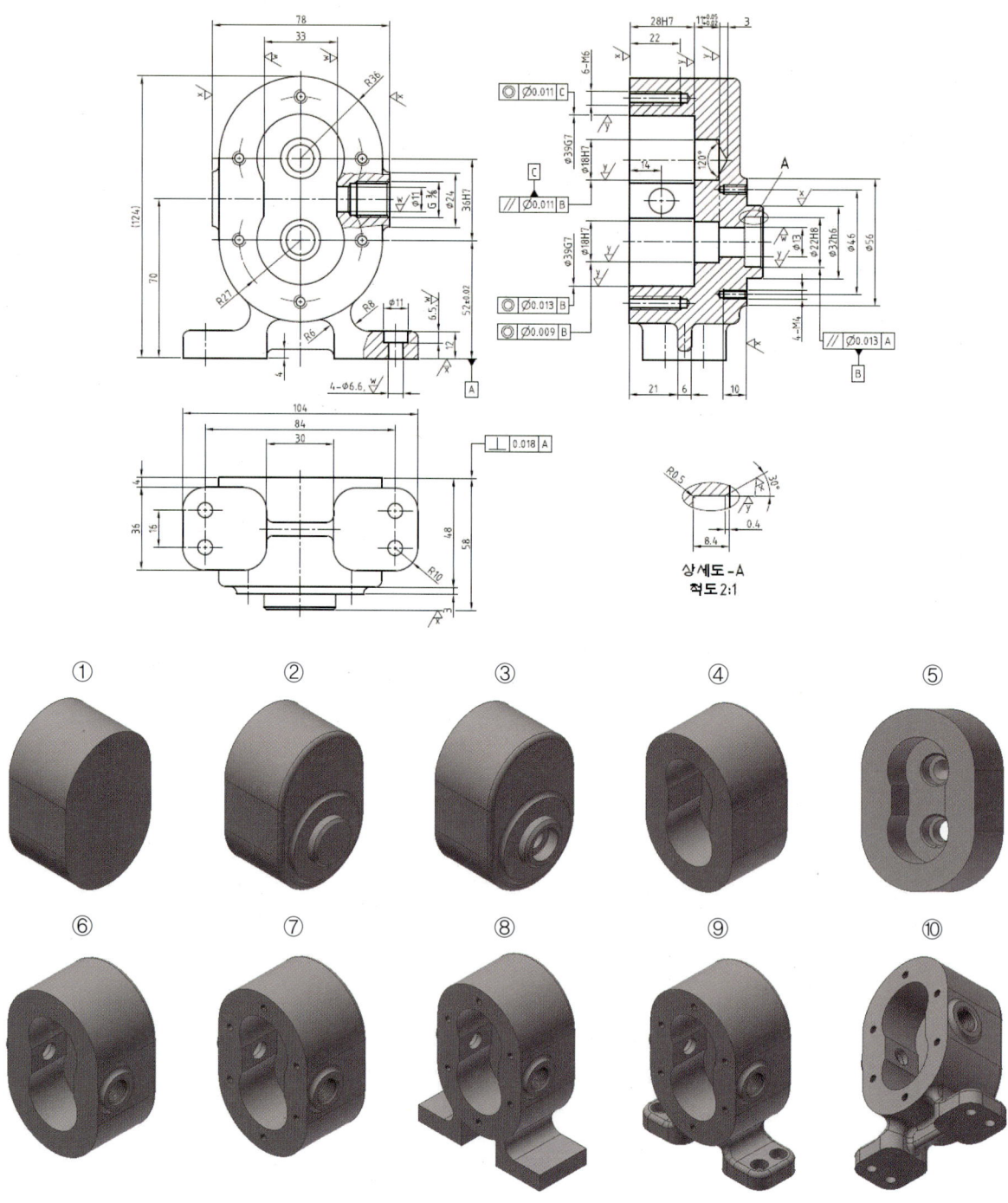

06 편심 구동장치-1

도시되고 지시 없는 라운드 및 필렛 R3, 모따기 1×45°

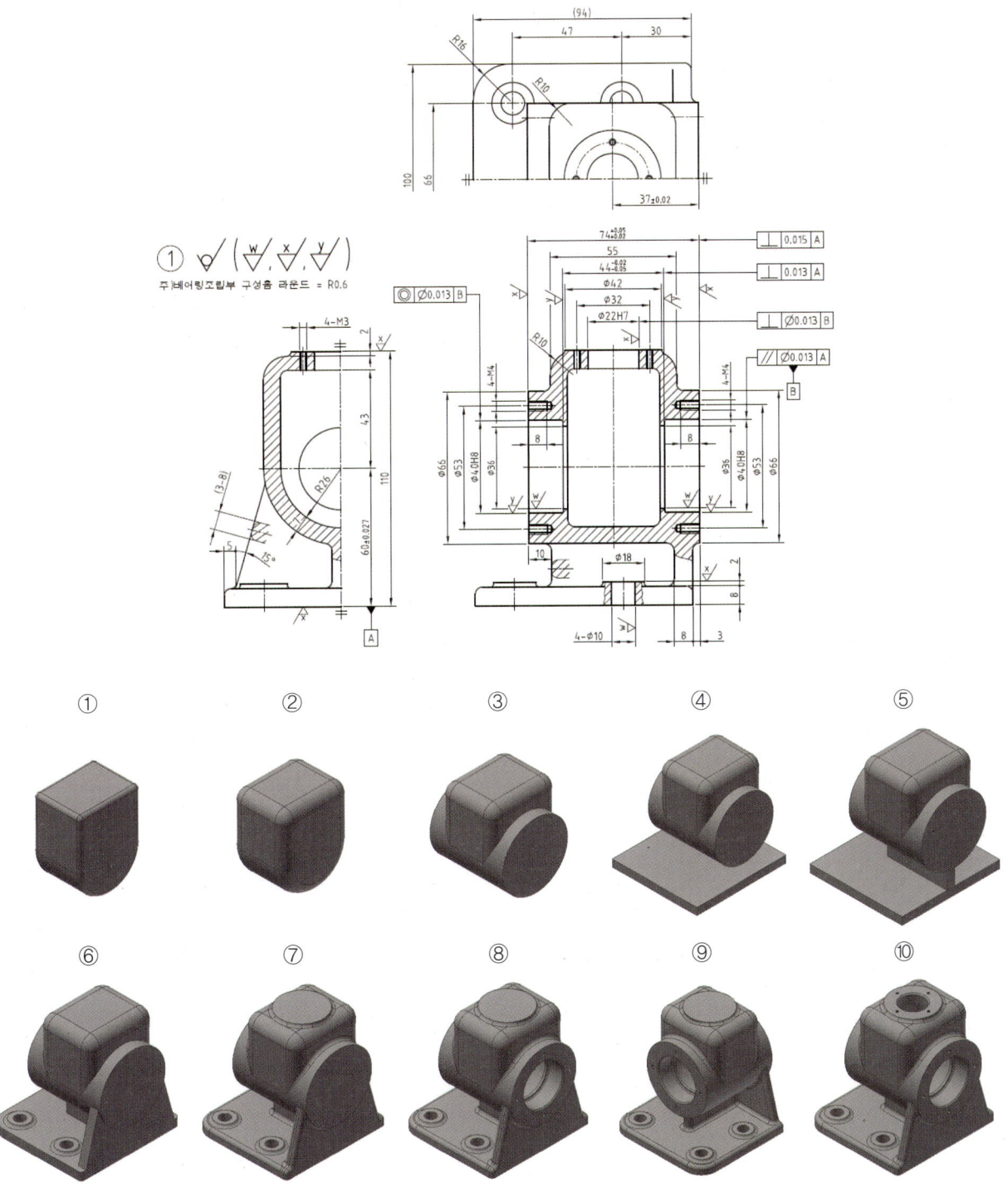

07 편심 구동장치-2

도시되고 지시 없는 라운드 및 필렛 R3, 모따기 1×45°

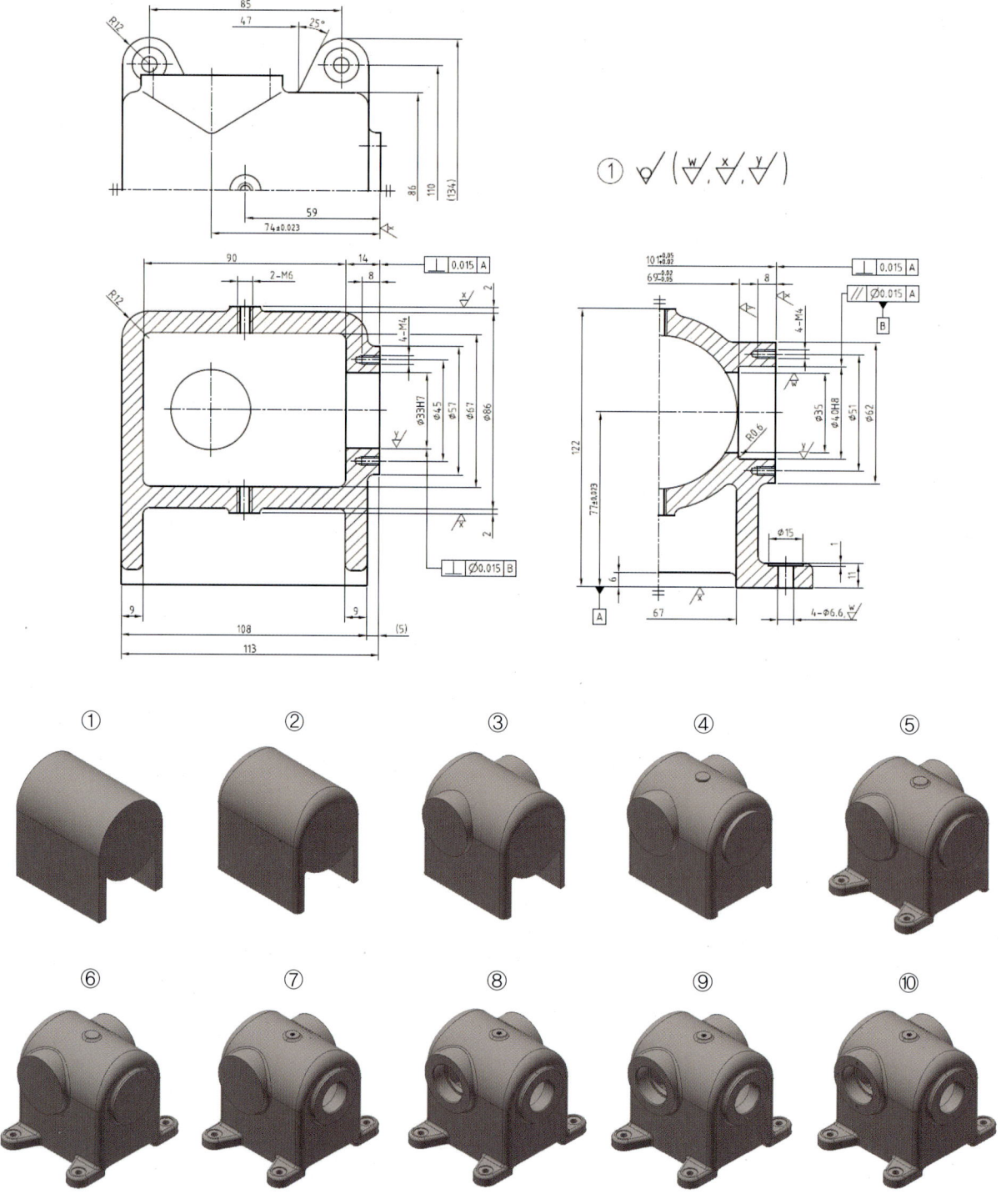

08 편심 구동장치-8

도시되고 지시 없는 라운드 및 필렛 R3, 모따기 $1 \times 45°$

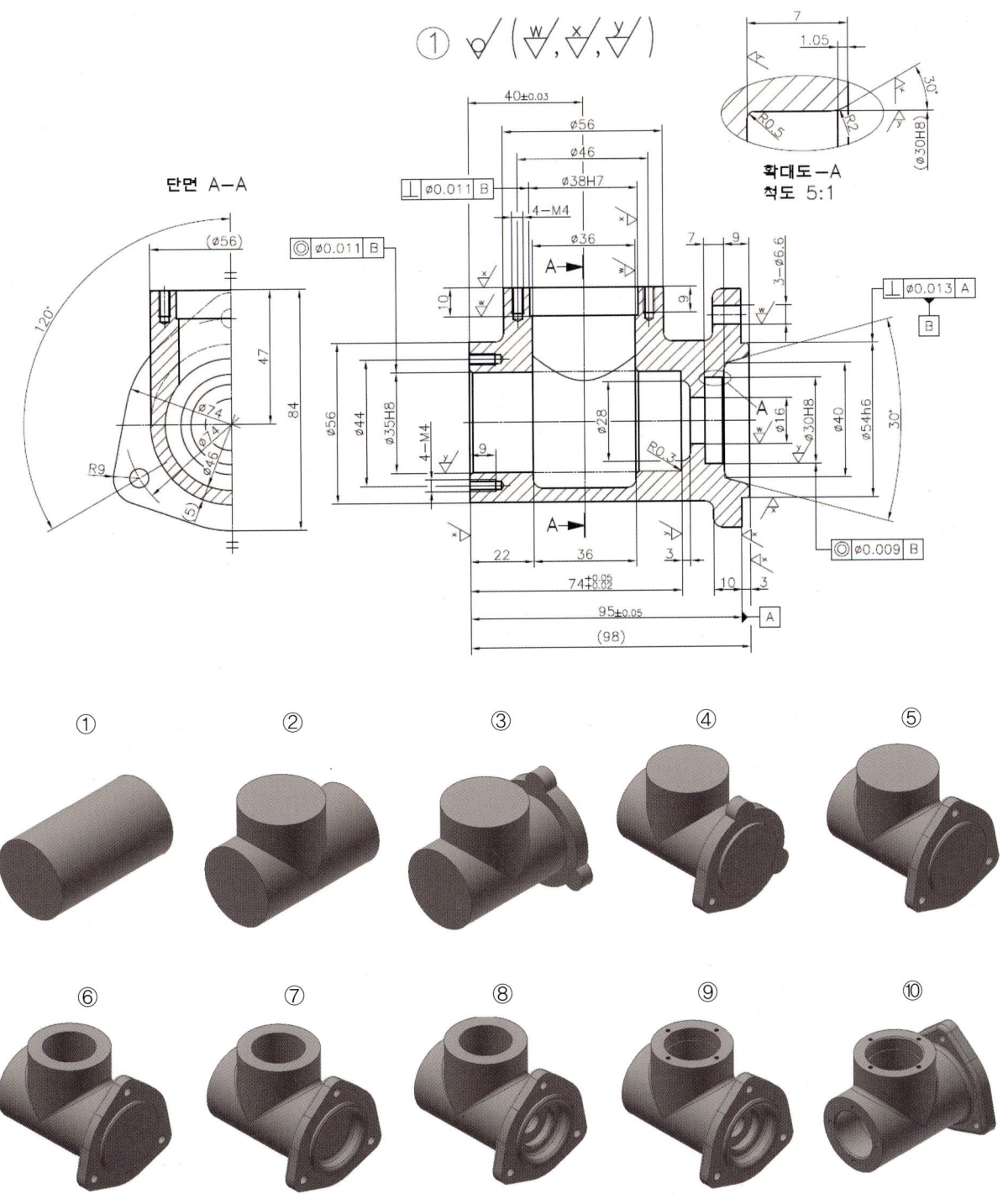

CHAPTER 11

인 벤 터 - 3 d 실 기 · 실 무

모델링에 의한 과제도면 해석

💬 BRIEF SUMMARY

이 장에서는 기계설계산업기사/기계기사/산업기사/전산응용기계제도기능사 실기시험에서 출제빈도가 높은 과제도면들을 부품 모델링, 각 부품에서 중요한 치수들을 체계적으로 구성해 놓았다.

- 기본 투상도법은 3각법을 준수했고, 여러 가지 단면기법을 적용했다.
- 베어링 끼워맞춤공차는 KS B 2051을 준수했다.
- 기타 KS 규격치수를 준수했다.
- 기하공차는 IT5등급을 적용했다.
- 표면거칠기: 산술(중심선) 평균거칠기(Ra), 최대높이(Ry), 10점평균거칠기(Rz) 적용
- 알루마이트 처리: 알루미늄합금(ALDC)의 표면처리법
- 파커라이징 처리: 강의 표면에 인산염의 피막을 형성시켜 부식을 방지하는 표면처리법

참고: 과제도면에 따른 해답도면은 다솔유캠퍼스에서 작도한 참고 모범답안이며 해석하는 사람에 따라 다를 수 있다.

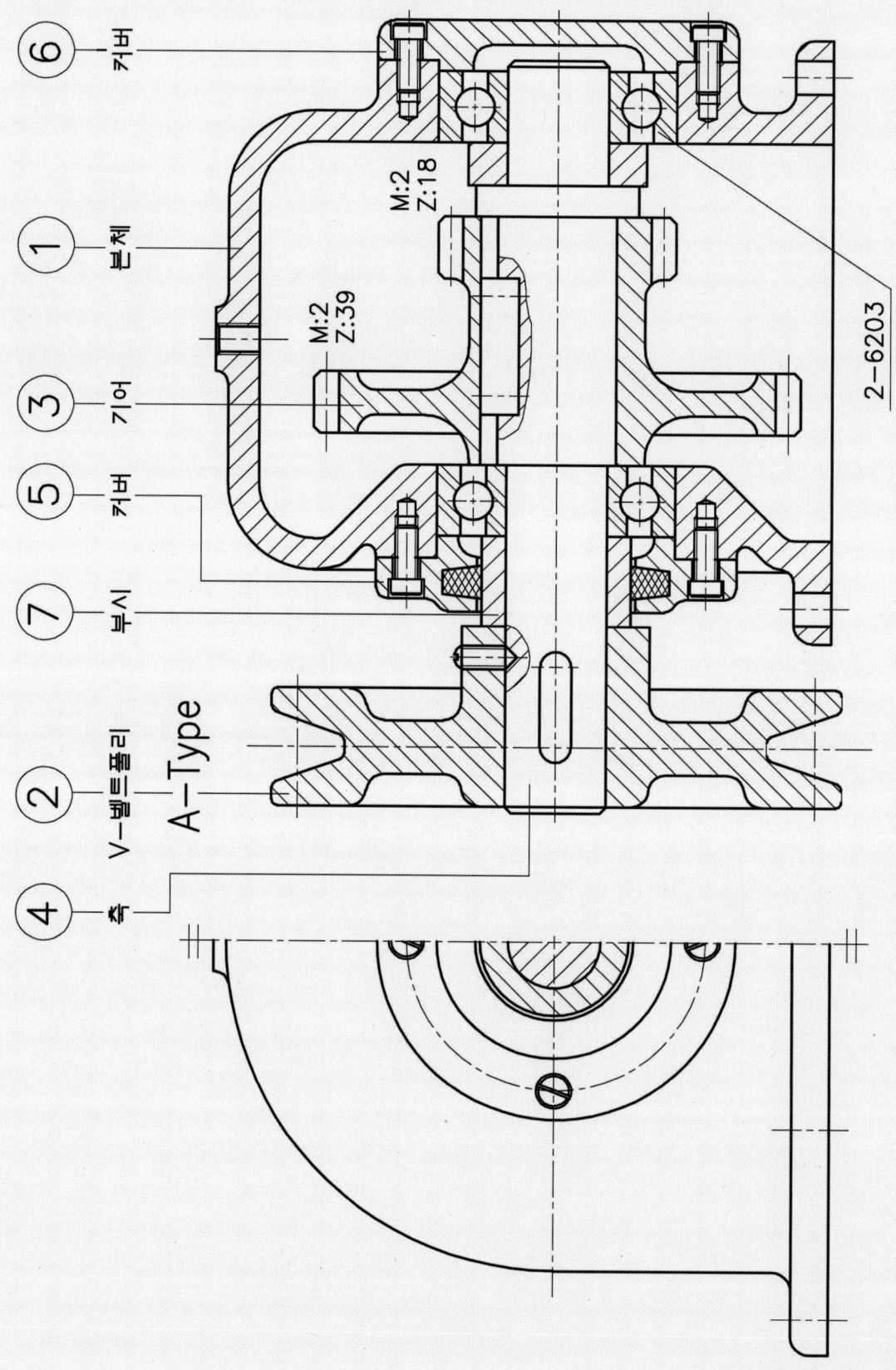

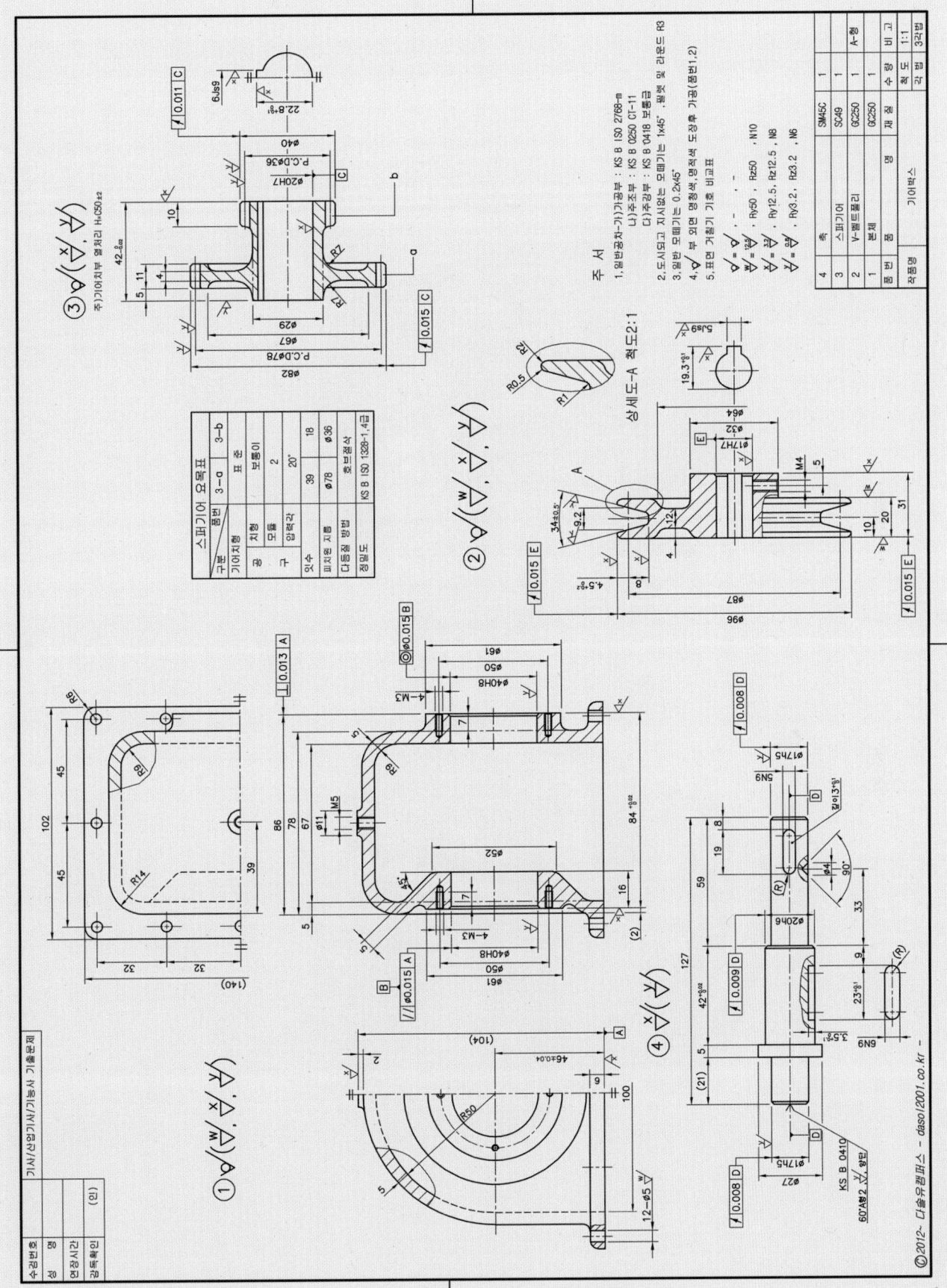

기어박스 모델링

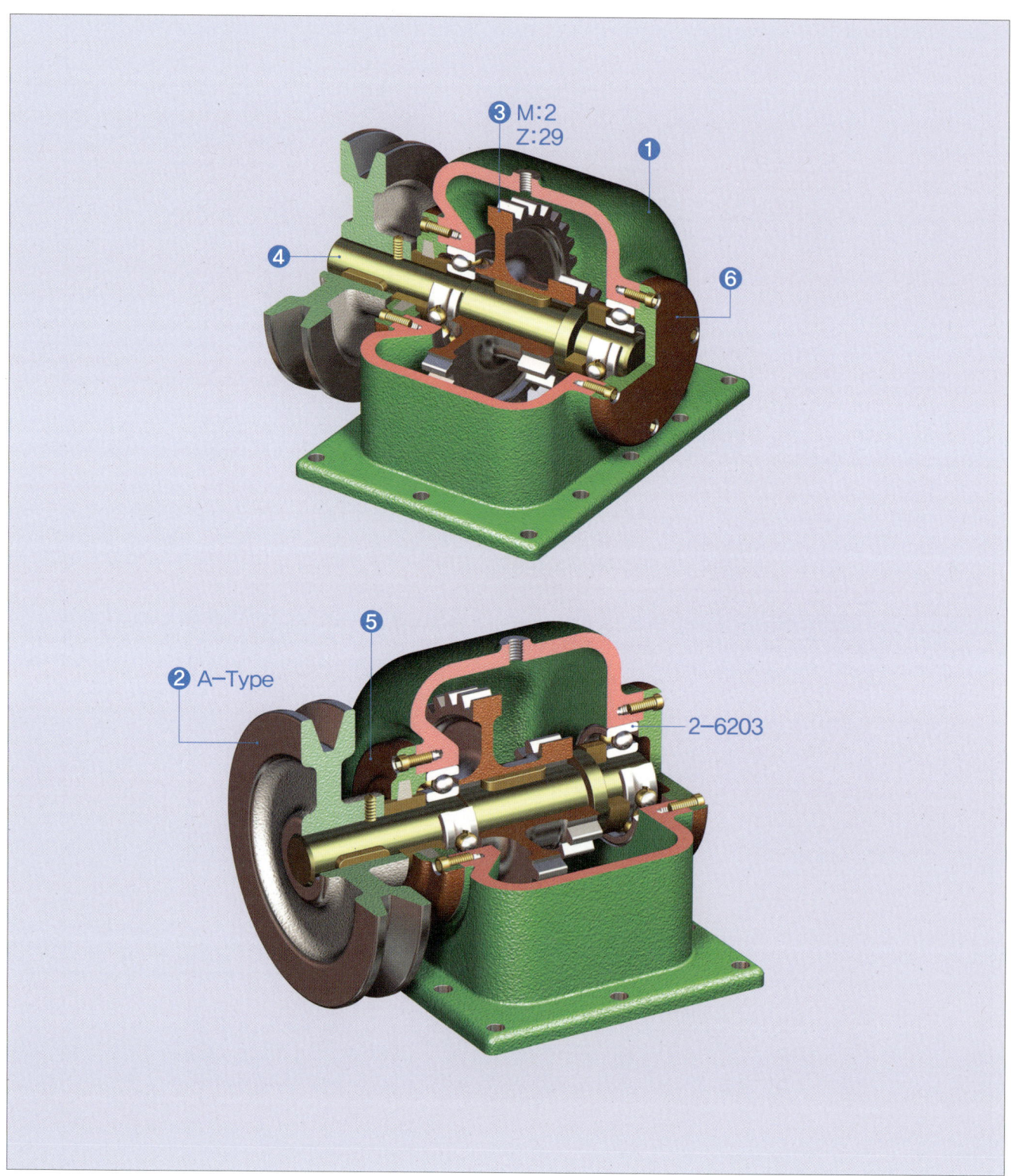

기어박스 구조도

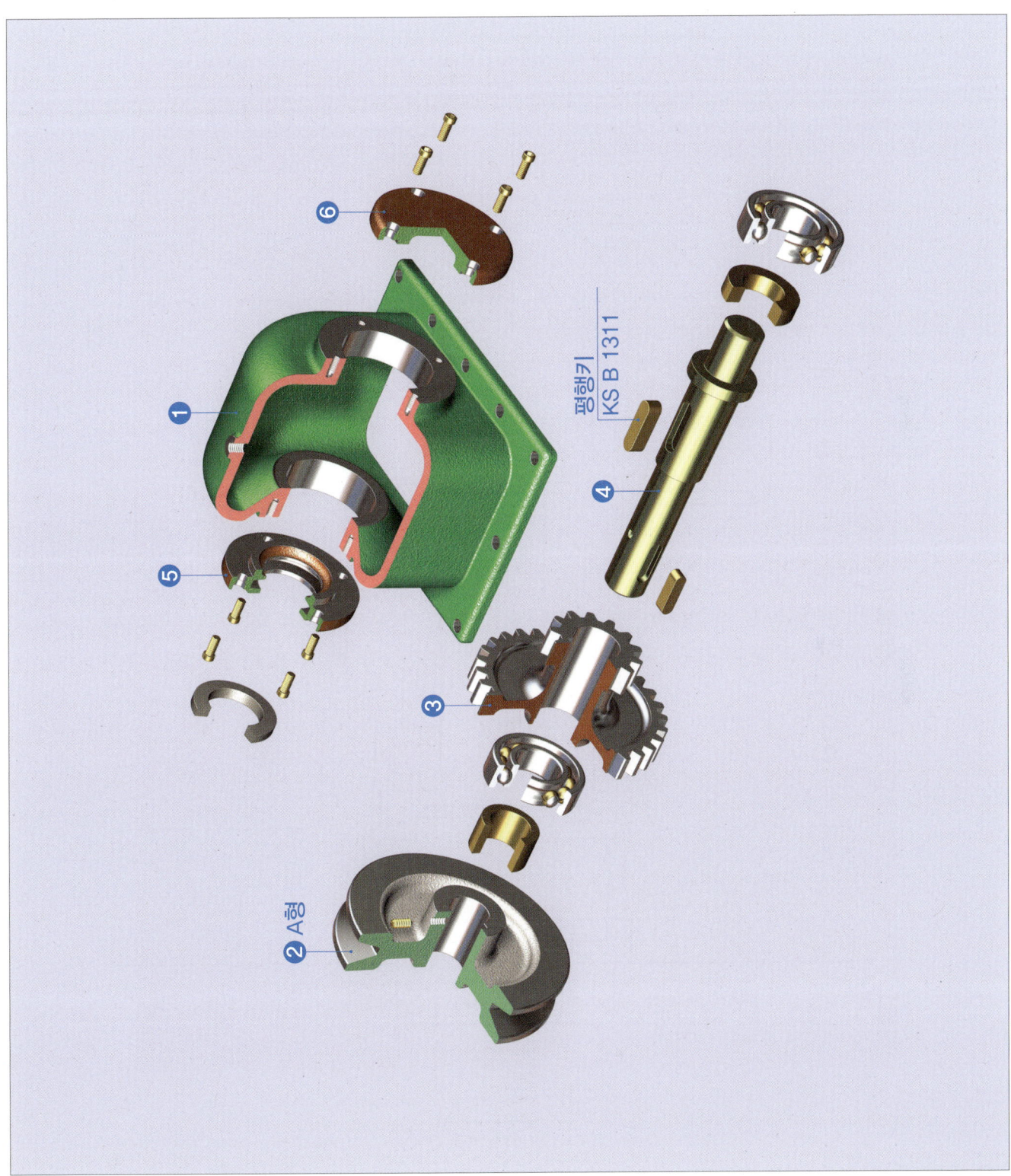

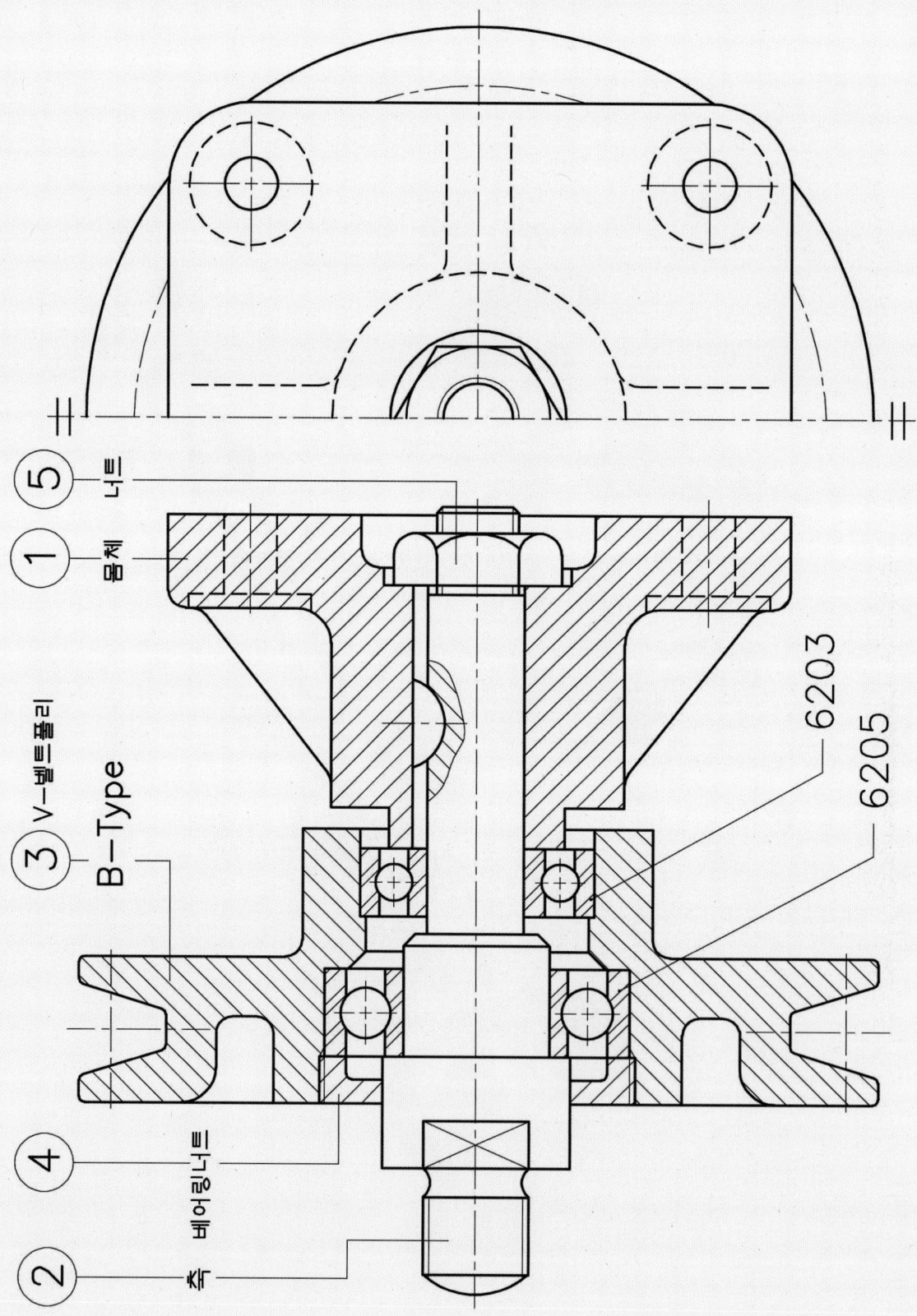

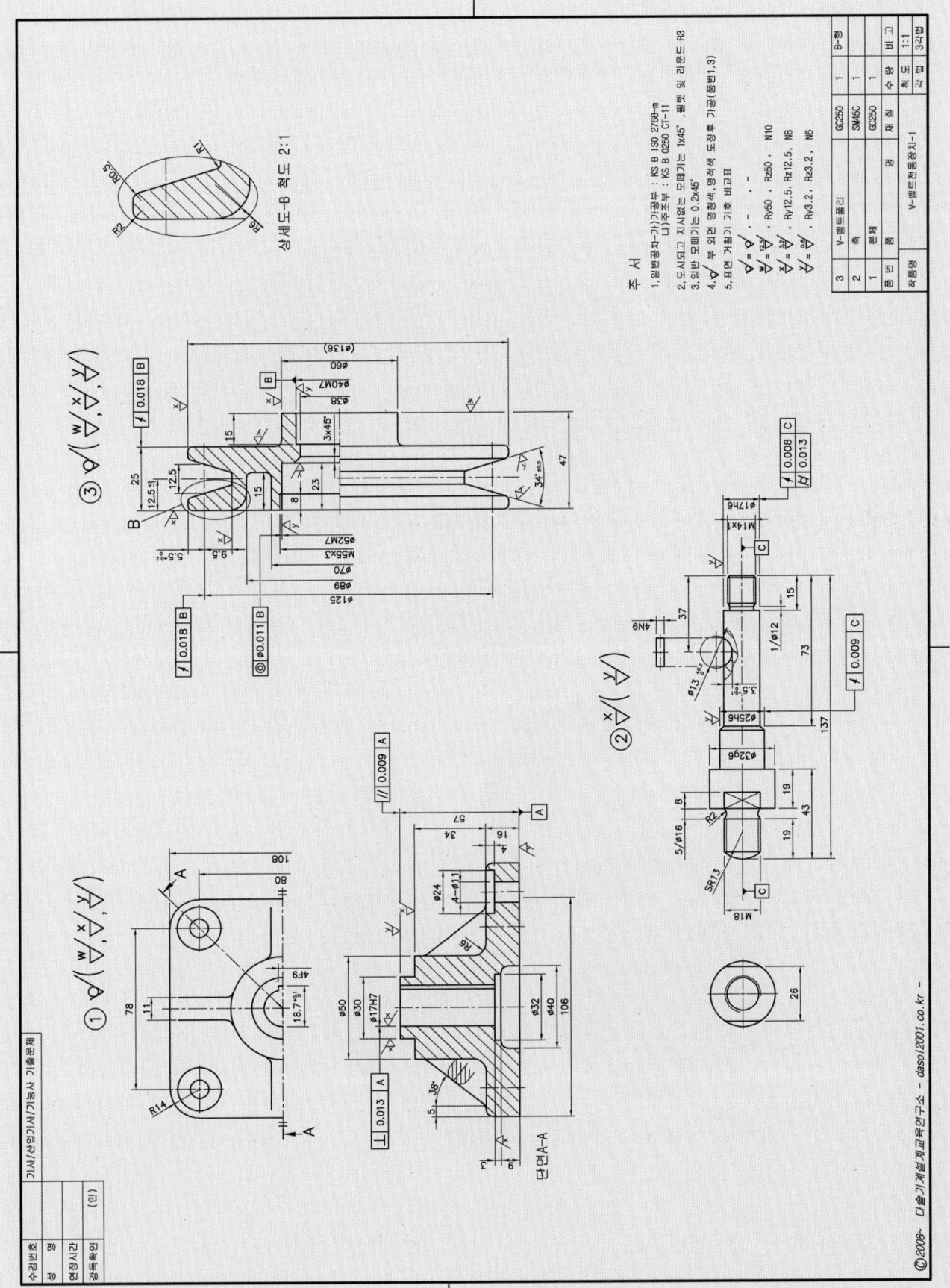

벨트전동장치-1 모델링

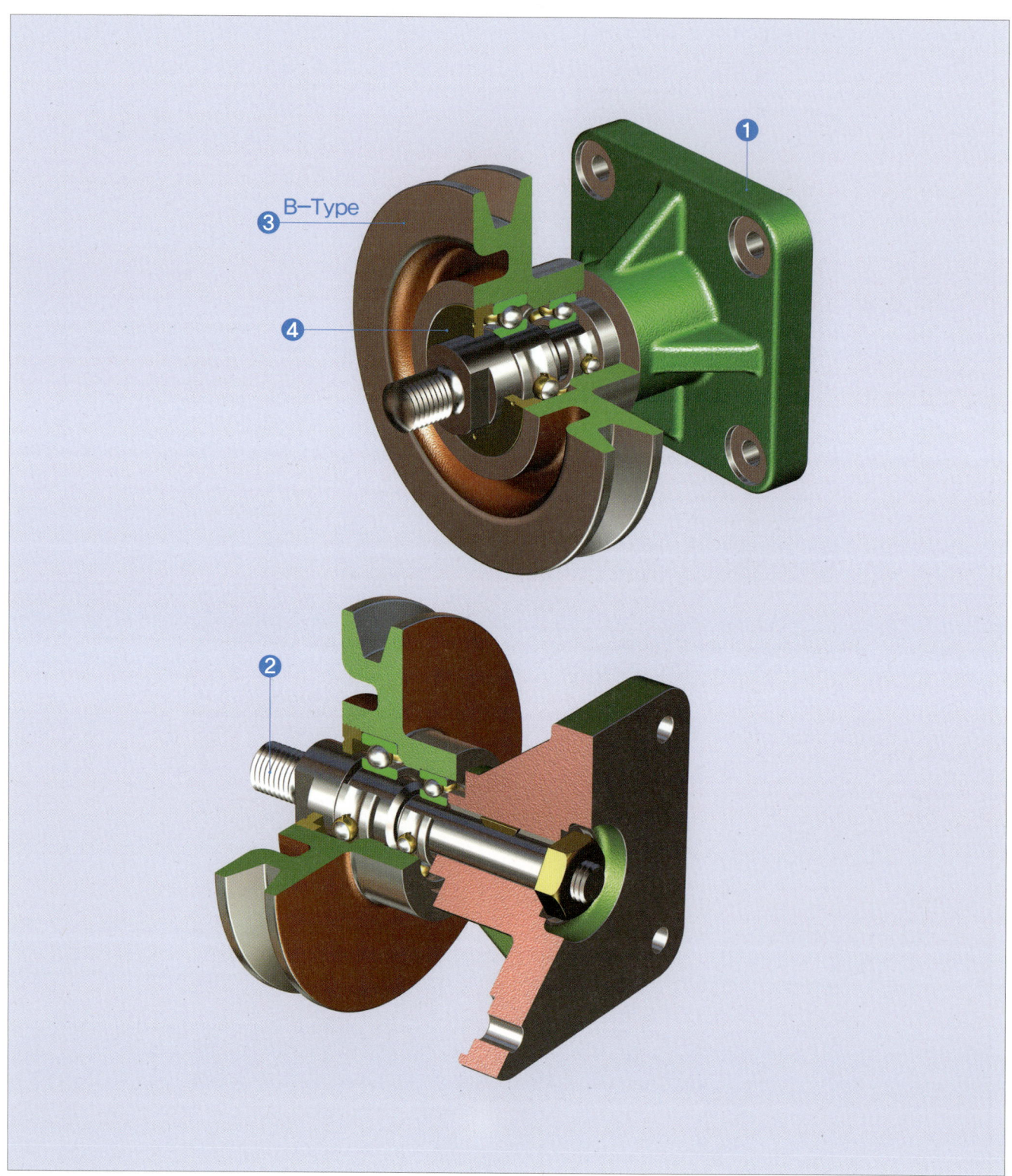

벨트전동장치-1 구조도

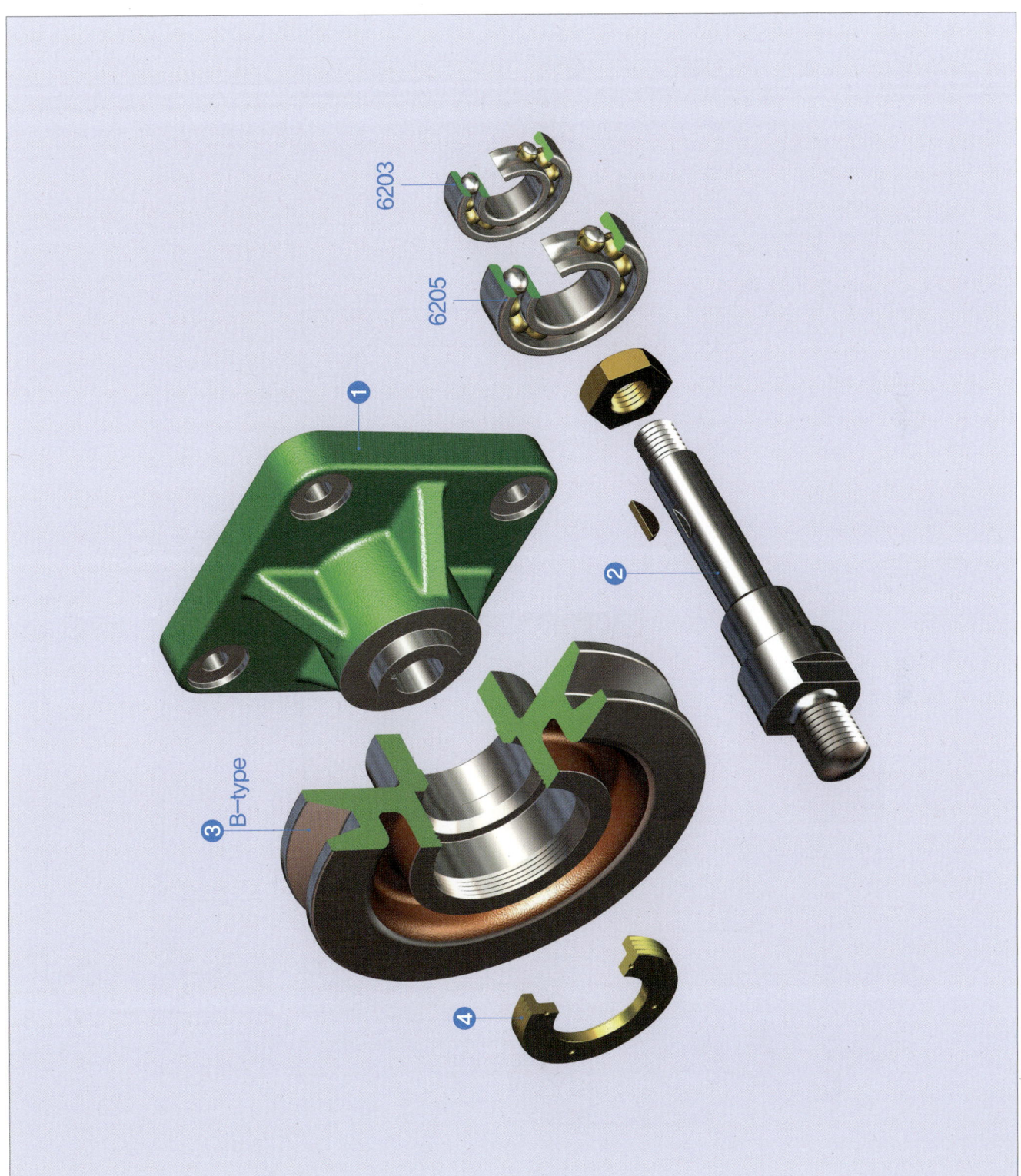

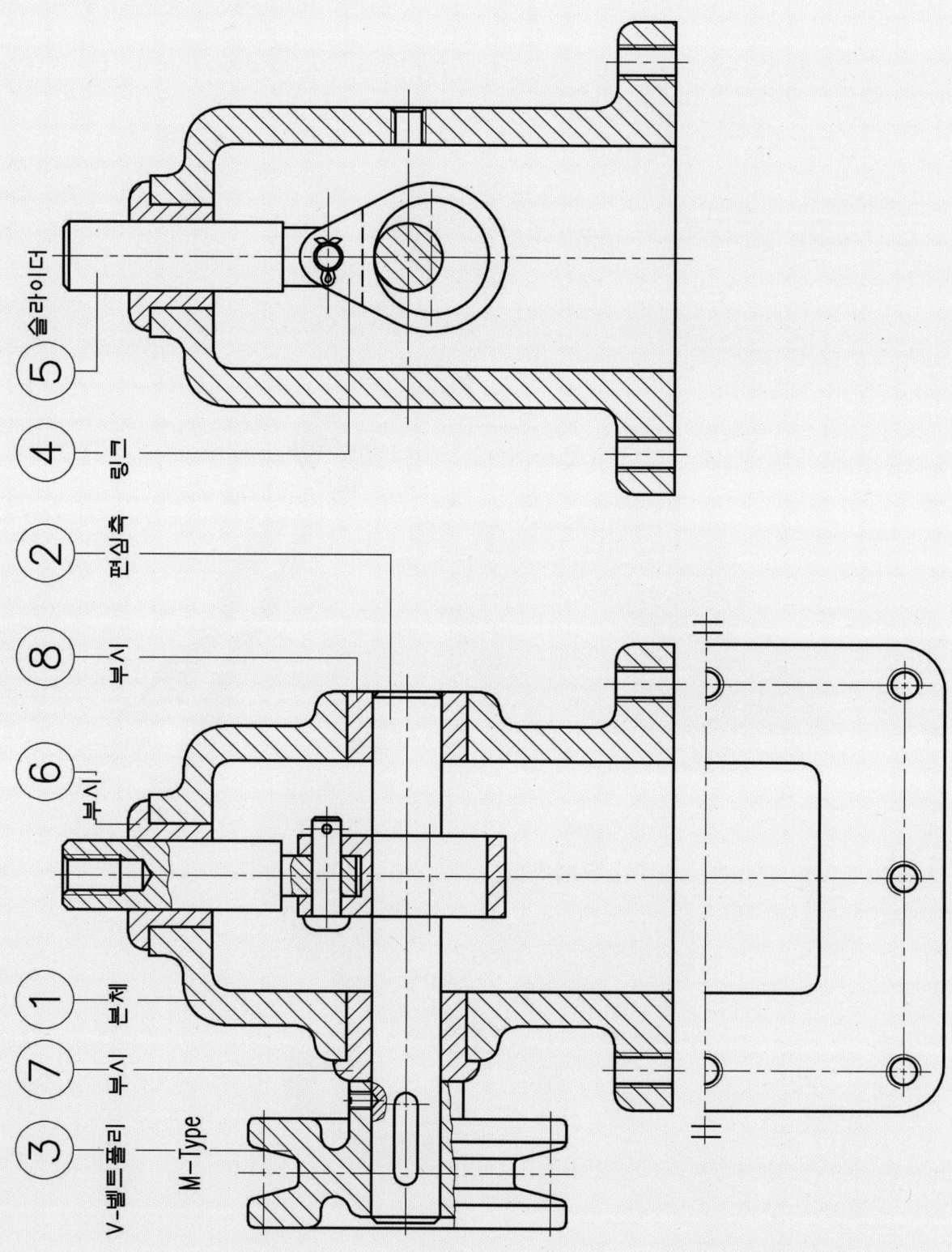

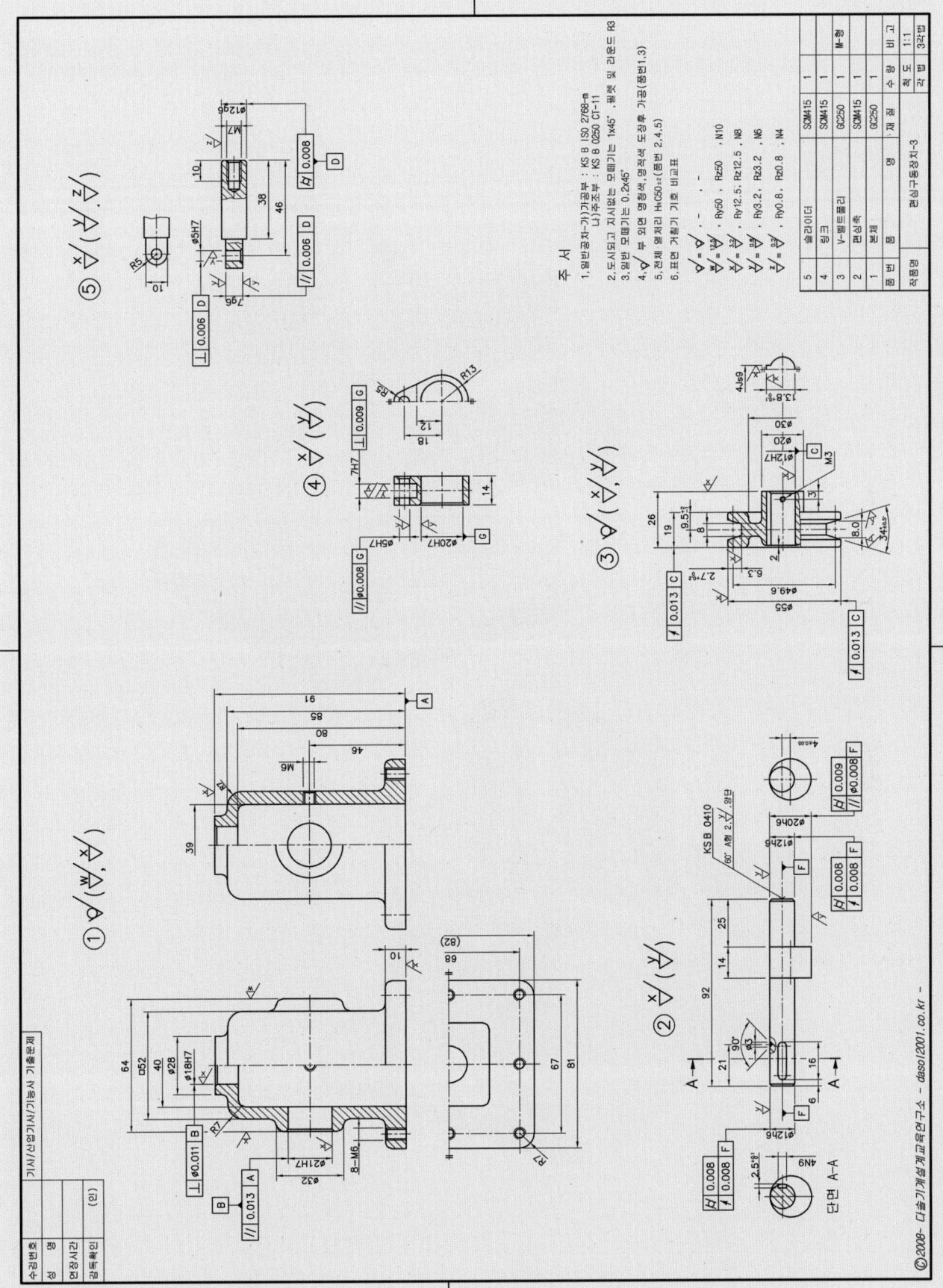

편심구동장치-3 모델링

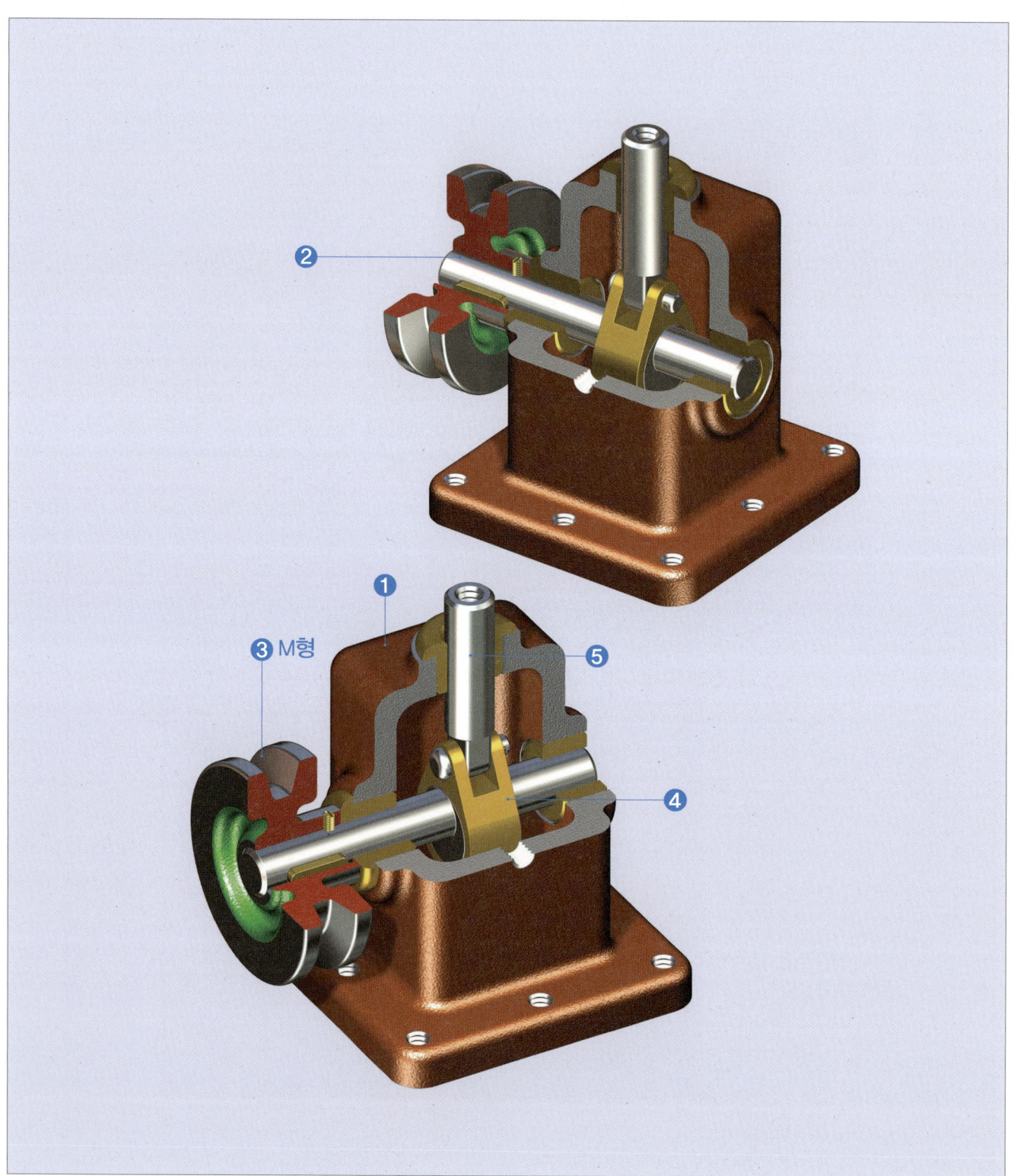

편심구동장치-3 구조도

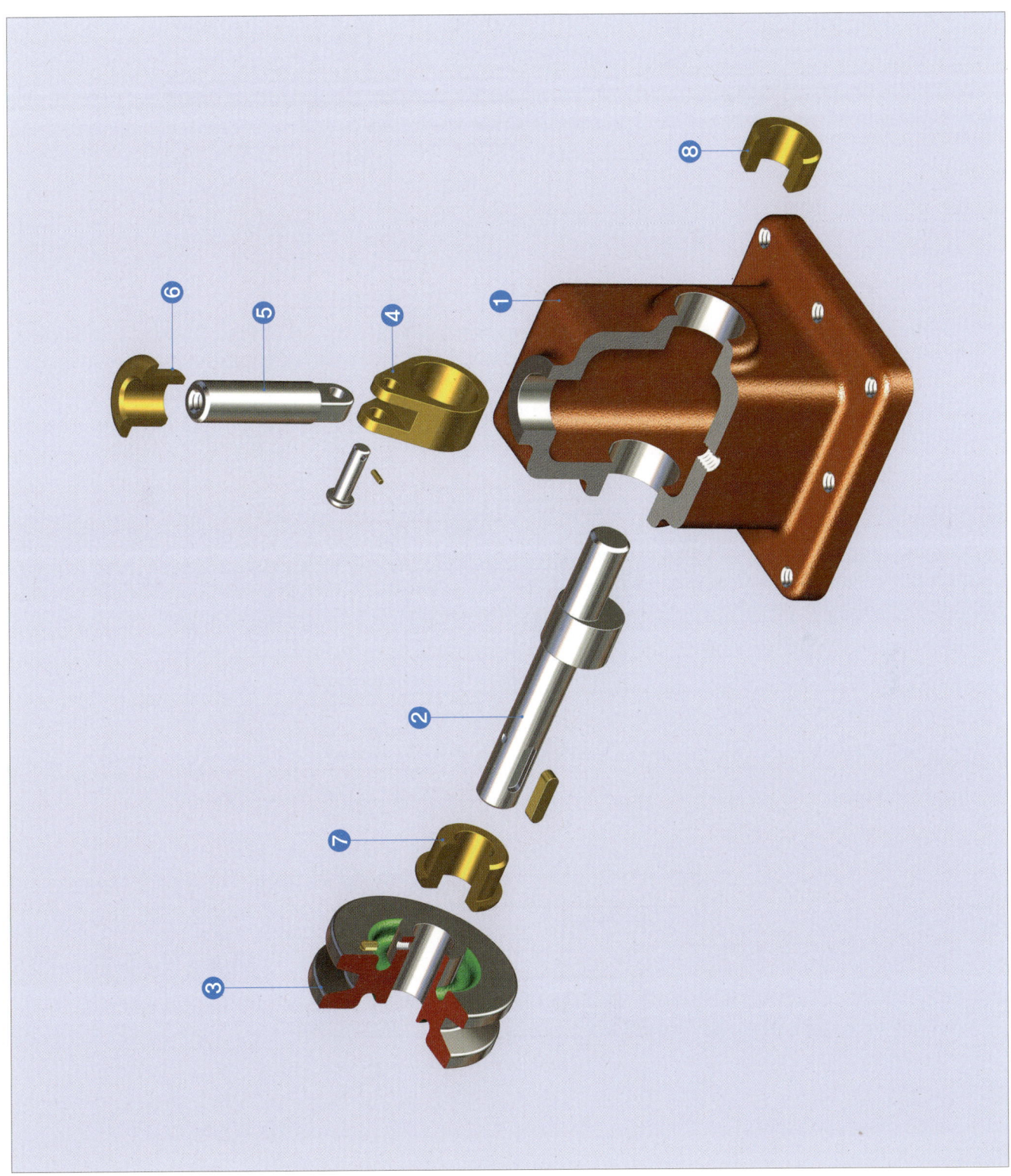

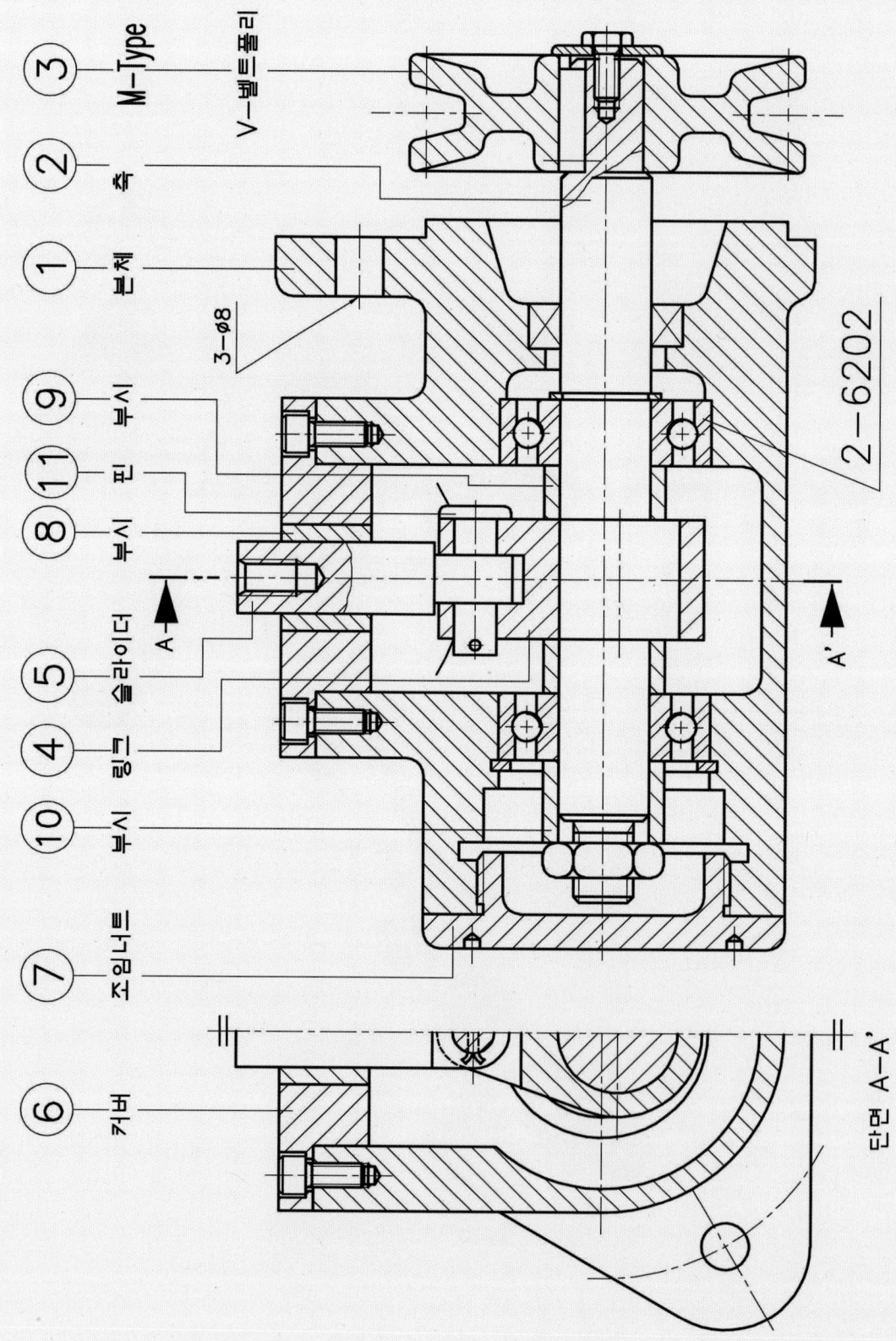

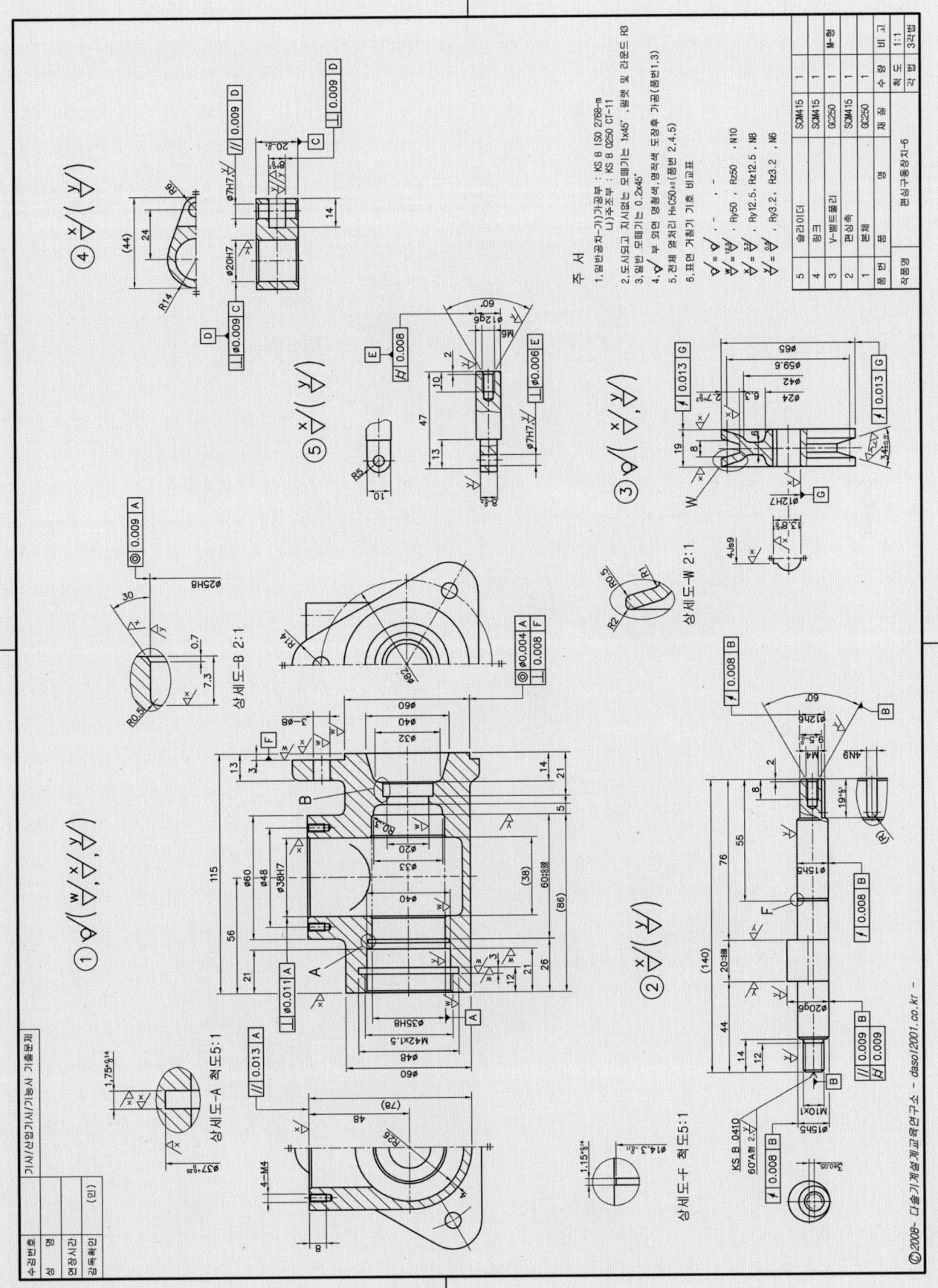

편심구동장치-6 모델링

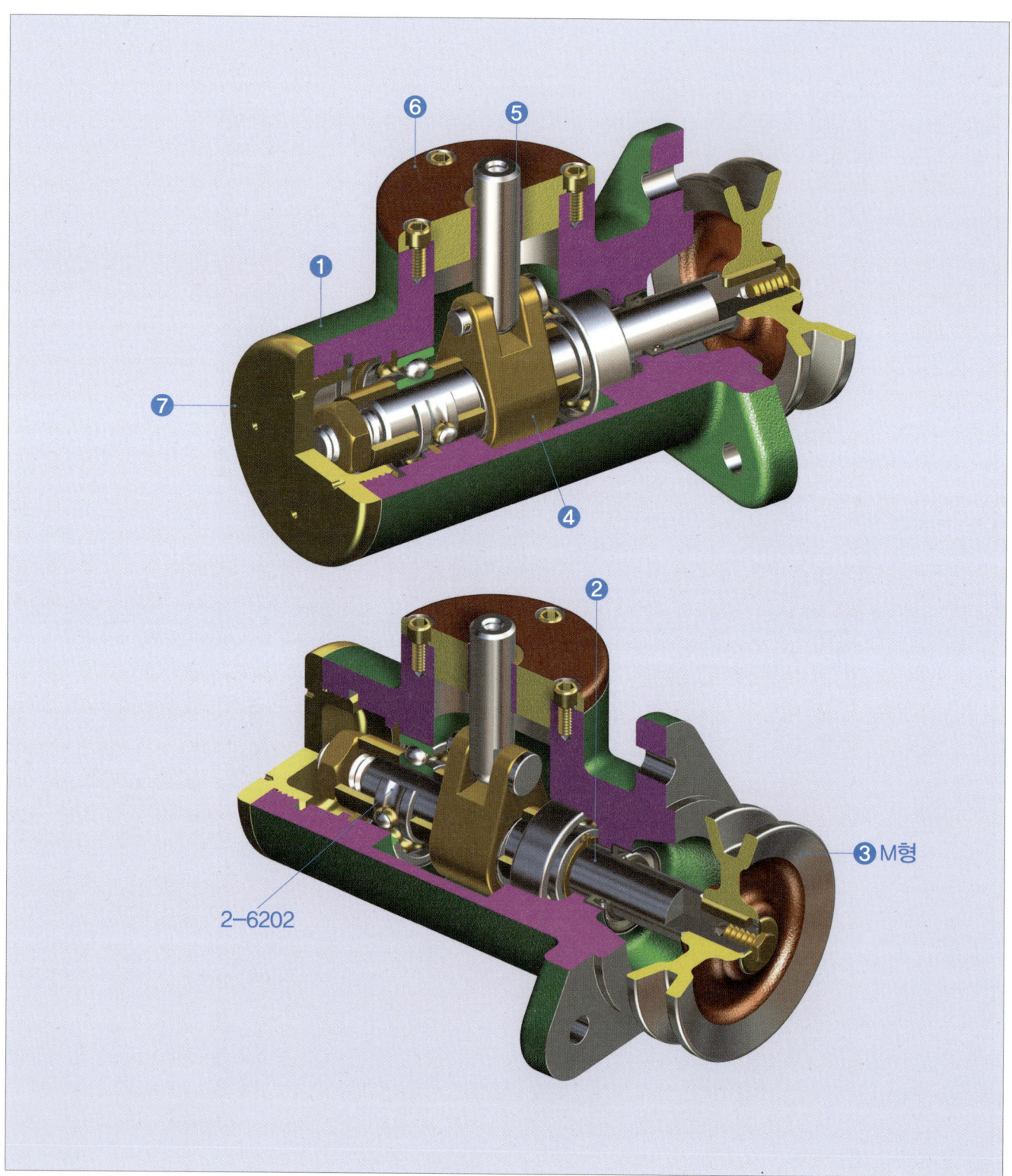

편심구동장치-6 구조도

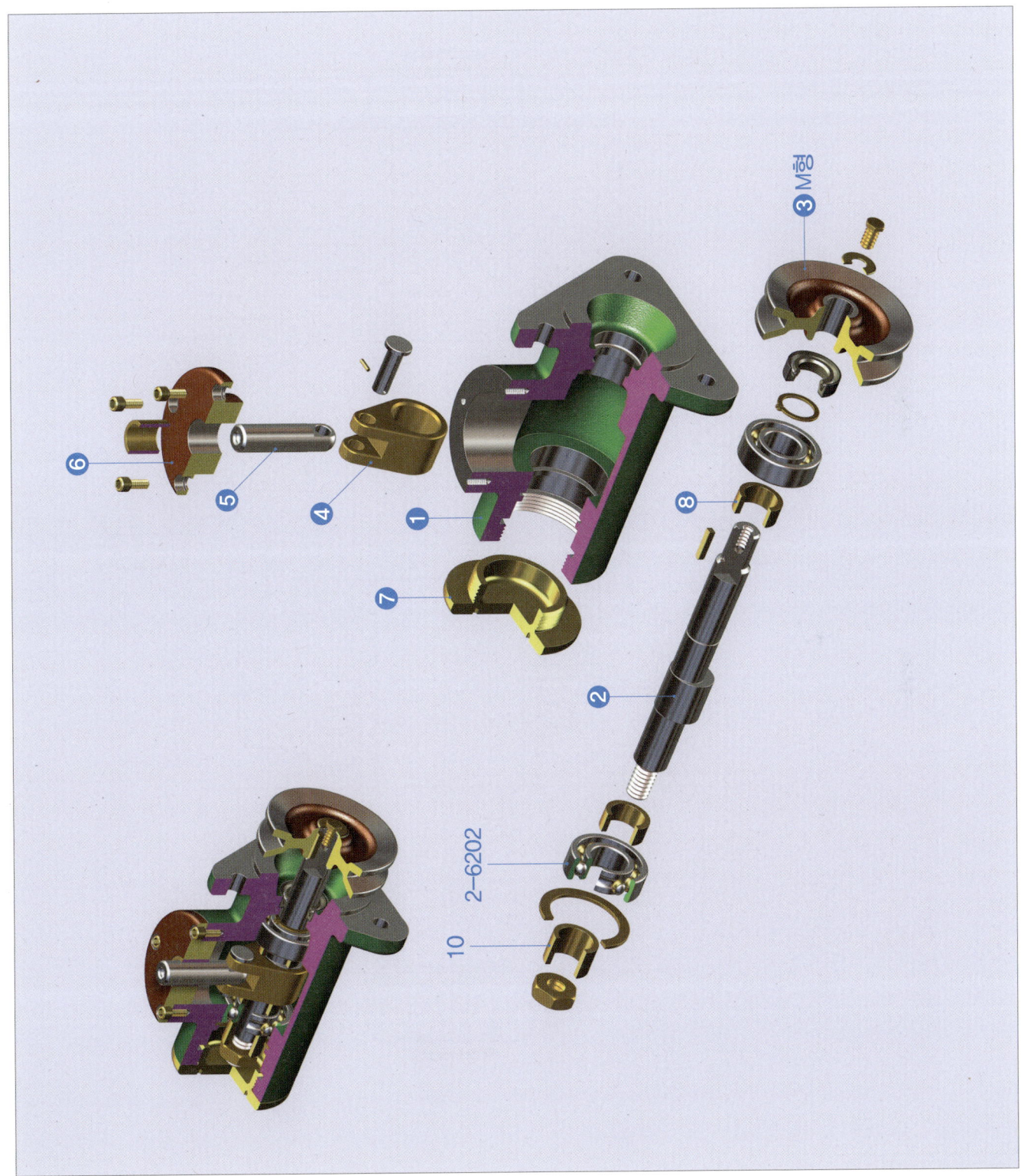

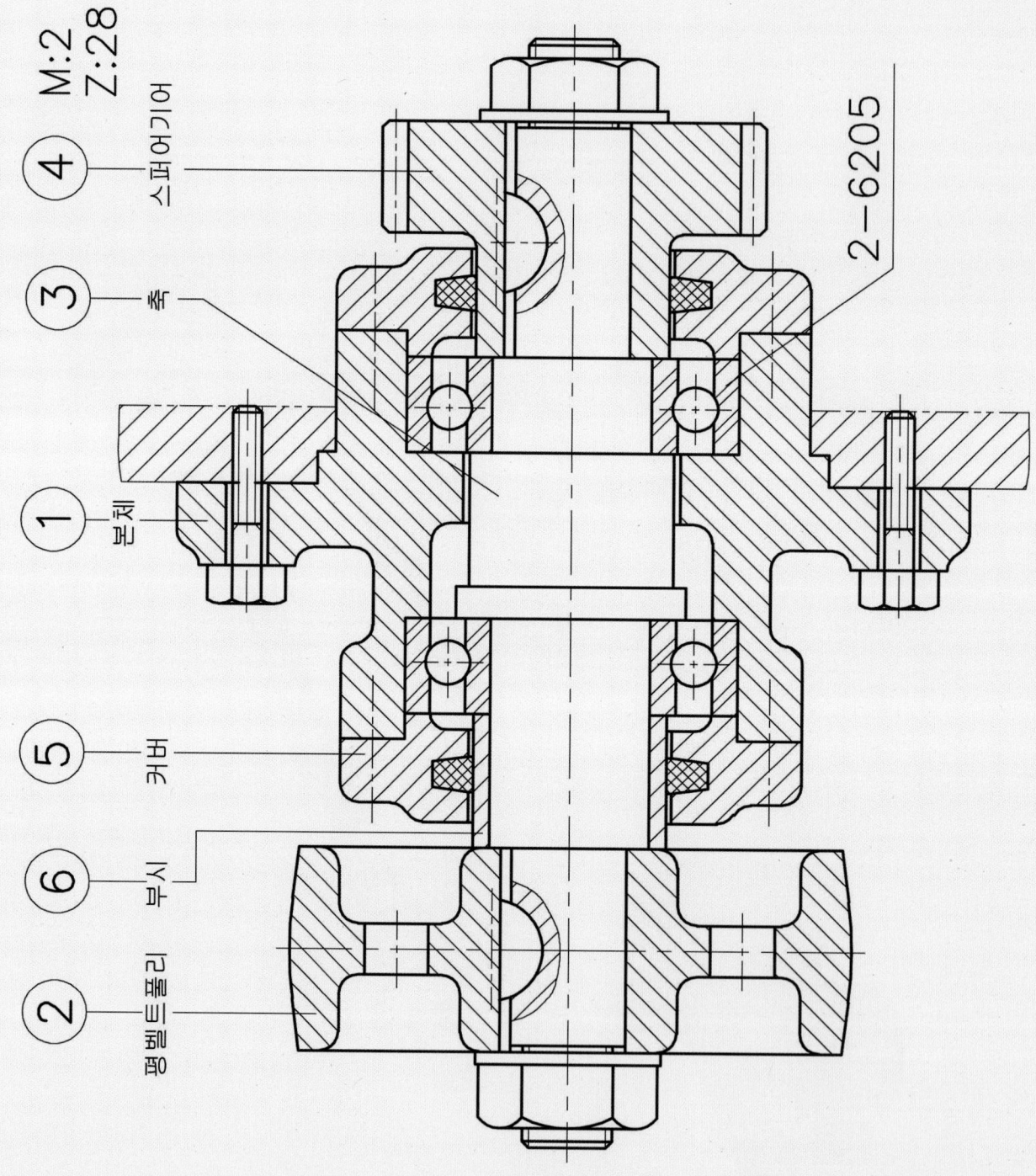

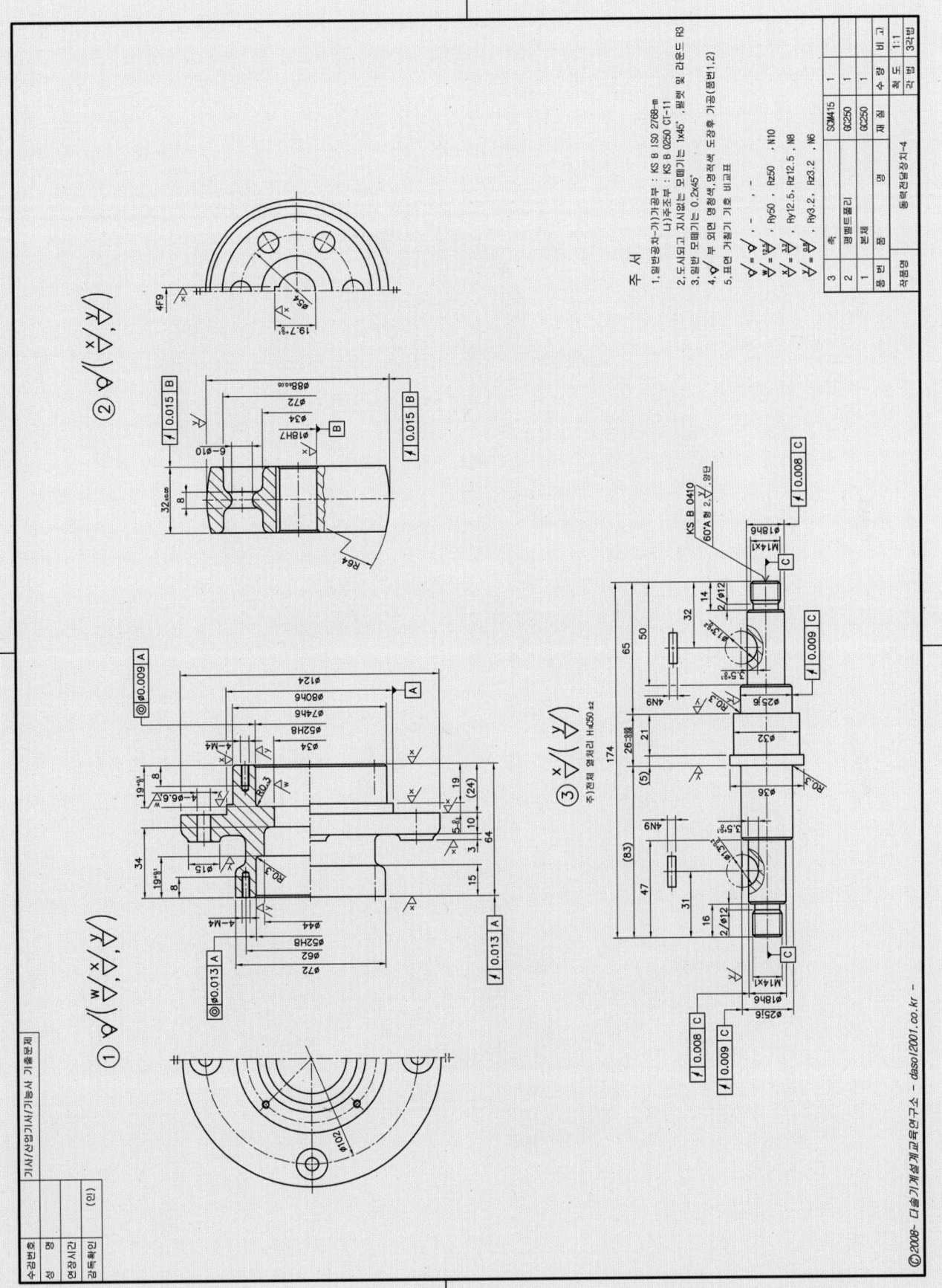

동력전달장치-4 모델링

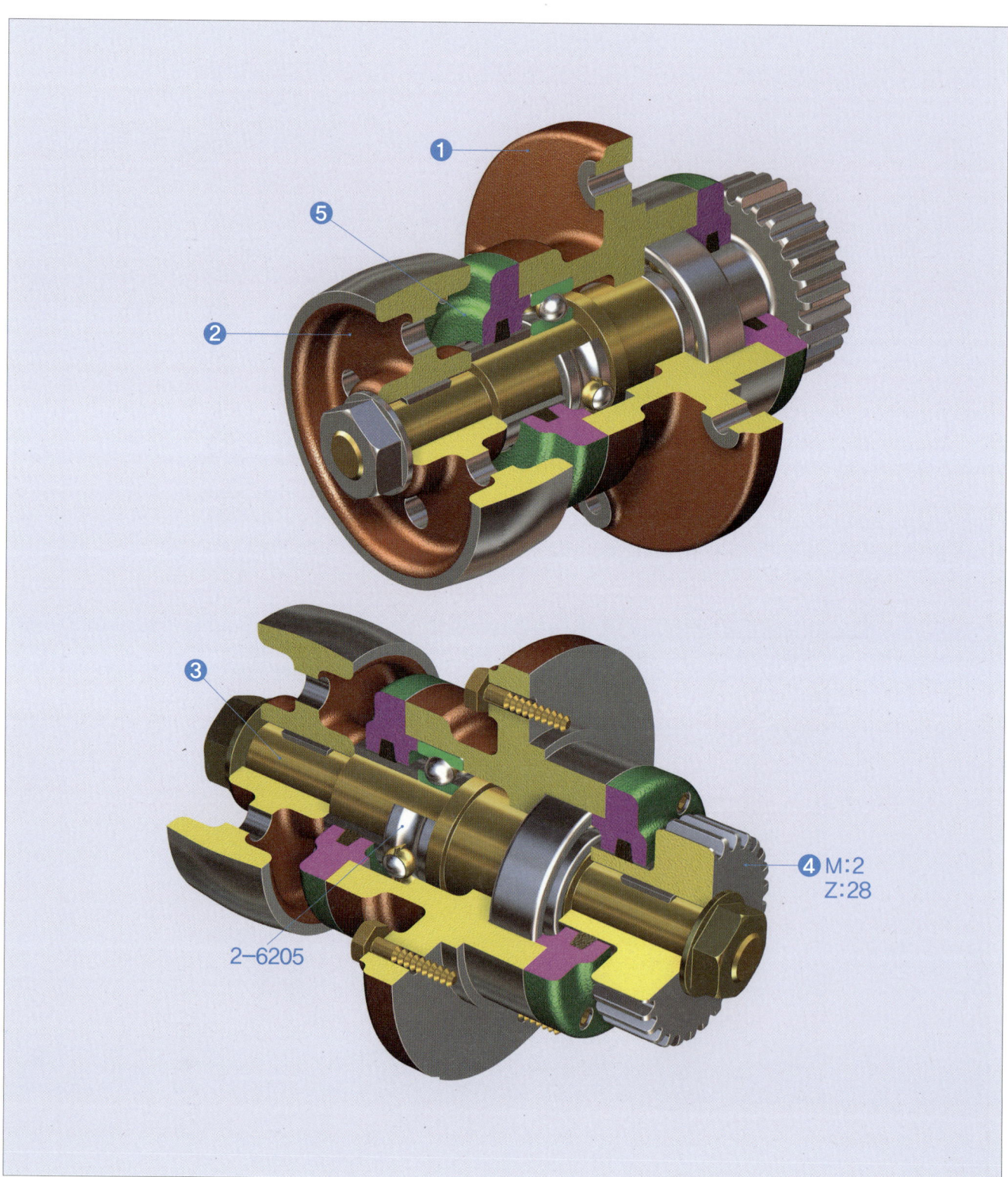

동력전달장치-4 구조도

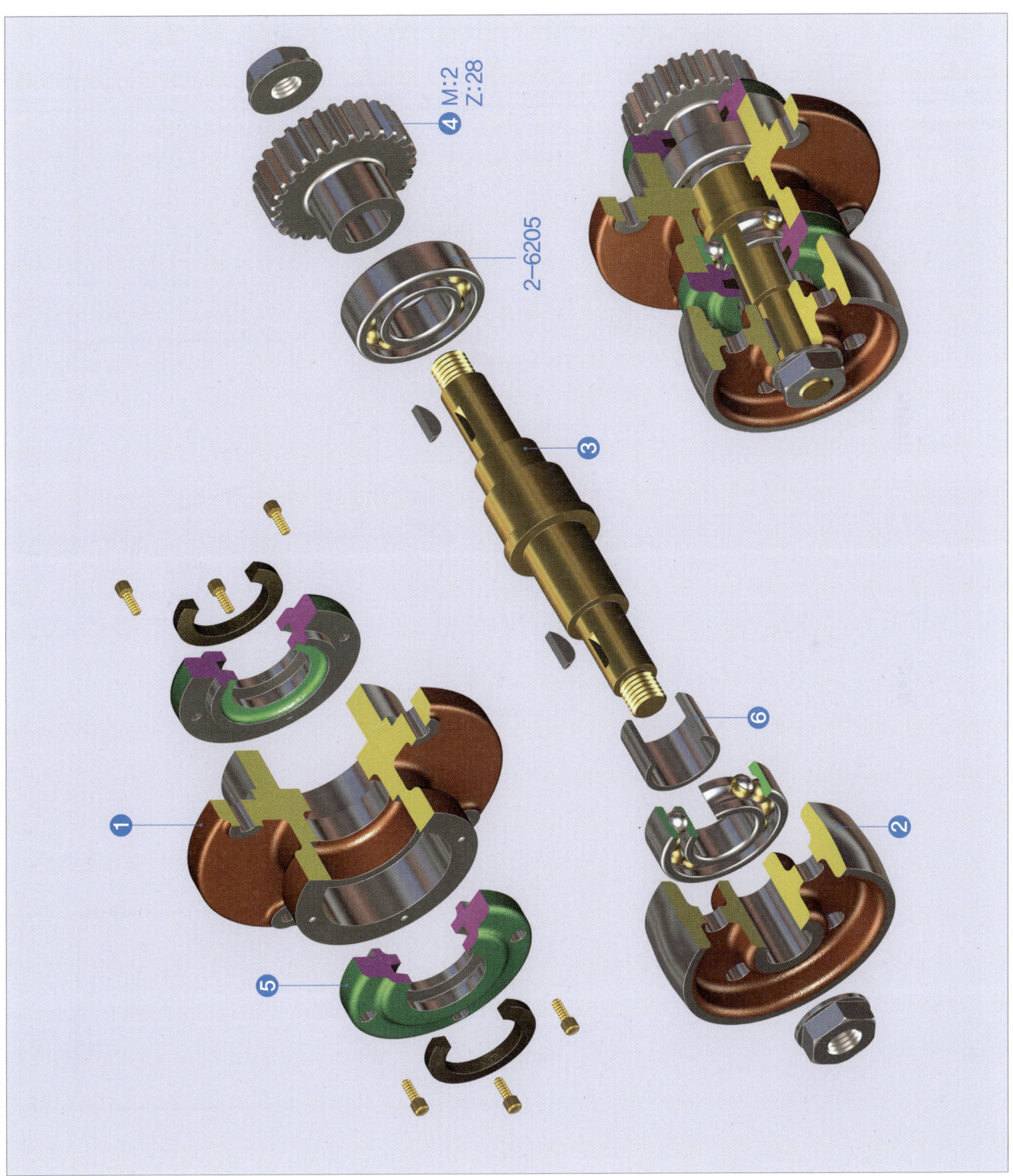

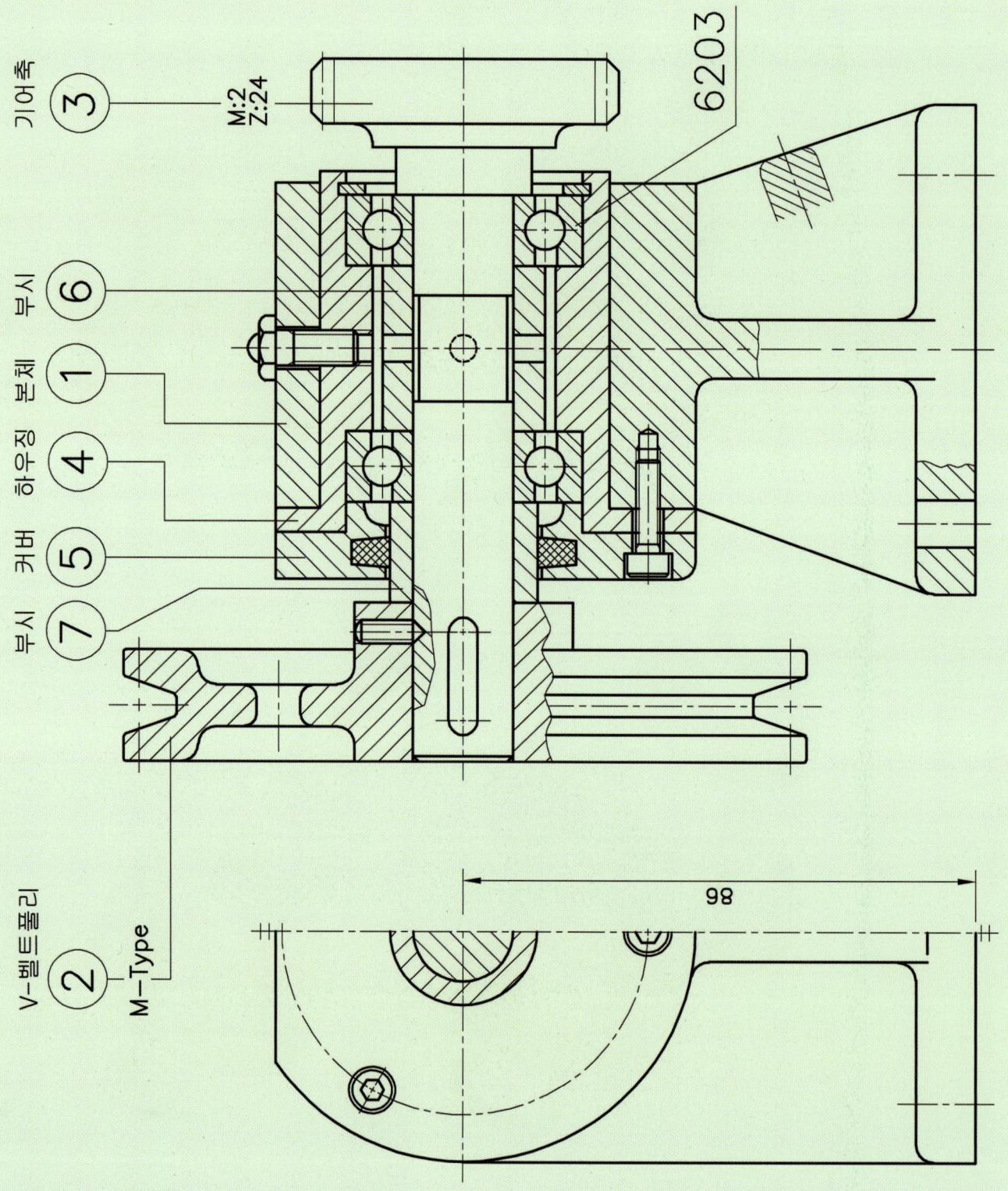

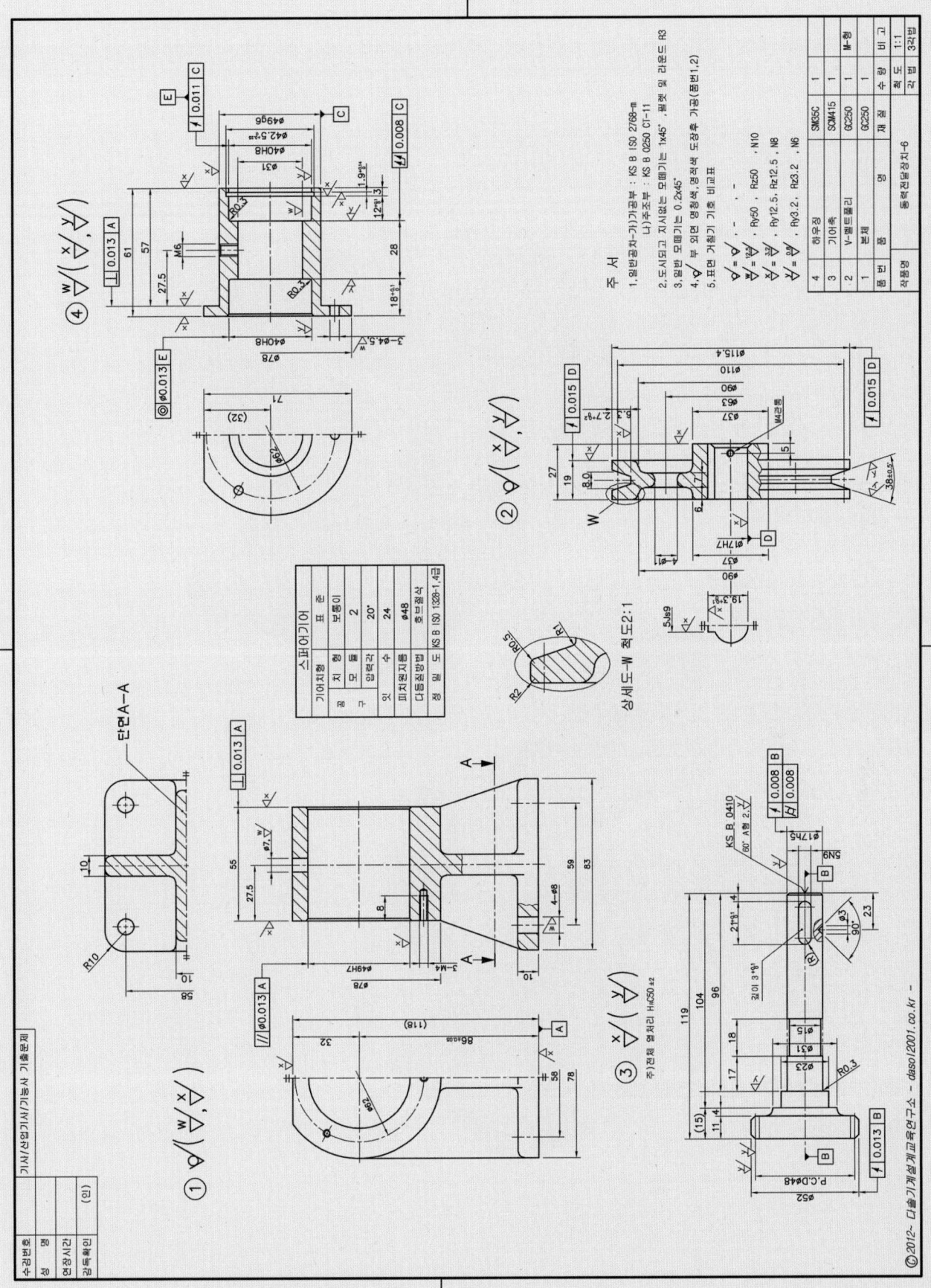

동력전달장치-6 모델링

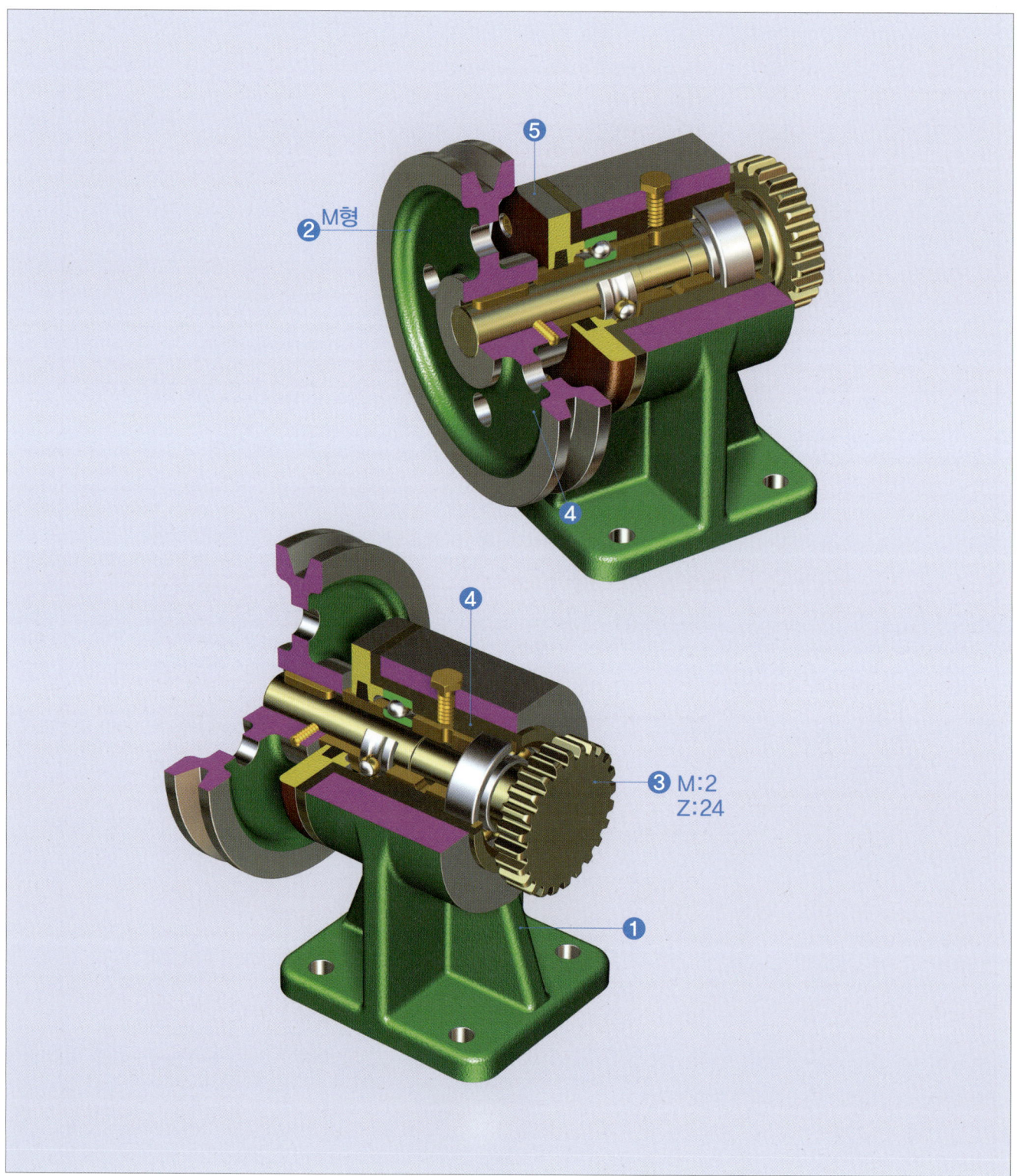

동력전달장치-6 구조도

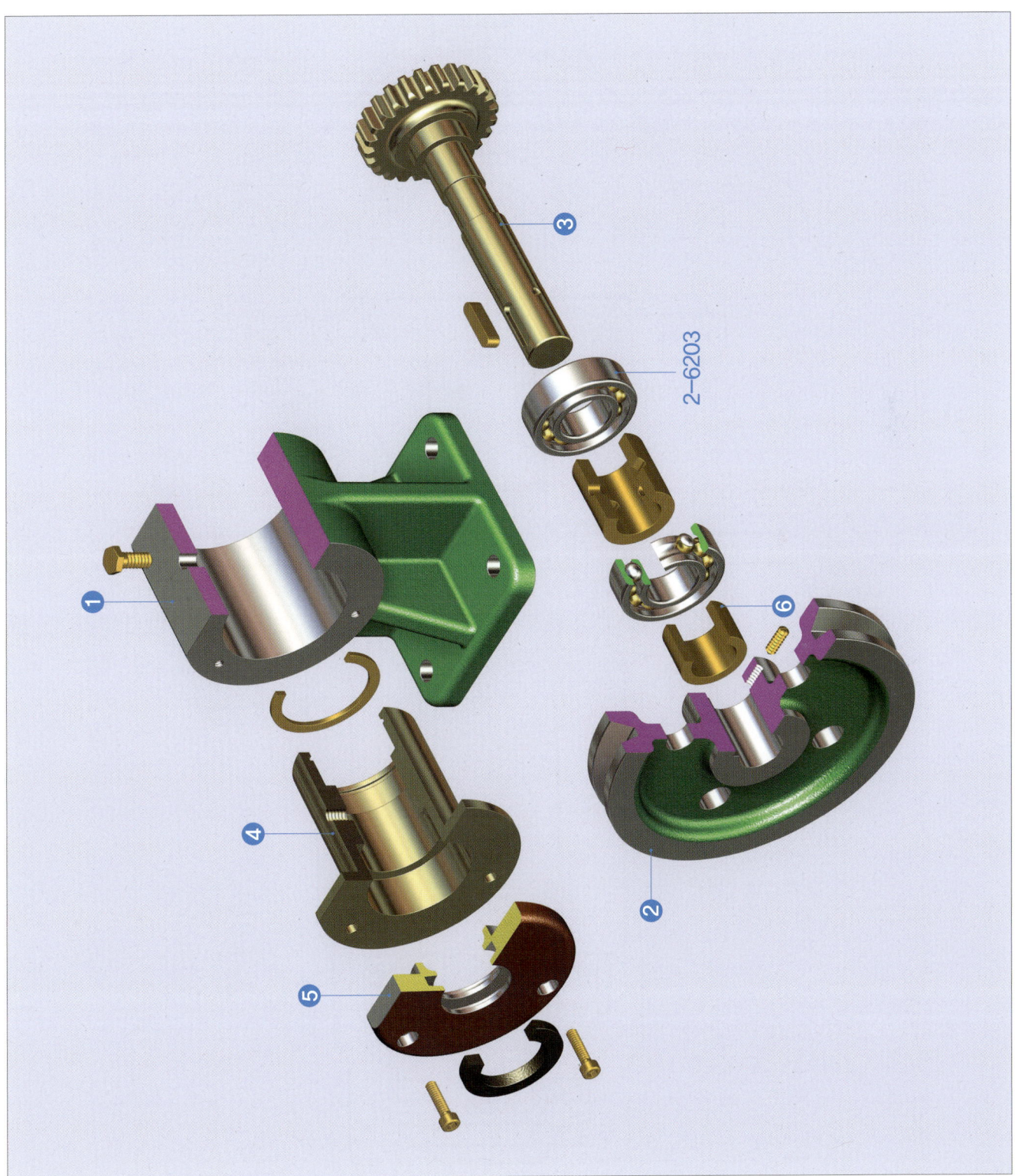

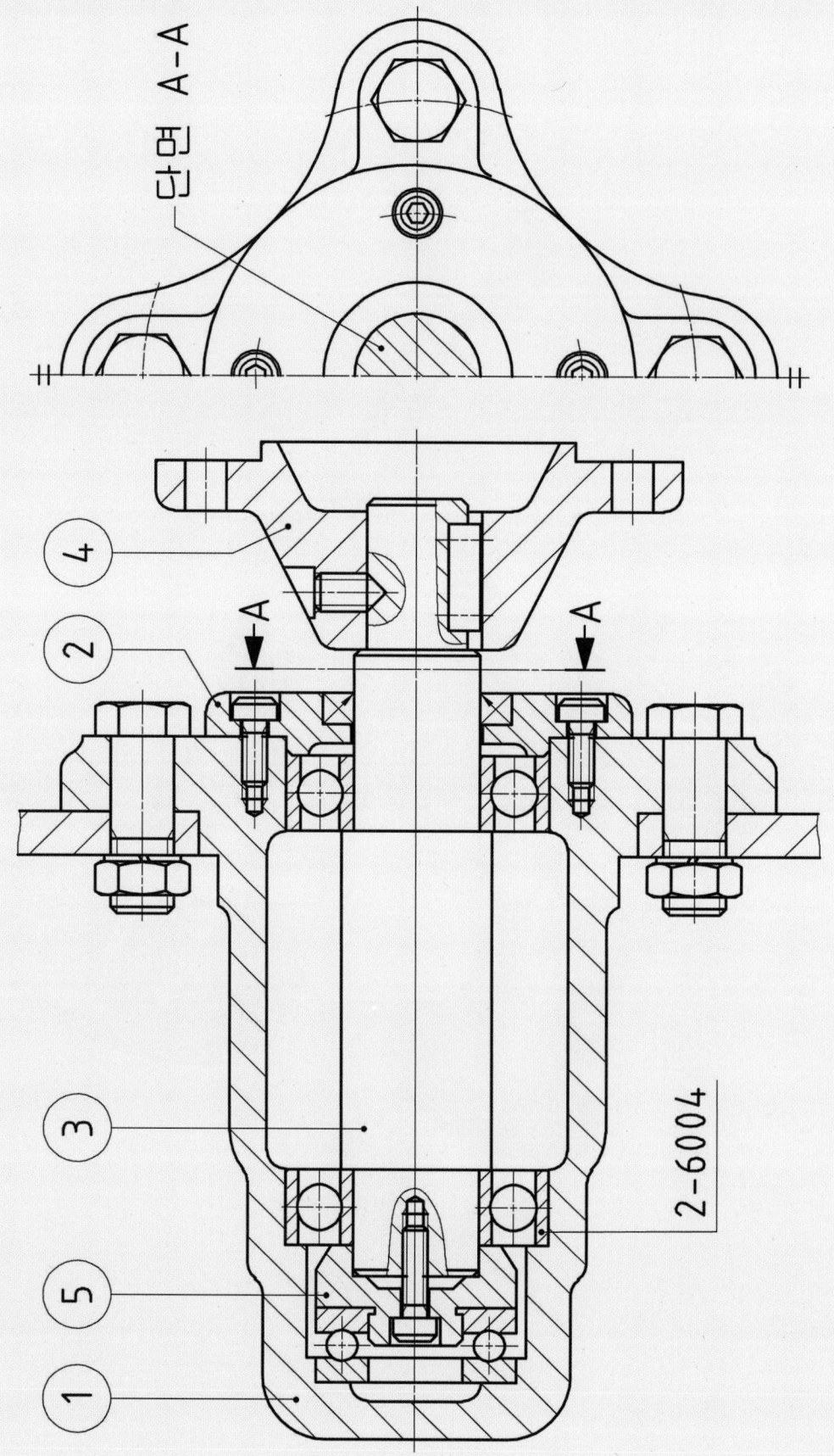

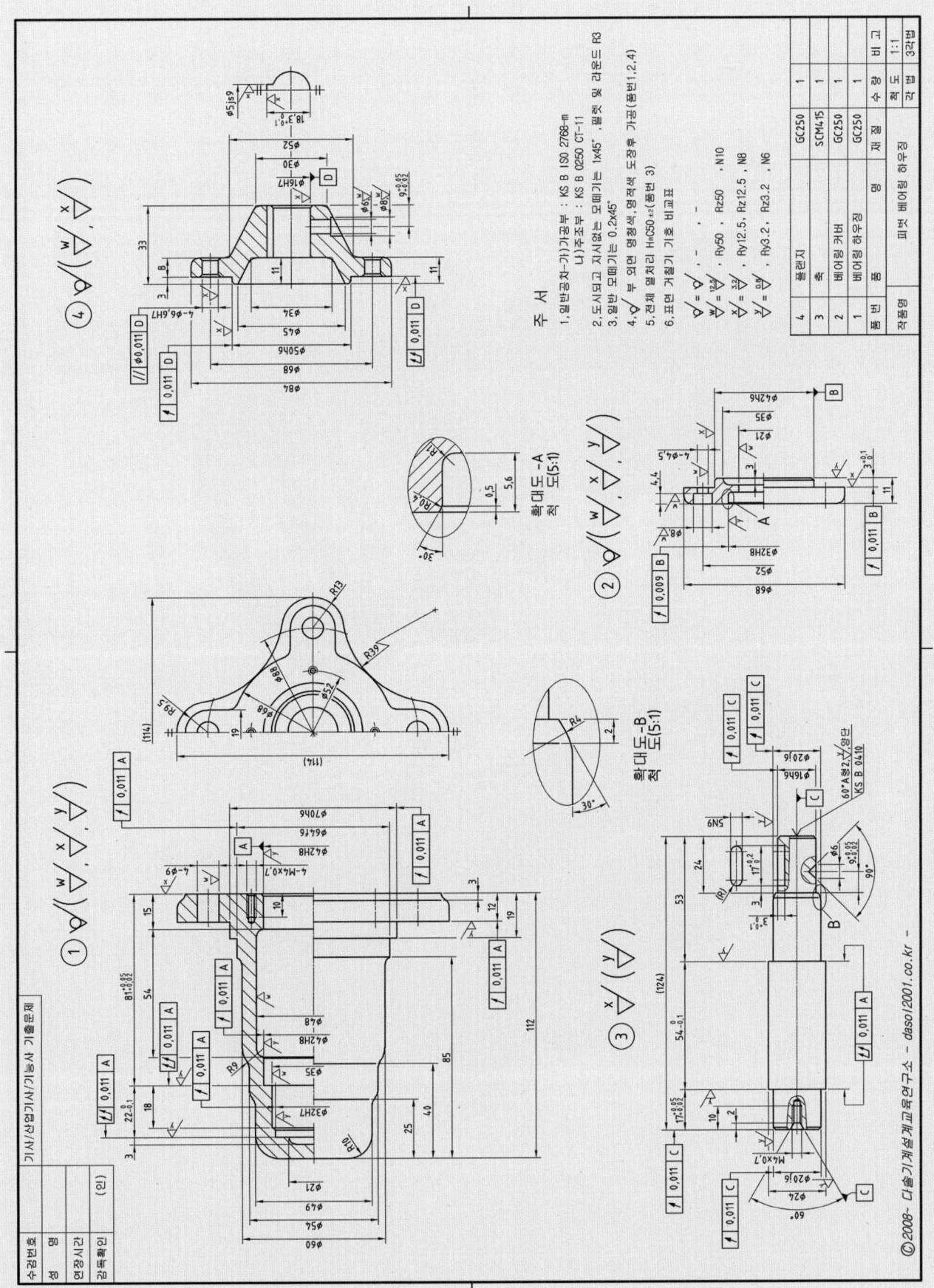

피벗베어링하우징 모델링

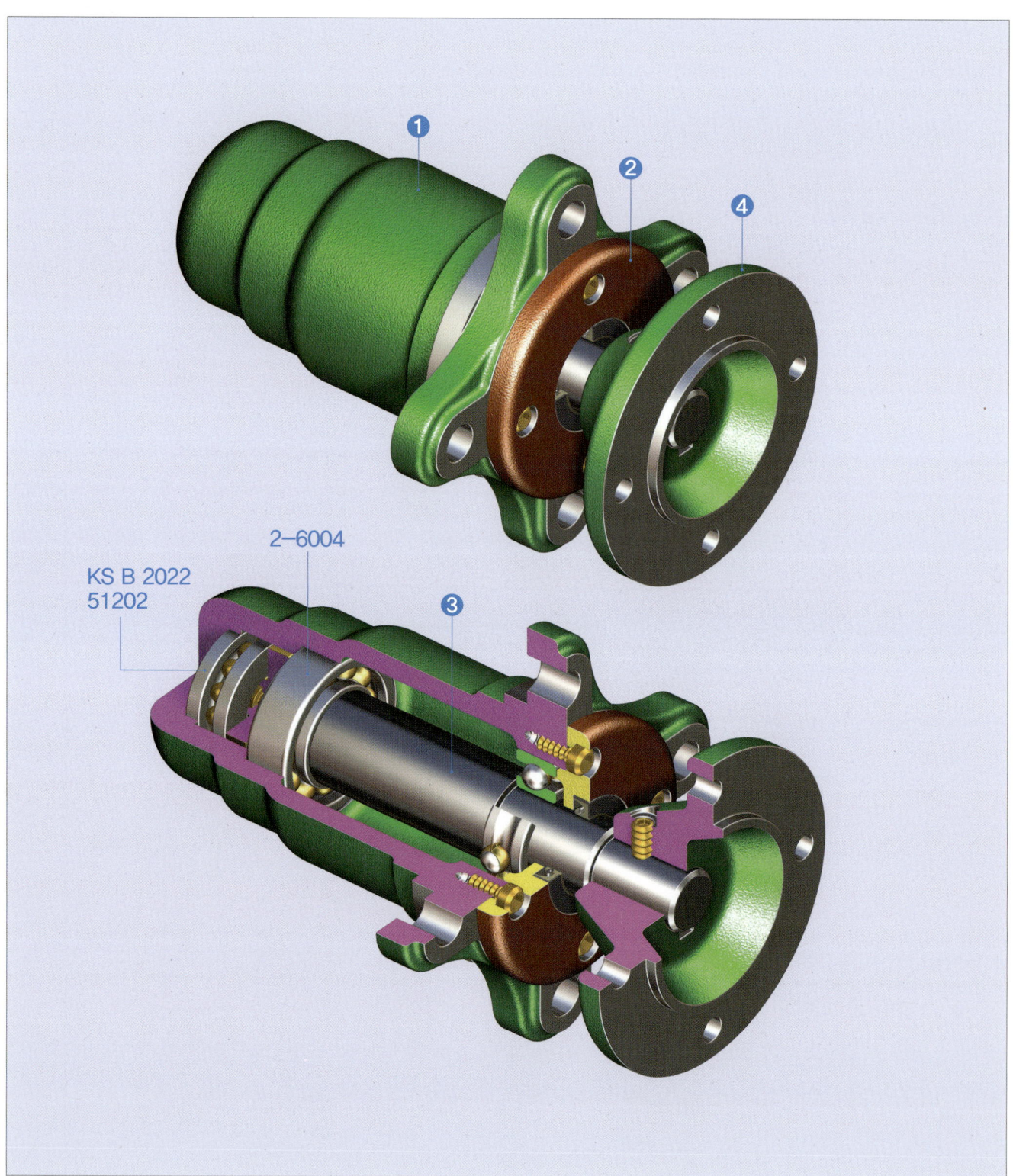

피벗베어링하우징 구조도

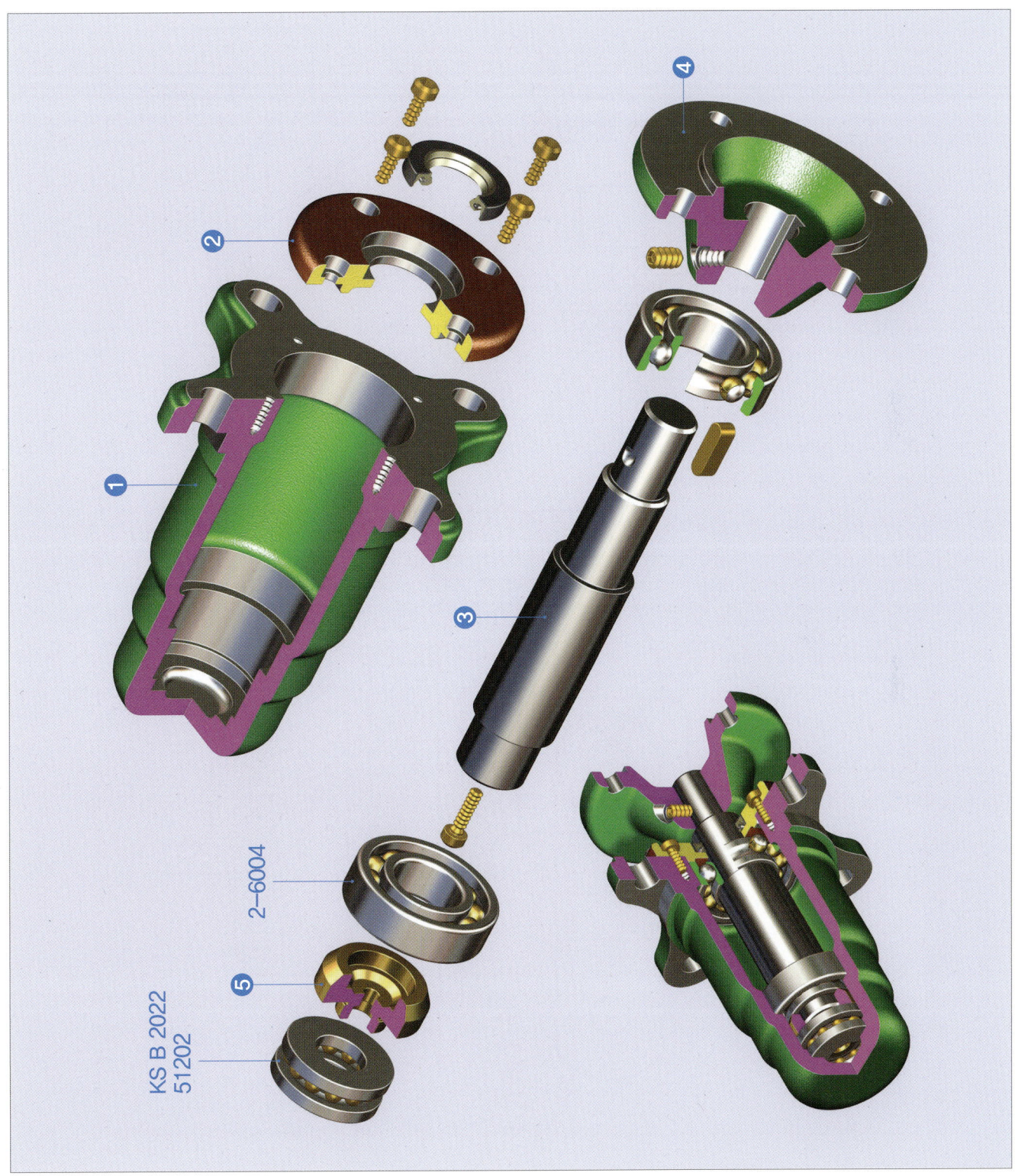

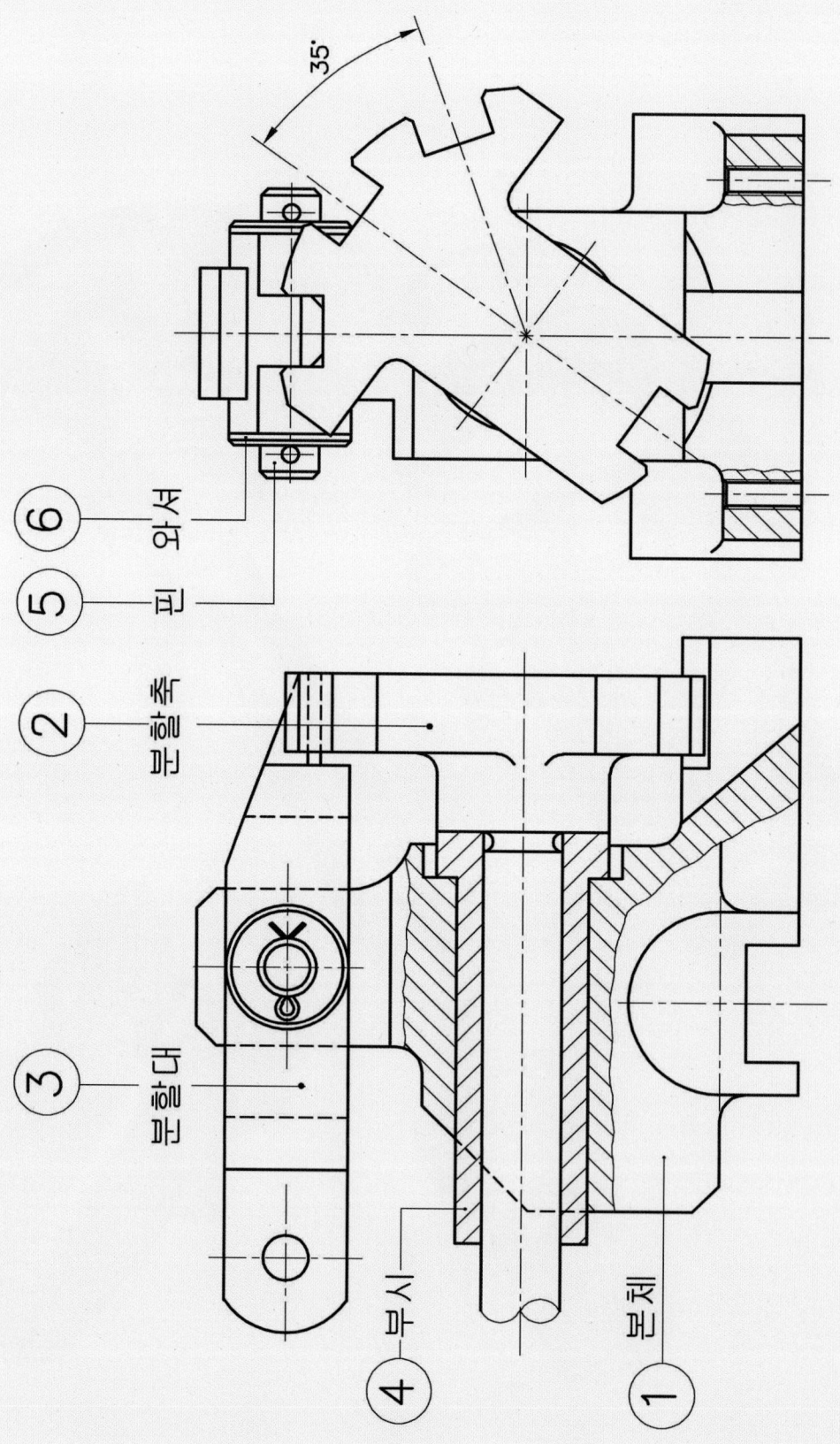

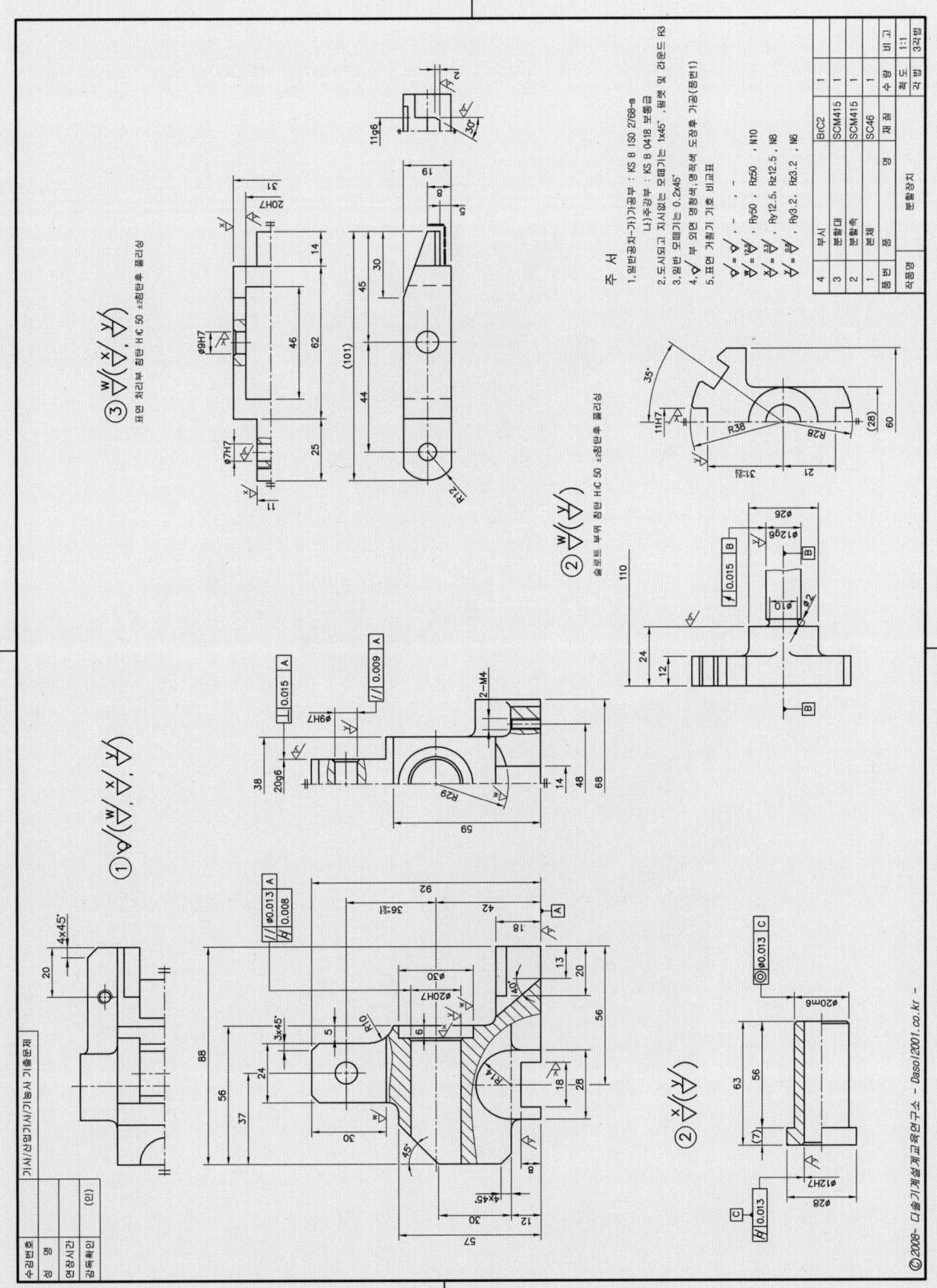

분할장치 모델링

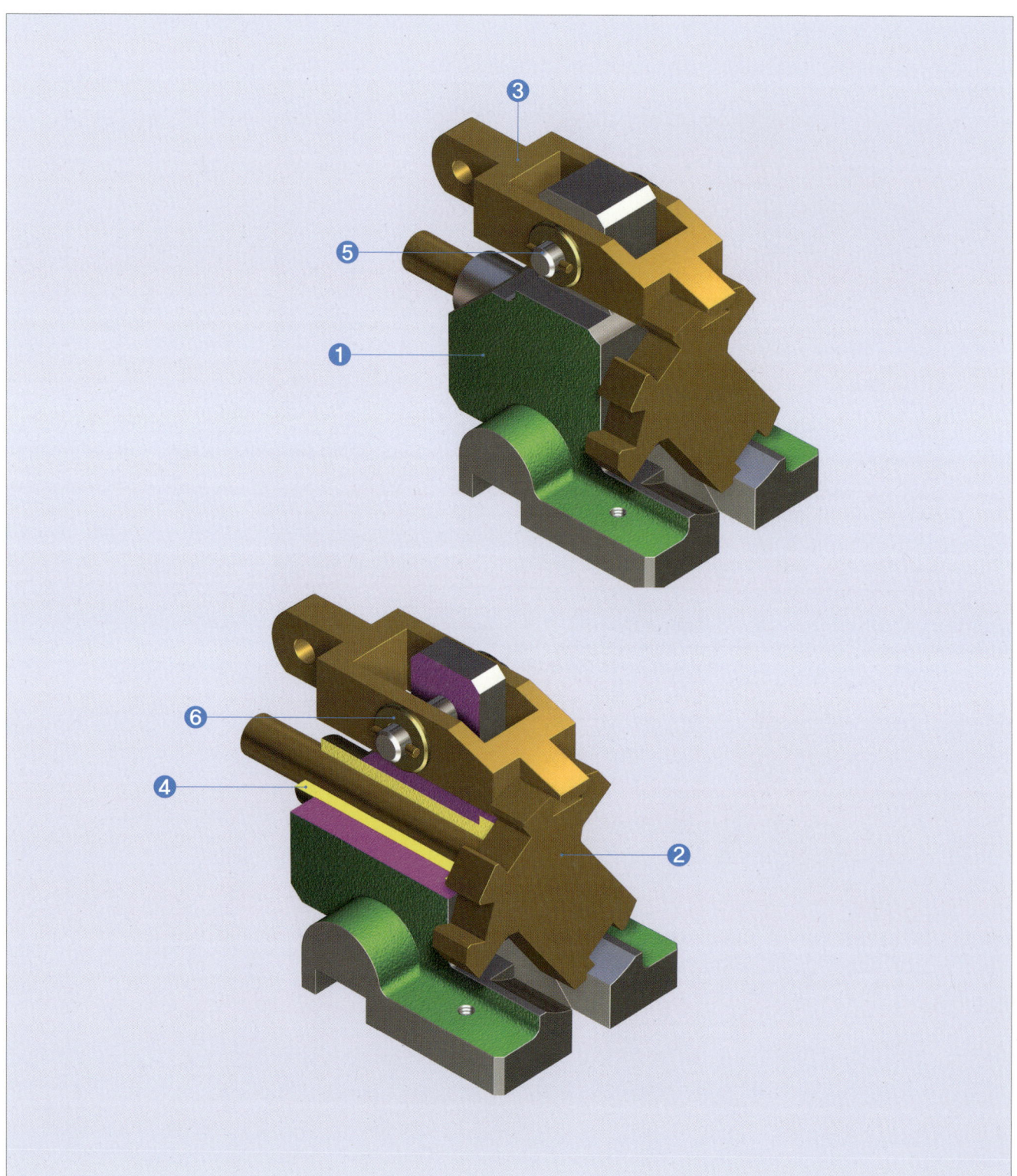

분할장치 구조도

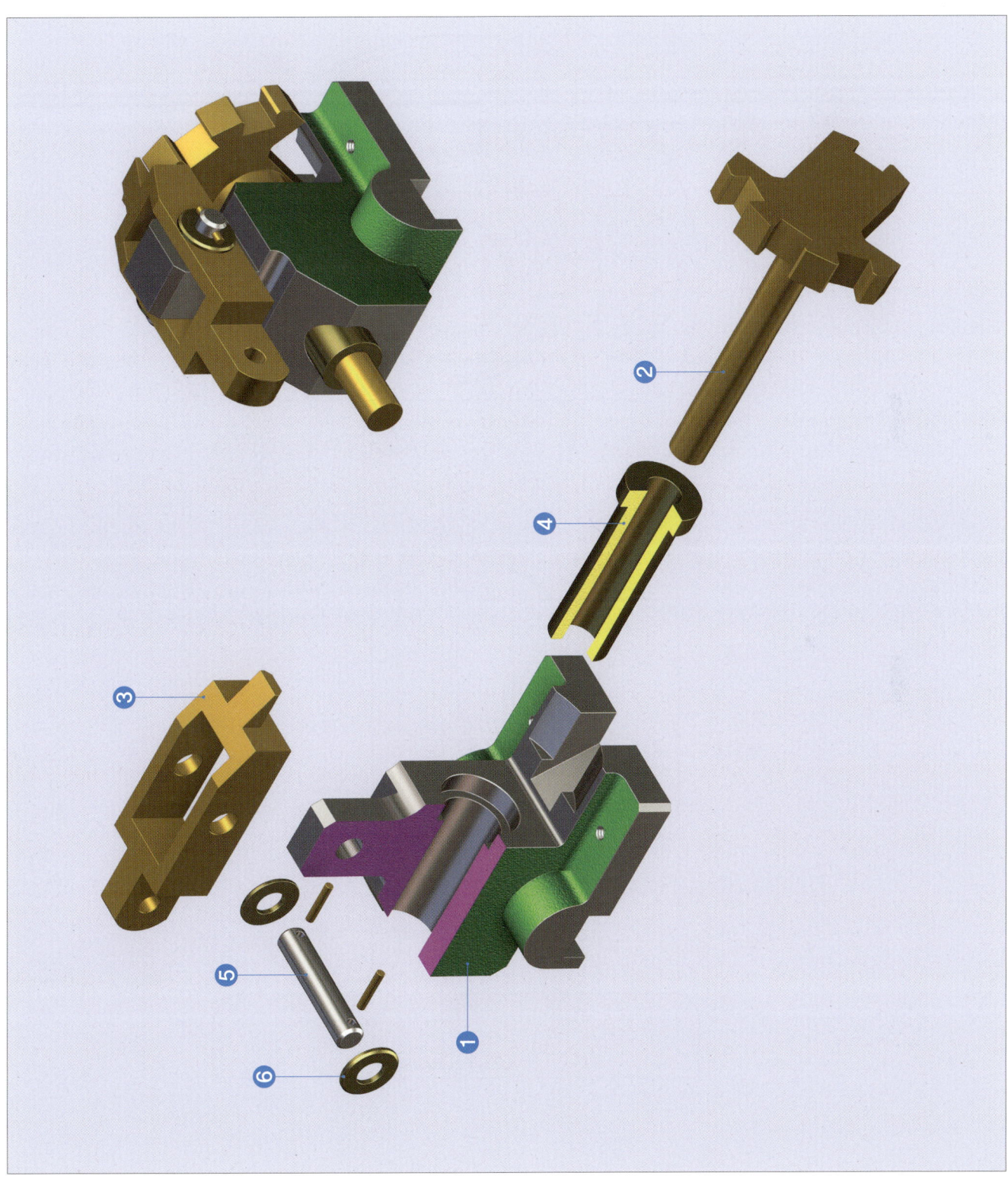

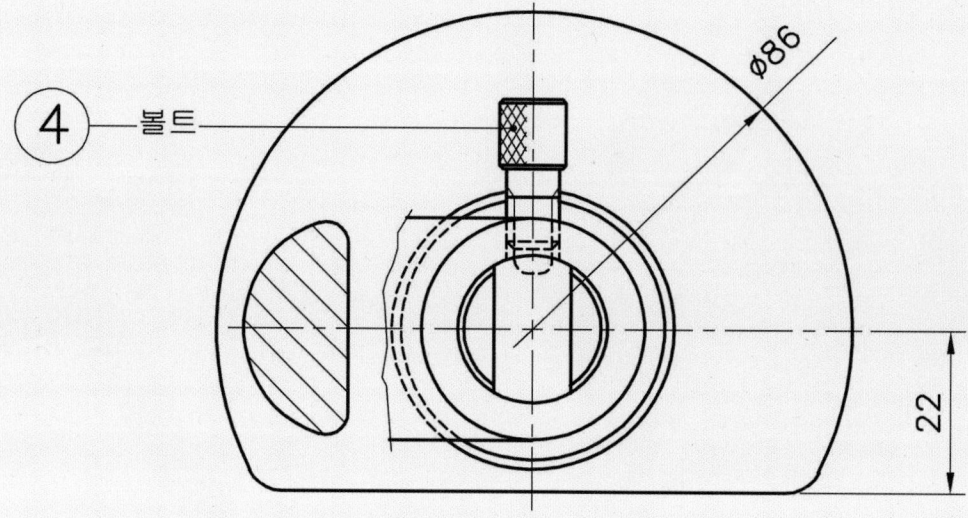

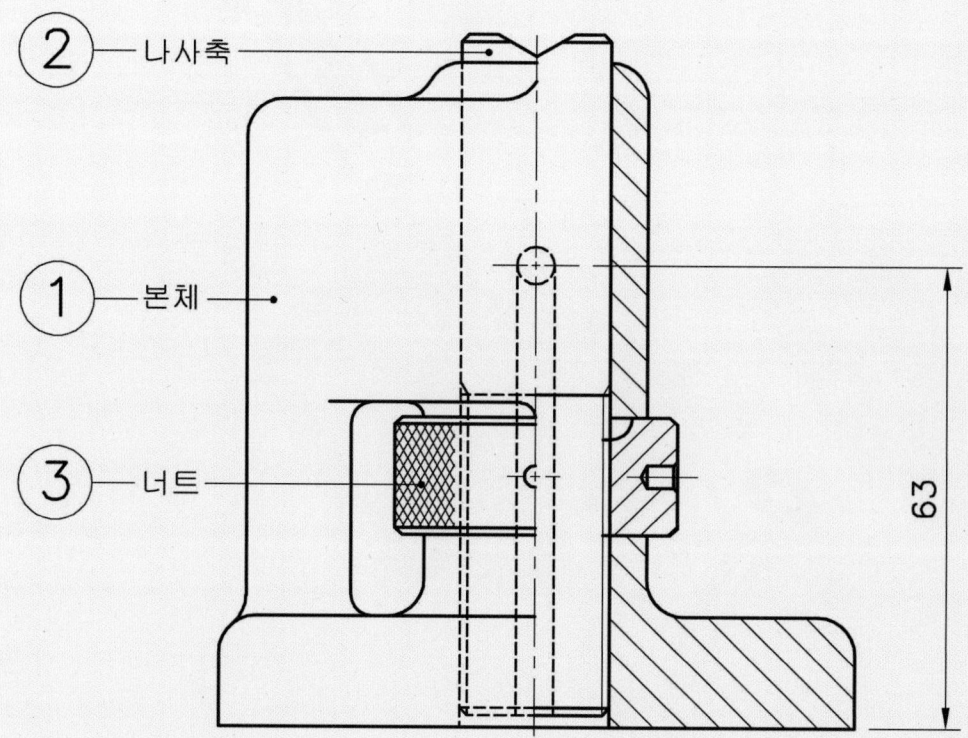

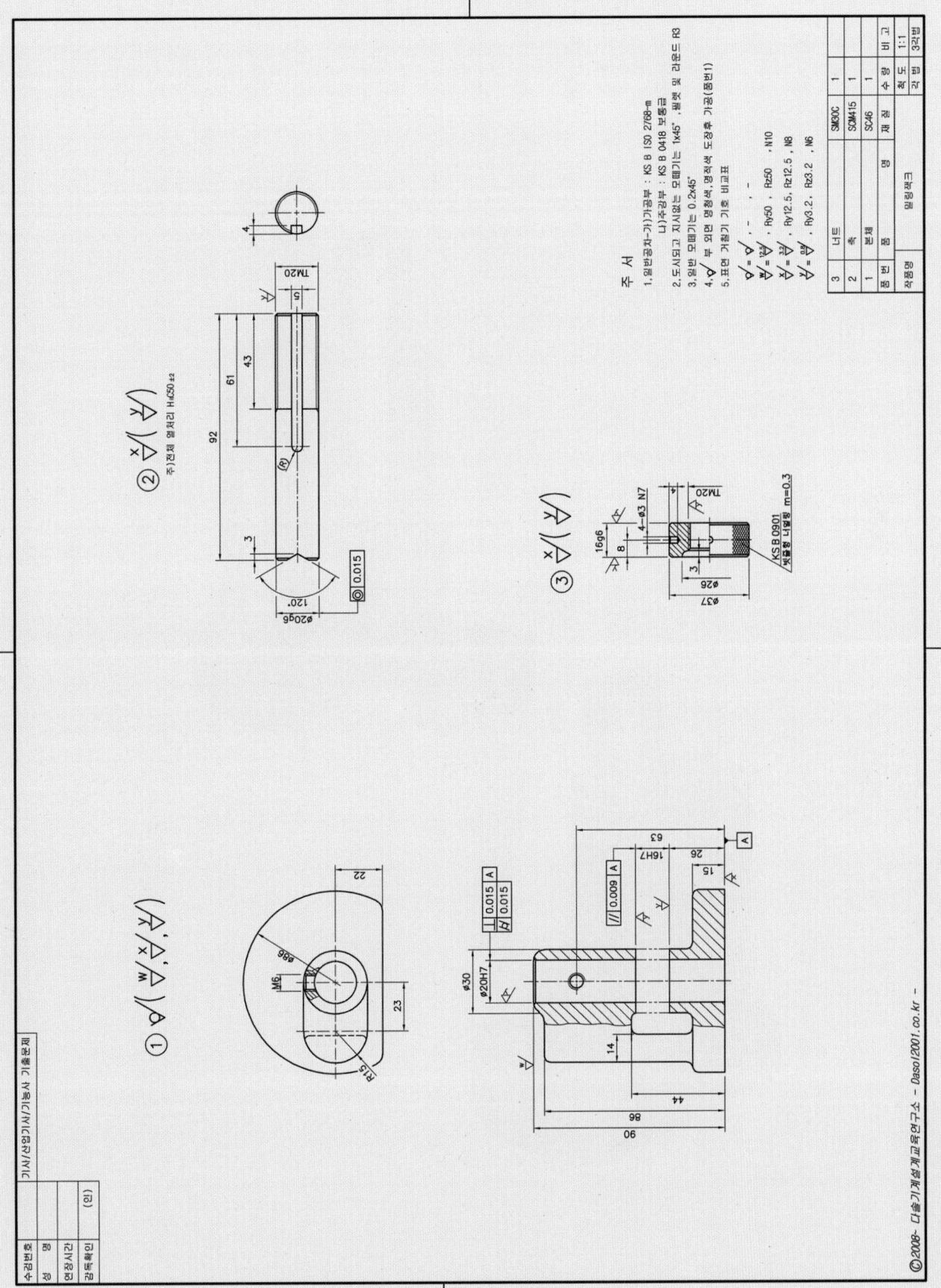

CHAPTER 11 | 모델링에 의한 과제도면 해석

밀링잭크 모델링

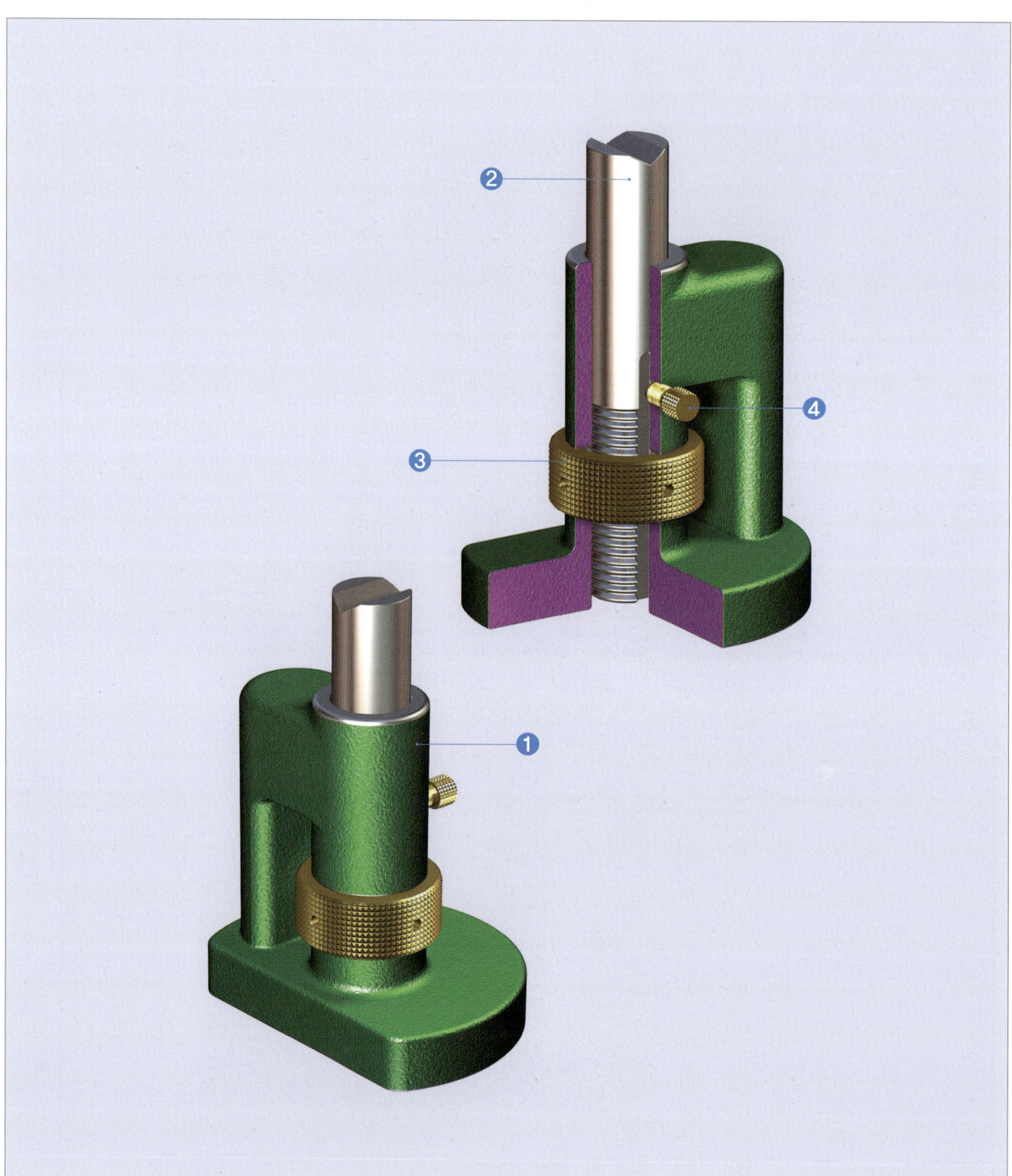

밀링잭크 구조도

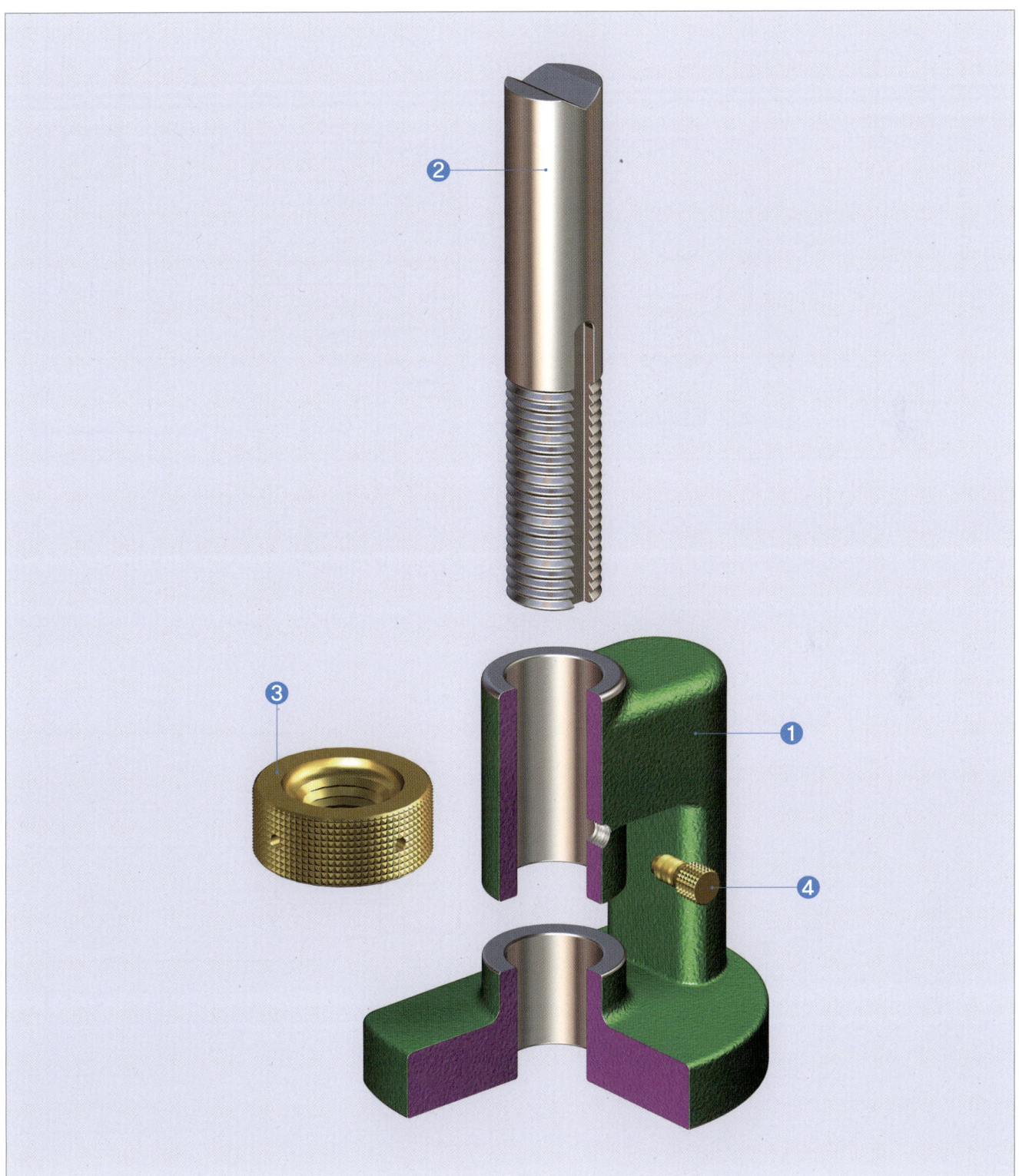

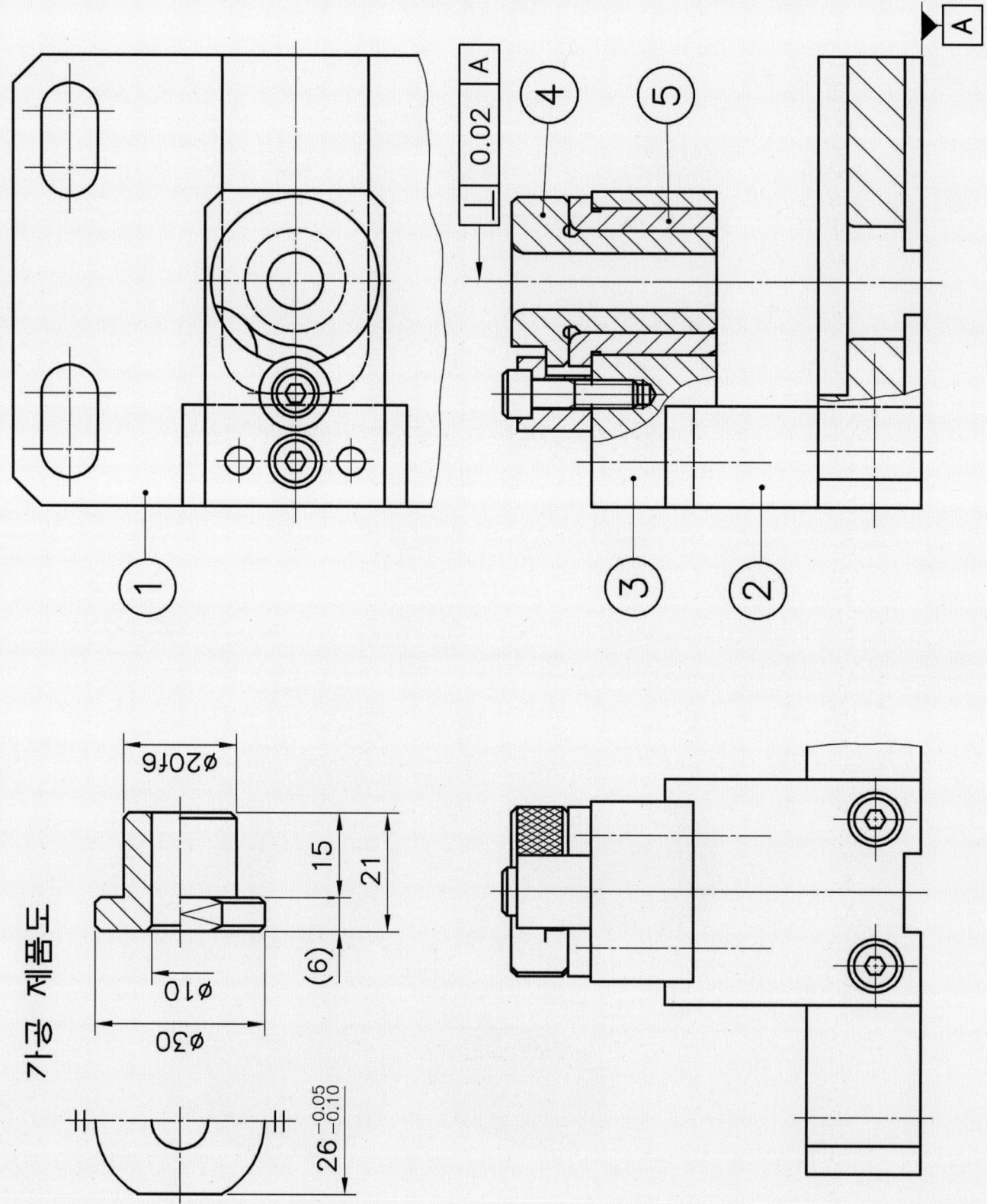

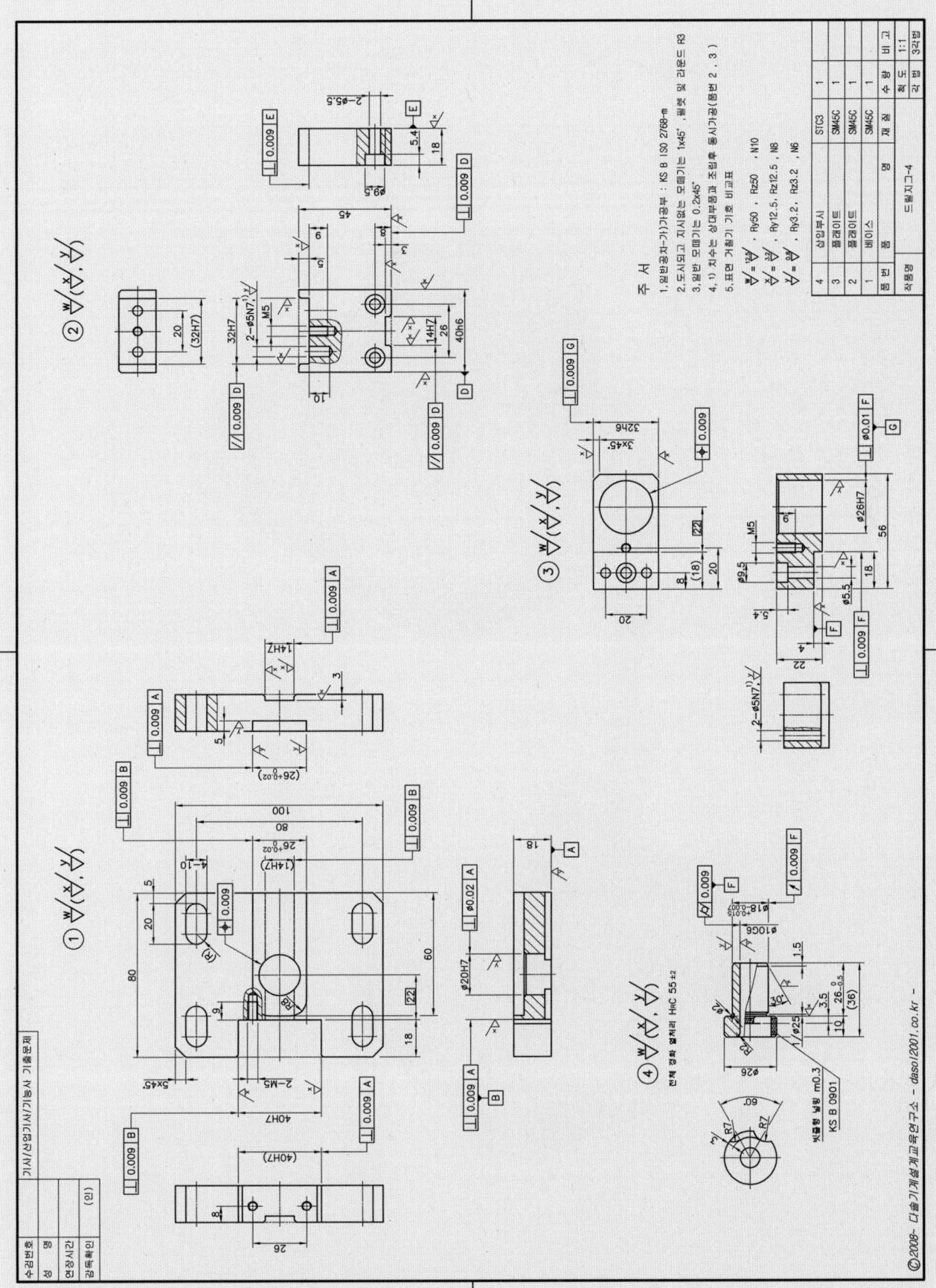

드릴지그-4 모델링

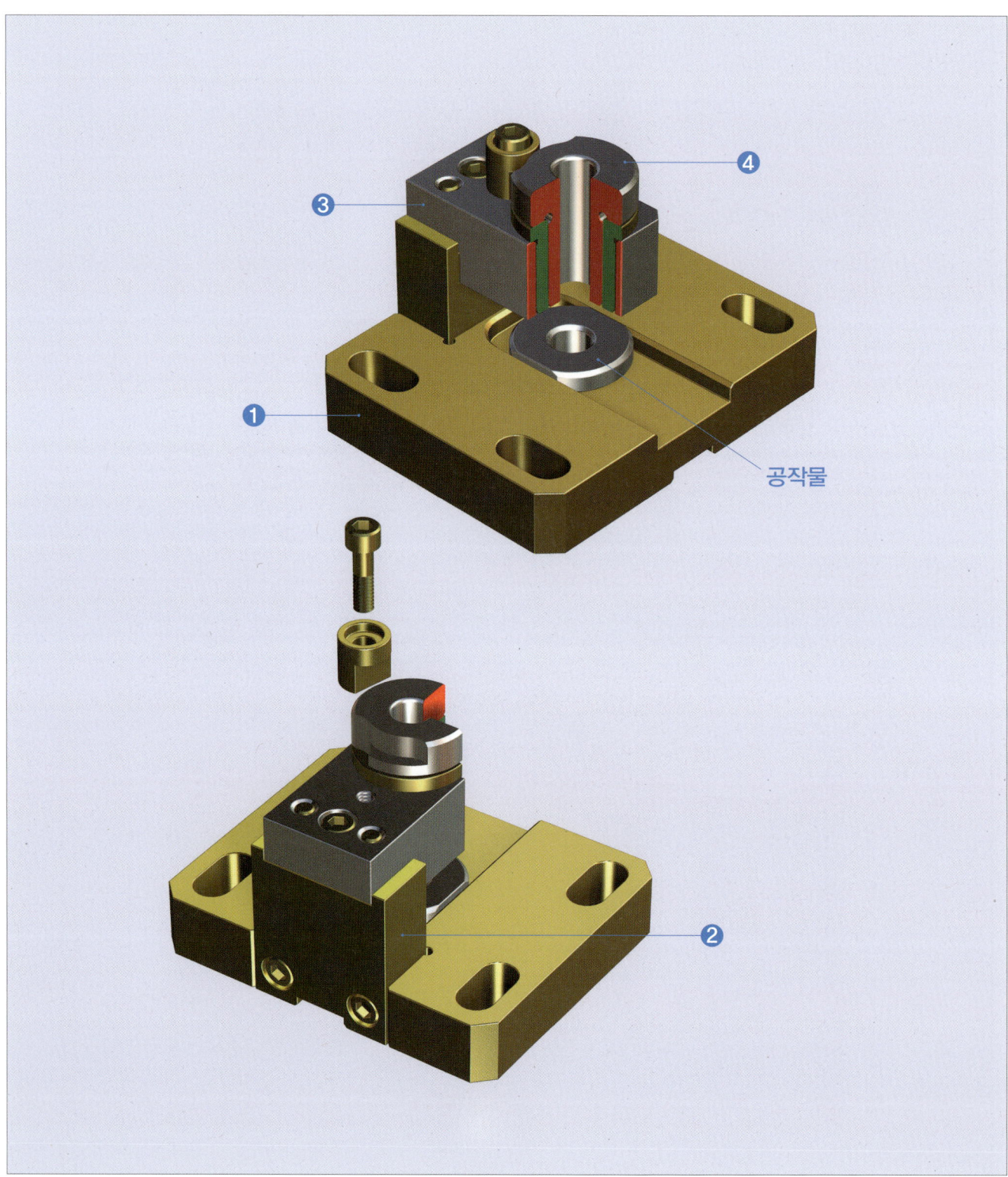

드릴지그-4 구조도

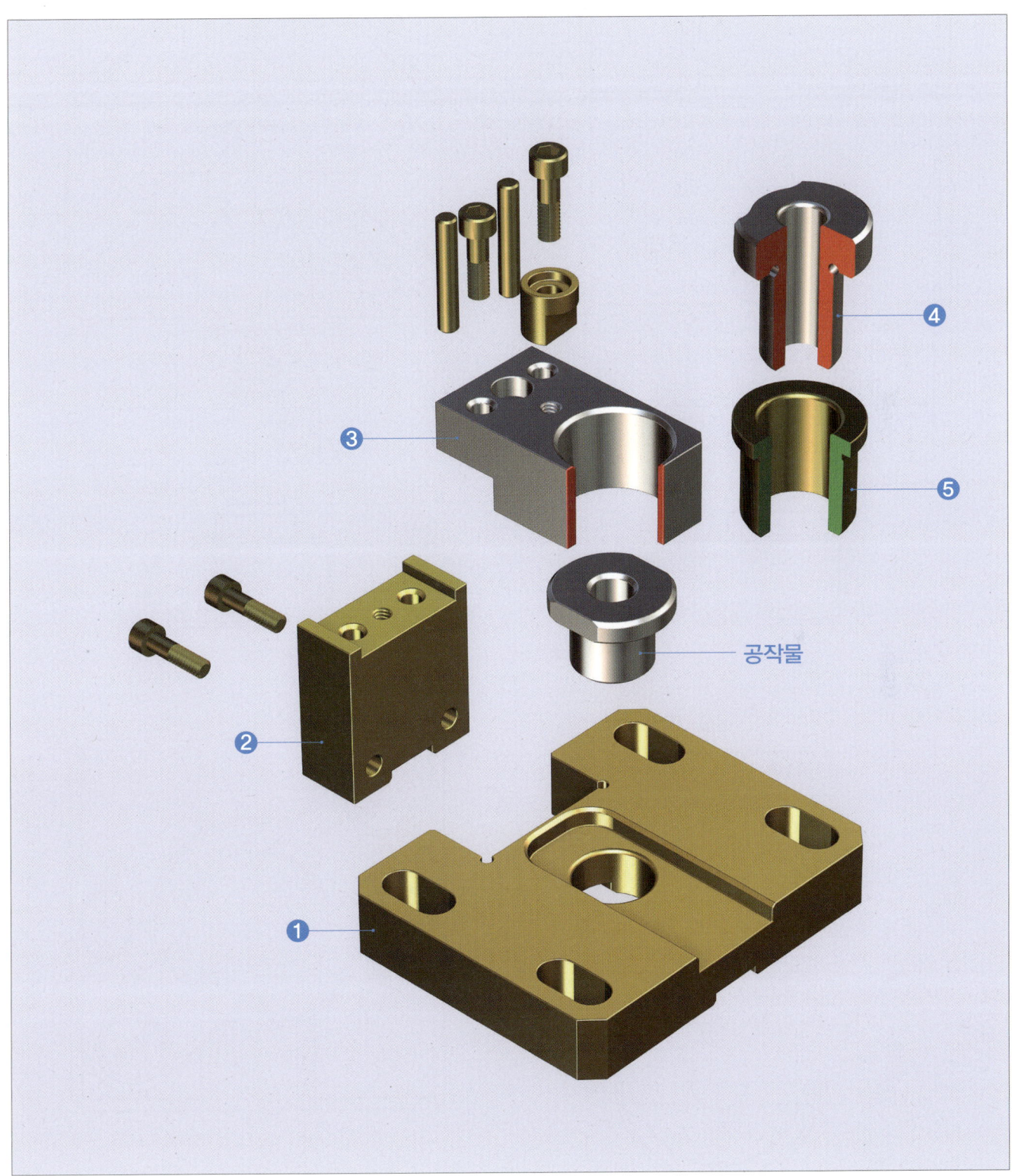

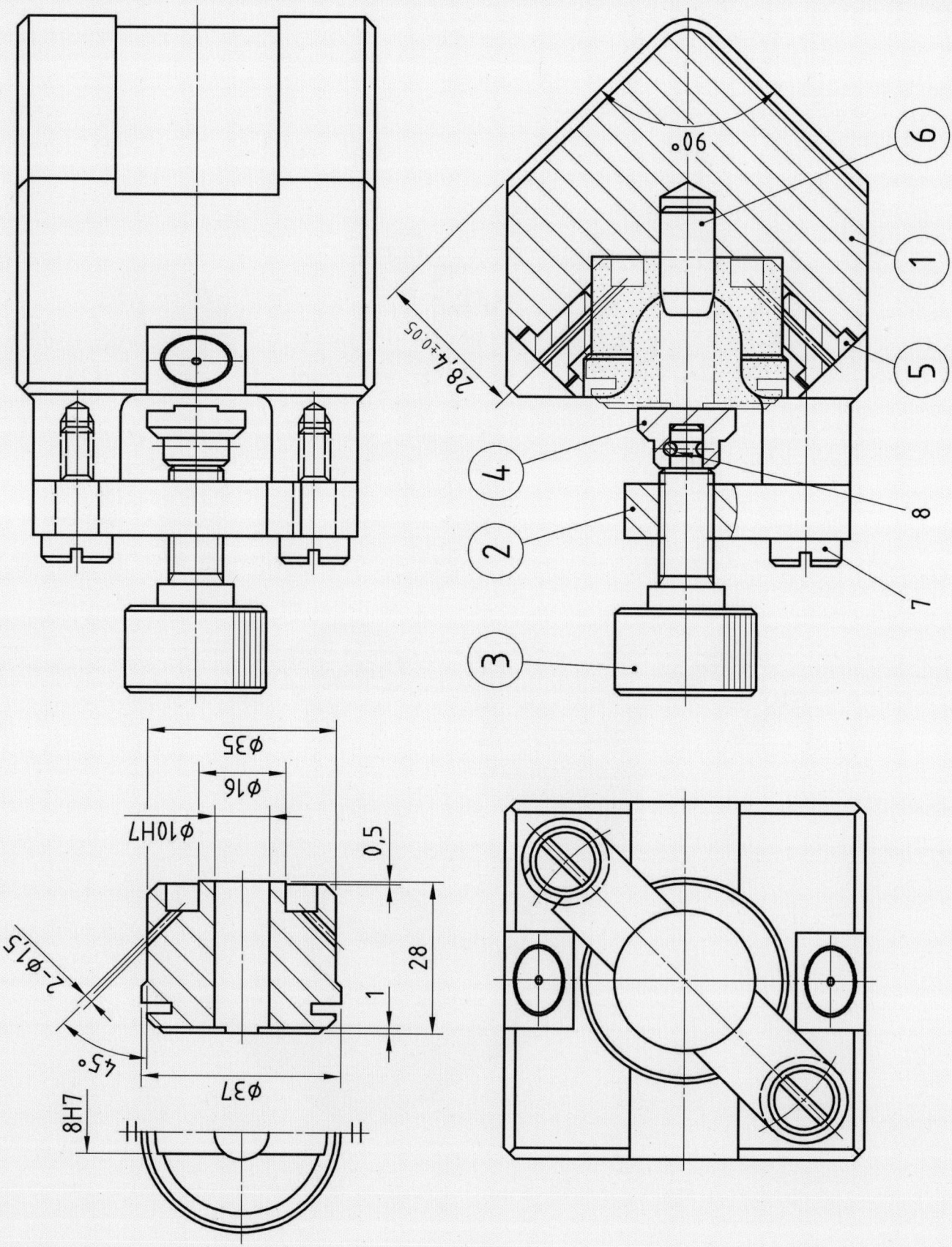

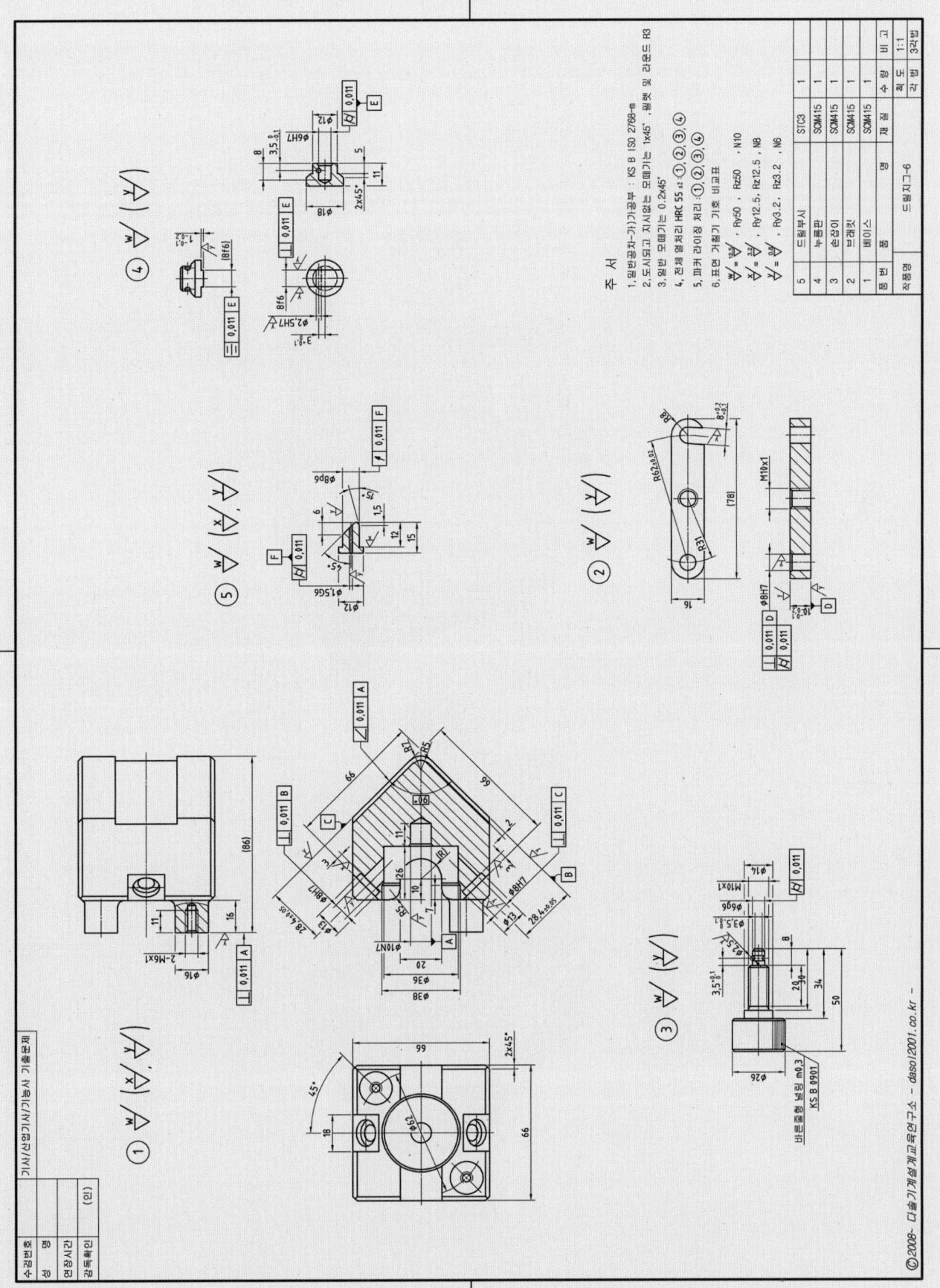

드릴지그-6 모델링

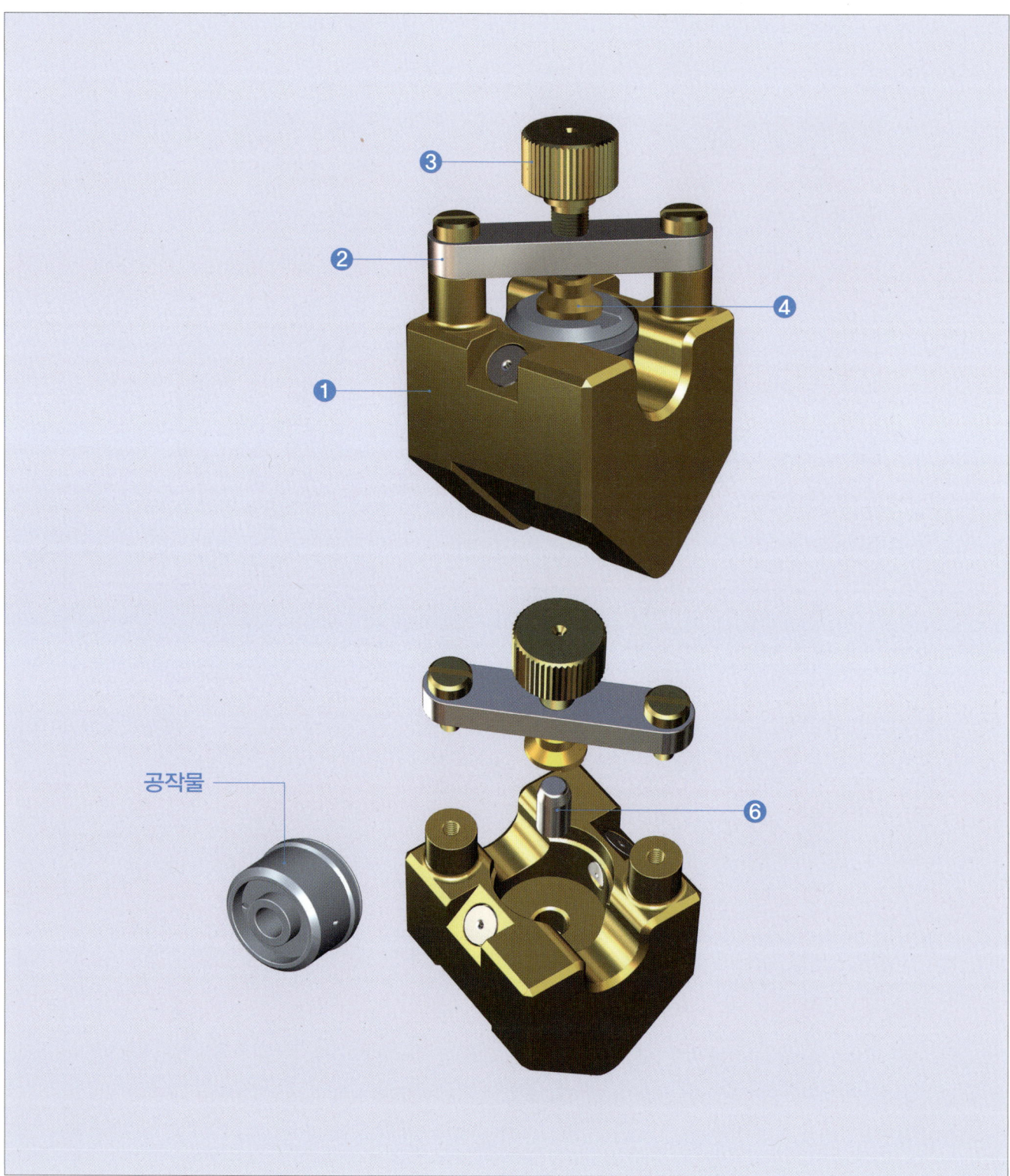

드릴지그-6 구조도

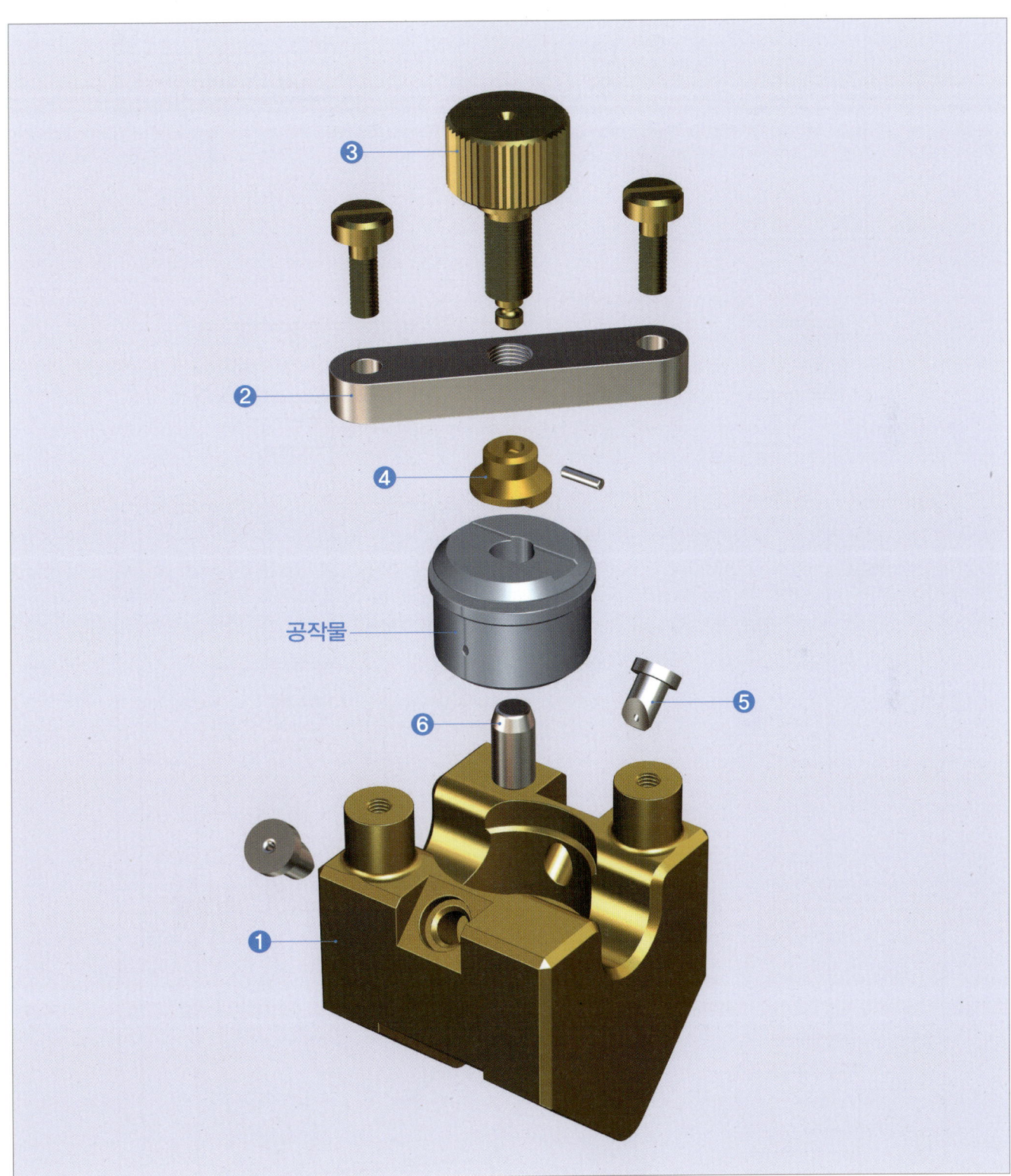

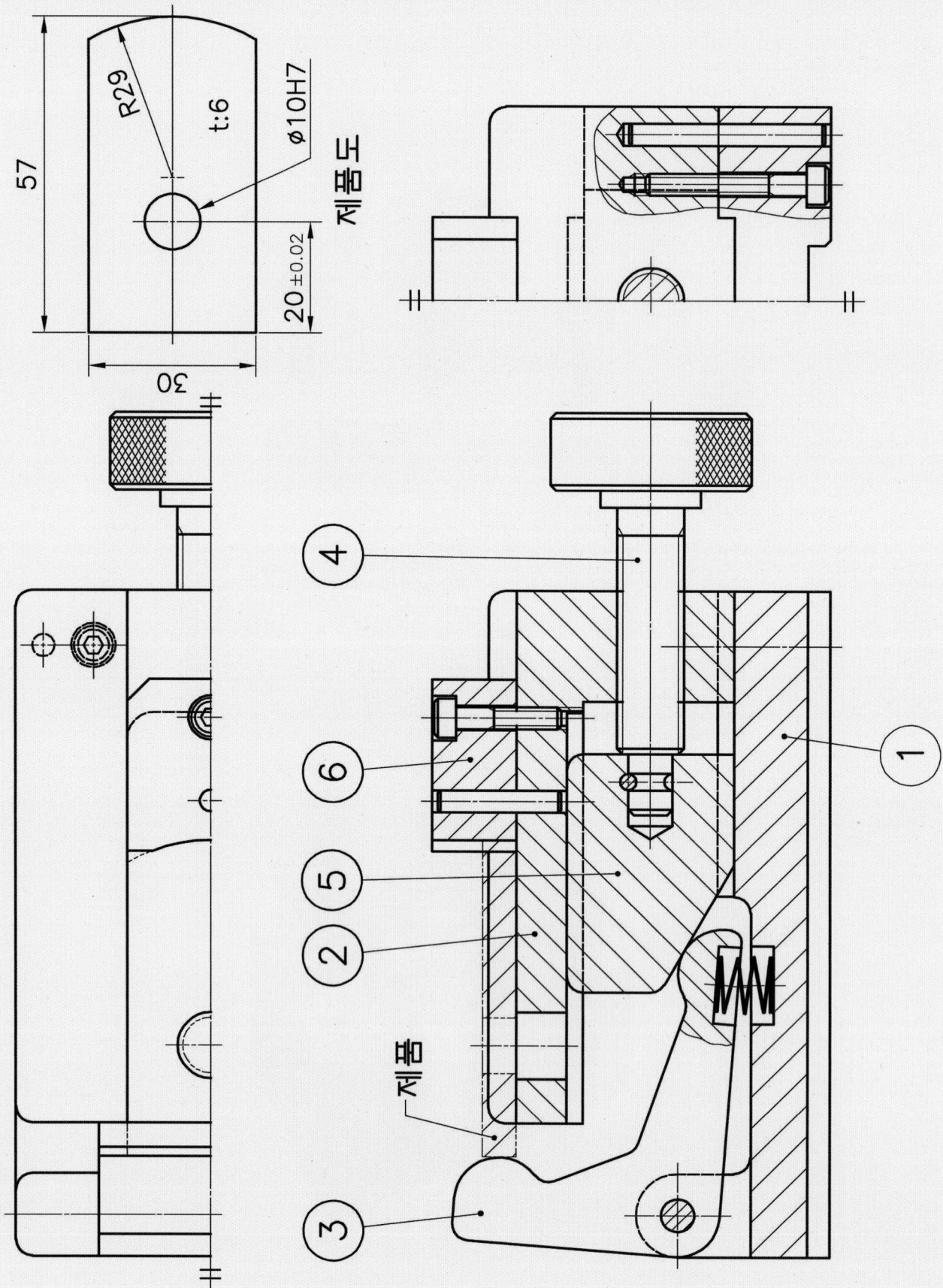

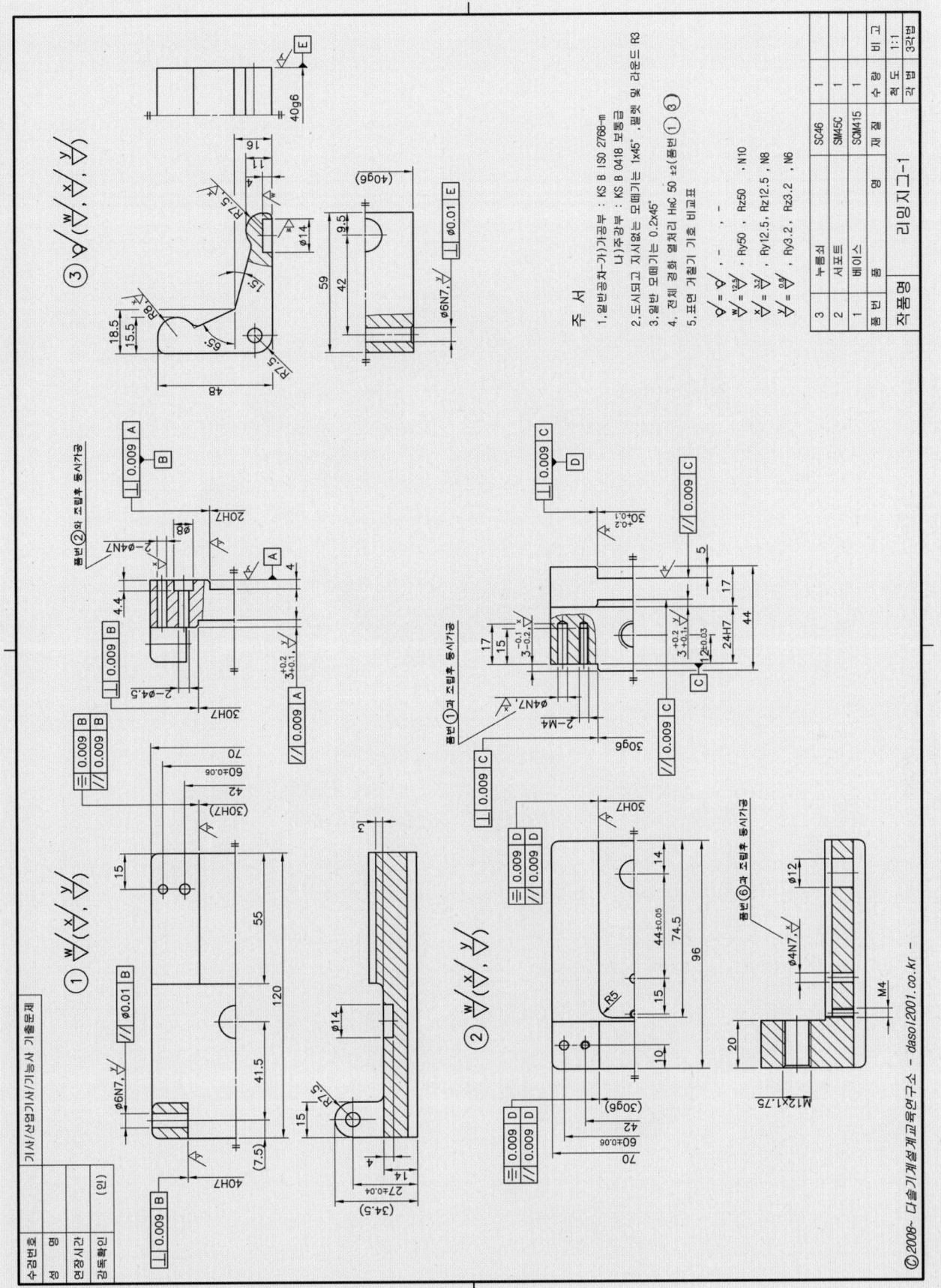

리밍지그-1 모델링

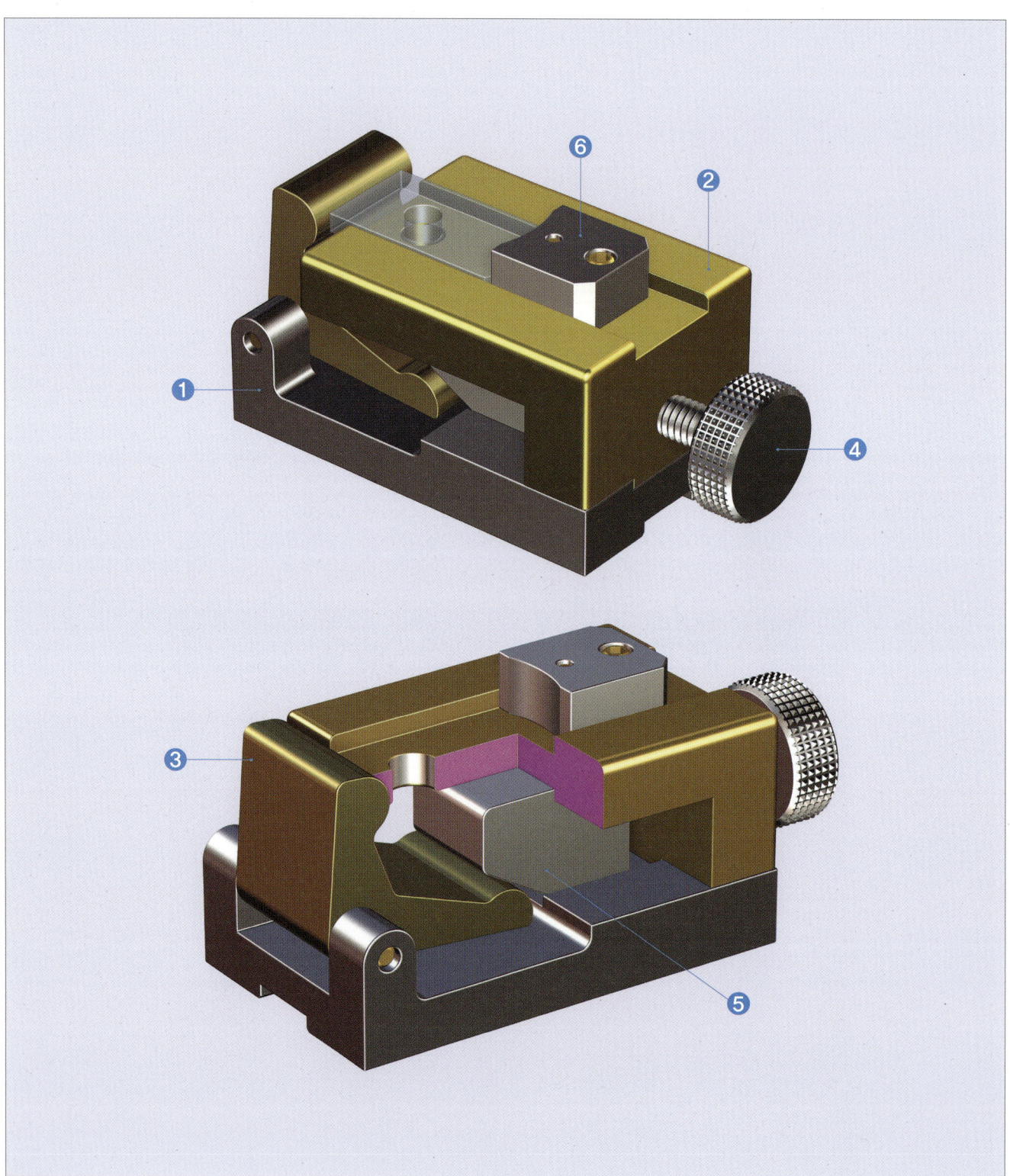

리밍지그-1 구조도

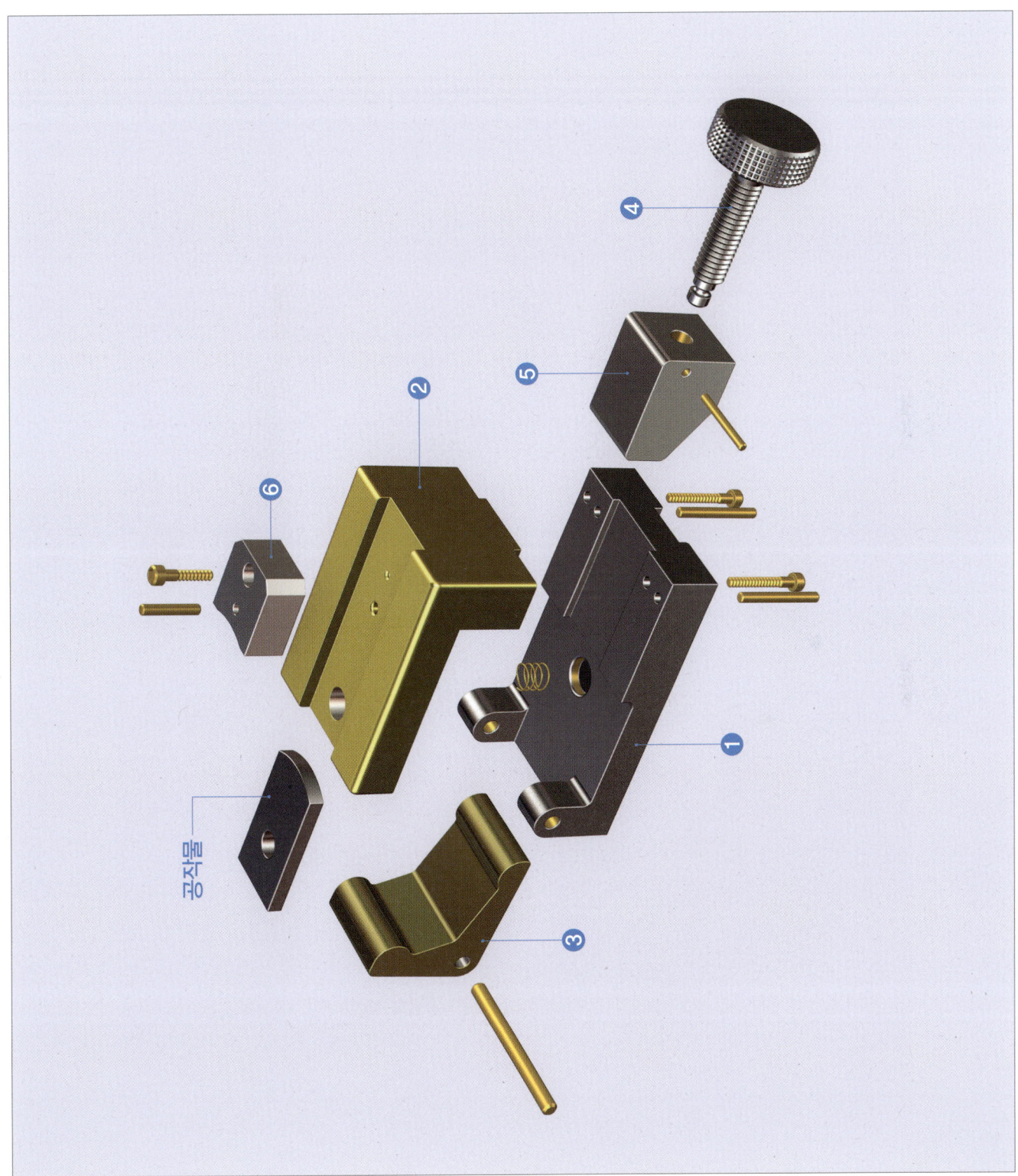

인벤터-3d 실기·실무

발행일 | 2015년 7월 10일 초판 발행
2016년 1월 15일　　2쇄
2016년 6월 1일　　3쇄
2017년 1월 15일　1차개정
2018년 3월 5일　1차 2쇄
2020년 3월 30일　1차 3쇄
2021년 9월 30일　1차 4쇄

저　자 | 변진수 · 김선정
발행인 | 정 용 수
발행처 | 예문사
주　소 | 경기도 파주시 직지길 460(출판도시) 도서출판 예문사
T E L | 031) 955-0550
F A X | 031) 955-0660
등록번호 | 11-76호

정가 : 27,000원

- 이 책의 어느 부분도 저작권자나 발행인의 승인 없이 무단 복제하여 이용할 수 없습니다.
- 파본 및 낙장은 구입하신 서점에서 교환하여 드립니다.

http://www.yeamoonsa.com
ISBN 978-89-274-2048-4　13550

이 도서의 국립중앙도서관 출판예정도서목록(CIP)은 서지정보유통지원시스템 홈페이지(http://seoji.nl.go.kr)와 국가자료공동목록시스템(http://www.nl.go.kr/kolisnet)에서 이용하실 수 있습니다.(CIP제어번호: CIP2016027891)